JN172865

し，このテキストが完成しました。

平成 29 年 7 月<br>辰已法律研究所 専任講師<br>松本 雅典

# 第2版はしがき

本書を世に出してからこの２年間の間に，「ずっと理解できなかった不動産登記法がやっと理解できた」「不動産登記法には，こんなに理由や考え方があったんですね」など多くのお声を頂きました。不動産登記法は，司法書士試験において第一の大きな山です。その山を超えやすくするために，「不動産登記法のテキストの新しい形を受験界に打ち立てる」という目標は，幾ばくかは実現できたのではないかと安堵いたしました。

また，本書をお使いいただいた方から多数の合格報告を頂きました。本書は私が担当しているリアリスティック一発合格松本基礎講座の指定テキストにもしていますが，本書を指定テキストにしてからも堅調に合格者が出ています。

書籍の執筆は，正直筆が進まない日もありますが，上記のようなお声や頂く合格報告が筆を進める何よりの原動力になります。

この度，平成 29 年の民法の債権法改正および平成 30 年の民法の相続法改正を受け，『リアリスティック不動産登記法Ⅰ・Ⅱ』の改訂を行いました。これらは民法の改正ですが，不動産登記法は民法を前提としており，不動産登記法も内容が変わる箇所があります。今回の改訂は，民法の改正を受けての変更をメインに行いました。改正による変更点も，山を超えやすくなるようなテキストとなったと思います。

本書が今後も多数の方の合格の助けになることを祈念しております。

令和元年６月

辰已法律研究所 専任講師

松本 雅典

# 第3版はしがき

本書を多くの方にお使いいただいたおかげで，初版発売から３年で第３版と版を重ねることができました。お使いいただいたすべての方に，感謝申し上げます。

本シリーズは，司法書士試験の全科目の網羅まであと少しのところまできましたが，お使いいただいた方から頂くお声や合格報告が執筆の原動力になっています。

今回の改訂では，令和２年３月の不動産登記規則の改正（法人の印鑑証明書の提供・登記事項証明書の作成期限についての改正），配偶者居住権・債権法改正についての通達を反映させるとともに，最新の出題傾向に合わせてパワーアップを図りました。

本書が今後も多数の方の合格の助けになることを祈念しております。

令和３年１月
辰已法律研究所 専任講師
松本 雅典

# 第４版はしがき

令和３年４月，民法の物権法，相続法および不動産登記法の改正がされました。この改正は，以下の２つの社会問題に対応するためのものです。

１．所有者が不明の不動産が増えている
→　所有者が不明の不動産を増やさないようにする必要があるとともに，不動産の所有者を探索する負担を軽減する必要がある

平成 29 年に行われた調査によって，所有者が不明の土地が九州の土地の面積に相当するという推計がされています。

２．所有者が不明または管理不全の不動産が増えている
→　所有者が不明または管理不全の不動産の利用や管理をしやすくする必要がある

所有者が不明であると，不動産の管理がされず，隣の土地に木が倒れてきたり土砂が流れ込んできたりするといった事態が生じます。また，所有者が判明していても，所有者が離れた都会に住んでおり，相続した地方にある不動産に関心がなく，まともに管理がされていないといった不動産もあります。さらに，共有者の一部が不明であり，他の共有者だけではできることが限られるといった問題もあります。

民法の物権法，相続法の改正が主に上記２.に対応するためのもので（相続法の改正は上記１.に対応するためのものもあります），不動産登記法の改正が主に上記１.に対応するためのものです。

今回の改訂で，これらの改正を反映させました。

令和４年６月
辰已法律研究所 専任講師
松本 雅典

# 目　次

実際の書面を見てみよう



コラム

## 索引

# 本テキストご利用にあたっての注意

## 1．略称

・不登法 → 不動産登記法
・不登令 → 不動産登記令
・不登規 → 不動産登記規則
・不登準則 → 不動産登記事務取扱手続準則
・登免法 → 登録免許税法
・登免法施行令 → 登録免許税法施行令
・登免法施行規 → 登録免許税法施行規則
・民訴法 → 民事訴訟法
・民執法 → 民事執行法
・民保法 → 民事保全法
・区分所有法 → 建物の区分所有等に関する法律
・法人法 → 一般社団法人及び一般財団法人に関する法律
・商登法 → 商業登記法
・商登規 → 商業登記規則
・最判平 20.6.10 → 最高裁判所判決平成 20 年 6 月 10 日
・昭 46.10.4 民事甲 3230 → 昭和 46 年 10 月 4 日法務省民事甲第 3230 号
・登研 325P72 → 「登記研究」誌 325 号 72 ページ
・記録例 → 平成 28 年 6 月 8 日民二第 386 号不動産登記記録例

## 2．民法，会社法・商法・商業登記法，民事訴訟法・民事執行法・民事保全法のテキストの参照箇所

「―― 民法Ⅱのテキスト第４編第５章第３節2」などと，民法，会社法・商法・商業登記法，民事訴訟法・民事執行法・民事保全法のテキストの参照箇所を示している場合があります。これらは，以下のテキストです。

・『司法書士試験リアリスティック１ 民法Ⅰ［総則］』（辰已法律研究所）
・『司法書士試験リアリスティック２ 民法Ⅱ［物権］』（辰已法律研究所）
・『司法書士試験リアリスティック３ 民法Ⅲ［債権・親族・相続］』（辰已法律研究所）
・『司法書士試験リアリスティック６ 会社法・商法・商業登記法Ⅰ』（辰已法律研究所）
・『司法書士試験リアリスティック７ 会社法・商法・商業登記法Ⅱ』（辰已法律研究所）

・『司法書士試験リアリスティック８　民事訴訟法・民事執行法・民事保全法』（辰已法律研究所）
・『司法書士試験リアリスティック９　供託法・司法書士法』（辰已法律研究所）
・『司法書士試験リアリスティック10　刑法』（辰已法律研究所）
・『司法書士試験リアリスティック11　憲法』（辰已法律研究所）

### ３．説明順序

不動産登記法は，大きく「総論」「各論」に分かれます。「総論」とは，基本的にすべての登記に関係する分野です。「各論」とは，所有権，抵当権など権利ごとの登記の分野です。不動産登記法の最も一般的な説明順序は，「総論」→「各論」です。

しかし，このテキストは以下の説明順序にしています。

・「（各論に入る前に必要な）総論」（Ⅰのテキスト第１編）
・「各論」（Ⅰのテキスト第２編～Ⅱのテキスト第４編）
・「（残りの）総論」（Ⅱのテキスト第５編～第６編）

総論はすべての登記に関係する分野であるため，抽象的なハナシが中心となります。具体的なハナシ（各論）を知らないまま，ずっと抽象的なハナシばかりを学習していても，理解できません。よって，このテキストでは，まず各論に入る前に必要な総論のみを説明し，早めに各論に入る手法を採っています。

なお，「（各論に入る前に必要な）総論」（Ⅰのテキスト第１編）においても，各論の学習後にお読みいただいたほうがよい項目も少しあります。体系的な問題から，「（残りの）総論」（Ⅱのテキスト第５編～第６編）に掲載できなかった項目です。その項目については，以下のような注をつけています。

＊この３は，Ⅱのテキスト第５編第５章までお読みになった後にお読みください。

注で示した順番でお読みいただく前提で説明を記載していますので，最初にお読みになる際は，必ず上記のような注に従ってお読みください。

### ４．登記法の知識の整理のポイント

登記法は，民法に比べると，趣旨は少なくなります。しかし，登記法は実際の手続のルールです。それに従って，司法書士，土地家屋調査士，登記官などは仕事をして

います。1つ1つのルールをすべて暗記しないといけないとしたら，実際に使っている人からすると困ります。よって，「一貫した考え方」があります。この一貫した考え方から知識を整理できるか，言い換えると，できる限り1つ1つの知識ごとに記憶することを避けられるかが，登記法の知識を整理するポイントになります。

このテキストでは，この知識の整理を目的として，一貫した考え方を記載したページに戻っていただけるよう，以下のように参照ページをつけています。

「(P77～78の「登記識別情報の提供の要否の基本的な判断基準」)」

よく戻っていただくページは以下のページですので，以下のページにはあらかじめ付せんを貼っておいてください。

P69，79～80，93，101

### 5．申請件数と申請順序

近年の記述の出題の中心は，「申請件数と申請順序」を問うことにあります。試験後に発表される「記述の出題の趣旨」には最低限のことしか書かれませんが，そこに申請順序を問うていることが明記されています。

そこで，このテキストでは，以下のように，申請件数と申請順序を意識した形式を採っています。

1/2　Cへの相続を原因とする所有権の移転の登記

2/2　Bへの売買を原因とする所有権の移転の登記

上記のような箇所は，記述で出題されることを意識して，「なぜ，このような申請件数と申請順序になるのか？」を理解したうえで記憶してください。

### 6．表

このテキストで出てくる表は，一貫して，「当たる」「認められる」などその事項に該当するもの（積極事項）は表の左に，「当たらない」「認められない」などその事項に該当しないもの（消極事項）は表の右に配置する方針で作成しています。これは，試験で理由付けから知識を思い出せなかったとしても，「この知識はテキストの表の左に書いてあったな。だから，『当たる』だ。」といったことをできるようにするためです。

## 7．登記記録・申請情報の住所の記載について

実際の登記記録には登記名義人や担保権の債務者の住所が記録されますが，このテキストでは原則として住所を省略しています。

また，実際の申請情報にも住所を記載しますが，試験では住所の記載を求められないことが多いので，申請情報についても原則として住所を省略しています。

## 8．「表示に関する登記（表題部）」と「権利に関する登記（権利部）」

不動産登記には，「表示に関する登記（表題部）」と「権利に関する登記（権利部）」がありますが，司法書士の業務は，権利に関する登記（権利部）についてのものです。このテキストも，ほとんどは権利に関する登記（権利部）の説明です。よって，特に断りのない限りは，権利に関する登記（権利部）の説明をしています。

## 9．参照ページ

このテキストでは，できる限り参照ページをつけています。これは，「記載されているページを必ず参照してください」という意味ではありません。すべてを参照していると，読むペースが遅くなってしまいます。わかっているページは参照する必要はありません。内容を確認したい場合のみ参照してください。その便宜のために，参照ページを多めにつけています。

また，ページの余白に表示している参照ページの記号の意味は，以下のとおりです。

P50＝　：　内容が同じ

P50≒　：　内容が似ている

P50　┌　P50　┐　：　内容が異なる
└　P50　┘　P50

## 10．Realistic rule

「Realistic rule」とは，試験的にはそのルールで解答してしまって構わないというルールです。

# — 第1編 —

# 不動産登記法の世界（総論①）

# 第1章　不動産登記の目的

「不動産登記って，何のためにあるんですか？」という問に対して一言で答えるのであれば，**「不動産についての権利変動の過程を公示するためです」**と答えます。

日本にある不動産は，１つの土地・１つの建物ごとに基本的に登記がされています。その１つの土地・１つの建物ごとに「権利変動」の「過程」を「公示」することが，不動産登記の最も大きな目的です。

では，「権利変動」「過程」「公示」とは何か，１つ１つみていきましょう。

**①「権利変動」**

民法（財産法）が規定しているのは，以下のような社会です。民法（財産法）は，主体（メンバー）を「人」（自然人だけでなく法人も含みます），客体を「物」とし，人が持つ権利を「物権」「債権」に分けて「取引社会」を規定したのです。

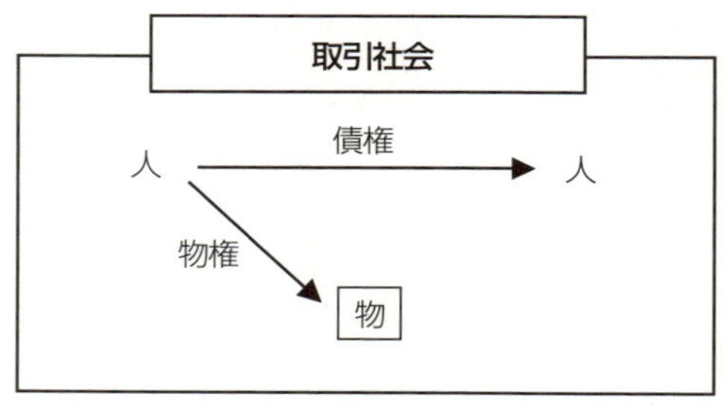


“不動産”登記ですから，不動産登記は上記の図の「物」が不動産である場合のハナシとなります。

また，権利には物権と債権がありますが，物（不動産）のハナシですので，登記する権利のほとんどは「物権」（所有権など）です。ただし，例外的に「債権」である賃借権や配偶者居住権も登記できます（不登法３条８号，９号）。そのため，このテキストでは，「物権変動」ではなく「権利変動」と記載しています。

この権利が，変動します。

ex1. ある「人」が「物（不動産）」に対して所有権を有していた場合に，売買などにより，その所有権が別の「人」に移転することがあります。

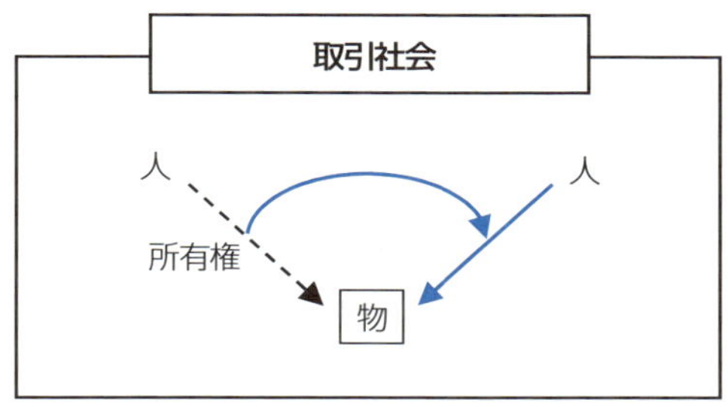


ex2. ある「人」が「物（不動産）」に対して抵当権を有していた場合に，被担保債権が債務者によって弁済されたことなどにより，その抵当権が消滅することがあります。

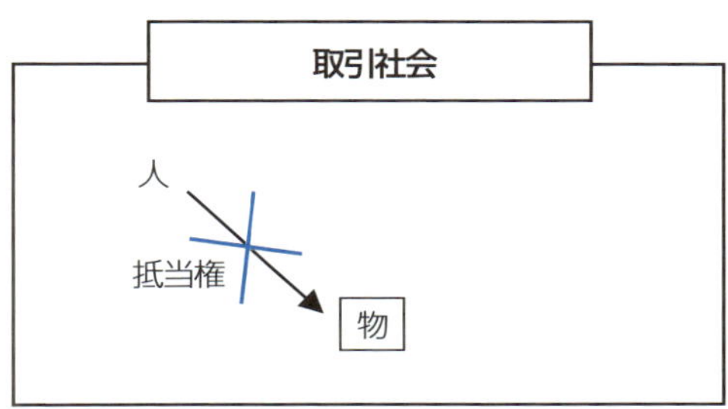


これらの権利の変動を登記します。

**② 「過程」**

上記①のとおり，権利変動を登記するのですが，その「過程」までわかるように登記します。

ex. 「A→B→C」と所有権が移転したのであれば，「A→C」という登記ではなく，「A→B」「B→C」と1つ1つ登記をする必要があります。

不動産登記は，「不動産の履歴書である」といわれることもあります。つまり，「登記をみれば，その不動産の権利変動の歴史がわかる」となっている必要があるのです。中学校卒業（上記 ex.ではB）を飛ばして，「小学校卒業（上記 ex.ではA）→高校卒業（上記 ex.ではC）」という履歴書があったら，おかしいですよね。

### 実体上の権利変動が出発点

権利変動の過程を忠実に登記する必要があるため，不動産登記法では**実体上（民法など）の権利変動が出発点**となり，**実体上の権利変動をわかっているかが勝負**となります。「実体上の権利変動」は，民法で出てきた権利変動の図のことだと考えてください。その図の流れがわかっているかが勝負なのです。

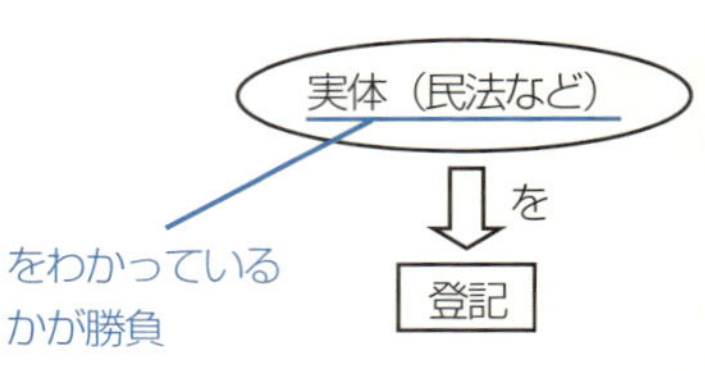


原則として，「登記があって，実体上の権利変動がある」のではなく，「実体上の権利変動があって，登記がある」のです。いわば登記は，実体上の権利変動の下請会社のようなものです。

**③「公示」**

不動産の登記記録は，手数料を払えば誰でも見ることができ（P19の２.），「公示」されています。不動産の取引に入ろうとする人などは，登記により，その不動産の現在の権利関係や過去の権利関係の歴史を知ることができます。

**— Realistic 1　「徴税目的」もある —**

不動産登記やそれに類する制度の歴史上の役割をみると，「税金を取りこぼさないようにする」という国家の徴税目的もあります。不動産（主に農地）の所有者（納税者）を把握しておくことは，近代以前の国家の最重要事項の１つでした。現代でも，毎年１月１日の不動産の所有者に固定資産税が課されます。また，登記をすると登録免許税というものが課されます。他にも，不動産に関する税は多々あります。たしかに，不動産の権利に関する登記は任意です。しかし，「登記をしなければ，第三者に対抗することができない」という民法 177 条などがあることからも，実際には登記は半強制的であり，実質的には「徴税目的」にかなうものとなっています。

このように，法の裏に「税」があることも，よくあります。

**※「登記」とは？**

「登記」という言葉には，以下の２つの意味があります。

①登記官（P６[2]）が登記事項を記録すること

②上記①によってされた記録そのもの

# 第2章 登記の効力

登記の効力とは，「登記をすると何が言えるのか」というハナシです。

登記には，主に以下の効力があります。

### ①対抗力

民法177条の対抗力のことです。権利に関する登記には対抗力があり，主にこの対抗力を備えるために登記をします。

### ②形式的確定力

これは，登記がされていると，その登記の権利変動が実体上有効か無効かにかかわらず，登記手続上これを無視して登記をすることができない効力です。

ex. 地上権が登記されていますが，その地上権は存続期間の満了により実体上消滅しています。その場合でも，地上権の抹消の登記がされていないと，新たに地上権の設定の登記をすることはできません（昭37.5.4民事甲1262）。地上権には排他性があり，二重に設定することができないからです。

### ③権利推定力

これは，登記がされていると，登記どおりの実体上の権利関係が存在するであろうと推定される効力です（最判昭34.1.8）。

ex. 買主が，売主が登記名義を有していることを確認した場合，売主が真の所有者でなかったとしても，買主は無過失と推定されます（大判大2.6.16，大判大15.12.25参照）。

### ※公信力

上記③のとおり，登記に権利推定力はあるのですが，公信力はありません。「公信力」とは，公示（不動産登記では登記）どおりの実体がない場合でも，その公示を信頼した第三者との関係では，公示どおりの実体があるとされる効力です。簡単にいうと，公信力が認められると，公示を信じた者が救われます。動産には，公信力を認めた即時取得（民法192条）の制度がありますが，不動産の登記には公信力は認められていません。よって，上記③の ex.の買主は，無過失と推定されたからといって，それだけで不動産の所有権を取得できることにはなりません。

ただし，不動産でも，民法94条2項が類推適用される場合には，公示（登記）を信じた第三者が保護されます（最判昭45.7.24）。民法94条2項が類推適用される場合には，登記に公信力が認められたのと同じ結果が生じます。

# 第3章　登場人物・機関

この第3章では，不動産登記で出てくる主な登場人物・機関を説明します。

## 1 登記所

登記所：各地域の不動産登記の事務を行っている法務省の地方機関（不登法6条1項）
＊「登記所」のことを「法務局」や「地方法務局」などということもあります。法務省の地方機関である法務局や地方法務局などは，登記の事務のみを行っているわけではなく，供託などの事務も行っています。そこで，一般的に，法務局や地方法務局などについて登記の事務に絞った言い方をするときに「登記所」といいます。

不動産登記は，登記所ごとに管轄があり，登記所は管轄内の不動産に関する登記しか扱いません。東京 23 区でいえば，大雑把にいうと，区ごとに1つ登記所があります（渋谷区と目黒区を管轄している渋谷の登記所など，複数の区を管轄している登記所もあります）。

ex. 新宿区の不動産登記は，新宿の登記所が管轄しています。よって，新宿区内の不動産に関する登記を品川の登記所に申請しても，「帰れ！」と言われます（却下されます。不登法 25 条1号）。

## 2 登記官

登記官：登記所に勤務する法務事務官のうち，法務局または地方法務局の長が指定した者（不登法9条）

といわれても，わかりにくいですよね。登記官は，国家公務員一般職試験（旧国家公務員試験Ⅱ種試験〔いわゆる国Ⅱ〕）に合格し，登記所に勤務している者の中から，指定を受けた公務員です。

登記所
が審査・実行
登記官

登記所にいるこの登記官が，不動産登記の申請を審査します。登記官が問題ないと判断したら，登記が実行されることになります。つまり，実際に登記記録を書き換える（データ上のハナシです）のは，司法書士などの仕事ではなく，登記官の仕事です。

なお，登記官自身が申請人，または，登記官の配偶者（であった者を含みます）もしくは4親等内の親族（であった者を含みます）が申請人だと，その登記官は登記をすることができません（不登法 10 条前段）。自分自身や近親者（であった者）の申請の審査は，不公正になり得るためできないんです。

## 3 登記名義人

**不動産登記法2条（定義）**

十一　登記名義人　登記記録の権利部に，次条各号に掲げる権利〔登記することができる権利〕について権利者として記録されている者をいう。

「登記名義人」とは，登記記録の権利部（P12の2.）に，不動産登記法３条の権利（P９①～⑩）の権利者として記録されている者です。権利部と不動産登記法３条の権利についてまだ学習していませんが，登記名義人とはたとえば，その不動産の所有権を有する者として登記されている者などのことです。

登記名義人となれるのは，以下の①②の者です。

①自然人・法人

これらは，権利能力を有する者（権利を取得できる者）ですので，当然，登記名義人となれます。自然人・法人は，氏名（自然人）・名称（法人）および住所を登記して特定します（不登法59条４号）。なお，同姓同名で住所も同じ者が共有者として登記される場合は，生年月日も登記して特定します（昭45.4.11民事甲1426。記録例630）。

法人には，会社などだけではなく，国や地方公共団体（都道府県や市町村）も含まれます。国や地方公共団体が所有している不動産は多数あります。近年も，国有地について話題になりましたよね。たとえば，国が所有している土地は「所有者　国土交通省」などと登記されています。

また，自然人には外国人，法人には成立を認められた外国法人も含まれ，外国人や外国法人も登記名義人となれます。外国人も法令または条約の規定により禁止される場合を除き権利能力を有しますし（民法３条２項），外国法人も成立を認められたものは権利能力が認められるからです（民法35条）。近年は中国人が投資用に日本のタワーマンションを購入するケースが増えているといったハナシを聞いたことがありませんでしょうか。外国法人の住所は本国（アメリカなど）の本店ですので，本国の本店を住所として登記します。しかし，それに加えて，日本の営業所を併記して登記することもできます（昭41.5.13民事三.191）。これは，関係者の便宜を考えての扱いです。日本の営業所も登記記録からわかると便利なのです。

なお，所有権の登記名義人が国内に住所を有しないときは，国内における連絡先となる者の氏名（名称）・住所その他の国内における連絡先に関する事項が登記されます（不登法73条の２第１項２号）。国外にいる者に連絡をするのは大変なので，国内にいる者に連絡ができるよう，令和３年の改正で新設された規定です。「所有権」に限られるのは，所有者不明不動産を生じさせないことを目的としてできた規定だからです。「国内における連絡先となる者」は，外国法人の日本の支店，不動産取引を行った不動産業者，登記申請をした司法書士などが想定されています。
＊この改正規定は，令和6年4月1日から施行されます。

②胎児

胎児は，相続（民法886条），遺贈（民法965条）などについては生まれたものとみなされますので，登記名義人となることができます。これについては，P284～293 7で説明します。

## 4　代理人

登記は，代理人によって申請することもできます。民法で「任意代理人」と「法定代理人」の区別がありましたが，不動産登記の申請でも，「任意代理人」と「法定代理人」があります。

### 1．任意代理人

任意代理人のうち重要なのは，資格者代理人です。

P11～12 2で説明しますが，登記には「表示に関する登記」と「権利に関する登記」があります。

表示に関する登記の申請の代理を業とすることができるのが，土地家屋調査士・土地家屋調査士法人（土地家屋調査士事務所が法人化したもの）です。

権利に関する登記の申請の代理を業とすることができるのが，司法書士・司法書士法人（司法書士事務所が法人化したもの）・弁護士・弁護士法人（弁護士事務所が法人化したもの）です。
＊以下，権利に関する登記の任意代理人は「司法書士」を例に記載します。

### 2．法定代理人

たとえば，以下のような法定代理人が登記を申請することができます。

①親権者
②未成年後見人
③成年後見人
④不在者の財産管理人
⑤支配人（P107～108④で説明します）

# 第4章　不動産登記の構造

## 第１節　登記できる権利

民法を中心に様々な権利が規定されていますが，登記できる権利は，以下の 10 個です（不登法３条）。

①所有権
②地上権
③永小作権
④地役権
⑤先取特権
⑥質権
⑦抵当権（根抵当権や特別法で規定されている工場抵当なども含みます）
⑧賃借権
⑨配偶者居住権
⑩採石権

### 登記できる権利の思い出し方

**「民法に規定されている物権（占有権，所有権，地上権，永小作権，地役権，入会権，留置権，先取特権，質権，抵当権）」－「占有権・入会権・留置権」＋「賃借権・配偶者居住権」＋「採石権」**

不動産（物）についての登記ですので，基本的に登記できる権利は「（民法に規定されている）物権」です。

ただし，「占有権・入会権・留置権」は登記できません。占有権と留置権は，占有しているかだけが問題となるからです。入会権とは，一定の地域の住民が山林（入会地）を共同で利用する（ex. 山林に入って枝を拾える）といった物権です。入会権は，その内容が民法に規定されておらず，慣習で内容が決まります（民法 294 条）。よって，地域によって内容が異なるので，公示制度になじみません（全国一律の公示ができません）。占(せん)有権・入(い)会権・留(る)置権は，「登記できなくて，涙腺(るいせん)から涙が出る」のゴロ合わせで記憶してください。

「賃借権」は，物権ではありませんが，物権化してきているので，登記できます。

「配偶者居住権」は，原則として配偶者の終身の間（死ぬまで）存続し（民法 1030 条），長期間存続する権利となりますので，登記できます。配偶者居住権は，平成 30 年の民法改正で新設されました。それに対して，同じく平成 30 年の民法改正で新設された配偶者短期居住権は，登記できませんので，ご注意ください。配偶者短期居住権は，短期間しか存続しない暫定的な権利だからです。

「採石権」とは，他人の土地において岩石および砂利を採取する物権です（採石法４条１項，３項）。採石法で規定されている物権ですが，登記できます。

# 第2節　登記記録

この第２節から，いよいよ不動産登記そのものをみていきます。

## 1 意義

登記記録：一筆の土地・一個の建物ごとに作成される電磁的記録（不登法２条５号）

不動産は，一筆の土地・一個の建物ごとに登記記録が作成されます。登記記録は電磁的記録なのですが，「電磁的記録」とは要はデータということです。現在は，不動産の登記は，登記所でデータとして作成され，データとして保存されています。

### cf. 登記簿

登記記録が記録される帳簿を「登記簿」といいます（不登法２条９号）。登記"簿"といいますが，これもデータです。登記記録は１つの不動産ごとに作成されますが，登記記録がまとめて記録される帳簿が登記簿です。

## 2 登記記録の構造

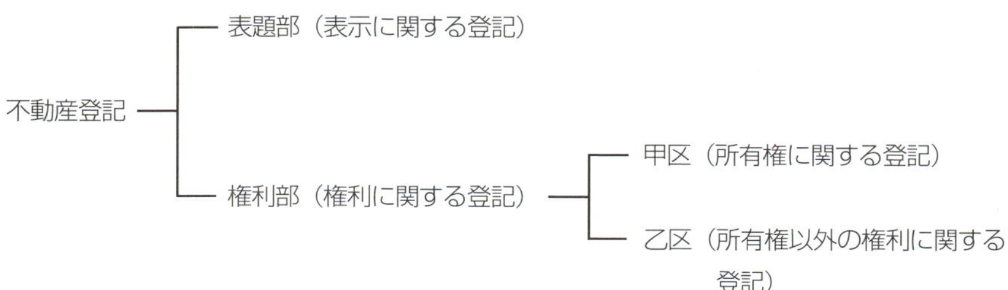


不動産登記（登記記録）は，大きく「表題部」と「権利部」に分かれています（不登法 12 条）。そして，権利部がさらに「甲区」と「乙区」に分かれます（不登規４条４項）。

司法書士の業務は，基本的に権利部についてのものです。表題部については基本的に土地家屋調査士の業務ですので，表題部については，このテキストで説明している最低限の理解があれば OK です。

### １．表題部

表題部には，表示に関する登記が記録されます（不登法２条７号）。「表示に関する登記」とは，不動産を識別するために必要な事項です（不登法２条３号）。これらにより，不動産の物理的現況が公示されます。具体的に記録される事項は，P13～15 でみますが，「どこにある不動産か（所在）」「どれくらいの広さの不動産か（面積）」などです。

#### 不動産は社会全体の財産

不動産は特に，「社会全体の財産である」という要素が強いです。つまり，不動産には**公的要素**があるのです。

そのため，表示に関する登記については，当事者に申請義務があり，申請しない場合には 10 万円以下の過料（行政罰）に処せられることがあります（不登法 164 条）。

また，表示に関する登記は，当事者が申請しない場合，登記官が職権ですることができます（不登法 28 条）。これを「職権主義」といいます。

この国にどのような不動産があるかは，できる限り速やかに公示すべきなので（公的要素あり），当事者に申請義務が課せられるとともに，登記官が職権でできるとされているのです。

### ２．権利部

権利部には，権利に関する登記が記録されます（不登法２条８号）。「権利に関する登記」とは，不動産登記法３条の権利（P９①～⑩）についての登記です（不登法２条４号）。

権利部は，さらに「甲区」と「乙区」に分かれます。甲区には所有権に関する登記が記録され，乙区には所有権以外の権利に関する登記が記録されます（不登規４条４項）。最も重要な権利である所有権を記録する甲区と，それ以外の権利を記録する乙区に分かれているわけです。

上記１.の表示に関する登記と異なり，権利に関する登記は，原則として（＊）申請するかどうかは当事者の自由です。これを「申請主義」といいます。

権利に関する登記の対象は，所有権や抵当権など，主に私人の権利です。よって，私的自治の原則が働きます。登記をするか（対抗力を備えるか）は当事者の自由なのです。

＊以下の登記など，例外的に申請義務がある登記もあります。
・相続・遺贈（相続人に対するもののみ）を原因とする所有権の移転の登記（不登法 76 条の２第１項）
・所有権の登記名義人の氏名（名称）・住所の変更の登記（不登法 76 条の５）

## 3 登記記録ができる流れ

登記記録の構造は上記2のとおりですが，この登記記録は，通常は以下のような流れでできます。

①表題登記（表示に関する登記のうち，その不動産について表題部に最初にされる登記。不登法2条20号）
②所有権の保存の登記
③所有権の保存の登記以外の登記

**基本事例**

＊土地についても，上記「①→②→③」の流れで登記記録ができるのですが，土地はすでに登記がされていることが通常なので，建物の例で説明します。

松本雅典は，株式会社四菱銀行から融資を受けて，自らが所有する土地に建物を建て，その建物に四菱銀行の抵当権を設定した。

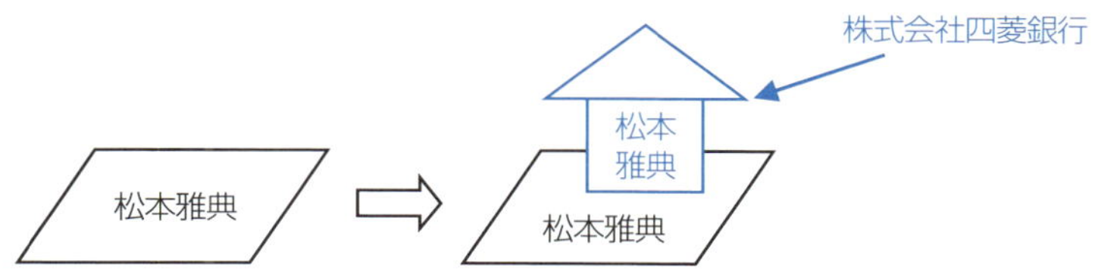


この場合，以下の1.～3.のように登記をしていくことになります。

### 1．表題登記（上記①）

松本雅典は，建物を建ててから1か月以内に，建物の表題登記を申請する必要があります（不登法47条1項）。この登記を申請すると，以下のような表題部が作成されます。

| 表　題　部　（主である建物の表示） | | 調製 | 余　白 | 不動産番号 | 0111483935938 |
|---|---|---|---|---|---|
| 所在図番号 | 余　白 | | | | |
| 所　　在 | 新宿区新宿一丁目1番地 | | | 余　白 | |
| 家屋番号 | 1番 | | | 余　白 | |
| ①　種　類 | ②　構　造 | ③　床　面　積　㎡ | | 原因及びその日付［登記の日付］ | |
| 居宅 | 木造かわらぶき<br>2階建 | 1階　72<br>2階　60 | 55<br>11 | 令和5年6月22日新築<br>［令和5年6月23日］ | |
| 所　有　者 | 新宿区新宿一丁目1番1号　松本雅典 | | | | |

### （1）対抗力

この表題部が作成されただけでは，建物の所有権について対抗力（民法177条）を備えたことにはなりません。表題部は物理的現況を公示する部分ですので，表題部に対抗力はありません。

### （2）記載事項の意味がわかる必要がある事項

表題部について，記載事項の意味がわかる必要があるのは，上記の青でくくった部分です。

「建物」とあることから，建物の表題部であることがわかります。

「所在」「家屋番号」「種類」「構造」「床面積」とありますが，契約書などでは，この５つの事項を記載して建物を特定します。この５つの事項は，それぞれに意味があるのですが，「どこにあるか（所在）やどのような用途の建物か（種類）だな～」といったフワっとしたイメージで結構です。

### cf. 土地の場合

| 建物 | 土地 |
|---|---|
| 所在 | 所在 |
| 家屋番号 | 地番 |
| 種類 | 地目 |
| 構造 | |
| 床面積 | 地積 |

契約書などで土地を特定する場合は，「所在」「地番」「地目」「地積」で特定します。この４つの事項についても，「どこにあるか（所在）やどのような用途の土地か（地目）だな～」といったフワっとしたイメージで結構です。

土地の表題部は以下のようなものですが，この４つの事項は青でくくった部分に記録されています。

| 表　題　部 | （土地の表示） | | 調製 | 余　白 | 不動産番号 | 0111481267931 |
|---|---|---|---|---|---|---|
| 地図番号 | 余　白 | 筆界特定 | 余　白 | | | |
| 所　　在 | 新宿区新宿一丁目 | | | 余　白 | | |
| ①　地　番 | ②　地　目 | ③　地　積　㎡ | | 原因及びその日付［登記の日付］ | | |
| 1番 | 宅地 | 131 | 12 | 余　白 | | |
| 所　有　者 | 新宿区新宿一丁目１番１号　松本雅典 | | | | | |

建物でも土地でも，表題部に「所有者」が記録されています。権利部に所有権の登記がされるまでの間は，このように表題部に所有者が記録されます。これを「表題部所有者」といいます（不登法2条10号）。

## 2．所有権の保存の登記（上記②）

上記1.のように，表題登記がされ表題部が作成された後，建物の所有者である松本雅典が所有権の保存の登記を申請すると，以下のような権利部が作成されます。

| 表　題　部　（主である建物の表示） | | 調製 | 余　白 | | 不動産番号 | 0111483935938 |
|---|---|---|---|---|---|---|
| 所在図番号 | 余　白 | | | | | |
| 所　　在 | 新宿区新宿一丁目1番地 | | | | 余　白 | |
| 家屋番号 | 1番 | | | | 余　白 | |
| ①　種　類 | ②　構　造 | ③　床　面　積　㎡ | | | 原因及びその日付［登記の日付］ | |
| 居宅 | 木造かわらぶき<br>2階建 | 1階　72<br>2階　60 | 55<br>11 | | 令和5年6月22日新築<br>［令和5年6月23日］ | |
| 所　有　者 | 新宿区新宿一丁目1番1号　松本雅典 | | | | | |

| 権　利　部　（甲　区）　（所　有　権　に　関　す　る　事　項） | | | |
|---|---|---|---|
| 順位番号 | 登記の目的 | 受付年月日・受付番号 | 権　利　者　そ　の　他　の　事　項 |
| 1 | 所有権保存 | 令和5年6月28日<br>第12456号 | 所有者　新宿区新宿一丁目1番1号<br>松本雅典 |

### （1）対抗力

このように，権利部に所有権の登記がされると，建物の所有権について対抗力（民法177条）が備わります。権利に関する登記ですので，対抗力が備わるのです。また，主に対抗力を備えるために，権利に関する登記をしているとさえいえます。

### （2）記載事項の意味がわかる必要がある事項

みなさんは権利に関する登記のプロになるわけですから，権利部については，ほとんどすべての記載事項の意味がわかるようにならなければなりません。それをこのテキストで学んでいきますが，ここでは「受付年月日・受付番号」だけを説明します。

・受付年月日：「受付」とは，申請情報（P48）が登記所に到達したことを登記官が確認したということです（不登法 19 条１項。P32）。受付年月日は，登記を申請した日となります。登記を申請した日を基準に対抗力が備わります。

・受付番号　：登記所ごとに登記の受付順にふる番号。登記所ごとに毎年１月になると「１号」からスタートし，登記官が受付順に番号をふっていきます（不登法 19 条３項前段）。上記の所有権の保存の登記は，新宿の登記所において，令和５年に 12456 番目に申請された登記ということです。

受付年月日・受付番号は，登記の申請がされた日（対抗力が備えられた日）や申請の先後を判断する重要な基準となります。たとえば，甲区と乙区の登記について，どちらの登記が先に申請されたのかを判断するときに使います。申請の先後は，以下のように判断してください。

**申請の先後を判断する方法**

①まず，受付年月日をチェックしてください。受付年月日が異なる日であれば，その年月日の先後で判断すればよく，受付番号までチェックする必要はありません。
②受付年月日が同一である場合は，受付番号をチェックし，受付番号の先後で判断してください（不登規２条１項）。

**※表題部所有者**

上記の登記記録では，表題部の所有者の欄に下線が引かれています。下線は，抹消された（登記の効力が失われた）という意味です。

表題部所有者は，権利部に所有権の登記がされるまでの間，記録されます（不登法２条 10 号）。権利部に所有権の保存の登記がされると，抹消されます（不登規 158 条）。所有権の保存の登記がされたにもかかわらず表題部所有者の記録が残っていると，登記記録に所有者の記録が２つ存在することになってしまうからです。特に，この後に所有権の移転の登記がされたときには，誰が所有者なのかがわかりにくくなってしまいます。

### ３．所有権の保存の登記以外の登記（上記③）

上記２.のように所有権の保存の登記がされると，それを前提に，たとえば，所有権の移転の登記，抵当権の設定の登記をすることができます。P13 で挙げた基本事例は，建物の所有者である松本雅典が，四菱銀行の抵当権を設定した事案ですので，四菱銀行と松本雅典が抵当権の設定の登記を申請することになります。

| 表　題　部　（主である建物の表示） | | 調製 | 余　白 | 不動産番号 | 0111483935938 |
|---|---|---|---|---|---|
| 所在図番号 | 余　白 | | | | |
| 所　　在 | 新宿区新宿一丁目１番地 | | | 余　白 | |
| 家屋番号 | １番 | | | 余　白 | |
| ①　種　類 | ②　構　造 | ③　床　面　積　㎡ | | 原因及びその日付［登記の日付］ | |
| 居宅 | 木造かわらぶき<br>２階建 | １階　72<br>２階　60 | 55<br>11 | 令和５年６月22日新築<br>［令和５年６月23日］ | |
| 所　有　者 | 新宿区新宿一丁目１番１号　松本雅典 | | | | |

| 権　利　部　（甲　区）　（所　有　権　に　関　す　る　事　項） | | | |
|---|---|---|---|
| 順位番号 | 登記の目的 | 受付年月日・受付番号 | 権　利　者　そ　の　他　の　事　項 |
| 1 | 所有権保存 | 令和５年６月28日<br>第12456号 | 所有者　新宿区新宿一丁目１番１号<br>松本雅典 |

| 権　利　部　（乙　区）　（所　有　権　以　外　の　権　利　に　関　す　る　事　項） | | | |
|---|---|---|---|
| 順位番号 | 登記の目的 | 受付年月日・受付番号 | 権　利　者　そ　の　他　の　事　項 |
| 1 | 抵当権設定 | 令和５年６月28日<br>第12457号 | 原因　令和５年６月28日金銭消費貸借同日設定<br>債権額　金1500万円<br>債務者　新宿区新宿一丁目１番１号<br>松本雅典<br>抵当権者　千代田区大手町一丁目１番１号<br>株式会社四菱銀行 |

### （1）対抗力

これも権利に関する登記ですので，抵当権に対抗力（民法177条）が備わります。

### （2）記載事項の意味がわかる必要がある事項

本試験までには，抵当権の登記事項の意味がすべてわかるようにならなければなりません。しかし，現時点では，「四菱銀行の抵当権の登記がされているな～。『債権額金1500万円』ってあるから，1500万円の融資をしたんだろうな～。」くらいの認識で結構です。

**― Realistic 2　説明の主眼となっている対象を押さえていく ―**

不動産登記法など手続法は，**ひととおり学習しないとわからない事項**があります。上記の抵当権のハナシでも，抵当権の登記について，この時点ですべてを理解することはできません。ここで抵当権の登記事項の説明をすることもできます。しかし，今は，登記記録ができる流れを学習しています。抵当権はあくまで例です。よって，ここで抵当権について詳しく説明することは不適切です。

このテキストでは説明順序を相当工夫していますが，それでも，このようにひととおり学習した後でないとわからない事項はあります。その点は気にせず，**説明の主眼となっている対象**（上記では「登記記録ができる流れ」）**を理解・記憶**していってください。

### 4．イレギュラーな登記の流れ

上記1.～3.の「表題登記→所有権の保存の登記→所有権の保存の登記以外の登記」が一般的な登記の流れです。

しかし，これには，以下の2つの例外があります。現時点では，「例外もあるんだ～」くらいの認識で結構です。

・例外① ―― 表題登記がないのに所有権の保存の登記が申請される場合
　P179～180※で説明します。
・例外② ―― 表題登記も所有権の登記もないのに所有権以外の登記が申請される場合
　Ⅱのテキスト第3編第3章[3]で説明します。

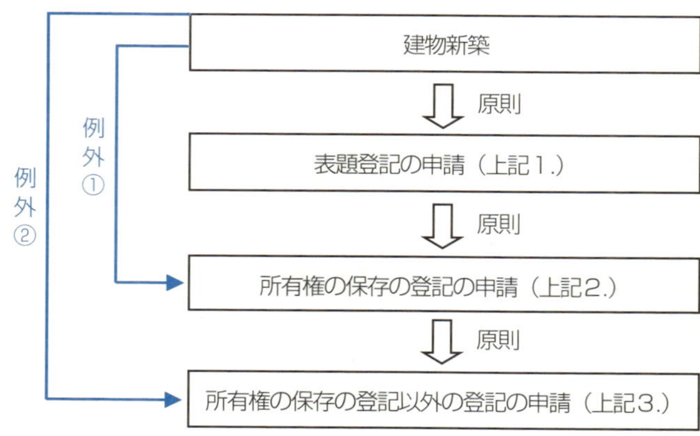

## 4 登記事項証明書

### 1．登記事項証明書とは？

上記3のように，一筆の土地・一個の建物ごとに登記記録が作成されます。みなさんが，この登記記録の内容を見たいと思ったとき，どうすればいいでしょうか。

登記記録の内容を見るには，登記官に登記事項証明書の交付を請求します。「登記事項証明書」とは，登記記録に記録されている事項を証明した書面です（不登法 119条1項）。

登記事項証明書には，いくつか種類があります。たとえば，登記記録に記録されている事項の全部を記載した「全部事項証明書」（不登規 196 条1項1号），現に効力を有する事項のみを記載した「現在事項証明書」（不登規 196 条1項2号）があります。他にも，特定の区の特定の番号のみの証明書や現在の所有権の登記名義人のみを記載した証明書などもありますが（不登規 196 条），通常は全部事項証明書の交付を請求します。

### 2．登記事項証明書の交付の請求方法

登記事項証明書の交付の請求は，数百円の手数料さえ納付すれば，誰でもできます（不登法 119 条1項）。自分が所有している不動産でなくても，たとえば，近所の方が所有している不動産の登記事項証明書の交付の請求もでき，「○○銀行からいくら借りているんだ……」（←抵当権の登記事項です）といったことも知ることができます。個人情報の問題を指摘されることもありますが，不動産登記の趣旨は公示ですので（P4③），このように公開されているのです。

登記事項証明書の交付の請求は，具体的には以下の方法により行います。

①登記所の窓口に請求書を提出する方法（不登規 194 条1項）

登記申請（P6 1）と異なり，他管轄の不動産の登記事項証明書の交付の請求をすることもできます。登記記録に記録されている事項の証明にすぎないので，全国どこの不動産の登記事項証明書でも請求できるのです。

なお，請求書を登記所に郵送しても構いません。

②オンラインにより交付の請求をする方法（不登規 194 条3項前段）

インターネットで請求するということです。今は，ネットで請求できるんです。

オンラインでの手続は，本人確認のため電子署名というものが要求されることがあります（P49～51（b）で説明します）。しかし，登記事項証明書の交付請求の場合は，電子署名は不要です。登記事項証明書の交付の請求は，誰でもできるからです。

オンラインで請求した登記事項証明書は，郵送してもらうか，指定した登記所で受け取るかを選ぶことができます（不登規 194 条3項後段）。

**※被害者保護のための住所の公開の制限**

登記記録には，登記名義人や債務者の住所も記録されています。登記記録は，登記事項証明書の交付の請求をすれば誰でもみられてしまいます。ＤＶ・ストーカー行為等・児童虐待の被害者が登記されている場合に，加害者に登記記録をみられて，現在の住所が判明してしまうといったおそれがあります。

そこで，以下の①②などの場合には，ＤＶ・ストーカー行為等・児童虐待などの被害者の申出があると，登記事項証明書には住所に代わるもの（＊）を記載します（不登法119条６項）。

＊弁護士や支援団体の住所，法務局の住所などを記載することが検討されています。

①住所が明らかにされることにより，人の生命または身体に危害を及ぼすおそれがある場合

ＤＶ・ストーカー行為等・児童虐待などの被害者が当たると考えられています。

②上記①に準ずる程度に心身に有害な影響を及ぼすおそれがある場合

この※の規定は，令和３年の改正で新設されました。

＊この改正規定は，令和６年４月１日から施行されます。

## 5　所有不動産記録証明書

誰でも，手数料を納付すれば，自らが所有権の登記名義人として記録されている不動産（記録がないときは記録がない旨）の証明書の交付を請求することができます（不登法119条の２第１項）。この証明書を「所有不動産記録証明書」といいます。相続人などの一般承継人も，被相続人の所有不動産記録証明書の交付を請求することができます（不登法119条の２第２項）。

これまでは，人を基準に所有権の登記名義人となっている不動産を全国の不動産から抽出する（いわゆる名寄(なよ)せをする）制度がありませんでした（市町村単位での名寄せの制度はあります）。そのため，相続登記の際に，相続財産の調査で判明しない不動産があり，相続登記がされずに放置されている不動産がありました。そこで，令和３年の改正で，この5の規定が新設されました。

＊この改正規定は，令和３年４月から５年以内に施行されます。

# 第３節　主登記・付記登記

権利に関する登記がされる形式として，「主登記」「付記登記」の２つがあります。

## 1 主登記

### 1．意義

主登記：独立の順位番号（「１（番）」「２（番）」など）を付してなされる登記

登記は，原則として主登記の形式でします。このテキストでは，今のところ主登記しか出てきていません。

ex. P15 でみた所有権の保存の登記は，主登記でされた登記です。

| 権利部（甲区）（所有権に関する事項） | | | |
|---|---|---|---|
| 順位番号 | 登記の目的 | 受付年月日・受付番号 | 権利者その他の事項 |
| 1 | 所有権保存 | 令和５年６月28日<br>第12456号 | 所有者　松本雅典 |

### 2．順位

権利同士の優先関係が問題になったとき，優先関係は「順位」で決まります。この順位は，基本的に主登記の前後で決まります（先にされた主登記が優先します。不登法４条１項）。

順位は，甲区よりも乙区で問題となることが多いです。甲区で順位が問題になることが少ないのは，甲区に登記される権利は所有権だからです。１つの不動産に対する所有権は１個なので（一物一権主義），優先関係は問題になりません。なお，不動産を共有している場合も，優先関係は問題になりません。それに対して，乙区では，抵当権など同じ権利が複数登記されることもありますし，他の権利との優先関係も問題となります。よって，乙区の例で説明します。

ex. 以下の登記記録のように，乙区１番で株式会社四菱銀行の抵当権，乙区２番で株式会社アコミス（サラ金）の抵当権の登記がされている不動産があったとします。乙区１番の抵当権も，乙区２番の抵当権も，いずれも主登記で登記されています。この不動産が競売され，競売代金が1500万円であり，四菱銀行の残債権が1500万円だったとします。この場合，四菱銀行は1500万円を回収できますが（＊），アコミスはこの競売代金からは１円も回収できません。

＊このテキストでは，執行費用（民執法42条）などは考慮していません。

| 権利部（乙区）（所有権以外の権利に関する事項） | | | |
|---|---|---|---|
| 順位番号 | 登記の目的 | 受付年月日・受付番号 | 権利者その他の事項 |
| 1 | 抵当権設定 | 令和5年6月28日<br>第12457号 | 原因　令和5年6月28日金銭消費貸借同日設定<br>債権額　金1500万円<br>債務者　松本雅典<br>抵当権者　株式会社四菱銀行 |
| 2 | 抵当権設定 | 令和5年7月28日<br>第14152号 | 原因　令和5年5月28日金銭消費貸借同日設定<br>債権額　金1000万円<br>債務者　松本雅典<br>抵当権者　株式会社アコミス |

この優先順位を決めるのが，登記記録の左に振られた「1」「2」という順位番号です。そして，この順位番号を決めるのは，受付の先後，つまり，どちらが早く申請をしたかです。登記記録の受付年月日・受付番号をみて判断することになります（P16の「申請の先後を判断する方法」）。どちらが早く申請をしたかで決まるのであって，契約日で決まるわけではありません。アコミスが金銭消費貸借契約および抵当権設定契約をしたのは令和5年5月28日であって（上記の登記記録の乙区2番の「原因」という箇所をご覧ください），四菱銀行が金銭消費貸借契約および抵当権設定契約をした令和5年6月28日（上記の登記記録の乙区1番の「原因」という箇所をご覧ください）よりも前ですが，優先するのは先に登記をした四菱銀行です。優先関係は，登記の先後で決まるからです（民法177条）。

## 2　付記登記

### 1．意義

付記登記：すでにされた登記と一体として公示する必要がある登記であって，それ自身としては独立の順位番号をもたず，すでにされた登記の順位番号をそのまま用いる登記（不登法4条2項）

簡単にいうと，すでにされた登記に子分のようにくっついてされる登記です。くっつかれるほうの「すでにされた登記」は，例外的に付記登記である場合もありますが（ex. P369〜370，431④），ほとんどは主登記です。現時点では，主登記に子分のようにくっついてされる登記が付記登記だと考えてください。

付記登記は，以下の①または②のいずれかの目的でされます（不登法4条2項かっこ書）。

①すでにされた登記の内容の一部を変更または更正（P26～27）する

すでにされた登記の変更または更正なので，すでにされた登記にくっついてしたほうがわかりやすいのです。

この具体例は，P29でみます。

②すでにされた所有権以外の権利の登記の権利者の変更（権利の移転）または所有権以外の権利を目的とする権利の登記をする

甲区に登記されるのは，原則として1つの不動産に対して1つしかない所有権です。よって，所有者が変わった（所有権が移転した）場合，主登記で登記します。それに対して，乙区には，いくつもの権利が登記されることがあります。たとえば，抵当権が2つ登記されている場合に，1番抵当権の抵当権者が変わった（抵当権が移転した）ことを3番の主登記で登記すると，わかりにくくなってしまいますよね。そこで，1番抵当権（主登記）にくっついて登記されるのです。

ex. 乙区1番で株式会社四菱銀行の抵当権，乙区2番で株式会社アコミスの抵当権の登記がされている不動産があったとします。四菱銀行が抵当権の被担保債権を株式会社野和証券に譲渡すると，抵当権も随伴性で野和証券に移転します。この抵当権の移転の登記は，乙区1番付記1号で登記されます（不登規3条5号）。

| 権利部（乙区）（所有権以外の権利に関する事項） | | | |
|---|---|---|---|
| 順位番号 | 登記の目的 | 受付年月日・受付番号 | 権利者その他の事項 |
| 1 | 抵当権設定 | 令和5年6月28日<br>第12457号 | 原因　令和5年6月28日金銭消費貸借同日設定<br>債権額　金1500万円<br>債務者　松本雅典<br>抵当権者　株式会社四菱銀行 |
| 付記1号 | 1番抵当権移転 | 令和5年8月5日<br>第14854号 | 原因　令和5年8月5日債権譲渡<br>抵当権者　株式会社野和証券 |
| 2 | 抵当権設定 | 令和5年7月28日<br>第14152号 | 原因　令和5年5月28日金銭消費貸借同日設定<br>債権額　金1000万円<br>債務者　松本雅典<br>抵当権者　株式会社アコミス |

## 2．順位

付記登記の順位は，主登記の順位によります（不登法4条2項）。

ex. 上記1.のex.において，野和証券の登記はアコミスの登記の後にされていますが，この不動産が競売されたときは，野和証券がアコミスに優先して配当を受けることになります。

主登記の順位番号をそのまま用いるのが，付記登記だからです。

「野和証券より先に登記されているアコミスがかわいそうでは？」と思われたかもしれませんが，アコミスは２番でしか優先配当を受けられないことを覚悟しています。よって，１番の抵当権者が四菱銀行から野和証券に変わっても，アコミスが２番で優先配当を受けることに変わりはないため，問題はないのです。

#### ※同一の主登記にかかる付記登記の順位

１つの主登記に複数の付記登記がされることがあります。この場合には，複数の付記登記同士の順位が問題となりますが，付記登記の前後によって決まります（不登法４条２項）。１つの主登記に複数の付記登記がされるのは，たとえば，以下のような場合です。

ex. 地上権を目的として複数の抵当権が設定されたとします。地上権を目的として設定された抵当権は，付記登記で登記されます（不登規３条４号）。よって，地上権を目的として複数の抵当権の設定の登記がされると，１つの主登記（地上権）に複数の付記登記（抵当権の設定の登記）がされることになります。この抵当権の順位は，付記登記の前後によって決まります。つまり，先に登記された抵当権が優先します。

#### 要は

P21～22 の２.と P23～24 の２.で主登記と付記登記について順位（優先関係）をみてきましたが，要は，**同じ区の中では上にある登記が優先する**ってことです。たとえば，P23～24 の ex.では，野和証券がアコミスに優先していますが，登記記録上，野和証券の登記はアコミスの登記の上にあります。

### ３．付記登記でされる登記

主登記が原則で付記登記が例外ですので，付記登記は，付記登記でされると決められている場合にのみされます。それは，たとえば以下の表にあるような登記ですが，３つに分類することができます。

＊まだ学習していない登記ばかりですので，今の時点で理解・記憶する必要はありません。各登記の箇所で「P25②ア」などと記載しますので，以下の表に何度も戻ってきてください。その過程で，付記登記でされる場合とその理由を徐々にストックしてください。なお，上記１.の ex.の抵当権の移転の登記は「①エ」です。

| | |
|---|---|
| ①性質上，主登記と同一順位にする必要がある場合 | **ア　登記名義人の氏名（名称）・住所の変更の登記または更正の登記（いわゆる名変登記。**不登規3条1号）<br>**イ　一部抹消回復の登記**（不登規3条3号）<br>**ウ　所有権以外の権利を目的とする権利に関する登記（処分制限の登記を含む。**不登規3条4号）<br>ex1. 所有権以外の権利についての破産手続開始の登記<br>cf. 所有権についての破産手続開始の登記は，主登記でされます。<br>ex2. 地上権への賃借権の設定の登記<br>ex3. 地上権の強制競売開始決定にかかる差押えの登記<br>ex4. 抵当権の順位の譲渡についての登記請求権を保全するための抵当権の処分禁止の登記（記録例701）<br>ex5. 所有権移転請求権（＊）を目的とする処分禁止の仮処分の登記（昭33.2.14民事甲369）<br>＊所有権移転請求権は債権ですので，「所有権以外の権利」です。<br>ex6. 地上権・賃借権が工場財団に属した旨の登記<br>**エ　所有権以外の権利の移転の登記**（不登規3条5号）<br>**オ　抵当権の処分の登記（抵当権付債権の質入れの登記も含む。**民法376条2項）<br>**カ　相続人である旨の申出があった旨の登記**（不登法76条の3第3項） |
| ②主登記の順位をそのまま維持させたい場合 | **ア　登記上の利害関係を有する第三者の承諾がある場合または登記上の利害関係を有する第三者がいない場合（不登法66条）の変更の登記または更正の登記**（不登規3条2号）<br>**イ　債権の分割による抵当権の変更の登記**（不登規3条2号イ） |
| ③権利関係を公示上明確にするため，法律が付記登記以外の登記の形式を認めない場合 | **ア　買戻特約の登記**（不登規3条9号）<br>**イ　権利消滅の定めの登記（権利失効の定めの登記も含む。**不登規3条6号）<br>**ウ　指定根抵当権者または指定債務者の合意の登記**（不登規3条2号ロ）<br>**エ　所有権以外の権利を目的とする根抵当権の分割譲渡の登記**（不登規3条5号，165条1項かっこ書）<br>**オ　根抵当権の共有者間（＊）の優先の定めの登記**（不登規3条2号ニ）<br>＊所有権以外の権利を共有していることを「準共有」ということもありますが，このテキストでは「共有」と表記します。<br>**カ　根抵当権の極度額の変更の登記または更正の登記**（昭46.10.4民事甲3230）<br>**キ　共同抵当権の後順位者の代位の登記**（不登規3条7号）<br>**ク　根抵当権の分割譲渡の登記における極度額の減額による変更の登記**（不登規3条2号ハ） |

**「主登記でされるか？」「付記登記でされるか？」を問う問題**

ある登記が「主登記でされるか？」「付記登記でされるか？」を問う問題は頻出です。この種の問題には，以下のように備えてください。

①**付記登記でされる登記（上記の表の登記）を意識的に**思い出せるようにする

付記登記が例外であり，付記登記でされる場合は根拠がありますので，付記登記でされる登記のほうを意識的に思い出せるようにしてください。

②登記記録をみるときに，主登記でされているか付記登記でされているかを注意してみる

このテキストは，多めに登記記録例を載せています。登記記録をみるときは，主登記でされているか付記登記でされているかに注意するクセをつけてください。

## 3　主登記・付記登記いずれもがあり得る登記

「主登記でされること」「付記登記でされること」のいずれもがあり得る登記があります。

> **不動産登記法 66 条（権利の変更の登記又は更正の登記）**
> 権利の変更の登記又は更正の登記は，登記上の利害関係を有する第三者（権利の変更の登記又は更正の登記につき利害関係を有する抵当証券の所持人又は裏書人を含む。以下この条において同じ。）の承諾がある場合及び当該第三者がない場合に限り，付記登記によってすることができる。

### 1．意義

これは，以下の２つの登記のハナシです。

①変更の登記：登記をした後に登記事項に変更があった場合に，その事項を変更する登記（不登法２条15号）

下記②の更正の登記との違いですが，変更の登記は，最初の登記時に誤りがあったわけではなく，登記をした後に登記した事項に変更が生じた場合にする登記です。

ex. 抵当権の設定の登記をした後に，債務者が債務の一部を弁済した場合，その抵当権の登記について債権額の変更の登記をすることができます。

②更正の登記：登記時から登記事項の一部に錯誤（間違いのこと）または遺漏（モレのこと）がある場合に，その事項を訂正する登記（不登法2条16号）

上記①の変更の登記との違いですが，更正の登記は，最初の登記時に誤りがある（最初から誤っている）場合にする登記です。

ex1. 抵当権の設定の登記をしたが，誤って債権額を少なく登記してしまった場合（錯誤），その抵当権の登記について債権額の更正の登記をすることができます。

ex2. 抵当権の設定の登記をしたが，債権額がモレていた場合（遺漏），その抵当権の登記について債権額を記録する更正の登記をすることができます。

変更の登記と更正の登記は，以下のとおり，主登記でされる場合と，付記登記でされる場合に分かれます（不登法66条）。

・主登記でされる場合
　→　登記上の利害関係を有する第三者がいる場合において，その承諾がないとき
・付記登記でされる場合
　→　登記上の利害関係を有する第三者がいる場合において，その承諾があるとき
　　or
　　登記上の利害関係を有する第三者がいないとき

「なぜこのように分かれるのか？」「『登記上の利害関係を有する第三者』とは？」については，下記2.の①を例に説明します。

＊「登記上の利害関係を有する第三者」について詳しくは，P113～115で説明します。

## 2. 具体例

①担保物権の債権額の変更の登記または更正の登記

ex. 以下の登記がされている場合に，1番抵当権の債権額を2000万円に増額する更正の登記をするとき，「登記上の利害関係を有する第三者」に当たるのは，株式会社アコミスです。1番抵当権の債権額が増額され，1番抵当権の優先枠が増加すると，2番抵当権の優先枠が減少するからです。

| 権利部（乙区）（所有権以外の権利に関する事項） | | | |
|---|---|---|---|
| 順位番号 | 登記の目的 | 受付年月日・受付番号 | 権利者その他の事項 |
| 1 | 抵当権設定 | 令和５年６月28日<br>第12457号 | 原因　令和５年６月28日金銭消費貸借同日設定<br>債権額　金1500万円<br>債務者　松本雅典<br>抵当権者　株式会社四菱銀行 |
| 2 | 抵当権設定 | 令和５年７月28日<br>第14152号 | 原因　令和５年５月28日金銭消費貸借同日設定<br>債権額　金1000万円<br>債務者　松本雅典<br>抵当権者　株式会社アコミス |

よって，アコミスの承諾がないときは，更正の登記は以下のように主登記でされます。

| 権利部（乙区）（所有権以外の権利に関する事項） | | | |
|---|---|---|---|
| 順位番号 | 登記の目的 | 受付年月日・受付番号 | 権利者その他の事項 |
| 1 | 抵当権設定 | 令和５年６月28日<br>第12457号 | 原因　令和５年６月28日金銭消費貸借同日設定<br>債権額　金1500万円<br>債務者　松本雅典<br>抵当権者　株式会社四菱銀行 |
| 2 | 抵当権設定 | 令和５年７月28日<br>第14152号 | 原因　令和５年５月28日金銭消費貸借同日設定<br>債権額　金1000万円<br>債務者　松本雅典<br>抵当権者　株式会社アコミス |
| 3 | 1番抵当権更正 | 令和５年８月５日<br>第14854号 | 原因　錯誤<br>債権額　金2000万円 |

上記のような登記がされている場合に，この不動産が競売されると，競売代金は以下の優先順で配当されます。

優先順位１ —— 四菱銀行　1500万円<br>
優先順位２ —— アコミス　1000万円<br>
優先順位３ —— 四菱銀行　500万円

増額分の500万円について，四菱銀行はアコミスに対抗できないということです。

それに対して，アコミスの承諾があるときは，更正の登記は以下のように付記登記でされます。

| 権利部（乙区）（所有権以外の権利に関する事項） | | | |
|---|---|---|---|
| 順位番号 | 登記の目的 | 受付年月日・受付番号 | 権利者その他の事項 |
| 1 | 抵当権設定 | 令和5年6月28日<br>第12457号 | 原因　令和5年6月28日金銭消費貸借同日設定<br>債権額　金1500万円<br>債務者　松本雅典<br>抵当権者　株式会社四菱銀行 |
| 付記1号 | 1番抵当権更正 | 令和5年8月5日<br>第14854号 | 原因　錯誤<br>債権額　金2000万円 |
| 2 | 抵当権設定 | 令和5年7月28日<br>第14152号 | 原因　令和5年5月28日金銭消費貸借同日設定<br>債権額　金1000万円<br>債務者　松本雅典<br>抵当権者　株式会社アコミス |

上記のような登記がされている場合に，この不動産が競売されると，競売代金は以下の優先順で配当されます。

優先順位1 ―― 四菱銀行　2000万円
優先順位2 ―― アコミス　1000万円

増額分の500万円についても，四菱銀行はアコミスに対抗できるということです。

②担保物権の利息・損害金の利率を上げる変更の登記または更正の登記

利息・損害金を上げることも担保物権の優先枠を増加させるハナシであるため，上記①の債権額と同じ扱いとなります。

③抵当権の利息等の特別の登記（民法375条1項ただし書）

抵当権者は，利息，定期金および遅延損害金が発生している場合でも，これらは満期となった最後の2年分についてのみしか抵当権による優先権を主張できません（民法375条1項本文，2項）。後順位抵当権者や一般債権者を保護するため，抵当権者は「ちょっとは遠慮しろ（利息などは2年分でガマンしろ）！」とされています。――民法Ⅱのテキスト第4編第5章第3節2

しかし，最後の2年分よりも前の利息などについても，特別の登記をすれば，優先権を主張できます（民法 375 条1項ただし書）。これを「抵当権の利息等の特別の登記」といいます。

これも担保物権の優先枠を増加させるハナシですので，上記①の債権額と同じ扱いとなります。

④抵当権の利息の元本への組入れ（重利。民法 405 条）

「重利」とは，利息に利息がつくことです。原則として重利とはなりませんが，例外的に，利息の支払が1年分以上延滞した場合に，債権者が催告をしても債務者がその利息を支払わないときに，債権者は利息を元本に組み入れることができます（民法405 条）。―― 民法Ⅲのテキスト第5編第2章3※

これも担保物権の優先枠を増加させるハナシですので，上記①の債権額と同じ扱いとなります。

# 第４節　登記申請の対象となる登記

登記申請の対象となる登記は，**現に効力を有する登記**です。現に効力を有しない登記は，登記申請の対象とはなりません。

どういうことか，以下の具体例で説明します。

ex. 不動産が，「松本雅典→山田太郎→鈴木一郎」と移転し，それぞれの登記がされました。その後，山田太郎が所有権を取得した登記原因が，登記されている「売買」ではなく「贈与」であったことが判明しました。この場合，山田太郎の所有権の登記の更正の登記を申請することはできません。

| 権利部（甲区）（所有権に関する事項） | | | |
|---|---|---|---|
| 順位番号 | 登記の目的 | 受付年月日・受付番号 | 権利者その他の事項 |
| 1 | 所有権保存 | 令和５年６月28日<br>第12456号 | 所有者　松本雅典 |
| 2 | 所有権移転 | 令和５年７月８日<br>第12987号 | 原因　令和５年７月８日売買<br>所有者　山田太郎 |
| 3 | 所有権移転 | 令和５年10月８日<br>第15142号 | 原因　令和５年10月８日売買<br>所有者　鈴木一郎 |

すでに鈴木一郎に所有権の移転の登記がされており，山田太郎の所有権の登記は現に効力を有しない登記となっているからです。

現に効力を有する登記であれば登記申請の対象となりますので，上記ex.において，鈴木一郎の所有権の登記の更正の登記であれば申請できます。

# 第5章　登記の流れ（申請～完了）

## 第１節　登記の申請から完了までの大まかな流れ

登記を申請してから完了するまでの大まかな流れは，以下のとおりです。

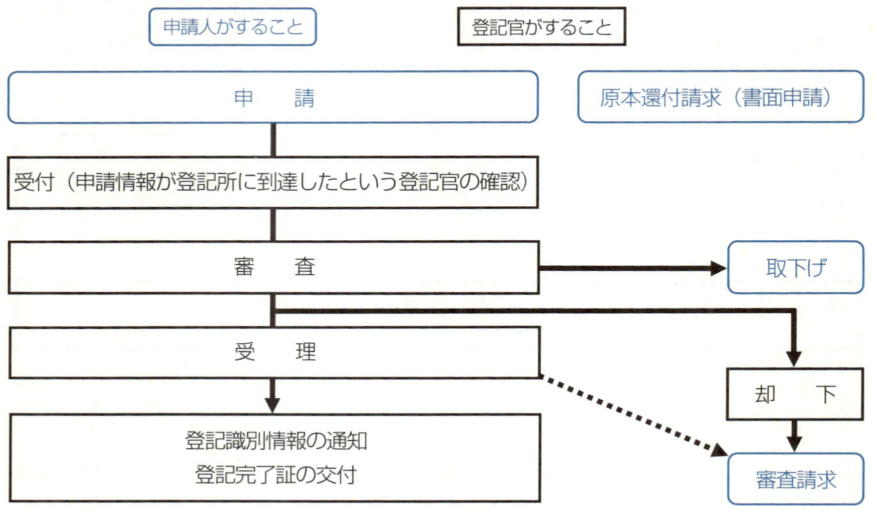


この第５章では，上記の左のラインの「申請」（第２節）→「受付→審査→受理」（第３節）→「登記完了証の交付」（第４節）をみていきます。

それ以外は，以下の箇所で説明します。

・「原本還付請求（書面申請）」
　→　P143～146 2

・「取下げ」（申請後，登記が完了するまでに，申請人の意思で申請を取り下げること），「却下」（申請に不備があるため登記官が申請を却下すること），「審査請求」（登記官の処分に不服を申し立てることなど）
　→　Ⅱのテキスト第６編第１章

・「登記識別情報の通知」
　→　P73～77 2

# 第2節　申請（申請人がすること）

## 1　登記手続の開始

### 1．原則

P12の2.で説明したとおり，権利に関する登記は私的自治の原則が働く分野ですので，以下の行為があって初めて登記手続が始まります（申請主義。不登法16条1項）。

①当事者の申請
②官庁または公署の嘱託

「官庁」とは，国の機関のことです。財務省や裁判所がこれに当たります。

ex1.「国有地」というものを聞いたことがあると思います。国が所有権を有している土地です。国が国有地を民間企業に払い下げ，民間企業に対して所有権の移転の登記をする場合，国が登記所に登記を嘱託します（不登法116条2項）。

ex2. 債権者が裁判所に対して債務者の不動産の強制競売の申立てをした場合，裁判所書記官の嘱託によって差押登記がされます（民執法48条1項）。

「公署」とは，国の機関以外の公的機関のことです。都道府県や市町村がこれに当たります。

ex. 2012年に，東京都が尖閣諸島の土地を買おうとしたことがありましたが，東京都が買っていれば，東京都の嘱託により所有権の移転の登記がされ，「所有者　東京都」と登記されていました。

「嘱託」とは，仕事を頼むという意味です。

「②は公的機関が嘱託するのだから，申請主義ではないのでは？」と思われたかもしれませんが，申請主義の反対の意味の「職権主義」（下記2.）とは，登記を実行する登記官が自ら登記手続を開始できることです。財務省，裁判所，都道府県，市町村などは登記官ではありませんので，②も①に準じる申請主義といえるのです。

### 2．例外

権利に関する登記についても，登記官が職権でできるとされている登記もあります（職権主義）。しかし，権利に関する登記においては，これは例外です。

＊上記1.が原則であり，そのうち上記1.①の「当事者の申請」が学習のメインとなりますので，以下，基本的に当事者の申請について説明します。上記1.②の「官庁または公署の嘱託」は，Ⅱのテキスト第6編第3章で説明します。

## 2 申請構造

### 1．申請構造の種類

申請構造は，以下の３種類があります。

#### （1）共同申請

共同申請：登記権利者と登記義務者が共同してする申請（不登法 60 条）

「登記権利者」と「登記義務者」は，以下のとおり定義されています。

**不動産登記法２条（定義）**

十二　登記権利者　権利に関する登記をすることにより，登記上，直接に利益を受ける者をいい，間接に利益を受ける者を除く。

十三　登記義務者　権利に関する登記をすることにより，登記上，直接に不利益を受ける登記名義人をいい，間接に不利益を受ける登記名義人を除く。

いずれも「直接に」となっている点が後々ポイントになってくるのですが，現時点では，「その登記をすることで得をする人が登記権利者で，損をする人が登記義務者」くらいの認識を持っておいてください（少し雑なイメージですが）。

ex. 不動産の売買があり，その売買に基づいて所有権の移転の登記を申請する場合，新たに登記名義人として登記される買主が登記権利者であり，登記名義を失う売主が登記義務者です。そして，この所有権の移転の登記は，買主（登記権利者）と売主（登記義務者）が共同して申請します。

なお，登記義務者となるのは「登記名義人」である者です（不登法２条 13 号）。登記名義人とは，登記記録の権利部（P12 の２.）に，不動産登記法３条の権利（P９①～⑩）の権利者として記録されている者でした（P７）。この登記名義人が，直接に不利益を受ける登記をする場合に，登記義務者となります。

#### （2）合同申請

合同申請：登記権利者と登記義務者の区別なく，すべての登記名義人が共同してする申請（不登法 60 条の「法令に別段の定めがある場合」，65 条，89 条１項，２項）

「どちらに利益に」「どちらに不利益に」とは明確にいえず，登記権利者と登記義務者の区別をしがたい登記があります。その場合，当事者全員を「申請人」として申請します。これを合同申請といいます。

合同申請は，厳密にいうと，共同申請の一種です。条文（不登法65条，89条1項）にも「共同して」と記載されています。ただし，試験では共同申請と別の申請構造として出題されていますので（ex. 平成22年度第22問），別の申請構造と考えていただいて結構です。

### （3）単独申請

単独申請：登記権利者・登記義務者がそもそも理論的に存在しない場合（下記①），または，登記権利者・登記義務者が存在しても共同して申請できない事情がある場合（下記②）にする申請（不登法60条の「法令に別段の定めがある場合」）

単独申請には，以下の２つの場合があります。

①登記権利者・登記義務者がそもそも理論的に存在しない場合

P15～16の２.で説明した所有権の保存の登記が典型例です。建物を建てた場合にする所有権の保存の登記は，ある人が建物を建てただけですから，「登記権利者と登記義務者」というものが，そもそも理論的に存在しません。

②登記権利者・登記義務者が存在しても共同して申請できない事情がある場合

判決による登記が典型例です。「判決による登記」とは，申請に協力しない者がいる場合に，その者を相手方として訴えを提起し，登記手続を命じる確定判決を得てする登記です（不登法63条1項。Ⅱのテキスト第5編第4章）。

ex. 不動産の売買があったが，登記義務者である売主が所有権の移転の登記に協力しなかったとします。この場合，登記権利者である買主は，売主を相手方として訴えを提起し，登記手続を命じる確定判決を得れば，買主が単独で所有権の移転の登記を申請できます。

このex.の場合，「登記権利者と登記義務者」は存在しますが，登記義務者が登記申請に協力しないため，単独申請によって申請します。

### 2．申請構造の原則

#### （1）共同申請主義

**不動産登記法60条（共同申請）**

権利に関する登記の申請は，法令に別段の定めがある場合を除き，登記権利者及び登記義務者が共同してしなければならない。

上記1.のとおり3つの申請構造がありますが，上記1.（1）の共同申請によることが大原則です（不登法60条）。これを「共同申請主義」といいます。

共同申請が大原則とされているのは，以下の①と②の理由によります。

①権利変動が生じたことを証する確度の高い情報があるとは限らない中で，登記官の審査権も原則として形式的審査権とされている。よって，登記上，不利益を受ける
P67＝ 登記義務者を登記手続に関与させることで，登記の真正を確保する必要がある。

権利変動が生じたことを証する判決など確度の高い情報があるとは限りません。住宅の売買をイメージしていただければわかりますが，通常は判決などはありません。そして，登記官に与えられている審査権は原則として形式的審査権ですので，登記官が「本当に権利変動が生じたのか？」について実質的な調査をすることはできません（登記官の審査権については，P54～57 2 で詳しく説明します）。

「では，どうやって間違った登記がされるのを防ぐのか？」という問題となりますが，不動産登記は，不利益を受ける登記義務者を関与させることで間違った登記がされるのを防ごうとしています。「不利益を受ける人が自ら不利益を受ける申請をするんなら，間違いない申請なんだろう」ということです。

②私的自治の原則が働く権利に関する登記においては（P12 の2.），権利変動の当事者の意思に基づいて登記をすべきである

**― Realistic 3　旧ドイツ法の仮装訴訟に由来 ―**

歴史的なハナシをすると，共同申請主義は旧ドイツ法の「仮装訴訟」に由来します。日本の不動産登記法は，ドイツ法を受け継いでいます。かつてのドイツでは，登記権利者が登記義務者を訴え（形式的な訴えです），登記義務者が訴えの内容を認める（認諾といいます）ことで真正を担保していました。これを「仮装訴訟」といいます。これが，登記権利者と登記義務者が共同で申請する構造に変わっていったのです。

**記憶の仕方**

このように共同申請が大原則ですので，**「合同申請でされる登記」（下記（2））「単独申請でされる登記」（下記（3））のほうを明確に思い出せるように**してください。

※ただし，まだ具体的な登記を学習していませんので，下記（2）（3）はいったん飛ばし，Ⅱのテキスト第5編まで学習した後で記憶してください。

※以下の表は，基本的にこのテキストで登場する順番に従って記載しています。

### （2）合同申請でされる登記

| 合同申請でされる登記 | 申請人 |
|---|---|
| ①**共有物分割禁止の定めの登記**（不登法65条。P319の4.） | **その権利の共有者全員** |
| ②**担保権の順位変更の登記，順位変更の更正の登記，順位変更の抹消の登記**（不登法89条1項。昭46.10.4民事甲3230。P445～446（4），450[3]，451の2.） | **担保権者** |
| ③**根抵当権の共有者間の優先の定めの登記，優先の定めの変更の登記，優先の定めの抹消の登記**（不登法89条2項。Ⅱのテキスト第3編第2章第5節[6]2.（4）） | **根抵当権の共有者全員** |

### （3）単独申請でされる登記

| 単独申請でされる登記 | 申請人 |
|---|---|
| ①**所有権の保存の登記**（不登法74条。P162～163[2]） | **不動産登記法74条の申請適格者** |
| ②**収用による所有権の移転の登記**（不登法118条1項。P237～238の5.） | **起業者** |
| ③**相続による権利の移転の登記**（不登法63条2項。P241～242（a），P370の3.，P421（c），Ⅱのテキスト第3編第2章第6節[2]1.（2）（a）など） | **相続人** |
| ④**遺贈による所有権の移転の登記**（相続人に対する遺贈に限ります。不登法63条3項。P255～256（b）） | **遺贈を受けた相続人** |
| ⑤**法定相続分による相続登記後の遺産分割による所有権の移転の登記**（通達発出予定。P270＊，P275＊） | **遺産分割で法定相続分を超えて所有権を取得した相続人** |

| | |
|---|---|
| ⑥**特別縁故者への移転の登記**（昭37.6.15民事甲1606。P302～303（b）） | **特別縁故者** |
| ⑦**合併による権利の移転の登記**（不登法63条2項。P310（a），P370の3.，P421（c），Ⅱのテキスト第3編第2章第6節3 1.（2）など） | **存続会社・設立会社** |
| ⑧**遺産分割，相続放棄，特定財産承継遺言または相続人が受遺者である遺贈があったためにする，法定相続分による相続登記の所有権の更正の登記**（通達発出予定。P271※，P329～330（b）） | **遺産分割などで法定相続分を超えて所有権を取得した相続人** |
| ⑨**所有権の保存の登記の抹消の登記**（不登法77条。P345の3.） | **所有権の保存の登記の登記名義人** |
| ⑩**売買契約の日から 10 年を経過した買戻権の抹消の登記**（不登法69条の2。P376（2）） | **所有権の登記名義人** |
| ⑪**抵当権者の取扱店の変更の登記**（昭36.9.14民甲2277） | **抵当権の登記名義人** |
| ⑫**抵当証券が発行されている場合における，抵当権の債務者の氏名（名称）・住所の変更の登記または更正の登記**（不登法64条2項。P507 4） | **債務者** |
| ⑬**機械器具目録の変更の登記**（工場抵当法3条4項，38条1項。P509（2）） | **所有者** |
| ⑭**工場財団目録の変更の登記**（工場抵当法38条1項。P512（2）） | **所有者** |
| ⑮**工場財団の消滅の登記**（工場抵当法44条の2本文。P513の5.） | **所有者** |
| ⑯**根抵当権者からの確定請求に基づく確定登記**（不登法93条本文，民法398条の19第2項。Ⅱのテキスト第3編第2章第7節4 3.ⅰ） | **根抵当権者** |
| ⑰**第三者の申立てに基づく競売手続の開始または第三者による滞納処分の差押えを根抵当権者が知った時から２週間を経過したことに基づく確定登記**（不登法93条，民法398条の20第1項3号。Ⅱのテキスト第3編第2章第7節4 3.ⅱ） | **根抵当権者** |
| ⑱**債務者または設定者の破産手続開始の決定に基づく確定登記**（不登法93条，民法398条の20第1項4号。Ⅱのテキスト第3編第2章第7節4 3.ⅲ） | **根抵当権者** |
| ⑲**信託の登記**（不登法98条2項。Ⅱのテキスト第5編第1章第2節2 4.（2）） | **受託者** |
| ⑳**自己信託の登記**（不登法98条3項。Ⅱのテキスト第5編第1章第2節2 4.（1）） | **受託者** |

| | |
|---|---|
| ㉑**受託者の任務が死亡，後見開始もしくは保佐開始の審判，破産手続開始の決定，法人の合併以外の理由による解散または裁判所もしくは主務官庁の解任命令により終了し，新たに受託者が選任されたときの受託者の変更による権利移転の登記**（不登法100条1項。Ⅱのテキスト第5編第1章第3節2 2.（4）（b）） | **新たに選任された受託者** |
| ㉒**受託者が2人以上ある場合に，そのうちの一部の受託者の任務が死亡，後見開始もしくは保佐開始の審判，破産手続開始の決定，法人の合併以外の理由による解散または裁判所もしくは主務官庁の解任命令により終了したときのその受託者の任務終了による権利の変更の登記**（不登法100条2項。Ⅱのテキスト第5編第1章第3節2 2.（4）（b）） | **任務が終了しない他の受託者** |
| ㉓**信託の変更の登記**（不登法103条1項。Ⅱのテキスト第5編第1章第4節） | **受託者** |
| ㉔**信託の登記の抹消の登記**（不登法104条2項。Ⅱのテキスト第5編第1章第6節2 1.（2）） | **受託者** |
| ㉕**仮登記義務者の承諾がある場合の仮登記**（不登法107条1項。Ⅱのテキスト第5編第2章第1節3 2.（4）（b）①） | **仮登記権利者** |
| ㉖**仮登記を命じる処分がある場合の仮登記**（不登法 107 条1項，108条。Ⅱのテキスト第5編第2章第1節3 2.（4）（b）②） | **仮登記権利者** |
| ㉗**仮登記の抹消の登記**（不登法110条。Ⅱのテキスト第5編第2章第5節2 3.②③） | **仮登記の登記名義人，または，仮登記名義人の承諾がある場合における登記上の利害関係を有する第三者** |
| ㉘**登記名義人の氏名（名称）・住所の変更の登記または更正の登記（名変登記**。不登法64条1項。Ⅱのテキスト第5編第3章2 4.） | **登記名義人** |
| ㉙**判決による登記**（不登法 63 条1項。Ⅱのテキスト第5編第4章2 3.）<br>※判決の代わりとなるもの（和解調書など）による登記も含みます。 | **判決を得た者** |
| ㉚**所有権についての登記請求権を保全するための処分禁止の仮処分の登記がされた後に，仮処分の債権者が，仮処分の債務者を登記義務者とする所有権の登記（仮登記を除く）を申請する場合における，処分禁止の登記に後れる登記の抹消の登記**（民保法58条2項，不登法111条1項。Ⅱのテキスト第5編第5章5 3.①） | **仮処分の債権者** |

| | |
|---|---|
| **㉛所有権以外の権利の移転または消滅についての登記請求権を保全するための処分禁止の仮処分の登記がされた後に，仮処分の債権者が，仮処分の債務者を登記義務者とするその権利の移転または消滅に関する登記（仮登記を除く）を申請する場合における，処分禁止の登記に後れる登記の抹消の登記**（民保法58条2項，不登法111条2項。Ⅱのテキスト第5編第5章[5]3.②） | **仮処分の債権者** |
| **㉜不動産の使用または収益をする権利についての保全仮登記がされた後に，仮処分債権者が本登記を申請する場合における，処分禁止の登記に後れる所有権以外の不動産の使用または収益をする権利，あるいは，その権利を目的とする権利の抹消の登記**（民保法58条4項，不登法113条。Ⅱのテキスト第5編第5章[5]3.③） | **仮処分の債権者** |
| **㉝共同して登記の抹消の申請をすべき者の所在が知れない場合における，除権決定による権利の抹消の登記**（不登法70条1項～3項。Ⅱのテキスト第5編第8章[1]3.（1）） | **抹消の登記の登記権利者** |
| **㉞共同して登記の抹消の申請をすべき者の所在が知れない場合における，被担保債権の消滅による乙区の担保物権の抹消の登記**（不登法70条4項前段。Ⅱのテキスト第5編第8章[1]3.（2）） | **抹消の登記の登記権利者** |
| **㉟共同して登記の抹消の申請をすべき者の所在が知れない場合における，休眠担保権（乙区の担保物権）の抹消の登記**（不登法70条4項後段。Ⅱのテキスト第5編第8章[1]3.（3）） | **抹消の登記の登記権利者** |
| **㊱共同して登記の抹消の申請をすべき法人が解散して清算人の所在が知れない場合における，休眠担保権（乙区の担保物権）の抹消の登記**（不登法70条の2。Ⅱのテキスト第5編第8章[1]3.（4）） | **抹消の登記の登記権利者** |
| **㊲死亡または解散による抹消の登記**（不登法69条。Ⅱのテキスト第5編第8章[2]1.） | **抹消の登記の登記権利者** |

### 3.「登記申請意思をすべて用意する」という考え方

登記によって共同申請・合同申請・単独申請と申請方法が異なりますが，登記ごとに「この者が申請する必要がある」，言い換えると，「この者の登記所に対する登記申請意思が必要である」と決まっています。よって，どの登記について考えるときも，以下の考え方を常に頭に置いてください。

**登記申請意思をすべて用意する**

申請できるかを考えるときは，**必要な登記申請意思をすべて用意できているか**を考えてください。必要な登記申請意思がすべて用意されていないと，登記できないからです。

登記申請意思は，通常はその者の申請によって用意されます。しかし，申請すべき者が申請に協力しない（登記申請意思を用意しない）場合には，以下のような手段によって登記申請意思を用意することになります。特に①は色々な箇所で出てきますので，この時点で，このような方法があることを押さえてください。

①判決による登記

詳しくは，Ⅱのテキスト第５編第４章で説明しますが，これは，申請に協力しない者を相手方として訴えを提起し，「～の登記手続をせよ。」という判決を得る方法です。この判決を得れば，申請に協力しない者の登記申請意思が用意されたことになります（不登法63条１項）。

②代位による登記

詳しくは，Ⅱのテキスト第５編第６章で説明しますが，申請に協力しない者の債権者であれば，基本的に代位によって登記申請ができます（民法423条）。―― 民法Ⅲのテキスト第５編第３章第３節1　代位によって，登記申請意思が用意されたことになります。

## 3　申請をする者

### 1．本人申請

登記の申請は，上記2の登記権利者や登記義務者など自身がするのが原則です。

これを「本人申請」といいます。

ex. 不動産の売買があった場合には，登記権利者である買主と登記義務者である売主が，所有権の移転の登記を申請します。

しかし，登記の申請は，本人以外の者が申請する場合もあります。それが，「代理人申請」（下記２.）と「一般承継人による申請」（下記３.）です。

### 2．代理人申請

#### （1）任意代理人による申請

登記の申請は，代理人に委任できます。P８の１.で説明したとおり，権利に関する登記の申請の代理を業とすることができるのは，司法書士などです。

ex. 不動産の売買があった場合，登記権利者である買主と登記義務者である売主は，所有権の移転の登記の申請を司法書士に委任できます。

このex.のように，登記の申請代理は，登記権利者と登記義務者の双方の代理人となる双方代理が可能です。登記の申請は，債務の履行にすぎないからです（民法108条1項ただし書。最判昭43.3.8参照）。── 民法Ⅰのテキスト第2編第6章第2節1 3.（3）（b）①

### （a）複数の代理人が選任された場合

委任状の記載から，複数の代理人が選任されていることが明らかな場合でも，特に共同代理の定めがされていない限り，代理人は各自単独で登記の申請を代理することができます（昭40.8.31民事甲1476）。

「複数の代理人が選任される場合」とは，たとえば，複数の司法書士がいる事務所が依頼を受けるときに，「とりあえず事務所の司法書士全員を受任者として委任状に書いておこう」とする場合です。事務所のどの司法書士が申請を代理するかわからないので，このようにすることがあります。この場合でも，代理人は1人で1人前ですので（でないと困ります），単独で登記の申請を代理できるのです。

### （b）登記義務者から登記権利者への登記申請の委任の可否

たとえば，登記義務者である売主が，登記権利者である買主に登記申請を委任できるでしょうか。

「自己契約に当たりそうだな……」「共同申請主義の意味がなくなるな……」などの理由からダメなように思われたかもしれませんが，実は認められています。

相手方の代理人となる自己契約は原則として無権代理とされていますが，登記の申請は，債務の履行にすぎないので，無権代理とはならず，代理人は有効に本人を代理できます（民法108条1項）。── 民法Ⅰのテキスト第2編第6章第2節1 3.（3）（b）①

また，共同申請主義の意味がなくなるわけではありません。登記義務者の委任状が必要であるため，登記権利者が勝手に申請できるわけではないからです。

**― Realistic 4　実務でよくある例 ―**

抵当権の抹消の登記において，登記義務者である銀行（抵当権者）が，登記権利者である設定者に登記申請を委任する（実際には受任者の記載のない委任状などの必要書類を渡す）ことがあります。銀行は，抵当権の設定の登記においては，数千万円などの融資をしているため，司法書士に登記申請を任せ，確実に登記をします。しかし，抵当権の抹消の登記においては，すでに融資をした額の返済を受けているため，「必要書類は渡すんで，あとは勝手に登記をしておいてね」というスタンスなのです（銀行によりますが）。

### （c）代理権の不消滅

司法書士など登記申請の任意代理人の権限は，登記申請の時に存在している必要があります。しかし，登記申請後から登記完了の時までに委任者の破産手続開始の決定などによって委任の効力が消滅しても，登記は問題なく完了します（大判明36.11.26）。

司法書士など登記申請の任意代理人の権限は，下記の①～④の事由があっても消滅しません。つまり，本人の相続人，存続会社（吸収合併の場合）・設立会社（新設合併の場合），新受託者などから改めて委任を受ける必要がないということです。

たとえば，下記①の「本人の死亡」は，民法では代理権の消滅事由とされていました（民法111条1項1号 ―― 民法Ⅰのテキスト第2編第6章第2節1 5.）。不動産登記法に，その特則があるわけです。

民法177条の問題があるため，速やかに対抗力を備えさせる必要があります。よって，本人の相続人などから改めて委任を受ける必要がないとされているのです。

①本人の死亡（不登法17条1号）
②本人である法人の合併による消滅（合併はP307～311 9で説明します。不登法17条2号）
③本人である受託者の信託に関する任務の終了（信託はⅡのテキスト第5編第1章で説明します。不登法17条3号）
④法定代理人の死亡，または，法定代理人の代理権の消滅もしくは変更（不登法17条4号）

これはたとえば，未成年者の親権者（法定代理人）が未成年者を代理して司法書士に登記申請を委任していた場合に，その親権者（法定代理人）が死亡したり親権を喪失したりしても，司法書士の代理権は消滅しないということです。

なお，この「法定代理人」には，法人の代表者も含まれます（平5.7.30民三.5320，平6.1.14民三.365）。法人（株式会社など）が登記申請をする場合，その法人の代表者が法人を代表して登記申請をします。司法書士に登記申請を委任する場合には，法人の代表者が法人を代表して司法書士に委任することになります（P109 1）。代表者が司法書士に登記申請を委任した後に，代表者が死亡したり辞任したり解任されたりしても，司法書士の代理権は消滅しません。

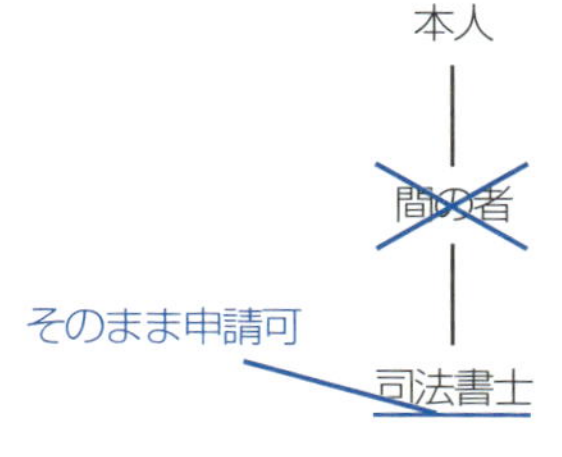


また，登記申請の委任を受けた代理人である司法書士が更にその登記申請を復代理人に委任した後に，代理人が死亡した場合でも，復代理人の代理権は消滅しないと解されています。

この④は，簡単にいうと，**「間の者がふっとんでも，司法書士の代理権は消滅しない」**ということです。

### （2）法定代理人による申請

P8の2.で説明したとおり，親権者または未成年後見人が未成年者に代わって申請する，成年後見人が成年被後見人に代わって申請するなど，法定代理人が本人の代わりに登記の申請をすることができます。

では，制限行為能力者自身は，保護者の関与なく登記の申請をすることができるでしょうか。これは，以下のとおり，売買契約などの法律行為とは異なる点があります。

①成年被後見人
成年被後見人は，成年後見人の代理によらずに登記の申請をすることはできません。成年被後見人は，通常は意思能力がないからです。
②未成年者
意思能力のある未成年者であれば，親権者または未成年後見人の関与なく登記の申請をすることができます（明 32.6.27 民刑 1162）。登記の申請行為は法律行為ではなく，債務の履行にすぎないからです。
なお，親権者または未成年後見人に代理してもらうこともできます。
③被保佐人・被補助人
被保佐人・被補助人も，意思能力があるので，保佐人・補助人の関与なく登記の申請をすることができます。

## 3．一般承継人による申請

本人以外の者が登記の申請をする場合には，上記2.の「代理人申請」以外に，この3.の「一般承継人による申請」があります。

**不動産登記法 62 条（一般承継人による申請）**
登記権利者，登記義務者又は登記名義人が権利に関する登記の申請人となることができる場合において，当該登記権利者，登記義務者又は登記名義人について相続その他の一般承継があったときは，相続人その他の一般承継人は，当該権利に関する登記を申請することができる。

### （1）意義・趣旨

これは，たとえば，以下のような場合のハナシです。

ex. 不動産の売買がありましたが，所有権の移転の登記を申請する前に，買主が死亡しました。この場合，売主と「買主の相続人」とで，売主から死亡した買主への所有権の移転の登記を申請することができます。買主は死亡していますので，死亡した者（権利能力のない者）の名義で登記がされることになってしまいますが，権利変動の過程を公示するため（P2），認められています。

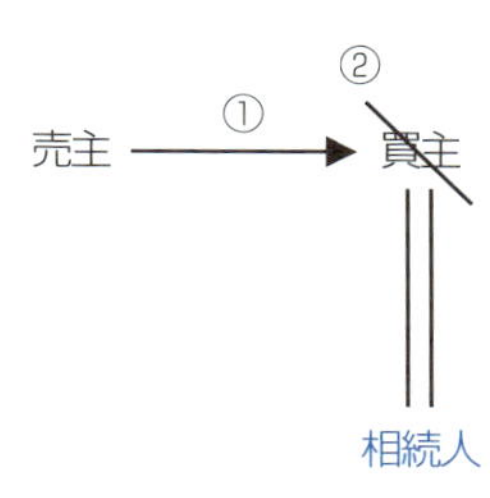


本来は，登記権利者，登記義務者または登記名義人自身が申請すべきです。しかし，これらの者が死亡したまたは合併された場合には，これらの者自身が登記を申請できません。そこで，相続人または存続会社（吸収合併の場合）・設立会社（新設合併の場合）が代わりに登記の申請ができるとされているのです（不登法62条）。

合併は，P307～311 9 で説明します。

### （2）対象となる申請構造

①共同申請

上記（1）のex.は，登記権利者に承継が生じた場合ですが，不動産登記法62条に「登記権利者」「登記義務者」とあるとおり，登記義務者（上記（1）のex.であれば売主）に承継が生じた場合も，一般承継人による申請が可能です。

②合同申請

③単独申請

合同申請と単独申請についても，一般承継人による申請が可能です。そのため，不動産登記法62条に「登記名義人」とあるのです。

つまり，すべての申請構造について，一般承継人による申請が可能ということです。どのような申請構造であっても，相続や合併が生じた場合に登記の申請ができなくなってしまうのはマズイからです。

### （3）対象となる承継

①相続

死亡した登記権利者，登記義務者または登記名義人の相続人が，代わりに申請します。

②合併

合併された（合併によって消滅した）登記権利者，登記義務者または登記名義人の存続会社または設立会社が，代わりに申請します。不動産登記法 62 条の「その他の一般承継」とは，合併のことです。

## 4 申請方法

### 1．申請方法の種類

いよいよ「どうやって登記の申請をするのか？」をみていきます。

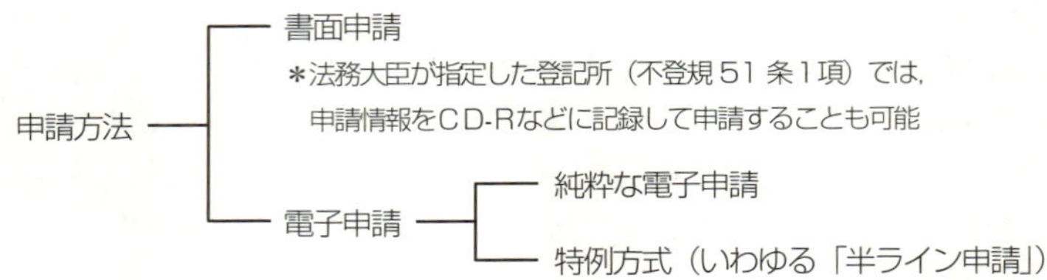


申請の方法には，大きく，申請情報を書面に記載して書面を提出する「書面申請」（不登法 18 条２号）と，申請情報をデータに記録してオンライン（インターネット）で送信して申請する「電子申請」（不登法 18 条１号）に分かれます。官庁または公署の嘱託による登記も，書面で登記をする方法以外に，電子情報処理組織を使用する方法によって登記をする方法があります。官庁または公署が嘱託による登記を電子情報処理組織を使用する方法によってする場合には，官庁または公署が作成した電子証明書であって，登記官が電子署名を行った者を確認することができるものを送信する必要があるという規定（不登規 43 条１項４号）があります。

書面申請は，申請情報を紙に記載するのが原則ですが，法務大臣が指定した登記所（不登規 51 条１項）では申請情報をＣD-Ｒなどの記録媒体に記録して申請することもできます（不登法 18 条２号かっこ書，不登規 51 条３項）。なお，申請情報と添付情報を郵送で登記所に送付することもできます（不登規 53 条）。

電子申請は，申請情報と添付情報のすべてをデータとしてオンラインで送信する「純粋な電子申請」と，申請情報と添付情報の一部をデータとしてオンラインで送信して残りの添付情報は書面で提出する「特例方式（いわゆる「半ライン申請」）」に分かれます。

「申請情報」を何に記載・記録して申請するか，および，添付情報をどのように提供するかという問題なのですが，この「申請情報」「添付情報」とはなんなのか，下記2.の書面申請で説明します。

## 2．書面申請

登記の申請は，「申請情報」と「添付情報」を登記所に提供する方法で行います（不登法18条柱書，不登令7条1項柱書）。

「申請情報」（不登法18条柱書）とは，申請人が求めている登記の内容です（P48に見本を示しています）。

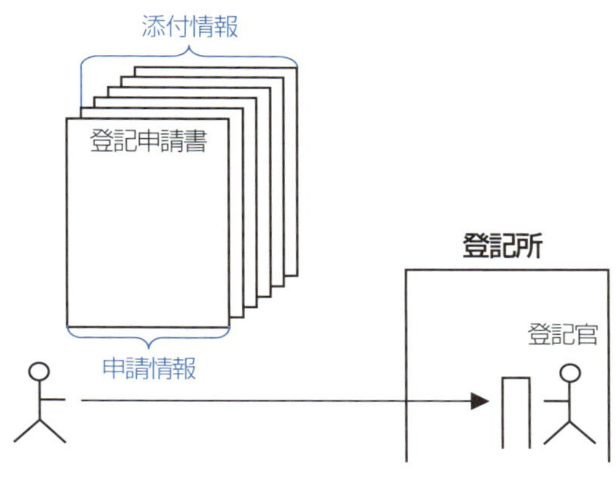


もっとも，この申請情報だけでは，ダメです。申請情報と併せて「添付情報」も提供する必要があります。書面申請では，申請情報の後ろにホッチキスやクリップで添付情報を付けます。「添付情報」（不登令2条1号）とは，簡単にいうと，「正しい登記ですよ～」と登記官に伝えるためのものです。登記所にいる登記官からすると，申請情報だけでは，たとえば，以下のようなことがわかりません。

・「本当に売買があったのか？」
　→　登記原因証明情報（P65～69で説明します）を提供
・「この登記義務者は本当にこの不動産の登記名義人なのか？」
　→　登記識別情報（P70～89で説明します）を提供

申請情報は次のページのようなものですので，パソコンで簡単に作成できます。作ろうと思えば，みなさんが所有している不動産をすべて私に贈与する申請情報も勝手に作れます（犯罪になり得ますが……）。よって，添付情報が求められるのです。

**― Realistic 5　審査する側の視点 ―**

添付情報だけではありませんが，不動産登記法などの手続法を学習するときは，上記のように，審査する側，つまり，**登記官や裁判官からの視点も意識する**（不動産登記法では登記官からの視点も意識する）ことが大事です。

**実際の書面を見てみよう1** ―― **申請情報（売買を原因とする所有権の移転の登記）**

登　記　申　請　書

法務

登記の目的　所有権移転
原　　因　令和5年7月28日売買
権 利 者　新宿区新宿一丁目1番1号
　　　　　山 田　太 郎
義 務 者　新宿区新宿一丁目1番1号
　　　　　松 本　雅 典
添 付 情 報　登記原因証明情報　登記識別情報　印鑑証明書
　　　　　住所証明情報　代理権限証明情報
令和5年7月28日申請　東京法務局新宿出張所
代 理 人　新宿区高田馬場一丁目1番地1
　　　　　司法書士　法 務　太 郎　法務
　　　　　電話番号　03-0000-0000
課税価格　金874万3000円
登録免許税　金17万4800円
不動産の表示（＊）
　所　　在　新宿区新宿一丁目1番地
　家屋番号　1番
　種　　類　居宅
　構　　造　木造かわらぶき2階建
　床 面 積　1階　72.55平方メートル
　　　　　　2階　60.11平方メートル

＊不動産の表示に代えて，不動産番号を記載することもできます（不登令6条1項）。「不動産番号」とは，登記記録の表題部の右上（ex. P13）に記録される，不動産を識別する番号です。これで不動産を特定できます。

## 3．電子申請

＊この電子申請は，添付情報の概要がわかっていないとわかりにくいので，P146（添付情報の最後）までお読みいただいてからお読みください。

### （1）純粋な電子申請

申請情報と添付情報のすべてをデータとしてオンライン（インターネット）で送信するのが純粋な電子申請です（不登法18条1号，不登令10条）。申請人または代理人のパソコンから，データ（申請情報と添付情報）を送信します。送信先は法務省オンライン申請システムです。

#### （a）メールやLINEのように送信するわけにはいかない

電子申請は，オンラインでデータを送信します。しかし，私たちが普段メールやLINEを送信するようなライトな形でデータを送信してしまうと，容易になりすましができてしまいます。また，データの内容が改ざんされるおそれもあります。不動産の権利に関わる重大なハナシですので，なりすましや改ざんを防ぐ必要があります。そこで，電子申請の本人確認手段として使われるのが，電子署名と電子証明書というものです。

#### （b）「電子署名」「電子証明書」とは？

データとして送信する申請情報と添付情報には，それぞれ電子署名をしたうえで（不登令12条），併せて電子証明書を送信する必要があります（不登令14条）。

「電子署名」とは，データに対して行われる電子的な署名であり，データを暗号化する技術の1つです。申請情報と添付情報を電子署名で暗号化することで，「所有権移転」の文字が「％ＸＬ？Ｙ」などとなり読めなくなります。具体的な暗号化のやり方は，たとえば次のとおりです。電子署名が格納されたＩＣカードをＩＣカードの読み取り機に入れ，読み取り機をパソコンとつなぎます。クレジットカードで買い物をする際，クレジットカードの読み取り機にクレジットカードを入れますが，ＩＣカードの読み取り機も，あのような形のものです。

電子署名で暗号化した申請情報と添付情報のデータと併せて，電子証明書を送信します。「電子証明書」とは，市区町村（自然人の場合），商業登記所（法人の場合），日本司法書士会連合会（司法書士の場合）などが発行する証明書で，「この電子署名は，Ａさんがしたものに間違いないですよ」といったことを証するものです。電子証明書は，データであり，パソコンにダウンロードします。なんのために電子証明書を送信するかというと，送信を受けた登記官が暗号化されたデータを復号することができるようにするためです。「%ＸＬ？Ｙ」などでは登記官は読めませんので，「所有権移転」など読めるようにする必要があります。これを「復号」といいます。電子証明書は電子署名とセットになっており，Ａさんが電子署名で暗号化したデータは，Ａさんの電子証明書でしか復号できません。つまり，Ａさんの電子証明書で復号できれば，Ａさんが電子署名したことの証明となり，本人確認にもなるのです。

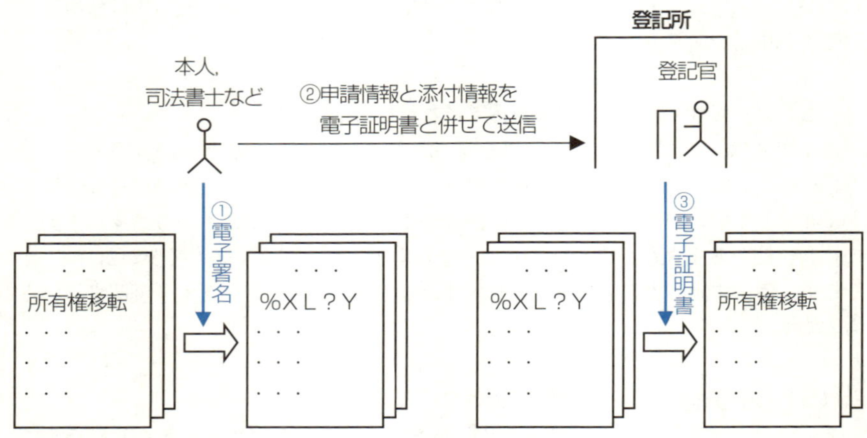


書面申請でいうと，「電子署名」が実印に，「電子証明書」が印鑑証明書に相当します。書面申請の場合，実印で押印し，本人の実印であることを証するために印鑑証明書を提供することがあります（P90～99）。電子申請は，電子署名で暗号化し，本人の電子署名であることを証するために電子証明書を提供するわけです。

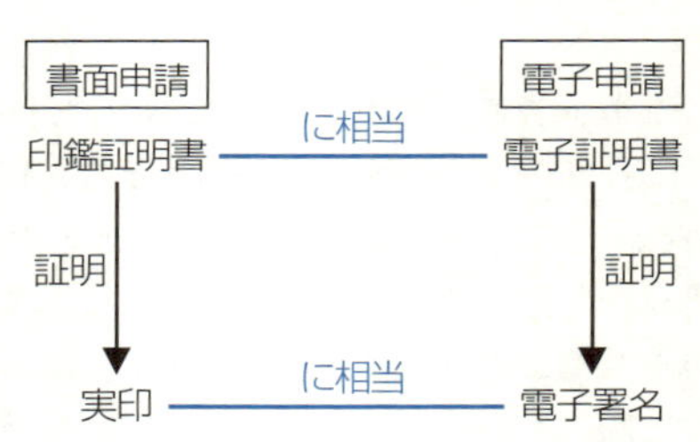


ただし，以下の①～③のような違いもあります。

①電子申請の場合，所有権の登記名義人が登記義務者となる登記（P93②）に限らず電子署名・電子証明書が要求される（不登令12条1項）

②電子申請の場合，登記義務者だけでなく，登記権利者の電子署名・電子証明書も要求される（不登令12条1項）

③電子申請の場合，添付情報の作成者についても電子署名・電子証明書が要求される（不登令12条2項）

**― Realistic 6　なんで「～情報」っていうの？ ―**

「申請情報」「登記原因証明情報」などというのは，不動産登記法が電子申請を原則としているためです。たとえば，申請の方法を定める不動産登記法 18 条は，1号が電子申請，2号が書面申請について規定しており，電子申請を先に持ってきています。電子申請ではデータを送信しますので，「申請書」「登記原因証明書」とはいわないのです。

ただし，記述では今のところは書面申請で出題されています。

### （2）特例方式（いわゆる「半ライン申請」）

#### （a）純粋な電子申請の問題点

上記（1）の純粋な電子申請は，ほとんど使われていません。制度開始後は，しばらく利用数がゼロだったくらいです。使われない理由は，主に以下の２点です。

①電子署名・電子証明書が浸透していない

電子署名をするためには，事前に認証機関でのパスワードなどの登録が必要になります。自然人であれば，個人番号カードを作る際に「電子署名」のパスワードを設定することができるのですが，そもそも個人番号カードの交付を受けた人が40%程度です。電子署名をできない人も多いのです。

②電子化されていない添付情報がある

純粋な電子申請は，申請情報だけでなく，すべての添付情報をデータで送信する必要があります（不登令10条）。しかし，戸籍謄本は電子情報として提供できないなど，電子化されていない添付情報があります。すべての添付情報をデータで送信するのは，非現実的なんです。

#### （b）特例方式の登場

そこで，純粋な電子申請を緩和する形で認められたのが，この（2）の特例方式です（平20.1.11民二.57）。この特例方式は，当分の間できます（不登令附則5条1項）。「『当分の間』って？」と思われたかもしれませんが，条文に「当分の間」と書いているんです……。今のままだと，純粋な電子申請が使いものにならないので，ずっと認められそうですが……。

この申請方法は，以下のとおり，オンラインでのデータの送信と登記所への書面の提出を組み合わせたものです（不登令附則５条１項，４項）。そのため，俗に「半ライン申請」といわれます。

| データで送信する必要がある情報 | | 書面で提出すればよい情報 |
|---|---|---|
| 電子署名が必要 | 電子署名が不要 | |
| ・申請情報（下記ｉ）<br>・登記識別情報（下記ii（ｉ）） | ・登記原因証明情報の内容（下記ii（ii）） | ・左のもの以外の添付情報（下記ii（iii）） |

#### ｉ　申請情報

申請情報は，データで送信し，電子署名をする必要があります。申請情報は，申請のために作成するものですので，データで作成できます。

この申請情報に，特例方式により添付情報を提供する旨を記載する必要があります（不登令附則５条２項）。また，添付情報ごとに，登記所に書面を提出する方法によるか否かの別をも記載する必要があります（不登規附則21条１項）。

#### ii　添付情報

##### （ｉ）登記識別情報

登記識別情報は，データで送信する必要があります（不登令附則５条１項かっこ書）。登記識別情報は，パスワードであるため，送信することは容易です。パソコン上でパスワードを入力することで，送信できます。

##### （ii）登記原因証明情報の内容

電子署名をする必要はありませんが，原則として登記原因証明情報の内容をデータで送信する必要があります（不登令附則５条４項）。スキャナで登記原因証明情報の内容を読み込み，PDF形式のデータにして送信します（不登規附則22条１項，３項）。

電子署名は不要であるにもかかわらず登記原因証明情報の内容をデータで送信する必要があるのは，「まだ登記原因が生じていないが，受付番号（P16）を確保しちゃおう」という登記を防止するためです。つまり，「すでに登記原因は生じていますよ」という証拠として登記原因証明情報の内容をデータで送信するんです。

##### （iii）上記（ｉ）（ii）以外の添付情報

電子化されていない添付情報も多いため，上記（ｉ）（ii）以外の添付情報は登記所に書面を提出する方法によることができます。

登記所に書面を提出する方法によるとした添付情報は，申請の受付の日から２日以内に登記所に提出しなければなりません（不登規附則21条２項）。

添付情報の提出方法ですが，登記所に持参しても構いませんし，書留郵便などによって送付しても構いません（不登規附則21条４項）。

この「２日」ですが，民法の原則どおり（民法140条本文 ―― 民法Ⅰのテキスト第２編第９章1 1.），初日は参入しません（平20.1.11民二.57）。２日間猶予があるのは，けっこう便利です。司法書士は登記所に行くことが多いので，登記所に行く他の用件があれば，そのついでに特例方式で申請した登記の添付情報を持参したりします。

### （3）電子証明書の提供によって省略できる添付情報

電子申請においては，電子証明書を送信します。この電子証明書の提供によって，以下の情報に代えることができます。

| 自然人 | 法人 |
|---|---|
| ①**住所証明情報**（不登規44条1項）<br>電子証明書に住所が記録されているからです。 | ①**会社法人等番号**（不登規44条2項）<br>電子証明書に商号，本店，代表者の資格および氏名が記録されているからです。<br>②**代理権限証明情報**（不登規44条3項）<br>これは，支配人の代理権限証明情報（P107～108④）などのことです。電子証明書によって，これらの者の代理権限を確認できるからです。 |

### （4）登記事項証明書に代わる情報の送信

登記によっては，登記事項証明書（P19の1.）を添付情報として提供することがあります（ex. P406（2））。

電子申請の場合，この登記事項証明書の提供に代えて，登記情報提供業務を行う指定法人から登記情報の送信を受けるための情報を送信します（不登令11条）。「……って何のハナシ？」と思われたと思います。一般財団法人民事法務協会という法人が，法務大臣から指定を受け，登記情報を提供するサービスを行っています。この法人のWebサイトで不動産の登記情報の「照会番号」というものの提供を受けることができます。この照会番号を提供する（番号を入力する）ことで，登記事項証明書の提供に代えることができるのです。

# 第3節　受付→審査→受理（登記官がすること）

## 1　登記の申請後の流れ

登記の申請がされると，「受付→審査→受理」という流れで登記官が登記を実行していきます（P32）。

「受付」と「受理」という用語が紛らわしいですが，以下の意味です。

・受付：申請情報が登記所に到達したという登記官の確認（不登法19条1項）

受付は，申請情報が登記所に到達したことを登記官が確認しただけであり，その後，登記が実行されるとは限りません。この「受付」が，受付年月日・受付番号（P16）の「受付」です。

・受理：登記を実行することを相当とする登記官の措置

審査を経たうえで，登記官が申請が適法であると判断した場合に登記が実行されます。

## 2　登記官の審査権限

「受付→審査→受理」のうち，「審査」について，「登記官の審査権はどこまで及ぶのか？」という問題があります。

### 1．原則 ―― 形式的審査主義

#### （1）意義

登記官は，登記記録および申請人が提供した申請情報・添付情報のみを資料として審査できる形式的審査権しか有していません（実質的審査権を有していません。最判昭35.4.21）。これを「形式的審査主義」といいます。

ex. 登記官は，売買を原因とする所有権の移転の登記の申請において，添付情報として提供された売買契約書について，「本当にこの売主は，この不動産を手放す気があるのか？」と疑問に思っても，売主に電話して「本当に売る気があるんですか？」と尋ねることはできません。

#### （2）趣旨

登記官が毎回このような審査をしていては，登記が渋滞してしまうからです（迅速性の要請）。また，登記官が疑問に思った申請のみを審査するとなると，審査が不公平になってしまうからという理由もあります（公平性の要請）。

**※実体上の審査をすることができないのか？**

注意していただきたいのですが，登記官に原則として実質的審査権がないからといって，実体上の審査をすることができないわけではありません。登記記録および申請情報・添付情報から判断できる事項については，実体上の審査をすることができます。「実質的」と「実体上」と言葉が紛らわしいのですが，意味が違います。「実質的」とは，上記（1）の ex.のように，電話などで真意を調べたりすることです。「実体上」とは，民法などの実体ということです。

ex. 登記官は，売買を原因とする所有権の移転の登記の申請において，添付情報として提供された売買契約書に，売主と買主が売買契約を締結する意思（実体）が記載されているかを審査することはできます。売買契約を締結する意思が記載されておらず，たとえば，「贈与する」と記載されているのであれば，登記官は登記を実行しません。それに対して，登記官は，売主や買主に本当に売買契約を締結する意思があったのかを電話で聞いたりすることはできません。これが，実質的審査権がないということです。

### 2．例外 ―― 実質的審査主義

#### （1）意義

例外的に申請人の本人確認については，登記官は実質的審査権を有しています。

登記官は，申請人となるべき者以外の者が申請していると疑うに足りる相当な理由があると認めるときは，申請を却下すべき場合を除き，申請人またはその代表者もしくは代理人に対し，出頭を求め，質問をし，または，文書の提示その他必要な情報の提供を求める方法により，その申請人の申請の権限の有無を調査しなければならないとされています（不登法 24 条1項）。「しなければならない」とありますとおり，出頭を求めたり質問をしたりして申請の権限の有無を調査することは，登記官の義務です。

**※申請人などが遠隔の地に居住している，申請人などの勤務の都合がある場合など**

登記官が本人確認の調査のため申請人などの出頭を求めた場合に，申請人などが遠隔の地に居住していることや，申請人などの勤務の都合などを理由に，他の登記所に出頭したい旨の申出があり，その理由が相当と認められるときは，登記官はその他の登記所の登記官に本人確認の調査を嘱託する（仕事を頼む）ことができます（不登法 24 条2項，不登準則 34 条1項）。

たとえば，相続登記だと，関東に居住している相続人が被相続人の居住地だった九州の不動産について登記の申請をするなどということがよくあります。その場合に，

「九州の登記所まで来い！」というのは大変なので，関東の登記所に出頭することが認められる場合があるということです。

### （2）趣旨

登記の申請は，オンラインでも可能です（電子申請）。

書面申請の場合でも，登記所に申請情報・添付情報を提出するときに本人確認は行われません。これ，結構あっけないんですよ。私が初めて登記所に申請に行ったとき，申請情報と添付情報を提出した後，「数千万円の融資の契約書なども添付情報の中にあるんだから，何かすごい儀式みたいのがあるんだろうな。ドキドキ……。」と登記所のカウンターの前で待っていたんですね。そしたら，受付の人に「まだ何か用ですか？」と言われました。「えっ？これで終わり？」というくらいあっけなく終わりました。また，そもそも登記所に申請情報と添付情報を持参せず，郵送によって申請することも可能です（不登規53条）。

このように登記所に申請情報・添付情報を提出する時点で本人確認が行われないため，審査の中で本人確認について登記官に実質的審査権が与えられているのです。

また，登記官から見て明らかに怪しい申請人がいたそうなので，本人確認について実質的審査権を明記する改正がされた，という経緯もあります。

### （3）「相当な理由がある」とは？

申請を却下すべき場合でなく，申請人となるべき者以外の者が申請していると疑うに足りる相当な理由があることが，本人確認の要件です（不登法24条１項）。この「相当な理由」があると認められるのは，以下の①～⑦のいずれかの場合です。

⑤と⑥は，登記識別情報関係のハナシです。登記識別情報については，P70～89で説明しますが，不動産登記における登記名義人の本人確認手段です。⑤と⑥は，この登記識別情報についてトラブルがあった（ある）ということです。銀行口座にたとえるなら，ＡＴＭで暗証番号についてトラブルがあった（ある）ようなものです。

⑤と⑥以外については，「それは怪しいだろうな～」という視点でみてください。

①捜査機関その他の官庁または公署（P33）から，不正事件が発生するおそれがある旨の通報があったとき（不登準則33条１項１号）

②申請人となるべき者本人からの，申請人となるべき者になりすました者が申請をしている旨，または，そのおそれがある旨の申出に基づき，所定の措置を執った場合

において，その申出の日から３か月以内に，その申出にかかる登記の申請があったとき（不登準則 33 条１項２号）

この申出を「不正登記防止申出」といいます。不正登記防止申出は，なりすましの申請をされている，または，されるおそれがあると考えた登記名義人などが登記所に出頭してします（不登準則 35 条１項本文)。「なりすましの申請を防いでくれ」という申出ですから，この申出はオンラインですることはできません。オンラインでは，その申出自体が虚偽である可能性があるからです。

③同一の申請人にかかる他の不正事件が発覚しているとき（不登準則 33 条１項３号）

④前の住所地への通知をした場合において，登記の完了前に，その登記の申請について異議の申出があったとき（不登準則 33 条１項４号）

この「前の住所地への通知」とは，登記識別情報を提供できない場合に本人確認として行われる事前通知のうちの「前住所通知」というものですが，P86（ⅱ）で説明します。

⑤登記官が，登記識別情報の誤りを原因とする補正，取下げまたは却下が複数回されていたことを知ったとき（不登準則 33 条１項５号）

⑥登記官が，申請情報の内容となった登記識別情報を提供することができない理由が事実と異なることを知ったとき（不登準則 33 条１項６号）

「登記識別情報を提供することができない理由」については，P83～84 の１.で説明します。

⑦上記①～⑥の場合以外に，登記官が職務上知り得た事実により，申請人となるべき者になりすました者が申請していることを疑うに足りる客観的かつ合理的な理由があると認められるとき（不登準則 33 条１項７号）

### cf. 表示に関する登記

表示に関する登記については，登記官に実質的審査権があります。表示に関する登記は，公的要素があるからです（P12 の「不動産は社会全体の財産」)。

# 第４節　登記完了証の交付（登記官がすること）

## 1　登記完了証とは？

### 1．意義

登記の完了後，登記官は申請人に対し，P61 や P62～63 のような登記完了証を交付することにより，登記が完了した旨を通知します（不登規 181 条１項前段）。

**使い道なし**

登記完了証は，**単に登記が完了したことのお知らせ**にすぎません。その後，**使い道はありません。**

よって，この登記完了証の交付には，特別な要件はありません。登記が完了すると，申請人に交付されます。

ex. まだ学習していない登記ですが，抵当権の抹消の登記でも，登記名義人の住所の変更の登記でも，登記が完了すると登記完了証が交付されます。なお，これらの登記をしても，登記識別情報（P71）は通知されません。P74②の要件を充たさないからです。

### 2．交付の方法

登記完了証の交付の方法は，書面申請か電子申請かによって異なります。

| 書面申請 | 電子申請（特例方式を含む） |
|---|---|
| 書面により交付されます（不登規 182 条1項2号）。 | 原則として，オンラインで交付されます（不登規 182 条1項1号）。<br>**電子申請の場合の基本的な考え方**<br>**電子申請**の場合には，**関連する手続もオンラインで行うのが原則**です。 |
| ただし，登記完了の時から３か月以内に受領しないと，交付を受けることができなくなります(不登規 182 条の2第1項2号)。 | ただし，登記完了の時から 30 日以内にダウンロードしないと，交付を受けることができなくなります（不登規 182 条の2第1項1号）。 |

なお，送付の方法（郵送）により登記完了証の交付を求めることもできます。そのためには，申請人が，「送付の方法（郵送）により登記完了証の交付を求める旨」と「送付先の住所」を申請情報（P48）に記載する必要があります（不登規 182 条２項）。

### ３．申請人が２人以上いる場合

登記完了証は，申請人が２人以上いるときは，その１人に交付すれば足ります（不登規181条１項後段）。

「１人に交付すれば足りる」というのは，単独申請であれば申請人の１人に，共同申請であれば登記権利者および登記義務者の各１人に通知すればOKということです。

ex1. ＡからＢＣへの相続を原因とする所有権の移転の登記をＢＣが申請（単独申請）し登記が完了すると，１通の登記完了証が交付されます。

ex2. ＡからＢＣへの売買を原因とする所有権の移転の登記をＡとＢＣが申請（共同申請）し登記が完了すると，Ａに１通，ＢＣに１通の登記完了証が交付されます。

## 2　債権者代位による登記

登記の申請は，債権者代位（民法423条）によってもできます。── **民法Ⅲのテキスト第５編第３章第３節1** 債権者代位によって登記の申請がされた場合，登記完了証の交付は以下のようにされます。

#### ・代位者（債権者）

登記完了証が交付されます。登記完了証は，申請人に交付されるからです（上記1１.。不登規181条１項前段）。

#### ・被代位者（債務者）

登記完了証は交付されません。登記完了証は，申請人に交付されるからです（上記1１.。不登規181条１項前段）。

被代位者（債務者）には，登記が完了した旨の通知がされます（不登規183条１項２号）。「登記が完了した旨の通知」とは，登記完了証ではなく，次のページのような郵便ハガキです（不登準則118条13号，別記第81号様式）。被代位者（債務者）は申請人ではないため，登記完了証は交付されませんが，被代位者（債務者）が本来申請人となるべき登記がされたので，何も知らせないのはマズイだろうということで，次のページのようなお知らせはされるのです。

#### ※被代位者（債務者）が２人以上いる場合

被代位者（債務者）が２人以上いる場合，登記官は，そのうちの１人に，この登記が完了した旨の通知をすれば足ります（不登規183条２項）。

| 通　知　書 | |
|---|---|
| 不動産所在事項及び不動産番号<br>新宿区新宿一丁目１番地家屋番号１番の建物<br>不動産番号　0111483935938 | |
| 登記の目的 | 所有権移転 |
| 登記原因及びその日付 | 令和５年６月28日売買 |
| 代位申請人の氏名住所 | 中央区中央一丁目１番１号<br>株式会社アコミス |
| 代位原因 | 令和５年５月28日金銭消費貸借の強制執行 |
| 受付年月日<br>受付番号 | 令和５年７月28日第14152号 |
| 上記のとおり登記をしたので，通知します（不動産登記規則第183条第１項第２号）。<br>（中略）<br>令和５年８月４日<br>東京法務局新宿出張所<br>登記官　　新宿　太郎　<br>通知第54号 | |

## 3 表題登記がない不動産または所有権の登記がない不動産の処分制限の登記

＊この3は，Ⅱのテキスト第５編第５章までお読みになった後にお読みください。

表題登記がない不動産または所有権の登記がない不動産について，嘱託による所有権の処分制限の登記がされたときは，その不動産の所有者に，登記完了証の交付ではなく，登記が完了した旨の通知がされます（不登規184条１項）。登記が完了した旨の通知とは，上記2のような郵便ハガキです（不登準則118条14号，別記第82号様式）。債権者代位による登記ではないので，少し記載事項が変わりますが。

上記2の被代位者（債務者）同様，所有者は申請人ではないため，登記完了証は交付されませんが，所有者に何も知らせないのはマズイだろうということで，郵便ハガキでお知らせはされるのです。

**実際の書面を見てみよう２ ―― 登記完了証の見本（売買を原因とする所有権の移転の登記を書面申請によって行った場合）**

登記完了証（書面申請）

次の登記申請に基づく登記が完了したことを通知します。

| 申請受付年月日 | 令和５年７月 28 日 | |
|---|---|---|
| 申請受付番号 | 第 14152 号 | |
| 登記の目的 | 所有権移転 | |
| 登記の年月日 | − | |
| 不動産 | 建物 | 不動産番号　0111483935938<br>新宿区新宿一丁目１番地<br>家屋番号　１番<br>居宅<br>木造かわらぶき２階建<br>１階　72.55 平方メートル<br>２階　60.11 平方メートル |

(注) １ 「登記の目的」欄に表示されている内容は，「不動産」欄の最初に表示されている不動産に記録された登記の目的です（権利に関する登記の場合に限ります。）。
２ 「登記の年月日」欄は，表示に関する登記が完了した場合に記録されます。
３ 「不動産」欄に表示されている不動産のうち，下線のあるものは，登記記録が閉鎖されたことを示すものです。
４ この登記完了証は，登記識別情報を通知するものではありません。

以上

令和５年８月４日
東京法務局新宿出張所

登記官　　新宿 太郎　　印

書面申請の場合，登記完了証には，申請情報（P48）のうち「登記の目的」（および「不動産」）のみ記載されることを押さえてください（不登規 181 条２項７号，４号）。

**実際の書面を見てみよう3** —— **登記完了証の見本（売買を原因とする所有権の移転の登記を電子申請によって行った場合）**

登記完了証（電子申請）

次の登記申請に基づく登記が完了したことを通知します。

| 申請受付年月日 | 令和5年7月28日 | |
|---|---|---|
| 申請受付番号 | 第14152号 | |
| 登記の年月日 | ー | |
| 不動産 | 建物 | 不動産番号　0111483935938<br>新宿区新宿一丁目1番地<br>家屋番号　1番<br>居宅<br>木造かわらぶき2階建<br>1階　72.55平方メートル<br>2階　60.11平方メートル |
| 申請情報 | 登記の目的　所有権移転<br>原因　令和5年7月28日売買<br>権利者　新宿区新宿一丁目1番1号<br>山田太郎<br>登記識別情報通知希望の有無：登記所での交付を希望する<br>義務者　新宿区新宿一丁目1番1号<br>松本雅典<br>登記識別情報の有無：有り<br>添付情報　登記原因証明情報（持参）　登記識別情報　印鑑証明書（持参）　住所証明情報（持参）　代理権限証明情報（持参）<br>令和5年7月28日申請 | |

東京法務局新宿出張所（登記所コード：0111）

| | |
|---|---|
| 代理人 | 新宿区高田馬場一丁目１番地１<br>司法書士　法務太郎 |
| 課税価格 | 金 874 万 3000 円 |
| 登録免許税額 | 金 17 万 4800 円 |
| 登記完了証の交付方法 | 登記所での交付を希望する |
| 不動産の表示 | |
| 建物 | 不動産番号　0111483935938 |
| 所在 | 新宿区新宿一丁目１番地 |
| 家屋番号 | １番 |
| 種類 | 居宅 |
| 構造 | 木造かわらぶき２階建 |
| 床面積 | １階　72.55 平方メートル<br>２階　60.11 平方メートル |

(注) 1 「登記の年月日」欄は，表示に関する登記が完了した場合に記録されます。
2 「不動産」欄に表示されている不動産のうち，下線のあるものは，登記記録が閉鎖されたことを示すものです。
3 「申請情報」欄に表示されている内容は，申請人又はその代理人から提供を受けた申請情報を編集したものです。最終的な登記の内容は登記事項証明書等により確認してください。
4 この登記完了証は，登記識別情報を通知するものではありません。

以上

令和５年８月４日
東京法務局新宿出張所

登記官　　　新宿 太郎 

電子申請の場合，登記完了証には，申請情報（P48）のほとんどの事項（＊）が記載されることを押さえてください（不登規 181 条２項７号）。

＊正確には，申請情報のうち「申請人または代理人の電話番号その他の連絡先」と「住民票コード」以外の事項ですが（不登規 181 条２項７号かっこ書），ここまで押さえるのは細かいので，「申請情報のほとんどの事項が記載される」ということを押さえてください。

# 第6章　添付情報

## 第1節　添付情報を学ぶにあたって

P47 の2.で説明したとおり，申請情報だけでは信用できませんので，（書面申請であれば）申請情報の後ろにホッチキスやクリップで添付情報を付けます。

この第６章で，主要な添付情報はすべて説明します。ただし，この第６章で取り上げていない添付情報もいくつかあります。それらは各登記に固有の添付情報なので，各登記の箇所で説明します。

### 添付情報の学習のコツ

登記（売買を原因とする所有権の移転の登記，抵当権の設定の登記など）ごとにどのような添付情報を提供するのかを判断できるようになる必要があります。そのためには，以下の２つの視点が重要です。

①１つ１つの登記ごとに記憶するのではなく，**判断基準**から判断できるようにする

この第６章で，提供するかどうかの判断基準を説明します。各登記の箇所で添付情報の要否を考えるときは，常にこの第６章の判断基準から考えるようにしてください。

②**基本５点セットを軸**にする

最も基本的な「売買を原因とする所有権の移転の登記」の添付情報である以下の５つの情報が，添付情報の基本です（「基本５点セット」などといわれることもあります）。売買を原因とする所有権の移転の登記の申請例（P197）だけは，丸暗記してください。以下の基本５点セットが軸としてあり，**「この基本５点セットから添付情報を足したり引いたりする」という思考過程**で添付情報を考えていきます。

・登記原因証明情報（第２節）
・登記識別情報（第３節）
・印鑑証明書（第４節）
・住所証明情報（第５節）
・代理権限証明情報（第６節）

# 第２節　登記原因証明情報

**不動産登記法 61 条（登記原因証明情報の提供）**
権利に関する登記を申請する場合には，申請人は，法令に別段の定めがある場合を除き，その申請情報と併せて登記原因を証する情報を提供しなければならない。

## 1　登記原因証明情報とは？

### 1．意義

登記原因証明情報：登記原因（権利変動などが生じた原因）を証する情報
ex. 売買契約書，抵当権設定契約書

登記原因証明情報とは，その名のとおり，「登記原因」を「証明」する「情報」のことです。「登記原因」とは，権利変動などが生じた原因のことです。権利変動などが生じる原因には，以下の２つがあります（不登法５条２項ただし書かっこ書）。

①事実
ex. 時効取得，相続

時効取得や相続は，下記②の法律行為ではありません。時効取得や相続に意思表示は含まれず，時効取得や人の死亡という事実が生じただけです。しかし，これらに基づいて，所有権の移転などの権利変動が生じます。

②法律行為（要件となるもののうち，意思表示を含むもの ―― 民法Ⅰのテキスト第２編第４章3 1.）
ex. 売買契約，抵当権設定契約

### 2．報告形式の登記原因証明情報

#### （1）意義

報告形式の登記原因証明情報：登記申請のためにのみ作成された登記原因証明情報

登記原因証明情報は，登記原因となる事実または法律行為を証する情報ですので，戸籍全部事項証明書等（相続の事実を証するもの）や売買契約書（売買契約という法律行為を証するもの）などがこれに当たります。

しかし，それだけではなく，共同申請・合同申請の場合は，原則として報告形式の登記原因証明情報でも構いません。報告形式の登記原因証明情報とは，登記申請のためにのみ作成された登記原因証明情報であり，次のページのようなものです。

**実際の書面を見てみよう4** —— **報告形式の登記原因証明情報（所有権移転時期の特約のある売買を原因とする所有権の移転の登記）**

## 登記原因証明情報

**1．登記申請情報の要項**

（1）登記の目的　　所有権移転
（2）登記の原因　　令和5年7月28日売買
（3）当　事　者　　権利者　　山田　太郎
　　　　　　　　　　義務者　　松本　雅典
（4）不　動　産　　後記のとおり

**2．登記原因となる事実または法律行為**

（1）売主松本雅典と買主山田太郎は，令和5年6月28日，本件不動産の売買契約を締結した。
（2）上記（1）の売買契約には，本件不動産の所有権は売買代金の支払が完了した時に移転する旨の所有権移転時期に関する特約がある。
（3）山田太郎は松本雅典に対し，令和5年7月28日，売買代金全額の支払をなし，これが受領された。
（4）よって，本件不動産の所有権は，同日，松本雅典から山田太郎に移転した。

令和5年7月28日　東京法務局新宿出張所　御中

上記内容のとおり相違なく，その証しとして本書を差し入れます。

（売主）新宿区新宿一丁目1番1号
松本　雅典

（買主）新宿区新宿一丁目1番1号
山田　太郎　様

不動産の表示
所　　在　　新宿区新宿一丁目1番地
家屋番号　　1番
種　　類　　居宅
構　　造　　木造かわらぶき2階建
床 面 積　　1階　72.55平方メートル
　　　　　　2階　60.11平方メートル

### （2）作成者

この報告形式の登記原因証明情報は，登記権利者と登記義務者が共同で作成したものでなく，登記義務者のみが作成したものでもOKです。前ページの報告形式の登記原因証明情報は，松本雅典のみが押印し，山田太郎には「様」とついていますが，これは登記義務者である松本雅典のみが作成しているということです。

登記義務者のみの作成でかまわないのは，登記上直接に不利益を受ける登記義務者が作成していれば，真正な登記原因だと考えられるからです。共同申請主義の理由の1つ（P36①）と同じ理由です。 =P36

### （3）登記原因の記載を求められたら？

平成30年度，平成29年度および平成25年度の記述の問題で，報告形式の登記原因証明情報の記載が求められました。記載が求められたのは，登記原因（前ページの青でくくった部分）です。登記原因は，前ページの青でくくった部分の（1）～（3）です。その下の（4）は，通称「よって書（がき）」といわれるものですが，「これは登記原因の結果，こういう権利変動が起きましたよ～」という部分ですので，登記原因そのものではありません。

今後も，記述で登記原因の記載が求められる可能性があります。しかし，登記原因の記載内容は，登記や契約内容などによって変わるため，数百パターンはあります。それらを1つ1つ記憶する余裕はありません。そこで，記載を求められたら，基本的に**「実体上，こういうこと（要件）があって，権利変動が起きましたよ～」の「こういうこと」**，つまり，**権利変動の要件**を書いてください。登記原因とは，権利変動などが生じる要件のことだからです。具体例で考えてみましょう。

ex1. 前ページの登記原因として（1）だけでなく，（2）（3）も記載しているのは，売買契約に「所有権は売買代金の支払が完了した時に移転する」という特約があるためです。この特約により，（1）だけでは所有権が移転しないため，（2）（3）も記載しているのです。もしこの特約がなければ，登記原因は（1）だけになります。

ex2. 代物弁済契約に停止条件が付いている場合は，「代物弁済契約をしたこと」だけでは，所有権の移転の登記の登記原因とはなりません。「その契約に停止条件が付いていること」と「停止条件が成就したこと」もあって，所有権の移転の登記の登記原因となります。停止条件付法律行為は，停止条件が成就した時からその効力が生じる（この場合は所有権が移転する）からです（民法127条1項）。── 民法Ⅰのテキスト第2編第8章第2節1①

## 2 実印で押印することの要否

登記原因証明情報に実印（P90 1）で押印する必要はありません。認印で押印すればOKです。それに対して，P92～93の2.で説明しますが，申請情報または委任状への押印は，実印での押印が求められることがあります。

よって，「登記原因証明情報に押印した印鑑」と「申請情報または委任状に押印した印鑑」とが異なっても，問題ありません（大9.3.18民事931）。

## 3 公文書に限定される場合

登記原因証明情報として公文書を提供しなければならない場合があります。

「公文書」とは，公務所（市役所など）または公務員が，職務上作成する文書のことです。公文書は私文書（公文書以外の文書。ex. 私人が作成した売買契約書）に比べ，信用力が高いです。

ex. 市区町村長が作成する戸籍全部事項証明書等や住民票の写しは，公文書です。

登記原因証明情報が公文書に限定されるかは，原則として，以下の判断基準となります。以下の判断基準を記憶し，以下の判断基準に当たらないもの（ex. P315～316①）を意識的に記憶してください。

### 公文書に限定されるかどうかの基本的な判断基準

・**共同申請・合同申請**　→　公文書である必要はない。私文書のみでもOKであり，報告形式の登記原因証明情報でもOK。

共同申請（合同申請）の場合，登記上直接に不利益を受ける登記義務者も申請人となるため，申請構造によって登記の真正が確保されるからです。

ex. 売買を原因とする所有権の移転の登記を共同申請によってするときは，売買契約書（私文書）を提供すればOKです。報告形式の登記原因証明情報（P66）でもOKです。

・**単独申請**　→　公文書である必要がある。私文書のみではダメであり，報告形式の登記原因証明情報もダメ。

単独申請の場合，登記上直接に不利益を受ける登記義務者が申請人とならないため，申請構造によっては登記の真正が確保されないからです。

ex. 相続を原因とする所有権の移転の登記は単独申請によってしますが（P241～242（a）），市区町村長（公務員）が職務上作成した戸籍全部事項証明書等を提供する必要があります。

## 4 登記原因証明情報の提供が不要となる場合

### 提供が不要となる登記を確実に思い出せるようにする

登記の申請では登記原因証明情報を提供するのが原則ですが，例外的に不要とされる登記があります（不登法 61 条）。

**以下の①～④の登記以外は登記原因証明情報を提供しなければならない**ので，**提供する必要のない以下の①～④の登記を確実に思い出せるようにして**ください。

①所有権の保存の登記（不登令７条３項１号）

建物であれば，建てただけであり，登記原因がないからです。なお，「建てたこと」は，表題登記の登記原因であって，権利に関する登記の登記原因ではありません。

※敷地権付き区分建物についてする不動産登記法 74 条２項の所有権の保存の登記は除きます（P185①）。

②登記記録上混同によって権利が消滅したことが明らかである，混同を原因とする抹消の登記（登研 690P221）

たとえば，抵当権者が所有権を取得した場合，原則として抵当権の抹消の登記を申請します。この場合に，抵当権者と所有者が同一人であることが登記記録から明らかであれば，別途，登記原因証明情報を提供する必要はありません。

③―ｉ　自然人の住所の変更の登記または住所の更正の登記において，住民基本台帳法に規定する住民票コードを提供した場合（不登令９条，不登規 36 条４項）

③―ii　法人の住所の変更の登記または住所の更正の登記において，会社法人等番号を提供した場合（不登令９条，不登規 36 条４項）

住所の変更の登記・住所の更正の登記については，Ⅱのテキスト第５編第３章で説明しますが，住民票コードまたは会社法人等番号がわかれば，登記官が住所（の変更）を確認できるからです。「住民票コード」とは，住民を識別する 11 桁の番号です。実は，マイナンバーの制度が始まる以前から，私たちには番号が振られていたんです。住民票の写しを請求するとき，要求すると住民票コードも記載してもらえます。会社法人等番号については，P109～112 で説明します。

④処分禁止の仮処分の登記に後れる登記の抹消の登記または更正の登記（不登令７条３項２号，３号，４号）

これは，Ⅱのテキスト第５編第５章[5]，[6]で説明しますが，同時に申請する登記によって真正な登記であることが明らかとなるからです。

# 第3節　登記識別情報

**不動産登記法2条（定義）**

十四　登記識別情報　第 22 条本文の規定〔登記識別情報の提供の規定〕により登記名義人が登記を申請する場合において，当該登記名義人自らが当該登記を申請していることを確認するために用いられる符号その他の情報であって，登記名義人を識別することができるものをいう。

## 1　登記識別情報とは？

### 1．意義

登記識別情報：一定の要件のもとに登記名義人となる者に通知される 12 桁のパスワードであって，登記名義人の本人確認手段となるもの（不登法2条14号）

みなさんが日常生活で求められる一般的な本人確認手段は，免許証や健康保険証の提示でしょう。しかし，不動産登記には，独自の本人確認手段があります。それが，この登記識別情報です。登記名義人である本人確認は，免許証や健康保険証の提示ではなく，原則として登記識別情報の提供をもって行うのです。

ex. 売買を原因とする所有権の移転の登記の登記義務者は売主ですが，この売主はその不動産の所有者として登記されている登記名義人である必要があります。所有者として登記されている登記名義人である確認を登記識別情報で行うのです。

登記識別情報は，P74①②の要件を充たした場合に，登記名義人となる者に通知されますが（不登法 21 条本文），次のページのような書面で通知されます（ダウンロード形式の場合もあります。P76）。注意していただきたいのは，次のページの書面自体が登記識別情報なのではなく，下のほうに記載されている「4Ｎ685Ｇ1Ｒ60Ｐ9」という 12 桁のパスワードが登記識別情報であるということです。極端なことをいえば，次のページの紙は破り捨ててしまっても，12 桁のパスワードさえ記憶していれば問題ありません。

### cf. 登記済証

かつて登記識別情報に相当するものは登記済証でした。P72のようなものです。これが，俗に「権利証」といわれていました（ドラマやマンガで聞いたことがないでしょうか）。

それがパスワード（登記識別情報）に変わったのです。時代の流れを感じますね。

実際の書面を見てみよう５　―― 登記識別情報の通知（書面）の見本（売買を原因とする所有権の移転の登記）

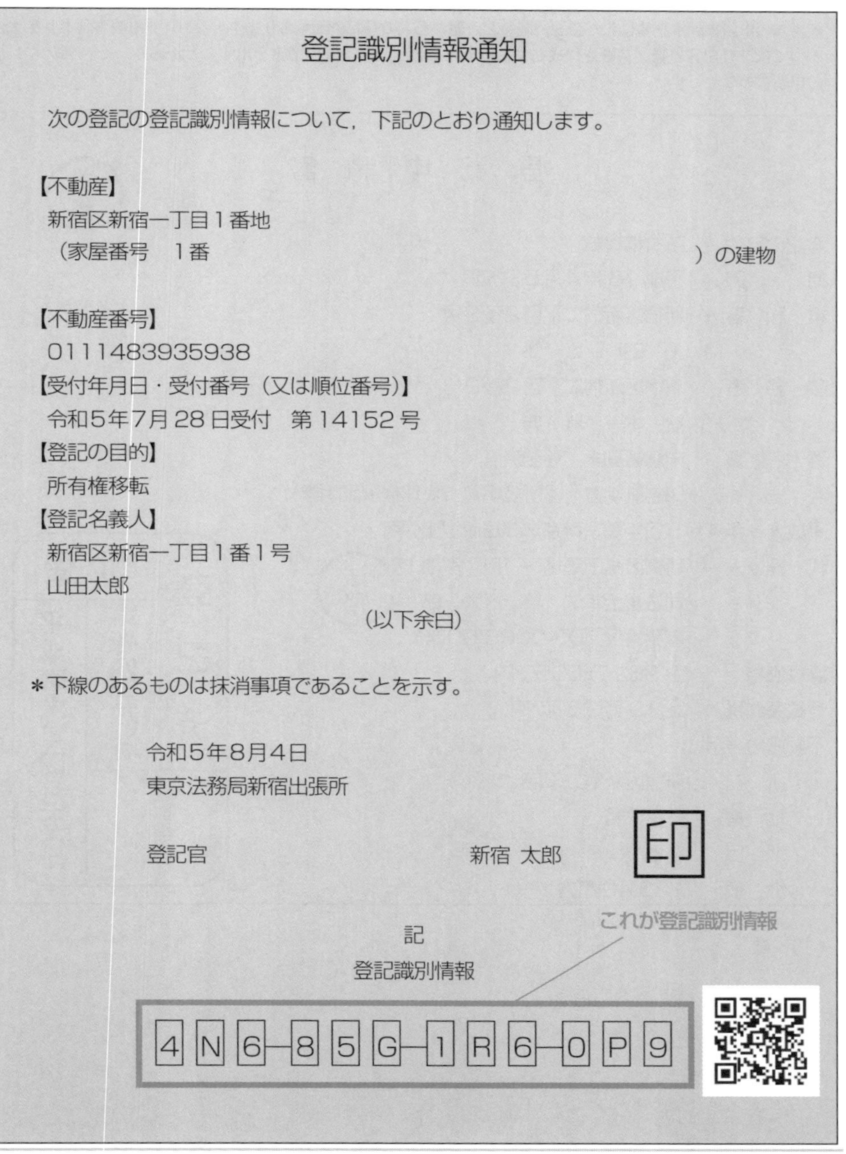

登記識別情報通知

次の登記の登記識別情報について，下記のとおり通知します。

【不動産】
新宿区新宿一丁目１番地
（家屋番号　１番　）の建物

【不動産番号】
0111483935938

【受付年月日・受付番号（又は順位番号）】
令和５年７月 28 日受付　第 14152 号

【登記の目的】
所有権移転

【登記名義人】
新宿区新宿一丁目１番１号
山田太郎

（以下余白）

＊下線のあるものは抹消事項であることを示す。

令和５年８月４日
東京法務局新宿出張所

登記官　新宿 太郎　印

記

登記識別情報

4N6-85G-1R6-0P9

## 実際の書面を見てみよう6 ―― 登記済証（＊）の見本（売買を原因とする所有権の移転の登記）

＊登記済証の形式を記憶する必要はありませんが，これは横書きの申請書副本を基にした登記済証の見本です。縦書きの申請書副本を基にした登記済証など，他の形式の登記済証もあります。なお，「申請書副本」とは，かつては，登記官に登記済証を作成してもらうためにプラス1通申請書を出すことがあり，そのプラス1通の申請書のことです。

### 登　記　申　請　書

法務

| | |
|---|---|
| 登記の目的 | 所有権移転 |
| 原　　因 | 平成16年4月5日売買 |
| 権 利 者 | 新宿区新宿二丁目2番2号 |
| | 山　田　　太　郎 |
| 義 務 者 | 新宿区新宿二丁目2番2号 |
| | 松　本　　雅　典 |
| 添付書類 | 申請書副本　登記済証 |
| | 印鑑証明書　住所証明書　代理権限証明書 |

平成16年4月5日申請　東京法務局新宿出張所

| | |
|---|---|
| 代 理 人 | 新宿区高田馬場一丁目1番地1 |
| | 司法書士　法　務　　太　郎　法務 |
| | 電話番号　03-0000-0000 |
| 課税価格 | 金962万6000円 |
| 登録免許税 | 金19万2500円 |
| 不動産の表示 | |
| 所　在 | 新宿区新宿二丁目 |
| 地　番 | 2番2号 |
| 地　目 | 宅地 |
| 地　積 | 123.40平方メートル |

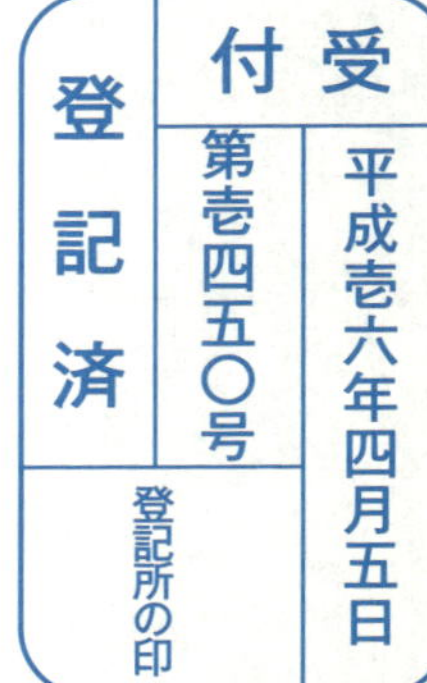

### ２．登記識別情報となるか登記済証となるかの基準

登記識別情報の規定を新設した改正不動産登記法は，平成 16 年６月に公布され，平成 17 年３月に施行されました。

では，平成 17 年３月以降に登記名義人となった者すべてに登記識別情報が通知されているかというと，そうではありません。登記識別情報を通知するのは，いわゆる「オンライン庁」となった登記所です。オンライン庁とは，電子申請（P49～53 の３.）に対応した登記所のことです。法務大臣が指定すると，オンライン庁となります（不登法附則６条１項）。全国の登記所が一気に電子申請に対応できるようになったわけではなく，登記所によって指定された年月日が異なります。全国の登記所が法務大臣の指定を受けた（オンライン庁となった）のは，平成 17 年３月～平成 20 年７月です。よって，現在では，すべての登記所がオンライン庁となっています。そのため，現在登記を申請した場合に登記済証が交付されることはなく，登記識別情報が通知されます。

登記識別情報が通知されるか登記済証が交付されるかの基準は，上記の法務大臣の指定を受けた（オンライン庁となった）年月日と，登記の受付年月日の先後です。

ex. ある登記所が，平成 20 年４月１日に法務大臣の指定を受けた（オンライン庁となった）とします。この登記所の管轄内の不動産について，登記識別情報が通知されているか登記済証が交付されているかは，以下のとおりです。

・受付年月日が平成 20 年３月 31 日以前の登記の登記名義人
　→　登記済証が交付されている。

・受付年月日が平成 20 年４月１日以降の登記の登記名義人
　→　登記識別情報が通知されている。

## ２　登記識別情報の通知

**不動産登記法 21 条（登記識別情報の通知）**

登記官は，その登記をすることによって申請人自らが登記名義人となる場合において，当該登記を完了したときは，法務省令で定めるところにより，速やかに，当該申請人に対し，当該登記に係る登記識別情報を通知しなければならない。ただし，当該申請人があらかじめ登記識別情報の通知を希望しない旨の申出をした場合その他の法務省令で定める場合は，この限りでない。

## 1．通知される場合

### （1）通知の要件

登記を申請すれば常に登記識別情報が通知されるわけではありません。以下の2つの要件の双方を充たした者に，登記識別情報が通知されます。

**登記識別情報が通知される要件**

①**申請人自らが**（不登法21条本文）

登記識別情報は，登記名義人であることの本人確認手段として使う非常に重要な情報であるため，申請人となっていない者に通知することはできないからです。申請人となっていない者に通知すると，その者がこっそりとパスワードを盗み見てから登記名義人に登記識別情報の通知書を渡したりする危険性があります。

②**登記名義人となる**（不登法21条本文）

登記識別情報は，不動産登記に固有の本人確認手段なので，登記名義人とならないならば使い道がないからです。みなさんが不動産の登記名義人でなければ，登記識別情報をお持ちでないと思います。しかし，日常生活で困らないですよね。

ex1. AからBへの売買を原因とする所有権の移転の登記をAとBが共同で申請する場合，Bに登記識別情報が通知されます。Bは，申請人であり（上記①の要件を充たし），登記名義人となる（上記②の要件も充たす）からです。

ex2. 登記の申請は，債権者代位（民法423条）によってもできます。── **民法Ⅲのテキスト第5編第3章第3節1**　たとえば，「A→B→C」と所有権が移転した場合に，まだ登記がAにあるとします。AからBへの所有権の移転の登記をCがBに代位してAとともに申請する場合，以下の理由により，代位者Cおよび被代位者Bのどちらにも登記識別情報は通知されません。

・代位者C　：申請人であるが（上記①の要件は充たすが），登記名義人とならない（上記②の要件を充たさない）。登記名義人となるのはBです。

・被代位者B：登記名義人となるが（上記②の要件は充たすが），申請人でない（上記①の要件を充たさない）。申請人はCです。

この後にBが登記識別情報を提供する必要がある登記を申請するときは，P84の2.の①～③のいずれかの方法によって本人確認をすることになります。

**※連件申請の場合にも登記識別情報が通知されるか？**

たとえば，「Ａ→Ｂ→Ｃ」と所有権が移転した場合に，「Ａ→Ｂ」と「Ｂ→Ｃ」の所有権の移転の登記が連件で申請されたとき，Ｃに対してはもちろんですが，Ｂに対しても登記識別情報は通知されます。

この２件の登記がされると登記名義人はＣとなるので，Ｃの所有権の移転の登記が抹消されない以上，Ｂの登記識別情報は使い道がありません。しかし，Ｂは，申請人であり（上記①の要件を充たし），すぐに過去の登記名義人となりますが登記名義人となる（上記②の要件も充たす）からです。

このように連件申請の場合にも，登記識別情報は通知されます。

他の例を挙げると，ＡからＢへの抵当権の移転の登記と抵当権の抹消の登記を連件で申請する場合も，抵当権の移転の登記についてＢに登記識別情報が通知されます。Ｂは，申請人であり（上記①の要件を充たし），すぐに抹消されますが登記名義人となる（上記②の要件も充たす）からです。

なお，上記の２つの例のように，順番を指定して２件以上の申請を同時に申請することを「連件申請」といいます。実務でも連件申請は多いですし，記述でもほぼ毎年連件申請の問題となります。

上記の２つ以外の例を挙げると，たとえば，不動産の買主が銀行から融資を受けて抵当権を設定した場合，「買主への所有権の移転の登記」と「銀行の抵当権の設定の登記」は，連件申請で行うのが通常です。

### （2）通知される単位

登記識別情報は，「不動産ごと」「登記名義人となった申請人ごと」に通知されます（別のパスワードが通知されます。不登規61条）。

ex. ＡがＢＣに，三筆の土地を売却したとします。夫婦で売買代金を出し合うなど，買主が２人いることは実務でも多くあります。この場合に，三筆の土地についてのＡからＢＣへの所有権の移転の登記を一の申請情報で（１件で）申請すると（Ⅱのテキスト第５編第11章2 1.），ＢＣに，計６個の登記識別情報が通知されます。「３筆（不動産ごと）×２人（登記名義人となった申請人ごと）」ということです。

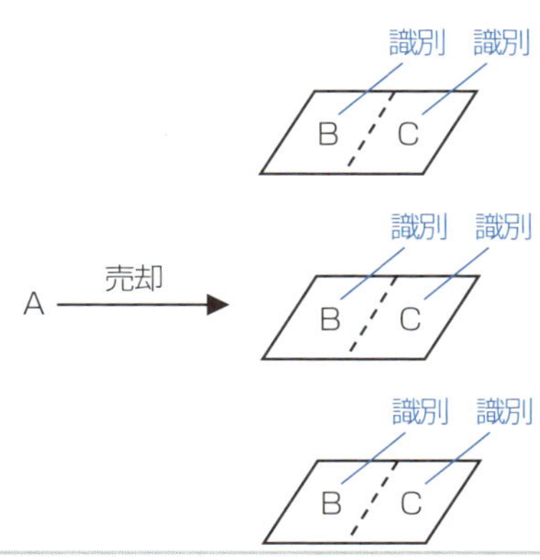

最初は登記を同時に申請しても，その後は，不動産ごと，登記名義人となった申請人ごとに登記を申請するかもしれないからです。上記 ex.であれば，上記の登記を申請した後，Bが一筆の土地の持分のみを売却し，その登記をするかもしれません。

## 2．通知されない場合

P74 の①②の要件を充たした場合でも，登記識別情報が通知されない場合があります。以下の3つの場合です。

①通知を受けるべき者があらかじめ登記識別情報の通知を希望しない旨の申出をした場合（不登法 21 条ただし書，不登規 64 条1項1号）

登記識別情報が通知されると，紛失，盗難，盗み見られるなどのおそれがあります。そういったことが恐い人は，通知を希望しない申出ができます。

なお，一の申請情報で（1件で）複数の不動産について登記を申請する場合（Ⅱのテキスト第5編第 11 章），通知を受けるべき者は，特定の不動産についてのみ登記識別情報の通知を希望しない旨の申出をすることができます。上記1.（2）でみたとおり，登記識別情報は「不動産ごと」に通知されるからです。

②一定の期間内に登記識別情報を受領しないまたはダウンロードしない場合（不登法 21 条ただし書，不登規 64 条1項2号，3号）

一定期間内に受領しないまたはダウンロードしない場合は，通知を受けられなくなってしまいます。

| 書面申請 | 電子申請（特例方式を含む） |
|---|---|
| 書面申請の場合は，登記識別情報は P71 の通知書に記載される形で通知されます。この通知書を登記完了の時から3か月以内に受領しないと，通知を受けることができなくなります（不登規 64 条1項3号）。 | 電子申請の場合は，登記識別情報をダウンロードする形で通知されます（＊）。登記識別情報を送信することが可能になった時から 30 日以内にダウンロードしないと，通知を受けることができなくなります（不登規 64 条1項2号。P58 の「電子申請の場合の基本的な考え方」）。<br>＊電子申請の場合でも，書面による通知を求めることもできます（不登規 63 条1項柱書。平 20.1.11 民二 57）。 |

※この後に登記の申請をするときはどうするの？

上記①または②により，登記名義人であるにもかかわらず，登記識別情報の通知を受けていない者がいることになります。その者が所有権の移転の登記など登記識別情報を提供しなければならない登記の申請をするときは，登記識別情報を提供できませんので，別の本人確認手段を採ることになります。その方法は，P84～89の2.で説明します。別の本人確認手段を採る必要があるのは，P74のex2.などの場合も同じです。

③登記識別情報の通知を受けるべき者が官庁または公署（P33）である場合（不登法21条ただし書，不登規64条1項4号）

Ⅱのテキスト第6編第3章2 2.※で説明しますが，官庁または公署は登記義務者になる場合でも，登記識別情報を提供する必要がないからです。つまり，官庁または公署には登記識別情報の使い道がないわけです。

ただし，官庁または公署があらかじめ登記識別情報の通知を希望する旨の申出をわざわざした場合には，登記識別情報が通知されます。

## 3 登記識別情報の提供

**不動産登記法22条（登記識別情報の提供）**

登記権利者及び登記義務者が共同して権利に関する登記の申請をする場合その他登記名義人が政令で定める登記の申請をする場合には，申請人は，その申請情報と併せて登記義務者（政令で定める登記の申請にあっては，登記名義人。次条第1項，第2項及び第4項各号において同じ。）の登記識別情報を提供しなければならない。ただし，前条ただし書の規定により登記識別情報が通知されなかった場合その他の申請人が登記識別情報を提供することができないことにつき正当な理由がある場合は，この限りでない。

### 1．提供が要求される場合

登記識別情報の提供が要求されるかは，原則として以下の判断基準となります。以下の判断基準を記憶し，以下の判断基準に当たらないもの（ex. P345②，P361※）を意識的に記憶してください。

**登記識別情報の提供の要否の基本的な判断基準**

・**共同申請**　→　**登記義務者の**登記識別情報の提供が必要（不登法22条）

登記上直接に不利益を受ける登記義務者は，「損をするけど，いいですよ～」という意思確認をするために，登記識別情報の提供が要求されます。また，登記義務者は登記名義人ですので（不登法2条13号。P34（1）），原則として登記識別情報が通知されています。

ex. 売買を原因とする所有権の移転の登記を共同申請によってするときは，登記義務者である売主の登記識別情報を提供する必要があります。

・**合同申請**　→　**全員の**登記識別情報の提供が必要（不登法22条，不登令8条1項4号，6号，7号）

合同申請の場合，申請人全員が登記義務者でもあるからです。

・**単独申請**　→　登記識別情報の提供は**不要**（不登法22条参照）

単独申請の場合，登記上直接に不利益を受ける登記義務者が申請人とならないからです。

ex. 相続を原因とする所有権の移転の登記は単独申請によってしますが（P241～242（a）），登記識別情報を提供する必要はありません。

### 2．提供の方法

登記識別情報の提供の方法は，書面申請か電子申請かによって異なります。

| 書面申請 | 電子申請（特例方式を含む） |
|---|---|
| 登記識別情報を記載した書面（通常はP71の通知書）を申請書に添付して提出します（不登規66条1項2号）。具体的には，登記識別情報を記載した書面を，封筒に入れて封をします（不登規66条2項）。この封筒には，登記識別情報を提供する申請人の氏名または名称および登記の目的を記載し，登記識別情報を記載した書面が在中する旨を明記します（不登規66条3項）。 | オンラインで登記識別情報を提供します（不登規66条1項1号。P58の「電子申請の場合の基本的な考え方」）。具体的には，パソコンの画面上でパスワード（登記識別情報）を入力し，電子署名をします（P52（i））。 |

### 3．登記名義を段階的に備えた場合に提供するのはどの登記識別情報？

不動産の登記名義は，1つの所有権の移転の登記で備えるだけでなく，いくつかの登記に分けて段階的に備える場合もあります。このようにいくつかの登記に分けて段階的に登記名義を備えた者が所有権の移転の登記などをする場合に，どの登記識別情報を提供するのかが問題となります。この問題について考えることで，登記識別情報の提供方法の考え方がよくわかります。

## どの登記識別情報を提供するか？

持分を段階的に取得した場合に限りませんが，登記識別情報は，申請する登記により**登記の効力が及ぶところのもの**を提供します。

ex. 以下のように，Aが甲区1番と甲区2番で持分を段階的に取得したとします。Aは甲区1番と甲区2番で登記名義人となっていますので，Aには甲区1番と甲区2番で登記識別情報が通知されています。

| 権利部（甲区）（所有権に関する事項） | | | |
|---|---|---|---|
| 順位番号 | 登記の目的 | 受付年月日・受付番号 | 権利者その他の事項 |
| 1 | 所有権保存 | 令和5年6月28日<br>第12456号 | 共有者　持分2分の1　A<br>2分の1　B |
| 2 | B持分全部移転 | 令和5年7月28日<br>第14152号 | 原因　令和5年7月28日売買<br>所有者　持分2分の1　A |

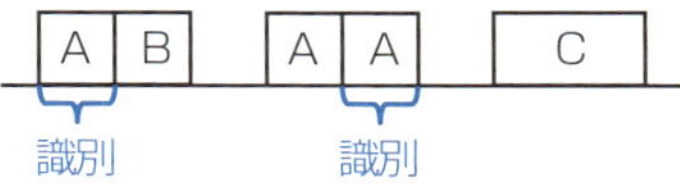


この後，AがCに不動産を売却（所有権のすべてを移転）し所有権の移転の登記を申請するときは，Aは甲区1番で通知された登記識別情報と甲区2番で通知された登記識別情報を提供する必要があります（昭37.11.29民事甲3422）。Aは，甲区1番で取得した持分と甲区2番で取得した持分をCに売却しています。そして，登記識別情報は，登記の効力が及ぶところのものを提供するからです。

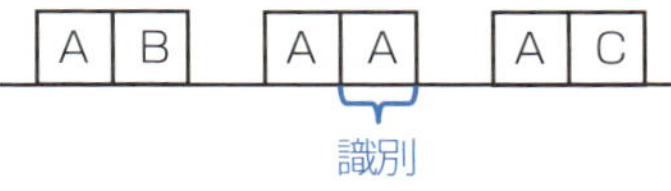


少し事例を変えて，AがCに所有権の一部（2分の1）を売却し所有権の一部移転の登記を申請するとします。このAのように，持分を段階的に取得し，移転する持分を登記記録上特定することができる場合には，登記の目的（＊）を「所有権一部（順位2番で登記した持分）移転」などとして，移転する持分を特定して移転の登記をすることができます（昭58.4.4民三.2251）。この場合には，移転する持分についての登記識別情報のみを提供します。甲区2番で取得した持分を移転するのであれば，甲区2番で通知された登記識別情報のみを提供します（昭58.4.4民三.2251）。登記識別情報は，登記の効力が及ぶところのものを提供するからです。

＊「登記の目的」の意味は，P198～199で説明します。

### 4．合筆（ごうひつ）の登記後または合併の登記後に提供するのはどの登記識別情報？

表示に関する登記の知識も必要になってしまうので少し難しいハナシになりますが，土地の「合筆の登記」，建物の「合併の登記」というものがあります。

・合筆の登記：たとえば，隣接する甲土地と乙土地がある場合に，乙土地を甲土地の一部とすること

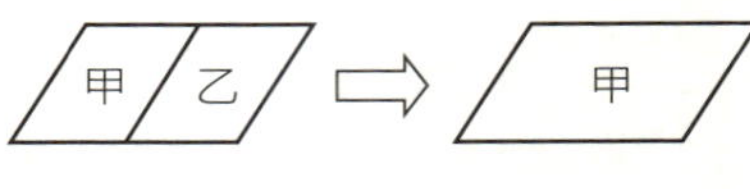


・合併の登記：たとえば，乙建物を甲建物の附属建物とすることなど（不登法 54 条1項3号）。主である建物だけでなく，附属建物がある建物もあります。附属建物の典型例は，車庫です。

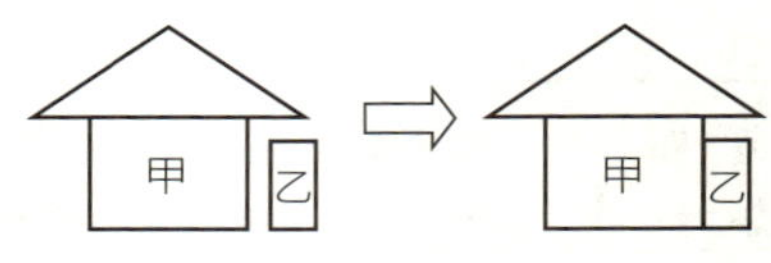


＊P307～311 9 の「合併」とは，意味が異なります。

#### （1）所有権の登記名義人が登記義務者となる場合

合筆の登記または合併の登記がされると，原則として，合筆の登記後の土地または合併の登記後の建物について登記識別情報が通知されます。

では，合筆の登記後の土地または合併の登記後の建物について所有権の移転の登記などをする場合に提供する登記識別情報は，合筆の登記後の土地または合併の登記後の建物について通知された登記識別情報に限られるのでしょうか。

それらに限られるわけではなく，合筆前の土地または合併前の建物の全部についての従前の登記識別情報でも構いません（昭 39.7.30 民事甲 2702）。これらでも，登記名義人である確認となるからです。

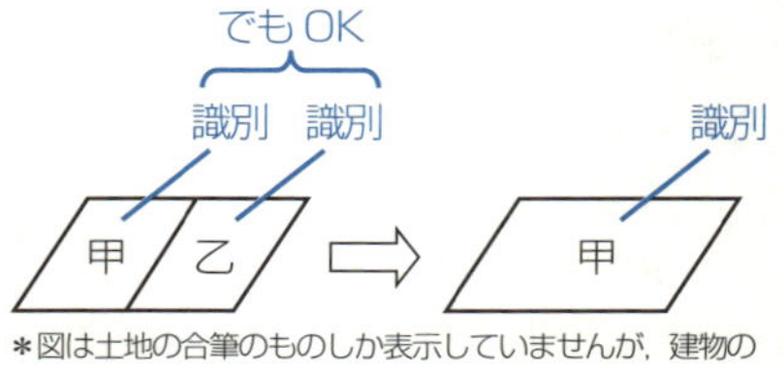


＊図は土地の合筆のものしか表示していませんが，建物の合併も同趣旨の図となります。

#### （2）担保権の登記名義人が登記義務者となる場合

合筆前の土地または合併前の建物に抵当権などの担保物権が登記されている場合，その２つの土地または建物に登記された担保物権の受付年月日，受付番号，登記の目的，登記原因及びその日付（＊）が同一であれば，合筆の登記または合併の登記をすることができます（不登法 41 条6号かっこ書，56 条5号かっこ書，不登規 105 条2号，131 条1号）。これらが同一であれば，担保物権を合筆の登記後の土地または合併の登記後の建物の担保物権とすることができるからです。

＊「登記の目的」「登記原因及びその日付」の意味は，P198～199 で説明します。

では，合筆の登記後または合併の登記後に，抵当権の移転の登記など担保物権の登記名義人を登記義務者とする登記を申請する場合，土地の合筆の登記または建物の合併の登記がされる前のすべての土地または建物の登記識別情報を提供しなければならないでしょうか。

そこまでは必要なく，土地の合筆の登記または建物の合併の登記後に存する土地または建物についての登記識別情報で足ります（平19.10.15民二.2205）。

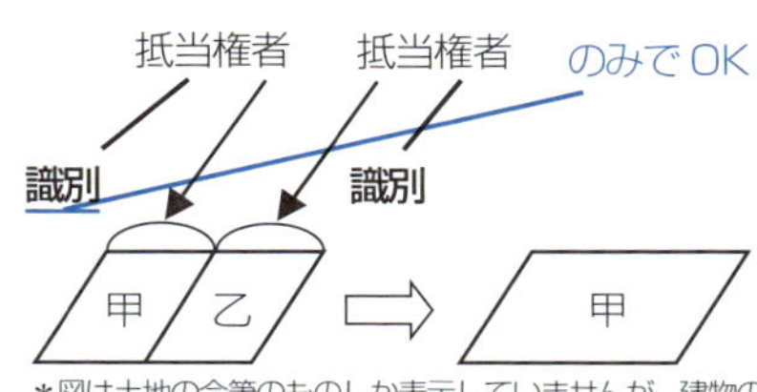

＊図は土地の合筆のものしか表示していませんが，建物の合併も同趣旨の図となります。

わかりにくいので，説明を足します。合筆または合併は，「甲土地（甲建物）と乙土地（乙建物）をくっつけて，丙土地（丙建物）とすること」ではありません。「甲土地（甲建物）に乙土地（乙建物）をくっつけること」です。乙土地（乙建物）は消え，甲土地（甲建物）が残ります。ドラゴンボールでいえば，フュージョンではなく，魔人ブウの吸収です（ドラゴンボールを知らない方，すみません……）。

ここでのハナシは，甲土地（甲建物）と乙土地（乙建物）に担保物権が登記されているという事案ですが，合筆の登記後または合併の登記後は，残った甲土地（甲建物）の登記識別情報のみで構わないということです。それで，担保権者の意思は十分確認できるからです。

## 4　登記識別情報についての諸制度

### 1．失効の申出

#### （1）意義

登記名義人，登記名義人の相続人，または，登記名義人の一般承継人（存続会社〔吸収合併の場合〕・設立会社〔新設合併の場合〕。P307）は，登記官に対し，通知を受けた登記識別情報について失効の申出をすることができます（不登規65条1項）。「失効」とは，登記識別情報を使えなくしてもらうことです。

#### （2）趣旨

登記識別情報を紛失したり，盗み見られた可能性がある場合には（登記識別情報はパスワードであるため，番号さえわかれば盗まれたのと同じ効果があります），第三者に登記名義人になりすまされる可能性があります。このような場合に，失効させるのです。

## 2．有効証明請求

### （1）意義

登記名義人，登記名義人の相続人，または，登記名義人の一般承継人（存続会社・設立会社）は，登記官に対し，登記識別情報が有効であることの証明を請求できます（不登令 22 条1項）。「有効であることの証明」とは，登記識別情報がまだ使えることの証明です。

**― Realistic 7　実務では「失効証明請求」のほうがよく使われる ―**

実務では，上記の「有効証明請求」ではなく，「失効証明請求」（不登規 68 条2項前段かっこ書）がされることもあります。失効証明請求とは，登記識別情報が失効していることの証明を請求し，「失効していない」という回答があることによって，有効であることがわかるという仕組みです。ちょっとややこしいですが，目的は果たせます。

失効証明請求がされることがあるのは，有効証明請求は登記識別情報を提供する必要があるのですが（不登規 68 条2項），失効証明請求はその必要がないため（不登規 68 条2項前段かっこ書），使いやすいのです。

### （2）趣旨

上記1.でみたとおり，登記識別情報は失効させることができるので，登記識別情報の通知書があるからといって有効であるとは限りません。

そこで，司法書士が委任を受けて登記申請の代理をする場合には，申請日の当日または前日に，登記識別情報が有効であるかの確認をします。「申請してみたら，この登記識別情報は使えませんでした」という事態は，あってはならないからです。

**【失効の申出と有効証明請求の比較】**

失効の申出（上記1.）と有効証明請求（上記2.）について比較したほうがよい規定は，比較しながら確認しましょう。

| | 失効の申出 | 有効証明請求 |
|---|---|---|
| 申出・証明請求の方法 | 以下の①②のいずれかの方法によりします（不登規 65 条3項，68 条3項）。<br>**①申出情報・有効証明請求情報を記載した書面を登記所に提出する方法**（実印で押印し，印鑑証明書を提供する。不登規 65 条 10 項，68 条 11 項，不登令 16 条1項，2項，18 条1項，2項）。 | |

<table>
<tr><th></th><th>失効の申出</th><th>有効証明請求</th></tr>
<tr><td></td><td colspan="2">②オンラインによって申出情報・有効証明請求情報を登記所に提供する方法（電子署名をし，電子証明書も併せて送信する。不登規65条8項，68条9項，不登令12条，14条）。</td></tr>
<tr><td>併せて登記識別情報を提供することの要否</td><td>不要</td><td>要<br>（不登規68条2項）</td></tr>
<tr><td>代理人によることの可否</td><td colspan="2">可<br>（不登規65条2項3号，68条1項3号）</td></tr>
<tr><td rowspan="2">登記名義人の相続人，または，登記名義人の一般承継人（存続会社・設立会社）が申出・証明請求をする場合</td><td colspan="2">相続その他の一般承継があったことを証する市町村長，登記官その他の公務員が職務上作成した情報を提供（不登規65条5項本文，68条6項本文）<br>ex. 戸籍全部事項証明書等や登記事項証明書を提供する必要があります。戸籍全部事項証明書等には死亡の旨や相続関係が記載され，登記事項証明書には合併があったことが記載されます（P103）。</td></tr>
<tr><td></td><td>ただし，資格者代理人によるときは不要（不登規68条15項）</td></tr>
<tr><td>登記手数料の納付の要否</td><td>不要</td><td>要<br>（不登令22条1項）</td></tr>
<tr><td>同一の登記所の管轄区域内にある複数の不動産について，一の申出情報または請求情報によることの可否</td><td>不可<br>（不登規65条6項，不登令4条本文）</td><td>可<br>（不登規68条7項，不登令4条ただし書）</td></tr>
</table>

## 5　登記識別情報を提供できない場合

### 1．登記識別情報を提供できない場合とは？

上記のように失効の申出の制度があることなどから，登記識別情報の提供が要求される登記を申請する場合でも，登記義務者（ex. 売買を原因とする所有権の移転の登記の売主）が登記識別情報を提供できない場合があります。

登記識別情報を提供できない場合とは，主に以下の３つの場合です。

①不通知（不登準則42条1項1号）
ex1. P74のex2.のように債権者代位によって登記された場合
ex2. 通知を希望しない旨の申出をした場合（不登規64条1項1号。P76①）
ex3. 一定の期間内に受領しなかったまたはダウンロードしなかった場合（不登規64条1項2号，3号。P76②）
ex4. P242（b）の相続登記のように，保存行為によって申請がされた場合の申請人以外の登記名義人
②失効（不登準則42条1項2号）
これは，P81の1.の失効の申出（不登規65条）がされた場合です。
③失念（不登準則42条1項3号）
これは，登記識別情報の通知書（P71）を紛失してしまったことなどにより，登記識別情報（パスワード）がわからなくなってしまった場合です。

時系列で整理すると，①が「最初から」，②③が「通知後に」と分けることができます。

## 2．登記識別情報を提供できない場合の対処法

登記識別情報を提供できない場合，まず，申請情報に以下のように登記識別情報を提供することができない理由を記載します（不登令3条12号）。

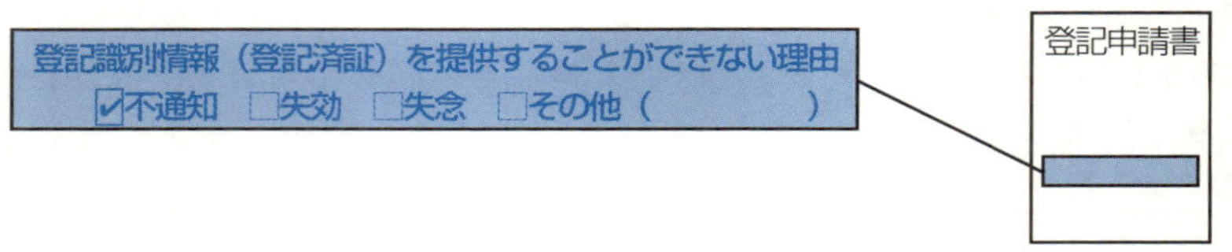


申請情報に上記のように記載するだけではダメで，以下の3つのいずれかの手続を経る必要があります。3つのいずれかの手続を経ればOKです。

①事前通知（不登法23条1項。下記（1））
②資格者代理人による本人確認情報の提供（不登法23条4項1号。下記（2））
③公証人による認証（不登法23条4項2号。下記（3））

1つ1つみていきます。

## （1）事前通知

まず，事前通知の手続の流れを概観しましょう。

＊①〜④は，手続の順序を示した数字です。

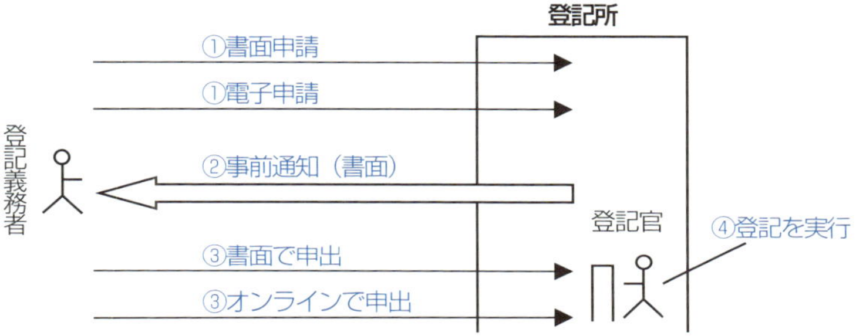

登記所
①書面申請
①電子申請
②事前通知（書面）
登記義務者
登記官
④登記を実行
③書面で申出
③オンラインで申出

①「登記識別情報はないんです〜」（下記（a））

②「登記識別情報がないなら信用できないから，事前通知で本人確認だ！」（下記（b））

③「本当に私が本人なんです〜」（下記（c））

④「本当だったか……。じゃあ登記を実行してやろう。」

### （a）申請（上記の図の①）

登記識別情報の提供が要求される登記であるにもかかわらず，登記識別情報を提供せずに登記申請がされた場合，P32の流れでいうと，受付はされますが，受理はされません。登記識別情報が提供されていませんので，登記官が受理できないわけです。

なお，申請方法は，書面申請でも電子申請でも構いません。

### ※登記に対抗力が備わる時点

上記のとおり，受付はされます。よって，その後の事前通知の手続が無事に済み登記が実行されれば，登記識別情報を提供せずに登記申請がされた時点（上記の図でいうと①の時点）で対抗力が備わっていたことになります。

登記識別情報の提供がない申請も，登記の申請がされたことに変わりはありません。ただ，本人確認手続が異なるだけです。よって，登記を申請した日に対抗力が備わる（P16）というハナシが，ここでも当てはまるのです。

#### （b）事前通知（P85の図の②）

上記（a）の申請がされると，登記官は，登記識別情報が提供されていないため，登記義務者に対して事前通知をします（不登法23条1項前段）。

この事前通知は，上記（a）の申請が書面申請でされたか電子申請でされたかにかかわらず，書面でされます（不登規70条1項柱書）。この事前通知が登記義務者の本人確認手段ですので，なりすましを防ぐため，確実な書面でされるのです。

##### i　送付先

###### （i）原則

登記義務者の住所に送付します（不登法23条1項前段）。これは，みなさんの想像どおりだと思います。

###### （ii）例外

上記（i）の登記義務者の住所に加えて，さらに事前通知がされる場合があります。それは，上記（a）の申請が，所有権に関する登記申請であって，登記義務者の住所の変更の登記がされている場合です。この場合，登記記録上の前の住所（変更前の住所）にも通知がされます（不登法23条2項）。これは，俗に「前住所通知」といわれます。

「所有権」に限定されているのは，所有権は利用価値および交換価値を把握しているオールマイティーな権利であり，最も重要な権利だからです。―― **民法Ⅱのテキスト第3編第1章第1節3**３.　「住所の変更の登記」は，詳しくはⅡのテキスト第5編第3章で説明しますが，登記をした後に登記名義人が引っ越しなどをしたときにする登記です。地面師（じめんし）が，ウソの住所の変更の登記をし，変更後の住所（地面師のアジトなど）で事前通知を受け取り，所有者になりすます可能性があります。そこで，変更前の住所にも事前通知をし，真の所有者に気づいてもらうため前住所通知もするのです。

**― Realistic 8　「地面師」とは？ ―**

地面師とは，不動産の所有者になりすます詐欺師です。不動産の所有者のフリをして，買主から売買代金をだまし取ります。更地の所有者になりすますことが多いです。更地であれば，現地に真の所有者がいないことが多いので，なりすましやすいからです。

###### （iii）再例外

再例外まであってややこしいですが……，上記（ii）の場合でも，たとえば，以下の①や②の場合には，前住所通知はされません。

①上記（a）の申請が住所の変更の登記がされた日から３か月経過後にされたものである場合（不登法23条２項，不登規71条２項２号）

３か月も経過しているのならば，真の所有者が気づいているだろうと考えられるからです。

②登記義務者が法人である場合（不登法23条２項，不登規71条２項３号）

法人の住所の変更の登記は，たとえば，会社であれば，先に商業登記（本店移転の登記）がされます（商業登記法で学習します）。商業登記で厳しい審査がされるため，不動産登記の住所の変更の登記がウソである確率が低いのです。

#### ⅱ　送付方法

事前通知をどのように送付するかは，登記義務者がどのような者であるかによって以下のとおり変わります。

<table>
<tr><th colspan="2">登記義務者</th><th>送付方法</th></tr>
<tr><td colspan="2">自然人</td><td rowspan="2">本人限定受取郵便など（不登規70条1項1号）<br>「本人限定受取郵便」とは，配達をする郵便局員が身分証を確認したうえで手渡す，原則として本人のみが受け取れる郵便です（登研796P125）。</td></tr>
<tr><td rowspan="2">法人</td><td>代表者の住所に送付する場合（不登準則43条2項ただし書）<br>＊原則は下記の法人の主たる事務所が送付先ですが，法人が希望すると，代表者の住所に送付されます。</td></tr>
<tr><td>法人の主たる事務所（本店など）に送付する場合（不登準則43条2項本文）</td><td rowspan="2">書留郵便など（不登規70条1項2号，3号）<br>「書留郵便」は，本人限定受取郵便のように身分証の確認はしませんが，手渡しで交付されます。<br>法人の主たる事務所に送るのであれば，書留郵便で大丈夫だろう，ということです。<br>また，外国だと，本人限定受取郵便の手続を行うのが困難であるため，書留郵便などで送ります。</td></tr>
<tr><td colspan="2">外国に住所を有する者</td></tr>
</table>

### （c）申出（P85の図の③）

#### ⅰ　申出の方法

事前通知に対して，登記義務者は「本当に私が本人なんです～」と申し出ます。この申出の方法は，以下のとおりです。

| 上記（a）の申請が書面申請 | 上記（a）の申請が電子申請 |
|---|---|
| **登記所に書面を提出する方法**<br>（不登規70条5項2号）<br><br>この申出（書面）には，申請情報または委任状に押印した印鑑と同一の印鑑で押印する必要があります（不登規70条5項2号）。 | **登記所にオンラインで送信する方法**<br>（不登規70条5項1号。P58の「電子申請の場合の基本的な考え方」）。<br>この申出（情報）には，電子署名をし，電子証明書も併せて送信する必要があります（不登規70条5項1号，6項，不登令14条）。 |

**※登記義務者が申出をする前に死亡した場合**

まれにしか起きませんが，事前通知を受けた登記義務者が，この申出をする前に死亡したとします。この場合には，登記義務者の相続人全員で申出をする必要があります（不登準則46条1項）。登記義務を相続人全員が承継するからです。

#### ii　期間制限

事前通知に対する申出は，いつでもできるわけではなく，期間制限があります。

##### （ⅰ）原則

登記官が通知を発送した日から2週間以内です（不登規70条8項本文）。

##### （ⅱ）例外 —— 外国に住所を有する者

登記義務者が外国に住所を有する場合，登記官が通知を発送した日から4週間以内です(不登規70条8項ただし書)。外国から2週間以内に申出をするのは難しいからです。

### （2）資格者代理人による本人確認情報の提供

#### （a）意義

登記申請の代理の依頼を受けた司法書士などの資格者代理人は，登記識別情報を提供できない登記義務者が真実の権利者であることの確認をすることができます（不登法23条4項1号）。将来のみなさんが，本人確認を行うことになるんです。司法書士って，スゴイですよね。司法書士が依頼を受けた場合，通常はこの方法を使います。

本人確認をした資格者代理人は，本人確認情報という書面を作成します。この本人確認情報が，登記識別情報の代わりとなります。登記識別情報の代わりに申請情報に添付しますので，添付情報欄に以下のように記載します。

| 添付情報　本人確認情報（Aの本人確認情報） |
|---|

そして，登記官が本人確認情報の内容を相当と認めると，事前通知はされません（不登法23条4項1号）。また，本人確認情報の内容により申請人が登記義務者であることが確実であると認められる場合は，前住所通知（P86（ⅱ））もされません（不登規71条2項4号）。

### （b）本人確認情報の内容

資格者代理人が，登記義務者（＊）と面談をします。登記義務者の自宅などに行きます。平日はお仕事をされている方が多いので，土日に行くことも多いです……。登記義務者のことを知らず面識がない場合は，運転免許証など身分証の提示を求め本人確認をします（不登規72条1項，2項）。干支（えと）を聞いたりすることもあります。

＊法定代理人や法人の代表者が資格者代理人に登記申請を委任した場合は，法定代理人や法人の代表者について本人確認をします（不登規72条1項1号かっこ書）。

そして，資格者代理人は，面談した日時，場所や提示を受けた身分証などを記載した本人確認情報を作成します（不登規72条1項）。

この本人確認情報は，資格者代理人がきちんと作成したということを担保するため，資格者代理人が登記の申請の代理を業とすることができる者であることを証する情報も必要となります（不登規72条3項）。具体的には，以下のように証します。

| 書面申請 | 電子申請 |
|---|---|
| **資格者代理人が，本人確認情報に職印で押印し，職印証明書を提供**（不登準則49条2項3号）＊<br>この職印証明書は，発行後3か月以内のものである必要があります（不登準則49条3項）。<br>＊司法書士は，登録する際に，所属する司法書士会（ex. 神奈川県司法書士会）に職印を届け出なければなりません。職印を届け出ると，所属する司法書士会で職印証明書の発行を請求することができます。 | **資格者代理人が，本人確認情報に電子署名をし，電子証明書を併せて送信**（不登準則49条2項1号，2号） |

## （3）公証人による認証

これは，公証人に本人確認をお願いする方法です。

申請情報または委任状に，登記義務者に間違いないという公証人の認証を受けます。そして，登記官がその内容を相当と認めると，事前通知はされません（不登法23条4項2号）。公証人は，私署証書について認証ができるため（公証人法58条），本人確認ができるのです。

# 第4節　印鑑証明書

## 1　印鑑証明書とは？

印鑑証明書：あらかじめ届け出てある印鑑（実印）の印影であることを証する官庁または公署（P33）の証明書

「実印」とは，官庁または公署に印影を届け出た印鑑のことです（それに対して，官庁または公署に印影を届け出ていない印鑑を「認印（みとめいん）」といいます）。自然人か法人かによって，以下のように，印影を届け出る官庁または公署が異なり，届出の義務があるかも異なります。

・自然人（日常用語でいうヒト，つまり，人間）

自然人の印影の届出先は，市区町村です。市区町村に印影を届け出ると，市役所などで次のページにあるような印鑑証明書を発行してもらえます。

自然人の場合は印影の届出の義務はありません。不動産の売却，保証契約など重要な契約の経験がある方以外は，おそらく届出をしていないと思います。

・法人（会社など）

法人の代表者の印影の届出先は，登記所です。法人の場合は，登記所で次のページにあるような印鑑証明書を発行してもらえます。

法人は，設立時や代表者が交替した時に，代表者が印影を届け出ることができます。法人の代表者が登記所に届け出た印鑑（法人の実印）を俗に「登記所届出印」といいます。なお，かつてはこの印鑑届が義務でしたが，令和元年の商業登記法の改正で任意となりました。「すべての手続をオンラインで！」という政府の政策に基づくものです。

※認可地縁団体

町内会などは，権利能力なき社団であり，権利能力が認められません。── **民法Ⅰのテキスト第2編第2章第1節5 1.** しかし，町内会などでも，市町村長の認可を受けると，権利能力が認められます（地方自治法 260 条の２）。簡単にいうと，町内会などが法人格を得るところまで昇格したのが，「認可地縁団体」です。

認可地縁団体は法人格がありますので，認可地縁団体の代表者の印鑑証明書は，この第４節の印鑑証明書として扱われます（平４.５.20 民三.2430）。

## 実際の書面を見てみよう７　――　自然人の印鑑証明書

### 印　鑑　登　録　証　明　書

| 印影 | 氏名 | 松本　雅典 |
|---|---|---|
| 松本 | 生年月日 | 昭和 61 年 10 月 28 日 |
| | 住所 | 新宿区新宿一丁目１番１号 |

この写しは，登録された印影と
相違ないことを証明します。

令和５年７月 21 日

新宿区長　新宿 一郎　印

## 実際の書面を見てみよう８　――　法人（株式会社）の印鑑証明書

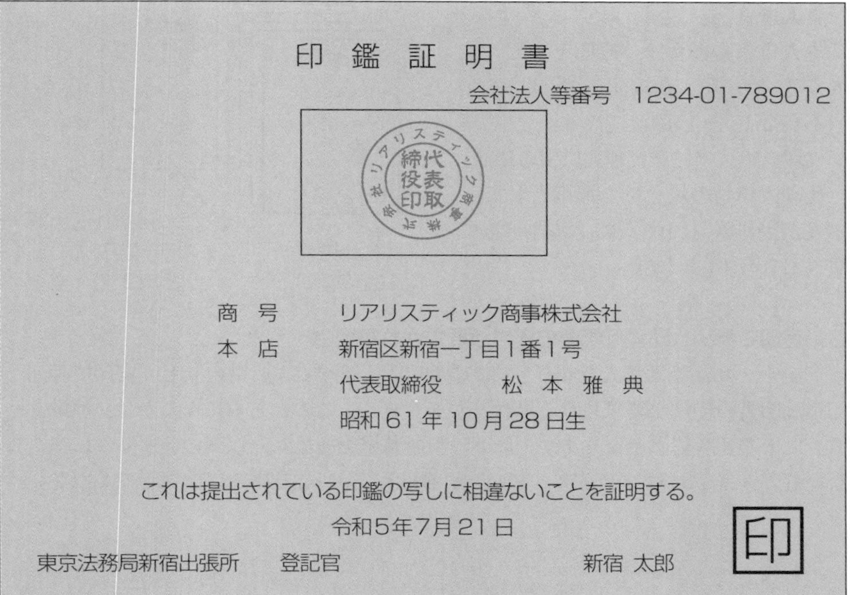

### 印　鑑　証　明　書

会社法人等番号　1234-01-789012

リアリスティック商事株式会社
代表取締役印

商　号　　リアリスティック商事株式会社
本　店　　新宿区新宿一丁目１番１号
代表取締役　　松　本　雅　典
昭和 61 年 10 月 28 日生

これは提出されている印鑑の写しに相違ないことを証明する。

令和５年７月 21 日

東京法務局新宿出張所　登記官　新宿 太郎　印

## 2 趣旨

申請情報や委任状などの添付情報には，作成者の記名押印（認印でOK）または署名があればよいのが原則です（不登令16条1項，18条1項など）。「記名」とは，パソコンで入力した文字などで氏名を記載することです。「署名」とは，手書きで氏名を記載することです。

また，登記名義人の本人確認については，登記識別情報があります（P70の1.）。

しかし，さらなる厳重な意思確認をする必要がある下記3と4の場合には，申請情報や委任状などの添付情報に実印で押印し，印鑑証明書を提供することまで要求されます。

## 3 申請情報または委任状に本人が実印で押印し印鑑証明書の提供が要求される場合

### 1．本人が記名押印する箇所

まず，本人（登記権利者，登記義務者，登記名義人など）が記名押印する箇所が，本人申請か代理人申請（任意代理人による申請）かによって異なります。

・本人申請

本人申請の場合は，原則として，本人が申請情報に直接記名押印します（不登令16条1項）。

・代理人申請（任意代理人による申請）

代理人申請の場合は，原則として，本人が委任状（P106）に記名押印します（不登令18条1項）。

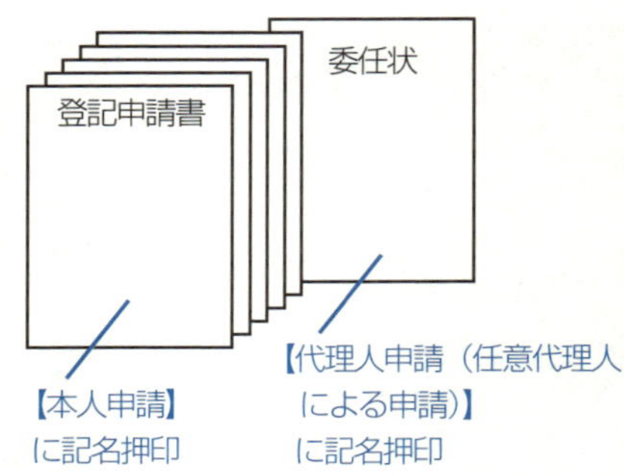


### 2．実印で押印し印鑑証明書の提供が要求される場合

上記1.の申請情報または委任状への押印は，「認印でよい場合」と「実印で押印し印鑑証明書の提供が要求される場合」があります。このどちらになるかは，原則として，以下の判断基準となります。以下の判断基準を記憶し，以下の判断基準に当たらないもの（ex. P346③，P371③，P376③，P466（a））を意識的に記憶してください。

**「認印でよいか」「実印で押印し印鑑証明書の提供が要求されるか」の判断基準**

①認印でよい場合

下記②以外の申請のときです。

②実印で押印し印鑑証明書の提供が要求される場合

所有権（仮登記〔＊〕を含む）の登記名義人が登記義務者となって登記を申請するときです。

＊仮登記は，Ⅱのテキスト第５編第２章で説明します。

所有権は，利用価値および交換価値を把握しているオールマイティーな権利であり，最も重要な権利です。よって，所有権の登記名義人が登記上直接に不利益を受ける登記を申請するとき（登記義務者となるとき）は，登記識別情報だけでなく，実印で押印し印鑑証明書を提供することまで要求されるのです。

ex. 売買を原因とする所有権の移転の登記を申請するときは，登記義務者である売主が，申請情報または委任状に実印で押印し印鑑証明書を提供する必要があります。

なお，実印での押印が要求される場合に印鑑証明書の提供が要求される（実印と印鑑証明書がセットとなる）のは，印鑑証明書がなければ押印が実印によるものであることが登記官にわからないからです。

### ３．印鑑証明書の作成期限

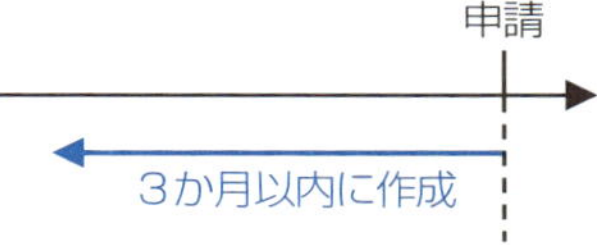


申請情報または委任状に押印した実印について要求される印鑑証明書は，申請時点で作成後３か月以内のものでなければなりません（不登令16条３項，18条３項）。「作成後３か月以内」とは，要は市役所などで取得してから３か月以内ということです。あまりに古い印鑑証明書はダメなんです。あまりに古いと，実印が変わっているかもしれないからです。

伊勢湾台風の被害で登記所の事務が１か月間停止したことがありましたが，この「作成後３か月以内」という作成期限は伸長されないとした先例（昭34.12.16民事甲2906）があります。少しヒドイですが，「市役所などで取り直せ」ということです。

**※登記原因の発生の日以前に作成された印鑑証明書でも構わないか？**

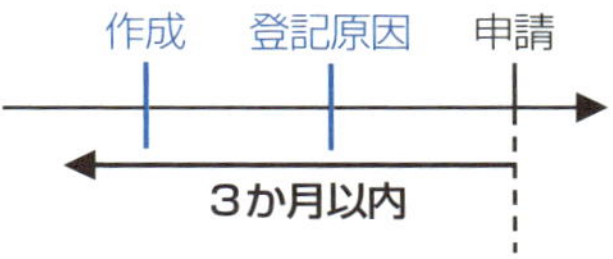


申請時点で作成後３か月以内の印鑑証明書であれば，登記原因の発生の日以前に作成された印鑑証明書でも構わないでしょうか。「登記原因の発生の日」とは，たとえば，売買を原因とする所有権の移

転の登記であれば，基本的には売買契約の締結日（民法176条）となります。

これでも構いません。

印鑑証明書は実印であることを証するものであるため，登記原因の発生の日とは関係ないからです。

### 「作成後3か月以内のもの」という要件がある添付情報

「作成後3か月以内のもの」という要件がある添付情報は多くはなく，**以下の4つ**です。**以下の4つ以外は「作成後3か月以内のもの」という要件はない（古いものでもOK）**と記憶してください。

①申請情報または委任状に押印した実印についての印鑑証明書（不登令16条3項，18条3項）

この3の印鑑証明書のことです。

②市町村長，登記官その他の公務員が職務上作成した（要は公文書である）会社法人等番号を有する法人の代表者の資格を証する情報としての登記事項証明書，および，会社法人等番号を有しない法人の代表者の資格を証する情報（不登規36条2項，不登令17条1項，7条1項1号ロ）

P112（2）で説明する添付情報です。

③市町村長，登記官その他の公務員が職務上作成した（要は公文書である）代理権限証明情報（不登令17条1項，7条1項2号）

第6節（P104～108）で説明する代理権限証明情報が公文書である場合です。たとえば，P107①～③の代理権限証明情報やP108の登記事項証明書が当たります。

④資格者代理人が作成する本人確認情報に添付する職印証明書など（不登準則49条3項，2項3号，5号）

P88～89（2）で説明した添付情報です。

上記①～④は，ふりがなをふった部分から，次のゴロ合わせで記憶してください。長嶋さんが星選手に，バッティングのアドバイスを感覚でしているシーンをイメージしてください。「三振，いいよ。次は，こうしてこうだ！星！バッティングは。」

### 4．申請情報または委任状への記名押印と印鑑証明書の提供

＊この4.は，全範囲を学習してからでないとわからないですし，かなり複雑なので，Ⅱのテキストの最後までお読みになった後にお読みください。

### （1）申請情報または委任状への記名押印

#### （a）原則

押印が認印でよい場合と実印が要求される場合に分かれますが，いずれにしても，本人が申請情報（本人申請の場合）または委任状（代理人申請〔任意代理人による申請〕の場合）に記名押印しなければならないのが原則です（不登令16条１項，18条１項）。

＊法定代理人がいる場合，司法書士に委任しない場合は法定代理人が申請情報に，司法書士に委任する場合は法定代理人が委任状に記名押印します。たとえば，３歳の未成年者本人は押印できないからです。

#### （b）例外

しかし，以下の場合には，上記（a）の記名押印を省略することができます。

**①本人が署名した申請情報または委任状について公証人などの認証を受けた場合（不登規47条2号，49条1項1号）**

公証人などの認証を受けたということは，公証人などが本人確認をしたということです。よって，申請情報または委任状の真正が担保されているといえます。

**②本人が次のイ～ホのいずれにも該当せず，かつ，本人が申請情報または委任状に署名した場合（不登規47条3号，49条1項2号）**

わかりにくい言い回しですが……，要は，こういうことです。

・イ～ホに該当せず，本人が申請情報または委任状に署名する　→　記名押印不要
・イ～ホのいずれかに該当する　→　記名押印必要

**イ　所有権（仮登記を含む）の登記名義人が実印で押印することが要求される場合**

所有権の登記名義人が登記義務者となる登記などのことですが，実印の押印が要求されるので（不登規48条５号，49条２項４号），当然に記名押印が必要となります。

**ロ　所有権の登記名義人であって，登記識別情報を提供することなく担保権（根抵当権および根質権を除く）の債務者の変更の登記または更正の登記を申請する場合**

本来は，抵当権の債務者の変更の登記・更正の登記は，所有権の登記名義人が登記義務者となる場合でも，実印で押印する必要はなく印鑑証明書を提供する必要もありません（P466（a））。しかし，登記義務者が登記識別情報を提供しない場合は，実印で押印し印鑑証明書を提供する必要があります（不登規48条５号，49条２項４号）。登記識別情報がないと，（事前通知などはされますが）登記義務者の本人確認が不十分になってしまうからです。よって，この場合には実印の押印が要求されるので，記名押印が必要となります。

**ハ　所有権以外の権利の登記名義人であって，登記識別情報を提供することなくその登記名義人が登記義務者となる登記を申請する場合**

これは，上記ロと同じ論理です。本来は，所有権以外の権利の登記名義人が登記義務者となる場合には，実印で押印する必要はなく印鑑証明書を提供する必要もありません（P93の「『認印でよいか』『実印で押印し印鑑証明書の提供が要求されるか』の判断基準」）。しかし，登記義務者が登記識別情報を提供しない場合は，実印で押印し印鑑証明書を提供する必要があります（不登規48条5号，49条2項4号）。登記識別情報がないと，（事前通知などはされますが）登記義務者の本人確認が不十分になってしまうからです。よって，この場合には実印の押印が要求されるので，記名押印が必要となります。

**ニ　所有権以外の権利の登記名義人であって，登記識別情報を提供することなく自己信託の登記を申請する場合**

これも，上記ロ・ハと同じ論理です（不登規48条5号，49条2項4号）。

**ホ　登記識別情報の通知を受けることとなる申請人**

登記識別情報の通知を受ける申請人は，登記完了後に登記識別情報の通知を受ける際に，申請情報に押印した印鑑と同じ印鑑で押印する必要があります（不登準則37条4項）。登記識別情報は重要なものなので，申請情報に押印した印鑑と同じ印鑑で押印することで本人確認をするわけです。よって，記名押印が必要となります。

なお，この印鑑は認印でOKです。登記識別情報の通知を受ける申請人は利益を受ける者なので，実印での押印と印鑑証明書の提供までは要求されないのです（不登規48条4号，49条2項4号）。

### （2）印鑑証明書の提供

印鑑証明書を提供するのは，原則としてP93の「『認印でよいか』『実印で押印し印鑑証明書の提供が要求されるか』の判断基準②」の場合（所有権〔仮登記を含む〕の登記名義人が登記義務者となる場合）です。

しかし，この場合でも，以下の①～③のいずれかに該当すれば，印鑑証明書の提供を省略できます。

**①会社法人等番号を提供した場合（不登規48条1号，49条2項1号）**

これは，法人の代表者の印鑑証明書のハナシです。法人の代表者の印鑑証明書は，法人の主たる事務所（本店など）を管轄する登記所が作成します。よって，会社法人等番号を提供すれば，登記官が内部で確認できるのです。これは，政府のＩＴ化政策の1つとして，令和2年3月に改正されてできた規定です。

この場合，添付情報欄には，以下のように記載します（令2.3.30民二318）。

| 添付情報 | 印鑑証明書（会社法人等番号1234－01－789012） |
|---|---|

**②本人が記名押印した申請情報または委任状について公証人などの認証を受けた場合（不登規48条2号，49条2項2号）**

公証人などの認証を受けたということは，公証人などが本人確認をしたということです（P98の「公証人などの信用力」）。

**③裁判所によって選任された者がその職務上行う申請の申請情報または委任状に押印した印鑑証明書であって，裁判所書記官が最高裁判所規則で定めるところにより作成したものが添付されている場合（不登規48条3号，49条2項3号）**

これは，裁判所によって選任された管財人などのハナシです。

ex. 破産管財人が裁判所の許可を得たうえで不動産の任意売却をした場合，破産管財人が破産者の不動産についての所有権の移転の登記を申請します（P229～231の2.）。この場合，破産管財人個人の住所地の市区町村長が作成した印鑑証明書を提供しても構いません（平16.12.16民二.3554）。しかし，裁判所書記官が印鑑証明書を作成してくれるので，その印鑑証明書を提供すれば，破産管財人個人の住所地の市区町村長が作成した印鑑証明書を提供する必要がなくなります。

裁判所書記官が作成した印鑑証明書なので，真正が担保されるからです。

## 4　同意証明情報や承諾証明情報などに作成者が実印で押印し印鑑証明書の提供が要求される場合

### 1．原則

いずれもまだ学習していない添付情報ですが，以下の①～⑤のように，申請人以外の者が作成した添付情報が要求されることがあります。これらの添付情報は，作成者が実印で押印し印鑑証明書を提供することが要求されます（不登令19条1項，2項）。これらの添付情報の作成者は申請人ではないため，厳重な意思確認をする必要があるからです。

①登記上の利害関係を有する第三者の承諾証明情報（昭33.10.24民事甲2221）

第8節（P113～115）で説明する添付情報です。

②登記原因についての第三者の同意証明情報または承諾証明情報

第9節（P116～139）で説明する添付情報です。

③敷地権のない区分建物について表題部所有者から取得した者の名義で所有権の保存の登記を申請する場合における，表題部所有者が作成した所有権取得証明情報（昭58.11.10民三.6400）

P187のⅱで説明する添付情報です。

④仮登記権利者が仮登記を単独で申請する場合における，仮登記義務者の承諾証明情報
Ⅱのテキスト第５編第２章第１節③２.（５）⑤で説明する添付情報です。
⑤登記上の利害関係を有する第三者が仮登記を単独で抹消する場合における，仮登記名義人の承諾証明情報
Ⅱのテキスト第５編第２章第５節②４.⑥で説明する添付情報です。

**※印鑑証明書の作成期限**

この印鑑証明書については，「作成後３か月以内のもの」という要件はありません（古い印鑑証明書でもOKです)。「作成後３か月以内のもの」という要件がある添付情報は，P94①～④だからです。

**2．例外**

以下の①～③の場合には，印鑑証明書を提供することを要しません。

①許可証明情報・同意証明情報・承諾証明情報の作成者が官庁または公署である場合
官庁または公署（P33）が作成した添付情報を提供することもあります。たとえば，農業委員会が作成した農地法所定の許可書（許可証明情報。P130の1.）があります。しかし，「官庁または公署の印鑑証明書」というものがそもそもないため，印鑑証明書は不要となります。「官庁または公署の印鑑を誰が証するんだ！」というハナシです。たとえば，東京都知事の印鑑について，「東京都知事の印鑑だよ」と証することができる者はいません。

②上記1.の書面について公証人またはこれに準ずる者の認証を受けた場合（不登令19条2項，不登規50条2項，48条2号）

**公証人などの信用力**

印鑑証明書が要求される書面について**公証人などの認証があれば，印鑑証明書の提供は不要**となります。公証人などは，認証の際に本人確認を行い，それには信用力があるからです。

③会社法人等番号を提供した場合（不登令19条2項，不登規50条2項，48条1号）
これは，P96①と同じ理由により，令和2年3月に改正されてできた規定です。

## 5　本人・作成者が外国人である場合の特例

近年は中国人が投資用に日本のタワーマンションを購入するケースが増えている，といったハナシを聞いたことがあると思います。このように本人が外国人である場合

や添付情報の作成者が外国人である場合，実印で押印し印鑑証明書を提供する方法によらず，申請情報や添付情報に署名し「署名証明書」というものを提供する方法が認められています。「署名証明書」とは，「周沢民」などの署名が本人のものであることを公的機関が証明した証明書のことです。印鑑の文化がない国も多いため，外国人についてはこのような特例が認められているのです。署名証明書を発行できるのは，以下の①～③のような公的機関です。

①外国の官憲（外国にある日本の大使館。昭 59.８.６民三.3991）
②在日公館（日本の各地にアメリカ，韓国，中国などの公館があります。昭 34.11.24 民事甲 2542）
③日本の公証人（登研 828P213）

なお，日本在住の外国人が，日本の市区町村に印影を届け出て，実印で押印し印鑑証明書の提供を受けても OK です（昭 35.４.２民事甲 787）。これが不動産登記法の原則ですので，日本人と同じ方法を採ることは，何の問題もありません。

**※署名証明書の作成期限**

この署名証明書については，「作成後３か月以内のもの」という要件はありません（古い署名証明書でも OK です。昭 48.11.17 民三.8525。登研 160P47）。「作成後３か月以内のもの」という要件がある添付情報は，P94①～④だからです。

**※外国在住の日本人にも署名証明書の特例が適用されるか？**

外国人だけでなく，外国在住の日本人にも署名証明書の特例は適用されます（昭 40.６.18 民事甲 1096）。

ex. アメリカ在住の日本人が所有権の移転の登記の登記義務者となる場合，委任状に署名し，アメリカの公証人の署名証明書と訳文を記載した書面を提供して，登記の申請をすることができます。

日本人ですが，外国在住です。印鑑登録の制度のない国に在住している場合が多いため，署名証明書の特例が認められるのです。

なお，上記 ex.に「訳文」とありますが，このように外国語で書かれた文書は，「訳文を付けろ」と言われます。この訳文の作成者は，登記申請の代理人（ex. 司法書士）でも構いません（昭 40.６.18 民事甲 1096）。そのため，英和辞典とにらめっこをしながら半日間かけて訳文を作成した経験があるなどという司法書士もいます。これ，筆記体で書かれていたりすると，読めなくて大変なんですよ……。

# 第5節　住所証明情報

## 1　住所証明情報とは？

住所証明情報：所有権の登記名義人となる者の住所を証する市区町村長，登記官その他の公務員が職務上作成した情報

下記3の登記をする場合には，所有権の登記名義人となる者について，住所を証する公文書を提供することが要求されます。具体的には，以下の公文書が当たります。

| | 自然人 | 法人 |
|---|---|---|
| 該当例 | ①住民票の写し<br>住民票の写しは，日常生活の中で取得したことがありますよね。<br>なお，住民票の除票の写しを提供することもあります（昭 41.2.12 民事甲 369）。別の市区町村に住所を移したり，死亡したりすると，住民登録が抹消されます。その市区町村の住民でなくなるからです。住民でなくなった者についての証明書が住民票の除票の写しです。<br>②印鑑証明書（登研 112P41）<br>印鑑証明書にも住所が記載されるため（P91），住所証明情報となります。<br>③戸籍の附票の写し<br>「戸籍の附票」とは，住所の移転が記録されているもので，本籍地において戸籍とともに管理されるものです。みなさんが住所を移転し，転入・転出の届けをすると，実は市区町村の住民票の担当部署から本籍地へ通知がされて，本籍地で附票の情報が更新されているんです。戸籍の附票の写しを請求すると，自分が今までどこに住んでいたかの歴史がわかって面白いですよ……。 | ①登記事項証明書（商登規 30 条 1項）<br>会社は，設立の登記（商業登記）をすることによって成立します（会社法 49 条，579 条）。日本にある会社は，すべて登記がされています。商業登記には，会社の基本的な情報が記録され，一般に公開されていますが，その中には住所（本店の所在場所）もあります。登記所で，P102～103 のような登記事項を記載した証明書（登記事項証明書）を請求できます。これが，会社の住所証明情報となります。<br>なお，この登記事項証明書は，代表者事項証明書（商登規 30 条 1項4号）でも構いません。代表者事項証明書とは，会社の代表者（代表取締役など）の代表権を証する書面です。代表者事項証明書には会社の住所も記載されるため，会社の住所証明情報となります。 |

| 住所証明情報の提供を省略できる場合 | 住民基本台帳法に規定する住民票コード（P69③－ｉ）を提供した場合，下記3の登記をするときでも，住所証明情報の提供を省略できます（不登令９条，不登規36条４項）。<br>住民票コードがわかれば，登記官が住所を確認できるからです。 | 法人の会社法人等番号（P110）を提供した場合，下記3の登記をするときでも，住所証明情報の提供を省略できます（不登令９条，不登規36条４項。P1125）。<br>会社法人等番号がわかれば，登記官が登記記録から住所を確認できるからです（※）。 |
|---|---|---|

※法人の住所証明情報として会社法人等番号を提供する場合，以下のように申請情報に記載します。

| 権　利　者 | 新宿区新宿一丁目１番１号<br>リアリスティック商事株式会社<br>（会社法人等番号　1234－01－789012）<br>代表取締役　松本　雅典 |
|---|---|

## 2 趣旨

住所証明情報は，その登記を申請することによって，登記名義人となる者について要求されます。要求される趣旨は，一般に「虚無人名義（実在しない者の名義）の登記の防止」といわれます。

しかし，要求される登記は，下記3のとおり，「所有権」についての登記のみです。よって，俗に「固定資産税の課税のため」（毎年１月１日における不動産の"所有者に"固定資産税が課されます）といわれています。税金の徴収のためとは言いづらいですが……，こっちの趣旨のほうが記憶しやすいでしょう。

## 3 提供が要求される場合

住所証明情報の提供が要求されるのは，以下の登記の以下の者です。

**住所証明情報の提供が要求される場合**

①**所有権の保存の登記**の申請人（不登令別表28添付情報ニ，29添付情報ハ）
②**所有権（持分）の移転の登記**の登記権利者（不登令別表30添付情報ロ）
③**新たに登記名義人となる者がいる所有権の更正の登記**の登記権利者（登研391P110）

③については，P334④で説明します。

## 実際の書面を見てみよう9 ―― 法人（株式会社）の登記事項証明書

＊名変登記の登記原因証明情報（Ⅱのテキスト第5編第3章2 5.①），代表者の資格を証する情報（P112（2）），支配人の代理権限証明情報（P107～108④），吸収合併と吸収分割の登記原因証明情報（P310①，P421～422①，P315～316①，P425①），一般承継証明情報（P140）の例としても使えるような登記事項証明書としています。

履　歴　事　項　全　部　証　明　書

東京都新宿区新宿一丁目1番1号
リアリスティック商事株式会社

| 会社法人等番号 | 1234-01-789012 | |
|---|---|---|
| 商号 | ファンタジージャパン株式会社 | |
| | リアリスティック商事株式会社<br>→ 名称の変更の登記・更正の登記の登記原因証明情報（Ⅱのテキスト第5編第3章2 5.①）に | 令和5年6月28日変更<br>令和5年7月3日登記 |
| 本店 | 東京都新宿区高田馬場三丁目3番3号 | |
| | 東京都新宿区新宿一丁目1番1号<br>→ 住所証明情報（P100 の右の①）に<br>→ 住所の変更の登記・更正の登記の登記原因証明情報（Ⅱのテキスト第5編第3章2 5.①）に | 令和5年6月28日変更<br>令和5年7月3日登記 |
| 公告をする方法 | 官報に掲載してする。 | |
| 会社成立の年月日 | 平成25年2月5日 | |
| 目的 | 1．コンサルタント業務<br>2．前号に附帯する一切の業務 | |
| 発行可能株式総数 | 3000株 | |
| 発行済株式の総数並びに種類及び数 | 発行済株式の総数<br>300株 | |
| 資本金の額 | 金300万円 | |
| 株式の譲渡制限に関する規定 | 当会社の株式を譲渡によって取得するには，株主総会の承認を受けなければならない。 | |

| 役員に関する事項 | 取締役　松　本　雅　典<br>東京都新宿区新宿一丁目１番１号<br>代表取締役　松　本　雅　典<br>→　代表者の資格を証する情報（P112（2））に |
|---|---|
| 支配人に関する事項 | 横浜市中区羽衣二丁目２番２号<br>斎　藤　勝　夫<br>営業所　東京都新宿区新宿一丁目１番１号<br>→　支配人の代理権限証明情報（P107～108④）に |
| 吸収合併 | 令和５年６月１日横浜市中区羽衣一丁目１番１号株式会社辰巳商事を合併　→　吸収合併の登記原因証明情報（P310①，P421～422①）に<br>→　一般承継証明情報（P140）に<br>令和５年６月８日登記 |
| 会社分割 | 令和５年６月 15 日横浜市中区羽衣二丁目２番２号株式会社松本運送から分割<br>→　吸収分割の登記原因証明情報（P315～316①，P425①）に<br>令和５年６月 22 日登記 |
| 登記記録に関する事項 | 設立<br>平成 25 年２月５日登記 |

これは登記簿に記録されている閉鎖されていない事項の全部であることを証明した書面である。

令和５年７月 21 日

東京法務局新宿出張所
登記官　　新宿　太郎

整理番号　ア０２３４１４４　　＊下線のあるものは抹消事項であることを示す。

# 第6節　代理権限証明情報

**不動産登記令7条（添付情報）**

1　登記の申請をする場合には，次に掲げる情報をその申請情報と併せて登記所に提供しなければならない。

二　代理人によって登記を申請するとき（法務省令で定める場合を除く。）は，当該代理人の権限を証する情報

## 1 代理権限証明情報とは？

代理権限証明情報：代理人申請による場合の代理人の権限を証する情報

代理人申請には，任意代理人による申請（下記3。P41～44（1））と法定代理人による申請（下記4。P44（2））がありますが，どちらの場合も代理権限証明情報を提供する必要があります（不登令7条1項2号）。

## 2 趣旨

登記官の視点から考えてください（P48のRealistic 5）。代理人申請は，本人自身ではなく代理人が申請してくるわけです。登記官からすると「お前ダレ？」となります。親（法定代理人）が「私が産んだのよ！顔が似ているでしょ！」と言っても信用できませんし（そもそも本人の顔も見たことがないでしょうし……），司法書士（任意代理人）が「オレは司法書士だから代理人だ！」と言っても信用できません（司法書士だから勝手に代理できるわけはなく，登記申請の委任を受ける必要があります）。そこで，この登記官の「お前ダレ？」に代理権限証明情報で答えるのです。

### 代理権限証明情報を考える視点

代理権限証明情報について考えるときは，**申請人から司法書士まで“つながるか”（つなげること）**を常に考えてください（記述は司法書士が代理人として申請する事案が出題されます）。

ex. 未成年者の法定代理人である親権者が未成年者を代理して司法書士に登記申請の委任をした場合，代理権限証明情報は，未成年者と親権者のつながりを戸籍全部事項証明書等（下記4①）で，親権者と司法書士のつながりを委任状（下記3）で証します。

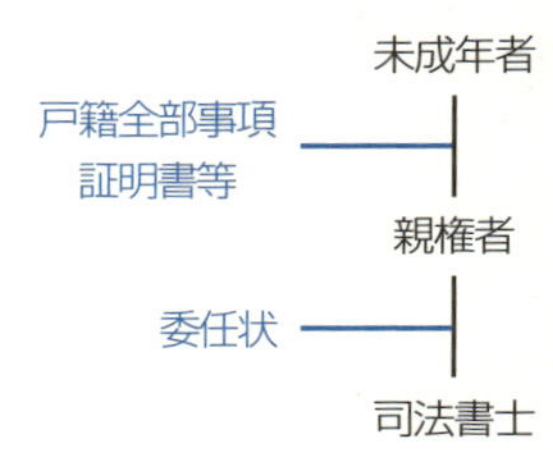

## 3 任意代理人による申請

### 1．代理権限証明情報

司法書士（任意代理人）が登記の申請の委任を受け，登記の申請をする場合，司法書士の申請の権限を証する情報（代理権限証明情報）は，委任状となります。

委任状とは，次のページのような書面であり，お客様に作成してもらいます。

### 2．委任状の記載事項

次のページの委任状は，意外と記載事項が少ないと思われるのではないでしょうか。

委任事項に「申請情報の作成」などが書かれていませんが，それは「登記申請に関する一切の権限」に含まれるからです。しかし，その下の1.～3.（以下の①～③）の権限は特別に授権を受ける必要があるため，わざわざ記載しています。

①「登記識別情報の暗号化及び復号に関する権限」（次のページの1.）

これはP49～51（b）の電子署名のことです。電子申請の場合，登記識別情報の提供は暗号化して送信する必要があり，登記識別情報の通知も暗号化して通知されます。電子申請で登記を申請する時に登記識別情報を暗号化し，登記識別情報を受け取る時に暗号化されて通知された登記識別情報を復号します。登記識別情報は本人確認手段となる大変重要な情報であるため，暗号化・復号について特別の授権が必要となるのです。

②「登記識別情報の受領をする権限」（次のページの2.）

登記識別情報は本人確認手段となる大変重要な情報であるため，登記名義人となる者の代わりに受領するには特別の授権が必要となるのです。特別の授権があれば，代理人の住所に登記識別情報の通知書を送付してもらうこともできます（不登規63条3項）。

※法定代理人が申請する場合

法定代理人が代理して登記を申請する場合，登記識別情報の通知は法定代理人に対してされます（不登規62条1項1号）。この場合には，法定代理人は，特別の授権を受ける必要はありません。たとえば，3歳の未成年者であれば，委任できないでしょう……。

③「復代理人選任の権限」（次のページの3.）

任意代理人は，“そいつだから”仕事を任されたわけです。よって，原則として勝手に復代理人を選任し復代理人に仕事を任せることはできません。そのため，復代理人を選任したいのであれば，本人の許諾を得ておく必要があります（民法104条）。

実務では，事務所の所長である司法書士が代理人となる際に復代理人選任の特別の授権を得ておき，事務所の勤務司法書士を復代理人として登記の申請をすることがあります。

なお，以下の委任状において，登記申請の内容は，「令和５年７月28日付登記原因証明情報記載のとおりの売買による所有権の移転の登記」としか記載していませんが，このように登記原因証明情報（P66）の記載に委ねる形もOKです（昭39.8.24民事甲2864）。

**実際の書面を見てみよう10** ―― **委任状（売買を原因とする所有権の移転の登記）**

委　任　状

新宿区高田馬場一丁目１番地１
司法書士　法　務　　太　郎

私は，上記の者を代理人と定め，後記記載の登記申請に関する一切の権限，及び，

1．登記識別情報の暗号化及び復号に関する権限
2．登記識別情報の受領をする権限
3．復代理人選任の権限

を委任します。

令和５年７月28日付登記原因証明情報記載のとおりの売買による所有権の移転の登記

令和５年７月28日

（権利者）
住　所　新宿区新宿一丁目１番１号
氏　名　山田　太郎　（山田）

（義務者）
住　所　新宿区新宿一丁目１番１号
氏　名　松本　雅典　（松本）

### 3．代理人が法人である場合

＊この3.は，P112までお読みになった後にお読みください。

代理人が法人（ex. 司法書士法人）である場合，代理権限証明情報として，代理人である法人の代表者の資格を証する情報（登記事項証明書など）を提供する必要があります。

この代表者の資格を証する情報は，代理人である法人（ex. 司法書士法人）の会社法人等番号で代えることができます（不登規37条の2）。

## 4　法定代理人による申請

### 1．代理権限証明情報

法定代理人が登記の申請をする場合，法定代理人の申請の権限を証する情報（代理権限証明情報）は，たとえば，以下のものとなります。

＊以下の者以外の法定代理人が登記の申請をする場合もありますが，それは第2編以降で登場します。

| 法定代理人 | 代理権限証明情報 |
|---|---|
| ①親権者または未成年後見人 | 戸籍全部事項証明書等（昭22.6.23民事甲560〔未成年後見人について〕）<br>親権者だけでなく，未成年後見人も未成年者の戸籍に記載されます。未成年後見人は，成年被後見人のようにプライバシーに配慮するべきという趣旨がないためです。 |
| ②成年後見人 | **成年後見登記事項証明書（後見登記等ファイルに記録された事項を証明した書面）**<br>成年被後見人のプライバシーに配慮し，成年後見人は成年被後見人の戸籍には記載されません。東京法務局に成年後見登記というものがあり，成年後見人はそこに登記されています。 |
| ③不在者の財産管理人 | **不在者の財産管理人の家庭裁判所の選任審判書**<br>不在者について利害関係人または検察官が請求すると，家庭裁判所が財産管理人を選任します（民法25条1項）。── **民法Ⅰのテキスト第2編第2章第1節4 1.** よって，家庭裁判所の選任審判書が，不在者の財産管理人の代理権限証明情報となります。 |
| ④支配人<br>＊支配人については，P112までお読みになった後にお読みください。 | **法人の会社法人等番号**（不登令7条1項1号イ）<br>「支配人」は，基本的に本店または支店ごとに選任されます（会社法10条）。銀行の支店長が必ずしも会社法上の支配人とは限りませんが，銀行の支店長をイメージしてください。支配人は，選任された本店または支店 |

| | |
|---|---|
| | の事業については，会社に代わって裁判上・裁判外の行為をする代理権を有します（会社法 11 条1項)。よって，会社を代理して登記の申請をすることもできるのです。<br>代表者の資格（P110（1））と同じく，支配人の代理権の証明も，会社法人等番号を提供することが原則とされました。P103 にあるとおり，支配人も登記されますが，会社法人等番号がわかれば，登記官が登記記録を確認できるからです。<br>ただし，会社法人等番号ではなく，申請時点で作成後3か月以内の登記事項証明書（P102～103）を提供することもできます（不登令7条1項1号かっこ書，不登規 36 条1項2号，2項)。「3か月以内」の作成期限ですが，「3か月以内→1か月以内（平成 27 年7月の改正）→3か月以内（令和2年3月の改正)」と変遷しています。一度1か月以内にしたんですが，やっぱり短すぎたので3か月以内に戻したんです。行ったり来たり……。 |

**2．代理権限証明情報の作成期限**

この代理権限証明情報が公文書である場合（たとえば，上記1.の①～③や上記④の登記事項証明書が当たります）は，申請時点で作成後３か月以内のものである必要があります。P94③に当たるからです。

## 5　代理権限証明情報が不要となる場合

代理人が申請する場合でも，代理権限証明情報の提供が不要となる場合があります。
P112= それは，不動産に関する国の機関の所管に属する権利について，命令または規則により指定された官庁または公署（P33）の職員が登記の嘱託をする場合です（不登令7条2項)。……といわれても，イメージがまったく湧かないと思います。これは，たとえば以下のような場合のハナシです。

ex. 文部科学省（←これが「国の機関」）が所有している不動産について，都道府県の教育長（←これが「命令または規則により指定された官庁または公署の職員」）が登記の嘱託を行う場合，教育長について代理権限証明情報を提供する必要はありません。

代理権を有するのは，命令または規則によって指定された官庁または公署の職員です。命令または規則に誰が代理人となるか書いてあるため，登記官が確認することが容易なので，不要となるのです。

# 第７節　会社法人等番号（代表者の資格を証する情報）

**不動産登記令７条（添付情報）**

１　登記の申請をする場合には，次に掲げる情報をその申請情報と併せて登記所に提供しなければならない。

一　申請人が法人であるとき（法務省令で定める場合を除く。）は，次に掲げる情報

イ　会社法人等番号（商業登記法第７条（他の法令において準用する場合を含む。）に規定する会社法人等番号をいう。以下このイにおいて同じ。）を有する法人にあっては，当該法人の会社法人等番号

ロ　イに規定する法人以外の法人にあっては，当該法人の代表者の資格を証する情報

## １　申請人が法人である場合

株式会社など法人が登記申請をする場合，実際には誰が申請するのでしょうか。どういうことかというと，「○○株式会社」という法人があったとしても，「○○株式会社」という人が物理的に存在するわけではありません。そこで，代表者（株式会社では通常は代表取締役）が法人を代表して登記申請をします。司法書士に登記申請の代理を委任する場合には，代表者が法人を代表して司法書士に委任します。

## ２　趣旨

代表者が法人を代表するのですが，その代表者が本当に代表権のある者であるかを証する必要があります。代表者になりすました人や解任された代表者などが登記を申請してきた場合には，それを防ぐ必要があります。よって，会社法人等番号（代表者の資格を証する情報）の提供が要求されます。

### 会社法人等番号（代表者の資格を証する情報）の提供の要否の判断基準

**申請人となっている法人について**，下記３の会社法人等番号（代表者の資格を証する情報）の提供が必要となります。「申請人となっている法人について」としたのは，申請情報に法人の名称・住所を記載したからといって，必ずしもその法人について下記３の情報を提供するとは限らないからです。どういうことかというと，（まだイメージが湧かなくて結構ですが）担保権の債務者が法人である場合や登記義務者が法人であるが登記権利者が単独申請している場合など，申請情報に法人の名称・住所を記載するが，申請人とはなっていない場合があるのです（これらの法人は提供不要です）。あくまで，**「申請人となっている法人について」のみ**，下記３の情報を提供します。

## 3 提供することが要求される情報

### 1．会社法人等番号を有する法人

#### （1）原則

会社法人等番号を有する法人（株式会社などみなさんが学習する法人のほとんどが会社法人等番号を有しています）は，会社法人等番号を提供します（不登令7条1項1号イ）。

会社法人等番号：法人ごとにふられる 12 桁の番号（商登法7条，商登規1条の2第1項）

株式会社などは，会社法人等番号という 12 桁の番号がふられます。登記事項証明書（P102～103）の表の1番上の行に記載されます（商登法7条）。「マイナンバーのこと？」と思われたかもしれませんが，個人のマイナンバーに相当する「法人番号」は，この会社法人等番号の最初に1桁の数字を加えたものであり，また別の番号です。

かつては，P102～103 の登記事項証明書自体を代表者の資格証明情報として提供していました。しかし，平成 27 年に改正がされ，法人の会社法人等番号を提供することで構わないとされました。会社法人等番号がわかれば，登記官が法人の登記記録を確認できるからです。そもそも法人の登記記録も登記所にあるわけで，「その証明書（登記事項証明書）を法人登記部門で取得して，不動産登記の申請で提供しろ」という制度が変だったのですが……。

会社法人等番号の提供方法は，具体的には，以下のように申請情報の申請人欄に記載し，添付情報欄にも以下のように記載します。

| | |
|---|---|
| 権　利　者 | 新宿区新宿一丁目1番1号<br>リアリスティック商事株式会社<br>（会社法人等番号　1234−01−789012）<br>代表取締役　松本　雅典 |
| 添 付 情 報 | 会社法人等番号（リアリスティック商事株式会社の会社法人等番号） |

会社法人等番号は，申請人欄に番号を記載しているだけで，申請情報に何かを添付しているわけではありません。よって，添付情報欄に記載するのは違和感があります。しかし，法務省が発表した記載例では，添付情報欄にも記載しています。おそらく，会社法人等番号の提供が，添付情報の提供について定めた不動産登記令7条に規定されたため，添付情報欄にも記載する扱いなのだと思います。

**※会社法人等番号は登記事項となるか？**

所有権の登記名義人が法人である場合は，会社法人等番号が登記事項となります（不登法73条の２第１項１号）。

不動産登記をした後，名称や住所が変わったが，その変更の登記（不動産登記）の申請をしない法人もあります。そこで，会社法人等番号も登記されていれば，どの法人なのか識別がしやすいです。

ただ，こういった理由であれば，「所有権」に限らず，他の権利の登記名義人についても会社法人等番号を登記すべきです。しかし，この※の規定は，所有者不明不動産に対処するために令和３年の改正でできた規定なので，喫緊（きっきん）の課題である所有権についてのみ規定されたのです。いずれ，他の権利にも拡大されるかもしれません。

＊この改正規定は，令和６年４月１日から施行されます。

## 代表者の記載の判断基準

P110の記載例では，「代表取締役　松本　雅典」と記載していますが，**申請人となっている法人**は代表者の氏名を記載します（住所は記載しません。不登令３条２号）。判断基準は，「申請情報に記載する法人」ではなく，「申請人となっている法人」である点にご注意ください。この後にみていきますが，担保権の債務者など「申請情報には記載するが，申請人ではない者」もいます。

「代表者の記載の判断基準」は，P109の「会社法人等番号（代表者の資格を証する情報）の提供の要否の判断基準」と同じですので，セットで記憶してください。

**※持分会社の代表社員が法人である場合**

＊この※は，会社法・商業登記法で持分会社を学習してからでないと，わかりにくいです。まだ会社法・商業登記法を学習していない方は，あまり気にせず現時点ではサラっとお読みください。

持分会社の社員・代表社員には，法人がなることもできます。持分会社の代表社員が法人である場合に，持分会社が登記申請をするときは，持分会社の会社法人等番号を提供すれば足り，代表社員である法人の会社法人等番号を提供する必要はありません（登研731P173参照）。

申請人は，持分会社です。そして，会社法人等番号は「申請人となっている法人について」要求されます（P109の「会社法人等番号（代表者の資格を証する情報）の提供の要否の判断基準」）。

### （2）例外

上記（1）のとおり，平成 27 年の改正で会社法人等番号を提供するのが原則とされましたが，平成 27 年の改正後も，登記事項証明書（P102～103）を提供することもできます（不登令7条1項1号かっこ書，不登規 36 条1項1号）。この登記事項証明書は，申請時点で作成後3か月以内のものである必要があります（不登規 36 条2項）。「3か月以内」の作成期限ですが，「3か月以内→1か月以内（平成 27 年7月の改正）→3か月以内（令和2年3月の改正）」と変遷しています。一度1か月以内にしたんですが，やっぱり短すぎたので3か月以内に戻したんです。行ったり来たり……。

### 2．会社法人等番号を有しない法人

会社法人等番号を有しない法人は，代表者の資格を証する情報を提供します（不登令7条1項1号ロ）。

会社法人等番号がないため，会社法人等番号を提供できないからです。

## 4　会社法人等番号（代表者の資格を証する情報）が不要となる場合

P108＝ 法人が申請人となる場合でも，会社法人等番号（代表者の資格を証する情報）の提供が不要となる場合があります。それは，不動産に関する国の機関の所管に属する権利について，命令または規則により指定された官庁または公署（P33）の職員が登記の嘱託をする場合です（不登令7条2項）。

これは，P108 5 と同じハナシです。命令または規則によって指定された官庁または公署の職員が申請します。命令または規則に誰が申請するか書いてあるため，登記官が確認することが容易なので，不要となるのです。

## 5　代表者の資格を証する情報以外の会社法人等番号の活用

この第7節の添付情報は会社法人等番号を提供するのが原則ですが，それ以外の**添付情報として法人の「登記事項証明書」を提供する場合，「会社法人等番号」の提供（会社法人等番号の申請情報への記載）で代える**ことができます（不登令9条，不登規 36 条4項，37 条の2。平 27.10.23 民二.512）。

いわゆるマイナンバー法の施行に伴い，「会社法人等番号をもっと活用しよう」という趣旨です。

なお，この第7節と P107～108④の添付情報は会社法人等番号を提供するのが原則ですが，それ以外の添付情報は会社法人等番号を提供するのは例外です。

# 第8節　登記上の利害関係を有する第三者の承諾を証する情報

## 1 「登記上の利害関係を有する第三者」とは？

登記上の利害関係を有する第三者とは，登記上，申請された登記が実行されることにより，不利益を受けるおそれがある者です。申請人とはならないが，ある登記がされることによって不利益を受ける者がいます。その者が登記上の利害関係を有する第三者とされ，その第三者を保護するため，そのある登記をするときに，その第三者の承諾証明情報（「この登記がされることに納得していますよ～」という情報）を提供することが要求されます。

### 「登記上の利害関係を有する第三者」に当たるかを考える視点

登記上の利害関係を有する第三者に当たるかは，**形式的に判断すること**がポイントです。これは，**手続のハナシ**だからです。「手続のハナシ」とは，すでに実体の権利変動は生じているが（実体上は問題ないが），手続的な問題をクリアーできるかということです。

登記官は登記上の利害関係を有する第三者に当たるかを形式的に判断していきますので，私たちが考えるときも形式的に判断していく必要があります。

なお，「登記上の」とは，基本的に「その不動産の登記記録に氏名または名称がある」という意味です。その不動産の登記記録に氏名または名称がない者については，基本的に考慮する必要はありません。

ただし，その不動産の登記記録に氏名または名称がある者でも，現在の登記名義人でない者は，登記上の利害関係を有する第三者には当たりません。「登記記録に氏名または名称があるが，現在の登記名義人でない者」とは，以下の者です。

・担保物権の債務者

各論の抵当権や根抵当権で説明しますが，乙区に登記される担保物権は債務者も登記されます（不登法 83 条1項2号）。しかし，「登記名義人」とは，権利部に P9①～⑩の権利の“権利者として”記録されている者のことです（不登法2条11 号。P7）。債務者は，担保物権の権利者ではありません。抵当権者などが権利者です。

・過去の登記名義人

過去に所有権の登記名義人であったが，すでに不動産を売却して所有権の移転の登記をした者などのことです。

## 2 提供が要求される場合

### 1．提供が要求される登記

登記上の利害関係を有する第三者の承諾を証する情報が要求されることがある代表的な登記は，以下の４つです。

①**抹消の登記**（不登法 68 条）
②**変更の登記・更正の登記**（不登法 66 条）
③**抹消回復の登記**（不登法 72 条）
④**所有権の仮登記に基づく本登記**（不登法 109 条１項）

①②は，このテキストの様々な箇所で出てきます。③はⅡのテキスト第５編第９章で，④はⅡのテキスト第５編第２章第４節[1]で説明します。よって，基本的にはこの後に上記①～④の登記をみていくのですが，１つくらい例を挙げないとイメージが湧かないので，①の例を挙げます。

**不動産登記法 68 条（登記の抹消）**
権利に関する登記の抹消は，登記上の利害関係を有する第三者（当該登記の抹消につき利害関係を有する抵当証券の所持人又は裏書人を含む。以下この条において同じ。）がある場合には，当該第三者の承諾があるときに限り，申請することができる。

ex. ＡからＢへ売買を原因とする所有権の移転の登記がされました。その後，Ｃを抵当権者とする抵当権の設定の登記がされました。しかし，ＡＢ間の売買が無効であったことが判明しました。この場合において，ＡからＢへの所有権の移転の登記の抹消の登記を申請するときは，Ｃの承諾を証する情報を提供する必要があります。

| 権　利　部　（甲　区）　（所　有　権　に　関　す　る　事　項） | | | |
|---|---|---|---|
| 順位番号 | 登記の目的 | 受付年月日・受付番号 | 権　利　者　そ　の　他　の　事　項 |
| 1 | 所有権保存 | 令和５年６月 28 日<br>第 12456 号 | 所有者　Ａ |
| 2 | 所有権移転 | 令和５年７月 28 日<br>第 14152 号 | 原因　令和５年７月 28 日売買<br>所有者　Ｂ |

| 権利部（乙区）（所有権以外の権利に関する事項） | | | |
|---|---|---|---|
| 順位番号 | 登記の目的 | 受付年月日・受付番号 | 権利者その他の事項 |
| 1 | 抵当権設定 | 令和5年8月5日<br>第14854号 | 原因　令和5年8月5日金銭消費貸借同日設定<br>債権額　金1000万円<br>債務者　B<br>抵当権者　C |

Cの抵当権は，Bの所有権を前提とするものです。よって，Bの所有権の移転の登記が抹消されると，前提をなくし，Cの抵当権の抹消の登記もする必要性が生じます。Bの所有権の移転の登記が抹消されることにより，Cの抵当権の登記を抹消すべきことは明らかですので，Cの抵当権の登記は登記官の職権（P33の2.）で抹消されます（不登規152条2項前段。P209の「職権抹消の基本的な考え方」）。しかし，勝手にCの抵当権の登記を職権抹消するわけにはいきませんので，Cの承諾を証する情報が必要とされているんです。

**※変更の登記・更正の登記（上記②）の特殊性**

上記①③④は，登記上の利害関係を有する第三者がいる場合には，その承諾がなければ登記ができません。上記①③④について規定した不動産登記法68条・72条・109条1項には，いずれも「登記上の利害関係を有する第三者……がある場合には，当該第三者の承諾があるときに限り，申請することができる」と記載されています。

それに対して，上記②の変更の登記・更正の登記は，登記上の利害関係を有する第三者がいる場合でも，以下のとおり2パターンに分かれます。

・第三者の承諾がある　→　付記登記で登記される
・第三者の承諾がない　→　主登記で登記される

これが，P26～30 3 でしたハナシです。

## 2．登記上の利害関係を有する第三者が承諾しない場合

登記上の利害関係を有する第三者が承諾をしない（承諾証明情報を作成しない）場合，申請人は申請を諦める（上記1.②の場合は付記登記で登記することを諦め主登記で登記する）しかないのでしょうか。

申請人は申請を諦める必要はありません。この場合には，第三者を相手方として訴えを提起し，「被告は，～の登記手続に承諾せよ。」という確定判決を得れば，これで承諾があったことになります。

# 第9節　登記原因についての第三者の許可，同意または承諾を証する情報

**不動産登記令7条（添付情報）**

1　登記の申請をする場合には，次に掲げる情報をその申請情報と併せて登記所に提供しなければならない。

五　権利に関する登記を申請するときは，次に掲げる情報

ハ　登記原因について第三者の許可，同意又は承諾を要するときは，当該第三者が許可し，同意し，又は承諾したことを証する情報

## 1 「登記原因についての第三者の許可，同意または承諾」とは？

「第８節の『登記上の利害関係を有する第三者の承諾』と似ているな」と思われたかもしれませんが，別物です。第８節の「登記上の利害関係を有する第三者の承諾」と比較する形で説明していきます。

実体 ―― 登記原因についての第三者の許可，同意または承諾

↓

手続 ―― 登記上の利害関係を有する第三者の承諾

登記原因についての第三者の許可，同意または承諾が必要となることがあります。「登記原因」とは権利変動などが生じた原因のことでした（P65の1.）。つまり，この第９節のハナシは，手続の前の段階の**実体のハナシ**なのです。これが，手続のハナシであった第８節の「登記上の利害関係を有する第三者の承諾」との違いです。

これは，根拠条文にも表れています。この第９節の具体例は[2]～[5]でみていきますが，民法・会社法・農地法と実体法が根拠になっています。それに対して，第８節はP114①～④をみていただきたいのですが，いずれも根拠は不動産登記法（手続法）です。

このように，登記原因（実体）について第三者の許可，同意または承諾が必要となる場合に，その第三者の[許可証明情報]，[同意証明情報]または[承諾証明情報]を提供することが要求されます。

**※罰則の適用があるにすぎない場合**

許可，同意または承諾を得ないと罰則の適用はあるが，権利変動は有効である場合は，この「登記原因についての第三者の許可，同意または承諾」が必要な場合には当たりません。あくまで，「登記原因」（権利変動などが生じた原因）についての許可，同意または承諾である必要があるからです。

## 2　第三者の許可，同意または承諾が権利変動の効力発生要件となる場合とならない場合

この「登記原因についての第三者の許可，同意または承諾」は，以下の表の１.と２.の２種類に分けることができます。１.と２.の違いは，第三者の許可，同意または承諾が「効力発生要件（その要件があって初めて権利変動が発生するもの）となるかならないか」です。

効力発生要件とならないにもかかわらず第三者の許可，同意または承諾が要求される２.がどのようなものか気になると思いますが，それは第三者の許可，同意または承諾がないと登記原因に取消原因または無効原因が存在する場合です。

ex. 未成年者が不動産の売買契約をするときは，原則として親権者または未成年後見人の同意が必要ですが（民法５条１項本文），親権者または未成年後見人の同意がなかったからといって，売買契約の効力が発生しないわけではありません。後に取り消される可能性があるだけです（民法５条２項）。しかし，後に取り消され，それに基づく登記が抹消される事態は好ましくありません。登記を信頼した人が害されてしまう可能性があります。よって，未成年者がした不動産の売買契約に基づく所有権の移転の登記では，親権者または未成年後見人の同意証明情報を提供しなければならないとされているのです（昭22.6.23民事甲560）。

＊以下の「具体例」は，まだ学習していないものが多いので，現時点ではサラっと眺めておく程度で結構です。

| | 登記原因日付（P199）への影響 | 具体例 |
|---|---|---|
| **１．第三者の許可，同意または承諾が権利変動の効力発生要件となる場合** | 効力発生要件となるため，第三者の許可，同意または承諾が，登記原因日付に影響します。 | ①農地法所定の許可（下記5）<br>②担保権の順位変更（P443①）<br>③（原則）根抵当権に関する承諾・同意（Ⅱのテキスト第３編第２章）<br>④賃借権の抵当権に優先する同意についての承諾（Ⅱのテキスト第４編第４章5 1.） |

| 2．第三者の許可，同意または承諾が権利変動の効力発生要件とならないが，それがないと登記原因に取消原因または無効原因が存在する場合（大判昭 10.2.25） | 効力発生要件とならないため，第三者の許可，同意または承諾が，登記原因日付に影響しません。 | ①親権者または未成年後見人の同意<br>②保佐人や補助人の同意<br>③会社と取締役などの利益相反取引についての会社の承諾（下記3）<br>④親権者と子の利益相反行為についての特別代理人の同意（下記4）<br>⑤敷地権付き区分建物の所有権の保存の登記についての敷地権の登記名義人の承諾（P185②）<br>⑥賃借権の譲渡・賃借物の転貸についての賃貸人の承諾（Ⅱのテキスト第4編第4章2 1.） |
|---|---|---|

＊下記3～5は，具体例としてこの後に学習する登記が多数登場しますので，Ⅱのテキスト第5編第2章までお読みになった後にお読みください。

## 3　会社と取締役などの利益相反取引

**会社法 356 条（競業及び利益相反取引の制限）**

1　取締役は，次に掲げる場合には，株主総会において，当該取引につき重要な事実を開示し，その承認を受けなければならない。

二　取締役が自己又は第三者のために株式会社と取引をしようとするとき。

三　株式会社が取締役の債務を保証することその他取締役以外の者との間において株式会社と当該取締役との利益が相反する取引をしようとするとき。

**会社法 365 条（競業及び取締役会設置会社との取引等の制限）**

1　取締役会設置会社における第 356 条の規定の適用については，同条第１項中「株主総会」とあるのは，「取締役会」とする。

### 1．意義・趣旨

会社法のハナシですが，株式会社には「取締役」という役員がいます。企業内での肩書きと一致するとは限らないのですが，一般的には，企業で「社長」「副社長」「専務」「常務」などと呼ばれている人が取締役に当たります。

この取締役は，株主から株式会社の経営を任された者ですので，株式会社の利益のために行動する必要があります。そこで，取締役が，株式会社の利益を犠牲にして，自分や第三者の利益を図るおそれがある下記２.の取引（「利益相反取引」といいます）をする場合，株式会社の以下の機関の承認が必要となります。

・非取締役会設置会社　→　株主総会（会社法356条１項）
・取締役会設置会社　　→　取締役会（会社法365条１項）

取締役会は，会社法で学習しますが，取締役で組織された株式会社の機関です（会社法362条１項）。取締役会がない株式会社とある株式会社があり，ない場合には株主で組織する株主総会，ある場合には取締役会が，株式会社の基本的な意思決定をするため（会社法295条），利益相反取引の承認は上記の機関がします。

不動産登記の権利変動の原因が利益相反取引に当たる場合には，上記の機関の承認を得る必要があり，その議事録を提供します。申請情報に，以下のように記載します。
「添付情報　　承諾証明情報（○○株式会社の株主総会議事録〔or 取締役会議事録〕）」

**※持分会社の場合**

会社法・商業登記法で持分会社を学習した後におわかりいただければ結構ですが，持分会社という会社があります。持分会社にも利益相反取引の規制があります。「業務執行社員」がする取引が対象となります（会社法595条）。持分会社の場合は，他の社員の過半数の承認が必要であるため（会社法595条１項本文），申請情報に以下のように記載します。
「添付情報　　承諾証明情報（○○持分会社の他の社員の過半数の承認書）」

**※一般社団法人・一般財団法人の場合**

これも，会社法・商業登記法で一般社団法人・一般財団法人を学習した後におわかりいただければ結構ですが，一般社団法人・一般財団法人という法人があります。一般社団法人・一般財団法人にも利益相反取引の規制があります。「理事」がする取引が対象となります（法人法84条１項２号，３号，92条，197条）。一般社団法人・一般財団法人の場合は，社員総会または理事会の承認が必要であるため（法人法84条１項，92条１項，197条），申請情報に以下のように記載します。
「添付情報　　承諾証明情報（○○一般社団法人〔or○○一般財団法人〕の社員総会議事録〔or 理事会議事録〕）」

## 2.「利益相反取引」とは？

「利益相反取引」には，以下の２つの種類があります。

### （1）直接取引（会社法356条1項2号）

直接取引は，会社法356条1項2号に規定されています。

まず，取締役が自己のために株式会社と取引を行う場合が当たります。

ex. 取締役と株式会社の間で，不動産の売買契約を行う場合，利益相反取引（直接取引）に当たります。

不動産の適正な売買価額が1000万円とした場合に，取締役が売主であれば「株式会社に1億円で売りつけてやろう」，取締役が買主であれば「100万円でいっか」ということになりかねないからです。

また，取締役が第三者のために株式会社と取引を行う場合も当たります。「第三者のために」とは，取締役が別の会社（第三者）を代表して株式会社と取引を行うことなどです。複数の株式会社の取締役や代表取締役になることもできるため，このようなこともあり得ます。

この「第三者のために」といえるか問題になる事例がいくつかありますので，下記3.（1）で検討していきます。その際，以下の判断基準で考えてください。

**「第三者のために」の判断基準**

利益相反取引となるかが問題になる株式会社から見て，**自社の取締役が別会社を代表して株式会社（自社）と取引をしようとしているか**です。

### （2）間接取引（会社法356条1項3号）

株式会社が取締役の債務を保証することなどが当たります。

株式会社を取締役の保証人としていますので，取締役のために株式会社の利益を犠牲にするおそれがあるからです。

## 3．具体的な利益相反取引の当否

この3.では，事案ごとに利益相反取引に当たるかを考えていきます。

**（取締役・代表取締役に関する前提知識）**

まだ会社法を学習していませんが，事案をみていく前に必要な前提知識があります。

取締役には，代表権のある「代表取締役」と，代表権のない取締役（いわゆる「平取締役」）がいます。

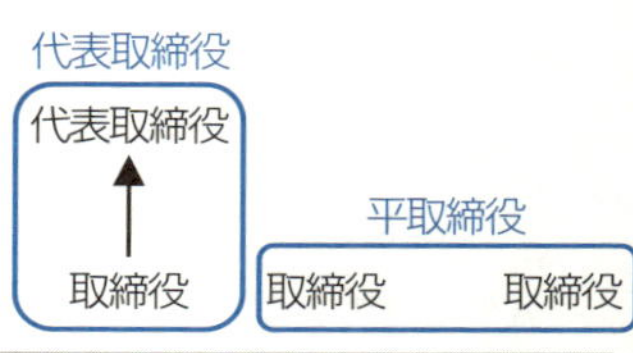

また，取締役でない者は代表取締役となれないため，代表取締役は必ず取締役です。

### （1）所有権の移転

不動産の所有者である甲株式会社が，その不動産を乙株式会社に売却しました。甲株式会社の代表取締役はA，B，乙株式会社の代表取締役はA，Cです。

この事案を使って考えていきます。

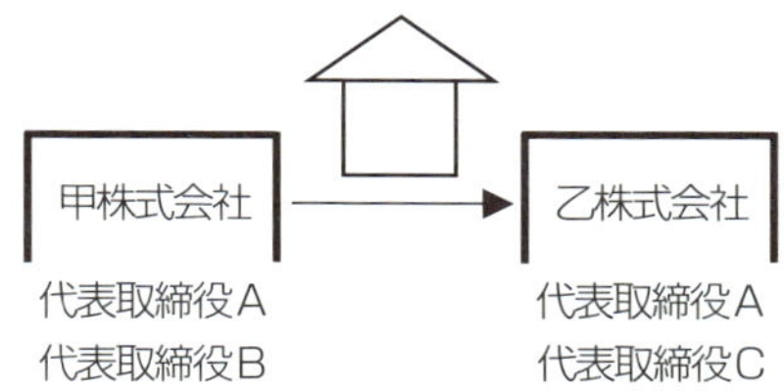


#### （a）登記原因

売買は，売主にとっても買主にとっても利益相反取引になり得ます（昭37.6.27民事甲1657）。売買の場合，売主は「高く売ろう」，買主は「安く買おう」と考え，売主と買主は常に利益が相反するからです。

なお，共有物分割（P209～214 3）も同じです（登研596P125）。各共有者は，自分の取り分を多くしようとするため，常に利益が相反するからです。

#### （b）代表する者（昭37.6.27民事甲1657。登研515P251～252。昭52.11.14民三.5691）

試験では，以下の知識が組み合わさって出ますが，ポイントは，以下の表のとおり，「１社ずつ考えていく」ということです。それの組合せにすぎません。

利益相反取引に当たるかの考え方は，P120の「『第三者のために』の判断基準」です。

| 代表する者 | | 利益相反取引に当たるか |
|---|---|---|
| 甲株式会社 | 代表取締役Aが代表 | **乙株式会社にとって利益相反取引に当たる**<br>自社（乙株式会社）の取締役（A）が別会社（甲株式会社）を代表しているからです。 |
| | 代表取締役Bが代表 | **乙株式会社にとって利益相反取引に当たらない**<br>自社（乙株式会社）の取締役（A・C）が別会社（甲株式会社）を代表していないからです。単に自社（乙株式会社）の取締役（A）が別会社（甲株式会社）にいれば当たるわけではなく，代表していなければ当たりません。 |

<table>
<tr><td rowspan="2">乙株式会社</td><td>代表取締役Aが代表</td><td>甲株式会社にとって利益相反取引に当たる<br>自社（甲株式会社）の取締役（A）が別会社（乙株式会社）を代表しているからです。</td></tr>
<tr><td>代表取締役Cが代表</td><td>甲株式会社にとって利益相反取引に当たらない<br>自社（甲株式会社）の取締役（A・B）が別会社（乙株式会社）を代表していないからです。単に自社（甲株式会社）の取締役（A）が別会社（乙株式会社）にいれば当たるわけではなく，代表していなければ当たりません。</td></tr>
</table>

### （2）抵当権の設定・根抵当権の設定

**抵当権の設定・根抵当権の設定が利益相反取引に当たるかの判断基準**

**取締役の債務を担保するために株式会社が担保を出している（物上保証している）**場合に，利益相反取引（会社法356条1項3号）に当たります。

この判断基準で考えていきます。

<table>
<tr><th>利益相反取引に当たる</th><th>利益相反取引に当たらない</th></tr>
<tr><td rowspan="2">①株式会社と取締役との連帯債務を担保するために，株式会社が所有している不動産に抵当権を設定すること（昭 29.7.5民事甲1395）<br>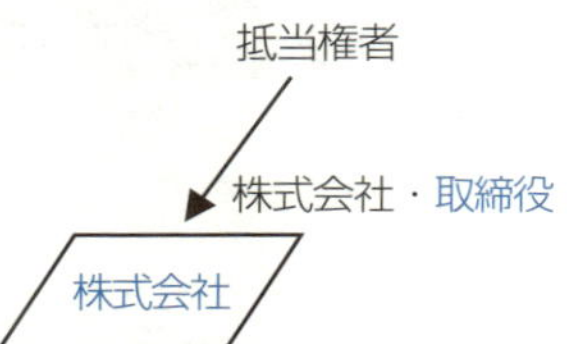<br><br>たしかに，株式会社の債務でもあります。しかし，取締役の債務でもあり，取締役の債務を担保するために株式会社が担保を出している（物上保証している）といえるからです。</td><td>①株式会社の債務を担保するために，取締役が保証人となり，かつ，株式会社が所有している不動産に抵当権を設定すること（昭41.6.8民事三.397）<br>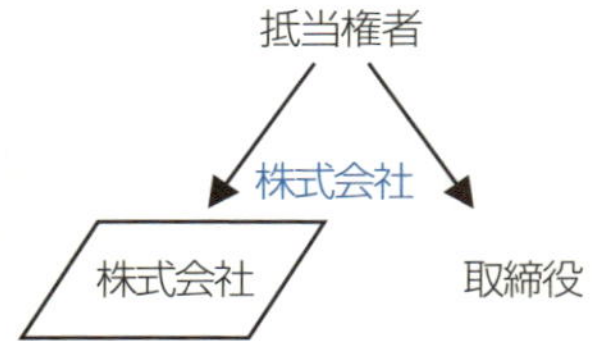<br><br>たしかに，株式会社が担保を出しています。しかし，株式会社の債務を担保するためです。また，取締役が株式会社の債務を保証している点は，株式会社にとってプラスになることです。</td></tr>
<tr><td>②株式会社の債務を担保するために，取締役が所有している不動産と株式会社が所有している不動産に抵当権を設定すること（昭41.6.8民事三.397）</td></tr>
</table>

**②甲株式会社と乙株式会社の代表取締役が同一人である場合に，乙株式会社の債務を担保するために，甲株式会社が所有している不動産に抵当権を設定すること**（昭35.8.4民事甲1929。甲株式会社にとって利益相反取引に当たります）。

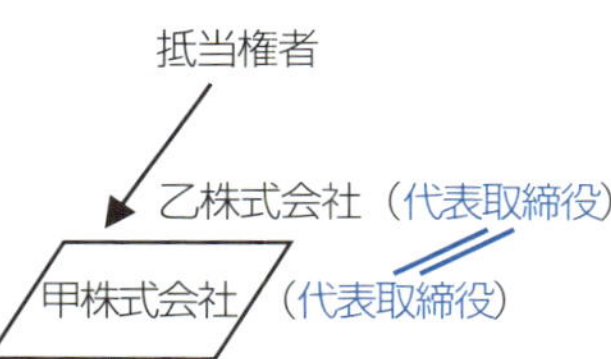


取締役自身の債務を担保するためではありません。しかし，代表取締役を務めている株式会社（乙株式会社）の債務を担保するために抵当権を設定することも，「取締役の債務を担保するため」と同視されます。

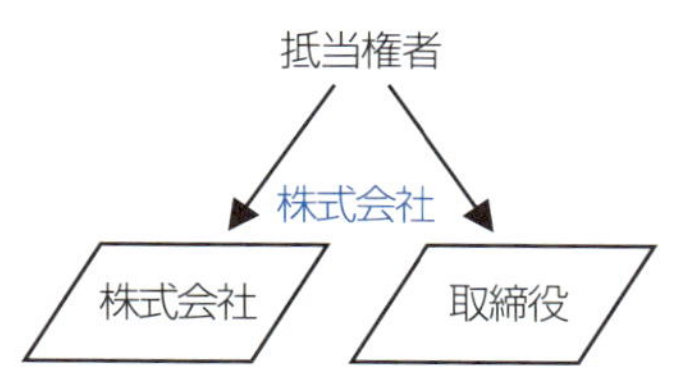


これも上記①と同じ理由です。たしかに，株式会社が担保を出しています。しかし，株式会社の債務を担保するためです。また，取締役が担保を出している（物上保証している）点は，株式会社にとってプラスになることです。

**③株式会社と取締役との連帯債務を担保するために，取締役が所有している不動産に抵当権を設定すること**（昭41.6.8民事三.397）

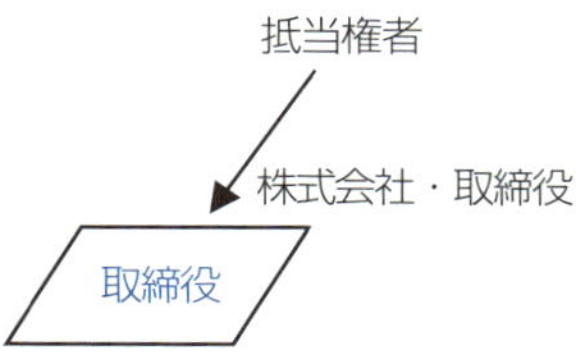


たしかに，取締役の債務を担保するためでもあります。しかし，担保を出しているのは取締役です。

**④甲株式会社と乙株式会社の代表取締役が同一人Ａである場合に，乙株式会社の債務を担保するために，甲株式会社を根抵当権者とする根抵当権を，乙株式会社の取締役Ｂが所有している不動産に設定すること**（登研530P147）

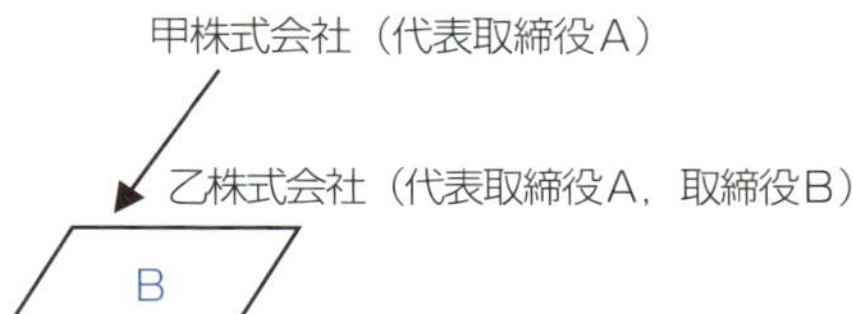

| | |
|---|---|
| | 乙株式会社の取締役Bの不動産に根抵当権を設定することで不利益を受けるのは，Bであり，甲株式会社も乙株式会社も不利益を受けないからです。 |

### （3）根抵当権の移転

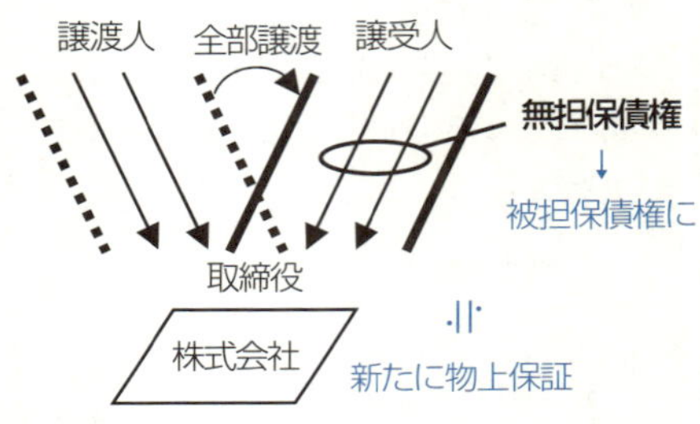


確定前根抵当権の設定者が株式会社，債務者が取締役である場合に，根抵当権の全部譲渡をすることは，利益相反取引に当たるでしょうか。

P129=　利益相反取引に当たります（登研664P181参照）。

根抵当権の全部譲渡がされると，無担保債権であった譲受人の債権が根抵当権で担保されるようになります（Ⅱのテキスト第3編第2章第3節[1] 1.（1））。そのため，根抵当権の全部譲渡は，譲受人を根抵当権者・設定者を株式会社・債務者を取締役として，新たに根抵当権を設定しているようなものなのです。

### （4）抵当権の債務者の変更・根抵当権の債務者の変更

#### （a）抵当権の債務者の変更

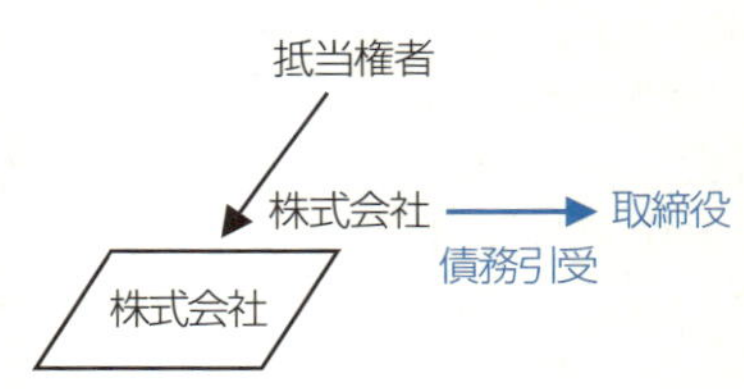


株式会社の債務を担保するために，株式会社が所有している不動産に抵当権が設定されています。この場合に，この株式会社の債務を取締役が引き受け，債務者を取締役に変更することは，利益相反取引に当たるでしょうか。

利益相反取引に当たりません（昭41.6.8民事三.397）。

たしかに，債務者を取締役に変更すると，取締役の債務を担保するために株式会社が担保を出している（物上保証している）ような形になります。しかし，元々，株式会社の債務です。それを取締役が引き受け，取締役が代わりに債務を履行してあげるわけですから，株式会社にとっては，利益となります。

### （b）根抵当権の債務者の変更

抵当権の債務者の変更は上記（a）のように考えますが，これが確定前根抵当権になると考え方がガラっと変わります。以下の考え方が，ポイントです。

#### 確定前根抵当権は債務者になったほうが得

確定前根抵当権は，**債務者になったほうが得**です。

確定前根抵当権の債務者の変更は，債務の移転を意味しません。根抵当権という「枠」の移転です（Ⅱのテキスト第３編第２章第５節[4] 1.)。根抵当権は担保ですから，債務者からすると，根抵当権の債務者となり，無担保だった債務が根抵当権で担保されるようになったほうがいいのです。

まだわかりにくいかもしれませんので，以下の ex.でこの考え方を身につけましょう。

ex1. 株式会社の債務を担保するために，株式会社が所有している不動産に根抵当権が設定されています。この場合に，この債務者を取締役に変更することは，利益相反取引に当たります（登研 382P82）。

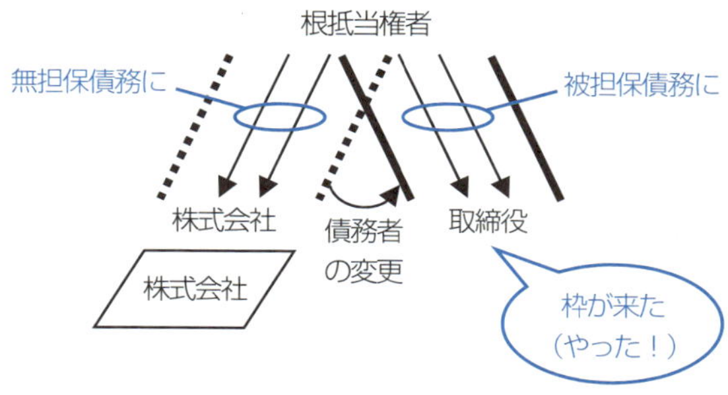


株式会社の債務も取締役の債務も，それ自体に変化はありません。しかし，根抵当権の債務者が株式会社から取締役に変更されることにより，株式会社の債務は無担保債務に，取締役の債務は根抵当権で担保される債務になります。株式会社からすると「枠が行っちゃった……」，取締役からすると「枠が来た（やった！）」ということです。

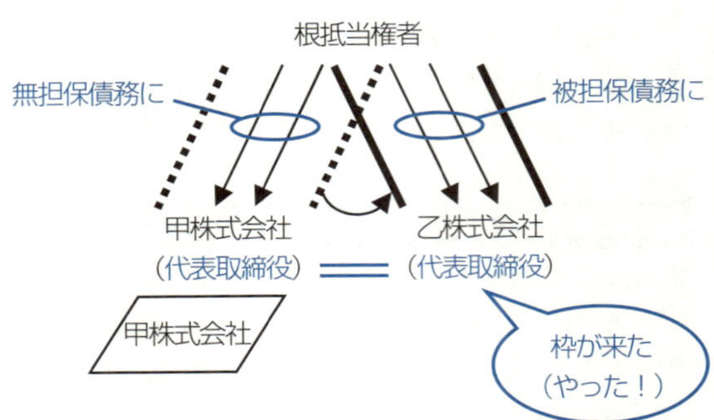


ex2. 甲株式会社の債務を担保するために，甲株式会社が所有している不動産に根抵当権が設定されています。この場合に，この債務者を甲株式会社と代表取締役が同一人である乙株式会社に変更することは，甲株式会社にとって利益相反取引に当たります（登研 419P87，515P253）。これも，甲株式会社からすると「枠が行っちゃった……」，乙株式会社からすると「枠が来た（やった！）」となるからです。なお，取締役自身が債務者になるわけではありませんが，代表取締役を務めている株式会社（乙株式会社）が債務者となることは，これと同視されます。

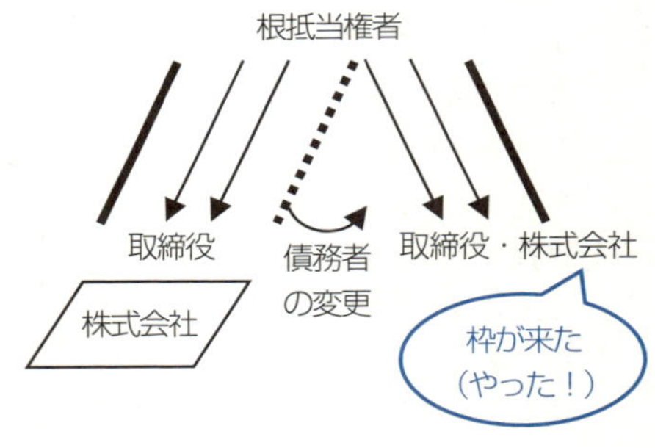


ex3. 取締役の債務を担保するために，株式会社が所有している不動産に根抵当権が設定されています。この場合に，この債務者を取締役および株式会社に変更することは，利益相反取引に当たりません（登研 515P252）。これも，株式会社からすると「枠が来た（やった！）」となるからです。確定前根抵当権は，債務者になったほうが得なんです。

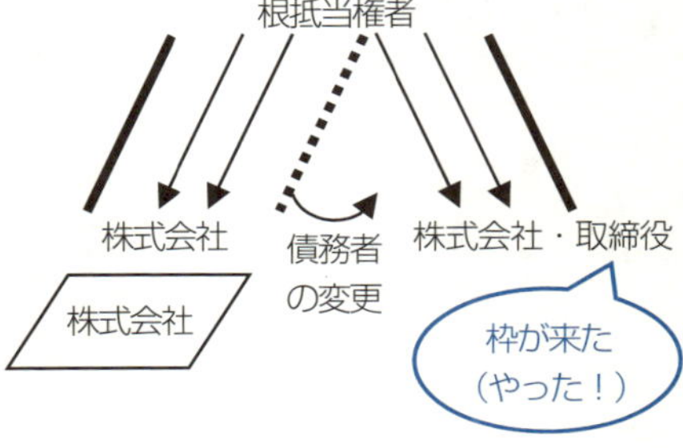


ex4. 株式会社の債務を担保するために，株式会社が所有している不動産に根抵当権が設定されています。この場合に，株式会社の債務を取締役が併存的に引き受け，債務者を取締役および株式会社に変更することは，利益相反取引に当たります（登研 382P82 参照）。これも，取締役からすると「枠が来た（やった！）」となるからです。

### （5）抵当権の抹消

甲株式会社の債務を担保するために，甲株式会社が所有している不動産に乙株式会社の抵当権の設定の仮登記がされています。甲株式会社と乙株式会社の代表取締役は，同一人です。この場合に，解除を登記原因としてこの抵当権の設定の仮登記を抹消することは，乙株式会社にとって利益相反取引に当たります（登研 539P154）。

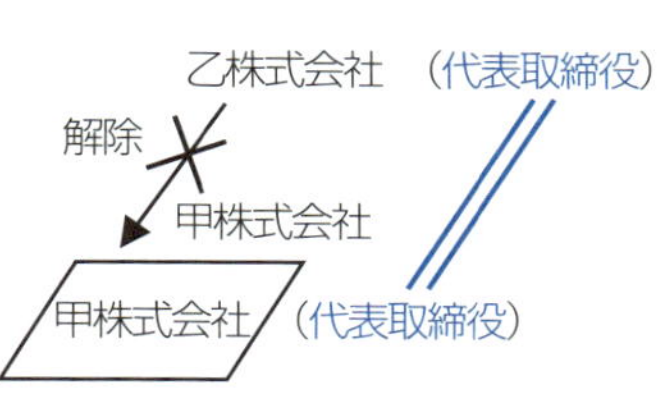


乙株式会社の権利（抵当権）が消えてしまうからです。

## 4　親権者と子の利益相反行為

### 1．意義

親権を行う父または母とその子との利益が相反する行為（利益相反行為）をする場合，親権者は，子を代理することまたは子の行為に同意することはできず，子のために特別代理人の選任を家庭裁判所に請求する必要があります（民法 826 条１項）。そして，家庭裁判所に選任された特別代理人が，利益相反行為について代理または同意します。親権者が，子を犠牲にして自分の利益を図る可能性があるからです。―― 民法Ⅲのテキスト第９編第４章第４節③1.2.

不動産登記の権利変動の原因が利益相反行為に当たり，特別代理人が，代理または同意し，登記申請も代理して行う場合には，申請情報に以下のように記載します。
「添付情報　　代理権限証明情報（特別代理人の選任審判書）」
特別代理人が未成年者の代理人として申請しますので，「代理権限証明情報」となります。

なお，登記申請は，特別代理人が代理して行う必要はなく，利益が相反する親権者や未成年者自身（意思能力があれば。P44②）が行っても構いません（昭 32.4.13 民事三.379）。登記申請の前提となる登記原因（売買など）が利益相反行為に当たるのであって，登記申請自体が利益相反行為に当たるわけではないからです。

## 2．具体的な利益相反行為の当否

具体的に利益相反行為に当たるかは，民法Ⅲのテキスト第9編第4章第4節3 3．(2) でもいくつもの事例をみました。この2.では，民法のテキストではみていない事例をみていきます。

**判断基準**

判断基準は，民法のテキストで説明したものと同じで，**外形的に見て（形だけを見て），子に「⊖」，親権者に「⊕」とふれれば**，利益相反行為に当たります（とにかくこうふれるかで判断してください）。

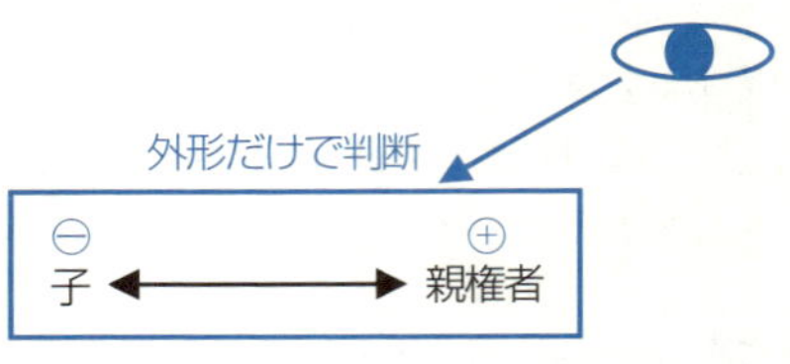


### (1) 所有権の移転

親権者とその未成年の子が共有する不動産を第三者に売却することは，利益相反行為に当たるでしょうか。

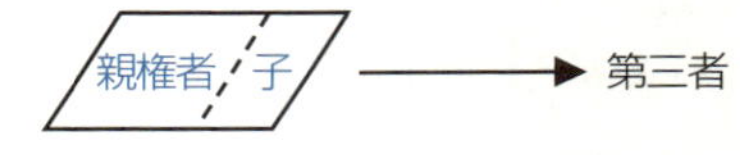


利益相反行為に当たりません（昭23.11.5民事甲2135）。

親権者と未成年者は同じ売主側ですので，「高く売ろう vs 安く買おう」の関係にならないからです。

また，親権者が，その未成年の子に対し，親権者を債務者とする抵当権の設定の登記がされている不動産を贈与することは，利益相反行為に当たるでしょうか。

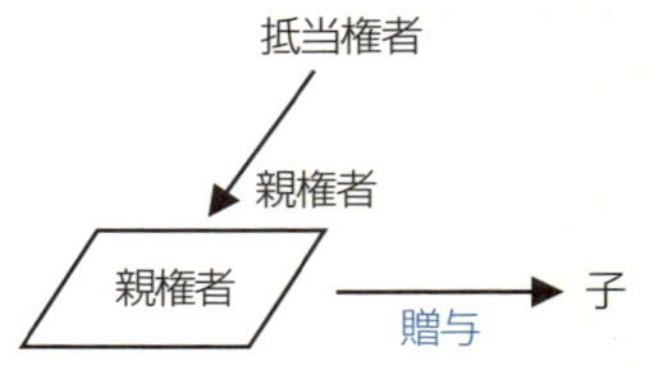


利益相反行為に当たりません（登研 83P44，420P121）。

抵当権付きですが，未成年者は不動産を無償で取得できるため，未成年者にとって不利益な行為ではないからです。

### （2）抵当権の設定・根抵当権の設定

<table>
<tr><th>利益相反行為に当たる</th><th>利益相反行為に当たらない</th></tr>
<tr><td rowspan="2">①親権者が他人の債務の連帯保証人になるとともに，その未成年の子が所有する不動産に抵当権を設定すること（昭33.4.4民事甲715。登研517P195）<br>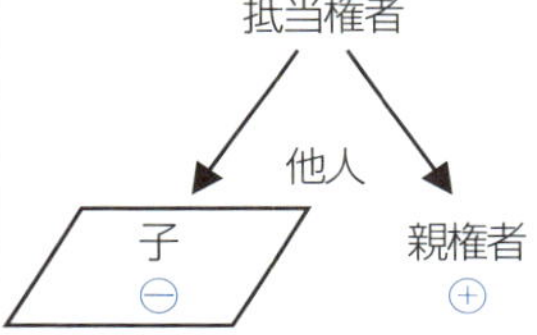<br><br>子の負担で親権者の責任が軽減されるため，「子⊖，親権者⊕」です。</td><td>①他人の債務を担保するために，親権者とその未成年の子が共有する不動産に抵当権を設定すること（昭37.10.9民事甲2819）<br>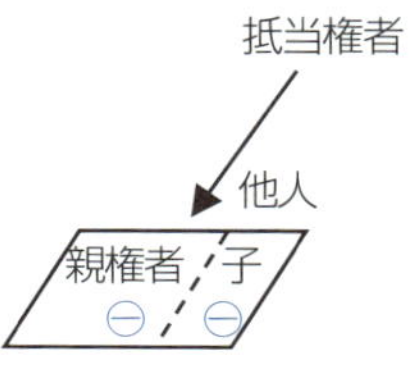<br><br>親権者も子も物上保証人になっているため，「子⊖，親権者⊖」です。</td></tr>
<tr><td>②親権者が代表取締役である株式会社の債務を担保するために，その未成年の子が所有する不動産に抵当権を設定すること（昭36.5.10民事甲1042）<br>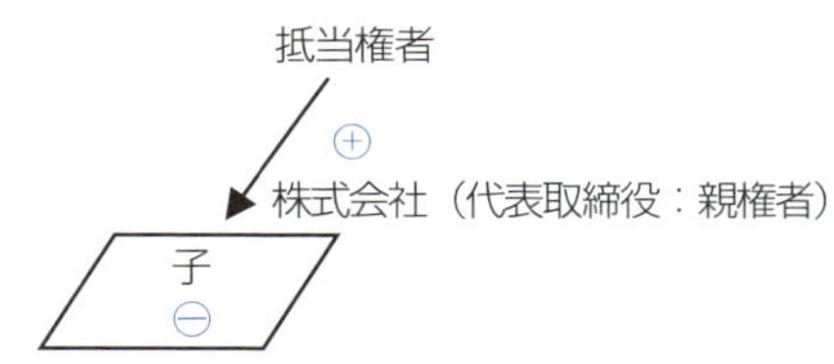<br><br>親権者が代表取締役である株式会社と親権者は，別人格です。そして，利益相反行為に当たるかは，外形的に見て（形だけを見て）判断します。よって，「子⊖，親権者⊕」ではなく，「子⊖，株式会社⊕」となります。</td></tr>
</table>

### （3）根抵当権の移転

確定前根抵当権の設定者が未成年の子，債務者が親権者である場合に，根抵当権の全部譲渡をすることは，利益相反行為に当たるでしょうか。

利益相反行為に当たります。

P124（3）と同じ理由です。根抵当権の全部譲渡は，譲受人を根抵当権者・設定者を子・債務者を親権者として，新たに根抵当権を設定しているようなものなので，「子⊖，親権者⊕」となるのです。

譲渡人　全部譲渡　譲受人
無担保債権
↓
被担保債権に
親権者 ⊕
子 ⊖
‖
新たに物上保証

=P124

確定前根抵当権の債務者兼設定者である父が死亡し，未成年の子とその親権者である母が相続人となり，その不動産は子が相続しました。この場合に，親権者である母を指定債務者とすることは，利益相反行為に当たるでしょうか。

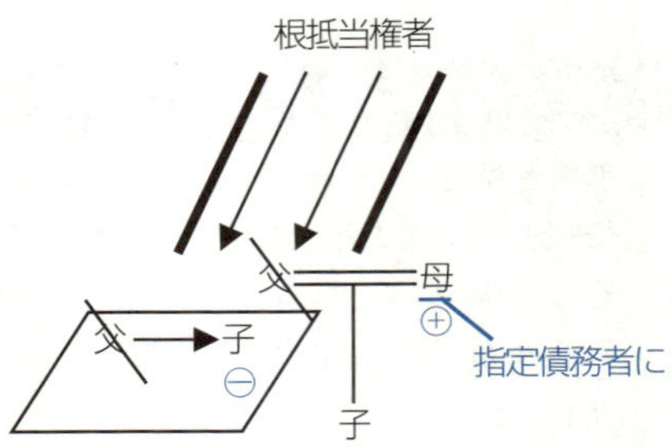


利益相反行為に当たります（登研304P73）。

指定債務者になるということは，これからの取引で負担する債務を根抵当権で担保してもらえるということです（Ⅱのテキスト第３編第２章第６節[2]２.（1）（b））。親権者である母がこれからの取引で負担する債務を，子が所有している不動産で担保することになるため，「子⊖，親権者⊕」となります。

それに対して，親権者である母ではなく，子を指定債務者とすることは，利益相反行為に当たりません。子がこれからの取引で負担する債務を，子が所有している不動産で担保することになるため，「子⊖，子⊕」となるからです。

## 5 農地法所定の許可

### 1．意義・趣旨

農地（田・畑）の売買などは，農業委員会（市町村に置かれる行政委員会）や都道府県知事などの許可がなければ所有権の移転などの効果が生じません（農地法３条１項柱書本文など）。

国は，食料自給率を保つ必要があり，農地がなくなってしまうと困ります。そこで，農地が農家でない者に譲渡され，農地がなくなってしまうことを防ぐため，このような許可制となっているのです。よって，原則として，譲渡される者が農家でなければ，許可はされません。

不動産登記の権利変動が上記の許可がなければ生じない場合には，上記の許可を得る必要があり，その許可書を提供します。申請情報に以下のように記載します。

「添付情報　　許可証明情報（農地法所定の許可書）」

### ※登記記録上の地目と現況が異なる場合

地目（P14 の cf.）の変更の登記がされておらず，登記記録上の地目と現況が異なる場合があります。この場合に，農地法所定の許可が必要な権利変動に基づく登記を申請するときの許可の要否は，以下のとおりです。

・登記記録上の地目は「田」または「畑」だが，現況は「宅地」
　→　農地法所定の許可が必要です（昭 31.2.28 民事甲 431）。
・登記記録上の地目は「宅地」だが，現況は「田」または「畑」
　→　農地法所定の許可が必要です。

つまり，登記記録上の地目または現況のいずれかが農地であれば，許可が必要となるということです。

なお，「登記記録上の地目が宅地なら，農地でないフリをして申請すればバレないのでは？」と思われたかもしれませんが，農業委員会が後で調べることがありますのでバレます。また，司法書士として「バレなければOK」という考え方は絶対にダメです。

## 2．具体的な農地法所定の許可の要否

農地だからといって，すべての登記に農地法所定の許可が必要となるわけではありません。登記原因などにより，要否が変わります。

まず，以下の判断基準を押さえてください。この判断基準でほとんど判断できます。

**判断基準**

| | ア　許可を要する | イ　許可を要しない |
|---|---|---|
| ① | **相続と同視できない** | **相続と同視できる**<br>相続は，当然に生じるからです。 |
| ② | **裁判所の手続を経ていない** | **裁判所の手続を経ている**<br>裁判所が農地を取得しても問題ない者かなどを確認しているからです。 |
| ③ | **意思表示の合致による変動** | **法律上当然に変動（意思表示の合致による変動ではない）**<br>「法律上」変動するということは，国が変動すると決めたということです。 |
| ④ | **農地の使用収益をする権利である** | **農地の使用収益をする権利ではない**<br>使用収益をしない権利であれば，農地にあまり影響がないため，設定しても問題ありません。 |

＊以下，「上記①ア」と記載すれば上記の表の「相続と同視できない」の箇所を指す，といった具合でお読みください。

| 許可を要する | 許可を要しない |
|---|---|
| ①**売買，贈与**（上記①ア，③ア） | ①**相続**（登研18P27），**合併，会社分割**（登研648P197）（上記①イ） |
| ②**死因贈与**（登研427P104）（上記①ア，③ア） | ②**遺産分割**（登研407P84）（上記①イ） |
| ③**相続人以外の者への特定遺贈**（上記①ア） | ③**包括遺贈，相続人への特定遺贈**（平24.12.14民二.3486）（上記①イ） |
| ④**遺産分割による贈与**（登研528P184）（上記①ア） | ④**特別縁故者への財産分与（民法958条の2の審判）**（登研520P198）（上記②イ） |
| ⑤**共同相続人以外の者への相続分の譲渡**（登研650P192～193）（上記①ア） | ⑤**共同相続人への相続分の譲渡**（最判平13.7.10）（上記①イ） |
| ⑥**協議による財産分与**（登研523P138）（上記②ア） | ⑥**審判・調停による財産分与**（上記②イ） |
| ⑦**共有物分割**（昭41.11.1民事甲2979）（上記③ア） | ⑦**持分放棄**（昭23.10.4民事甲3018。登研371P75）（上記③イ） |
| ⑧**合意解除**（昭31.6.19民事甲1247）（上記③ア） | ⑧**法定解除**（昭31.6.19民事甲1247）（上記③イ） |
| ⑨**買戻権の行使**（昭30.2.19民事甲355）（上記③ア） | ⑨**時効取得**（昭38.5.6民事甲1285。登研548P167）（上記③イ） |
| ⑩**民法646条2項による移転**（登研456P130）（上記③ア） | ⑩**権利能力なき社団の代表者の変更（委任の終了）**（昭58.5.11民三.2983） |
| ⑪**前登記名義人以外の者への真正な登記名義の回復**（昭40.12.9民事甲3435） | ⑪**前登記名義人への真正な登記名義の回復**（昭40.9.24民事甲2824），**登記原因証明情報に一定の記載がある場合における他の相続人への真正な登記名義の回復**（平24.7.25民二.1906） |
| ⑫**地上権，地役権（※）または賃借権の設定**（農地法3条1項柱書本文。昭44.6.17民事甲1214。登研49P119）（上記④ア） | ⑫**抵当権の設定**（上記④イ） |
| ⑬**譲渡担保**（上記③ア） | |

※ただし，電気事業者の電線路のための地役権の設定であれば，農地法所定の許可は不要です（昭31.8.4民事甲1772）。農地の空中に電線路を通すための地役権ですので，農地への影響がほとんどないからです。

以下，上記の表について，説明の追加が必要な点について説明を追加していきます。

### （1）遺贈（P132の表の③）

#### （a）包括遺贈

包括遺贈の受遺者は，相続人と同一の権利義務を有します（民法990条）。―― **民法Ⅲのテキスト第10編第5章第4節3 1.（2）（a）**　よって，受遺者が相続人であるか否かにかかわらず，相続と同視できる（P131①イ）といえます。

#### （b）特定遺贈

特定遺贈は，かつては，一律に農地法所定の許可が必要でした。しかし，相続人への特定遺贈は相続と同視できる（P131①イ）ので，相続人への特定遺贈については許可を要しないと改正されました（農地法3条1項16号，農地法施行規15条5号。平24.12.14民二.3486）。

### （2）遺産分割による贈与（P132の表の左の④）

遺産分割の方法として，たとえば，「長男が相続財産をすべて承継する代わりに，長男が所有している土地を二男に贈与する」とすることがあります。この場合の長男から二男への贈与を「遺産分割による贈与」といいます。よって，長男が所有している土地について，「遺産分割による贈与」を登記原因として長男から二男へ所有権の移転の登記を申請します。

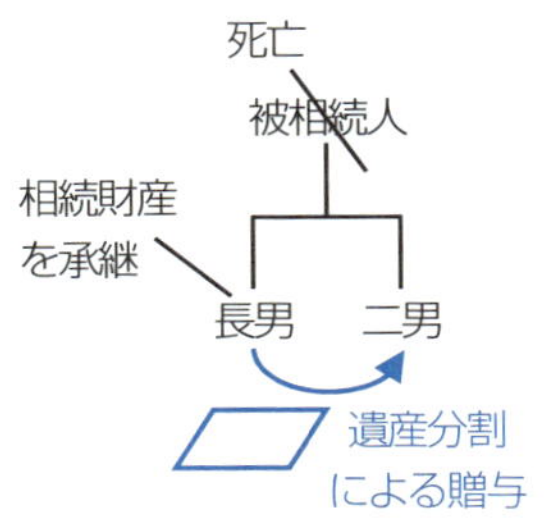


遺産分割による贈与の対象となる土地が農地である場合，農地法所定の許可が必要です（登研528P184）。遺産分割による贈与の対象となる土地は，相続財産ではありません。上記の例だと，長男の財産です。よって，相続と同視できないのです。

### （3）時効取得（P132 の表の右の⑨）

時効取得が登記原因だと，農地法所定の許可は不要です。時効取得が成立すると，所有権の移転の効果は当然に生じるからです。

しかし，農地について時効取得を原因とする所有権の移転の登記の申請があった場合は，登記官がその旨を農業委員会に通知します（昭 52.8.22 民三.4239）。実際は売買であるにもかかわらず，農地法所定の許可を受けずに登記をするため，登記原因を時効取得とする登記がされることがあったので，このような扱いになりました。

### （4）権利能力なき社団の代表者の変更（委任の終了。P132 の表の右の⑩）

実質的な所有者（権利能力なき社団）に変更がないため（P224 の 1.），農地法所定の許可が不要です（昭 58.5.11 民三.2983）。

### （5）真正な登記名義の回復（P132 の表の⑪）

#### （a）前登記名義人への真正な登記名義の回復

たとえば，Aが所有しA名義の登記がされている農地について，Bが書類を偽造してBへの所有権の移転の登記をしてしまいました。この場合に，BからAへの真正な登記名義の回復を原因とする所有権の移転の登記を申請するときは，農地法所定の許可は不要です（昭 40.9.24 民事甲 2824）。

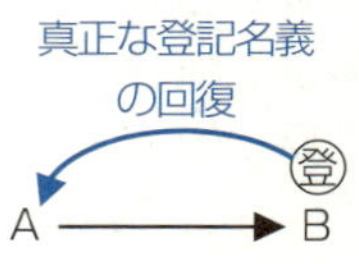


Aは，正当に農地を所有している者です。勝手にBに登記がされてしまっただけであり，その名義をAに戻す際に許可が必要となるのはおかしいからです。

#### （b）前登記名義人以外の者への真正な登記名義の回復

##### i　原則

たとえば，AからBへの所有権の移転の登記がされている農地について，所有者がBではなくCであったとします。この場合に，BからCへの真正な登記名義の回復を原因とする所有権の移転の登記を申請するときは，農地法所定の許可が必要です（昭 40.12.9 民事甲 3435）。

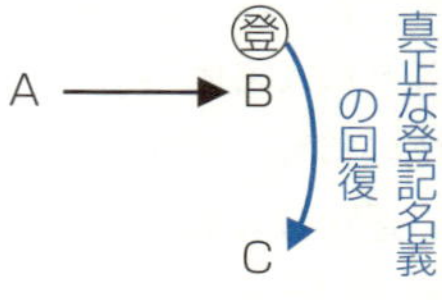


上記（a）のAと異なり，Cは前登記名義人ではありませんので，正当に農地を所有できる者とは限りません。よって，許可が必要なのです。

なお，この場合に提供すべき許可書は，AからCへの所有権の移転についてのものです。実体上，「A→C」と所有権が移転しているからです。

#### ii　例外

前登記名義人以外の者への真正な登記名義の回復を原因とする所有権の移転の登記であっても，以下の①〜③の要件を充たす場合には，農地法所定の許可は不要となります（平24.7.25民二.1906）。

①すでに相続登記がされている農地である
②相続登記がされた相続人から他の相続人への真正な登記名義の回復を原因とする所有権の移転の登記である
③登記原因証明情報に，事実関係（相続登記に誤りがあることや，申請人が相続によって取得した真の所有者であることなど）または法律行為（遺産分割など）が記載されている

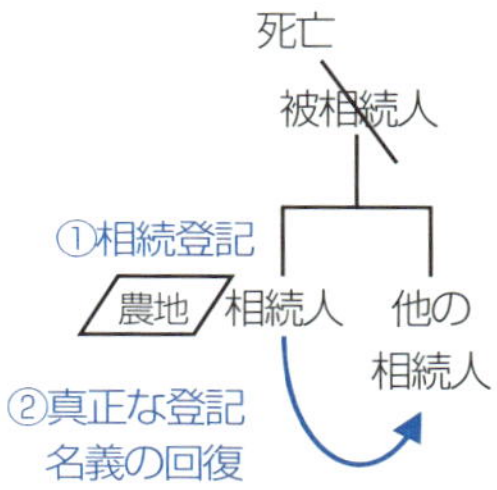


他の相続人は前登記名義人ではありません。しかし，上記の要件を充たすということは，他の相続人が相続によって農地を取得していたということであり，相続と同視できる（P131①イ）からです。

### ３．農地法所定の許可と当事者の死亡

農地について所有権の移転の登記をする前に，売主または買主が死亡した場合に，どのような登記をするかが問題となります。売主または買主が死亡したのが，農地法所定の許可が到達する前なのか後なのかで，申請する登記が変わります。以下のパターンがあります。

①農地法所定の許可書が到達する「前」の「売主」の死亡（下記（1）（a））
②農地法所定の許可書が到達した「後」の「売主」の死亡（下記（1）（b））
③農地法所定の許可書が到達する「前」の「買主」の死亡（下記（2）（a））
④農地法所定の許可書が到達した「後」の「買主」の死亡（下記（2）（b））

**考え方**

まず，**所有権の移転の効果がいつ生じたか**を考えます。所有権の移転の効果は，**農地法所定の許可書の到達**により生じます。そして，やはりここでも，権利変動の過程を登記記録に公示する形で申請していきます。

### （1）売主の死亡

#### （a）農地法所定の許可書が到達する「前」の「売主」の死亡

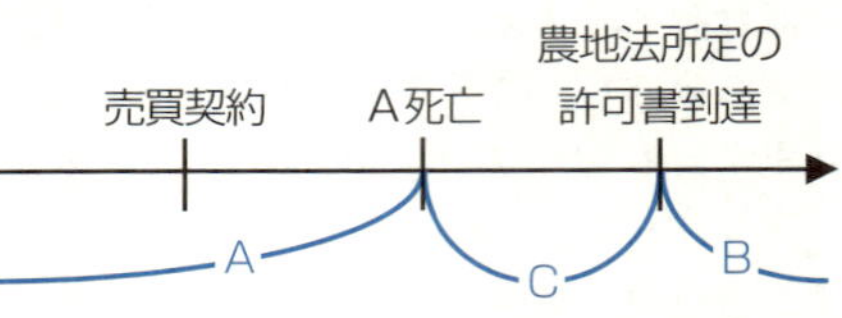


たとえば，Aが，所有している農地をBに売却しました。しかし，農地法所定の許可書が到達する前にAが死亡し，CがAを相続しました。そして，Aの死亡後に，農地法所定の許可書が到達しました。この場合，以下の登記を申請することになります。

1/2　Cへの相続を原因とする所有権の移転の登記

2/2　Bへの売買を原因とする所有権の移転の登記

Bへの所有権の移転の効果は，農地法所定の許可書の到達により生じます（P135の「考え方」）。農地法所定の許可書の到達の前にAが死亡しているため，Aが死亡してから農地法所定の許可書が到達するまでは，Cが所有権を有していたということです。死亡した者は権利能力がないため，所有権を有することができないからです。――民法Ⅲのテキスト第10編第2章1　権利変動の過程を公示するのが登記ですので，「A→C→B」と所有権が移転したことを公示するため，Cへの所有権の移転の登記もする必要があるのです。

**※仮登記がされていた場合**

上記の事例を少し変えて，農地法所定の許可を停止条件とするB名義の条件付所有権の移転の仮登記（2号仮登記）がされていたとします。この場合，以下の登記を申請することになります（昭35.5.10民事三.328）。

1/1　Bの仮登記に基づく本登記

仮登記がされていると，上記の1/2の「Cへの相続を原因とする所有権の移転の登記」を省略することができるのです。

2号仮登記がされていても，所有権が「A→C→B」と移転したのは同じですので，本来は上記の1/2の登記を申請すべきです。しかし，仮登記に基づく本登記がされると，上記の1/2の登記は職権抹消されます。仮登記の後にされた，仮登記に対抗できない登記だからです（不登法109条2項。Ⅱのテキスト第5編第2章第4節1 1.（4）（b））。申請してもすぐに職権抹消される登記であるため，省略できるとされているのです。

#### （b）農地法所定の許可書が到達した「後」の「売主」の死亡

たとえば，Aが，所有している農地をBに売却しました。しかし，農地法所定の許可書が到達した後にAが死亡し，CがAを相続しました。この場合，以下の登記を申請することになります。

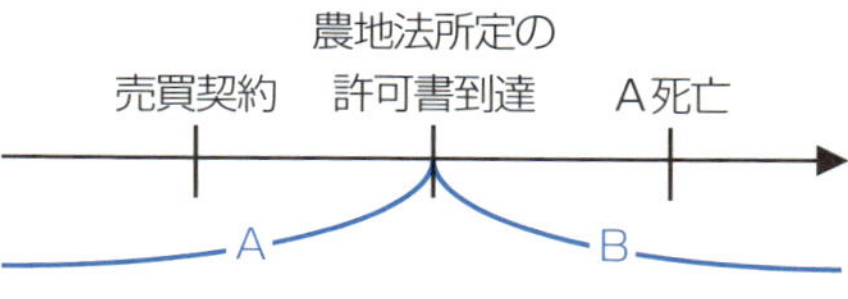


1/1　Bへの売買を原因とする所有権の移転の登記

Bへの所有権の移転の効果は，農地法所定の許可書の到達により生じます（P135の「考え方」）。農地法所定の許可書の到達の後にAが死亡しているため，Cに所有権が移転していません。よって，Cへの所有権の移転の登記は申請せず，AからBへの所有権の移転の登記を申請するのです。

なお，登記義務者であるAはすでに死亡しているため，この登記はCがAの代わりに申請します（不登法62条）。

### （2）買主の死亡

#### （a）農地法所定の許可書が到達する「前」の「買主」の死亡

たとえば，Aが，所有している農地をBに売却しました。しかし，農地法所定の許可書が到達する前にBが死亡し，CがBを相続しました。この場合，上記（1）（a）と異なり，申請できる登記はありません（昭51.8.3民三4443）。

農地法所定の許可は，**新たに農地を使用収益する者が誰になるのかを問題とする**ものです。農地が農家でない者に移転し，農地がなくなってしまうことを防ぐことが農地法の趣旨ですから（P130の1.），新たに農地を使用収益する者が問題なのです。よって，農地法所定の許可書が到達する前に買主が死亡すると，その許可は効力を有しないものとなるのです。

所有権の移転の登記をしたければ，Cへの許可を取り直す必要があります。

新たに農地を使用収益する者ではない売主が死亡した上記（1）（a）と異なりますので，違いを明確にしてください。

### （b）農地法所定の許可書が到達した「後」の「買主」の死亡

たとえば，Aが，所有している農地をBに売却しました。しかし，農地法所定の許可書が到達した後にBが死亡し，CがBを相続しました。この場合，以下の登記を申請することになります。

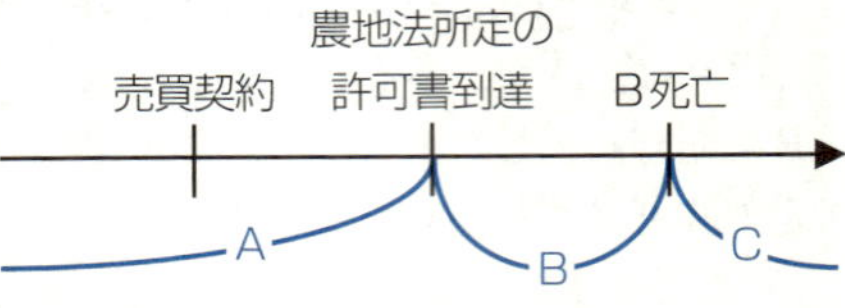


1/2　Bへの売買を原因とする所有権の移転の登記

2/2　Cへの相続を原因とする所有権の移転の登記

上記（a）と異なり，農地法所定の許可書が到達した時点で買主Bが生きていますので，許可の効力に問題はありません。

Bへの所有権の移転の効果は，農地法所定の許可書の到達により生じます（P135の「考え方」）。農地法所定の許可書の到達の後にBが死亡しているため，Bに移転した所有権がCに移転します。よって，権利変動の過程を公示するのが登記ですので，「A→B→C」と所有権が移転したことを公示するため，上記の2つの登記を申請します。

なお，1/2の登記の登記権利者であるBはすでに死亡しているため，この登記はCがBの代わりに申請します（不登法62条）。

## 4．農地法所定の許可書の文言と登記

**基本的な考え方**

農地法所定の許可が必要な登記を申請する場合，農地法所定の許可書を提供します。この際，原則として，**許可書どおりに登記をする**必要があります。

ex1. 所有権の移転の原因を「売買」とした農地法所定の許可書を提供して，「贈与」を原因とする所有権の移転の登記を申請することはできません（昭40.12.17民事甲3433。上記の「基本的な考え方」）。

ex2. 所有権の譲受人として数人が記載されている農地法所定の許可書を提供して，譲受人を1人とする所有権の移転の登記を申請することはできません（登研448P132。上記の「基本的な考え方」）。数人で農業をするから許可がされたのかもしれませんので，譲受人を1人として登記することはできません。

ex3. Aが所有している農地について，Bの所有権移転請求権の仮登記がされました。その後，BからCに所有権移転請求権の移転の登記がされました。この場合，AB間の所有権移転についての許可書を提供して，Cの仮登記に基づく本登記を申請することはできません（登研180P70。上記の「基本的な考え方」）。

ただし，農地法所定の許可書に記載されている地積が登記記録上の地積と相違している場合であっても，土地の地番その他の表示により土地の同一性が認められるときは，所有権の移転の登記を申請することができます（昭37.6.26民事甲1718）。

地積は土地を特定する事項の１つにすぎません。また，登記記録の地積と実際の面積が異なっていることはよくあります。民法Ⅲのテキスト第７編第２章第２節④１.（1）※と同じ理由です。

### ５．更正の登記における農地法所定の許可の要否

たとえば，Ａが所有している農地について，売買を原因としてＢへの所有権の移転の登記がされました。この登記をＢ・Ｃ共有名義とする更正の登記を申請する場合には，農地法所定の許可書を提供する必要があります（登研444P107）。

Ｃが農地の所有者になることを許可されたことを確認する必要があるからです。

それに対して，たとえば，相続を原因としてＢへの所有権の移転の登記がされている農地を，Ｂ・Ｃ共有名義とする更正の登記を申請する場合には，農地法所定の許可書を提供する必要はありません（登研417P104）。

相続登記の更正の登記によりＣが登記名義人となるということは，Ｃも相続人であるということです。そして，相続については，許可は不要です（P132の表の右の①）。

このように，農地についての更正の登記の問題は，更正する登記の「原因」に注意しましょう。

# 第10節　一般承継証明情報

**不動産登記令7条（添付情報）**

1　登記の申請をする場合には，次に掲げる情報をその申請情報と併せて登記所に提供しなければならない。

五　権利に関する登記を申請するときは，次に掲げる情報

イ　法第62条〔一般承継人による申請〕の規定により登記を申請するときは，相続その他の一般承継があったことを証する市町村長，登記官その他の公務員が職務上作成した情報（公務員が職務上作成した情報がない場合にあっては，これに代わるべき情報）

## 1　一般承継証明情報とは？

一般承継証明情報：一般承継人による申請（不登法62条）の場合に一般承継人が申請権限があることを証するための情報

P44～46の3.の「一般承継人による申請」のハナシです。登記権利者，登記義務者または登記名義人に相続または合併が生じた場合に，これらの者の相続人または存続会社（吸収合併の場合）・設立会社（新設合併の場合）が代わりに登記の申請をするときは，以下の添付情報を提供する必要があります（不登令7条1項5号イ）。不動産登記令7条1項5号イの「その他の一般承継」とは，合併のことです。そして，「市町村長，登記官その他の公務員が職務上作成した情報」とありますので，以下の情報はいずれも公文書となります。

・相続　→　戸籍全部事項証明書等

具体的には，被相続人の死亡を証する戸籍全部事項証明書（戸籍謄本）・除籍全部事項証明書（除籍謄本），および，相続人の戸籍一部事項証明書（戸籍抄本）などです。

＊戸籍については，P243～245のｉで説明しますので，現時点では「死亡と相続関係を証するために戸籍全部事項証明書等を提供するんだな～」くらいの認識で結構です。

※被相続人の同一性を証する情報

被相続人の登記記録上の住所が戸籍に記載された本籍と異なる場合には，上記の戸籍全部事項証明書等に加えて，たとえば，以下の①～③のいずれかの情報を提供する必要があります（平29.3.23民二.175）。

①住民票の写し（本籍および登記記録上の住所が記載されているもの）

②戸籍の附票の写し（登記記録上の住所が記載されているもの。P100③）

③被相続人名義の登記済証（P72）

登記記録上の住所が戸籍に記載された本籍と同じであれば，同一人と扱われます。しかし，異なる場合は，同一性を証する必要があるんです。①②は，「登記記録上の住所↔①または②↔戸籍」と登記記録上の住所と戸籍をつなげる役割を果たします。戸籍には住所が記載されないので，①または②が必要となるんです。③は，登記済証は登記名義人に交付されるので，登記済証があれば被相続人であると考えられます。

・合併　→　登記事項証明書

登記事項証明書には，合併の旨が記載されます（P103）。

なお，登記事項証明書の代わりに，会社法人等番号を提供することもできます（平27.10.23民二.512。P112 5）。一般承継証明情報として会社法人等番号を提供する場合，以下のように申請情報に記載します。

| | |
|---|---|
| 権　利　者 | 横浜市中区羽衣一丁目1番1号<br>株式会社辰已商事<br>上記権利義務承継会社<br>新宿区新宿一丁目1番1号<br>リアリスティック商事株式会社<br>（会社法人等番号　1234－01－789012）<br>代表取締役　松本　雅典 |
| 添付情報 | 一般承継証明情報（リアリスティック商事株式会社の会社法人等番号） |

### 同一の書面が数種類の添付情報になることもある

戸籍全部事項証明書等は，登記原因証明情報（P68のex.），代理権限証明情報（P107 ①）としても，登記事項証明書は，住所証明情報（P100の表の右の①）としても出てきました。この戸籍全部事項証明書等や登記事項証明書のように，**同一の書面が数種類の添付情報に該当する**ことはよくあります。

## 2　趣旨

登記官の視点から考えてください（P48のRealistic 5）。登記権利者，登記義務者または登記名義人ではなく，これらの者の相続人または存続会社・設立会社が申請してくるわけです。登記官からすると「お前ダレ？」となります。「死んだ父と顔が似ているでしょ！」などと言ってもダメです。そこで，この登記官の「お前ダレ？」に一般承継証明情報で答えるのです。

# 第11節　添付情報についての諸制度

第2節〜第10節で主要な添付情報を説明しました。添付情報の最後にこの第11節では，添付情報についての制度を説明します。特定の添付情報についてのハナシではなく，すべての添付情報に関わるハナシです。

## 1　添付情報の省略

### 1．意義

P75※で説明した「連件申請」など，同一の登記所に対して同時に数個の登記を申請する場合があります。このような場合に，それぞれの申請に共通する添付情報があるときは，その添付情報は1つの申請情報と併せて提供するだけで済ますことができます（不登規37条1項）。申請人の負担を考慮した規定です。

添付情報を省略する場合，申請情報に，省略した添付情報は他の申請情報と併せて提供した旨の記載をします（不登規37条2項）。省略した添付情報の下に「（前件添付）」などと記載します（昭39.11.30民事三.935）。

このように説明してもイメージしづらいでしょうから，具体例をみてみましょう。

ex. A持分に抵当権の設定の登記がされているAおよびBが共有する不動産がCに売却され，A持分全部移転の登記とB持分全部移転の登記を2件連件で申請するとします。この2件の登記は，どちらもCの住所証明情報を提供する必要があります（P101の「住所証明情報の提供が要求される場合②」）。Cの住所証明情報としてCの住民票の写しを提供する場合，1件目で住民票の写しを提供すれば，2件目については提供する必要はなく，2件目の申請情報の添付情報欄の住所証明情報に「（前件添付）」と記載すればOKとなります。

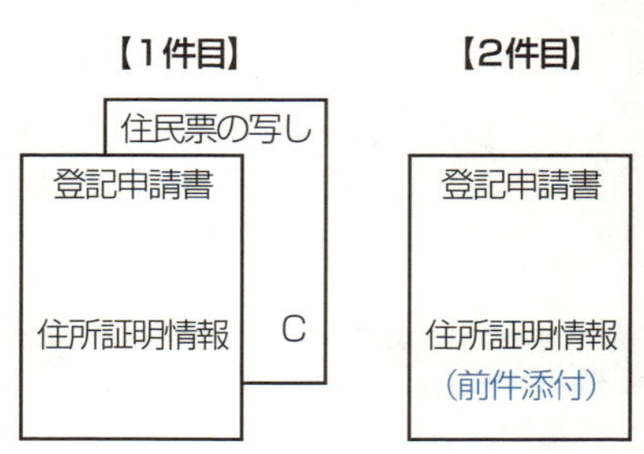


### 2．省略できない場合

同一の添付情報であっても，提供する法令上の根拠が異なる場合は，添付情報を省略できません（昭32.6.27民事甲1220，昭47.4.13民事甲1439）。簡単にいうと，「この第6章の節をまたぐ（提供する法令上の根拠が異なる）のはダメ」ってことです。

ex. 所有権の保存の登記では申請人の住所証明情報（不登令別表 28 添付情報ニ，29 添付情報ハ。P101①），所有権を目的とする抵当権の設定の登記では登記義務者（設定者）の印鑑証明書（不登令 16 条 2 項，18 条 2 項。P93②）を提供する必要があります。この 2 件の登記を同時に申請する場合に，所有権の保存の登記に住所証明情報として印鑑証明書を提供したとしても（P100 の表の左の②），抵当権の設定の登記において，印鑑証明書の提供を省略することはできません（昭 32.6.27 民事甲 1220）。「住所証明情報」（第 5 節）と「印鑑証明書」（第 4 節）であり，提供する法令上の根拠が異なる（この第 6 章の節をまたぐ）からです。

それに対して，上記 1.の ex.の住民票の写しは，1 件目も 2 件目も「住所証明情報」（第 5 節）であり，提供する法令上の根拠が同じである（この第 6 章の節をまたがない）ため，2 件目において住民票の写しの提供を省略できるのです。

## 2　原本還付

### 1．意義

原本還付：添付情報の原本の還付を請求すること

申請人は，申請情報に併せて提供した添付情報の原本の還付を請求できます（不登規 55 条 1 項本文）。原本還付の請求をしなければ，添付情報は登記所に保存され，申請人のもとには返ってきません。しかし，原本を返してもらうよう請求できるのです。

たとえば，住民票の写しは，運転免許証の取得など登記の申請以外に使用することがありますので，原本を返してもらえると色々と助かるのです。

### 2．原本還付請求の方法

まず，登記が完了した後は原本還付の請求をすることができません（昭 36.1.20 民事甲 168）。よって，登記の申請時点で原本還付の請求をします（P32 の図もご覧ください）。

原本還付を請求する添付情報については，その原本とともに，「原本に相違ない」旨を記載した謄本（コピーのことです）を提出します（不登規 55 条 2 項）。登記官は，原本とその謄本を照合し，調査完了後に原本を申請人に還付します（不登規 55 条 3 項）。

ex. 住民票の写しの原本還付を請求する場合には，「住民票の写し（原本）」と「住民票の写しの謄本（コピー）」を提出

**【住民票の写しの謄本】**

住民票の写し

原本に相違ありません
新宿区高田馬場一丁目
1 番地 1
司法書士法務太郎 ㊞

します。「住民票の写しの謄本（コピー）」のほうに，上の図のような記載をします。この「住民票の写しの謄本（コピー）」が登記所に保存されます。登記所に何も残らないのはマズイからです。そして，「住民票の写し（原本）」のほうが申請人に還付されます。

**※特殊な取扱いが認められている添付情報**

原本還付を請求する場合，上記のとおり原本の謄本（コピー）も提出するのが原則です。しかし，相続関係を証する書面についての原本還付については，特殊な取扱いが認められています。具体的には，相続関係を証する戸籍全部事項証明書等の謄本（コピー）の提出に代え，「相続関係説明図」を提出すればOKとされています（昭39.11.21民事甲3749，平17.2.25民二.457）。

**【相続関係説明図のイメージ】**

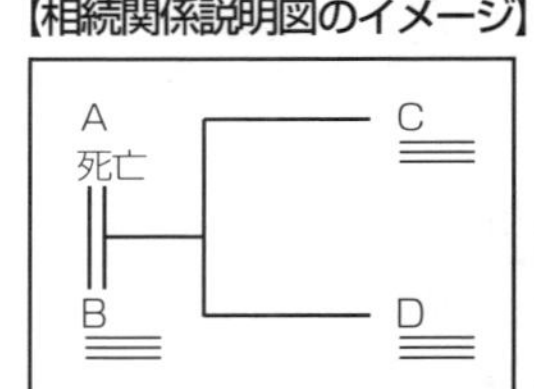


戸籍全部事項証明書等は，事案によっては数百枚になることもあるので（相続関係が複雑だとあり得ます），申請人の負担を考え，このような扱いが認められています。数百枚コピーするのは大変ですから……。

## 3．原本還付が認められる場合と認められない場合

### （1）原則

添付情報の原本還付は請求できるのが原則です（不登規55条1項本文）。

### （2）例外

ただし，添付情報の原本還付の請求ができない場合があります。以下の①～③の3つの場合です（不登規55条1項ただし書）。

①電子申請（特例方式を除く）の方法により登記申請をする場合

P49～51（1）の電子申請のハナシです。電子申請の場合には，データで添付情報を送信するため（P48），添付情報のデータは申請人の手元に残っています。

P51～53（2）の特例方式の場合が除かれているのは，特例方式の場合，添付情報のほとんどを書面で提出するからです。

②申請情報または委任状に押印した実印についての印鑑証明書（不登令 16 条２項，18 条２項），および，承諾証明情報や同意証明情報に押印した実印についての印鑑証明書（不登令 19 条２項）

これは，P92～97[3]，および，P97～98[4]のハナシです。これらは厳重な意思確認をするために要求される添付情報ですので（P92[2]），原本還付の請求ができないのです。

この②に該当するか問題となる添付情報があります。

＊以下の表の知識は，この後に学習するハナシですので，このテキストをすべてお読みになった後にお読みください。

| この②に該当する<br>（原本還付が認められない） | この②に該当しない<br>（原本還付が認められる） |
| --- | --- |
| ・裁判所書記官が作成した[印鑑証明書]<br>ex1. 裁判所書記官が作成した破産管財人の印鑑証明書（P97③）<br>ex2. 裁判所書記官が作成した不在者の財産管理人の印鑑証明書（P97③）<br>裁判所書記官が作成した印鑑証明書は，P92～97[3]に代わる印鑑証明書だからです（不登令 16 条2項，18 条2項，不登規 48 条3号，49 条2項3号）。 | ・相続登記の申請情報と併せて提供された遺産分割協議書に添付された[印鑑証明書]<br>これは，P92～97[3]，P97～98[4]の印鑑証明書ではなく，登記原因証明情報の一部として提供する印鑑証明書だからです（昭 30.4.23 民事甲 742。P272（ⅰ））。 |

③その登記申請のためにのみ作成された委任状その他の添付情報

その登記申請のためにのみ作成されたのであれば，他に使い道がないだろうということです。

この③に該当するか問題となる添付情報があります。

＊以下の表には，この後に学習するハナシが多数登場しますので，Ⅱのテキストの最後までお読みになった後にお読みください。

| この③に該当する<br>（原本還付が認められない） | この③に該当しない<br>（原本還付が認められる） |
| --- | --- |
| **・売買契約書とは別に作成した報告形式の登記原因証明情報**<br>報告形式の登記原因証明情報は，その登記申請のためにのみ作成された添付情報だからです（P65（1））。 | **・売買契約書そのものを登記原因証明情報として提供した場合の売買契約書**<br>売買契約書は，その登記申請のためにのみ作成された添付情報ではないからです。契約書は，登記申請のためにのみではなく，契約があった証拠として作成しますよね。 |
| **・仮登記権利者が仮登記を単独で申請する場合における，仮登記義務者の承諾証明情報**<br>仮登記権利者が単独申請できるように作成する承諾証明情報ですので（Ⅱのテキスト第5編第2章第1節32.（5）⑤），登記申請のためにのみ作成された添付情報といえるからです。 | **・未成年者の法律行為に関する親権者の同意書**<br>親権者の同意書は，その登記申請のためにのみ作成された添付情報ではないからです。同意書は，登記申請のためにのみではなく，契約などの法律行為をするために作成しますよね。 |
| **・登記義務者の登記識別情報を提供することができないため，資格者代理人による本人確認情報を提供して登記を申請する場合の本人確認情報**<br>この本人確認情報は，登記申請特有の本人確認手段であり（P88～89（2）），登記申請のためにのみ作成された添付情報といえるからです。 | **・本人確認情報に押印した司法書士の職印についての職印証明書**<br>この職印証明書（P89）は，その登記申請のためにのみ作成された添付情報ではないからです。司法書士の職印証明書は，他の用途にも使います。<br>また，この職印証明書は，上記②の印鑑証明書（不登令 16 条2項，18 条2項，19 条2項）でもありません。 |
| **・登記識別情報の通知書（P71）** | |

# 第7章 登録免許税

## 1 意義・趣旨

権利に関する登記の申請は，原則として，登録免許税という税金を納付しなければなりません（登免法２条，３条前段）。税金がかかるんです……。

権利に関する登記の対象は，所有権や抵当権など，主に私人の権利です（P12 の2.)。よって，その登記を受けることの利益に対して，負担が課せられるのです。

**※表示に関する登記**

表示に関する登記の申請は，原則として非課税です（登免法２条参照)。表示に関する登記は，公的要素があるからです（P12 の「不動産は社会全体の財産」)。

＊以下，原則として登録免許税が課せられる権利に関する登記について説明します。

## 2 納税義務者

申請人が２人以上いる場合は，特約のない限り，これらの者が連帯して登録免許税を納付する義務を負います（登免法３条後段)。

ex. 売買を原因とする所有権の移転の登記を申請する場合，登記権利者である買主だけに納付義務があるのではなく，登記義務者である売主も買主と連帯して登録免許税を納付する義務を負います。

登記義務者にも納付義務があるのは，この登記は「買主名義の登記」を実現することのみを目的とするのではなく，「売主から買主への権利変動」を公示する目的もあるからです。権利変動を公示するのが登記です（P２)。

## 3 課税標準・税率

### 1．登録免許税の決定方法

#### （1）課税標準×税率

登録免許税は，課税標準と税率の関係で決まります（登免法別表)。

「課税標準」とは，登録免許税の計算の基となるものです。その課税標準に「税率」をかけることで登録免許税の額が決まります。

ex. 売買を原因とする所有権の移転の登記の課税標準は「不動産の価額」であり，税率は「20/1000」です。よって，不動産の価額が1000 万円である不動産について売買を原因とする所有権の移転の登記を申請する場合，1000 万円×20/1000＝20万円の登録免許税を納付する必要があります。

**― Realistic 9 「課税標準の額＝売買価格」？ ―**

課税標準となる不動産の価額とは，売買価格ではありません（通常は売買価格よりも安くなります）。課税標準となる不動産の価額は，固定資産課税台帳に記載されている不動産価格（登免法附則7条），つまり，固定資産税の計算の基となる価額であり，市町村長または東京都知事が決めたものです。この課税標準の額を知る方法ですが，市町村役場や都税事務所などで固定資産評価証明書というものを取得すると，そこに記載されています。

### （2）端数処理

登録免許税は，10円単位・1円単位で納める必要はないため，「端数処理」ということをします。

#### （a）課税標準

##### i　端数

1000円未満の端数があるときは，1000円未満の端数は切り捨てます（国税通則法118条1項）。

ex. 実際の不動産の価額は，874万3326円などキリが悪い額であることが通常です。しかし，登録免許税の計算の基となる課税標準は，1000円未満の端数は切り捨てますので，課税標準の額は「874万3000円」となります。

##### ii　1000円未満の場合

1000円未満の場合は，1000円となります（登免法15条）。課税標準の額は最低1000円ということです。

ex. 田舎の土地だと，不動産の価額が542円などということもあります。この場合，課税標準の額は「1000円」となります。

##### iii　一の申請情報で（1件で）複数の不動産について税率が同じである登記を申請する場合

一の申請情報で（1件で）複数の不動産について登記を申請できる場合があります（Ⅱのテキスト第5編第11章）。この場合，複数の不動産について登記の税率が同じであれば，複数の不動産の合計額が課税標準となります。計算方法は，「合計前の1つ1つの不動産の価額について端数処理をしてから，合計する」のではなく，「不動産の価額を合計してから，端数処理をする」となります（昭42.7.26民事三.794）。わかりにくいので，これも具体例でみてみましょう。

ex. 874万3326円の甲土地と，632万1851円の乙土地について，一の申請情報で（1件で）売買を原因とする所有権の移転の登記を申請するとします。この場合，「874万3000円，632万1000円と端数処理をしてから，874万3000円＋632万1000円＝1506万4000円と合計する」のではなく，「874万3326円＋632万1851円＝1506万5177円と合計してから，1506万5000円と端数処理をする」とします。このように，どちらの計算方法を採るかによって，課税標準の額が変わることがあります（このex.では1000円違いが出ます）。

### （b）登録免許税

#### i　端数

課税標準に税率をかけた額に100円未満の端数があるときは，その端数は切り捨てます（国税通則法119条1項）。納付する登録免許税の額として10円単位・1円単位の金額を記載することはないということです。

ex. 不動産の価額が874万3326円の不動産について売買を原因とする所有権の移転の登記を申請する場合，課税標準に税率をかけると874万3000円×20/1000＝17万4860円となります。しかし，100円未満の端数は切り捨てますので，登録免許税は「17万4800円」となります。

#### ii　1000円未満の場合

課税標準に税率をかけた額が1000円に満たないときは，登録免許税は1000円となります（登免法19条）。「最低1000円は払え」ということです。

ex. 課税標準に税率をかけた額が800円であるときは，登録免許税は1000円となります。

#### iii　一の申請情報で（1件で）複数の不動産について税率の異なる複数の登記を申請する場合

一の申請情報で（1件で）複数の不動産について税率の異なる複数の登記を申請する場合，不動産ごとに登録免許税を計算して，その額を合計します。この場合の端数処理は，「合計前の登録免許税の端数処理をしてから，合計する」のではなく，「登録免許税を合計してから，端数処理をする」となります（平9.1.29民三.153。登研528P185）。

### 2．申請情報への記載

不動産の価額や債権額・極度額・不動産の工事費用の予算額を課税標準として登録免許税を計算する登記（下記3.）では，申請情報に課税標準の額を記載します。

ex. P48 の申請情報は売買を原因とする所有権の移転の登記（不動産の価額を課税標準とする登記）の例ですが，「課税価格」として課税標準の額（不動産の価額）が記載されています。

なお，この申請情報に記載する課税標準の額は，端数処理をした後の額です。登録免許税も端数処理をした後の額です。

端数処理をする前の額を書いてしまう方が多いので，ご注意ください。

### 3．主な登記の課税標準・税率

登記によって，課税標準と税率が異なります。登録免許税は私人の権利を登記してもらうことの利益に対する負担ですので（P147 1），その権利の種類などによって変わってくるのです。

たとえば，所有権は利用価値および交換価値を把握しているオールマイティーな権利ですが，利用権は利用価値しか把握していません。── 民法Ⅱのテキスト第3編第1章第1節 3 3.　よって，基本的には利用権の税率は所有権の「1／2」です。

＊「利用権」とは，用益物権だけでなく賃借権や配偶者居住権なども含む言い方です。

また，仮登記という予備的な登記があります。Ⅱのテキスト第5編第2章で説明しますので，今は，仮登記については，免許でいえば「仮免許」のようなものというイメージを持っておいてください。仮登記は仮免許のようなものですので，基本的には仮登記の税率は通常の登記の「1／2」です。

主な登記の課税標準・税率は，以下のとおりです（登免法別表第1.1.）。

＊記憶は各論で各登記を学習する中でしていただければ結構ですが，以下の表の知識は，記述では毎年，択一でもかなりの頻度で出題されます。ほぼ確実に得点につながる表ですので，以下の表はコピーして，自宅のお手洗いの壁などに貼って毎日ご覧ください。

| | | | 課税標準 | 税率 | |
|---|---|---|---|---|---|
| 所有権 | 保存 | | 不動産の価額 | | 4/1000 |
| 所有権 | 移転 | | 不動産の価額 | 相続・合併以外 | 20/1000 |
| 所有権 | 移転 | | 不動産の価額 | 相続・合併 | 4/1000 |
| 利用 | 地上権<br>永小作権<br>賃借権<br>採石権 | 設定<br>転貸 | 不動産の価額 | | 10/1000 |
| 利用 | 地上権<br>永小作権<br>賃借権<br>採石権 | 移転 | 不動産の価額 | 相続・合併以外 | 10/1000 |
| 利用 | 地上権<br>永小作権<br>賃借権<br>採石権 | 移転 | 不動産の価額 | 相続・合併 | 2/1000 |

<table>
<tr><th colspan="3"></th><th>課税標準</th><th>税率</th></tr>
<tr><td rowspan="2">権</td><td>配偶者居住権</td><td>設定</td><td>不動産の価額</td><td>2/1000</td></tr>
<tr><td>地役権</td><td>設定</td><td>承役地の不動産の個数</td><td>1個につき1500円</td></tr>
<tr><td rowspan="6">乙区の担保物権</td><td colspan="2">賃借権の抵当権に優先する同意の登記</td><td>賃借権および抵当権の件数</td><td>1件につき1000円</td></tr>
<tr><td colspan="2">保存<br>設定</td><td>債権額・極度額・不動産の工事費用の予算額</td><td>4/1000</td></tr>
<tr><td colspan="2" rowspan="2">移転</td><td rowspan="2">債権額・極度額</td><td>相続・合併以外　2/1000</td></tr>
<tr><td>相続・合併　1/1000</td></tr>
<tr><td colspan="2">根抵当権の一部譲渡<br>会社分割による一部移転</td><td>一部譲渡・会社分割後の共有者の数で極度額を除して計算した額</td><td>2/1000</td></tr>
<tr><td colspan="2">担保物権の順位変更</td><td>担保物権の件数</td><td>1件につき1000円</td></tr>
<tr><td>処分制限</td><td colspan="2">差押え<br>仮差押え<br>仮処分</td><td>債権額・極度額・不動産の工事費用の予算額</td><td>4/1000</td></tr>
<tr><td rowspan="8">仮登記</td><td rowspan="3">所有権</td><td>保存</td><td>不動産の価額</td><td>2/1000</td></tr>
<tr><td rowspan="2">移転</td><td rowspan="2">不動産の価額</td><td>相続・合併以外　10/1000</td></tr>
<tr><td>相続・合併　2/1000</td></tr>
<tr><td rowspan="3">地上権<br>永小作権<br>賃借権<br>採石権</td><td>設定<br>転貸</td><td>不動産の価額</td><td>5/1000</td></tr>
<tr><td rowspan="2">移転</td><td rowspan="2">不動産の価額</td><td>相続・合併以外　5/1000</td></tr>
<tr><td>相続・合併　1/1000</td></tr>
<tr><td>配偶者居住権</td><td>設定</td><td>不動産の価額</td><td>1/1000</td></tr>
<tr><td colspan="2">乙区の担保物権の設定など</td><td>不動産の個数</td><td>1個につき1000円</td></tr>
<tr><td rowspan="3">信託</td><td colspan="2">所有権</td><td>不動産の価額</td><td>4/1000</td></tr>
<tr><td colspan="2">乙区の担保物権</td><td>債権額・極度額</td><td>2/1000</td></tr>
<tr><td colspan="2">その他</td><td>不動産の価額</td><td>2/1000</td></tr>
<tr><td colspan="3">上記を除く付記登記，抹消回復の登記・変更の登記・更正の登記</td><td>不動産の個数</td><td>1個につき1000円</td></tr>
<tr><td colspan="3">抹消の登記（※）</td><td>不動産の個数</td><td>1個につき1000円</td></tr>
</table>

**※一の申請情報で（１件で）申請する場合の抹消の登記の登録免許税の上限**

抹消の登記の登録免許税は，不動産の個数×1000円です。しかし，一の申請情報で（１件で）20個を超える不動産について抹消の登記を申請する場合（Ⅱのテキスト第５編第11章），２万円となります（登免法別表第１.１.⒂かっこ書）。これは，多数の抵当権を設定していることがある金融機関に配慮した規定です。

ex. ゴルフ場などだと，土地の数が100筆ということもあります。このゴルフ場に抵当権を設定する場合，100筆の土地に抵当権の設定の登記をすることになります。その後，被担保債権が債務者によって弁済され抵当権の抹消の登記をする場合，100個の不動産の抵当権の抹消の登記をすることになります。これを一の申請情報で（１件で）申請すれば，100個×1000円＝10万円とはならず，「２万円」で済みます。

**４．相続関係の所有権の移転の登記の特例**

上記３.の表にあるとおり，相続・合併以外の所有権の移転の登記の税率は20/1000です。しかし，以下の２つの登記は，相続・合併以外の所有権の移転の登記ですが，税率が４/1000となります。相続登記そのものではありませんが，相続登記と同視できるためです。

①遺(い)贈を原因とする所有権の移転の登記（P253～261[2]。平15.4.1民二.1022）

税率が４/1000となるのは，受遺者が相続人であり，受遺者が相続人であることを証する情報（戸籍全部事項証明書等）を提供した場合のみです。

受遺者が相続人でなければ，遺贈が原因でも税率は20/1000となります（登免法別表第１.１.（２）ハ）。受遺者が相続人でなければ，相続登記と同視できないからです。

②遺(い)産分割を原因とする持分の移転の登記（P274～275（２）。平12.3.31民三.828）

上記①②は，ふりがなをふった部分から「４/1000でいいよ」と記憶してください。

## 4 登録免許税の納付方法

上記3のように，登録免許税の額が決まります。登録免許税は，具体的には以下のいずれかの方法で納付します。書面申請と電子申請で少し異なります。

<table>
<tr><th>書面申請</th><th>電子申請（特例方式を含む）</th></tr>
<tr><td colspan="2">

**①現金納付**

これは，郵便局などで登録免許税を支払い，その領収書を申請情報に貼り付けて納付する方法です（登免法 21 条）。みなさんも，郵便局などで税金を納付したことがありますよね。そのような方法で納付します。そして，右の図のようなＡ４の紙を１枚用意し，そこに領収書を貼り付け，P48 の申請情報の後ろに付けます。

領収書<br>新宿区高田馬場一丁目１番地１<br>司法書士法務太郎 ㊞

</td></tr>
<tr><td colspan="2">

**②印紙納付**

これは，印紙を申請情報に貼り付けて納付する方法です（登免法 22 条）。右の図のようなＡ４の紙を１枚用意し，そこに印紙を貼り付け，P48 の申請情報の後ろに付けます。印紙は，郵便局，金券ショップ，コンビニなどで購入できます。

新宿区高田馬場一丁目１番地１<br>司法書士法務太郎 ㊞

</td></tr>
<tr><td></td><td>

**③電子納付**

これは，歳入金電子納付システムを利用して納付する方法です（登免法 24 条の2第１項本文）。ネットバンキングだとお考えください。電子申請をした後，法務省オンライン申請システムの画面に納付ボタンが表示され，ネットバンキングで納付できます。

</td></tr>
</table>

## 5 登録免許税が納付されない場合

登録免許税を納付しないで（納付額が不足するときも含みます）申請すると，却下（P32）されます（不登法 25 条 12 号）。

このように登録免許税を納付しないと登記はされないのですが，それが見過ごされて登記されることもまれにあります。もし，登記された後に，税務署長が登録免許税が納付されていない事実を知った場合には，税務署長は不足額を徴収します（登免法 29 条）。税務署長は，登記官から不足額がある旨の通知（登免法 28 条１項）を受けたかどうかにかかわらず，不足額を徴収できます（登免法 29 条２項）。

**税金の管轄**

**税金の管轄は**，登記所ではなく**税務署**です。

よって，税務署長が自ら動くことができるのです。

## 6 登録免許税の還付

＊この6は，この後に学習する用語が多数出てきますので，Ⅱのテキストの最後までお読みになった後にお読みください。

### 1．登録免許税が還付される場合

以下の①～⑤の場合，いったん納付した登録免許税は還付されます。登記申請が電子申請によってされた場合でも同じです（登免法35条1項参照）。

**還付の考え方**

原則として，**登記された分の登録免許税以外は還付**されます。国は，**余分な税金は取らない**んです。

**①登記の申請が却下された場合（登免法31条1項1号）**

**②登記の申請が取り下げられた場合（再使用証明をする場合は除きます。登免法31条1項2号）**

これらの場合，登記されていないからです（上記の「還付の考え方」）。

**③再使用証明を受けた者が現金還付を受けたい旨の申出をした場合（登免法31条5項）**

領収書・印紙について再使用証明を受けた後で，「やっぱり，再使用ではなく，登録免許税の還付請求をしよう」となった場合です（Ⅱのテキスト第6編第2章4）。これにより上記②と同じになるため，還付されます。

**④過誤納があった場合（登免法31条1項3号）**

固定資産課税台帳に記載されている不動産価格に誤りがあり，過大に登録免許税を納付してしまった場合などが当たります（昭55.6.6民三.3249）。

過大に納付した分は登記されていないからです（上記の「還付の考え方」）。

**⑤いったんされた登記が職権抹消された場合（昭43.4.2民事三.88，昭38.7.19民事甲2117）**

たとえば，管轄違いの登記が誤ってされたが，職権抹消された場合（不登法71条1項，25条1号）が当たります（昭38.7.19民事甲2117）。これも，登記されていないからです（上記の「還付の考え方」）。

※これに対して，以下のような場合は還付される場合には当たりませんので，ご注意ください。

ex1. 債権額を700万円とすべきところ，誤って債権額を1000万円として抵当権の設定の登記がされてしまいました。この場合に，抵当権の債権額を700万円に減額する更正の登記を申請しても，債権額の差額300万円についての登録免許税は還付されません。

ex2. 国から民間への払下げがされましたが，誤って払下げを受けた者とは別の者に所有権の移転の登記がされてしまいました。この場合に，錯誤を原因としてその所有権の移転の登記を抹消する登記が嘱託によりされても，所有権の移転の登記の登録免許税は還付されません（昭40.3.1民事甲482）。

## 2．還付の手続

### （1）還付の流れ

登録免許税を還付すべき場合の還付の流れは，以下のとおりです。

登記官は，所轄税務署長に登録免許税の額などを通知します（登免法31条1項柱書，5項後段。以下の図の①）。過誤納がある場合に登記官がこの通知をしないときは，登記を受けた者は，登記を受けた日（＊）から5年を経過する日までであれば，登記官に通知をするよう請求できます（登免法31条2項）。

＊固定資産課税台帳に記載されている不動産価格（P148のRealistic 9）に誤りがあったために過誤納があったことが判明した場合には，価格が修正された日から5年以内でよくなります（昭55.6.6民三3249）。

そして，登記官から通知を受けた所轄税務署長は，登記を受けた者に金銭で還付します（国税通則法56条1項。以下の図の②）。

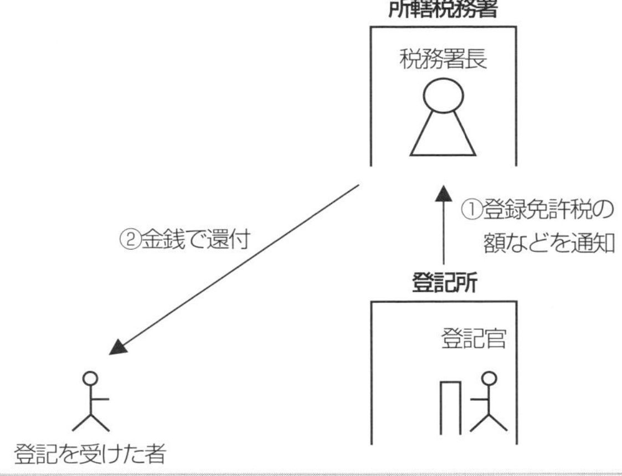

## 国に対する債権の消滅時効期間

過誤納がある場合に登記を受けた者が通知をするよう請求できるのが，登記を受けた日から５年となっているのは，国に対する債権の消滅時効期間は，原則として請求をすることができる日から**5年**だからです（国税通則法74条１項）。

そのため，登録免許税の還付を受けられるのも５年なのです。

### ※差押登記の登録免許税の還付

競売の開始決定に基づく差押えの登記の登録免許税の額が過大であった場合，還付を受ける者・還付請求をすべき者は，差押債権者です（昭31.12.18民事甲2838）。たしかに，差押登記は裁判所書記官が嘱託します（Ⅱのテキスト第５編第５章[1] 2.）。しかし，その登録免許税を支払うのは競売の申立てをした差押債権者なので，還付を受けるのは差押債権者なのです。

### （2）登記申請代理人への還付の可否

取下げまたは過誤納の場合に，代理受領の申出があれば，登記申請代理人（ex. 司法書士）に還付することもできます（平21.6.16民二・民商1440）。登記申請代理人が代理受領をするには，申請人から，登記申請とは別に，代理受領の委任を受ける必要があります（平21.6.16民二・民商1440）。そして，登記申請代理人は，代理受領用の委任状と還付通知書を併せて申請人の住所地を管轄する税務署に持参するか送付する必要があります（平21.6.16民二・民商1440）。

これは，平成21年から認められた扱いです。司法書士からすると，これによって助かる場合があります。登録免許税はお客様が支払いますが，司法書士が登録免許税を立て替えることがあります。立て替えた場合に取下げまたは過誤納があると，かつては，登録免許税がお客様に還付されていたので，なかなか返してもらえないという場合があったんです……。

## 司法書士の権限は拡大の方向

上記の代理人は司法書士に限られるわけではありませんが，**司法書士の権限は少しずつ拡大している傾向**にあります。

## 7 非課税となる登記

＊この7も，この後に学習するハナシが多数登場しますので，Ⅱのテキストの最後までお読みになった後にお読みください。

ここまで，権利に関する登記は登録免許税を納付する前提で説明してきましたが，権利に関する登記でも非課税となる登記があります。たとえば，以下の①～⑧の登記です。

### 非課税となる場合の基本的な考え方

以下の場合，登録免許税が課されません。

i　**国など（＊）が自己のために**登記をする場合

ii　**国など（＊）の都合で**登記をする場合

＊「など」は，地方公共団体（都道府県や市町村）や国立大学などが当たりますが，ちょっと細かいです。

### ①国などが自己のために受ける登記（登免法4条1項）

ex. 国が登記権利者である所有権の移転の登記（Ⅱのテキスト第6編第3章1 3.）

国などが自己のために登記をしているため，非課税です（上記の「非課税となる場合の基本的な考え方ｉ」）。

※国などが登記義務者となる登記

この場合は，非課税とはなりません（Ⅱのテキスト第6編第3章2 3.）。国などが自己のために登記をしているわけではないからです。

※順位変更の登記

申請人全員が国などであれば非課税です。この場合，国などが自己のために登記をしていることが明らかだからです（上記の「非課税となる場合の基本的な考え方ｉ」）。

それに対して，申請人の一部が国などであれば，非課税にはならず，国などの分も含めて課税されます（昭48.10.31民三.8188。登研385P83）。この場合，国などが自己のために登記をしているとはいい切れないからです。申請人の一部である私人のためかもしれません。

### ②国などが代位によってする登記（登免法5条1号）

この場合も，国などが自己のために登記をしているといえるため，非課税です（上記の「非課税となる場合の基本的な考え方ｉ」）。

### ③登記官が職権に基づいてする登記（登免法5条2号）

登記官の主導でする職権登記ですから，登録免許税が課されないのは当たり前ですね。

**④住居表示の実施または変更に伴う登記事項の変更の登記（登免法５条４号）**

ex. 住居表示の実施の例「さいたま市元町１番地」→「さいたま市元町１番１号」

日本の住所は，「隣の家なのに続き番号になっていない」という不便な地域もあります。そこで，順次「住居表示の実施」がされ，番号が整理されています。「１番地」を「１番１号」などとし，番号を整理していくのが住居表示の実施です。郵便物の配達をしやすいようにするためなどの目的で行われます。

これは，国などの都合でする登記であるため，非課税です（上記の「非課税となる場合の基本的な考え方ⅱ」）。

申請情報の登録免許税欄には，「非課税（登録免許税法第５条第４号）」と記載します（不登規189条２項）。

※住所移転と住居表示実施を原因とする登記名義人の住所の変更の登記を一の申請情報で（１件で）申請する場合

「年月日住所移転」「年月日住居表示実施」を原因とする登記名義人の住所の変更の登記は，同一の登記名義人についてのものであれば，一の申請情報で（１件で）申請できます（Ⅱのテキスト第５編第11章[2]2.）。この場合，最終の登記原因が住居表示実施であれば，非課税となります（昭40.10.11民事甲2915。登研381P91）。

**最終の登記原因に課税**

一の申請情報で（１件で）の名変登記は，**最終の登記原因に課税する**という発想です。

**⑤行政区画，郡，区，市町村内の町もしくは字（あざ）またはこれらの名称の変更（その変更に伴う地番の変更を含む）に伴う登記事項の変更の登記（登免法５条５号）**

ex. 行政区画の変更の例「大宮市元町１番地」→「さいたま市元町１番地」

「行政区画の変更」といわれるものですが，上記④よりも広範囲に影響するハナシです。たとえば，市の合併により市の名称が変わる場合が当たります。

これも，国などの都合でする登記であるため，非課税です（上記の「非課税となる場合の基本的な考え方ⅱ」）。

申請情報の登録免許税欄には，「非課税（登録免許税法第５条第５号）」と記載します（不登規189条２項）。

※住所移転と行政区画変更を原因とする登記名義人の住所の変更の登記を一の申請情報で（1件で）申請する場合

「年月日住所移転」「年月日行政区画変更」を原因とする登記名義人の住所の変更の登記は，最終の登記原因が行政区画変更であれば，非課税となります（平 22.11.1 民二.2759）。上記④※と同じ考え方です。最終の登記原因に課税するという発想です（上記の「最終の登記原因に課税」）。

※地番変更を伴わない行政区画の変更

共同根抵当権の追加設定の登記は，すでに設定の登記がされた根抵当権と新たに設定の登記をする根抵当権の４大事項（枠）が一字一句完全に同一である場合に申請できました（Ⅱのテキスト第３編第２章第２節[5] 3.「共同根抵当権の『同一の債権の担保』の要件はキビシイ」）。これには，債務者の住所も含まれます。

しかし，すでに設定の登記がされた根抵当権の債務者の住所について地番変更を伴わない行政区画の変更が行われた場合，すでに設定の登記がされた根抵当権の債務者の変更の登記をすることなく，共同根抵当権の追加設定の登記をすることができます（平 22.11.1 民二.2759）。「地番変更を伴わない行政区画の変更」とは，上記 ex.の「大宮市元町１番地」→「さいたま市元町１番地」などであるため，登記官に明らかだからです。

これは，共同根抵当権の追加設定の登記における債務者の住所についての先例です。しかし，他の登記についても，地番変更を伴わない行政区画の変更であれば，前提としての名変登記は省略できると解されます。

### ⑥墳墓地（ふんぼち）に関する登記（登免法5条10号）

墓地などに関する登記は公共のための登記といえるため，非課税です。

※共同根抵当権の追加設定の登記

墓地を目的として，根抵当権の設定の登記がされました。この登記は，非課税です。その後，この墓地に設定された根抵当権と同一の債権を担保するために，宅地を目的として共同根抵当権の追加設定の登記を申請する場合，「根抵当権の件数１件につき 1500 円（登免法 13 条２項）」とはならず，「極度額の４/1000」となります（昭 50.8.6 民三.4016）。通常の共同根抵当権の追加設定の登記は，登録免許税法 13 条２項が適用され，根抵当権の件数１件につき 1500 円となります（Ⅱのテキスト第３編第２章第２節[5] 2.（3））。しかし，墓地を目的とする登記の際に非課税であったため，追加設定の登記の際に極度額の４/1000 が課税されるのです。

**⑦滞納処分に関してする登記（登免法５条11号）**

ex. 税務署による差押登記

これは，国などが自己のために登記をしているため，非課税です（上記の「非課税となる場合の基本的な考え方ｉ」）。

**⑧登記官の過誤による登記またはその抹消があった場合の，その登記の抹消もしくは更正または抹消した登記の回復の登記（登免法５条12号）**

登記官の過誤（ミス）が原因ですから，非課税です。「お前らのミスだろ！」というハナシです。

— 第2編 —

# 所有権の登記（各論①）

# 第１章　所有権の保存の登記

各論に入る前に必要な総論が終わりましたので，「各論」に入ります。「各論」とは，所有権，抵当権など権利ごとの登記の分野です。まずは，抵当権や地上権などの他の権利の前提となる「所有権」からみていきます。

## 1　所有権の保存の登記とは？

P18の図にもありますが，所有権の保存の登記は，不動産の権利に関する登記のうち原則として最初に申請する登記です。抵当権の設定の登記や所有権の移転の登記など，他の登記をする前提としても必要となる登記です。

### 表題部しかない登記記録 → 所有権の保存の登記

記述で，表題部しかない登記記録が示された場合，相当高い確率で所有権の保存の登記を申請することになります。よって，**「表題部しかない登記記録 → 所有権の保存の登記」という思考過程を準備**しておいてください。記述は，このように思考過程を準備しておくことが重要です。

抵当権や地上権など，他の登記が登記記録に初めて登場する際は「抵当権の設定の登記」「地上権の設定の登記」など，「設定」といいます。抵当権や地上権などは，人の行為（設定契約）で作り出す権利だからです。

それに対して，所有権と先取特権は「保存」といいます。所有権と先取特権は人の行為（設定契約）で作り出す権利ではないからです。所有権は，たとえば，建物を建てれば当然に生じます。建物建築契約をしても，それは建物を建てる契約であり，所有権を作り出す契約ではありません。先取特権は法定担保物権です。―― 民法Ⅱのテキスト第４編第１章第２節2

### 登記の目的に「保存」と記載する権利

登記の目的に「保存」と記載する権利は，**所有権と先取特権のみ**です。

なお，留置権も法定担保物権ですが（民法Ⅱのテキスト第４編第１章第２節2），留置権は登記できません（P９）。

## 2　申請構造

所有権の保存の登記は，単独申請です。

たとえば，建物を建てた表題部所有者がする所有権の保存の登記でいえば，ある人が建物を建てただけなので，登記権利者と登記義務者が理論的に存在しないからです。

## 3 申請適格者

**不動産登記法 74 条（所有権の保存の登記）**

1 所有権の保存の登記は，次に掲げる者以外の者は，申請することができない。

一 表題部所有者又はその相続人その他の一般承継人

二 所有権を有することが確定判決によって確認された者

三 収用（土地収用法（昭和 26 年法律第 219 号）その他の法律の規定による収用をいう。第 118 条第１項及び第３項から第５項までにおいて同じ。）によって所有権を取得した者

2 区分建物にあっては，表題部所有者から所有権を取得した者も，前項の登記を申請することができる。この場合において，当該建物が敷地権付き区分建物であるときは，当該敷地権の登記名義人の承諾を得なければならない。

### ガチガチに縛られた申請適格者

所有権の保存の登記の特徴は，申請できる者（申請適格者）が上記の**不動産登記法 74 条に記載された以下の①～⑤の者に限られている**ということです。これは，他の登記にはない特徴です。

上記2で説明したとおり，所有権の保存の登記は単独申請でされる登記であり，共同申請と異なり，申請構造から登記の真正は確保されません。また，表題部所有者が申請する場合（以下の①）には，公文書の提供が要求されません。よって，申請適格者を法律でガチガチに縛ることによって，虚偽の登記を防止しているのです。

①表題部所有者（不登法 74 条１項１号前段）
②表題部所有者の相続人その他の一般承継人（不登法 74 条１項１号後段）
③所有権を有することが確定判決によって確認された者（不登法 74 条１項２号）
④収用によって所有権を取得した者（不登法 74 条１項３号）
⑤表題部所有者から区分建物の所有権を取得した者（不登法 74 条２項）

申請適格者は上記①～⑤の者に限られますので，たとえ現在の所有者である者であっても，上記①～⑤に当たらなければ，所有権の保存の登記を申請できません。

ex. 土地を時効取得した者は，現在の所有者です。しかし，時効取得しただけでは，その時効取得者の名義で表題登記がされていない限り，上記①～⑤のいずれにも当たりませんので，所有権の保存の登記を申請できません。

以下，上記①～⑤を１つ１つみていきます。上記①～⑤の者に申請適格が認められる理由は，下記１.～５.のそれぞれの項目で説明します。

### １．表題部所有者（不登法 74 条１項１号前段。P163①）

＊このテキストでは，基本的に，以下のように「基本的な事例（少しひっかけを入れることもあります）→申請例→完了後の登記記録→申請情報の説明→関連論点の説明」という形式で説明をしていきます。

#### （1）申請情報の記載事項

**申請例１** ── **表題部所有者がする所有権の保存の登記**

事例：Aは所有している土地上に区分建物でない建物を建て，Aを表題部所有者とする表題登記がされた。そして，Aは，令和５年６月 28 日に，所有権の保存の登記を申請した。この建物の課税標準の額は，1000 万円である。

| | |
|---|---|
| 登記の目的 | 所有権保存　＊１ |
| 所　有　者 | Ａ　＊２ |
| 添 付 情 報 | 住所証明情報（Ａの住民票の写し）　＊３ |
| | 代理権限証明情報（Ａの委任状）　＊４ |
| 令和５年６月 28 日　法第 74 条第１項第１号申請 | |
| 課 税 価 格 | 金 1000 万円 |
| 登録免許税 | 金４万円 |

最初に登場する申請例ですので，このテキストの申請例の記載方針を説明します。

＊１　実際の申請情報には，P48 の見本のように記載事項が多数ありますが，試験で問われるのはその一部です。このテキストで申請例として表示している事項が，基本的に試験で問われる事項です。

＊２　実際の申請情報（P48）には，申請人（上記の申請例だとA）の住所も記載します。しかし，今のところ記述の問題では問われていませんので，各論では，申請人の住所を省略しています。なお，乙区の担保物権の債務者についても住所を記載しますが，この住所の記載も省略しています。

＊３　実際の申請情報（P48）には，「住所証明情報」などと記載するのみで，「（Aの住民票の写し）」などとは記載しません。実際の申請においては，申請情報の後ろに添付情報をホッチキスなどでつけているからです。しかし，記述の試験では添付情報を実際につけるわけではないため，具体的に何を提供するのか問われるのが通常です（記述の注意事項の内容により変わるため，年度によって求められる解答が変わります）。よって，このテキストでも具体的な添付情報の内容を表示しています。なお，住所証明情報など，特定の情報に限定されない添付情報もあります。この申請例では，「（Aの住民票の写し）」にしていますが，

「（Aの印鑑証明書）」「（Aの戸籍の附票の写し）」でも構いません（P100の表の左の②③）。特定の情報に限定されない添付情報については，代表的なものを記載しています。

＊4　このテキストの申請例は，すべて司法書士に登記申請の依頼をした場合の事例です。記述の問題は，司法書士に登記申請を依頼する事例となるからです。

| 表題部（主である建物の表示） | | 調製 | 余白 | 不動産番号 | 0111483935938 |
|---|---|---|---|---|---|
| 所在図番号 | 余白 | | | | |
| 所在 | 新宿区新宿一丁目1番地 | | | 余白 | |
| 家屋番号 | 1番 | | | 余白 | |
| ①種類 | ②構造 | ③床面積 ㎡ | | 原因及びその日付［登記の日付］ | |
| 居宅 | 木造かわらぶき<br>2階建 | 1階　72<br>2階　60 | 55<br>11 | 令和5年6月22日新築<br>［令和5年6月23日］ | |
| 所有者 | A | | | | |

| 権利部（甲区）（所有権に関する事項） | | | |
|---|---|---|---|
| 順位番号 | 登記の目的 | 受付年月日・受付番号 | 権利者その他の事項 |
| 1 | 所有権保存 | 令和5年6月28日<br>第12456号 | 所有者　A　＊ |

＊実際の登記記録には，登記名義人（上記の登記記録だとA）や債務者の住所も記録されます。しかし，各論では，基本的に登記名義人や債務者の住所を省略しています。

### （a）登記の目的

所有権の保存の登記はすべて，登記の目的が「所有権保存」となります。

### （b）登記原因及びその日付

所有権の保存の登記は，敷地権付き区分建物についてする不動産登記法74条2項の所有権の保存の登記（P184のⅰ）を除き，登記原因及びその日付を記載しません（不登法76条1項）。

所有権の保存の登記には登記原因がないからです。建物であれば，建てただけです。「建てたこと」は，表題登記の登記原因であって，権利に関する登記の登記原因ではありません。

#### 登記原因及びその日付を記載しない登記

登記原因及びその日付を記載しない登記は，以下の2つです。

①所有権の保存の登記（不登法76条1項本文）
※敷地権付き区分建物についてする不動産登記法 74 条2項の所有権の保存の登記（P184のⅰ）を除きます（不登法76条1項ただし書）。
②抵当権または根抵当権の登記において取扱店を追加・変更・廃止する登記
取扱店については，P392⑦で説明します。

### （c）申請人

上記申請例1のように，表題部所有者として表題部に記録されている者が申請人となり（不登法74条1項1号前段），「所有者　A」などと記載します。

表題部所有者は，表題登記の際に所有権証明情報の提供が要求され，所有者であることが厳格に確認されています。よって，表題部所有者として登記されている者は，所有者である確率が極めて高いため，申請適格が認められているのです。

なお，実際のほとんどの所有権の保存の登記は，この表題部所有者がする所有権の保存の登記です。

### （d）添付情報

＊添付情報は，基本5点セットから足したり引いたりするという思考過程で考えてください（P64②）。

①住所証明情報（不登令別表28添付情報ニ）
P101の「住所証明情報の提供が要求される場合①」に当たるため，提供します。
②代理権限証明情報（不登令7条1項2号）
代理人が申請するときは，司法書士が任意代理人として申請する場合の委任状など代理権限証明情報を提供します（＊）。
＊以下，添付情報として「代理権限証明情報（不登令7条1項2号）」と記載しているのは，基本的にこの意味です。
③会社法人等番号（不登令7条1項1号イ）
法人が申請する場合は，申請人欄に会社法人等番号を記載し，添付情報欄に会社法人等番号を提供している旨を記載するのが原則です（P109の「会社法人等番号（代表者の資格を証する情報）の提供の要否の判断基準」。＊）。
＊以下，添付情報として「会社法人等番号（不登令7条1項1号イ）」と記載しているのは，この意味です。
※登記原因証明情報は，提供しません（不登令7条3項1号。P69の4「登記原因証明情報の提供が不要となる場合①」）。所有権の保存の登記には登記原因がないからです。
※登記識別情報は，提供しません（不登法22条参照）。単独申請だからです（P77～78の「登記識別情報の提供の要否の基本的な判断基準」）。

※印鑑証明書は，提供しません。所有権の登記名義人が登記義務者とならないからです（P93の「『認印でよいか』『実印で押印し印鑑証明書の提供が要求されるか』の判断基準」）。単独申請ですので，登記義務者はいません。

#### （e）適用法令

**所有権の保存の登記→適用法令**

**所有権の保存の登記のみ，申請の根拠となる条項を記載します**（不登令別表28申請情報イ，29申請情報）。「令和5年6月28日　法第74条第1項第1号申請」などと，申請年月日とともに申請の根拠となる法令を記載します。なお，不動産登記法74条1項1号の「前段」と「後段」の別の記載は不要です。

所有権の保存の登記のみ申請できる者（申請適格者）が法定されているので，申請人が申請適格者であることを示す必要があるからです。また，所有権の保存の登記は適用法令ごとに添付情報が異なるため，添付情報を明らかにする意味もあります。

よって，不動産登記法74条だけは条文番号，項数，号数を記憶する必要があります。条文番号は，「これ以外は条文番号を記憶する必要なし（74）」というゴロ合わせで記憶してください。

#### （f）登録免許税

所有権の保存の登記の登録免許税は，不動産の価額の4/1000です（登免法別表第1．1．（1））。

### （2）申請適格が認められるか？

#### （a）不動産登記法74条の申請適格者か

申請適格が認められるのは，**とにかくP163の①～⑤（不登法74条）の者のみ**です。現在の所有者であるかは関係ありません。よって，たとえば，以下の者には申請適格はありません。

ex1. 土地や区分建物でない建物を表題部所有者Aから売買により取得したB

Bは，現在の所有者ですが，P163の①～⑤のいずれにも当たらないからです。よって，この場合には，以下の登記を申請することになります。

1/2（*）A名義の所有権の保存の登記（不登法74条1項1号前段）

2/2（*）AからBへの売買を原因とする所有権の移転の登記

*申請する件数および申請する順序を表すために，このように「1/2」「2/2」などと表記することがあります。「1/2」は2件中1件目，「2/2」は2件中2件目ということです。このテキストでは，この表記を使っていきます。

なお，この2件の登記がされると，以下のように，所有権の移転の登記の登記原因日付（令和5年6月26日）が所有権の保存の登記がされた日（令和5年6月28日）よりも前となりますが，これは問題ありません（登研211P55参照）。このex1.のように，所有権の保存の登記を申請する前に不動産を売却することはあるからです。

| 権利部（甲区）（所有権に関する事項） | | | |
|---|---|---|---|
| 順位番号 | 登記の目的 | 受付年月日・受付番号 | 権利者その他の事項 |
| 1 | 所有権保存 | 令和5年6月28日<br>第12456号 | 所有者　A |
| 2 | 所有権移転 | 令和5年6月28日<br>第12457号 | 原因　令和5年6月26日売買<br>所有者　B |

ex2. 土地や区分建物でない建物の所有権の一部を表題部所有者Aから売買により取得したB（登研486P134）

Bが所有権を一部取得しましたので，この土地または区分建物でない建物はAとBの共有になりました。しかし，AおよびB名義の所有権の保存の登記はできません。Bは，現在の所有者ですが，P163の①～⑤のいずれにも当たらないからです。よって，この場合には，以下の登記を申請することになります。

1/2　A名義の所有権の保存の登記（不登法74条1項1号前段）

2/2　AからBへの売買を原因とする所有権の一部移転の登記

ex3. 区分建物でない建物を表題部所有者Aから売買により取得した後に，Aが死亡した場合のB（登研383P92参照）。Aの相続人全員が作成した「当該建物は被相続人から相続人以外のBが買い受けたものである」旨の証明書（印鑑証明書付き）を提供した場合でも，ダメです（登研371P78）。

表題部所有者Aが死亡していても，ダメです。BはP163の①～⑤のいずれにも当たらないからです。よって，この場合には，以下の登記を申請することになります。

1/2　A名義の所有権の保存の登記（不登法74条1項1号前段）

このように，死亡した者の名義で不動産登記法74条1項1号前段の所有権の保存の登記をすることもできます（昭32.10.18民事甲1953）。死亡した者も，表題部所有者だからです。しかし，Aが死亡していますので，Aは申請できません。そこで，Aの相続人がP44～46の3.の一般承継人による申請（不登法62条）により申請することになります。

なお，Ａの相続人名義の所有権の保存の登記（不登法74条１項１号後段。下記２.）をすることはできません。Ａが死亡前にＢに売却しているため，Ａの相続人は所有権を取得していないからです。権利変動の過程を公示するのが不動産登記ですので（Ｐ２），所有権を取得していないＡの相続人名義の登記はできません。

2／2　ＡからＢへの売買を原因とする所有権の移転の登記

Ａが死亡していますので，Ａの登記義務は，Ａの相続人がP44～46の３.の一般承継人による申請（不登法62条）により果たすことになります。

**※相続財産法人名義の所有権の保存の登記**

＊この※は，P306までお読みになった後にお読みください。

表題部所有者が死亡した場合に，相続人のあることが明らかでないときは，相続財産の清算人は，直接相続財産法人名義の所有権の保存の登記を申請できます（登研399P82）。

相続財産法人名義にするのは，その後の相続人捜索などのための便宜的な扱いであって，相続財産法人に所有権が移転したことを意味するわけではありません。よって，相続財産法人名義で登記をすることも，表題部所有者の名義で登記することといえるのです。

### （b）持分のみについて所有権の保存の登記をすることの可否

表題部所有者として２人以上の者が記録されることもあります。夫婦であるＡＢが建物を建てた場合などです。そのうちの１人，たとえば，Ａのみが自分の持分のみについて所有権の保存の登記をするといったことが認められるでしょうか。

**Realistic rule**

**持分のみについて，所有権の保存の登記をすることはできません**（明32.8.8民刑1311）。

所有権の保存の登記は権利部において初めてする登記ですが，最初に公示する登記が「持分のみ」というのはあまりにも不自然だからです。

よって，Ｂが登記を申請しない場合には，ＡがＡＢの名義で所有権の保存の登記を申請できます（明33.12.18民刑1661，昭36.9.18民事甲2323）。Ａ持分のみについての所有権の保存の登記が認められないからです。 =P242 ⌉ P200

#### （c）表題部所有者の持分が誤っている場合の表題登記の更正の要否

表題部所有者の持分が誤って登記されている場合，所有権の保存の登記の前提として，表題登記の更正の登記をする必要があります。

### 2．表題部所有者の相続人その他の一般承継人（不登法74条1項1号後段。P163 ②）

#### （1）申請情報の記載事項

**申請例2** ―― 表題部所有者の相続人その他の一般承継人がする所有権の保存の登記

事例：Aは所有している土地上に区分建物でない建物を建て，Aを表題部所有者とする表題登記がされた。その後，Aは，所有権の保存の登記を申請する前に死亡した。Aの相続人は子Bのみである。そして，Bは，令和5年6月28日に，所有権の保存の登記を申請した。この建物の課税標準の額は，1000万円である。

登記の目的　所有権保存
所 有 者　（被相続人A）B
添 付 情 報　一般承継証明情報（Aの戸籍全部事項証明書等，Bの戸籍一部事項証明書等）
住所証明情報（Bの住民票の写し）
代理権限証明情報（Bの委任状）
令和5年6月28日　法第74条第1項第1号申請
課 税 価 格　金1000万円
登録免許税　金4万円

| 表 題 部 | （主である建物の表示） | 調製 | 余 白 | 不動産番号 | 0111483935938 |
|---|---|---|---|---|---|
| 所在図番号 | 余 白 | | | | |
| 所 在 | 新宿区新宿一丁目1番地 | | | 余 白 | |
| 家屋番号 | 1番 | | | 余 白 | |
| ① 種 類 | ② 構 造 | ③ 床 面 積 ㎡ | | 原因及びその日付［登記の日付］ | |
| 居宅 | 木造かわらぶき<br>2階建 | 1階 72 55<br>2階 60 11 | | 令和4年6月22日新築<br>［令和4年6月23日］ | |
| 所 有 者 | A | | | | |

| 権 利 部 （甲 区） （所 有 権 に 関 す る 事 項） | | | |
|---|---|---|---|
| 順位番号 | 登記の目的 | 受付年月日・受付番号 | 権 利 者 そ の 他 の 事 項 |
| 1 | 所有権保存 | 令和5年6月28日<br>第12456号 | 所有者　B |

P164～167（1）の表題部所有者がする所有権の保存の登記と異なるのは，以下の（a）（b）です。

### 申請情報の記憶方法

このテキスト（Ⅰ・Ⅱ）では，申請例を128個掲載していますが，その1つ1つをバラバラに記憶しようとはしないでください。そうではなく，**「原型を記憶し，その原型を変形する」という思考過程**で記憶してください。原型を少し変えるだけで他の申請例を思い出せますので，負担が軽くなります。所有権の保存の登記でいえば，P164～167（1）の表題部所有者がする所有権の保存の登記が原型となり，他の所有権の保存の登記はそれを少し変えたものとなります。

＊よって，このテキストでは，「申請情報の記載事項」は，原型以外の登記については原型と異なる点のみを記載する形式を採っています。

また，添付情報については，P64の「添付情報の学習のコツ」の視点で考えてください。

#### （a）申請人

不動産登記法74条1項1号後段で申請適格が認められているのは，以下の①および②の者です。

①表題部所有者の相続人

上記申請例2のように，表題部所有者の相続人が申請人となり，「所有者（被相続人A）B」などと記載します。「（被相続人A）」と記載するのは，誰についての相続なのかを明らかにするためです。つまり，「Aについての相続ですよ～」という意味で記載します。

②表題部所有者の吸収合併存続会社または新設合併設立会社（明40.1.14民刑1414。P307）

不動産登記法74条1項1号後段の「その他の一般承継」とは，法人の合併のことです。この場合，申請人は，以下のように記載します。

「所有者　（被合併会社株式会社Ａ）株式会社Ｂ
（会社法人等番号　2345-01-890123）
代表取締役　Ｄ　　　　　　　　」

「(被合併会社株式会社Ａ)」と記載するのは，上記①の相続と同じ理由です。

会社法人等番号と代表者は，株式会社Ａではなく，株式会社Ｂのものである点にご注意ください（P109 の「会社法人等番号（代表者の資格を証する情報）の提供の要否の判断基準」，P111 の「代表者の記載の判断基準」）。

上記①②の者は，表題部所有者名義の所有権の保存の登記をせずに，直接自己名義で所有権の保存の登記を申請できます（不登法 74 条１項１号後段）。

表題部所有者を相続または合併し所有権を承継したことを，公文書（戸籍全部事項証明書等や登記事項証明書〔P102～103〕），つまり，確度の高い情報で証することができるからです。

**※遺贈・会社分割**

遺贈の包括受遺者（登研 223P67。昭 34.9.21 民事甲 2071 参照）・特定受遺者，会社分割の吸収分割承継会社・新設分割設立会社（登研 659P175。P312）には，申請適格は認められません。

遺贈によって所有権を承継したことは，公文書である戸籍全部事項証明書等だけでは証することができず，私文書である遺言書も必要だからです（P256①）。会社分割によって所有権を承継したことも，公文書である登記事項証明書だけでは証することができず，私文書である吸収分割契約書または新設分割計画書も必要だからです（P315～316①）。

### （ｂ）添付情報

以下の添付情報が加わる点を除いて，P166～167（ｄ）と同じです。

・一般承継証明情報（不登令別表 28 添付情報イ）

具体的には，相続の場合は戸籍全部事項証明書等，合併の場合には登記事項証明書が当たります。登記官の視点から考えてください（P48 の Realistic ５）。表題部所有者ではなく，これらの者の相続人または存続会社・設立会社が申請してくるわけですが，登記官からすると「お前ダレ？」となります。「死んだ父と顔が似ているでしょ！」などと言ってもダメです。そこで，この登記官の「お前ダレ？」に一般承継証明情報で答えるのです。

※適用法令も，P167（e）と同じです。不動産登記法74条1項1号の「前段」と「後段」の別の記載は不要だからです。

## （2）表題部所有者が共有の場合

P169（b）で説明したとおり，表題部所有者として2人以上の者が記録されることもあります。

たとえば，表題部所有者としてＡＢの2名が登記されている場合に，ＡＢがともに死亡し，Ａの子ＣがＡを相続し，Ｂの子ＤがＢを相続したとき，以下の所有権の保存の登記をすることができます（昭36.9.18民事甲2323）。

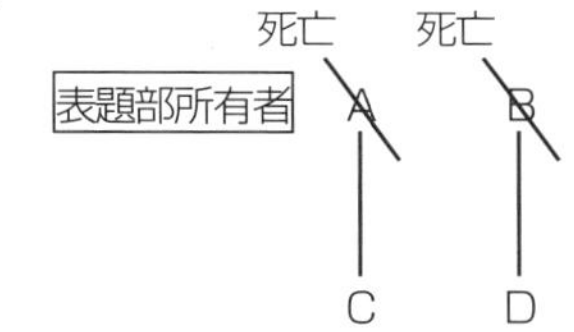


①「亡Ａ・亡Ｂ」名義
②「Ｃ・Ｄ」　名義
③「亡Ａ・Ｄ」　名義
④「Ｃ・亡Ｂ」　名義

「亡Ａ」「亡Ｂ」は，不動産登記法74条1項1号前段（上記1.）で申請適格が認められます。

「Ｃ」「Ｄ」は，不動産登記法74条1項1号後段（この2.）で申請適格が認められます。

そして，不動産登記法74条1項1号前段と不動産登記法74条1項1号後段の組合せも可能です。よって，上記の4パターンがあるのです。

P182

## （3）数次相続

「数次相続」とは，以下のように，相続が生じ，それに基づく登記を申請する前に，相続人にさらに相続が生じた場合です。

### （a）中間が単独の相続

表題部所有者Ａが死亡し，Ａの子ＢがＡを相続しました。しかし，所有権の保存の登記を申請する前にＢが死亡し，Ｂの子ＣがＢを相続しました（中間がＢ単独の相続）。この場合，直接Ｃ名義の所有権の保存の登記を申請できるでしょうか。

これは認められています（登研443P93）。

ＣはＢの地位を相続していますので，不動産登記法74条1項1号後段の申請適格者といえるからです。

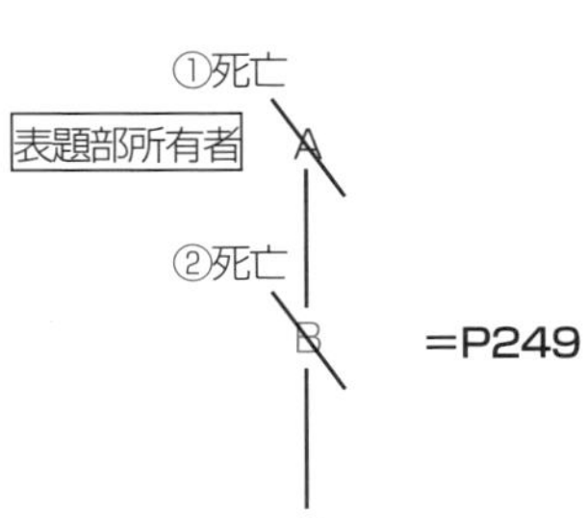


=P249

### （b）中間が共同の相続

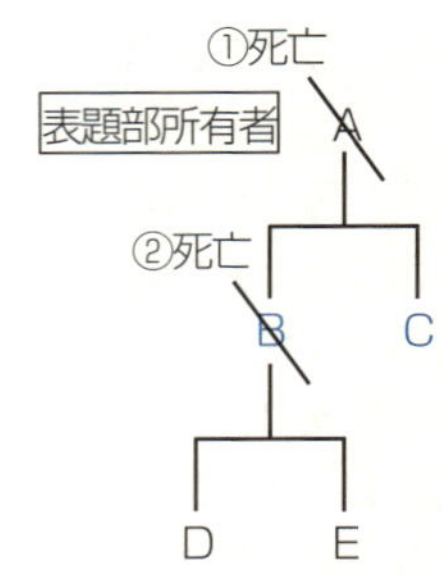


表題部所有者Aが死亡し，Aの子ＢＣがAを相続しました。しかし，所有権の保存の登記を申請する前にBが死亡し，Bの子ＤＥがBを相続しました（中間がＢＣ共同の相続）。この場合，直接ＣＤＥ名義の所有権の保存の登記を申請できるでしょうか。

これも認められています（登研 407P85，443P93）。

「 P251
中間が共同の相続でも認められる理由を以下に記載しますが，これはP251 までお読みになった後にP250～251（2）と比較してください。

P250～251（2）の所有権の移転の登記と異なり，所有権の保存の登記は登記原因及びその日付が登記されないため，登記原因及びその日付で権利変動を公示しないからです。

## 3．所有権を有することが確定判決によって確認された者（不登法 74 条1項2号。P163③）

### （1）申請情報の記載事項

**申請例３**　―― 所有権を有することが確定判決によって確認された者がする所有権の保存の登記

事例：Aは所有している土地上に区分建物でない建物を建て，Aを表題部所有者とする表題登記がされた。その後，Aは，Bにその建物を売却したが，何も登記をしなかった。そこで，Bは，Aを相手方として訴えを提起し，「原告が，別紙物件目録記載の建物につき，所有権を有することを確認する。」という勝訴判決を得，その判決が確定した。そして，Bは，令和５年６月 28 日に，所有権の保存の登記を申請した。この建物の課税標準の額は，1000 万円である。

登記の目的　所有権保存
所 有 者　B
添 付 情 報　所有権確認証明情報（判決書正本及び確定証明書）
住所証明情報（Bの住民票の写し）
代理権限証明情報（Bの委任状）
令和５年６月 28 日　法第 74 条第１項第２号申請
課 税 価 格　金 1000 万円
登録免許税　金４万円

| 表　題　部 | （主である建物の表示） | | 調製 | 余　白 | 不動産番号 | 0111483935938 |
|---|---|---|---|---|---|---|
| 所在図番号 | 余　白 | | | | | |
| 所　　在 | 新宿区新宿一丁目１番地 | | | | 余　白 | |
| 家屋番号 | １番 | | | | 余　白 | |
| ①　種　類 | ②　構　造 | ③　床　面　積　㎡ | | | 原因及びその日付［登記の日付］ | |
| 居宅 | 木造かわらぶき<br>２階建 | １階　72<br>２階　60 | 55<br>11 | | 令和４年６月22日新築<br>［令和４年６月23日］ | |
| 所　有　者 | A | | | | | |

| 権　利　部　（甲　区）　（所　有　権　に　関　す　る　事　項） | | | |
|---|---|---|---|
| 順位番号 | 登記の目的 | 受付年月日・受付番号 | 権　利　者　そ　の　他　の　事　項 |
| 1 | 所有権保存 | 令和５年６月28日<br>第12456号 | 所有者　B |

P164～167（1）の表題部所有者がする所有権の保存の登記（原型）と異なるのは，以下の（a）～（c）です。

### （a）申請人

**不動産登記法74条１項２号の申請適格が認められるかの判断基準**

**所有権を有することが**確定判決などによって**確認されているか**です。

#### i　判決の種類

所有権を有することが確認されていれば申請適格が認められるので，給付判決だけでなく，確認判決や形成判決でも構いません（昭55.11.25民三.6757参照）。「給付判決」「確認判決」「形成判決」とは何かですが，判決には主に以下の３種類があります。

①給付判決：「～をしろ」「～をするな」と被告に命じる判決
ex.「被告は，原告に対して，別紙物件目録記載の建物について，○年○月○日売買を原因とする所有権移転登記手続をせよ。」（給付判決の主文）
②確認判決：原告と被告との間で法律関係を確認する判決
ex.「原告が，別紙物件目録記載の建物につき，所有権を有することを確認する。」（確認判決の主文）

③形成判決：法律関係を変動させる判決
ex. 「原告と被告とを離婚する。」(形成判決の主文)

①の給付判決と③の形成判決の違いがわかりにくいと思います。給付判決は，原告が望んだ結果を得るには，判決確定後に何らかの行為（上記 ex.であれば登記手続をすること）が予定されています。それに対して，形成判決は，判決確定で原告が望んだ結果を得ることができます（上記 ex.であれば原告と被告との離婚が成立します)。

Ⅱのテキスト第5編第4章②4.（2）（b）ⅰで説明しますが，判決による登記は，通常，給付判決でなければなりません。相手方の申請意思を擬制する必要があるからです。

しかし，所有権の保存の登記は，所有権を有することが確定判決によって確認された者の単独申請ですから，相手方の申請意思を擬制する必要はなく，所有権を有することさえ確認されていればよいのです（上記の「不動産登記法 74 条1項2号の申請適格が認められるかの判断基準」)。よって，確認判決や形成判決でも構わないのです。

なお，判決理由中で所有権が確認されている場合も，申請適格が認められます。詳しくは民事訴訟法で学習しますが，判決には「主文」「理由」などの区分があります。現時点では，主文は結論部分（最も重要な部分)，理由はその名のとおり主文の結論にいたった理由が記載される部分，という程度の認識を持ってください。

また，所有権の移転の登記を命じる判決でも，所有権の保存の登記を申請することができます（大判大 15.6.23。昭 55.11.25 民三.6757)。

判決理由中でも，所有権の移転の登記を命じる判決でも，所有権を有することが確認されていれば申請適格が認められるからです（上記の「不動産登記法 74 条1項2号の申請適格が認められるかの判断基準」)。

**※確定の要否**

上記の判決は，いずれも確定している（控訴や上告で変更できない）必要があります。控訴や上告でひっくり返るかもしれないような判決に基づいて登記をすることはできないからです。

#### ⅱ　判決の代わりとなるもの

判決以外にも，和解調書，認諾調書，調停調書などによって所有権を有することが確認されている者も，所有権の保存の登記を申請できます（不登令別表28添付情報ロかっこ書)。これらについては，Ⅱのテキスト第5編第4章2 4.（2）（a）で説明しますが，確定判決と同一の効力を有するからです（民訴法267条，民事調停法16条）。

#### ⅲ　上記ⅰ・ⅱの者に申請適格が認められる理由

上記ⅰ・ⅱの者は，表題部所有者名義の所有権の保存の登記をせずに，直接自己名義で所有権の保存の登記を申請できます（不登法74条1項2号）。

所有権を有することを，判決書正本や和解調書など確度の高い情報で証することができるからです。

#### （b）添付情報

以下の添付情報が加わる点を除いて，P166～167（d）と同じです。

・所有権確認証明情報（不登令別表28添付情報ロ）

具体的には，判決書正本および確定証明書（確定判決である必要があるため），和解調書，認諾調書，調停調書などとなります。これも，登記官の視点から考えてください（P48のRealistic 5）。表題部所有者ではない者が申請してくるわけですが，登記官からすると「お前ダレ？」となります。そこで，この登記官の「お前ダレ？」にこれらの情報で答えるのです。

#### （c）適用法令

所有権の保存の登記ですので，「令和5年6月28日　法第74条第1項第2号申請」などと，申請年月日とともに申請の根拠となる法令を記載します（不登令別表28申請情報イ。P167の「所有権の保存の登記→適用法令」)。

### （2）表題部所有者が共有の場合（複数いる場合）の訴えの相手方

表題部所有者が共有の場合（複数いる場合）には，その全員を相手方として訴えを提起する必要があります（平10.3.20民三.552）。

ex. 表題部所有者としてＡＢの2名が登記されている場合に，Ｃが自分が所有権を有することの確認の訴えを提起するときは，ＡＢの双方を相手方とする必要があります。もしＡが死亡し，Ａを子ＤＥが相続した場合には，ＤＥＢの全員を相手方とする必要があります。

死亡
表題部所有者　A　B
D　E

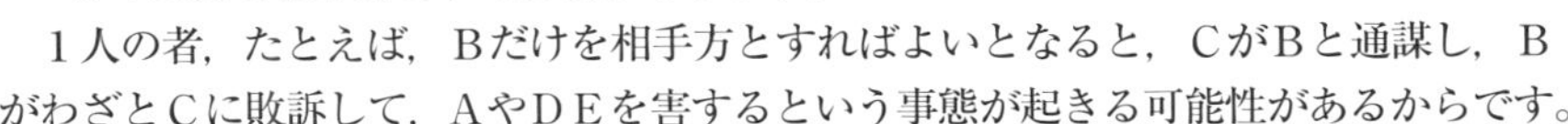

1人の者，たとえば，Ｂだけを相手方とすればよいとなると，ＣがＢと通謀し，ＢがわざとＣに敗訴して，ＡやＤＥを害するという事態が起きる可能性があるからです。

### ４．収用によって所有権を取得した者（不登法７４条１項３号。P163④）

**申請例４** ── 収用によって所有権を取得した者がする所有権の保存の登記

事例：Aは，土地を所有している。Aを表題部所有者とする表題登記はされているが，所有権の保存の登記はされていない。その後，その土地を株式会社Bが取得する旨の収用の裁決がされた。そして，株式会社Bは，令和５年６月28日に，所有権の保存の登記を申請した。株式会社Bの会社法人等番号は2345-01-890123，代表取締役はDである。この土地の課税標準の額は，1000万円である。

| | |
|---|---|
| 登記の目的 | 所有権保存 |
| 所　有　者 | 株式会社Ｂ<br>（会社法人等番号　２３４５－０１－８９０１２３）<br>代表取締役　Ｄ |
| 添付情報 | 所有権取得証明情報（収用裁決書の正本及び収用の裁決が効力を失っていないことを証する情報）<br>住所証明情報（株式会社Ｂの登記事項証明書）＊<br>代理権限証明情報（株式会社Ｂの代表取締役Ｄの委任状）<br>会社法人等番号（株式会社Ｂの会社法人等番号） |
| 令和５年６月２８日　法第７４条第１項第３号申請 | |
| 課税価格 | 金１０００万円 |
| 登録免許税 | 金４万円 |

＊株式会社Bの会社法人等番号が提供されていますので，住所証明情報の提供は省略できます（不登令９条，不登規36条４項。P101）。しかし，このテキストでは，あくまで原則的な添付情報を示す方針で書いています ので，住所証明情報として「株式会社Bの登記事項証明書」と記載しています。以下，このように，原則的な添付情報を示す方針で書いています。

P164～167（１）の表題部所有者がする所有権の保存の登記（原型）と異なるのは，以下の（１）～（３）です。

#### （１）申請人

「土地収用法」という法律があり，土地の収用について規定されています。収用とは，ダム建設など公共の利益となる事業のために，私人の土地の所有権などを強制的に起業者（ex. 建設会社）に取得させることです（聞いたことがあると思います）。

所有権を有することを，収用裁決書の正本などの確度の高い情報で証することができるため，収用によって所有権を取得した者は直接自己名義で所有権の保存の登記を申請できます（不登法74条1項3号）。収用は厳格な手続によって行われるため，これらの情報があれば，所有者であることが間違いないと考えられます。

### （2）添付情報

以下の添付情報が加わる点を除いて，P166～167（d）と同じです。

・所有権取得証明情報（不登令別表28添付情報ハ）

具体的には，収用裁決書の正本および収用の裁決が効力を失っていないことを証する情報となります。都道府県に収用委員会という組織が置かれ，その収用委員会が収用の裁決をすることで起業者などが土地の所有権を取得するため，収用裁決書の正本を提供します。「収用の裁決が効力を失っていないことを証する情報」も提供する必要があるのは，起業者などが一定の時期までに土地を収用された者に補償金の払渡しをしないと収用の裁決の効力が失われるからです。土地を収用される者も，タダで土地を奪われるわけではなく，補償金がもらえるのです。

これも，登記官の視点から考えてください（P48のRealistic 5）。表題部所有者ではない者が申請してくるわけですが，登記官からすると「お前ダレ？」となります。そこで，この登記官の「お前ダレ？」にこれらの情報で答えるのです。

### （3）適用法令

所有権の保存の登記ですので，「令和5年6月28日　法第74条第1項第3号申請」などと，申請年月日とともに申請の根拠となる法令を記載します（不登令別表28申請情報イ。P167の「所有権の保存の登記→適用法令」）。

### ※表題登記がされていない不動産への所有権の保存の登記の可否

この※は，上記3.および4.に関してのハナシです。

P174の申請例3およびP178の申請例4は，表題登記はされている事案でした。しかし，表題登記がされていない場合であっても，所有権を有することが確定判決によって確認された者または収用によって所有権を取得した者は，表題登記の申請をすることなく，所有権の保存の登記を申請できます（不登法75条参照。P18①）。つまり，表題登記の申請をすっ飛ばして，所有権の保存の登記を申請できるのです。確定判決などや収用裁決によって所有者であることが明らかとされるからです。

しかし，表題部のない登記記録を公示するわけにはいきませんので，表題部は登記官の職権により作成されます（不登法75条，不登規157条）。そこで，この所有権の保存の登記を申請するときは，その基となる情報を提供する必要があります。具体的には，以下の情報を提供する必要があります（表題登記の添付情報なので，詳細を把握する必要はありません）。

・土地　→　土地所在図および地積測量図（不登令別表28添付情報ホ）
・建物　→　建物図面および各階平面図（不登令別表28添付情報へ）

※表題登記のない不動産に処分制限の登記（差押えの登記，仮差押えの登記，仮処分の登記など）を嘱託する場合も同じです（不登令別表31添付情報ロ，32添付情報ロ）。

なお，表題部には，表題部所有者に関する事項（P175の登記記録の「A」が記録されている欄）など，通常の表題部には記録される一定の事項が記録されません（不登規157条１項）。所有権を有することが確定判決によって確認された者または収用によって所有権を取得した者が所有権を有しているわけですから，判決の被告や収用によって土地を取得された者を表題部所有者としてわざわざ記録するのは不自然だからです。

## 5．表題部所有者から区分建物の所有権を取得した者（不登法74条2項。P163⑤）

### （1）区分建物とは？

区分建物については，Ⅱのテキスト第５編第７章で詳しく説明しますが，ここでは所有権の保存の登記を理解するうえで最低限必要な事項に絞って説明します。

「区分建物」とは，区分された建物のことで，典型例はマンションの１室です。

マンションの権利関係がどのようになっているのか，所有権を例に説明します。建物は，１室（503号室など）ごとに所有権が成立します。土地は，各部屋の住人全員で共有しており，住人は土地に持分を有しています。マンションの土地が一筆の土地ならば，1000㎡の土地を50人で共有している，などという権利関係となります。

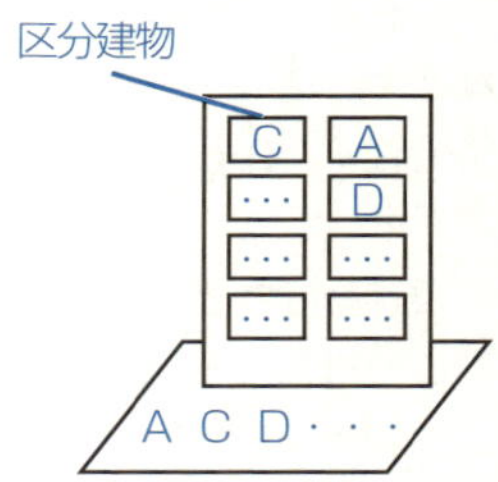


区分建物には，以下の（a）（b）の２種類があります。（a）が区分建物の原則で，（b）が区分建物の例外です。

#### （a）敷地権付き区分建物

敷地権付き区分建物：区分建物と敷地利用権の分離処分が原則として禁止される区分建物（区分所有法22条１項本文）

一軒家と異なり，区分建物は土地と別々に処分する必要性が低いです。「マンションの土地の持分だけ買いたい」という人はいないですよね。そこで，区分建物と敷地利用権は運命を共にすることになります。

ex. Aが，所有している敷地権付き区分建物1室（503号室）をBに売却する場合，1室（503号室）だけを売却することはできず，土地の持分（敷地利用権）も共に売却する必要があります。

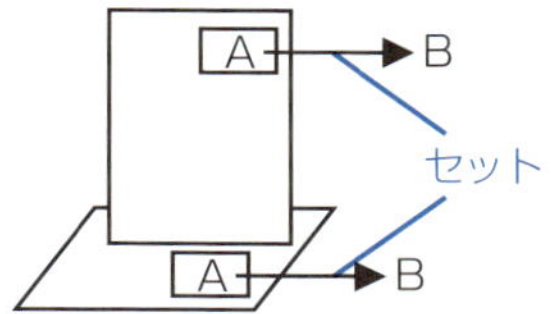


このように，敷地権付き区分建物は，区分建物と敷地利用権がセットで処分されるため，基本的に，土地については登記がされず，区分建物についてしか登記されません。区分建物についてした登記が，土地についてされた登記としての効力も有します（不登法73条1項柱書本文）。

**※敷地権が賃借権である場合**

Ⅱのテキスト第5編第7章[1]，[2]1.で説明しますが，敷地権が賃借権である場合もあります。この場合に区分建物を売却すると，「区分建物と土地の所有権」ではなく，「区分建物と土地の賃借権」がセットで移転します。このとき，原則として，賃借権の移転について土地の所有者（賃貸人）の承諾を得る必要があります。賃借権の移転に当たるからです（民法612条1項）。── 民法Ⅲのテキスト第7編第5章第3節[2]2.

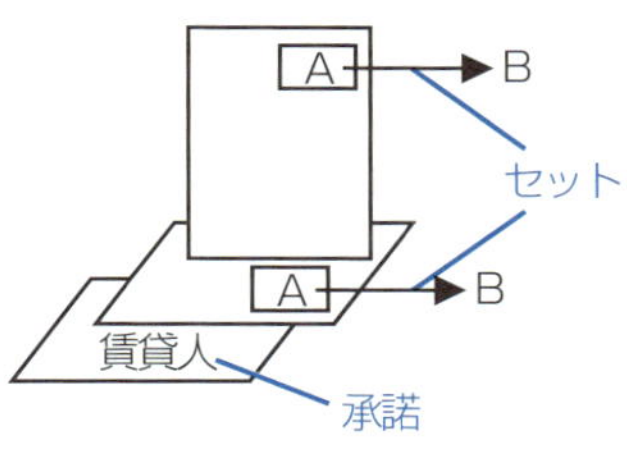


### （b）敷地権の登記のない区分建物

敷地権の登記のない区分建物：区分所有者同士で定めた規約により，区分建物と敷地利用権の分離処分が認められている区分建物（区分所有法22条1項ただし書）

区分所有者同士で分離処分を認める規約を定めることができます。実は，私が8歳まで住んでいたマンションは，この（b）のタイプでした。珍しいです……。

ex. Aが，所有している敷地権の登記のない区分建物1室（503号室）をBに売却する場合，1室（503号室）だけを売却することができます。

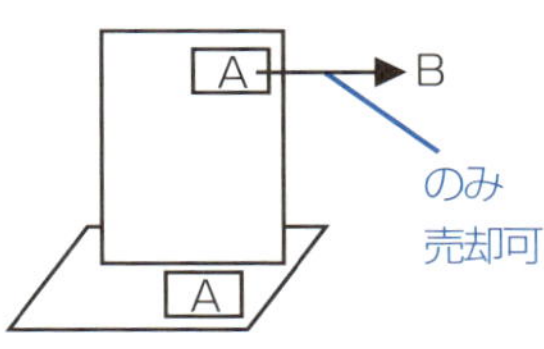

このように，敷地権の登記のない区分建物は，区分建物と敷地利用権をバラバラに処分できるため，上記（a）の敷地権付き区分建物と異なり，区分建物について登記がされるだけでなく，土地についても登記がされます。

### （2）区分建物の所有権の保存の登記

#### （a）特則

土地やその他の建物と異なり，区分建物は，上記（1）（a）の「敷地権付き区分建物」であっても，上記（1）（b）の「敷地権の登記のない区分建物」であっても，表題部所有者から区分建物の所有権を取得した者が所有権の保存の登記を申請できます（不登法 74 条２項前段）。

ex. 株式会社Ａホームがマンションを建設した場合，各室の表題部所有者はＡホームとなります。よって，Ａホーム名義で所有権の保存の登記を申請することもできます（不登法 74 条１項１号前段。上記１.）。しかし，ＡホームがＢにマンションの１室（503 号室）を売却した場合，Ｂ名義で所有権の保存の登記を申請することもできます（不登法 74 条２項前段。この５.）。

これが認められないと，200 室あるマンションでは，登録免許税が「（4/1000〔保存の登記〕＋20/1000〔移転の登記〕）×200 室」かかります。「×200 室」がポイントです。マンションだと，登録免許税があまりに高額になってしまうのです。また，200 室について「保存の登記＋移転の登記」をするのはかなりの手間です。よって，区分建物には，特則があるのです。

**※所有権の一部を譲り渡した場合**

区分建物の表題部所有者ＡがＢに所有権の一部２分の１を売却した場合，ＡＢを共有者とする所有権の保存の登記を申請することができるでしょうか。

申請することはできません。

Ａは，表題部所有者（不動産登記法 74 条１項１号前段）として申請適格を有しています（P187～188（４））。

Ｂは，表題部所有者から所有権を取得した者（不動産登記法 74 条２項）として申請適格を有しています。

P173 ∟
しかし，不動産登記法 74 条１項１号と不動産登記法 74 条２項では，根拠法令（申請適格）が異なります。不動産登記法 74 条１項１号前段と不動産登記法 74 条１項１号後段の組合せはOKですが，この組合せは根拠法令が異なるのでダメです。

よって，この場合は，以下の２件の登記を申請することになります（登研 486P134参照）。

1/2　A名義の所有権の保存の登記（不登法74条1項1号前段）
2/2　AからBへの売買を原因とする所有権の一部移転の登記

#### （b）「表題部所有者から所有権を取得した者」（不登法74条2項前段）とは？

上記（a）のex.のBが不動産登記法74条2項前段の「表題部所有者から所有権を取得した者」に当たるのは明らかですが，微妙な者もいます。「表題部所有者から所有権を取得した者」といえるかの判断基準は，以下のとおりです。

**「表題部所有者から所有権を取得した者」に当たるかの判断基準**

表題部所有者から**直接に**所有権を取得したかどうかです。言い方を変えると，表題部所有者から**1つの線でつながる者**である必要があります。

ex1. 区分建物の表題部所有者Aからその区分建物を購入したBからさらに買い受けたCは，不動産登記法74条2項の所有権の保存の登記を申請できません。
ex2. 区分建物の表題部所有者Aが死亡した後，Aの子である相続人Bからその区分建物を購入したCは，不動産登記法74条2項の所有権の保存の登記を申請できません。
ex3. 区分建物の表題部所有者Aからその区分建物を購入したBが死亡した場合に，Bの子である相続人Cは，不動産登記法74条2項の所有権の保存の登記を申請できません。

ex1.～ex3.のCは，表題部所有者Aから直接に所有権を取得したわけではないからです。「A→B→C」と2つの線がないとつながりません。

### （3）申請情報の記載事項

#### （a）敷地権付き区分建物

**申請例5** ―― **表題部所有者から敷地権付き区分建物の所有権を取得した者がする所有権の保存の登記**

事例：株式会社Aホームが，所有している土地上に敷地権付き区分建物を建て，Aホームを表題部所有者とする表題登記がされた。敷地権の種類は所有権である（*）。令和5年6月28日，Aホームは，Bにその敷地権付き区分建物を売却した。そして，Bは，同日，所有権の保存の登記を申請した。この建物の課税標準の額は1000万円であり，敷地の課税標準の額は1億円で，敷地権の割合は10分の1である。

*敷地権の種類については，Ⅱのテキスト第5編第7章1で説明します。

| | |
|---|---|
| 登記の目的 | 所有権保存 |
| 原　　因 | 令和５年６月28日売買 |
| 所 有 者 | B |
| 添付情報 | 登記原因証明情報（売買契約書等）<br>住所証明情報（Bの住民票の写し）<br>代理権限証明情報（Bの委任状）<br>承諾証明情報（株式会社Aホームの承諾書） |
| 令和５年６月28日　法第74条第２項申請 | |
| 課税価格 | 建物　　金1000万円<br>敷地権　金1000万円 |
| 登録免許税 | 建物　　金４万円<br>敷地権　金20万円<br>合計　　金24万円 |

P164～167（1）の表題部所有者がする所有権の保存の登記（原型）と異なるのは，以下のｉ～ｖです。敷地権付き区分建物は，異なる点がけっこう多いです。

#### ｉ　登記原因及びその日付（不登法76条１項ただし書）

年月日は，「区分建物と敷地利用権の持分が移転した日」を記載します。

原因は，「売買」など敷地利用権の持分の移転原因を記載します。

P180～181（a）で説明したとおり，敷地権付き区分建物は，区分建物と敷地利用権を別々に処分できません。よって，上記申請例５であれば，AホームはBに，区分建物だけでなく，敷地利用権の持分も売却していることになります。

そして，P180～181（a）で説明したとおり，敷地権付き区分建物は，土地については登記がされず，区分建物についてした登記が土地についてされた登記としての効力も有します（不登法73条１項柱書本文）。

よって，この所有権の保存の登記は，区分建物だけでなく，敷地利用権の持分の移転の登記の実質も有します。敷地利用権の持分については，実質的には売買を原因とする所有権の移転の登記などですので，登記原因及びその日付を記載する必要があるのです。

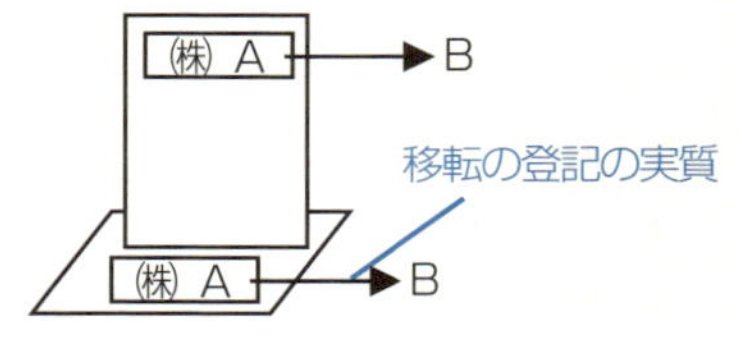

**記憶の仕方**

登記原因及びその日付を記載するのは，この第１章の**所有権の保存の登記においては，不動産登記法 74 条２項による敷地権付き区分建物の所有権の保存の登記のみ**です。

### ii　申請人

表題部所有者から所有権を取得した者（マンションの購入者など）が申請人となります。

### iii　添付情報

以下の①および②の添付情報が加わる点を除いて，P166〜167（d）と同じです。

①登記原因証明情報（不登令７条３項１号かっこ書，不登令別表 29 添付情報ロ）

登記原因証明情報を提供する必要があるのは，上記ｉの登記原因及びその日付と同じ理由によります。敷地利用権の持分の移転の登記の実質も有するからです。

この登記原因証明情報には，建物と敷地利用権について同一の処分がされたことが記載されている必要があります（昭 58.11.10 民三.6400）。P180〜181（a）で説明したとおり，敷地権付き区分建物は，区分建物と敷地利用権を別々に処分できないからです。

**記憶の仕方**

登記原因証明情報を提供するのは，この第１章の**所有権の保存の登記においては，不動産登記法 74 条２項による敷地権付き区分建物の所有権の保存の登記のみ**です。

②承諾証明情報（不登令別表 29 添付情報ロ）

敷地権の登記名義人（上記申請例５であればＡホーム）の承諾を証する情報を提供する必要があります。

この所有権の保存の登記は敷地利用権の持分の移転の登記の実質も有しますが，土地については登記をしないため，土地の登記名義人は申請人とはなりません。申請人とはならないにもかかわらず，敷地利用権の持分の移転の登記の効力が生じますので，承諾が必要となるのです（不登法 74 条２項後段）。

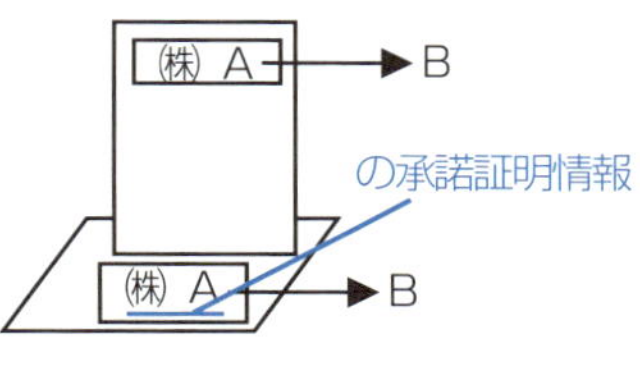

#### iv　適用法令

所有権の保存の登記ですので，「令和５年６月 28 日　法第 74 条第２項申請」などと，申請年月日とともに申請の根拠となる法令を記載します（不登令別表 29 申請情報。P167 の「所有権の保存の登記→適用法令」）。

#### v　登録免許税

上記の申請例５に「建物」以外に「敷地権」とありますとおり，区分建物だけでなく土地についても登録免許税がかかります。敷地利用権の持分の移転の登記の実質もあるからです。

【区分建物】

所有権の保存の登記であるため，区分建物の価額の４/1000 です（登免法別表第１．１．(１)）。

【土地の持分】

＊敷地権付き区分建物の土地についての登録免許税の計算方法は，Ⅱのテキスト第５編第７章[5]で説明しますので，Ⅱのテキスト第５編第７章[5]をお読みになった後で以下の説明をお読みください。

・敷地権が所有権　→　土地の価額×持分割合×20/1000
（登免法別表第１.１.（２）ハ）

・敷地権が地上権または賃借権　→　土地の価額×持分割合×10/1000
（登免法別表第１.１.（３）ニ）

### （ｂ）敷地権の登記のない区分建物

**申請例６** ―― **表題部所有者から敷地権の登記のない区分建物の所有権を取得した者がする所有権の保存の登記**

事例：株式会社Ａホームが所有している土地上に区分建物を建て，Ａホームを表題部所有者とする表題登記がされた。この区分建物は，分離処分を認める規約がある。令和５年６月 28 日，Ａホームは，Ｂにその区分建物を売却した（＊）。そして，Ｂは，同日，所有権の保存の登記を申請した。この建物の課税標準の額は，1000 万円である。

＊通常は，敷地利用権の持分も売却し，土地については持分の移転の登記を行います。

| | |
|---|---|
| 登記の目的 | 所有権保存 |
| 所 有 者 | B |
| 添 付 情 報 | 所有権取得証明情報（株式会社Aホームが作成したBの所有権取得を証する書面）<br>住所証明情報（Bの住民票の写し）<br>代理権限証明情報（Bの委任状） |
| 令和5年6月28日　法第74条第2項申請 | |
| 課 税 価 格 | 金1000万円 |
| 登録免許税 | 金4万円 |

P164～167（1）の表題部所有者がする所有権の保存の登記（原型）と異なるのは，以下のｉ～iiiです。敷地権付き区分建物と異なり，異なる点が少なくなります。

#### ｉ　申請人

表題部所有者から所有権を取得した者（マンションの購入者など）が申請人となります。

#### ii　添付情報

以下の添付情報が加わる点を除いて，P166～167（d）と同じです。

・所有権取得証明情報（不登令別表29添付情報イ）

具体的には，表題部所有者が作成した証明書となります。

これも，登記官の視点から考えてください（P48のRealistic 5）。表題部所有者ではない者が申請してくるわけですが，登記官からすると「お前ダレ？」となります。そこで，この登記官の「お前ダレ？」にこの情報で答えるのです。

#### iii　適用法令

所有権の保存の登記ですので，「令和5年6月28日　法第74条第2項申請」などと，申請年月日とともに申請の根拠となる法令を記載します（不登令別表29申請情報。P167の「所有権の保存の登記→適用法令」）。

### （4）区分建物について不動産登記法74条1項の登記をすることの可否

上記（3）のように，区分建物であれば，不動産登記法74条2項により表題部所有者から所有権を取得した者の名義で所有権の保存の登記を申請できます。しかし，区分建物であっても，不動産登記法74条1項の所有権の保存の登記をすることも問題ありません。不動産登記法 74 条１項１号前段の登記をする例は，P182～183※ですでに出てきています。

不動産登記法 74 条１項の登記をした場合には，敷地権付き区分建物であっても，土地についてされた登記としての効力がありません。不動産登記法 74 条１項の所有権の保存の登記は，その不動産のみにしか効力を有しないからです。

## 4　職権による所有権の保存の登記

＊この4は，Ⅱのテキスト第５編第５章までお読みになった後にお読みください。

所有権の保存の登記がされていない不動産に「ある登記」をするとき，前提として職権によって所有権の保存の登記がされる場合があります。

| 職権で所有権の保存の登記がされる | 職権で所有権の保存の登記がされない |
|---|---|
| **・処分制限の登記をする場合**<br>嘱託により所有権の処分制限の登記（差押えの登記，仮差押えの登記，仮処分の登記など）がされたときは，登記官は，その前提として，職権で所有権の保存の登記をします（不登法 76 条2項）。<br>本来は，所有者が自ら所有権の保存の登記を申請すべきです。しかし，自分に対しての差押えの登記などをする前提として所有権の保存の登記を申請する人はほとんどいません。そこで，職権でされるのです。 | **・仮登記を命じる処分に基づく仮登記をする場合**<br>裁判所が仮登記を命じる処分（不登法 108 条1項）をしたとしても，登記官は，職権で所有権の保存の登記をすることはできません（昭 35.9.7 民事甲 2221）。当事者の申請によってする必要があります。<br>仮登記を命じる処分に基づく仮登記は，処分制限の登記と異なり，嘱託ではなく申請でされるからです（Ⅱのテキスト第５編第２章第１節3 2.（4）（b）②）。 |

**※処分制限の登記を抹消する場合**

上記のとおり，所有権の保存の登記がされていない不動産に処分制限の登記が嘱託されると，職権で所有権の保存の登記がされます。では，その後，錯誤を原因としてその処分制限の登記の抹消の登記が嘱託され，その処分制限の登記が抹消されたとします。この場合，併せて，所有権の保存の登記も職権で抹消されるでしょうか。

抹消されません（昭 38.4.10 民事甲 966）。

所有権の保存の登記は，職権でされたものです。しかし，申請によってされようが職権によってされようが，所有権の保存の登記としての効力を有します。よって，処分制限の登記が抹消されても，所有権の保存の登記を抹消するべきではないのです。

# 第2章　所有権の移転の登記

## 第１節　所有権の移転の登記に共通するハナシ

所有権の保存の登記が終わりましたので，次は所有権の移転の登記です。所有権の移転の登記は，「相続関係以外の所有権の移転の登記」（第２節）と「相続関係の所有権の移転の登記」（第３節）に分けてみていきます。しかし，その前にこの第１節で，**基本的に所有権の移転の登記に共通するハナシ**をみます（＊）。

＊一部の所有権の移転の登記には当てはまらないハナシもあります。

### 1　登記の目的・申請人

登記の目的と申請人は，所有権がどのように移転したかにより，以下のとおり変わります。

＊申請人の記載例は，共同申請によって申請した場合の記載例を表示しています。

| 所有権の移転の態様 | 登記の目的（＊1） | 申請人（＊5　＊6） |
|---|---|---|
| ①単有の所有権のすべてが移転した場合<br>［A］　［B］ | 所有権移転 | 権利者　B<br>義務者　A |
| ②単有の所有権の一部が移転した場合<br>［A］　［A｜B］ | 所有権一部移転<br>（＊2） | 権利者　持分2分の1　B<br>義務者　A |
| ③共有者の一部の者の持分の全部が移転した場合<br>［A｜B］　［C｜B］ | 「A持分全部移転」<br>など | 権利者　持分2分の1　C<br>義務者　A |
| ④共有者の一部の者の持分の一部が移転した場合<br>［A｜B］　［A｜C｜B］ | 「A持分一部移転」<br>など（＊3） | 権利者　持分4分の1　C<br>義務者　A |

| | | |
|---|---|---|
| **⑤共有者の全員の持分が1人の者に一括して移転した場合**<br>A B　C | 共有者全員持分全部移転 | 権利者　C<br>義務者　A<br>　　　　B |
| **⑥共有者の全員の持分が複数の者に一括して移転した場合**<br>A B　C D | 共有者全員持分全部移転 | 権利者　持分3分の1　C<br>　　　　　　3分の2　D<br>義務者　A<br>　　　　B |
| **⑦3人以上で共有する不動産について，一部の複数の共有者の持分のすべてが一括して移転した場合**<br>A B C　D C | 「A，B持分全部移転」など<br>or<br>「Cを除く共有者全員持分全部移転」など | 権利者　持分3分の2　D<br>義務者　A<br>　　　　B |
| **⑧数人で共有する不動産について，各共有者の持分の一部が一括して移転した場合**<br>A B C　A B C D | 「A持分6分の1，B持分6分の1，C持分6分の1移転」など（＊4） | 権利者　持分6分の3　D<br>義務者　A<br>　　　　B<br>　　　　C |

＊1　「所有権」「持分」「共有者」は，何が移転したかを公示するために使い分けます。
ex. ③や⑤において，「所有権移転」としてしまうと，AおよびBの所有権が移転したとも読めますし，AまたはBの所有権のみが移転したとも読めてしまいます。
「その登記の目的で何が移転したかを公示できているか？」という視点で，上記の表をご覧になってみてください。
なお，所有権の移転の登記は，登記の目的に「○番」と記載しません。

＊2　登記の目的を単に「所有権一部移転」とするだけではダメで，「所有権一部（順位○番で登記した持分）移転」とし，移転すべき持分を特定しないといけない場合があります。それは，ある持分を目的として抵当権の設定の登記や差押えの登記など第三者の登記がされている場合です。
ex. Aが順位2番と3番の2回にわたり持分2分の1ずつの移転の登記を受けていますが，順位3番で取得した持分にはEの抵当権の設定の登記がされています。この場合に，順位2番で登記した持分のみを移転するときは，登記の目的を「所有権一部（順位2番で登記した持分）移転」とします（順位3番で登記した持分のみを移転するときは，登記の目的を「所有権一部（順位3番で登記した持分）移転」とします）。

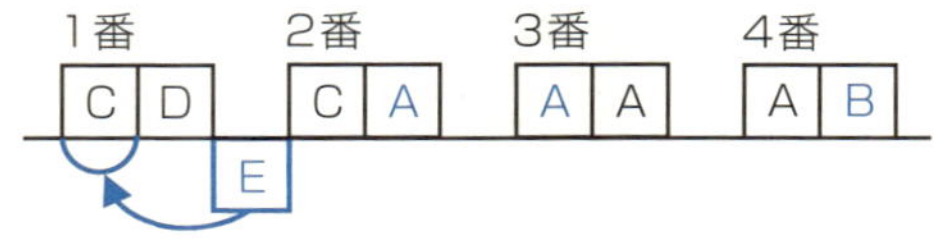

このように移転する持分を特定しないと，第三者の権利がどの持分を目的としているのかがわからなくなってしまうからです。上記 ex.であれば，Ｅの抵当権が付いている持分が移転したのか付いていない持分が移転したのかがわからなくなってしまうのです。

＊3　持分の一部を移転する者が，数回に分けて持分の移転の登記を受けている場合には，登記の目的を「Ａ持分一部（順位○番で登記した持分）移転」などとし，移転すべき持分を特定します（昭58.4.4民三.2251）。

ex. Ａが順位２番と３番の２回にわたり持分の移転の登記を受けている場合に，順位２番で登記した持分のみを移転するときは，登記の目的を「Ａ持分一部（順位２番で登記した持分）移転」とします（順位３番で登記した持分のみを移転するときは，登記の目的を「Ａ持分一部（順位３番で登記した持分）移転」とします）。

| 1番 | 2番 | 3番 | 4番 |
|---|---|---|---|
| D E B | D A B | A A B | A C B |

＊4　⑧の場合，登記の目的に持分を記載しないと誰の持分がどれだけ移転したかわからないため，登記の目的に持分を記載します。

＊5　持分は移転した割合によって変わります。

＊6　持分の記載方法のルールは，以下のとおりです。

**申請人欄の持分の記載方法のルール**

①持分は，登記義務者ではなく**登記権利者に**記載します。

現在の権利者がどれだけの持分を有しているかを公示する必要があるからです。また，所有権の移転の登記によって登記されるのは，登記権利者です。

②持分は，**不動産全体に対する**持分です（登記記録に記録される持分も同じです）。

たとえば，上記⑧において，「Ａ持分３分の１の２分の１が移転した。ん？　何を書くんだ？」と考えてしまう方がいますが，不動産全体に対する持分（この例の場合は「６分の１」）を記載してください。

不動産全体に対してどれだけの持分を有しているのかを公示する必要があるからです。不動産全体に対する持分以外が公示されていたら，わかりにくいですよね。

## 2　一の申請情報で（１件で）申請できない場合

上記1の表にある登記は基本的に一の申請情報で（１件で）申請できるのですが，一の申請情報で（１件で）申請できず，２件で申請しなければならない，といった場合があります。

### 1．原則

以下の①②の場合には，一の申請情報で（１件で）申請できず，２件で申請しなければなりません。

**判断基準**

一の申請情報で（１件で）申請できなくなるのは，**第三者の権利がどの部分を目的としているのかがわからなくなってしまう場合**です。この基準さえわかっていれば，以下の①②がどう違うかわかっていなくても，一の申請情報で（１件で）申請できるか判断できます。

**①共有者の一部の者の持分のみを目的として第三者の権利が登記されている場合（昭37.1.23 民事甲 112）**

ex. ＡおよびＢが不動産を共有していますが，Ａの持分のみを目的としてＤの抵当権の設定の登記がされています。この場合に，ＡおよびＢがＣにこの不動産を売却したとき，一の申請情報で（１件で）ＡおよびＢの持分をＣに移転する登記をすることはできず，以下の２件に分けて申請しなければなりません。

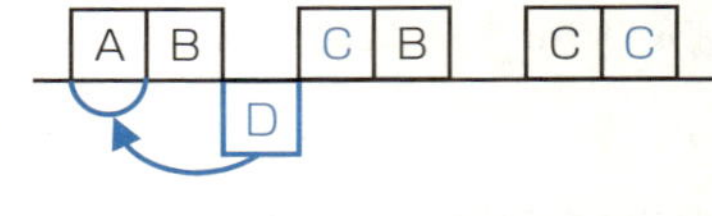


1/2　ＡからＣへの売買を原因とするＡ持分全部移転の登記

2/2　ＢからＣへの売買を原因とするＢ持分全部移転の登記

＊1/2と2/2の申請順序は，逆でもOKです。

一の申請情報で（１件で）申請してしまうと，第三者の権利（Ｄの抵当権）の登記がどの部分を目的としているのかが登記記録上わからなくなってしまうからです。

**②同一人が数回に渡って持分の移転の登記を受けているときに，そのうちの一部の持分のみを目的として第三者の権利が登記されている場合（昭37.1.23 民事甲 112参照）**

ex. Ａが持分３分の２，Ｂが持分３分の１で不動産を共有しています。Ａは，持分３分の２を甲区２番と甲区３番で段階的に取得しており，甲区２番で取得した持分を目的としてＤの抵当権の設定の登記がされています。この場合に，ＡがＣに持分３分の２のすべてを売却したとき，一の申請情報で（１件で）Ａの持分３分の２をＣに移転する登記をすることはできず，以下の２件に分けて申請しなければなりません。

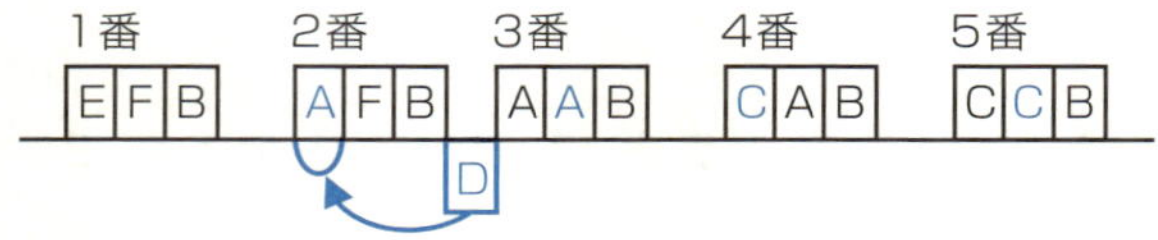

1/2　AからCへの売買を原因とする，登記の目的を「A持分一部（順位２番で登記した持分）移転」とする登記
2/2　AからCへの売買を原因とするA持分全部移転の登記

＊1/2の登記の目的を「A持分一部（順位３番で登記した持分）移転」として，順位３番で登記した持分の移転の登記を先にしてもOKです。

一の申請情報で（１件で）申請してしまうと，第三者の権利（Dの抵当権）の登記がCが取得した持分のどの部分を目的としているのかが登記記録上わからなくなってしまうからです。

上記①②の「第三者の権利」には，処分制限の登記も含まれます。「処分制限の登記」とは，差押えの登記，仮差押えの登記，仮処分の登記などのことです。詳しくは，Ⅱのテキスト第５編第５章[1]で説明します。

### ２．例外

この２.は，P190〜191の＊２および上記１.の②の例外です。

P190〜191の＊２または上記１.の②の場合であっても，移転の原因が「相続」である場合には，所有権の移転の登記または持分全部移転の登記を申請します（昭30.10.15民事甲2216）。

#### ①P190〜191の＊２の例外

ex. Aが順位２番と３番の２回にわたり持分２分の１ずつの移転の登記を受けていますが，順位３番で取得した持分にはEの抵当権の設定の登記がされています。この場合に，Aが死亡しAの子BがAを相続したとき，「所有権一部（順位２番で登記した持分）移転」または「所有権一部（順位３番で登記した持分）移転」の登記を申請することはできず，以下の登記を申請します。

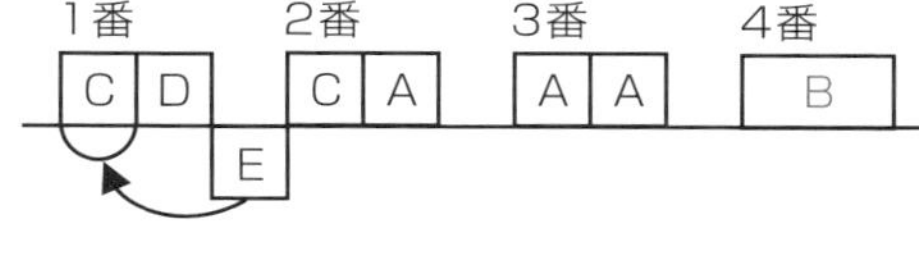


1/1　AからBへの相続を原因とする所有権の移転の登記

#### ②上記１.の②の例外

ex. Aが持分３分の２，Bが持分３分の１で不動産を共有しています。Aは，持分３分の２を甲区２番と甲区３番で段階的に取得しており，甲区２番で取得した持分を目的としてDの抵当権の設定の登記がされています。この場合に，Aが死亡し

Aの子CがAを相続したとき，「A持分一部（順位2番で登記した持分）移転」または「A持分一部（順位3番で登記した持分）移転」の登記を申請することはできず，以下の登記を申請します。

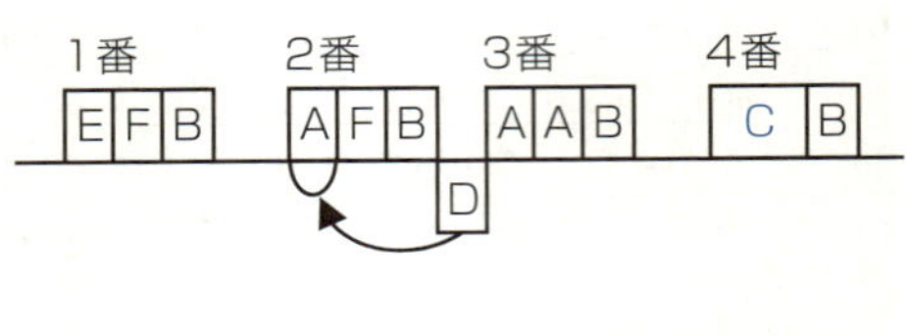


1/1　AからCへの相続を原因とするA持分全部移転の登記

この①②の例外がある理由は，以下の Realistic rule があるからです。

**Realistic rule**

**相続を原因とする，所有権の一部移転の登記または持分一部移転の登記はできません**（昭30.10.15 民事甲2216）。

被相続人が死亡すると，その瞬間に，被相続人の不動産の所有権がその相続人に移転します（民法896条本文）。―― 民法Ⅲのテキスト第10編第3章第1節1 1.　よって，「相続」を原因としているにもかかわらず，被相続人とその相続人が所有権を共有している状態が登記記録上生じるのはおかしいため，一部移転の登記はできないのです。

**※第三者の権利の登記が所有権または持分のどの部分を目的としているのかわからなくなってしまうのでは？**

上記のとおり，所有権の移転の登記または持分全部移転の登記を申請するのですが，そうすると「第三者の権利の登記が所有権または持分のどの部分を目的としているのかわからなくなってしまうのでは？」という疑問が生じます。

その解決策ですが，その後，第三者の権利の目的となっている（またはなっていない）持分のみを移転したときに，移転する持分を特定します。

**①上記①の場合**

ex. 上記①の ex.のようにAからBへの相続を原因とする所有権の移転の登記がされた後，BがFに，Aから承継したAが順位2番で取得した持分を移転したときは，登記の目的を「所有権一部（順位2番から移転した持分）移転」として移転する持分を特定します（Aから承継したAが順位3番で取得した持分を移転するときは，登記の目的を「所有権一部（順位3番から移転した持分）移転」とします）。

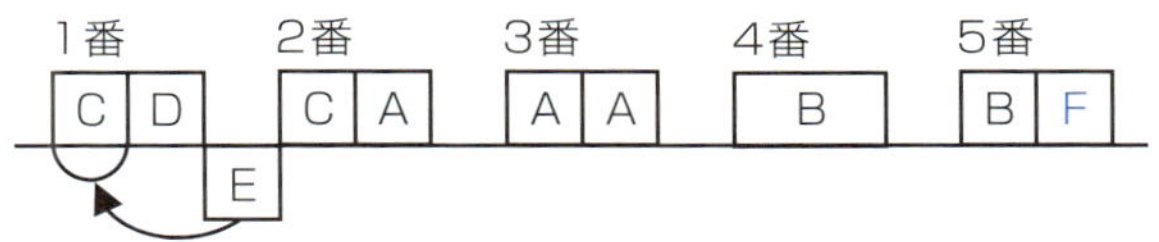


**②上記②の場合**

ex. 上記②の ex.のようにＡからＣへの相続を原因とするＡ持分全部移転の登記がされた後，ＣがＧに，Ａから承継したＡが順位２番で取得した持分を移転したときは，登記の目的を「Ｃ持分一部（順位２番から移転した持分）移転」として移転する持分を特定します（Ａから取得したＡが順位３番で取得した持分を移転するときは，登記の目的を「Ｃ持分一部（順位３番から移転した持分）移転」とします。平 11.7.14 民三.1414）。

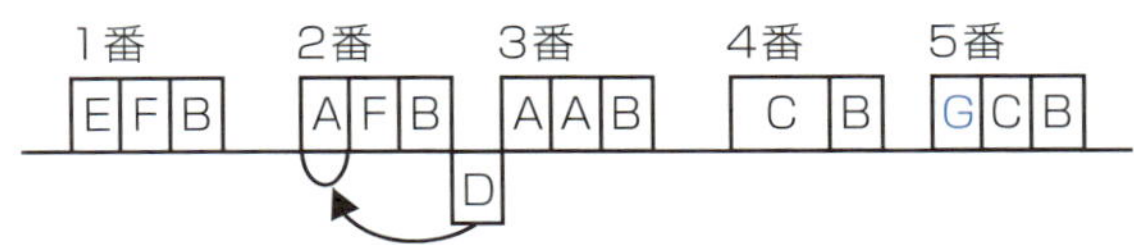

# 第2節　相続関係以外の所有権の移転の登記

## 相続関係以外の所有権の移転の登記の申請情報の学習のコツ

P171 の「申請情報の記憶方法」で説明したとおり，申請情報は，「原型を記憶し，その原型を変形する」という思考過程をたどるのがベストです。この第2節の相続関係以外の所有権の移転の登記の原型は，下記1の売買を原因とする所有権の移転の登記です。売買を原因とする所有権の移転の登記を原型として，他の登記の申請情報は「ちょっと変えただけだな～」といった姿勢で学習できるかがポイントです。
ex. 贈与を原因とする所有権の移転の登記の申請例は，以下のとおりです。

| 登記の目的 | 所有権移転 |
|---|---|
| 原　　因 | 令和5年7月8日贈与 |
| 権 利 者 | B |
| 義 務 者 | A |
| 添付情報 | 登記原因証明情報（贈与契約書）<br>登記識別情報（Aの甲区1番の登記識別情報）<br>印鑑証明書（Aの印鑑証明書）<br>住所証明情報（Bの住民票の写し）<br>代理権限証明情報（B及びAの委任状） |
| 課税価格 | 金1000万円 |
| 登録免許税 | 金20万円 |

原型である P197 の売買を原因とする所有権の移転の登記と比べていただくと，上記の青字にした部分以外は一致していることがわかります。

なお，売買を原因とする所有権の移転の登記は，この第2節の登記にとどまらず，すべての登記の原型と言うこともできます。

よって，P197 の申請情報だけは，0.1秒考えることなくソラで言えるように丸暗記してください。「原因は……」などと0.1秒でも考えてしまっては，まったくダメなレベルです。

# 1 売買

## 1．実体（民法）→登記

＊登記は，実体（民法など）を前提とするものですので，ここからは基本的に，「基本的な事例→申請例→……」という流れ（P164＊）に入る前に「実体→登記」の項目を設け，実体と登記の橋渡しをすることから説明を始めていきます。

不動産を所有している売主と買主が不動産の売買をすると，不動産の所有権が売主から買主に移転します（民法555条）。―― 民法Ⅲのテキスト第７編第２章

よって，売主から買主への売買を原因とする所有権の移転の登記を申請できます。

## 2．申請情報の記載事項

### 申請例７ ―― 売買を原因とする所有権の移転の登記

事例：Ａは，令和５年７月１日，所有している建物（甲区１番でＡ名義の所有権の保存の登記がされている）を「Ｂが売買代金2000万円全額を支払った日に所有権が移転する」旨の特約をしてＢに売却した。Ｂは，令和５年７月８日，Ａに売買代金2000万円全額を支払った。この建物の課税標準の額は，1000万円である。

| | |
|---|---|
| 登記の目的 | 所有権移転 |
| 原　　　因 | 令和５年７月８日売買 |
| 権　利　者 | Ｂ |
| 義　務　者 | Ａ |
| 添 付 情 報 | 登記原因証明情報（売買契約書等） |
| | 登記識別情報（Ａの甲区１番の登記識別情報） |
| | 印鑑証明書（Ａの印鑑証明書） |
| | 住所証明情報（Ｂの住民票の写し） |
| | 代理権限証明情報（Ｂ及びＡの委任状） |
| 課 税 価 格 | 金1000万円 |
| 登録免許税 | 金20万円 |

| 権利部（甲区）（所有権に関する事項） | | | |
|---|---|---|---|
| 順位番号 | 登記の目的 | 受付年月日・受付番号 | 権利者その他の事項 |
| 1 | 所有権保存 | 令和５年６月28日<br>第12456号 | 所有者　Ａ |
| 2 | 所有権移転 | 令和５年７月８日<br>第12987号 | 原因　令和５年７月８日売買<br>所有者　Ｂ |

**※所有権の登記の登記事項**

上記の登記記録をご覧いただくと，所有権の登記事項はあまりないことがわかります。たとえば，P380 の抵当権の登記の登記事項と比べてください。P380 の登記記録には債権額，債務者など多くの事項が登記されています。

所有権の登記事項があまりないのは，所有権が制限物権ではない物権だからです。所有権は，物の利用価値も交換価値も把握しています。―― **民法Ⅱのテキスト第3編第1章第1節3 3.** よって，「所有者」と登記されているだけで，どのような権利内容であるかがわかるのです。それに対して，抵当権などの制限物権は，どのような制限物権かを登記する必要があるため，登記事項が多くなります。

## 申請情報の記載事項の意味

ここで，申請情報のうち「登記の目的」「登記原因及びその日付」「添付情報」について，何を記載しているのかを説明します。これがわかっていると，申請情報を記憶しやすくなりますし，知らない申請情報を問われたときでも，部分点が取れる確率が上がります。

| | |
|---|---|
| 登記の目的 | 権利が　こう変動しました |
| 原　　因 | 権利変動の効力発生日　これが権利変動が発生した原因です |
| 権 利 者 | B |
| 義 務 者 | A |
| ホントだよ～ | 登記原因証明情報（売買契約書，領収証） |
| | 登記識別情報（Aの甲区1番の登記識別情報） |
| | 印鑑証明書（Aの印鑑証明書） |
| | 住所証明情報（Bの住民票の写し） |
| | 代理権限証明情報（B及びAの委任状） |
| 課 税 価 格 | 金 1000 万円 |
| 登録免許税 | 金 20 万円 |

・登記の目的

「権利（所有権など）が　こう変動（移転など）しました」ということを記載します。

権利変動の過程を公示するのが不動産登記法の目的ですが（P2），登記の目的にはその中核部分を記載するわけです。

・登記原因及びその日付

年月日は，「権利変動の効力発生日」を記載します。

原因は，「権利変動が発生した原因」を記載します。権利変動が発生した原因とは，P65の1.で説明した事実（時効取得など）または法律行為（売買など）のことです。

・添付情報

P47の2.で説明したとおり，申請情報だけでは信用できないので，「ホントだよ〜（正しい登記ですよ〜）」と登記官に伝えるために提供するのが添付情報です。

### （1）登記の目的

所有権の移転の登記の登記の目的は，P189〜191 1 にあるとおり，所有権がどのように移転したかによって変わります。

### （2）登記原因及びその日付

年月日は，「所有権が移転した日」を記載します。年月日は，権利変動の効力発生日を記載するからです（上記の「申請情報の記載事項の意味」）。所有権が移転する日は，原則として売買契約の成立日となります（民法176条。最判昭33.6.20・通説）。ただし，所有権の移転の時期の特約（ex. 売買代金を支払った日に移転する）があれば，その特約に従います（ex. 売買代金を支払った日となります）。上記申請例7は，売買代金を支払った日に移転する特約がありますので，売買代金を支払った日を記載しています。

原因は，「売買」と記載します。売買が，所有権が移転した原因（法律行為）だからです。

### （3）申請人

以下の者の共同申請です（不登法60条）。

・登記権利者：買主

・登記義務者：売主

### （4）添付情報

①登記原因証明情報（不登法61条，不登令別表30添付情報イ）

P69 4 の「登記原因証明情報の提供が不要となる場合」に当たりませんので，登記原因証明情報を提供する必要があります。

具体的には，売買契約書（領収証）などまたは報告形式の登記原因証明情報となります。売買契約に「売買代金を支払った日に所有権が移転する」という特約がある場合には，領収証も提供する必要があります。この特約があると，買主が売主に売買代金を支払わないと所有権が移転しません。登記原因証明情報は権利変動が生じたことを証する必要があるので，この特約がある場合に所有権が移転したことを証するには領収証も必要となるんです。なお，共同申請ですので，報告形式の登記原因証明情報でもOKです（P68の「公文書に限定されるかどうかの基本的な判断基準」）。

②登記識別情報（不登法22条本文）

登記義務者が所有権を取得した際の登記識別情報を提供します。共同申請だからです（P77～78の「登記識別情報の提供の要否の基本的な判断基準」）。

③印鑑証明書（不登令16条2項，18条2項）

書面申請の場合には，登記義務者が実印で押印しその印鑑証明書を提供します。所有権の登記名義人が登記義務者となるからです（P93の「『認印でよいか』『実印で押印し印鑑証明書の提供が要求されるか』の判断基準」）。

電子申請の場合には，印鑑証明書ではなく，申請人が電子署名し電子証明書を提供します（P49～51（1））。

＊電子申請の場合には，「実印・印鑑証明書」ではなく，「電子署名・電子証明書」となるのですが，以下，このテキストでは，電子申請の場合の説明は割愛します。

④住所証明情報（不登令別表30添付情報ロ）

P101の「住所証明情報の提供が要求される場合②」に当たるため，提供します。

⑤代理権限証明情報（不登令7条1項2号）

⑥会社法人等番号（不登令7条1項1号イ）

### （5）登録免許税

相続・合併以外を原因とする所有権の移転の登記ですので，登録免許税は不動産の価額の20/1000です（登免法別表第1．1．（2）ハ）。

## 3．買主が複数いる場合に，そのうちの1人が買主全員のために登記をすることの可否

買主が複数いることも，よくあります。たとえば，夫と妻で売買代金を出し合って不動産を購入した場合です。この場合に，売主と夫で，夫が取得した持分だけではなく，妻が取得した持分についても所有権の移転の登記をするということはできません（登研543P150）。妻が登記申請をする気がない場合は，夫は自分の持分についてしか登記を申請できません（この場合，所有権の一部移転の登記をすることになります）。

P169
∟
「
P242

登記という対抗力を備えるかは，各自の自由だからです（P12の2.）。よって，P169（b）の所有権の保存の登記が例外なのです。所有権の保存の登記はP169の「Realistic rule」があるため，仕方なく他の共有者の持分についても申請することが認められています。

## 4．被相続人が生前に売却した不動産について相続登記がされてしまった場合

たとえば，不動産の所有者Ａが，Ｂにその不動産を売却しましたが，まだ所有権の移転の登記はしていません。その後，Ａが死亡し，Ａの子であるＣＤがＡを相続しました。生前にＡが売却したこの不動産は相続財産ではないのですが，ＣＤが，Ｃがこの不動産を取得する旨の遺産分割協議をし，Ｃへの相続を原因とする所有権の移転の登記が誤ってされました。この場合，Ｃへの相続登記を抹消することなく，ＣからＢに所有権の移転の登記をすることができるでしょうか。

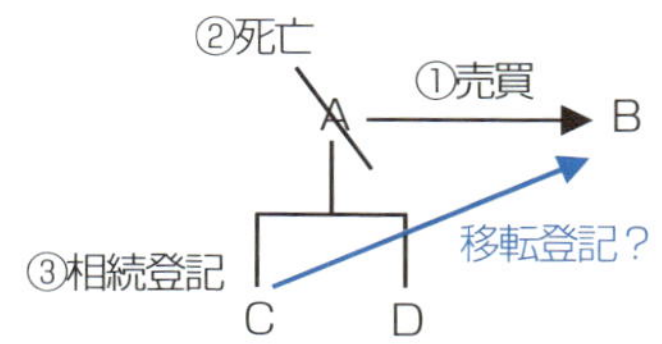


この不動産は相続財産ではないため，Ｃの相続登記は誤りです。また，ＣからＢへの権利変動はありません。ですが，なんとＣからＢへの所有権の移転の登記が認められます（昭 37.3.8 民事甲 638）。もちろん，Ｃの相続登記を抹消し，ＡからＢに所有権の移転の登記をしても構いません（昭 37.3.8 民事甲 638）。 P227

これは，権利変動の過程を公示する不動産登記の目的からすると，おかしいです。しかし，例外的にこのような登記を認めたのは，以下のように登記がされるため，売買を原因とする所有権の移転の登記の登記原因日付が相続を原因とする所有権の移転の登記の登記原因日付よりも前となり，相続登記が誤りであることが登記記録から“よく見れば”わかるからです。ただ，ちょっとどうかなと思う先例です……。不動産登記の目的からすると，好ましい登記ではありません。

| 権利部（甲区）（所有権に関する事項） | | | |
|---|---|---|---|
| 順位番号 | 登記の目的 | 受付年月日・受付番号 | 権利者その他の事項 |
| 1 | 所有権保存 | 令和５年６月28日<br>第12456号 | 所有者　A |
| 2 | 所有権移転 | 令和５年９月８日<br>第14125号 | 原因　令和５年８月８日相続<br>所有者　C |
| 3 | 所有権移転 | 令和５年10月８日<br>第15142号 | 原因　令和５年７月８日売買<br>所有者　B　これより前 |

## ５．第三者のためにする契約・買主の地位の移転

「A→B→C」と所有権が移転した場合に，Bをすっ飛ばして「A→C」の所有権の移転の登記をする中間省略登記は，原則として認められていません。―― **民法Ⅱのテキスト第３編第１章第３節4 5.（1）（c）ⅰ**

しかし，実務上はこれを行いたいという要請があります。申請件数や登録免許税をできる限り少なくしたいからです。そこで，以下の①または②のような方法が考え出されました。

①第三者のためにする契約

第三者のためにする契約が，民法で認められています（民法537条）。―― **民法Ⅲのテキスト第６編第３章第２節**　これを使います。売主Aと買主Bとの間で，「Bは所有権の移転先となる者を指定し，AはBの指定する者に対して所有権を直接に移転する」という特約付きの売買契約をします。そして，BがCを指定します。

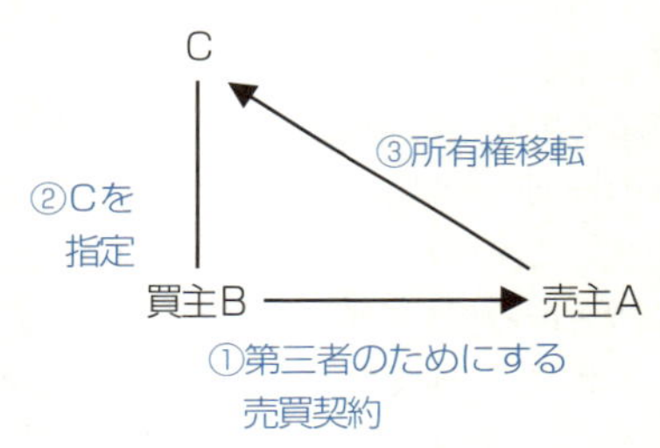


②買主の地位の移転

契約上の地位を譲渡することが，民法で認められています（民法539条の２）。―― **民法Ⅲのテキスト第５編第５章の冒頭**　これも使えます。売主Aと買主Bが売買契約をした後，Bへの所有権の移転の登記をする前に，BがCに買主の地位（契約上の地位）を譲渡します。

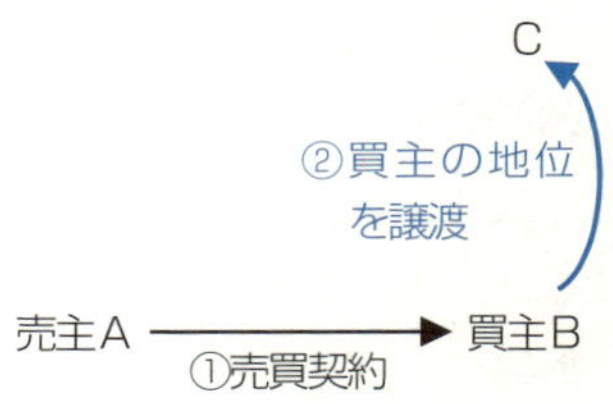


上記①または②の場合，「A→C」の所有権の移転の登記を申請できます（平19.1.12民二.52）。

ただ，中間省略登記の禁止の脱法行為に使われるおそれがあるので，契約の具体的な内容から実体上AからCへ直接に所有権が移転していると認められる必要があると解されています。

## 2 時効取得

### 1．実体（民法）→登記

20年間（善意無過失ならば10年間），所有の意思をもって平穏かつ公然と他人の不動産を占有した者は，援用をすることにより，その不動産の所有権を取得します（民法162条，145条。最判昭61.3.17〔停止条件説〕）。── 民法Ⅰのテキスト第２編第10章第２節，第１節4 時効取得は原始取得ですので，時効取得された者から時効取得した者に所有権が移転するわけではなく，時効取得した者は新たに所有権を取得します。── 民法Ⅱのテキスト第３編第１章第３節1

よって，権利変動の過程を公示するには，本来は，時効取得された者の所有権の登記を抹消し，時効取得した者の名義で所有権の保存の登記をすべきです。

しかし，時効取得された者から時効取得した者に所有権の移転の登記をするのが，登記の扱いです（明44.6.22民事414）。抹消の登記を要求すると当事者に過度な負担を強いることになるため，実体とは異なりますが，便宜的に所有権の移転の登記によるとされています。

**抹消→移転**

権利変動の過程を公示するには本来は抹消の登記をすべきところ，抹消の登記ができない，または，過度な負担になるため，便宜的に**移転の登記による**とされている登記があります。このテキストで扱う登記では，以下の登記がこれに当たります。

| 移転の登記による | 抹消の登記でも移転の登記でもOK |
|---|---|
| ①この2の時効取得 | ①取消し・解除（P239の7.） |
| ②持分放棄（P215～2184） | |
| ③買戻権の行使（P364～368） | |

抹消の登記が大変なのは，登記上の利害関係を有する第三者がいる場合，その承諾がマストとなるからです（P115※）。すべての第三者の承諾を得る必要があり，承諾しなければ承諾しない者を相手方として訴えを提起することになりますが，これがかなり大変なんです。

それに対して，移転の登記は，登記上の利害関係を有する第三者の承諾は不要です（所有権の仮登記に基づく本登記を除きます。P114参照）。

### 2．申請情報の記載事項

**申請例8** ―― **時効取得を原因とする所有権の移転の登記**

事例：Bは，A所有の土地（甲区1番でA名義の所有権の保存の登記がされている）を自分の土地であると誤信して（誤信することについて過失はある），平成15年6月1日から平穏かつ公然と占有を開始し，令和5年6月1日が経過した。Bは，令和5年6月10日，時効取得を援用した。この土地の課税標準の額は，1000万円である。

| | |
|---|---|
| 登記の目的 | 所有権移転 |
| 原　　因 | 平成15年6月1日時効取得 |
| 権 利 者 | B |
| 義 務 者 | A |
| 添付情報 | 登記原因証明情報（時効取得の要件を充たしたことを証する書面）<br>登記識別情報（Aの甲区1番の登記済証（＊））<br>印鑑証明書（Aの印鑑証明書）<br>住所証明情報（Bの住民票の写し）<br>代理権限証明情報（B及びAの委任状） |
| 課税価格 | 金1000万円 |
| 登録免許税 | 金20万円 |

＊登記義務者となるAの所有権の登記は平成16年以前にされているため，「登記済証」となります(P73の2.)。

| 権利部（甲区）（所有権に関する事項） | | | |
|---|---|---|---|
| 順位番号 | 登記の目的 | 受付年月日・受付番号 | 権利者その他の事項 |
| 1 | 所有権保存 | 平成5年6月28日<br>第23514号 | 所有者　A |
| 2 | 所有権移転 | 令和5年6月28日<br>第12456号 | 原因　平成15年6月1日時効取得<br>所有者　B |

P197～200の2.の売買を原因とする所有権の移転の登記と異なるのは，以下の点です。

#### （1）登記原因及びその日付

年月日は，「占有開始日」を記載します。時効の効力は，その起算日にさかのぼるので（民法144条 ―― 民法Ⅰのテキスト第2編第10章第1節6），時効取得した者は，占有を開始した時点から不動産を原始取得していたことになるからです。

原因は，「時効取得」と記載します。時効取得が，権利変動の原因（事実）だからです。

### （2）申請人

以下の者の共同申請です（不登法60条）。

・登記権利者：時効取得した者
・登記義務者：時効取得された者

**― Realistic 10　時効取得された者は登記に協力するの？ ―**

時効取得した者の単独申請が認められているわけではありませんので，時効取得された者の協力も必要です。「時効取得された人なんだから，協力しないのでは？」と思われるかもしれません。しかし，時効取得の事実が明らかである，時効取得された者はその不動産をどうでもいいと思っていた（時効取得されるくらいですから），などの理由により協力することもあります。

もし協力しない場合には，時効取得された者を相手方として訴えを提起し，登記手続をすべきことを命じる確定判決を得ることにより，時効取得した者が単独で申請できます。このように，共同申請・合同申請の登記において，一部の者が登記手続に協力しない場合には，その者を相手方として訴えを提起し，登記手続をすべきことを命じる確定判決を得る，というのが一般的な方法です（不登法63条1項。P41①）。

### （3）添付情報

以下のとおり，登記原因証明情報の内容が変わる点を除いて，P199～200（4）と同じです。

・登記原因証明情報（不登法61条，不登令別表30添付情報イ）

具体的には，時効取得の要件である「所有の意思」「平穏・公然」「他人の物」「占有」「20年間（悪意または有過失の場合）」「10年間（善意無過失の場合）」「善意無過失（10年間の場合。登研742P165）」「援用」（民法162条，145条 ── 民法Ⅰのテキスト第2編第10章第2節，第1節4）を充たしたことを記載した情報を提供する必要があります。

※親権者の同意を証する情報の提供の要否

未成年者が所有している不動産が時効取得され，未成年者が登記義務者となって時効取得を原因とする所有権の移転の登記をする場合，親権者の同意を証する情報（P118①）を提供する必要はありません（登研529P162）。

親権者の同意が要求されるのは，法律行為です（民法５条１項本文）。法律行為とは要件となるもののうち意思表示を含むものですが，時効取得には意思表示は含まれませんので，時効取得は法律行為ではありません。

### 3．共有不動産を時効取得した場合に，そのうちの１人の持分についてのみ移転の登記をすることの可否

たとえば，ＡおよびＢが共有している土地をＣが時効取得した場合，ＣとＡは，Ａが有していた持分のみについて，時効取得を原因とするＡ持分全部移転の登記を申請することができます（ＣとＢで，Ｂ持分についてのみ申請しても構いません。登研397P83，547P145）。

まず，Ａ持分のみまたはＢ持分のみの移転の登記は存在します（P189③）。そして，登記という対抗要件を備えるかどうかは自由です（P12 の２.）。この「自由」とは，どの持分（Ａ持分，Ｂ持分）について対抗要件を備えるかも自由ということなのです。Ａしか登記申請に協力しないので，とりあえずＡ持分全部移転の登記のみ申請するということもあります。

### 4．時効取得と相続

#### （1）時効取得される者の死亡

##### （a）時効の起算日前の死亡

たとえば，Ｂが時効取得した土地の所有権の登記名義人Ａが，時効の起算日前に死亡し，Ａの子であるＣがＡを相続しました。この場合，以下の登記をします（登研455P89）。

1/2　Ｃへの相続を原因とする所有権の移転の登記

2/2　Ｂへの時効取得を原因とする所有権の移転の登記

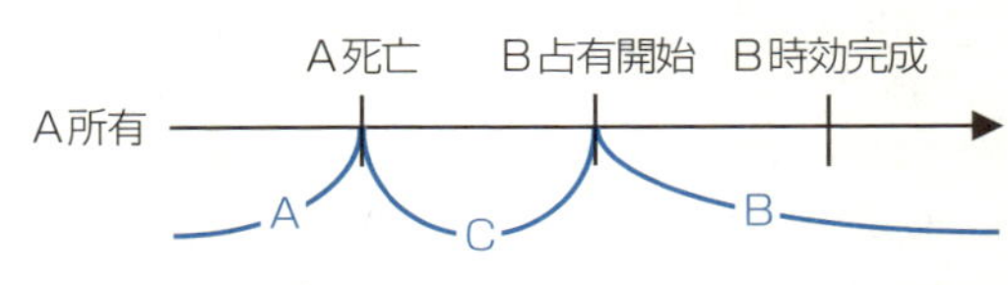


Ｂは，時効の起算日から所有者であったことになります（民法144条）。しかし，その時効の起算日前にＡが死亡していたということは，Ａの死亡日から時効の起算日までは，Ｃが所有権を有していたということです。死亡した者には権利能力がないため，所有権を有することができないからです。―― **民法Ⅲのテキスト第10編第2章1**　権利変動の過程を公示するのが登記ですので，Ｃへの所有権の移転の登記もする必要があるのです。

#### （b）時効の起算日後の死亡

たとえば，Bが時効取得した土地の所有権の登記名義人Aが，時効の起算日後に死亡し，Aの子であるCがAを相続しました。この場合，以下の登記をします。

1/1　Bへの時効取得を原因とする所有権の移転の登記

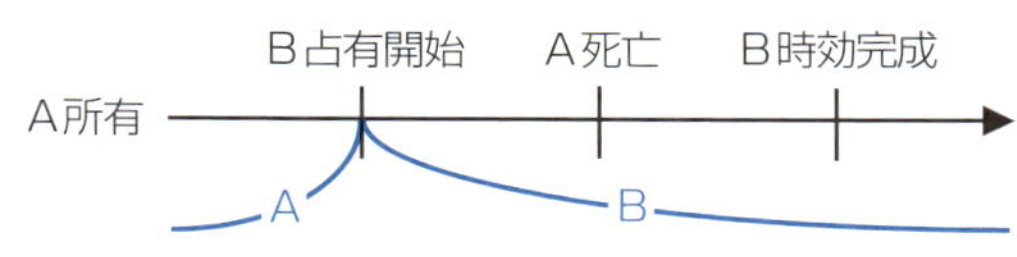


Bは，時効の起算日から所有者であったことになります（民法144条）。そして，Aが死亡したのは時効の起算日後ですので，Cに所有権が移転していないことになるからです。

### （2）占有者の死亡

#### （a）援用後の死亡と援用前の死亡

##### i　援用後の死亡

たとえば，A所有の土地をBが時効取得に必要な期間占有し，時効取得を援用した後に死亡し，Bの子であるCがBを相続しました。この場合，以下の登記をします。

1/2　Bへの時効取得を原因とする所有権の移転の登記

Bが死亡していますので，Bは申請できません。そこで，Bの相続人CがP44～46の3.の一般承継人による申請（不登法62条）により申請することになります。

2/2　Cへの相続を原因とする所有権の移転の登記

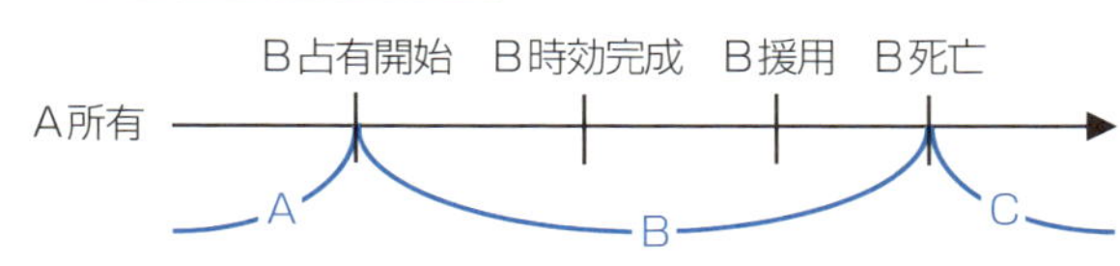


1件で直接，Bの相続人Cに時効取得を原因とする所有権の移転の登記をすることはできません。Bは，援用により確定的に所有権を取得した後に死亡しています。よって，「A→B→C」と所有権が移転しています。権利変動の過程を公示するのが登記ですので，Bへの所有権の移転の登記もする必要があるのです。

##### ii　援用前の死亡

たとえば，A所有の土地をBが時効取得に必要な期間占有し，時効取得を援用する前に死亡し，Bの子であるCがBを相続し，Cが援用しました。この場合，以下の登記をします。

1/1　Cへの時効取得を原因とする所有権の移転の登記

Bの援用することができる地位をCが相続し，Cが援用しています。援用により確定的に所有権を取得しますので，Cが所有権を取得することになるからです。

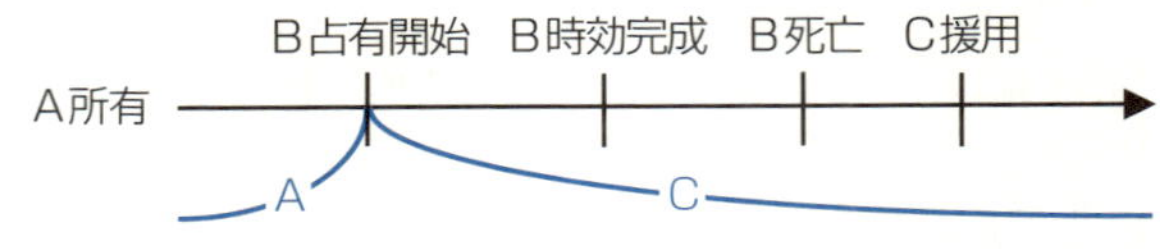


### （b）時効の起算日後に出生した者が時効の完成前に占有者を相続した場合

たとえば，A所有の土地をBが占有していたが，時効完成前に死亡し，Bの占有開始後に出生したBの子であるCがBを相続し，BとCの占有を併せて時効期間が経過し，Cが時効取得を援用しました。この場合，以下の登記をします（登研603P135）。

1/1　Bの占有開始日（Cの出生前の日）を登記原因日付とするCへの時効取得を原因とする所有権の移転の登記

まず，Cは，Bの占有と自分の占有を合算して主張することができます（民法187条1項）。―― 民法Ⅰのテキスト第2編第10章第2節2 1.（4）（b）　そして，時効の効力は，その起算日にさかのぼるので（民法144条），CがBの占有と自分の占有を合算して主張すれば，CがBの占有開始時から所有者であったことになるのです。Bの占有開始日は，Cの出生前の日であり，その日からCが所有者であったというのはおかしいのですが，時効の効力から仕方がないと考えられています。

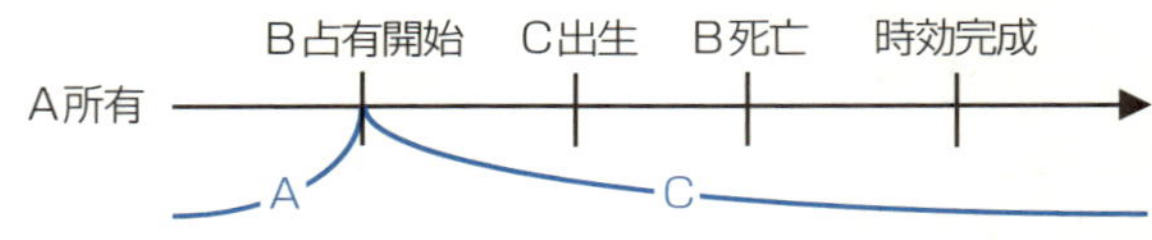


## 5．時効取得を原因とする所有権の移転の登記と関連して必要となる登記

記述で特に注意していただきたいのですが，時効取得を原因とする所有権の移転の登記を申請するときは，以下の2件の登記となる場合があります。

1/2　時効取得を原因とする所有権の移転の登記（P204の申請例8の登記）

2/2　所有権の時効取得を原因とする時効取得によって消滅した権利（ex. 抵当権，地上権）の抹消の登記

時効取得は原始取得ですので，抵当権や地上権などの権利が設定されていても，それらはふっ飛ぶ（消滅する）のが原則です。アダムとイブが生まれた時のようにサラの状態になりますので，私は原始取得を「アダムとイブ取得」と言っています。よって，抵当権や地上権などの抹消の登記も申請する必要があるのです。

この登記の原因は，「年月日所有権の時効取得」となります。登記原因日付は，時効取得の起算日（占有開始日）です。時効の効力は，その起算日にさかのぼるからです（民法144条）。申請人は，以下の者の共同申請です（不登法60条）。

・登記権利者：時効取得した者
・登記義務者：抵当権者，地上権者など

なお，上記2/2の登記は，申請するのであって，上記1/2の登記を申請しても登記官が職権で抹消してくれるわけではありませんので，ご注意ください。

**職権抹消の基本的な考え方**

ある登記を申請して，他の登記が職権抹消されることがあるかの基本的な考え方は，以下のとおりです。

・**移転の登記**がされた場合　→　**職権抹消されません**

移転の登記だと，登記官には他の登記が消えたかがわからないからです。

・**抹消の登記**がされた場合　→　**職権抹消されることがあります**（不登規152条2項前段）

抹消の登記だと，それを前提とする他の登記があれば，登記官に他の登記の権利が消えたことがわかります。この例がP114～115のex.ですので，ご覧ください。

なお，上記の考え方どおりにはいかない例外が，P365にあります。

## 3　共有物分割

### 1．実体（民法）→登記

不動産を共有している場合，各共有者は，原則としていつでも共有物の分割請求（「分けろ！」という請求）ができます（民法256条1項本文）。

この場合の分け方には，主に以下の①～③の3つがあります（協議分割）。── **民法Ⅱのテキスト第3編第3章第4節4 2.（1）**　分け方によって，登記手続が変わってきます。

＊以下，AおよびBが共有している不動産について共有物分割をする例で説明します。

**①現物分割：共有物自体を分割する方法**

たとえば，AおよびBが60㎡の土地を共有している場合に，「Aが西側30㎡，Bが東側30㎡を有する」と分けることが現物分割です。

この現物分割をした場合，以下の2段階の手続をします（最判昭42.8.25）。

第1段階　30㎡の土地と30㎡の土地に分ける分筆の登記をする

「分筆の登記」とは，一筆の土地の一部を切り離す表示に関する登記です。

**第2段階　西側 30 ㎡の土地について共有物分割を原因とするB持分全部移転の登記，東側 30 ㎡の土地について共有物分割を原因とするA持分全部移転の登記をする**

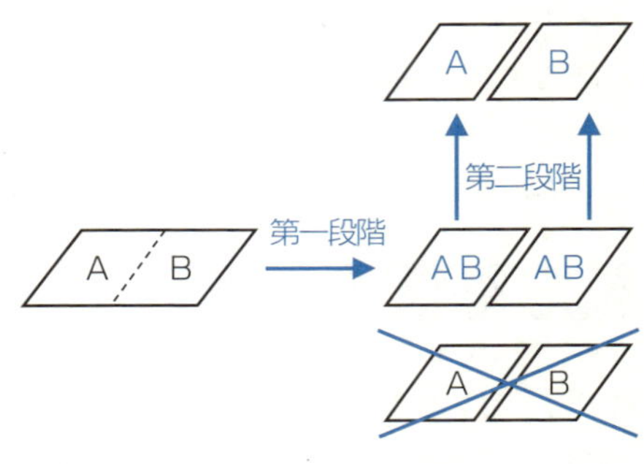


第1段階の分筆の登記だけでは，「Aが西側 30 ㎡，Bが東側 30 ㎡を有する」とはならない点にご注意ください。分筆の登記をしただけでは，「西側 30 ㎡の土地をＡＢが共有，東側 30 ㎡の土地をＡＢが共有」となります。なぜなら，共有とは「Aが西側 30 ㎡，Bが東側 30 ㎡を所有している」ということではなく，「ＡＢそれぞれが 60 ㎡すべてを所有しているが，所有者が1人ではなくＡＢの2人である」といったことだからです。── 民法Ⅱのテキスト第3編第3章第4節3 2.「『30/90 ㎡』ではない」

**②代金分割：共有物を第三者に売却し，その売却代金を各共有者の持分に応じて分ける方法**

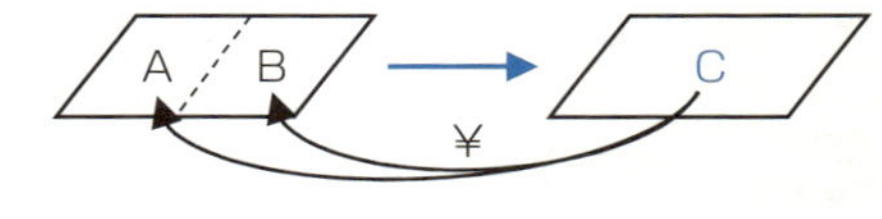


たとえば，AおよびBが土地を共有している場合に，「Cに土地を売却し，その売却代金をAとBで分ける」とすることが代金分割です。

この代金分割をした場合，以下の登記をします。

1/1　AおよびBからCへの売買を原因とする共有者全員持分全部移転の登記（P190⑤）

**③価格賠償：共有者の1人が共有物全部を取得し，他の共有者には共有持分に応じた価格を支払う方法**

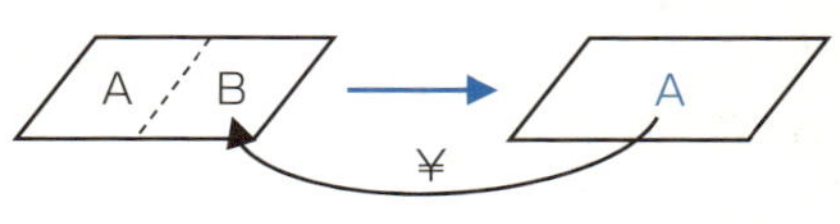


たとえば，AおよびBが土地を共有している場合に，「Aの単有とし，AがBにBの持分に応じた価格を支払う」とすることが価格賠償です。

この価格賠償をした場合，以下の登記をします。

1/1　BからAへの共有物分割を原因とするB持分全部移転の登記

「P209～210①の第２段階」および「P210③」が，この3の共有物分割の登記に当たります。

## 2．申請情報の記載事項

### 申請例９ ―― 共有物分割を原因とする持分の移転の登記（価格賠償）

事例：ＡおよびＢが，持分２分の１ずつで土地を共有している（甲区１番でＡおよびＢ名義の所有権の保存の登記がされている）。ＡおよびＢは，令和５年６月 28 日，この土地について，Ａの単有とし，ＡがＢに500 万円を支払う共有物分割協議（価格賠償）をした。この土地の課税標準の額は，1000 万円である。

| 登記の目的 | Ｂ持分全部移転 |
|---|---|
| 原　　因 | 令和５年６月28日共有物分割 |
| 権 利 者 | 持分２分の１　Ａ　＊１ |
| 義 務 者 | Ｂ |
| 添 付 情 報 | 登記原因証明情報（共有物分割協議書）<br>登記識別情報（Ｂの甲区１番の登記識別情報）<br>印鑑証明書（Ｂの印鑑証明書）<br>住所証明情報（Ａの住民票の写し）<br>代理権限証明情報（Ａ及びＢの委任状） |
| 課 税 価 格 | 移転した持分の価格　金500万円　＊２ |
| 登録免許税 | 金10万円 |

＊１　持分の移転の場合には，このように移転した持分を記載します。持分は登記義務者ではなく登記権利者のほうに記載し，記載する持分は不動産全体に対する持分です（P191 の「申請人欄の持分の記載方法のルール」）。

＊２　持分の移転の場合は，移転した持分の価格が課税価格となり，課税価格の欄に「移転した持分の価格」と記載します。この申請例９は持分２分の１が移転していますので，「不動産の価額 1000 万円×１／２＝500万円」が課税価格となります。

| 権 利 部 （甲 区） （所 有 権 に 関 す る 事 項） | | | |
|---|---|---|---|
| 順位番号 | 登記の目的 | 受付年月日・受付番号 | 権 利 者 そ の 他 の 事 項 |
| 1 | 所有権保存 | 令和４年６月28日<br>第11542号 | 共有者　持分２分の１　Ａ<br>２分の１　Ｂ |
| 2 | Ｂ持分全部移転 | 令和５年６月28日<br>第12456号 | 原因　令和５年６月28日共有物分割<br>所有者　持分２分の１　Ａ |

P197～200 の 2.の売買を原因とする所有権の移転の登記と異なるのは，以下の点です。

### （1）登記原因及びその日付

年月日は，原則として「共有物分割協議の成立日」を記載します。原則として，共有物分割協議の成立日に共有物分割に伴う権利変動が生じるからです。

原因は，「共有物分割」と記載します。共有物分割が，権利変動の原因（法律行為）だからです。

### （2）申請人

以下の者の共同申請です（不登法 60 条）。

・登記権利者：持分を取得した共有者

・登記義務者：持分を失った共有者

### （3）添付情報

以下のとおり，登記原因証明情報の内容が変わる点を除いて，P199～200（4）と同じです。

・登記原因証明情報（不登法 61 条，不登令別表 30 添付情報イ）

具体的には，共有物分割協議書が当たります。

### （4）登録免許税

#### （a）原則

相続・合併以外を原因とする所有権の移転の登記ですので，登録免許税は不動産の価額（移転した持分の価格）の 20/1000 です（登免法別表第 1.1.（2）ハ)。

#### （b）特則

共有物分割の場合，登録免許税が 4 /1000 で済む場合があります。

これは，P209～210①の現物分割のハナシです。

たとえば，AおよびBが 60 ㎡の課税価格 1000 万円の土地を持分 2 分の 1 ずつで共有している場合に，「Aが西側 30 ㎡，Bが東側 30 ㎡を有する」と分けることにしたとします。この場合，以下の i の登記を申請したうえで，ii・iii の登記を申請します（P209～210①)。

i　分筆の登記
ii　西側 30 ㎡の土地についてＢ持分全部移転の登記
iii　東側 30 ㎡の土地についてＡ持分全部移転の登記

このとき，ii・iiiの登記を同時に申請すれば，分筆の登記前に有していた持分の価額に対応する部分（1000 万円×１／２＝500 万円）についての登録免許税は，4/1000 となります（登免法別表第１.１.（２）ロ，登免法施行令９条）。この例では，持分の価額に対応する部分（500 万円／30 ㎡）についての移転の登記ですので，iiの登記もiiiの登記も，登録免許税は「1000 万円×１／２×１／２×４/1000＝１万円」となります。

分筆の登記前に有していた持分の価額に対応する部分は４/1000 で済むのは，その部分に相当する所有権を元々有していたからです。

### ３．複数の不動産の共有物分割

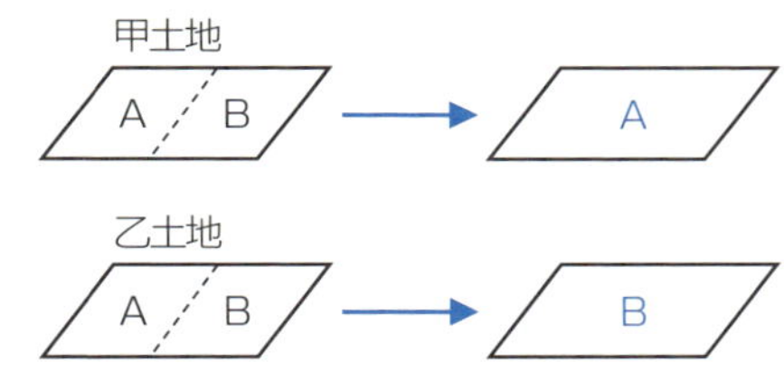


たとえば，ＡおよびＢが，甲土地および乙土地を共有していたとします。この場合に，共有物分割によりＡが甲土地をＢが乙土地をそれぞれ単独で有することになったとき，甲土地についてはＡへのＢ持分全部移転の登記，乙土地についてはＢへのＡ持分全部移転の登記をすることになります。この２つの登記は，別々に申請できるでしょうか。

別々に申請できます。

このような共有物分割も実際にあります。ＡＢが夫婦であり，２つの土地を共有しているときに，その２つの土地をそれぞれの単独所有とすることにした場合などです。たしかに，同じ機会に行われた共有物分割です。しかし，登記は，登記ごとに１つ１つ申請するのが原則ですので，別々に申請するのは何の問題もありません。

### ４．実体は共有だが登記記録上は単有の場合

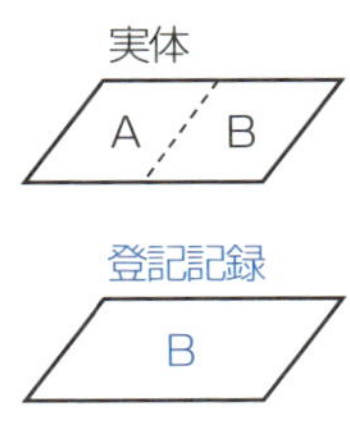


たとえば，実体上はＡおよびＢの共有であるが，登記記録上はＢ単有名義となっている土地があったとします。この場合に，ＡおよびＢが共有物分割の協議をし，Ａが単独で所有することになったとき，共有物分割を原因とするＡへの所有権の移転の登記を申請できるでしょうか。

できません（昭 53.10.27 民三.5940）。

この場合には，以下の２件の登記を申請すべきです。

1/2　ＡＢ共有名義とする所有権の更正の登記

2/2　ＢからＡへの共有物分割を原因とするＢ持分全部移転の登記

この3の共有物分割と次に説明する4の持分放棄には，以下の Realistic rule があるからです。

**Realistic rule**

①共有物分割または持分放棄を原因とする移転の登記は，**登記記録上の共有者である者が登記権利者・登記義務者**となります（登記記録上の共有者の間でしか登記はできません）。

登記官には原則として形式的審査権しかないため（P54（１）），共有者の間でしかできない共有物分割または持分放棄の登記を登記記録上の共有者以外の者に対してする登記の申請は，登記官は却下せざるを得ないのです。

②共有物分割または持分放棄を原因とする登記において，**登記の目的が「所有権移転」となることはありません。**

上記①のとおり，登記記録上の共有者の間でする登記だからです。

**cf. 共有物分割による交換**

共有物分割による登記と関連する登記に「共有物分割による交換」という登記があります。たとえば，以下のような場合にする登記です。

ex. ＡおよびＢが共有している甲土地について，共有物分割協議により，甲土地をＡの単有としたとします。このとき，持分を失うＢに，Ａが所有する乙土地の所有権を移転することがあります。

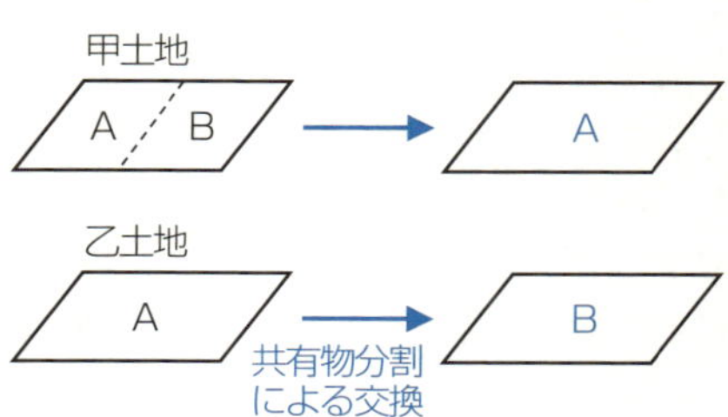


この場合に，乙土地についてする登記が共有物分割による交換です。乙土地について，「年月日共有物分割による交換」を登記原因及びその日付として，ＡからＢへの所有権の移転の登記を申請します。年月日は，共有物分割の協議が成立した日です。

## 4 持分放棄

### 1．実体（民法）→登記

不動産の共有者の１人がその持分を放棄すると，その持分は他の共有者に帰属します（民法255条）。── 民法Ⅱのテキスト第３編第３章第４節3 3. 放棄は，物権の消滅原因です。── 民法Ⅱのテキスト第３編第１章第３節7 3. 持分を放棄した共有者の所有権が消滅し，それが法律の規定（民法255条）により他の共有者に帰属します。

よって，権利変動の過程を公示するには，本来は，持分を放棄した者の所有権の登記を抹消すべきです。

しかし，持分を放棄した共有者から他の共有者に持分の移転の登記をするのが，登記の扱いです（大判大3.11.3）。実体とは異なりますが，これも，抹消の登記は当事者に過度な負担になるため，便宜的に移転の登記によるとされている登記です（P203の「抹消→移転」）。

### 2．申請情報の記載事項

**申請例10** ── **持分放棄を原因とする持分の移転の登記**

事例：AおよびBは，持分２分の１ずつで土地を共有している（甲区１番でAおよびB名義の所有権の保存の登記がされている）。Bは，令和５年６月28日，この土地の持分を放棄した。そして，その意思表示が，令和５年６月29日にAに到達した。この土地の課税標準の額は，1000万円である。

| | |
|---|---|
| 登記の目的 | B持分全部移転 |
| 原　　因 | 令和５年６月28日持分放棄 |
| 権 利 者 | 持分２分の１　A |
| 義 務 者 | B |
| 添 付 情 報 | 登記原因証明情報（Bの持分放棄証書）<br>登記識別情報（Bの甲区１番の登記識別情報）<br>印鑑証明書（Bの印鑑証明書）<br>住所証明情報（Aの住民票の写し）<br>代理権限証明情報（A及びBの委任状） |
| 課 税 価 格 | 移転した持分の価格　金500万円 |
| 登録免許税 | 金10万円 |

| 権 利 部 （甲 区） （所 有 権 に 関 す る 事 項） | | | |
|---|---|---|---|
| 順位番号 | 登記の目的 | 受付年月日・受付番号 | 権 利 者 そ の 他 の 事 項 |
| 1 | 所有権保存 | 令和4年6月28日<br>第11542号 | 共有者　持分2分の1　A<br>2分の1　B |
| 2 | B持分全部移転 | 令和5年6月30日<br>第12712号 | 原因　令和5年6月28日持分放棄<br>所有者　持分2分の1　A |

P197～200の2.の売買を原因とする所有権の移転の登記と異なるのは，以下の点です。

### （1）登記原因及びその日付

年月日は，「持分放棄の意思表示（単独行為）をした日」を記載します。意思表示をした日であって，その意思表示が他の共有者に到達した日ではない点にご注意ください。持分放棄は，持分を放棄する意思表示をすることによって当然に効果が生じるからです。よって，上記申請例10の登記原因日付は，令和5年6月29日ではなく，「令和5年6月28日」となります。

P490＝P494

原因は，「持分放棄」と記載します。持分放棄が，権利変動の原因（法律行為）だからです。

### （2）申請人

以下の者の共同申請です（不登法60条）。
・登記権利者：他の共有者
・登記義務者：持分を放棄した共有者

### （3）添付情報

以下のとおり，登記原因証明情報の内容が変わる点を除いて，P199～200（4）と同じです。

・登記原因証明情報（不登法61条，不登令別表30添付情報イ）
具体的には，持分放棄証書が当たります。

## 3．3名以上の者の共有の場合

上記2.の申請例10は共有者が2名の事案ですが，3名以上の者が不動産を共有している場合に，共有者の1人がその持分を放棄すると，どのように登記をするでしょうか。

＊以下いずれも，A，BおよびCの３名が土地を共有している場合に，Aが持分を放棄する例で説明します。

### （1）実体（民法）→登記

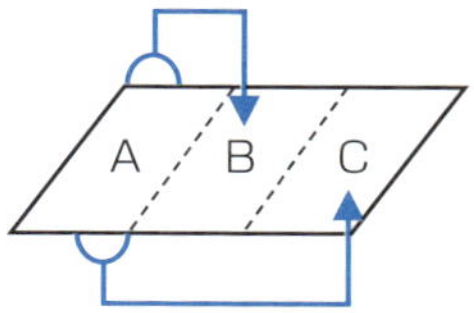

A，BおよびCの３名が土地を共有している場合に，Aが持分を放棄したときは，以下の登記を申請します。

1/1　AからBおよびCへの持分放棄を原因とするA持分全部移転の登記

BおよびCが有していた持分の割合に応じて，Aの持分がBおよびCに帰属するからです。―― 民法Ⅱのテキスト第３編第３章第４節3３.

よって，BまたはCのみに，Aの持分をすべて移転する登記はできません（登研470P97参照）。

### （2）登記権利者

上記（1）の1/1の登記は，登記権利者としてBおよびCの双方が申請する必要があり，BのみまたはCのみを登記権利者として申請することはできません（登研577P154）。

登記という対抗力を備えるかは，各自の自由だからです（P12 の2.）。BがCに帰属した持分について，または，CがBに帰属した持分について，勝手に登記をすることはできないのです。

Aと，BのみまたはCのみしか申請しないのであれば，以下の登記を申請することになります（昭37.9.29民事甲2751）。

1/1　AからBへの持分放棄を原因とするA持分一部移転の登記，または，AからCへの持分放棄を原因とするA持分一部移転の登記

登記という対抗力を備えるかは各自の自由であるため，このように，Bに帰属した持分についてのみ，または，Cに帰属した持分についてのみ登記をすることもできます。

### （3）持分放棄により帰属した持分について第三者に持分の移転の登記をすることの可否

A，BおよびCの３名が土地を共有している場合に，Aが持分を放棄しました。Bに帰属した持分についてはA持分一部移転の登記（上記（2）の1/1の登記）がされていますが，Cに帰属した持分については，まだ登記がされていません。そこで，Aは第三者Dに，Cに帰属した持分を売却しました。このとき，DへのA持分全部移転の登記（＊）をすることができるでしょうか。

＊BへのA持分一部移転の登記がされており，残りの"すべて"の持分を移転する登記ですので，「A持分全部移転の登記」となります（P189③）。

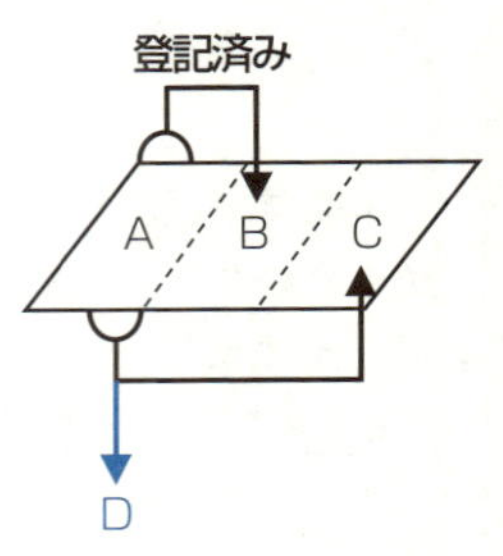


できます（昭44.5.29民事甲1134）。

不動産の二重譲渡は可能でした。そして，二重譲渡（＊）をされた者同士（CとD）は対抗関係に立ちますので，CとDのうち，登記を備えた者がこの持分を有することになるのです。持分放棄によって帰属した持分についても，登記をしないと第三者に対抗できません。── **民法Ⅱのテキスト第3編第3章第4節3 3.※**

＊Cへの持分の移転の原因は「放棄」ですので，「二重譲渡」という表現は，少しおかしいですが。

### 4．実体上は共有者であるが登記記録上は共有者でない者への持分の移転の登記

たとえば，AおよびBが土地を共有していましたが，BがCに持分を売却しました。しかし，CへのB持分全部移転の登記は，まだされていません。この場合に，Aが持分を放棄したとき，持分放棄を原因とするCへのA持分全部移転の登記の申請をすることができるでしょうか。

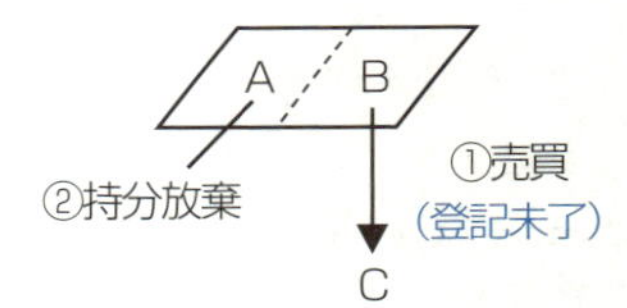


できません（昭60.12.2民三.5441）。

持分放棄を原因とする持分の移転の登記は，登記記録上の共有者である者が登記権利者にならなければならないからです（P214の「Realistic rule ①」）。Cは，登記記録上の共有者ではありません。

この場合には，以下の登記を申請することになります。

1/2　BからCへの売買を原因とするB持分全部移転の登記

2/2　AからCへの持分放棄を原因とするA持分全部移転の登記

## 5 代物弁済

### 1．実体（民法）→登記

弁済者が，債権者の承諾を得て，本来の弁済に代えて他の給付をすると，債務が消滅します（民法482条）。── **民法Ⅲのテキスト第5編第6章第1節5**

#### （1）代物（不動産）の所有権の移転

代物が不動産である場合には，不動産の所有権が弁済者から債権者に移転します。

よって，弁済者から債権者への代物弁済を原因とする所有権の移転の登記を申請できます。

### （2）債務の消滅による担保物権の抹消

代物弁済によって消滅した債務を担保するために，不動産に担保物権（ex. 抵当権）が設定されていることがあります。代物弁済によって債務が消滅しましたので，付従性によって担保物権も消滅します（付従性のない確定前根抵当権は除きます）。── 民法Ⅱのテキスト第４編第１章第３節1

よって，代物弁済によって消滅した債務を担保するために不動産に担保物権が設定されている場合には，代物弁済を原因とする担保物権の抹消の登記も申請できます。

## ２．申請情報の記載事項

**申請例11** ── 代物弁済を原因とする所有権の移転の登記
代物弁済を原因とする抵当権の抹消の登記

事例：Aが所有している建物（甲区１番でA名義の所有権の保存の登記がされている）に，BのAに対する債権を担保するため，Bの抵当権の設定の登記が乙区１番でされている。AとBは，令和５年６月28日，この被担保債権の弁済に代え，この建物をAからBに移転する代物弁済契約を締結した。AとBは，令和５年７月１日，この契約に基づく登記を申請した。この建物の課税標準の額は，1000万円である。

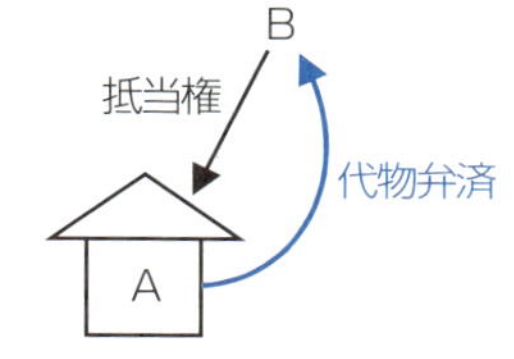


1/2

| 登記の目的 | 所有権移転 |
|---|---|
| 原　　因 | 令和５年６月28日代物弁済 |
| 権 利 者 | B |
| 義 務 者 | A |
| 添付情報 | 登記原因証明情報（代物弁済契約書）<br>登記識別情報（Aの甲区１番の登記識別情報）<br>印鑑証明書（Aの印鑑証明書）<br>住所証明情報（Bの住民票の写し）<br>代理権限証明情報（B及びAの委任状） |
| 課税価格 | 金1000万円 |
| 登録免許税 | 金20万円 |

## 2/2

| 登記の目的 | 1番抵当権抹消 |
|---|---|
| 原　　因 | 令和5年7月1日代物弁済　＊1 |
| 権利者兼義務者 | B　＊2 |
| 添付情報 | 登記原因証明情報（代物弁済契約書）<br>登記識別情報（Bの乙区1番の登記識別情報）<br>代理権限証明情報（Bの委任状） |
| 登録免許税 | 金1000円 |

＊1　代物弁済の効力が発生し債務が消滅する（それに伴い担保が消滅する）のは，他の給付をした時であり，「他の給付」が所有権の移転や債権の譲渡である場合には，債権者が対抗要件を具備した時です（大判大6.8.22，最判昭39.11.26，最判昭40.4.30）。代物が不動産であれば，所有権の移転の登記を申請した時です。── **民法Ⅲのテキスト第5編第6章第1節5 3.（3）**　よって，登記原因日付は，所有権の移転の登記を申請した「令和5年7月1日」となります。

＊2　1/2の所有権の移転の登記によって，Bがこの建物の所有権の登記名義人になっていますので，登記権利者もBとなります。この申請例11は，抵当権の設定の登記がされた不動産を代物として給付した事例ですが，他の不動産や動産などを代物として給付した場合は，申請人および添付情報の記載が変わります。

ex. 上記申請例11を少し変えて，代物が，抵当権の設定の登記がされたこの建物ではなくAが所有している土地であった場合には，2/2の申請人および添付情報は，以下のようになります。

「権利者　A
　義務者　B
　添付情報　登記原因証明情報（代物弁済契約書）
　　　　　　登記識別情報（Bの乙区1番の登記識別情報）
　　　　　　代理権限証明情報（A及びBの委任状）」

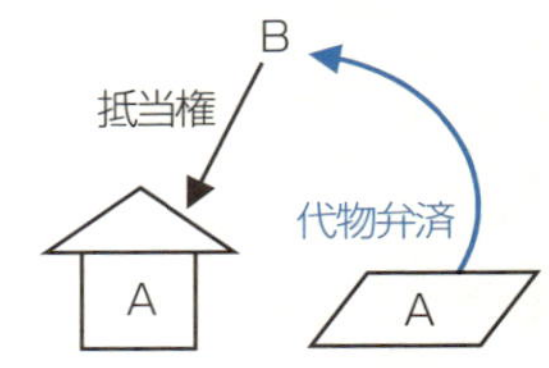


Aが，抵当権の抹消の登記をする建物の所有権の登記名義人だからです。

**― Realistic 11　登記原因は「混同」にならないの？ ―**

上記申請例 11 の2/2は，所有者も抵当権者もBとなっているため，「原因は『混同』にならないんですか？」とよくご質問を受けます。「混同」にはなりません（登研 61P30）。理由は以下のとおりです。

①実体上，混同で抵当権が消滅したのではなく，代物弁済によって被担保債権が消滅したことにより，付従性で抵当権が消滅しました。

②原因を「混同」としてしまうと，抵当権という物権が消滅したことは公示できますが，被担保債権が消滅した公示にはなりません（債権は残っている可能性が生じます）。代物弁済によって債権が消滅したことも公示すべきです。

2/2の抵当権の抹消の登記の申請情報の記載方法は，P492～500 2で説明します。ここでは，1/2の所有権の移転の登記の申請情報の記載事項を説明します。

P197～200の2.の売買を原因とする所有権の移転の登記と異なるのは，以下の点です。

#### （1）登記原因及びその日付

年月日は，「代物弁済契約の成立日」を記載します。上記申請例11の2/2と異なり，所有権の移転の登記を申請した日ではない点にご注意ください。代物（不動産）の所有権は，代物弁済契約の成立時に移転するからです（民法176条）。―― 民法Ⅲのテキスト第5編第6章第1節5 3.（2）　よって，上記申請例11の登記原因日付は，令和5年7月1日ではなく，「令和5年6月28日」となります。

原因は，「代物弁済」と記載します。代物弁済が，権利変動の原因（法律行為）だからです。

#### （2）申請人

以下の者の共同申請です（不登法60条）。

・登記権利者：代物弁済を受けた債権者
・登記義務者：代物弁済をした者（不動産の所有者）

#### （3）添付情報

以下のとおり，登記原因証明情報の内容が変わる点を除いて，P199～200（4）と同じです。

・登記原因証明情報（不登法61条，不登令別表30添付情報イ）
具体的には，代物弁済契約書が当たります。

## 6 財産分与

### 1．実体（民法）→登記

協議離婚でも裁判離婚でも，離婚をした者の一方は，相手方に対して財産の分与を請求できます（民法768条1項，771条）。―― 民法Ⅲのテキスト第9編第3章第5節2 3.（4）

#### （1）協議による財産分与

財産分与は，協議によって決めるのが原則です（民法768条2項本文，771条参照）。

#### （2）家庭裁判所での調停または家庭裁判所の審判による財産分与

協議が調わないときまたは協議をすることができないときは，夫または妻は，家庭裁判所に代わりに決めてもらうよう請求できます（民法768条2項本文，771条）。

この場合，家庭裁判所での調停または家庭裁判所の審判により，財産分与の有無，分与の額，方法が定められます。

上記（1）または（2）により不動産が財産分与の対象となった場合には，夫から妻または妻から夫に，その不動産の所有権が移転します。

よって，夫から妻または妻から夫に，財産分与を原因とする所有権の移転の登記を申請できます。なお，内縁の配偶者に対しても財産分与を原因とする所有権の移転の登記を申請できます（判決があった事案。昭47.10.20民事三.559）。財産分与の規定は，内縁にも準用されるからです。── 民法Ⅲのテキスト第9編第3章第6節2 3.

### 2．申請情報の記載事項

**申請例12** ── **財産分与を原因とする所有権の移転の登記**

事例：辰已和夫と辰已優美（旧姓高田）との間で，令和5年6月20日，財産分与として，辰已和夫が所有している建物（甲区1番で辰已和夫名義の所有権の保存の登記がされている）を辰已優美に譲渡する協議が成立した。そして，令和5年6月28日，離婚届が提出された。この建物の課税標準の額は，1000万円である。

| | |
|---|---|
| 登記の目的 | 所有権移転 |
| 原　　因 | 令和5年6月28日財産分与 |
| 権 利 者 | 高田優美　＊ |
| 義 務 者 | 辰已和夫 |
| 添付情報 | 登記原因証明情報（財産分与協議書等） |
| | 登記識別情報（辰已和夫の甲区1番の登記識別情報） |
| | 印鑑証明書（辰已和夫の印鑑証明書） |
| | 住所証明情報（高田優美の住民票の写し） |
| | 代理権限証明情報（高田優美及び辰已和夫の委任状） |
| 課税価格 | 金1000万円 |
| 登録免許税 | 金20万円 |

**申請情報に記載すべき氏名（名称）・住所は今の？　過去の？**　（＊）

申請情報に記載すべき氏名（名称）・住所は，**現在（登記申請時点）の氏名（名称）・住所**です。申請情報ですから，誰が申請しているのかを明らかにすべきだからです。

みなさんも，たとえば，役所で住民票の写しの請求書に氏名・住所を記載するときは，現在の氏名・住所を書きますよね。それと同じことです。

よって，上記申請例12では，離婚によって旧姓に戻った優美の氏名として，「辰巳」ではなく「高田」を記載しています。

P197～200の2.の売買を原因とする所有権の移転の登記と異なるのは，以下の点です。

### （1）登記原因及びその日付

#### （a）登記原因日付

##### i　協議による財産分与

年月日は，「協議が成立した日」と「離婚が成立した日（ex. 離婚届の提出日）」のうち，遅い日を記載します（登研 490P146）。財産分与の協議が成立しなければ，不動産の権利変動は生じません。そして，財産分与は離婚の効果ですので，離婚が成立しなければ財産分与の効果が生じません。そのため，協議と離婚が揃った日に不動産の権利変動が生じます。よって，上記申請例12の登記原因日付は，令和5年6月20日ではなく，「令和5年6月28日」となります。

##### ii　家庭裁判所での調停または家庭裁判所の審判による財産分与

年月日は，「調停成立日または審判確定日」と「離婚が成立した日（ex. 離婚届の提出日）」のうち，遅い日を記載します（登研 526P192）。理由は，上記 i と同じです。

**要は**

登記原因日付は，**財産分与と離婚が揃った日**となります。

#### （b）登記原因

原因は，「財産分与」と記載します。財産分与が，権利変動の原因（法律行為）だからです。

### （2）申請人

#### （a）協議による財産分与

以下の者の共同申請です（不登法60条）。

・登記権利者：財産分与を受けた夫または妻
・登記義務者：財産分与をした夫または妻

#### （b）家庭裁判所での調停または家庭裁判所の審判による財産分与

財産分与を受けた夫または妻（登記権利者）が単独で申請できます（不登法 63 条 1 項）。家庭裁判所での調停または家庭裁判所の審判があるからです。

### （3）添付情報

#### （a）協議による財産分与

以下のとおり，登記原因証明情報の内容が変わる点を除いて，P199～200（4）と同じです。

・登記原因証明情報（不登法 61 条，不登令別表 30 添付情報イ）

具体的には，財産分与協議書および戸籍全部事項証明書等が当たります。ただ，報告形式の登記原因証明情報でも OK なので，必ずしも公文書は必要とされません。

#### （b）家庭裁判所での調停または家庭裁判所の審判による財産分与

＊単独申請による場合，提供する添付情報および添付情報の内容が変わるのですが，これはⅡのテキスト第5編第4章2 4.で説明します。

## 7　委任の終了

### 1．実体（民法）→登記

町内会や同窓会などの権利能力なき社団は，自然人や法人のような権利能力が認められないため，財産を社団の総構成員で総有的に所有します（ex. 町内会の会員みんなで所有します）。不動産も，権利能力なき社団名義で登記することはできず，基本的には以下の①または②のいずれかの名義で登記します（最判昭 47.6.2・登記実務）。法人のように登記事項証明書などで存在を公的に証することができないなどの理由によります。── 民法Ⅰのテキスト第2編第2章第1節5 3.（2）（a）ⅰ，ⅱ（ⅰ）

「
P389

①代表者（＊）
②構成員全員

＊なお，代表者ではない構成員の名義の登記を認めた判例（最判平 6.5.31）もあります。

ここからは，上記①の代表者の名義で登記されている場合を考えます。この場合，登記されている代表者が交代したときは，旧代表者から新代表者に所有権の移転の登記を申請できます。不動産は実体上，総構成員に総有的に帰属しているので，旧代表者から新代表者に所有権が移転したわけではありません。実体からするとおかしいのですが，代表者の名義で登記されているので，このような登記をすることになります。

**※代表者が追加された場合**

たとえば，代表者Ｂ名義で登記されている権利能力なき社団の構成員全員に総有的に帰属する不動産があったとします。この場合に，代表者Ｃが新たに就任したときは，委任の終了を登記原因として，ＢからＣへの所有権の一部移転の登記を申請することができます（昭 53.2.22 民三.1102）。これも，ＢからＣに所有権の一部が移転したわけではありませんが,「Ｂ名義」から「ＢＣ名義」に変更する登記は，形式上，所有権の一部移転の登記となります。

その後，Ｃが代表者を辞任した場合には，委任の終了を登記原因としてＣからＢにＣ持分全部移転の登記を申請します（昭 41.4.18 民事甲 1126)。これも，ＣからＢに持分が移転したわけではありませんが,「ＢＣ名義」から「Ｂ名義」に変更する登記は，形式上，Ｃ持分全部移転の登記となります。

### 2．申請情報の記載事項

**申請例13** —— **委任の終了を原因とする所有権の移転の登記**

事例：権利能力なき社団Ａの総構成員に総有的に帰属している建物について，甲区１番で代表者Ｂ名義の所有権の保存の登記がされている。令和５年６月 28 日，Ａの社員総会が開催され，総社員の一致で，Ｂの解任と後任の代表者Ｃの選任がなされ，その場でＣが就任を承諾した。この建物の課税標準の額は，1000 万円である。

| 登記の目的 | 所有権移転 |
|---|---|
| 原　　因 | 令和５年６月 28 日委任の終了 |
| 権 利 者 | Ｃ |
| 義 務 者 | Ｂ |
| 添 付 情 報 | 登記原因証明情報（Ｂの解任及びＣの選任・就任を証する書面）<br>登記識別情報（Ｂの甲区１番の登記識別情報）<br>印鑑証明書（Ｂの印鑑証明書）<br>住所証明情報（Ｃの住民票の写し）<br>代理権限証明情報（Ｃ及びＢの委任状） |
| 課 税 価 格 | 金 1000 万円 |
| 登録免許税 | 金 20 万円 |

| 権利部（甲区）（所有権に関する事項） | | | |
|---|---|---|---|
| 順位番号 | 登記の目的 | 受付年月日・受付番号 | 権利者その他の事項 |
| 1 | 所有権保存 | 令和４年６月28日<br>第11542号 | 所有者　B |
| 2 | 所有権移転 | 令和５年６月28日<br>第12456号 | 原因　令和５年６月28日委任の終了<br>所有者　C |

P197～200の２.の売買を原因とする所有権の移転の登記と異なるのは，以下の点です。

### （1）登記原因及びその日付

年月日は，「新代表者が就任した日」を記載します（登研450P127）。

原因は，「委任の終了」と記載します。旧代表者への委任が終了したという意味です。

### （2）申請人

以下の者の共同申請です（不登法60条）。

・登記権利者：新代表者

新代表者が複数であれば，持分も記載します。権利者が複数いる場合は，持分を記載するのが原則です（不登令３条９号）。よって，例外的に持分を記載しない権利のほうを記憶してください。持分を記載しない権利は，Ⅱのテキスト第３編第２章第２節3「持分を記載しない権利を記憶する」でまとめています。

・登記義務者：旧代表者

### （3）添付情報

以下のとおり，登記原因証明情報の内容が変わる点を除いて，P199～200（4）と同じです。

・登記原因証明情報（不登法61条，不登令別表30添付情報イ）

具体的には，旧代表者の解任及び新代表者の選任・就任を証する書面などが当たります。

## ３．代表者が死亡した場合

上記申請例13のように，「委任の終了」を登記原因としてＣへの所有権の移転の登記がされている不動産があったとします。この場合に，代表者Cが死亡したとき，Cの相続人に相続を原因とする所有権の移転の登記を申請することができるでしょうか。

できません（登研459P98）。

「委任の終了」を登記原因として登記がされているので，Cは登記名義人になっているだけであり，この不動産がCの相続財産でないことは明らかだからです。

よって，この場合，新代表者（Dとしましょう）を選任し，CからDへの委任の終了を原因とする所有権の移転の登記を申請すべきです。Cは死亡しているため，Cについては，Cの相続人がP44～46の3.の一般承継人による申請（不登法62条）により申請することになります（登研476P139）。

このように，新代表者への委任の終了を原因とする所有権の移転の登記を申請すべきなのですが，誤ってCの相続人への相続を原因とする所有権の移転の登記がされたことがありました。この場合，以下の登記を申請します（登研518P116）。

1/2　錯誤を原因とする相続人名義の所有権の移転の登記の抹消の登記

2/2　Cから新代表者Dへの委任の終了を原因とする所有権の移転の登記　P201」

P201の4.のように，「1/2の抹消の登記をせずに，相続人から新代表者Dへの所有権の移転の登記をする」ということはできません。P201の4.と違い，もともとCが所有していた不動産ではないため，相続登記が登記記録に残ってしまうのはあまりにも不自然だからです。

### 4．代表者変更後に第三者に譲渡された場合

旧代表者名義で登記されている権利能力なき社団の構成員全員に総有的に帰属している不動産が，代表者が変更された後に第三者に売却されました。この場合，以下の登記を申請します（平2.3.28民三1147）。

1/2　旧代表者から新代表者への委任の終了を原因とする所有権の移転の登記

2/2　新代表者から第三者への売買を原因とする所有権の移転の登記

1件で，第三者への所有権の移転の登記をすることはできません。第三者への売却前に代表者が替わっていますので，新代表者への所有権の移転の登記をすべきだからです。

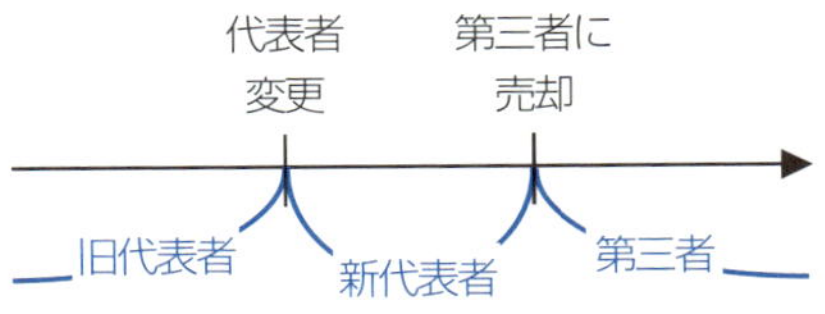

## 8 破産

### 1．実体（破産法）→登記

民法ではなく破産法のハナシですが，破産と不動産登記は関係があります。

#### （1）破産手続開始の決定

##### （a）支払不能→裁判所の決定→破産財団

支払不能になった債務者について裁判所の破産手続開始の決定がされると（破産法15条，30条），破産者の財産は基本的に「破産財団」となります（破産法34条）。

##### （b）登記

不動産の登記名義人が破産すると，以下のとおり登記されます。自然人と法人の破産で扱いが異なります。

・自然人の破産

→　裁判所書記官の嘱託で不動産の登記記録に破産手続開始の決定の登記がされます（破産法258条1項。P25のex1.のcf.）。

| 2 | 破産手続開始 | 令和5年6月11日<br>第11021号 | 原因　令和5年6月8日午後5時東京地方裁判所<br>破産手続開始決定 |
|---|---|---|---|

・法人の破産

→　裁判所書記官の嘱託で法人の登記記録に破産手続開始の決定の登記がされます（破産法257条1項）。

| 役員に関する事項 | 東京都新宿区高田馬場一丁目5番地<br>リーガル法律事務所<br>破産管財人　法　務　花　子 | <br>令和5年6月11日登記 |
|---|---|---|
| 破　産 | 令和5年6月8日午後5時東京地方裁判所の破産手続開始<br>令和5年6月11日登記 | |

##### （c）破産管財人

破産手続開始の決定とともに，裁判所によって破産管財人が選任されます（破産法74条1項）。通常は弁護士が選任されます。

上記（a）の破産財団の管理権および処分権は破産管財人に属し（破産法78条1項），破産者が勝手に売却したりすることができなくなります。

**※破産法による否認の登記**

このように，破産手続開始の決定後は，破産者は不動産を処分できなくなります。しかし，破産手続開始の決定前の処分でも，否認権の行使により否認されることがあります（破産法160条）。「破産を申し立てる前にめぼしい財産を友人に贈与してしまおう」などと，債権者を害することを考える者がいるためです。

破産手続開始の決定前の処分が否認され，それが判決により確認されると，その処分に基づく登記（上記の例だと友人への贈与を原因とする所有権の移転の登記）について，「破産法による否認の登記」という登記がされます。この登記は，主登記でされます（記録例739，741）。抹消の登記に相当する登記だからです。抹消の登記は，必ず主登記でされます（Ⅱのテキスト第５編第８章「Realistic rule」）。

### （2）不動産の換価

債権者への弁済のため，破産財団に属する財産は換価されます。不動産の換価は，以下の方法で行われます。

①競売など（破産法184条１項）
②裁判所の許可を得たうえでの任意売却（破産法78条２項１号）

「任意売却」とは，競売によらずに，破産管財人が買主をみつけてきて不動産を売却することです。競売よりも早く・高く売れることもあるため，債権者にとっても競売よりも助かることが多いです。ただ，不当に安く売却されることがないように，裁判所の許可が必要とされています。

## ２．任意売却の申請情報の記載事項

上記１．（２）②の任意売却をした場合，破産管財人が買主と共同して，所有権の移転の登記を申請します（平16.12.16民二.3554）。

その場合の申請例は，以下のとおりです。不動産の所有者Ａが破産し，Ａの破産管財人法務花子がＢにＡの不動産を売却した場合の例です。売買を原因とする所有権の移転の登記ですので，基本的にはP197の申請例７と同じです。異なる箇所は，青字にしました。

## 申請例14 ―― 破産管財人の申請による任意売却の所有権の移転の登記

| | |
|---|---|
| 登記の目的 | 所有権移転 |
| 原　　因 | 令和5年7月8日売買 |
| 権 利 者 | B |
| 義 務 者 | A |
| | 破産者A破産管財人法務花子 |
| 添付情報 | 登記原因証明情報（売買契約書等）<br>印鑑証明書（破産管財人法務花子の印鑑証明書）<br>住所証明情報（Bの住民票の写し）<br>代理権限証明情報（破産管財人法務花子の選任書，B及び破産管財人法務花子の委任状）<br>許可証明情報（裁判所の任意売却の許可を証する書面） |
| 課税価格 | 金1000万円 |
| 登録免許税 | 金20万円 |

### （1）申請人

上記の申請例では破産管財人も記載していますが，「破産管財人は破産者の代理人なので，申請情報に記載しない」という見解もあります（＊）。

＊破産管財人を破産者の代理人と考えるのは，現在では少数説です。

### （2）添付情報

①印鑑証明書（不登令16条2項，18条2項）

破産管財人が申請しますので，破産管財人の印鑑証明書を提供します（平16.12.16民二.3554）。

②代理権限証明情報（不登令7条1項2号）

破産管財人の権限を証する情報（＊）として，裁判所の破産管財人の選任書を提供します（平16.12.16民二.3554）。破産管財人は登記されていませんので，登記官からすると「お前ダレ？」となるからです。また，司法書士が任意代理人として申請する場合は，委任状を提供します。買主と破産管財人が司法書士に委任しますので，委任状の作成者は買主と破産管財人になります。

＊破産管財人を破産者の代理人と考えるのは現在では少数説なので，「代理権限証明情報」というのは違和感はあります。

③許可証明情報（不登令７条１項５号ハ）

破産管財人がする任意売却は裁判所の許可が必要なので（破産法 78 条２項１号），裁判所の任意売却の許可を証する書面を提供する必要があります（平 16.12.16 民二.3554）。

※登記識別情報は，提供しません（昭 34.5.12 民甲 929，平 16.12.16 民二.3554）。裁判所の任意売却の許可を証する書面があるため，真正な登記だと考えられるからです。また，破産者は不動産を取り上げられるわけなので，登記識別情報を出さないことが考えられます。

上記の登記を申請した後，破産管財人は，不動産の登記記録にされた破産手続開始の決定の登記を抹消するよう裁判所に申立てをします。そして，裁判所書記官の嘱託によって，破産手続開始の決定の登記の抹消の登記がされます（平 16.12.16 民二.3554）。

職権によって抹消されるわけではないということです。売買を原因とする所有権の移転の登記がされただけですから，登記官には破産手続開始の決定の登記を抹消してよいかわからないからです。職権によって抹消されるわけではないのは，不動産が競売された場合でも同じです。

### ３．前提としての名変登記

詳しくは，Ⅱのテキスト第５編第３章３ １.で説明しますが，上記２.の登記をするにあたって，破産者の氏名（名称）・住所に変更または錯誤・遺漏があるときは，上記２.の登記の前提として名変登記を申請する必要があります。この前提としての名変登記を，破産管財人が破産者の代わりに申請できるでしょうか。

できます。

破産財団の管理権および処分権は破産管財人に属しますので（破産法 78 条１項），前提としての名変登記もできるのです。

## 9 真正な登記名義の回復

### 1．意義

真正な登記名義の回復：実体上の権利者と登記名義人とが乖離（かいり）している場合に，登記を実体に合わせる登記（昭 39.2.17 民事三.125 参照）

この登記は，実体法である民法に根拠がなく，民法を前提とした登記ではありません。不動産登記の実務から生まれた登記です。

たとえば，Aが所有している建物について，所有権の移転がないにもかかわらず，誤ってAからBへの所有権の移転の登記がされ，その後，Bを設定者としてCの抵当権の設定の登記がされているとします。

この場合，本来は，AからBへの所有権の移転の登記を抹消すべきです。B名義の登記は誤りだからです。しかし，抹消の登記においては，登記上の利害関係を有する第三者がいる場合には，その第三者の承諾がなければ登記ができません（不登法 68 条。P115※）。この例では，Cの承諾が必要となります。

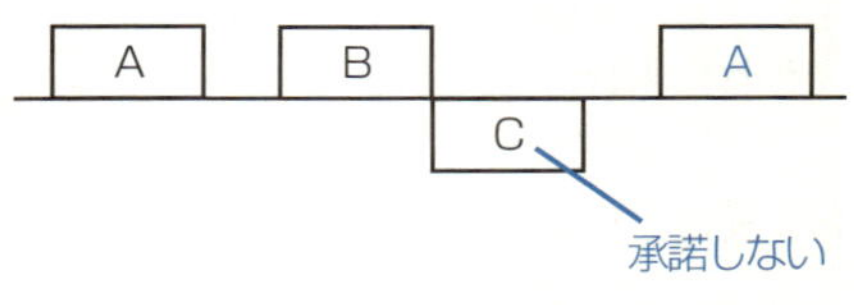


ここで，Cが承諾しないときに，真正な登記名義の回復を原因として登記名義人Bから実体上の権利者Aに所有権の移転の登記をすれば，A名義の登記を回復することができます。移転の登記であれば，他の登記が職権抹消されないため（P209 の「職権抹消の基本的な考え方」），Cの承諾が不要となるのです。このような場合に実益があります。

**※死者への登記**

死者に対する真正な登記名義の回復を原因とする所有権の移転の登記をすることもできます（昭 57.3.11 民三.1952，平 13.3.30 民二.874）。死者が所有者であったのであれば，そのことを公示すべきだからです。

### 2．申請情報の記載事項

**申請例15** —— **真正な登記名義の回復を原因とする所有権の移転の登記**

＊事例は，上記1.の例に合わせています。

事例：Aが所有している建物について，令和5年3月 28 日，売買契約がないにもかかわらず，売買を原因とするBへの所有権の移転の登記が甲区2番でされ，Bを設定者とするCの抵当権の設定の登記がされた。AとBは，令和5年6月 28 日，登記をA名義に戻すことについて合意に至ったが，Cの承諾が得られなかった。この建物の課税標準の額は，1000 万円である。

| 登記の目的 | 所有権移転 |
|---|---|
| 原　　因 | 真正な登記名義の回復 |
| 権 利 者 | A |
| 義 務 者 | B |
| 添付情報 | 登記原因証明情報（Aが所有者であること等を証する書面）<br>登記識別情報（Bの甲区２番の登記識別情報）<br>印鑑証明書（Bの印鑑証明書）<br>住所証明情報（Aの住民票の写し）<br>代理権限証明情報（A及びBの委任状） |
| 課税価格 | 金 1000 万円 |
| 登録免許税 | 金 20 万円 |

P197～200 の２.の売買を原因とする所有権の移転の登記と異なるのは，以下の点です。

### （１）登記原因及びその日付

年月日は，記載しません（昭 39.２.17 民事三.125）。登記原因日付には権利変動の効力発生日を記載しますが（P198 の「申請情報の記載事項の意味」），真正な登記名義の回復は権利変動ではないからです。上記申請例 15 においても，BからAに所有権が移転したわけではなく，Aは元から所有者です。

原因は，「真正な登記名義の回復」と記載します。

### 登記原因は記載するが登記原因日付は記載しない登記

このテキストに掲載している，登記原因は記載するが登記原因日付は記載しない登記は，**以下の５つ**です。

①真正な登記名義の回復を原因とする移転の登記（昭 39.２.17 民事三.125）

②錯誤または遺漏を原因とする更正の登記

P326（１）などで説明します。

③錯誤を原因とする抹消の登記

P345 の２.などで説明します。

④処分禁止の登記に後れる登記の抹消の登記または更正の登記

これは，Ⅱのテキスト第５編第５章６ １.（２），２.（２）で説明します。

⑤錯誤を原因とする抹消回復の登記

これは，Ⅱのテキスト第５編第９章２ ２.で説明します。

上記①～⑤はいずれも，ある時点からおかしな登記であったというわけではなく，最初からおかしな登記であったため，登記原因日付といえる日がないからです。
ふりがなをふった部分から「登記原因とサシでいこう！」と記憶してください。

### （2）申請人

以下の者の共同申請です（不登法60条)。

・登記権利者：実体上の所有者
・登記義務者：誤って登記がされている登記名義人

上記申請例 15 もそうですが，誤って登記がされている登記名義人が登記申請に協力するのであれば，共同申請によって申請します（昭39.2.17 民事三.125)。

誤って登記がされている登記名義人が登記申請に協力しないのであれば，実体上の所有者は，誤って登記がされている登記名義人を相手方として訴えを提起し，判決による登記（不登法63条1項）により単独申請で申請することになります。

### （3）添付情報

以下のとおり，登記原因証明情報の内容が変わる点を除いて，P199～200（4）と同じです。

・登記原因証明情報（不登法61条，不登令別表30添付情報イ）
登記権利者が実体上の所有者であることなどを記載した情報を提供する必要があります。

## 3．どのような場合でも真正な登記名義の回復を原因として移転の登記ができる？

真正な登記名義の回復を原因とする移転の登記は,「実体上の権利者と登記名義人とが乖離（かいり）している場合に, 登記名義人から実体上の権利者に対してする移転の登記」です。この定義だけですと，非常に多くの登記が真正な登記名義の回復を原因としてできてしまいそうです。実際にも，真正な登記名義の回復を原因とした中間省略登記が多数行われていた時期もありました。

しかし，この登記は，好ましい登記ではありません。

上記申請例15では,「Ｂ→Ａ」の権利変動がないにもかかわらず，ＢからＡへの所有権の移転の登記をしています。真正な登記名義の回復は，権利変動の過程を公示する不動産登記の目的に反する登記なのです。

大きな転機となったのが，A→B→Cと順次に所有権が移転した場合に，真正な登記名義の回復を原因とする「A→C」の移転の登記を認めなかった判例が平成22年に出たことです（最判平22.12.16）。── 民法Ⅱのテキスト第３編第１章第３節4 5.（1）（c）※　この判例を転機として，現在では，真正な登記名義の回復を原因とする移転の登記は容易には認められないと解されています。記述の問題を解くときも，みなさんが実務に就いたときも，基本的にはまず他の登記の申請を考えるべきです。

## 10 その他の移転の登記

この10で扱う移転の登記は，1～9の移転の登記と異なり，申請例のすべてを把握している必要まではない登記です。基本的には択一対策となりますので，ポイントを絞って説明していきます。

### 1．民法646条2項による移転

委任において，たとえば，委任者が受任者に不動産の買付を委託した場合に，受任者に代理権が与えられていなかったときは，受任者が買い付けた不動産の所有権は受任者が有することになります。このとき，受任者は，この不動産の所有権を委任者に移転する必要があります（民法646条２項）。── 民法Ⅲのテキスト第７編第７章2 1.（4）

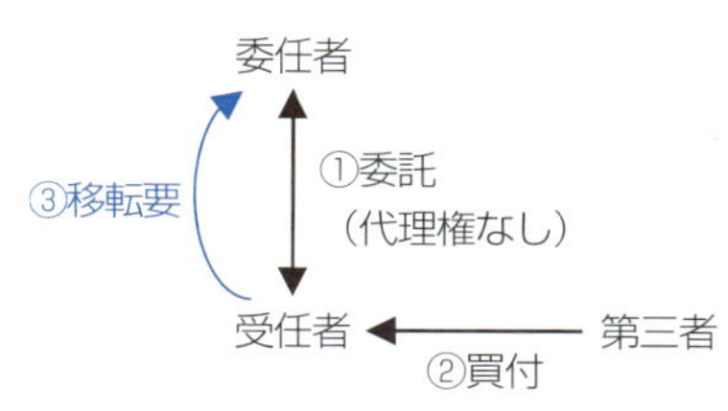


よって，受任者から委任者への「年月日民法第646条第２項による移転」を原因とする所有権の移転の登記を申請できます。登記原因日付は，移転する日について特約があればその日となりますが，特約がなければ登記申請日となります（登研457P118）。受任者が第三者から不動産を買い付けた日としてしまうと，代理権がある場合と同じになりますから，おかしいです。しかし，受任者から委任者に所有権を移転する義務は，民法646条２項により当然に発生します。ただ，委任者に所有権がいつ移転するかは規定されていません。よって，登記申請日“にした”のです。

### 2．組合員の組合への出資

組合は，２人以上の者（組合員）がそれぞれ出資をして共同の事業を営むことを約する契約です（民法667条１項）。── 民法Ⅲのテキスト第７編第９章1

組合員が組合に不動産を出資した場合には，出資した組合員から業務執行組合員への「年月日民法第667条第１項の出資」を原因とする所有権の移転の登記を申請できます（平3.12.19 民三.6149）。登記原因日付は，出資をした日です。出資をした日に，組合員から業務執行組合員に所有権が移転するからです。

### 3．現物出資

＊実体が会社法のハナシであるため，会社法を学習していない段階では少しわかりにくいです。

会社設立時などに株主（になろうとする者）などが，不動産を出資の対象とすると，その不動産の所有権が株主などから会社に移転します（会社法34条1項本文，578条本文）。金銭以外の財産を出資の対象とすることを「現物出資」といいます（会社法28条1号）。

よって，株主などから会社への「年月日現物出資」を原因とする所有権の移転の登記を申請できます。登記原因日付は，現物出資をした日です（登研26P28）。会社法で学習することですが，会社の設立の登記がされないと会社は権利能力を取得しないため（会社法49条，579条），設立の登記後にしか所有権の移転の登記はできません。しかし，所有権の移転は不動産を出資した日に生じているため（権利変動は生じているため），現物出資をした日を記載するのです。

### 4．清算人からする所有権の移転の登記

＊これも，実体が会社法のハナシであるため，会社法を学習していない段階では少しわかりにくいです。

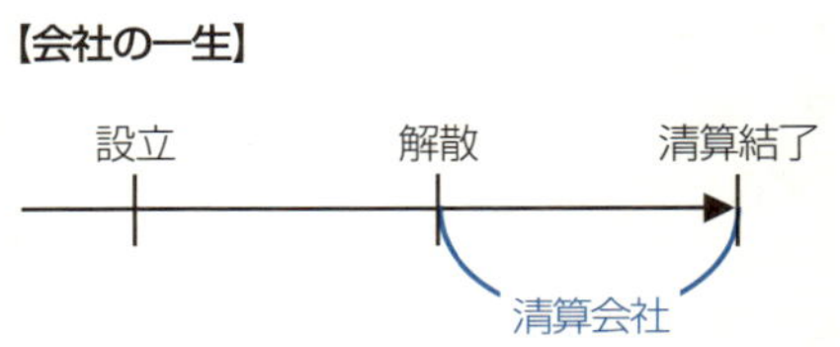


会社を消滅させる場合，「今日でやめた！」といきなり会社を消滅させることはできません。株主や債権者などへの責任があるからです。よって，会社が解散しても，すぐには会社は消滅せず，原則として清算という手続が行われます（会社法475条1号，644条1号）。「清算」とは，債権の取立てや財産の処分で弁済の原資を作って債権者に債務を弁済したり，残った財産を株主に分配したりすることです（会社法481条，649条）。つまり，「利害関係人に対して責任を果たせ！」ということです。この清算の仕事は，「清算人」という者がします。元取締役などが清算人となります（会社法478条，647条）。

解散し清算会社となった会社の清算人は，会社を代表して会社が所有している不動産について，たとえば，売買を原因とする所有権の移転の登記を申請することができます。裁判所の許可などは不要です。

財産の処分をして債権者への弁済の原資を作ることは清算人の仕事ですから，問題なくできるのです。

上記のように清算中に不動産を売却したが，所有権の移転の登記をしない間に清算結了の登記（商業登記です）がされたことがありました。「清算結了」とは，債権者への弁済や株主への財産の分配が終わり，やっと会社が消滅したということです。

しかし，所有権の移転の登記をしていないので，まだ清算が結了したとはいえません。にもかかわらず，誤って清算結了の登記がされたのです。よって，本来であれば，清算結了の登記を抹消して（商業登記），所有権の移転の登記（不動産登記）をすべきです。ですが，そこまでする必要はなく（しても OK です），元清算人が，清算会社を代表して所有権の移転の登記を申請すればよいとされました（昭 28.3.16 民事甲383）。「清算結了の登記を抹消する商業登記まではしなくていいよ」と，当事者の負担を考慮してあげたわけです。

これは，抵当権の抹消の登記であっても同じです。抵当権の登記名義人である会社について清算結了の登記がされている場合，清算結了の登記を抹消することなく，元清算人が，清算会社を代表して抵当権の抹消の登記を申請すれば OK です（登研24P25）。

## 5．収用

収用とは，土地収用法に基づき，ダム建設などのために，私人の土地の所有権などを強制的に起業者（ex. 建設会社）に取得させることでした（P178～179（1））。P178～179 の 4.でみたのは収用に基づいて所有権の保存の登記をするハナシでしたが，すでに甲区に所有権の登記がされている場合もありますので，起業者に対して所有権の移転の登記をすることもあります。

この起業者への所有権の移転の登記は，起業者が単独で申請できます（不登法 118条1項）。

収用によって土地などを奪われた者は，登記に協力しないと思われます。また，収用の裁決は土地収用法に基づく厳格な手続によってされるため，間違いである確率が極めて低く，単独申請にしてしまっても大丈夫なのです。

このとき，登記原因証明情報として，収用裁決書の正本および収用の裁決が効力を失っていないことを証する情報（不登令別表 74 添付情報イ）を提供する必要があります。「収用の裁決が効力を失っていないことを証する情報」は，具体的には，補償金受領書，供託書正本または収用委員会の証明書が当たります（昭 35.3.31 民事甲712）。これらの情報を提供する必要があるのは，起業者が一定の時期までに土地を収用された者に補償金の払渡しをしないと収用の裁決の効力が失われるからです。土地を収用される者も，タダで土地を奪われるわけではなく，補償金がもらえるのです。

なお，国または地方公共団体が起業者である場合（国や地方公共団体が強制的に土地を取得することもあります），登記は嘱託によってされます（不登法118条2項）。

**※職権抹消**

登記官は，上記の収用による所有権の移転の登記が申請され，その登記をするときは，職権で，裁決手続開始の登記，および，収用により消滅した権利または失効した差押えなどの登記を抹消します（不登法118条6項，4項）。

「裁決手続開始の登記」とは，収用の裁決手続が開始されると収用委員会が嘱託する，処分制限の登記です（土地収用法45条の2）。裁決手続開始の登記がされると，たとえば，収用される土地の所有者が友人にその土地を贈与しても，その贈与は起業者に対抗できないものとなります（土地収用法45条の3第1項本文）。簡単にいうと，「収用される土地だから危ないですよ〜。気をつけてね〜。」という登記です。裁決手続開始の登記は，収用による所有権の移転の登記がされれば不要となったことが明らかなので，職権で抹消されるのです。

抵当権や差押えなどは，基本的に収用により消滅・失効します。収用により消滅・失効したと指定された登記も，職権で抹消されます。

## 6．譲渡担保

### （1）譲渡担保権の設定

設定者が担保の目的物の所有権を譲渡担保権者に移転させるのが，譲渡担保です。所有権が譲渡担保権者に移転する時期について，所有権的構成（設定時に移転）と担保権的構成（実行時に移転）で争いがありました。―― **民法Ⅱのテキスト第4編第7章第2節**　不動産登記は，所有権的構成の考え方です。

よって，不動産に譲渡担保権が設定されると，設定者から譲渡担保権者への「年月日譲渡担保」を原因とする所有権の移転の登記を申請できます（登研80P38）。

この登記は，以下のように登記されます（記録例233）。所有権の移転の登記であるため，**担保物権であるにもかかわらず甲区で登記される**という点が，この後に様々なところでポイントとなります。また，担保物権であるにもかかわらず，債権額などが登記されません。所有権の登記だからです（P198※）。

| 権利部（甲区）（所有権に関する事項） | | | |
|---|---|---|---|
| 順位番号 | 登記の目的 | 受付年月日・受付番号 | 権利者その他の事項 |
| 1 | 所有権保存 | 令和4年6月28日<br>第11542号 | 所有者　A |
| 2 | 所有権移転 | 令和5年6月28日<br>第12456号 | 原因　令和5年6月28日譲渡担保<br>所有者　B |

### （２）譲渡担保契約の解除・譲渡担保権の被担保債権の弁済

譲渡担保が設定された後，譲渡担保契約が解除されるかまたは譲渡担保の被担保債権が弁済されると，不動産の所有権が設定者に復帰します（所有権的構成）。

よって，譲渡担保権者から設定者への「年月日譲渡担保契約解除」または「年月日債務弁済」を原因とする所有権の移転の登記を申請します（登研342P77・記録例234〔解除について〕）。登記原因日付は，譲渡担保契約が解除された日または債権が弁済された日です。

なお，譲渡担保契約が解除された場合には，所有権の抹消の登記もできます（登研342P77）。

## ７．取消し・解除

所有権の移転の登記がされたが，その原因となった売買契約や贈与契約が取り消されたり解除されたりすることがあります。取消しも解除も，効果はさかのぼります。つまり，最初から契約などがなかったことになります（民法121条，545条）。―― **民法Ⅰのテキスト第２編第７章第１節1，民法Ⅲのテキスト第６編第４章第４節3**

よって，権利変動の過程を公示するためには，所有権の抹消の登記をすべきです。しかし，抹消の登記だけでなく，前所有者への所有権の移転の登記でも構わないとされています（登研113P36〔解除について〕）。抹消の登記は当事者に過度な負担になることがあるからです（P203の「抹消→移転」）。

# 第３節　相続関係の所有権の移転の登記

## 相続関係の所有権の移転の登記の申請情報の学習のコツ

相続関係の所有権の移転の登記の申請情報も，「原型を記憶し，その原型を変形する」という思考過程で考えていただきます（P171 の「申請情報の記憶方法」）。この第３節の相続関係の所有権の移転の登記の原型となる登記は，基本的には以下のとおりです。

①**単独申請**の登記　→　下記 1 2.の**相続登記**
②**共同申請**の登記　→　P197～200 の 2.の売買を原因とする所有権の移転の登記

相続関係の所有権の移転の登記だからといって，相続登記のみが原型となるわけではない点にご注意ください。相続関係でも，共同申請であれば，売買を原因とする所有権の移転の登記が原型となるのです。だから，P197 の申請情報は，０.１秒考えることなくソラで言えるように丸暗記していただきたいんです。

## 1　相続

### １．実体（民法）→登記

不動産を所有している者が死亡すると，不動産の所有権が被相続人から相続人に移転します（民法 896 条本文）。―― 民法Ⅲのテキスト第 10 編第３章第１節 1 １.

よって，被相続人から相続人への相続を原因とする所有権の移転の登記を申請します。

### ２．申請情報の記載事項

**申請例16** ―― 相続を原因とする所有権の移転の登記

事例：建物を所有しているＡは，令和５年６月 28 日，死亡した。Ａの相続人は，子ＢＣのみである。この建物の課税標準の額は，1000 万円である。

| 登記の目的 | 所有権移転 |
|---|---|
| 原　　因 | 令和5年6月28日相続 |
| 相 続 人 | （被相続人A）持分2分の1　B<br>2分の1　C |
| 添付情報 | 登記原因証明情報（Aの戸籍全部事項証明書等，B及びCの戸籍一部事項証明書等）<br>住所証明情報（B及びCの住民票の写し）<br>代理権限証明情報（B及びCの委任状） |
| 課税価格 | 金1000万円 |
| 登録免許税 | 金4万円 |

| 権　利　部　（甲 区）　（所　有　権　に　関　す　る　事　項） | | | |
|---|---|---|---|
| 順位番号 | 登記の目的 | 受付年月日・受付番号 | 権　利　者　そ　の　他　の　事　項 |
| 1 | 所有権保存 | 令和4年6月28日<br>第11542号 | 所有者　A |
| 2 | 所有権移転 | 令和5年10月2日<br>第15142号 | 原因　令和5年6月28日相続<br>共有者　持分2分の1　B<br>2分の1　C |

### (1) 登記の目的

所有権の移転の登記の登記の目的は，P189～191 1にあるとおり，所有権がどのように移転したかによって変わります。

### (2) 登記原因及びその日付

年月日は，「相続が開始した日（被相続人が死亡した日）」を記載します。被相続人が死亡すると，その瞬間に，被相続人の不動産の所有権が相続人に移転するからです。

—— 民法Ⅲのテキスト第10編第2章 1

原因は，「相続」と記載します。相続が，所有権が移転した原因（事実）だからです。 =P421 P473

### (3) 申請人

#### (a) 申請構造

相続人の単独申請です（不登法63条2項）。

被相続人が死亡しており，その地位を相続人が承継しているため，「登記権利者と =P421 ⌉ P473

登記義務者」という構造にならないからです。

また，登記原因証明情報として提供する戸籍全部事項証明書などの公文書により相続関係を明確にできるため，単独申請でも登記の真正が確保できるからでもあります。

— Realistic 12　「単独申請＝1人で申請」とは限らない —

ここで，単独申請について誤解していただきたくないことを書きます。

単独申請だからといって，申請している者が1人であるとは限りません。単独申請は，あくまで「共同申請（対立関係にある者が共同して申請）でも合同申請でもない」ということです。

この相続登記は共同申請でも合同申請でもないので単独申請ですが，相続人が 10 人いれば申請人は 10 人となります。これでも単独申請です。

### （b）保存行為

相続人が複数いる場合，上記申請例 16 のＢＣのように相続人全員で申請するのが原則です。上記 Realistic 12 で説明したとおり，この場合も単独申請です。

P200
└
P169=

ですが，それだけでなく，相続人の1人または一部の者が，すべての相続人のために保存行為として所有権の移転の登記を申請することもできます。相続を原因とする所有権の一部移転の登記または持分一部移転の登記はできないという P194 の「Realistic rule」があるからです。

ex. 上記申請例 16 において，Ｂは1人で，ＢＣへの相続を原因とする所有権の移転の登記を申請できます。Ｂが相続した持分2分の1のみについて，相続を原因とする所有権の一部移転の登記ができないからです（昭 30.10.15 民事甲 2216）。

この場合，Ｃは登記名義人となりますが申請人とならないため，Ｃには登記識別情報は通知されません。それに対して，Ｂは申請人であり登記名義人ともなるため，Ｂには登記識別情報が通知されます（不登法 21 条。P74 の「登記識別情報が通知される要件」）。そのため，保存行為で相続登記をすると，結構モメるんですよね……。登記識別情報の通知がされないＣが怒るんです。登記識別情報は登記名義人である証明となりますから，普通の方はそれがないとかなり不安になります。

### （c）被相続人の記載

上記申請例 16 に「（被相続人Ａ）」と記載しているように，相続登記においては，かっこ書で被相続人を記載します。これは，誰についての相続なのかを示すための記載です。

## （4）添付情報

### （a）必要となる添付情報

①登記原因証明情報（不登法61条，不登令別表22添付情報）

P69 4 の「登記原因証明情報の提供が不要となる場合」に当たりませんので，登記原因証明情報を提供する必要があります。

相続登記の登記原因証明情報は詳細に検討する必要があるため，別途項目を設け，下記（b）で説明します。

②住所証明情報（不登令別表30添付情報ロ）

P101の「住所証明情報の提供が要求される場合②」に当たるため，提供します。

③代理権限証明情報（不登令７条１項２号）

※登記識別情報は，提供しません（不登法22条参照）。単独申請だからです（P77～78の「登記識別情報の提供の要否の基本的な判断基準」）。

※印鑑証明書は，提供しません。所有権の登記名義人が登記義務者とならないからです（P93の「『認印でよいか』『実印で押印し印鑑証明書の提供が要求されるか』の判断基準」）。単独申請ですので，登記義務者はいません。

### （b）登記原因証明情報

相続登記の登記原因証明情報の内容は，「相続を証する市町村長その他の公務員が職務上作成した情報（公文書）」（下記ｉ）と「その他の登記原因を証する情報」（下記ii）に分かれます（不登令別表22添付情報）。

#### ｉ　相続を証する市町村長その他の公務員が職務上作成した情報（公文書）

これは，戸籍のことです。

##### （ｉ）証すること

相続登記において，戸籍によって証する必要があるのは，以下の３点です。

①被相続人が死亡したこと

相続は，死亡によって開始するからです（民法882条）。

②申請人が相続人であること

相続人に対してしか相続登記はできないからです（P262の「Realistic rule」）。

申請人が相続人であることを証するのは，配偶者や子が相続人であれば，配偶者であることや子であることを証すればいいので，簡単です。それに対して，直系尊属や兄弟姉妹が相続人である場合は，直系卑属がいないことや直系卑属と直系尊属がいないことを証する必要があるので，大変になります。直系尊属は第２順位，兄弟姉妹は第３順位の相続人であるため，先順位の相続人がいない場合にしか相続人にならないからです。── 民法Ⅲのテキスト第10編第2章3

③他に相続人がいないこと

上記②だけでなく，ここまで証することが求められます。たとえば，子２人が相続人である場合には，他に子（ex. 認知した非嫡出子）がいないことまで証する必要があります。これは，被相続人の生殖可能年齢（15～16 歳頃）までの戸籍を提供して，他に子がいないことを証します（登研 149P162）。実務では，被相続人の出生時からの戸籍を提供することもあります。

**※遺言書がある場合**

「～の建物を子Ｂに相続させる」などの遺言書がある場合には，上記①②だけで足り，上記③は不要となります。

相続登記ですので，上記①②は証する必要があります。しかし，被相続人の死亡（上記①）と申請人が相続人であること（上記②）が証され，遺言書があれば，その申請人が相続したことが明らかですので，上記③が不要となるのです。

### （ii）具体的な情報

戸籍には，以下の種類があります。なお，戸籍は氏単位・核家族単位で作成されます。── 民法Ⅲのテキスト第9編第3章第5節2 3.（2）

①戸籍全部事項証明書（戸籍謄本）

戸籍に記録されているすべての事項（すべての者）を証明したものです。

現在の戸籍はデータ化されているため「戸籍全部事項証明書」といいますが，古い戸籍はデータ化されていないため「戸籍謄本」といいます。上記（ｉ）③で説明したとおり，15～16 歳頃までの戸籍を提供することもありますので，戸籍謄本も提供することはよくあります。

＊下記②～④の「～事項証明書」「謄本（抄本）」も，データ化されているかいないかの違いです。

なお，「謄本」とは，すべての写しという意味です。

②戸籍一部事項証明書（戸籍抄本）

戸籍に記録されている一部の事項（一部の者）を証明したものです。

なお，「抄本」とは，一部の写しという意味です。

③除籍全部事項証明書（除籍謄本）

その戸籍に記録されているすべての者が死亡や婚姻などにより除籍されると，戸籍は除籍となります。これは，除籍に記録されているすべての事項（すべての者）を証明したものです。

④除籍一部事項証明書（除籍抄本）
除籍に記録されている一部の事項（一部の者）を証明したものです。

**※被相続人の同一性を証する情報**

被相続人の登記記録上の住所が戸籍に記載された本籍と異なる場合には，上記の戸籍全部事項証明書等に加えて，たとえば，以下の①～③のいずれかの情報を提供する必要があります（平29.3.23民二.175）。提供する理由は，P140～141※と同じです。
①住民票の写し（本籍および登記記録上の住所が記載されているもの）
②戸籍の附票の写し（登記記録上の住所が記載されているもの。P100③）
③被相続人名義の登記済証（P72）

**※除籍等の一部が滅失等している場合**

古い除籍等は，紙で保存されており，滅失等している場合もあります。その場合は，滅失等している除籍等の謄本の代わりに，除籍等の謄本を交付することができない旨の市町村長の証明書を提供します。これに加えて，他に相続人はいない旨の相続人全員による証明書（印鑑証明書付き）は不要です（平28.3.11民二.219）。かつては，この証明書も必要とされていましたが（昭44.3.3民事甲373），この証明書を提供することが困難な事案が多かったため，不要とされました。

**ⅱ　その他の登記原因を証する情報**

下記3.で説明しますが，相続登記をする前に法定相続人・法定相続分に変更が加わった場合，変更が加わった相続人・相続分で相続を原因とする所有権の移転の登記ができます。この場合，上記ⅰの情報に加え，以下の情報を提供する必要があります。

①相続欠格者がいる場合 ── 民法Ⅲのテキスト第10編第2章5 1.
→　相続欠格者が自ら作成した書面（相続欠格者の印鑑証明書付き）または（欠格事由による相続人の地位不存在確認の訴えの）確定判決の謄本（昭33.1.10民事甲4）
②相続人から廃除された者がいる場合 ── 民法Ⅲのテキスト第10編第2章5 2.
→　被廃除者の戸籍全部事項証明書
廃除されたことは被廃除者の戸籍の身分事項欄に記載されるため，戸籍全部事項証明書を提供します。
③相続分が指定された場合または「特定の不動産を」「特定の相続人に」「相続させる」旨の遺言（特定財産承継遺言）がされた場合 ── 民法Ⅲのテキスト第10編第3章第2節

2，第３節2 1．(1)（b）

→　遺言書

法務局で保管されている自筆証書遺言および公正証書遺言以外の遺言は，検認を経ている必要があり，経ていない場合には却下されます（平7.12.4民三4344）。たしかに，遺言の効力は検認の有無とは関係ありません。しかし，登記官には実質的審査権がないので（P54（1）），虚偽の遺言書に基づく登記をできる限り防止するため，検認を経ている必要があるとされているのです。

④特別受益者の存在により法定相続分に修正が加わった場合 ―― 民法Ⅲのテキスト第10編第３章第２節4 1．

→　特別受益者が作成した特別受益証明書（特別受益者の印鑑証明書付き。昭30.4.23民事甲742）

この特別受益証明書は，特別受益者が未成年者であっても，法定代理人の関与なく自ら作成できます。特別受益があることは，単なる事実証明に過ぎず，法律行為ではないからです。法定代理人の同意や代理が要求されるのは，法律行為です（民法５条１項本文，824条本文，859条１項）。―― 民法Ⅰのテキスト第２編第２章第３節2 2．(1)

なお，特別受益者がすでに死亡している場合には，特別受益者の相続人全員が特別受益証明書を作成する必要があります（昭49.1.8民三242）。特別受益者の相続人全員で作成する必要があるのは，不利益な事実の証明書だからです。

⑤寄与分が定められたことにより法定相続分に修正が加わった場合 ―― 民法Ⅲのテキスト第10編第３章第２節4 2．

→　寄与分協議書（印鑑証明書付き。昭55.12.20民三7145），調停調書または家庭裁判所の審判書（昭55.12.20民三7145）

⑥相続人間での相続分の譲渡により法定相続分に修正が加わった場合 ―― 民法Ⅲのテキスト第10編第３章第２節5

→　相続分の売買契約書または相続分の贈与契約書（いずれも相続分の譲渡をした者の印鑑証明書付き。昭59.10.15民三5195）

⑦遺産分割協議により相続する者が変わった場合または相続分が変わった場合 ―― 民法Ⅲのテキスト第10編第３章第３節2

→　遺産分割協議書（遺産分割協議をした者のうち申請人以外の者の印鑑証明書付き。昭30.4.23民事甲742）

⑧相続放棄をした者がいる場合 ―― 民法Ⅲのテキスト第10編第４章

→　家庭裁判所が作成した相続放棄申述受理証明書，相続放棄等の申述有無についての照会に対する家庭裁判所からの回答書または相続放棄申述受理通知書（登研808P147）

### （5）登録免許税

相続を原因とする所有権の移転の登記の登録免許税は，不動産の価額の４/1000です（登免法別表第１．１．（２）イ）。

## ３．法定相続人・法定相続分に変更が加わった場合

### （1）考え方

遺言や特別受益などにより，法定相続人・法定相続分に変更が加わる場合があります。この場合にも，変更後の相続人・相続分で登記できるか，という問題があります。この問題の考え方は，以下のとおりです。

**法定相続人・法定相続分に変更が加わった場合**

①**相続登記をする前**に法定相続人・法定相続分に変更が加わった場合
　→　変更が加わった相続人・相続分で，**「相続」を原因とする所有権の移転の登記ができます**。

②**相続登記をした後**に法定相続人・法定相続分に変更が加わった，または，変更が加わったことが判明した場合
　→　変更が加わった原因によって，**「移転の登記」「抹消の登記＋移転の登記」「更正の登記」に分かれます**。

上記②については，P270②，P280②，P337～341［3］，P349～350（２）で説明します。この３.では，上記①について説明します。

相続登記をする前に，以下の事情が生じた場合には，変更が加わった相続人・相続分で，「相続」を原因とする所有権の移転の登記ができます。

①相続欠格者がいることが判明した
②相続人から廃除された者がいることが判明した
③相続する者が指定されたまたは相続分が指定された遺言が発見された
④特別受益者がいることが判明した（明44.10.30民刑904，昭49.１.８民三.242）
⑤寄与分の協議がされた（昭55.12.20民三.7145）
⑥相続分の譲渡がされた（昭59.10.15民三.5195）
⑦遺産分割協議がされた
⑧相続放棄がされた（※）

これらによる法定相続人・法定相続分の変更はいずれも，相続開始時から生じていたことになるものだからです（民法893条後段，985条1項，909条本文，939条）。

**※相続人の資格を併有している者が一方の資格としてのみ相続放棄をすることの可否**

「相続人の資格を併有している」とは，たとえば，次のような場合です。CがBと婚姻するだけでなく，Bの実親Aと養子縁組をしました。家との結びつきを強めるために，婚姻だけでなく，養子縁組もすることがあります。Bが死亡し，BとCとの間の子は相続放棄をし，その他のBの親族がC以外すべてBよりも前に死亡している場合は，Cは配偶者および兄弟姉妹としてBを相続します。このとき，Cは，配偶者として相続放棄をしました。この場合でも，兄弟姉妹として相続放棄をしていなければ，兄弟姉妹としてはBを相続できます（平27.9.2民二.363）。

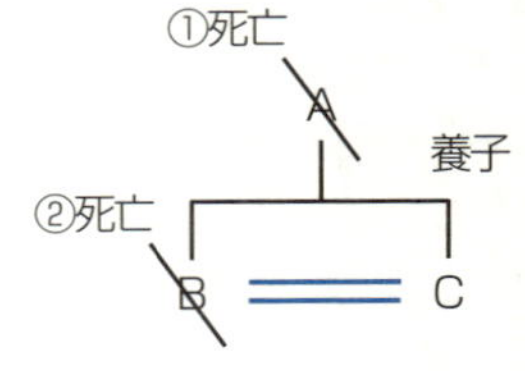


相続放棄については，相続人の資格ごと（配偶者，兄弟姉妹）に判断するわけです。

**（2）相続分の譲渡＋遺産分割協議**

たとえば，不動産の所有者Aが死亡し，その子ＢＣＤがAを相続しました。この場合に，Bがその相続分をDに譲渡した後，ＣＤ間でこの不動産をDが取得する旨の遺産分割協議が成立したときは，Dは以下の登記を申請することができます（昭40.12.7民事甲3320参照，昭59.10.15民三.5195）。

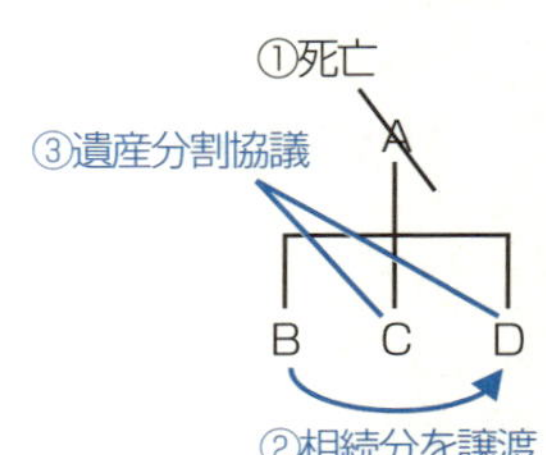


1/1　AからDへの相続を原因とする所有権の移転の登記

相続分の譲渡と遺産分割協議により，相続開始時からDがこの不動産を承継していたことになります（民法909条本文）。そして，このような相続分の譲渡と遺産分割協議の合わせ技もOKです。

### ４．数次相続

「数次相続」とは，相続が生じ，それに基づく登記を申請する前に，相続人にさらに相続が生じた場合です。

#### （1）中間が単独の相続

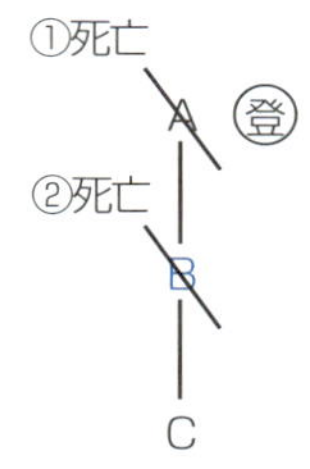


たとえば，不動産の所有者Ａが令和４年６月１日に死亡し，Ａの子ＢがＡを相続しました。しかし，Ｂへの所有権の移転の登記を申請する前の令和５年６月 28 日にＢが死亡し，Ｂの子ＣがＢを相続しました。このように，中間が単独（Ｂ単独）の数次相続の場合，直接Ｃに所有権の移転の登記を申請できるでしょうか。

これは認められています（明 33.3.7 民刑 260）。 =P173

「Ａ→Ｂ→Ｃ」と所有権が移転していますので，本来であれば２件の相続登記をすべきです。しかし，以下の申請例 17 のように登記原因及びその日付を記載することで（明 33.3.7 民刑 260），「Ａ→Ｂ→Ｃ」と所有権が移転したことがわかりますので，認められているのです。以下の申請例の登記原因及びその日付は，「令和４年６月１日（に）Ｂ（がＡを）相続（し，）令和５年６月 28 日（にＣがＢを）相続（した）」ということです。

**登記原因及びその日付も権利変動を公示する要素**

目的や登記名義人だけでなく，**登記原因及びその日付も権利変動を公示する要素**となります。

**申請例17** —— 相続（数次相続）を原因とする所有権の移転の登記

| | |
|---|---|
| 登記の目的 | 所有権移転 |
| 原　　因 | 令和4年6月1日B相続令和5年6月 28 日相続 |
| 相 続 人 | （被相続人A）C |
| 添 付 情 報 | 登記原因証明情報（Aの戸籍全部事項証明書等，Bの戸籍全部事項証明書等，Cの戸籍一部事項証明書等）<br>住所証明情報（Cの住民票の写し）<br>代理権限証明情報（Cの委任状） |
| 課 税 価 格 | 金 1000 万円 |
| 登録免許税 | 金4万円 |

| 権利部（甲区）（所有権に関する事項） | | | |
|---|---|---|---|
| 順位番号 | 登記の目的 | 受付年月日・受付番号 | 権利者その他の事項 |
| 1 | 所有権保存 | 令和3年6月28日<br>第11135号 | 所有者　A |
| 2 | 所有権移転 | 令和5年10月2日<br>第16451号 | 原因　令和4年6月1日B相続令和5年6月28日相続<br>所有者　C |

**※結果的に中間が単独相続となった場合**

上記のように初めから中間が単独（B単独）の場合だけでなく，特別受益，遺産分割，相続放棄などによって結果的に中間の相続が単独相続になった場合も，直接最後の相続人に所有権の移転の登記を申請できます（昭30.12.16民事甲2670）。

ex. 不動産の所有者Aが死亡しました。Aには子BC，Bには妻Dおよび子Eがいました。Cが相続放棄をした後，Bが死亡しました。この場合，直接DEに所有権の移転の登記を申請できます。

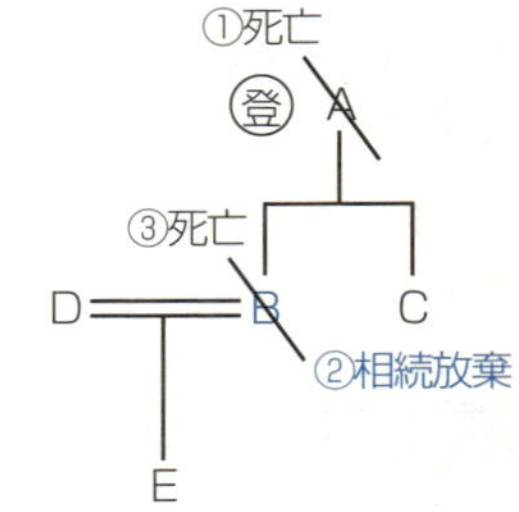


特別受益，遺産分割，相続放棄などによる法定相続人の変更はいずれも，相続開始時から生じていたことになるものだからです（民法909条本文，939条）。

なお，DEと2人に相続登記をしますが，最後が共同相続であることは問題ありません。下記（2）で説明しますが，中間が共同相続だと，登記原因及びその日付の書きようがなく権利変動を公示できません。しかし，最後が共同相続であっても，登記原因及びその日付の書き方は上記の申請例17と変わりませんので，問題ありません。

### （2）中間が共同の相続

たとえば，不動産の所有者Aが令和4年6月1日に死亡し，Aの子BCがAを相続しました。しかし，BCへの所有権の移転の登記を申請する前の令和5年6月28日にBが，令和5年7月1日にCが死亡し，Bの子DがBを，Cの子EがCを相続しました。このように，中間が共同（BC共同）の数次相続の場合，直接DEに所有権の移転の登記を申請できるでしょうか。

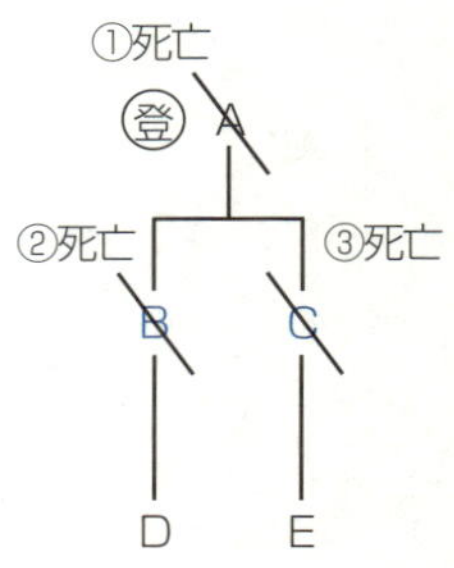

P174
」

これは，認められていません（昭30.12.16民事甲2670）。

中間が共同ですと，登記原因及びその日付の書きようがなく，権利変動を公示できないからです。「令和４年６月１日（に）ＢＣ（がＡを）相続（し,）」までは書けるかもしれませんが，「令和５年６月 28 日（にＤがＢを）相続（した）」と「令和５年７月１日（にＥがＣを）相続（した）」を書くことはできません（「頑張れば書けそう」とは考えないでください……）。

## 5．前提としての相続登記

ある登記をする前提として相続登記が必要となる場合があります。

**相続登記が必要となるかの基本的な判断基準**

・**相続人に権利が移転している**　→　相続登記を**する必要がある**
・**相続人に権利が移転していない**　→　相続登記を**しない**

これも単純なハナシで，権利変動の過程を公示するのが登記なので，相続人に権利が移転しているのなら相続登記をしないといけないよね，ということです。

＊なお，前提としての相続登記が要求される場合は，この５.以外の事案もあります（ex. P206（ａ））。「前提としての相続登記」の項目（この５.）にすべて入れ込んで説明するテキストもあります。しかし，このテキストでは，基本的には各登記の箇所で説明しています。各登記の説明の中で各登記の性質（ex. 時効取得の登記の性質）と合わせて説明したほうがよいという考えによります。

### （1）持分放棄

たとえば，不動産の所有者Ａが死亡し，Ａの子ＢＣがＡを相続しました。ＢＣへの所有権の移転の登記を申請する前に，Ｂがその不動産の持分を放棄しました（P215～218④）。この場合，以下の登記を申請します。

1／2　ＡからＢＣへの相続を原因とする所有権の移転の登記
2／2　ＢからＣへの持分放棄を原因とするＢ持分全部移転の登記

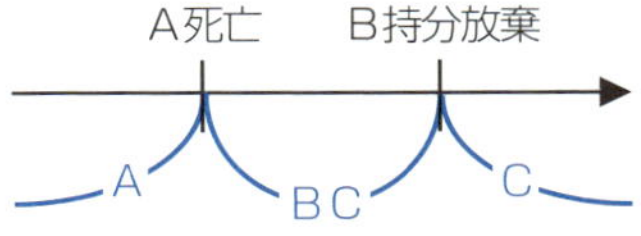


１件で，ＡからＣへの相続を原因とする所有権の移転の登記をすることはできませんので，ご注意ください。Ｂが相続放棄をしていれば，１件でＣへの相続登記ができました（P247⑧）。この違いの理由ですが，相続放棄は，その効果が相続開始時から生じていたことになります。それに対して，持分放棄は，あくまで相続により不動産の持分を取得した後にその持分を放棄しています（上記の「相続登記が必要となるかの基本的な判断基準」）。

### （2）遺産管理人の売却

「遺産管理人」とは，簡単にいうと，相続人同士がモメており相続人が相続財産を管理できない場合に，家庭裁判所が選任する者です。弁護士などが選任されます。遺産管理人の権限は不在者の財産管理人の権限と同じであり，保存行為・利用行為・改良行為はできますが，処分行為をするには家庭裁判所の許可が必要です。P295= ── 民法Ⅰのテキスト第2編第2章第1節4 1.（6）　遺産管理人は，あくまで遺産の管理をする者ですので，処分行為の権限までは当然にはないのです。

そこで，遺産管理人が，家庭裁判所の許可を得て相続財産に属する不動産を第三者に売却した場合，以下の登記を申請します（平4.2.29 民三.897）。

1/2　相続人への相続を原因とする所有権の移転の登記

2/2　相続人から第三者への売買を原因とする所有権の移転の登記

1件で，第三者への所有権の移転の登記をすることができないのは，第三者に所有権が移転する前に，相続人に所有権が移転しているからです（上記の「相続登記が必要となるかの基本的な判断基準」）。

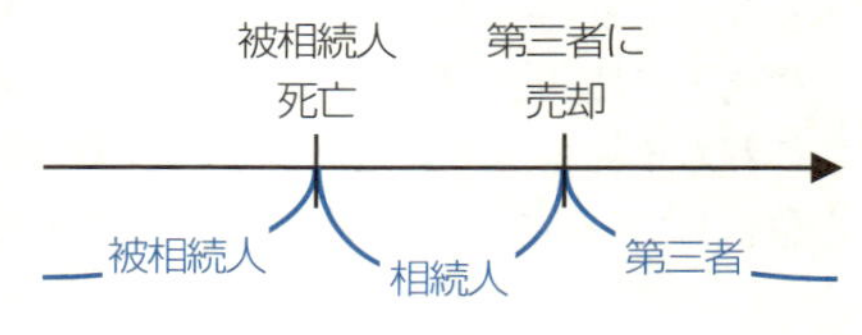


### （3）家庭裁判所の換価命令に基づく任意売却

聞き慣れない用語が続きますが，遺産分割の審判の前提として，家庭裁判所が相続人に，相続財産に属する不動産を売却することなどを命じることができます（家事事件手続法194条）。簡単にいうと，「不動産を売って分けろ！」ということです。

この家庭裁判所の換価命令によって，不動産を第三者に任意売却した場合，以下の登記を申請します（昭58.3.28 民三.2232）。

1/2　相続人への相続を原因とする所有権の移転の登記

2/2　相続人から第三者への売買を原因とする所有権の移転の登記

1件で，第三者への所有権の移転の登記をすることができないのは，第三者に所有権が移転する前に，相続人に所有権が移転しているからです（上記の「相続登記が必要となるかの基本的な判断基準」）。

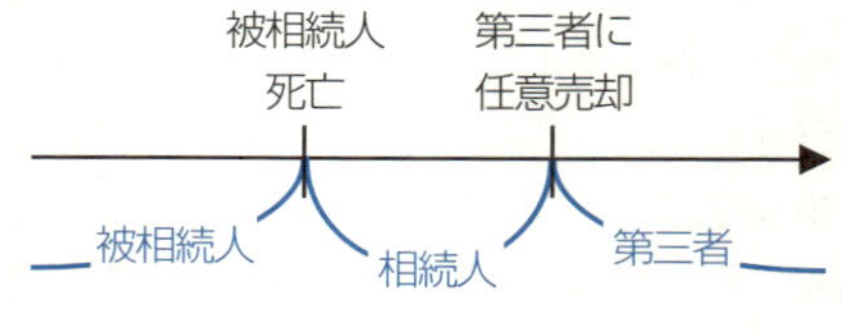

## 2 遺贈

### 1．実体（民法）→登記

遺言者は，遺言によって以下のいずれかの方法で受遺者に相続財産を遺贈することができます。―― 民法Ⅲのテキスト第10編第5章第4節

・包括遺贈：相続財産を割合で遺贈すること

・特定遺贈：特定の相続財産を遺贈すること

相続財産に不動産が含まれているときに包括遺贈がされた場合，または，不動産の特定遺贈がされた場合において，被相続人の死亡により遺贈の効力が生じたときは，遺言者から受遺者への遺贈を原因とする所有権の移転の登記を申請します。

なお，遺贈の登記の前提として，相続人への相続登記はしませんので，ご注意ください（登研 97P43）。遺贈（遺言）は原則として遺言者の死亡の時から効力が生じるため（民法985条1項），相続人には不動産の所有権が移転していないからです。―― 民法Ⅲのテキスト第10編第5章第3節 1 1．

### 2．申請情報の記載事項

**申請例18** ―― 遺贈を原因とする所有権の移転の登記①（遺言執行者申請）

事例：建物を所有しているA（甲区1番でA名義の所有権の保存の登記がされている）は，令和5年6月28日，死亡した。Aは生前，「所有している建物をBに遺贈する。遺言執行者をDとする。」旨の公正証書遺言を作成していた。Aの相続人は，子Cのみである。この建物の課税標準の額は，1000万円である。

| 登記の目的 | 所有権移転 |
|---|---|
| 原　　因 | 令和5年6月28日遺贈 |
| 権 利 者 | B |
| 義 務 者 | 亡A |
| 添付情報 | 登記原因証明情報（Aの戸籍全部事項証明書等，Aの遺言書）<br>登記識別情報（Aの甲区1番の登記識別情報）<br>印鑑証明書（遺言執行者Dの印鑑証明書）<br>住所証明情報（Bの住民票の写し）<br>代理権限証明情報（Aの戸籍全部事項証明書等，Aの遺言書，B及び遺言執行者Dの委任状） |
| 課税価格 | 金1000万円 |
| 登録免許税 | 金20万円 |

| 権利部（甲区）（所有権に関する事項） | | | |
|---|---|---|---|
| 順位番号 | 登記の目的 | 受付年月日・受付番号 | 権利者その他の事項 |
| 1 | 所有権保存 | 令和4年6月28日<br>第11784号 | 所有者　A |
| 2 | 所有権移転 | 令和5年10月2日<br>第15142号 | 原因　令和5年6月28日遺贈<br>所有者　B |

**申請例19** —— **遺贈を原因とする所有権の移転の登記②（相続人申請）**

事例：建物を所有しているA（甲区1番でA名義の所有権の保存の登記がされている）は，令和5年6月28日，死亡した。Aは生前，「所有している建物をBに遺贈する」旨の公正証書遺言を作成していた。Aの相続人は，子Cのみである。この建物の課税標準の額は，1000万円である。

| | |
|---|---|
| 登記の目的 | 所有権移転 |
| 原　　　因 | 令和5年6月28日遺贈 |
| 権　利　者 | B |
| 義　務　者 | 亡A相続人　C |
| 添付情報 | 登記原因証明情報（Aの戸籍全部事項証明書等，Aの遺言書）<br>登記識別情報（Aの甲区1番の登記識別情報）<br>印鑑証明書（Cの印鑑証明書）<br>住所証明情報（Bの住民票の写し）<br>代理権限証明情報（B及びCの委任状）<br>一般承継証明情報（Aの戸籍全部事項証明書等，Cの戸籍一部事項証明書等） |
| 課税価格 | 金1000万円 |
| 登録免許税 | 金20万円 |

共同申請の登記ですので，原型は売買を原因とする所有権の移転の登記となります（P240の「相続関係の所有権の移転の登記の申請情報の学習のコツ②」）。

### （1）登記の目的

所有権の移転の登記の登記の目的は，P189～191 1 にあるとおり，所有権がどのように移転したかによって変わります。

### （２）登記原因及びその日付

年月日は，「遺言の効力が発生した日（民法 985 条）」を記載します。

原因は，「遺贈」と記載します。遺贈が，所有権が移転した原因（法律行為）だからです。

### （３）申請人

#### （ａ）受遺者が相続人以外の者である場合

受遺者が相続人以外の者である場合は，包括遺贈であっても特定遺贈であっても，以下の者の共同申請によります（不登法 60 条。昭 33.4.28 民事甲 779〔包括遺贈について〕）。遺贈は，遺言者の意思表示によるものですから，法律行為です。そのため，遺贈による権利変動は相続（事実）とは異なるものと考えるべきであり，単独申請とならないのです。

・登記権利者：受遺者
・登記義務者：遺言執行者がいるかいないかにより，以下のとおり分かれます。

【遺言執行者がいる場合】（上記申請例 18）

遺言執行者が申請します（民法 1012 条２項）。遺言執行者は，遺言の内容を実現するため，遺言の執行に必要な一切の行為をする権利義務を有するからです（民法 1012 条１項）。── 民法Ⅲのテキスト第 10 編第５章第５節３３.

この場合，申請人欄には，遺言者は記載しますが，遺言執行者は記載しないと考えられます（上記申請例 18）。

なお，受遺者を遺言執行者に指定することもできます。この場合には，受遺者は事実上単独で申請できます（大９.５.４民事 1307）。

【遺言執行者がいない場合】（上記申請例 19）

相続人全員が登記義務者となります（不登法 62 条）。相続人全員が登記義務を承継しているからです。なお，相続人が受遺者である場合は，受遺者である相続人は登記義務者にならないという見解もあります（令２.３.30 民二.324。登研 866P25 参照）。

この場合，申請人欄に相続人を記載します（上記申請例 19）。相続人は，代理人ではなく，登記義務を承継した者だからです。

#### （ｂ）受遺者が相続人である場合

受遺者が相続人である場合は，包括遺贈であっても特定遺贈であっても，相続人が単独で申請することができます（不登法 63 条３項）。

かつては，受遺者が相続人である場合も，共同申請による必要がありました。しかし，特定財産承継遺言に基づく相続登記は単独申請が可能であり（P247③），それと実質的に異ならない相続人に対する遺贈による所有権の移転の登記が共同申請による必要があるのは，バランスを欠いていました。また，相続人に対する遺贈による所有権の移転の登記は義務化されるので，登記申請をしやすいようにすべきという要請もあります。そこで，令和３年の改正で，この（b）の規定ができました。

「所有権」に限られるのは，所有者不明不動産を生じさせないことを目的として令和３年の改正でできた規定だからです。

＊この改正規定は，令和５年４月１日から施行されます。

### （4）添付情報（受遺者が相続人以外の者である場合）

＊本書執筆時点で，上記（3）（b）の「受遺者が相続人である場合」の添付情報は不明であるため，この（4）では，P255（a）の「受遺者が相続人以外の者である場合」の添付情報について記載します。

共同申請の登記ですので，原型は売買を原因とする所有権の移転の登記となります（P240 の「相続関係の所有権の移転の登記の申請情報の学習のコツ②」）。しかし，遺贈を原因とする所有権の移転の登記は添付情報の論点が多いので，添付情報についてはひととおり説明を記載します。

①登記原因証明情報（不登法 61 条，不登令別表 30 添付情報イ）

具体的には，以下の２つの情報が当たります（登研 733P157）。

・遺言書

遺言書に遺贈の旨が記載されるため，これはもちろん提供します。

・死亡を証する情報（戸籍全部事項証明書等）

死亡を証する情報も提供する必要があるのは，遺言は遺言者が死亡しないと効力が生じないからです（民法 985 条１項）。

②登記識別情報（不登法 22 条本文）

共同申請であるため，登記識別情報を提供します（P77～78 の「登記識別情報の提供の要否の基本的な判断基準」）。

提供する登記識別情報は，遺言者のものです。遺言執行者や相続人のものではありませんので，ご注意ください（上記申請例 18，19）。登記名義人は遺言者だからです。また，遺言執行者や相続人は登記名義人ではありませんので，登記識別情報は通知されていません（P74 の「登記識別情報が通知される要件②」）。遺言者は死亡していますので，遺言執行者や相続人が遺言者の金庫などに保管されている登記識別情報を引っ張りだしてくることになります。

③印鑑証明書（不登令16条2項，18条2項）

書面申請のときは，以下の者の印鑑証明書を提供します。

### 誰の印鑑証明書を提供するかの判断基準

誰の印鑑証明書を提供するか考えるときは，**誰が申請情報または委任状を作成しているのか**を考えます。申請情報（本人申請の場合）または委任状（任意代理人による申請の場合）に実印で押印し，その実印について求められるのが印鑑証明書だからです（P92～97 3）。

よって，必ずしも登記識別情報を提供する者と一致しませんので，ご注意ください。遺贈の登記は一致しません。

【遺言執行者がいる場合（遺言執行者が申請する場合）】

遺言執行者の印鑑証明書を提供します。

【遺言執行者がいない場合（相続人全員が登記義務者となる場合）】

相続人全員の印鑑証明書を提供します。

これらの者が，申請情報または委任状を作成するからです（上記の「誰の印鑑証明書を提供するかの判断基準」）。

④住所証明情報（不登令別表30添付情報ロ）

P101の「住所証明情報の提供が要求される場合②」に当たるため，提供します。

⑤代理権限証明情報（不登令7条1項2号）

司法書士が任意代理人として申請する場合は，司法書士に依頼した受遺者および遺言執行者または相続人全員が作成した委任状を提供します。遺言執行者が申請する場合は，この委任状に加え，以下の情報を提供します。

【遺言執行者がいる場合（遺言執行者が申請する場合）】

・遺言によって遺言執行者が指定されたとき

遺言書および死亡を証する情報（戸籍全部事項証明書等。昭59.1.10民三.150）を提供します。遺言執行者の指定は基本的には遺言でされますので（民法1006条1項），遺言書を提供します。また，遺言の効力は遺言者の死亡により発生するため（民法985条1項），死亡を証する情報も提供する必要があります。

・家庭裁判所によって遺言執行者が選任されたとき

遺言執行者は，家庭裁判所が選任することもあります（民法1010条）。―― 民法Ⅲのテキスト第10編第5章第5節3 1.（1）　この場合，遺言書および家庭裁判所の選任審判書を提供します。上記の遺言によって遺言執行者が指定されたときと異なり，遺言者の死亡を証する情報（戸籍全部事項証明書等）を提供する必要はありません（昭59.1.10 民三.150）。家庭裁判所の選任審判書があることで，遺言者の死亡を家庭裁判所が確認したことは明らかだからです。遺言者が死亡していなければ，家庭裁判所が遺言執行者を選任することはありません。

⑥会社法人等番号（不登令7条1項1号イ）

法人も受遺者になれますので，法人が申請人となる場合もあります。―― 民法Ⅲのテキスト第10編第5章第4節2 3.　法人が申請する場合は，申請人欄に会社法人等番号を記載し，添付情報欄に会社法人等番号を提供している旨を記載するのが原則です（P109の「会社法人等番号（代表者の資格を証する情報）の提供の要否の判断基準」）。

⑦一般承継証明情報（不登法62条，不登令7条1項5号イ）

【遺言執行者がいない場合（相続人全員が登記義務者となる場合）】

これは，相続人全員が登記義務者となる場合に提供します。相続人が申請人となるため，一般承継証明情報（戸籍全部事項証明書等）を提供する必要があります。

### （5）登録免許税

#### （a）受遺者が相続人である場合

相続登記ではありませんが，相続登記と同視できますので，受遺者が相続人であることを証する情報（戸籍全部事項証明書等）を提供すれば，不動産の価額の4/1000となります（平15.4.1民二.1022。P152①）。

#### （b）受遺者が相続人でない場合

相続・合併以外を原因とする所有権の移転の登記ですので，登録免許税は不動産の価額の20/1000です（登免法別表第1.1.（2）ハ）。

### ３．遺言執行者の権限

遺言執行者の権限内か，つまり，遺言執行者がどこまでのことができるかが問題となります。

> **民法 1012 条（遺言執行者の権利義務）**
> 1　遺言執行者は，遺言の内容を実現するため，相続財産の管理その他遺言の執行に必要な一切の行為をする権利義務を有する。

#### 遺言執行者の権限内かを考える視点

ある行為が遺言執行者の権限内に含まれるかを考えるときは，民法 1012 条１項にありますとおり**「遺言の執行に必要な一切の行為」か**を考えます。

| 遺言執行者の権限内の行為 | 遺言執行者の権限外の行為 |
| --- | --- |
| ① **「特定の不動産を」「特定の相続人に」「相続させる」旨の遺言（特定財産承継遺言）に基づく，その特定の相続人への所有権の移転の登記は，遺言執行者も申請できます**（民法 1014 条2項。令元.6.27 民二.68）。<br>この遺言がされた場合，相続登記を申請します（P263③）。この相続登記は，かつては，遺言執行者は申請できないとされていました（最判平7.1.24。登研 523P140）。しかし，平成 30 年の民法改正で変更されました。平成 30 年の民法改正で，特定財産承継遺言によって権利を取得した者は，法定相続分を超える部分については，対抗要件を備えないと第三者に対抗できなくなりました（民法 899 条の2第1項）。よって，早く登記をする必要性があるので，遺言執行者の権限でもあるとされたんです。また，現在，相続登記がされないことが社会問題になっているので，相続登記を促進する必要があることも裏にあります。<br>なお，遺言執行者だけでなく，権利を取得した特定の相続人も申請できます（令元.6.27 民二.68）。 | ①**遺言者が不動産を生前に売却したが，所有権の移転の登記がまだされていない場合，包括遺贈の遺言執行者は，その生前売買に基づく所有権の移転の登記の申請権限を当然に有するものではありません**（昭 56.9.8民三.5484）。<br>生前売買であるため，遺言の執行とはいえないからです。 |

<table>
<tr><th>遺言執行者の権限内の行為</th><th>遺言執行者の権限外の行為</th></tr>
<tr><td>②Aが，所有している不動産をBに遺贈しました。Bへの所有権の移転の登記がされないうちに，Bはその不動産をCに遺贈するとともに遺言執行者を指定しました。この場合，遺言執行者は，Aの相続人との共同申請により，AからBへの所有権の移転の登記を申請できます（昭43.8.3民事甲1837）。<br>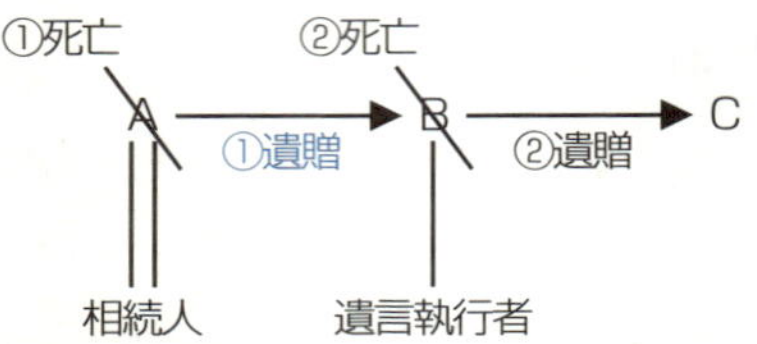<br>遺言の執行はBからCへの所有権の移転の登記ですが，その前提として，AからBへの所有権の移転の登記が必要な登記だからです。</td><td rowspan="2">②相続人Aを遺言執行者とし，Aに包括遺贈がされましたが，相続財産である不動産について，相続人ABへの相続登記がされました。この場合，Aは，Bを代理してBからAへのB持分全部移転の登記を申請することはできません（昭44.10.31民事甲2337，昭37.6.28民事甲1717）。<br>BからAへのB持分全部移転の登記をするという遺言ではないため，遺言の執行とはいえないからです。</td></tr>
<tr><td>③一定の面積を指定して土地が遺贈されたため，遺贈の前提として分筆の登記が必要となる場合は，遺言執行者は，分筆の登記および受遺者への所有権の移転の登記を申請できます（昭45.5.30民事三.435）。<br>遺言の執行は遺贈による所有権の移転の登記ですが，その前提として，分筆の登記は必要な登記だからです。</td></tr>
</table>

### 4．清算型遺贈

**清算型遺贈**：「相続財産を売却し，その売却代金を相続人または第三者に遺贈する」旨の遺贈

たとえば，遺言者に負債がある場合に，「相続財産中の不動産を売却し，負債を返済したうえで，残額があればCに遺贈する」などという遺言がされることがあります。「オレの財産を売っぱらって借金を返済してくれ」といった遺言です。

この遺言に基づいて，相続財産中の不動産が売却された場合には，以下の登記を申請します（昭45.10.5民事甲4160）。

<u>1／2　被相続人から相続人への相続を原因とする所有権の移転の登記</u>

この登記は，遺言執行者がいれば，遺言執行者が単独で申請できます(登研 822P189)。下記２／２の登記は遺言の執行ですので，その前提として必要な行為といえるからです（上記3.の「遺言執行者の権限内かを考える視点」)。

遺言執行者がいなければ，相続人が単独で申請します（P241～242（ａ))。相続登記だからです。

<u>2／2　相続人から買主への売買を原因とする所有権の移転の登記</u>

この登記の登記権利者は，買主です。

登記義務者ですが，遺言執行者がいれば，遺言執行者が申請します（昭 45.10.５民事甲 4160)。この２／２の登記は遺言の執行だからです。

遺言執行者がいなければ，相続人が登記義務者となります。

１件で，被相続人から買主への売買を原因とする所有権の移転の登記をすることはできませんので，ご注意ください。第三者に所有権が移転する前に，相続人に所有権が移転しているからです（P251の「相続登記が必要となるかの基本的な判断基準」)。

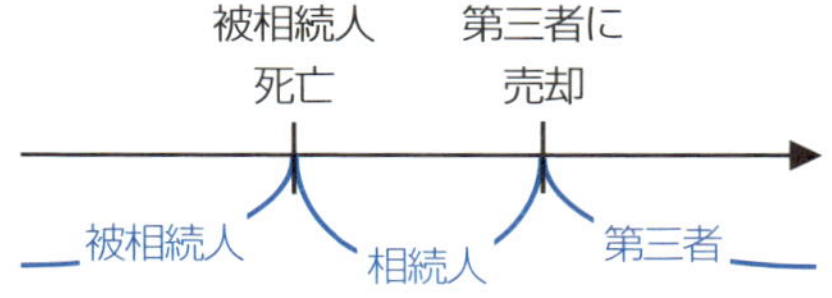


## ５．不動産の所有権の一部が遺贈された場合

たとえば，不動産の所有者Ａが，Ｂにその不動産の持分２分の１を遺贈する旨の遺言を残して死亡したとします。Ａの相続人は，子Ｃのみです。この不動産は，Ｂが遺贈により持分２分の１，Ｃが相続により持分２分の１を承継することになりますが，以下の順で登記する必要があります（登研 523P139)。

<u>1／2　ＡからＢへの遺贈を原因とする所有権の一部移転の登記</u>

<u>2／2　ＡからＣへの相続を原因とするＡ持分全部移転の登記</u>

この順序を逆にすることはできません。「相続を原因とする所有権の一部移転の登記」が認められていないからです（P194 の「Realistic rule」)。

## 3 相続と遺贈

### 1.「相続」か「遺贈」か

上記1で相続を原因とする所有権の移転の登記，上記2で遺贈を原因とする所有権の移転の登記をみてきましたが，遺言書の記載によって，上記1になるのか上記2になるのか微妙な場合があります。

#### （1）考え方

##### （a）原則

原則として，遺言書の文言どおりに解釈します。遺言書に「相続」とあれば「相続」，「遺贈」とあれば「遺贈」を原因とする所有権の移転の登記をします。

遺言制度の根底にあるのは，**遺言者の最終意思の実現**です。── 民法Ⅲのテキスト第10編第5章第1節1　遺言者の最終意思は遺言書から知るしかないので，できる限り遺言書の文言どおりに解釈するべきという考え方になるのです。

##### （b）例外

遺言書に「遺贈」と記載されていて「相続」となること，「相続」と記載されていて「遺贈」となることもあります。

ex. 不動産を「孫に『相続』させる」と遺言書に記載されていても，孫の親が存命であり孫が相続人ではない（代襲相続が生じない）場合，原因は「遺贈」となります。相続人でない者に「相続」を原因とする登記をすることはできないからです。

上記（a）（b）より，以下のように考えることになります。

**遺言書の文言と原因の基本的な考え方**

①**相続人**への登記

→　遺言書に**「相続」**とあれば，原因は**「相続」**となります。
　　遺言書に**「遺贈」**とあれば，原因は**「遺贈」**となります。

※下記（2）の表の⑤で，この考え方の例外が1つ出てきます。

②**相続人以外の者**への登記

→　原因が「相続」となることはなく，**「遺贈」**となります。

原因が「相続」となることがないのは，以下のRealistic ruleがあるからです。

**Realistic rule**

**相続人以外の者に「相続」を原因とする登記をすることはできません。**

原因も権利変動を公示する要素ですが（P249の「登記原因及びその日付も権利変動を公示する要素」），相続人以外の者に「相続」を原因として登記していることを公示することは，あり得ない事態だからです。

### （２）具体的な遺言書の文言

上記（１）の考え方で，具体的な遺言書の文言ごとに原因がどうなるかをみていきましょう。

| 遺言書の内容 | 具体例<br>考え方 | 原因 |
|---|---|---|
| ①特定の不動産を一部の相続人に「遺贈する」（昭48.12.11民三.8859） | 「甲建物を妻Ａに遺贈する」<br>遺言書に「遺贈」とありますので，「遺贈」となります（上記の「遺言書の文言と原因の基本的な考え方①」）。 | 遺贈 |
| ②特定の不動産を相続人以外の者に「遺贈する」 | 「甲建物を愛人Ｄに遺贈する」<br>受遺者が相続人以外の者ですので，「遺贈」となります（上記の「遺言書の文言と原因の基本的な考え方②」）。 | 遺贈 |
| ③特定の不動産を一部の相続人に「相続させる」（特定財産承継遺言。遺産分割方法の指定。昭47.4.17民事甲1442，昭47.8.21民事甲3565） | 「甲建物を妻Ａに相続させる」<br>遺言書に「相続」とありますので，「相続」となります（上記の「遺言書の文言と原因の基本的な考え方①」）。 | 相続 |
| ④特定の不動産を相続人以外の者に「相続させる」（登研480P131） | 「甲建物を愛人Ｄに相続させる」<br>受遺者が相続人以外の者ですので，「遺贈」となります（上記の「遺言書の文言と原因の基本的な考え方②」）。 | 遺贈 |
| ⑤総財産をすべての相続人に「遺贈する」（包括遺贈）（昭38.11.20民事甲3119） | 「すべての財産を i 相続人の全員であるＡＢＣに，Ａ４分の２・Ｂ４分の１・Ｃ４分の１の ii 割合で遺贈する」<br>これは，上記の「遺言書の文言と原因の基本的な考え方①」の例外です。以下の２つの要件を充たす場合，相続分の指定（P247③）と同視できるため，遺言書に「遺贈」とあっても原因が「相続」となります。<br>i　総財産をすべての相続人に<br>ii　包括遺贈する | 相続 |

| ⑥特定の不動産を相続人全員に「遺贈する」 | 「(ABCが ⅰ相続人の全員である場合に) Aに甲建物，Bに乙建物，Cに丙建物を遺贈する」 | 遺贈 |
|---|---|---|
| | 上記ⅰは充たしますが，上記ⅱを充たしません。よって，例外には当たらず，遺言書に「遺贈」とあるため，「遺贈」となります（上記の「遺言書の文言と原因の基本的な考え方①」）。 | |
| ⑦総財産を相続人全員および第三者に「包括遺贈する」（昭58.3.2民三.1310） | 「（ABCが相続人の全員である場合に）全財産をAに4分の1，Bに4分の1，Cに4分の1，Dに4分の1の ⅱ割合で遺贈する」 | 遺贈 |
| | 上記ⅱは充たしますが，上記ⅰを充たしません（相続人でないDが入っています）。よって，例外には当たらず，遺言書に「遺贈」とあるため，「遺贈」となります（上記の「遺言書の文言と原因の基本的な考え方①」）。 | |

## 2．相続登記の義務化

### （1）登記義務

#### （a）意義・趣旨

所有権の登記名義人について相続の開始があったときは，相続または遺贈（相続人に対する遺贈に限ります）により所有権を取得した者は，自己のために相続の開始があったことを知り，かつ，所有権を取得したことを知った日から3年以内に，所有権の移転の登記を申請しなければなりません（不登法76条の2第1項）。「相続」には，特定財産承継遺言や遺産分割などで所有権を取得した場合も含まれます。

平成29年の調査によると，不動産登記から所有者の所在の確認ができない土地が九州の土地の面積に相当するくらい存在し，そのうち，約65.5%が相続登記がされていない土地であることが明らかになりました。そこで，相続登記が義務化されました。

「所有権」に限られるのは，所有者不明不動産を生じさせないことを目的としてできた規定だからです。

「相続」だけでなく「遺贈」も含まれているのは，相続人に対する遺贈であれば，特定財産承継遺言に基づく相続と実質的に異ならないからです。

「自己のために相続の開始があったこと」を知らないと3年の期間が起算されないのは，相続または遺贈を知らない間に期間が進行し，下記（b）の罰則を科せられるのは，不適切だからです。「所有権を取得したこと」も知らないと3年の期間が起算されないのは，相続または遺贈を知っていたとしても，被相続人が所有していた不動産を把握していないといったことがあるからです。

#### （b）罰則

単に「３年以内に登記申請をしろ」という規定だけでは，申請しない人が多いと考えられます。そこで，正当な理由がないのに３年以内の登記申請を怠ると 10 万円以下の過料に処せられるという罰則規定も設けられました（不登法 164 条１項）。この罰則によって，登記義務を課したことの実効性を図っています。この罰則規定によってどの程度登記が申請されるようになるのかは，まだわかりません。

### （2）相続人申告制度

#### （a）意義

相続や遺贈の登記は，戸籍を集めたり手続が大変です。また，遺産分割協議がなかなかまとまらなかったりすることもあります。そこで，上記（1）の登記申請義務を負う者は，登記官に対し，所有権の登記名義人について相続が開始した旨および自らが所有権の登記名義人の相続人である旨を申し出ることができます（不登法 76 条の３第１項）。これを「相続人申告制度」といいます。３年以内にこの申出をすることで，登記申請義務を履行したことになり（不登法 76 条の３第２項），上記（1）（b）の過料を免れることができます。

この申出がされたら，登記官は職権で，その旨，ならびに，その申出をした者の氏名および住所などを所有権の登記に付記します（不登法 76 条の３第３項）。これは，いわゆる予備登記といわれるもので，対抗力は生じません。申出がされたことを公示するだけの登記です。

#### （b）遺産分割

上記（a）の申出だけしておいて，放置してしまう者もいると思われます。権利が公示されているわけではないので，このまま放置されるのは好ましくありません。そこで，上記（a）の申出をした者は，その後の遺産分割によって所有権を取得したときは，遺産分割の日から３年以内に，所有権の移転の登記を申請しなければならないとされています（不登法 76 条の３第４項）。正当な理由がないのに，３年以内にこの登記申請をしないと，10 万円以下の過料に処せられます（不登法 164 条１項）。ここでも，罰則によって，登記義務を課したことの実効性を図っているのです。

＊この２.の改正規定は，令和６年４月１日から施行されます。

**※所有権の登記名義人についての符号の表示**

相続登記は義務化されましたが，依然として相続登記がされない不動産があると考えられます。そこで，登記官は，所有権の登記名義人が権利能力を有しないこととなったと認めるべき場合（ex. 死亡した場合），職権で，所有権の登記名義人についてその旨を示す符号を表示することができるという規定も設けられました（不登法76条の4）。

登記官が所有権の登記名義人が死亡したことなどをどのようにして把握するのかですが，以下のような制度が設けられることが予定されています。

・新たに所有権の登記名義人となる者は，生年月日などの検索用情報を登記所に提供する

↓

・登記官は，上記の情報を用いて，住基ネットなどで，定期的に照会をして，所有権の登記名義人の死亡の事実がないかなどを確認する（不登法151条）

＊この※の改正規定は，令和3年4月から5年以内に施行されます。ただし，不動産登記法151条は，令和5年4月1日から施行されます。

## 4 死因贈与

### 1．実体（民法）→登記

贈与者の死亡を効力発生要件とする贈与契約（死因贈与。民法554条）をすることができ，不動産を死因贈与の対象とすると，贈与者の死亡により不動産の所有権が贈与者から受贈者に移転します（民法554条，985条1項）。── **民法Ⅲのテキスト第7編第1章3 3.，第10編第5章第4節6 1.**

よって，贈与者が死亡すると，贈与者から受贈者への贈与を原因とする所有権の移転の登記を申請できます。

### 2．申請情報の記載事項

**申請例20** ── **死因贈与を原因とする所有権の移転の登記**

事例：建物を所有しているA（甲区1番でA名義の所有権の保存の登記がされている）は，Bとの間で，令和5年1月28日，「Aが死亡した場合，Aが所有している建物をBに贈与する」旨の贈与契約を締結した。Aは，令和5年6月28日，死亡した。Aの相続人は，子Cのみである。この建物の課税標準の額は，1000万円である。

| | |
|---|---|
| 登記の目的 | 所有権移転 |
| 原　　因 | 令和５年６月28日贈与 |
| 権 利 者 | Ｂ |
| 義 務 者 | 亡Ａ相続人　Ｃ |
| 添付情報 | 登記原因証明情報（死因贈与契約書等）<br>登記識別情報（Ａの甲区１番の登記識別情報）<br>印鑑証明書（Ｃの印鑑証明書）<br>住所証明情報（Ｂの住民票の写し）<br>代理権限証明情報（Ｂ及びＣの委任状）<br>一般承継証明情報（Ａの戸籍全部事項証明書等，Ｃの戸籍一部事項証明書等） |
| 課税価格 | 金1000万円 |
| 登録免許税 | 金20万円 |

| 権利部（甲区）（所有権に関する事項） | | | |
|---|---|---|---|
| 順位番号 | 登記の目的 | 受付年月日・受付番号 | 権利者その他の事項 |
| 1 | 所有権保存 | 令和４年６月28日<br>第11784号 | 所有者　Ａ |
| 2 | 所有権移転 | 令和５年10月２日<br>第15142号 | 原因　令和５年６月28日贈与<br>所有者　Ｂ |

共同申請の登記ですので，原型は売買を原因とする所有権の移転の登記となります（P240の「相続関係の所有権の移転の登記の申請情報の学習のコツ②」）。P197～200の2.の売買を原因とする所有権の移転の登記と異なるのは，以下の点です。

### （1）登記原因及びその日付

年月日は，「贈与者が死亡した日」を記載します。死因贈与は，贈与者の死亡により効力が発生するからです。死因贈与の契約がされた日（上記申請例20では令和５年１月28日）ではありませんので，ご注意ください。

原因は，「贈与」と記載します（記録例202）。贈与（死因贈与）が，所有権が移転した原因（法律行為）だからです。

### （2）申請人

以下の者の共同申請によります（不登法60条）。死因贈与は，契約によるものですから，法律行為です。そのため，死因贈与による権利変動は相続（事実）とは異なるものと考えるべきであり，単独申請とならないのです。

・登記権利者：受贈者
・登記義務者：相続人全員

贈与者は被相続人ですが，すでに死亡しているため，相続人が被相続人の代わりに申請します（不登法62条）。

### （3）添付情報

死因贈与を原因とする所有権の移転の登記は添付情報の論点が多いので，添付情報についてはひととおり説明を記載します。考え方は，P256～258（4）の遺贈の添付情報にかなり近いです。

①登記原因証明情報（不登法61条，不登令別表30添付情報イ）
具体的には，死因贈与契約書などが当たります。
②登記識別情報（不登法22条本文）
共同申請であるため，登記識別情報を提供します（P77～78の「登記識別情報の提供の要否の基本的な判断基準」）。
提供する登記識別情報は，死亡した贈与者のものです。相続人のものではありませんので，ご注意ください（上記申請例20）。登記名義人は死亡した贈与者だからです。また，相続人は登記名義人ではありませんので，登記識別情報は通知されていません（P74の「登記識別情報が通知される要件②」）。贈与者は死亡していますので，相続人が贈与者の金庫などに保管されている登記識別情報を引っ張りだしてくることになります。
③印鑑証明書（不登令16条2項，18条2項）
書面申請のときは，相続人全員の印鑑証明書を提供します。申請情報または委任状を作成しているのは，相続人だからです（P257の「誰の印鑑証明書を提供するかの判断基準」）。
④住所証明情報（不登令別表30添付情報ロ）
P101の「住所証明情報の提供が要求される場合②」に当たるため，提供します。
⑤代理権限証明情報（不登令7条1項2号）

⑥会社法人等番号（不登令７条１項１号イ）

法人も受贈者になれますので，法人が申請人となる場合もあります。法人が申請する場合は，申請人欄に会社法人等番号を記載し，添付情報欄に会社法人等番号を提供している旨を記載するのが原則です（P109 の「会社法人等番号（代表者の資格を証する情報）の提供の要否の判断基準」）。

⑦一般承継証明情報（不登法 62 条，不登令７条１項５号イ）

相続人が申請人となるため，戸籍全部事項証明書等を提供します。

### ３．死因贈与契約において執行者が選任されていた場合

上記２.は，相続人が死亡した贈与者の代わりに登記を申請する基本的な事案を基に説明しました。しかし，死因贈与契約において執行者が選任されていた場合には，執行者が死亡した贈与者の代わりに申請できます（登研 322P73，447P83）。なお，受贈者を執行者とすることもできます。この場合には，受贈者が事実上単独で申請できることになります。

執行者が申請する場合は，執行者の代理権限証明情報として，以下の情報を提供します（登研 566P131）。

・死因贈与契約書（死因贈与契約書が公正証書でなければ，贈与者の印鑑証明書または相続人全員の承諾証明情報〔相続人全員の印鑑証明書〕付き）
・死亡を証する情報（戸籍全部事項証明書等）

## 5　遺産分割

### １．実体（民法）→登記

相続人が複数いる場合には，通常は遺産分割をすることによって「不動産は長男。預金は二男。」などと相続財産を具体的に分けます。―― 民法Ⅲのテキスト第 10 編第３章第３節2

遺産分割がされた場合，遺産分割をした時期によって，以下のとおり申請する登記が変わります。

#### ①相続登記をする前に遺産分割協議が成立し法定相続分に変更が加わった場合

この場合，遺産分割協議の内容どおりに「相続」を原因とする所有権の移転の登記ができます（昭 19.10.19 民事甲 692。P247 の「法定相続人・法定相続分に変更が加わった場合①」）。遺産分割の効力は，相続開始の時にさかのぼって生じるからです（民法 909 条本文）。

この登記は，遺産分割により不動産を相続することになった者の単独申請により行います。相続登記だからです（P241〜242（a））。

ex. 不動産の所有者Aが死亡し，その子ＢＣがAを相続しました。相続登記をする前にＢＣが遺産分割協議をし，Bがこの不動産を相続することになった場合，Bは単独で以下の登記を申請します。

1／1　AからBへの相続を原因とする所有権の移転の登記

**※再度の遺産分割**

上記のように，遺産分割に基づいて相続登記がされましたが，錯誤によりその相続登記が抹消されたとします。この場合，Cがこの不動産を相続する遺産分割協議書を提供して，AからCへの相続を原因とする所有権の移転の登記を申請できます（登研428P135，451P125）。

**②相続登記をした後に遺産分割協議が成立し法定相続分に変更が加わった場合**

この場合，遺産分割によりその不動産を相続しないことになった者から相続することになった者に，「遺産分割」を原因とする持分全部移転の登記を申請します（昭28.8.10民事甲1392。P247の「法定相続人・法定相続分に変更が加わった場合②」）。「遺産の分割は，相続開始の時にさかのぼってその効力を生ずる」という条文（民法909条本文）がありますが，遺産分割は遺産分割協議により新たな権利変動があったものと同視できるからです（最判昭46.1.26）。── **民法Ⅱのテキスト第３編第１章第３節4 4．(3)（d）ⅱ**

この登記は，遺産分割によりその不動産を相続することになった者と相続しないことになった者との共同申請（＊）により行います。

ex. 不動産の所有者Aが死亡し，その子ＢＣがAを相続しました。そして，法定相続分どおりにAからＢＣへの相続を原因とする所有権の移転の登記がされました。その後，ＢＣが遺産分割協議をし，Bがこの不動産を相続することになった場合，ＢＣは共同で以下の登記を申請します。

1／1　CからBへの遺産分割を原因とするC持分全部移転の登記

＊現在は，共同申請による扱いですが，遺産分割によりその不動産を相続することになった者が単独で申請できるようにする通達が発出されることが予定されています。

**※登記義務**

法定相続分による相続登記がされた後に遺産分割協議が成立した場合は，遺産分割により法定相続分を超えて所有権を取得した者は，遺産分割の日から３年以内に，所有権の移転の登記を申請しなければなりません（不登法76条の２第２項）。

正当な理由がないのに，３年以内にこの登記申請をしないと，10万円以下の過料に処せられます（不登法164条１項）。ここでも，罰則によって，登記義務を課したことの実効性を図っているのです。
＊この※の改正規定は，令和６年４月１日から施行されます。

**※更正の登記（予定）**

この②の場合に，法定相続分を超えて所有権を取得した者が単独で更正の登記を申請することもできるようにする通達が発出されることが予定されています。

共同申請だと，登記義務者の協力が得られない場合があります。また，更正の登記であれば，登録免許税が不動産１個につき1000円で済みます（登免法別表第１.１.(14)）。よって，登記申請がしやすくなります。現在の所有者が正確に公示されるよう，登記申請をしやすくする通達が発出されることが予定されているのです。

## ２．申請情報の記載事項

### （１）相続登記をする前に遺産分割協議が成立し法定相続分に変更が加わった場合（上記１.の①）

この場合，上記１.の①で説明したとおり，「相続」を原因とする所有権の移転の登記をしますので，P240～247の２.の申請情報となります（P245～246ⅱの添付情報がP246⑦の遺産分割協議書となります）。

よって，基本的にはP240～247の２.の申請情報を確認していただければ結構なのですが，登記原因証明情報については論点がありますので，この（１）では登記原因証明情報についてのみ説明を加えます。

#### （a）相続を証する情報（公文書。戸籍全部事項証明書等。P243～245ⅰ）

P243～245ⅰの戸籍全部事項証明書等の相続を証する情報を提供するのが原則です。しかし，遺産分割について相続人がモメ，家庭裁判所での調停で遺産分割が成立した場合または家庭裁判所の審判がされた場合は，調停調書または家庭裁判所の審判書を提供すれば，相続を証する情報を提供しなくてよくなります（昭37.5.31民事甲1489）。

これらの場合には，家庭裁判所が調停手続または審判手続の中で相続関係を確認しているため，「まず相続人であることに間違いはないだろう」ということです。

なお，「調停」とは，裁判所において，一般市民から選ばれた調停委員と裁判官を交えて行う話し合いのことです。当事者が合意しない限りは，調停は成立しません。調停委員には，弁護士，教授，役員の経験者などが選ばれ，多くの方が60代以上です。「審判」は，家庭裁判所がする判断のことであり，当事者の合意なしに家庭裁判所が白黒はっきりつけます。

ただし，遺産分割の調停調書に被相続人の死亡年月日の記載がない場合は，調停調書だけでなく被相続人の死亡を証する書面（戸籍全部事項証明書等）も提供する必要があります（登研 202P62）。調停調書から死亡年月日を確認できないからです。

### （b）その他の登記原因を証する情報（遺産分割協議書。P245～246 ii）

#### i　印鑑証明書

##### （i）原則

遺産分割協議書を提供しますが，この遺産分割協議書には，遺産分割協議をした者のうち申請人以外の全員が実印で押印し印鑑証明書を提供する必要があります（昭 30.4.23 民事甲 742）。申請人以外の者，つまり，その不動産を相続しないことになった者が「この遺産分割協議でいいよ」と言っていることを確認するため（意思を確認するため）に，実印での押印と印鑑証明書の提供が要求されます。

この印鑑証明書は，作成後３か月以内のものである必要はありません（古い印鑑証明書でも OK です。登研 96P41）。「作成後３か月以内のもの」という要件がある添付情報は，P94①～④だからです。この印鑑証明書は，登記原因証明情報の一部であり，P94①の印鑑証明書とは異なりますので，ご注意ください。

##### （ii）実印の押印や印鑑証明書の提供を拒んでいるとき

上記（i）のとおり，申請人以外の全員が，実印で押印し（第一段階），印鑑証明書を提供する（第二段階）必要があります。この第一段階または第二段階で拒む者がいた場合，申請人としてはどうすればいいでしょうか。

・第一段階（実印の押印）で拒む者がいた場合

実印の押印を拒んでいる者に対して所有権確認訴訟を提起し，所有権確認訴訟の勝訴判決および遺産分割協議書（他の協議者の印鑑証明書付き）を提供して申請します（平 4.11.4 民三.6284）。

実印の押印を拒んでいる者は遺産分割協議書の作成をしていないため，その者に対して所有権確認訴訟を提起する必要があるのです。

・第二段階（印鑑証明書の提供）で拒む者がいた場合

印鑑証明書の提供を拒んでいる者に対して遺産分割協議書の真否確認訴訟を提起し，遺産分割協議書の真否確認訴訟の勝訴判決を提供して申請します（昭 55.11.20 民三.6726)。

遺産分割協議書の真否確認訴訟は，証書真否確認の訴え（民訴法 134 条）です。「証書真否確認の訴え」とは，証書が作成者の意思に基づいて作成されたことを確認する訴えです。実印の押印はしていますので，遺産分割協議書の作成はしています。しかし，印鑑証明書を提供しないため，作成者の意思に基づいて作成されたかがわからないので，その確認を求める訴えを提起する必要があるのです。

#### （iii）印鑑証明書の提供を要しない場合

遺産分割協議書を公正証書（公証人が作成する証書）で作成し，その公正証書の謄本を提供すれば，印鑑証明書を提供する必要はありません（登研 146P42）。公正証書の作成の際に公証人が本人確認を行っており，それには信用力があるからです（P98 の「公証人などの信用力」）。

### ii　遺産分割協議書を１通とすることの要否

遺産分割は，相続人全員でする必要があります。しかし，遺産分割協議書は，１通とする必要はなく，数通になっても構いません（昭 35.12.27 民事甲 3327）。

**― Realistic 13　相続人全員に一気に送る ―**

相続人がＡＢＣＤであり，Ａが不動産を相続する旨の相続登記の依頼を司法書士がＡから受けたとします。この場合，司法書士は，ＢＣＤそれぞれに一気に同じ内容の遺産分割協議証明書を送り，実印で押印してもらい，印鑑証明書と併せて遺産分割協議証明書を送り返してもらうことがあります。Ａのものと合わせて証明書は４通となりますが，これで遺産分割協議書となります。このような方法を採る理由は，以下の２点です。

①一気に送り，送り返してもらいますので，「１人に送って送り返してもらって，別の者に送って送り返してもらって……」とするよりも早く済みます。

②「１人に送って送り返してもらって，別の者に送って送り返してもらって……」とすると，最後の相続人に破り捨てられたら，それまでの苦労が水の泡になってしまいます……。

### （2）相続登記をした後に遺産分割協議が成立し法定相続分に変更が加わった場合（P270②）

この場合，P270②で説明したとおり，「遺産分割」を原因とする持分全部移転の登記を申請します。

＊この場合に，更正の登記を申請することもできるようにする通達が発出されることが予定されています（P271※）。

この（2）は初めて出てくる登記ですので，申請例から確認していきます。

**申請例21** ―― **遺産分割を原因とする持分の移転の登記**

＊事例は，P270②のex.に合わせています。

事例：建物を所有しているAは，令和5年6月28日，死亡した。Aの相続人は，子BCのみである。BCへの相続を原因とする所有権の移転の登記が甲区2番でされた。BとCの間で，令和5年11月28日，この建物をBが単独で相続する旨の遺産分割協議が成立した。この建物の課税標準の額は，1000万円である。

| | |
|---|---|
| 登記の目的 | C持分全部移転 |
| 原　　因 | 令和5年11月28日遺産分割 |
| 権 利 者 | 持分2分の1　B |
| 義 務 者 | C |
| 添付情報 | 登記原因証明情報（遺産分割協議書）<br>登記識別情報（Cの甲区2番の登記識別情報）<br>印鑑証明書（Cの印鑑証明書）<br>住所証明情報（Bの住民票の写し）<br>代理権限証明情報（B及びCの委任状） |
| 課税価格 | 移転した持分の価格　金500万円 |
| 登録免許税 | 金2万円 |

| 権利部（甲区）（所有権に関する事項） | | | |
|---|---|---|---|
| 順位番号 | 登記の目的 | 受付年月日・受付番号 | 権利者その他の事項 |
| 1 | 所有権保存 | 令和4年6月28日<br>第11542号 | 所有者　A |
| 2 | 所有権移転 | 令和5年10月2日<br>第15142号 | 原因　令和5年6月28日相続<br>共有者　持分2分の1　B<br>2分の1　C |
| 3 | C持分全部移転 | 令和5年12月5日<br>第19451号 | 原因　令和5年11月28日遺産分割<br>所有者　持分2分の1　B |

### （a）登記の目的

「C持分全部移転」などとなります。

### （b）登記原因及びその日付

年月日は，「遺産分割協議の成立日」を記載します。遺産分割は，遺産分割協議の成立により新たな権利変動があったものと同視できるからです（最判昭46.1.26）。――民法Ⅱのテキスト第３編第１章第３節4 4．（3）（d）ii

原因は，「遺産分割」と記載します。遺産分割が，持分が移転した原因（法律行為）だからです。

### （c）申請人

以下の者の共同申請です（不登法60条）。

・登記権利者：遺産分割によりその不動産を相続することになった者

・登記義務者：遺産分割によりその不動産を相続しないことになった者

＊遺産分割によりその不動産を相続することになった者が単独で申請できるようにする通達が発出されることが予定されています（P270＊）。

### （d）添付情報

以下のとおり，登記原因証明情報の内容が変わる点を除いて，P199～200（4）と同じです。相続関係の所有権の移転の登記ですが，共同申請の登記ですので，原型は売買を原因とする所有権の移転の登記となります（P240の「相続関係の所有権の移転の登記の申請情報の学習のコツ②」）。

・登記原因証明情報（不登法61条，不登令別表30添付情報イ）

具体的には，遺産分割協議書が当たります。共同申請であるため，戸籍全部事項証明書などの公文書を提供する必要はありません（P68の「公文書に限定されるかどうかの基本的な判断基準」）。

### （e）登録免許税

相続登記ではありませんが，相続登記と同視できますので，不動産の価額の4/1000となります（平12.3.31民三.828。P152②）。

### 3．遺産分割の当事者

遺産分割協議は相続人全員でする必要があります。── **民法Ⅲのテキスト第 10 編第3章第3節2 1．(2)(a)**　よって，相続人の一部を除いてされた遺産分割協議に基づく登記をすることはできません（登研 366P86，507P198）。

**※代理人による遺産分割**

遺産分割協議は，代理人によってすることもできます。遺産分割協議書の作成も，代理人が行えます（昭 33.7.9 民事甲 1379）。

業として相続人から委任を受け，遺産分割協議において相続人の代理人となれるのは，弁護士です。弁護士が相続人の代理人としてした遺産分割協議に基づく相続登記を申請できます（昭 33.7.9 民事甲 1379）。

それに対して，司法書士は，登記申請の代理人とはなれますが，遺産分割協議において相続人の代理人となることはできません。司法書士が依頼を受けた場合，遺産分割協議自体はお客様（相続人）に行っていただく必要があります。

司法書士には，家事事件の代理権（家事代理権）がないからです。これが，弁護士との大きな違いです。

**※不在者の財産管理人による遺産分割**

相続人に行方のわからない者がいる場合があります。何人も相続人がいると，どうしても見つからない人がいたりします。このような場合，どうするでしょうか。遺産分割協議をするために，家庭裁判所に不在者の財産管理人を選任してもらいます（民法 25 条1項前段）。ただ，不在者の財産管理人が遺産分割協議に参加するには，家庭裁判所の許可が必要です（昭 39.8.7 民事三.597）。

遺産分割は，相続財産の帰属を決めるため，処分行為に当たります。そして，不在者の財産管理人が処分行為をするには，家庭裁判所の許可が必要となります（民法 28 条）。── **民法Ⅰのテキスト第2編第2章第1節4 1．(6)**

**※破産管財人による遺産分割**

相続人の破産管財人が遺産分割協議に参加するには，裁判所の許可が必要です（平 22.8.24 民二.2078）。破産管財人は，当然に遺産分割をすることができるわけではないからです。

このとき，裁判所の許可があったことを証する情報を提供する必要があるかは，以下のとおりです（平 22.8.24 民二.2078）。

・遺産分割が調停または審判による場合

　→　不要（調停調書または審判書正本のみで OK）

遺産分割に参加することについての裁判所の許可は，調停または審判の中で確認されているからです。

・遺産分割が協議による場合
　→　必要

### ４．数次相続と遺産分割

#### （1）原則

相続が生じ（第一の相続），それに基づく遺産分割協議および相続登記が行われる前に，相続人にさらに相続が生じた場合（第二の相続），第一の相続と第二の相続の遺産分割協議を同時にすることができます（昭29.５.22民事甲 1037）。第一の相続の相続人のうち死亡している者については，その相続人が代わりに遺産分割協議を行います。……といわれてもわかりにくいでしょうから，具体例で確認しましょう。

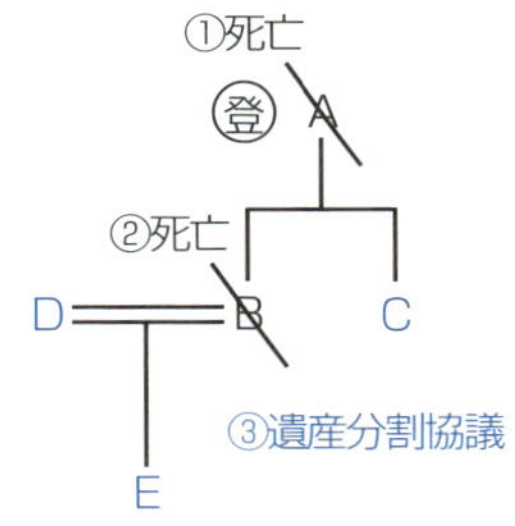


ex. 不動産の所有者Ａが死亡しました。Ａには子ＢＣがいました。ＢＣの間で遺産分割協議および相続登記が行われる前に，Ｂが死亡しました。Ｂには妻Ｄおよび子Ｅがいます。この場合に，ＣＤＥが遺産分割協議をし，Ｅが単独でこの不動産を相続することとなった場合，以下の登記を申請できます。

１/１　ＡからＥへの年月日Ｂ相続年月日相続を原因とする所有権の移転の登記

以下の２つの遺産分割協議を同時に行ったからです。

・第一の相続（Ａの相続）についての遺産分割協議
　ＤＥ（Ｂの代わり）およびＣが遺産分割協議を行い，この不動産をＢが相続することにしました。ＤＥは，Ｂを相続していますので，Ａの相続について遺産分割協議ができるＢの地位も相続しており，Ｂの代わりに遺産分割協議ができるのです。
・第二の相続（Ｂの相続）についての遺産分割協議
　ＤおよびＥが遺産分割協議を行い，この不動産をＥが相続することにしました。

第一の相続（Ａの相続）についての遺産分割協議により中間が単独の相続となったため，相続を原因として直接Ｅに所有権の移転の登記を申請できます（昭 30.12.16民事甲 2670。P250※）。

### （2）一人遺産分割

一人遺産分割は認められていません（平28.3.2民二.154，東京高判平26.9.30，東京地判平26.3.13）。「一人遺産分割」とは，以下のような遺産分割です。

ex. 不動産の所有者Aが死亡しました。Aには妻BおよびＣがいました。ＢＣの間で遺産分割協議および相続登記が行われる前に，Bが死亡しました。Bの相続人は，Cのみです。この場合，Cは，Aの相続について，一人で遺産分割協議をすることはできません。よって，以下の登記を申請することになります。

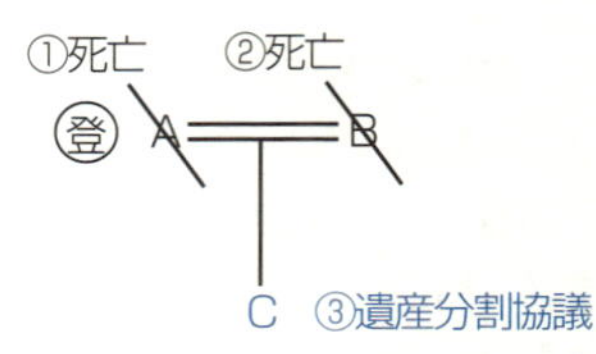


1/2　AからＢＣへの相続を原因とする所有権の移転の登記
2/2　BからCへの相続を原因とするB持分全部移転の登記

たしかに，Aの死亡時点では相続財産がＢＣの共有になっており，遺産分割をすることができました。しかし，Bが死亡したことにより，Cが相続財産を単独で相続しているため，相続財産は共有状態ではなくなっています。そのため，相続財産が共有状態の場合に認められる遺産分割ができないのです（東京高判平26.9.30，東京地判平26.3.13）。

**※一人遺産分割には当たらない事例**

上記の一人遺産分割と混同してしまいがちな事例があります。以下の場合は，一人遺産分割に当たらず認められていますので，ご注意ください。

**判断基準**

上記の裁判例（東京高判平26.9.30，東京地判平26.3.13）の理由が判断基準となります。

・相続財産が**共有状態の時点で**遺産分割をしている
　→　一人遺産分割に当たらない（認められる）
・相続財産が**単有状態の時点で**遺産分割をしている
　→　一人遺産分割に当たる（認められない）

ex1. 不動産の所有者Ａが死亡しました。Ａには妻Ｂおよび子Ｃがいます。ＢＣの間で遺産分割協議が行われ，Ｃが単独でこの不動産を相続することとなりました。その後，Ｂが死亡しました。Ｂの相続人は，Ｃのみです。この場合，Ｃは，以下の登記を申請できます（平28.3.2民二.154）。

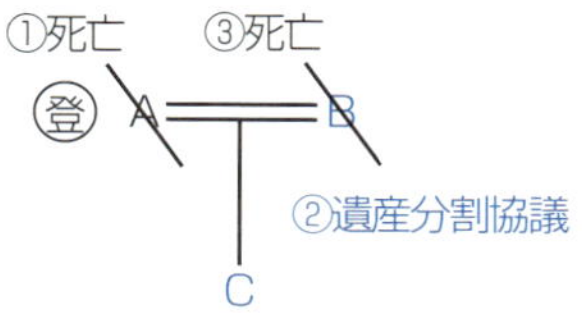


1／1　ＡからＣへの相続を原因とする所有権の移転の登記

Ｂの死亡前の相続財産がＢＣの共有状態の時点で遺産分割をしていますので，問題ありません（上記の「判断基準」）。

なお，Ｂの生前に遺産分割協議書が作成されていなければ，Ｃが遺産分割協議証明書を作成し，Ｃの印鑑証明書を付けます（平28.3.2民二.154）。

ex2. 不動産の所有者Ａが死亡しました。Ａには妻Ｂおよび子ＣＤがいます。ＢＣＤの間で遺産分割協議および相続登記が行われる前に，Ｂが死亡しました。Ｂの相続人は，ＣＤです。この場合に，ＣＤが遺産分割協議をし，Ｃが単独でこの不動産を相続することとなったときは，以下の登記を申請できます（最決平17.10.11参照）。

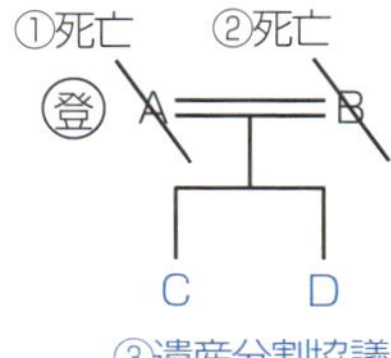


1／1　ＡからＣへの相続を原因とする所有権の移転の登記

Ｂは死亡しましたが，ＢをＣＤが相続しており，相続財産がＣＤの共有状態の時点で遺産分割をしていますので，問題ありません（上記の「判断基準」）。

## 6　相続分の譲渡

### 1．実体（民法）→登記

相続人は，他の相続人または第三者に対して，相続分を有償（売買）または無償（贈与）で譲渡することができます（民法905条参照）―― **民法Ⅲのテキスト第10編第３章第２節5**

相続分の譲渡がされた場合，「相続分の譲渡をした時期」と「相続分の譲渡をした相手が他の相続人か第三者か」によって，以下の①～③のとおり申請する登記が変わります。

### ①相続登記をする前に他の相続人に相続分の譲渡がされた場合

この場合，1件で以下の登記ができます（昭59.10.15民三.5195。P247の「法定相続人・法定相続分に変更が加わった場合①」）。

1/1　被相続人から相続分の譲渡をした相続人以外の相続人への相続を原因とする所有権の移転の登記

この登記は,相続分の譲渡をした相続人以外の相続人の単独申請により行います。相続登記だからです（P241～242（a））。

### ②相続登記をした後に他の相続人に相続分の譲渡がされた場合

この場合，以下の登記を申請します（P247の「法定相続人・法定相続分に変更が加わった場合②」）。

1/1　相続分の譲渡をした相続人から相続分の譲渡を受けた相続人への相続分の売買または相続分の贈与を原因とする持分全部移転の登記

この登記は，相続分の譲渡を受けた相続人と相続分の譲渡をした相続人との共同申請により行います。これは相続登記ではないからです。

### ③第三者に相続分の譲渡がされた場合

この場合，相続分の譲渡がされたのが相続登記をする前であっても，以下の登記を申請します（登研491P107，506P148，728P243）。

1/2　被相続人から相続人への相続を原因とする所有権の移転の登記

この登記は，相続人の単独申請により行います。相続登記だからです（P241～242（a））。

2/2　相続分の譲渡をした相続人から第三者への相続分の売買または贈与を原因とする持分全部移転の登記

この登記は，第三者と相続分の譲渡をした相続人との共同申請により行います。

相続人以外の者に「相続」を原因とする登記をすることはできないため（P262の「Realistic rule」），相続人への相続登記（上記の1/2の登記）を入れる必要があるのです。

## 2．申請情報の記載事項

相続分の譲渡は，上記1.の①～③のように分かれますが，この2.では，上記1.の②の1/1の登記と上記1.の③の2/2の登記をみます。

＊上記1.の①の1/1の登記は，相続を原因とする所有権の移転の登記ですので，P240～247の2.の申請情報となります（P245～246 ii の添付情報がP246⑥の相続分の売買契約書または相続分の贈与契約書となります）。
＊上記1.の③の1/2の登記は，相続を原因とする所有権の移転の登記ですので，P240～247の2.の申請情報となります。

**申請例22** —— **相続分の売買または贈与を原因とする持分の移転の登記**

事例：建物を所有しているＡは，令和５年６月 28 日，死亡した。Ａの相続人は，子ＢＣのみである。ＢＣへの相続を原因とする所有権の移転の登記が甲区２番でされた。ＣはＢに，令和５年 11 月 28 日，自己の相続分を売却した。この建物の課税標準の額は，1000 万円である。

| | |
|---|---|
| 登記の目的 | C持分全部移転 |
| 原　　因 | 令和５年 11 月 28 日相続分の売買 |
| 権 利 者 | 持分２分の１　B |
| 義 務 者 | C |
| 添付情報 | 登記原因証明情報（相続分の売買契約書）<br>登記識別情報（Cの甲区２番の登記識別情報）<br>印鑑証明書（Cの印鑑証明書）<br>住所証明情報（Bの住民票の写し）<br>代理権限証明情報（B及びCの委任状） |
| 課税価格 | 移転した持分の価格　金 500 万円 |
| 登録免許税 | 金 10 万円 |

| 権利部（甲区）（所有権に関する事項） | | | |
|---|---|---|---|
| 順位番号 | 登記の目的 | 受付年月日・受付番号 | 権利者その他の事項 |
| 1 | 所有権保存 | 令和４年６月 28 日<br>第 11542 号 | 所有者　A |
| 2 | 所有権移転 | 令和５年 10 月２日<br>第 15142 号 | 原因　令和５年６月 28 日相続<br>共有者　持分２分の１　B<br>２分の１　C |
| 3 | C持分全部移転 | 令和５年 12 月５日<br>第 19451 号 | 原因　令和５年 11 月 28 日相続分の売買<br>所有者　持分２分の１　B |

### （1）登記の目的

「C持分全部移転」などとなります。

### （2）登記原因及びその日付

年月日は，「相続分の売買契約または贈与契約がされた日」を記載します。

原因は，「相続分の売買」（有償の場合）または「相続分の贈与」（無償の場合）と記載します（登研 506P148）。相続分の売買または相続分の贈与が，持分が移転した原因（法律行為）だからです。

### （３）申請人

以下の者の共同申請です（不登法 60 条）。

・登記権利者：相続分の譲渡を受けた相続人（他の相続人への相続分の譲渡の場合）
　　　　　　または第三者（第三者への相続分の譲渡の場合）

・登記義務者：相続分の譲渡をした相続人

### （４）添付情報

以下のとおり，登記原因証明情報の内容が変わる点を除いて，P199～200（４）と同じです。相続関係の所有権の移転の登記ですが，共同申請の登記ですので，原型は売買を原因とする所有権の移転の登記となります（P240 の「相続関係の所有権の移転の登記の申請情報の学習のコツ②」）。

・登記原因証明情報（不登法 61 条，不登令別表 30 添付情報イ）

具体的には，相続分の売買契約書または相続分の贈与契約書が当たります。共同申請であるため，戸籍全部事項証明書などの公文書を提供する必要はありません（P68 の「公文書に限定されるかどうかの基本的な判断基準」）。

### （５）登録免許税

相続・合併以外を原因とする所有権の移転の登記ですので，登録免許税は不動産の価額の 20/1000 です（登免法別表第１．１．（２）ハ）。

「他の相続人への相続分の譲渡なら，遺産分割などのように相続登記と同視できるんじゃ？」と思われたかもしれません。このように実質だけを考えると「遺産分割などと同じかな？」と考えてしまい間違ってしまうことがあるため，P152 の４．の「４/1000 でいいよ」で記憶してください。

## ３．数次相続と相続分の譲渡

たとえば，不動産の所有者Ａが死亡しました。Ａには子ＢＣＤがいました。相続登記が行われる前に，Ｄが死亡しました。Ｄには子Ｅがいます。この場合に，ＣおよびＥが相続分をＢに譲渡したとき，以下の登記を申請することになります（平４.３.18 民三.1404 参照）。

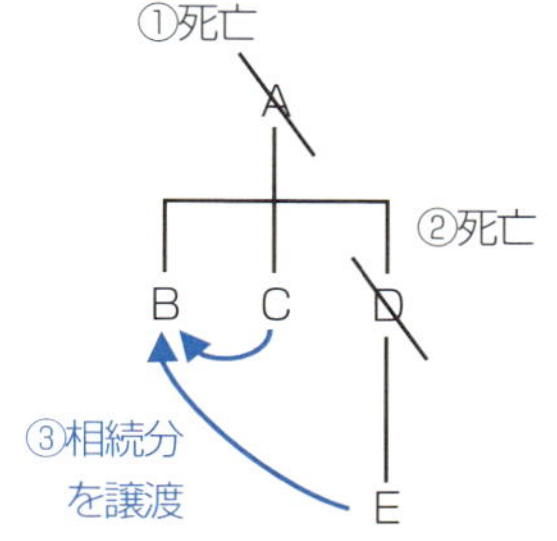


1／3　ＡからＢＤへの相続を原因とする所有権の移転の登記（持分３分の２Ｂ，３分の１Ｄ）
2／3　ＤからＥへの相続を原因とするＤ持分全部移転の登記
3／3　ＥからＢへの相続分の売買または相続分の贈与を原因とするＥ持分全部移転の登記

「ＣとＥがＢに相続分を譲渡しているんだから，１件でＢに相続登記ができるんじゃないの？」と思われたかもしれません。Ｃと“Ｄ”がＢに相続分を譲渡していれば，１件でＢに相続登記ができました。しかし，Ｅは，Ａの相続人ではありません（ＤがＡの相続人です）。よって，ＥからＢへの相続分の譲渡は，P280③の「第三者に相続分の譲渡がされた場合」に当たります。そのため，１／３の登記をする必要があるのです。

それに対して，ＢとＣはＡの相続人です。よって，ＣからＢへの相続分の譲渡はP280①の「相続登記をする前に他の相続人に相続分の譲渡がされた場合」に当たります。そのため，１／３の登記で，Ｃが譲渡した相続分についてＢ名義の相続登記ができます。

なお，１／３の登記を「ＢＥへの相続を原因とする所有権の移転の登記」とすることはできません。ＥはＡの相続人ではありませんので，「相続」を原因とする登記をすることはできないからです（P262 の「Realistic rule」）。よって，１／３の登記と２／３の登記をする必要があるのです。

## ※　遺留分侵害額請求（旧遺留分減殺請求）

かつては，遺留分を侵害する遺贈などがされた場合に，遺贈を受けた愛人などから遺留分権利者である相続人に対して「遺留分減殺」を原因とし，所有権の移転の登記を申請するといったことがありました（昭 30.5.23 民事甲 973）。しかし，平成 30 年の民法改正で，遺留分減殺請求は遺留分侵害額請求となり，効果が，遺贈などがされた物の所有権の移転から，金銭の支払請求となりました（民法 1046 条１項）。―― 民法Ⅲのテキスト第 10 編第７章４5.（1）　よって，遺留分侵害額請求によって不動産の所有権が移転することは原則としてなくなったので，遺留分侵害額請求に基づく登記をすることもなくなりました（令元.6.27 民二.68）。

## 7 胎児を含む相続

### 1．実体（民法）→登記

胎児は，権利能力がないのが原則ですが，相続や遺贈などについては権利能力が認められ，すでに生まれたものとみなされます（民法886条1項）。── 民法Ⅰのテキスト第2編第2章第1節3 1．(2)

ただし，胎児が相続人となった場合に，胎児に（お腹の中にいる間に）相続登記ができるかが問題となります。これは，相続について権利能力が認められるといっても，いつの時点で権利能力が認められるのかという問題です。以下のとおり，2つの考え方があります。民法の判例（大判昭7.10.6）は停止条件説でしたが，不動産登記の先例（明31.10.19民刑1406）は解除条件説です。実体法である民法と登記実務が一致していないやっかいなところです……。

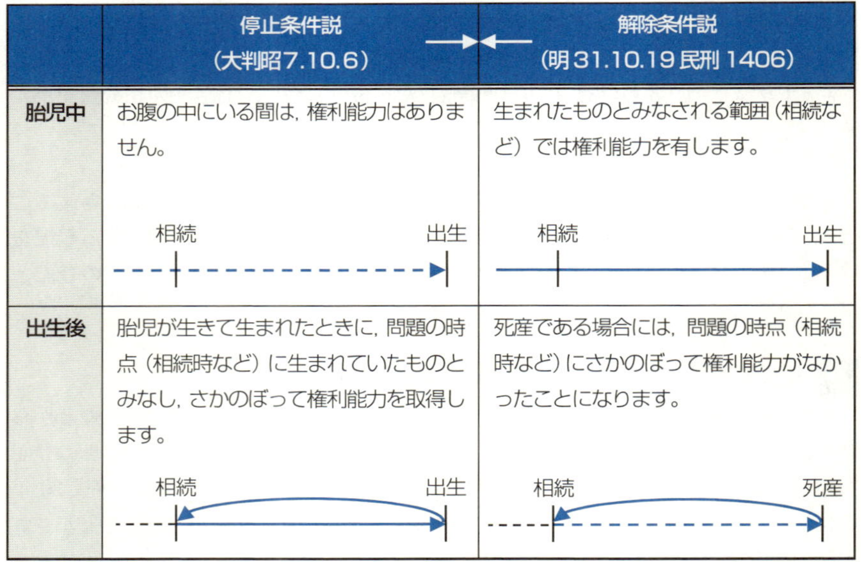

| | 停止条件説<br>（大判昭7.10.6） | 解除条件説<br>（明31.10.19 民刑1406） |
|---|---|---|
| 胎児中 | お腹の中にいる間は，権利能力はありません。<br>相続　出生 | 生まれたものとみなされる範囲（相続など）では権利能力を有します。<br>相続　出生 |
| 出生後 | 胎児が生きて生まれたときに，問題の時点（相続時など）に生まれていたものとみなし，さかのぼって権利能力を取得します。<br>相続　出生 | 死産である場合には，問題の時点（相続時など）にさかのぼって権利能力がなかったことになります。<br>相続　死産 |

不動産登記は解除条件説ですので，胎児に（お腹の中にいる間に）相続登記ができます。胎児には氏名も住所もないため，氏名は「亡A妻B胎児」などと父（A）と母（B）の氏名を使って登記し（明31.10.19民刑1406），住所は仮に母の住所を登記します（下記2．(1)）。

そして，胎児が無事に生まれたときは，仮に登記をしていた上記の胎児名義の登記について，胎児の氏名・住所の変更の登記を申請します（下記2.（2））。生まれたので，氏名ができますし，仮に登記していた住所の変更の登記もする必要があるからです。

それに対して，胎児が死体で生まれたときは（←これが条文〔民法886条2項〕の表現ですが，要は死産であったときは），更正の登記または抹消の登記を申請します（下記2.（3））。死産の場合には，さかのぼって権利能力がなかったことになり（上記の解除条件説），胎児は初めから相続人でなかったことになるからです。

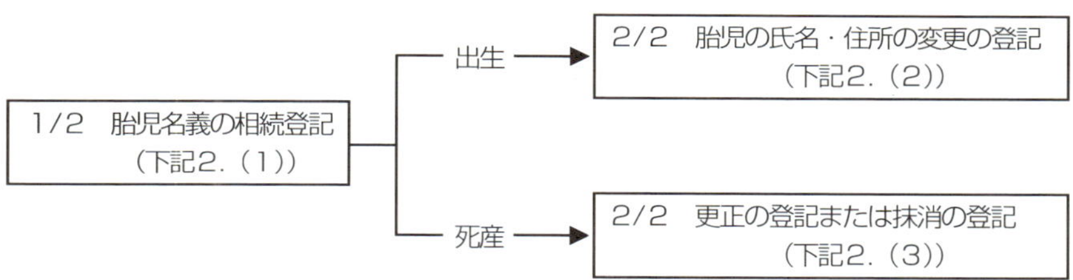


## 2．申請情報の記載事項

### （1）胎児名義の相続登記

**申請例23**　―― **相続を原因とする胎児への所有権の移転の登記**

事例：建物を所有しているAは，令和5年6月28日，死亡した。Aの親族は，妻Bと父Cのみであるが，BはAとの間の子を懐胎している（みごもっている）。この建物の課税標準の額は，1000万円である。

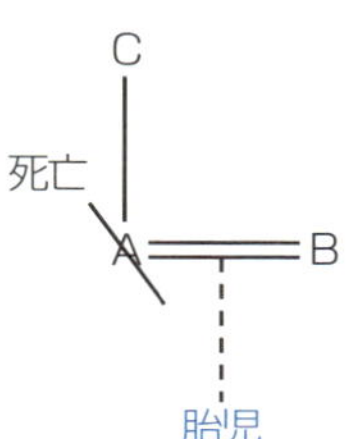


| | |
|---|---|
| 登記の目的 | 所有権移転 |
| 原　　因 | 令和5年6月28日相続 |
| 相 続 人 | （被相続人A）持分2分の1　B<br>2分の1　亡A妻B胎児 |
| 添 付 情 報 | 登記原因証明情報（Aの戸籍全部事項証明書等，Bの戸籍一部事項証明書等）<br>住所証明情報（Bの住民票の写し）<br>代理権限証明情報（B及び亡A妻B胎児の法定代理人Bの委任状） |
| 課 税 価 格 | 金1000万円 |
| 登録免許税 | 金4万円 |

| 権 利 部 （甲 区） （所 有 権 に 関 す る 事 項） | | | |
|---|---|---|---|
| 順位番号 | 登記の目的 | 受付年月日・受付番号 | 権 利 者 そ の 他 の 事 項 |
| 1 | 所有権保存 | 令和4年6月28日<br>第11542号 | 所有者　A |
| 2 | 所有権移転 | 令和5年10月2日<br>第15142号 | 原因　令和5年6月28日相続<br>共有者<br>　新宿区高田馬場一丁目5番地<br>　持分2分の1　B<br>　新宿区高田馬場一丁目5番地<br>　　2分の1　亡A妻B胎児 |

相続登記ですので，原型はP240～247の2.の相続を原因とする所有権の移転の登記です。P240～247の2.の登記と異なるのは，以下の点です。

### （a）申請人

申請人は，胎児について特徴があります。

胎児には氏名も住所もないため，氏名は「亡A妻B胎児」などと父（A）と母（B）の氏名を使って登記し（明31.10.19民刑1406），住所は仮に母の住所を登記します。

胎児は当然申請できませんので，母が代理して申請します。不動産登記は解除条件説ですので（上記1.），胎児は相続については権利能力を有します。よって，胎児の代理も可能です。

### （b）添付情報

胎児についての添付情報の提供は不要です。

胎児は，まだ生まれていませんので，戸籍には記録されていません。よって，胎児について証する情報がないのです。エコー写真を提供するわけにもいきませんし……。

それだと，「虚偽の登記がされるのでは？」と思われるかもしれませんが，その後，以下のいずれかの登記をするので，それにより登記の真正は確保されます。

・胎児が無事に生まれた　→　胎児の氏名・住所の変更の登記（下記（2））

下記（2）で説明しますが，この登記において戸籍一部事項証明書や住民票の写しなど（公文書）を提供します。

・胎児が死体で生まれた（死産）　→　更正の登記または抹消の登記（下記（3））
　共同申請により，更正の登記または抹消の登記がされます。

### （2）胎児の氏名・住所の変更の登記（胎児が出生した場合）

上記（1）のように胎児名義の相続登記がされた後，胎児が出生した場合には，胎児名義の登記の胎児の氏名・住所の変更の登記を申請します。

**申請例24** ── **出生を原因とする胎児の氏名・住所の変更の登記**

事例：建物を所有しているAは，令和5年6月 28 日，死亡し，妻Bとその胎児名義での相続登記が甲区２番でなされた。令和5年 11 月 28 日，胎児が新宿区高田馬場一丁目5番地において出生し，Dと名付けられた。

| | |
|---|---|
| 登記の目的 | ２番所有権登記名義人住所，氏名変更 |
| 原　　因 | 令和５年 11 月 28 日出生 |
| 変更後の事項 | 共有者亡Ａ妻Ｂ胎児の氏名住所<br>新宿区高田馬場一丁目５番地　Ｄ |
| 申 請 人 | Ｄ |
| 添 付 情 報 | 登記原因証明情報（Ｄの戸籍一部事項証明書，Ｄの住民票の写し）<br>代理権限証明情報（Ｄの法定代理人Ｂの戸籍全部事項証明書，Ｂの委任状） |
| 登録免許税 | 金 1000 円 |

| 権 利 部 （甲 区） （所 有 権 に 関 す る 事 項） | | | |
|---|---|---|---|
| 順位番号 | 登記の目的 | 受付年月日・受付番号 | 権 利 者 そ の 他 の 事 項 |
| 1 | 所有権保存 | 令和４年６月 28 日<br>第 11542 号 | 所有者　A |
| 2 | 所有権移転 | 令和５年 10 月２日<br>第 15142 号 | 原因　令和５年６月 28 日相続<br>共有者<br>新宿区高田馬場一丁目５番地<br>持分２分の１　B<br><u>新宿区高田馬場一丁目５番地</u><br>２分の１　<u>亡A妻B胎児</u> |
| 付記１号 | ２番登記名義人<br>住所，氏名変更 | 令和５年 12 月 27 日<br>第 20012 号 | 原因　令和５年 11 月 28 日出生<br>共有者亡A妻B胎児の氏名住所<br>新宿区高田馬場一丁目５番地<br>D |

上記の登記記録をみると，Ｄの住所は「新宿区高田馬場一丁目５番地」から変わっていません。相続登記をしてから出生までに母が住所を移転しなければ，上記の登記記録のようになります。しかし，このような場合でも，住所の変更の登記もする必要があります。胎児の間に登記されていた住所は，仮に母の住所を登記していただけなので（生まれるまで住所はありません），出生によって定まった住所に変更する必要があるからです。

＊登記名義人の氏名（名称）・住所の変更の登記または更正の登記は，実務上「名変登記」といわれています。以下，申請情報の記載事項をみていきますが，この名変登記は，Ⅱのテキスト第５編第３章で基本から詳しく説明しますので，現時点では「こんなことを書くんだな〜」という程度で眺めていただければ結構です。

### （a）登記の目的

「○番所有権登記名義人住所，氏名変更」と記載します。

### （b）登記原因及びその日付

年月日は，「出生した日」を記載します。出生した日に，氏名と住所が定まるからです。

原因は，「出生」と記載します。

### （c）登記事項

変更後の事項として，生まれた子の氏名および住所を記載します。

**変更の登記→変更後の事項**

**変更の登記においては，基本的に変更後の事項を記載します。**

変更の登記ですので，どのように変わったのかを申請情報に記載する必要があるからです。

### （d）申請人

生まれた子の単独申請です。名変登記は，単独申請によります（不登法64条１項）。

名変登記は，単に登記名義人の氏名（名称）・住所を変えるだけであり，誰かが不利益を受ける登記ではないからです。また，下記（e）①でみるとおり，公文書を提供することも，単独申請を認めても問題がない理由となります。

ただし，生まれた子は登記申請をすることができませんので，法定代理人である母が代わりに申請することになります。

### （e）添付情報

①登記原因証明情報（不登法 61 条，不登令別表 23 添付情報）

P69 4 の「登記原因証明情報の提供が不要となる場合」に当たりませんので，登記原因証明情報を提供する必要があります。

詳細はⅡのテキスト第５編第３章 2 5.①で説明しますが，具体的には，以下の情報が当たります。

・戸籍一部事項証明書および住民票の写し（本籍地入り）

これらが氏名を証する情報となります。

・住民票の写し（※）

これが住所を証する情報となります。

※住民票コードを提供した場合は不要となります（不登令９条，不登規 36 条４項。P69③—ｉ）。

②代理権限証明情報（不登令７条１項２号）

法定代理人である母が生まれた子の代わりに申請することになるため，戸籍全部事項証明書等を提供します（P104 の「代理権限証明情報を考える視点」）。

また，司法書士が任意代理人として申請する場合は，委任状を提供します。法定代理人である母が司法書士に委任しますので，委任状の作成者は母になります。

※登記識別情報は，提供しません（不登法 22 条参照）。単独申請だからです（P77～78 の「登記識別情報の提供の要否の基本的な判断基準」）。

※印鑑証明書は，提供しません。所有権の登記名義人が登記義務者とならないからです（P93 の「『認印でよいか』『実印で押印し印鑑証明書の提供が要求されるか』の判断基準」）。単独申請ですので，登記義務者はいません。

※住所証明情報は，提供しません。P101 の「住所証明情報の提供が要求される場合①～③」のいずれにも当たらないからです。

### （f）登録免許税

変更の登記として，不動産１個につき 1000 円です（登免法別表第１．１．（14））。

## （3）更正の登記または抹消の登記（死産であった場合）

上記（1）のように胎児名義の相続登記がされた後，胎児が死産であった場合には，胎児名義の登記の更正の登記または抹消の登記を申請します。

## 申請例25 ―― 胎児名義の登記の更正の登記

事例：建物を所有しているAは，令和５年６月28日，死亡した。Aの親族は，妻Bと父Cのみであるが，BはAとの間の子を懐胎していた（みごもっていた）。そのため，妻Bとその胎児名義での相続登記が甲区２番でなされた。令和５年11月28日，Bが懐胎していた子は死産となった。

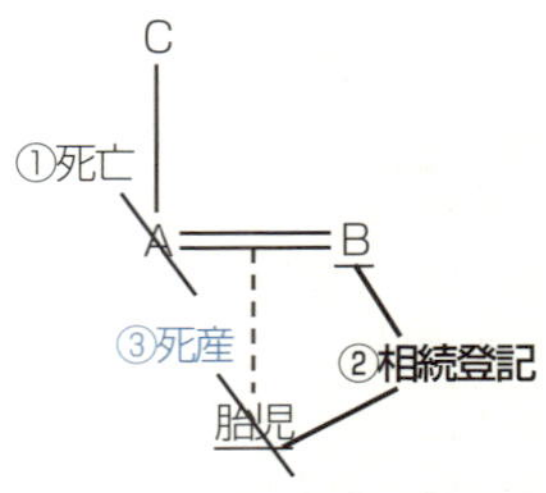


| | |
|---|---|
| 登記の目的 | ２番所有権更正 |
| 原　　　因 | 錯誤 |
| 更正後の事項 | 共有者　持分３分の２　B<br>３分の１　C |
| 権　利　者 | B<br>C |
| 義　務　者 | 亡A妻B胎児 |
| 添 付 情 報 | 登記原因証明情報（Aの戸籍全部事項証明書等，B及びCの戸籍一部事項証明書等）<br>登記識別情報（亡A妻B胎児の甲区２番の登記識別情報）<br>印鑑証明書（亡A妻B胎児の法定代理人Bの印鑑証明書）<br>住所証明情報（Cの住民票の写し）<br>代理権限証明情報（B，C及び亡A妻B胎児の法定代理人Bの委任状）＊ |
| 登録免許税 | 金 1000円 |

＊Bは，「登記権利者」「亡A妻B胎児の法定代理人」の２つの地位で司法書士に申請代理を依頼しています。よって，「B」「亡A妻B胎児の法定代理人B」と分けて記載したほうがいいです。

| 権 利 部 （甲 区） （所 有 権 に 関 す る 事 項） | | | |
|---|---|---|---|
| 順位番号 | 登記の目的 | 受付年月日・受付番号 | 権 利 者 そ の 他 の 事 項 |
| 1 | 所有権保存 | 令和４年６月28日<br>第11542号 | 所有者　A |
| 2 | 所有権移転 | 令和５年10月２日<br>第15142号 | 原因　令和５年６月28日相続<br>共有者<br>新宿区高田馬場一丁目５番地<br>持分２分の１　B<br>新宿区高田馬場一丁目５番地<br>２分の１　亡A妻B胎児 |

| 付記１号 | ２番所有権更正 | 令和５年12月27日<br>第20012号 | 原因　錯誤<br>共有者<br>新宿区高田馬場一丁目５番地<br>持分３分の２　B<br>新宿区高田馬場二丁目２番地<br>３分の１　C |
|---|---|---|---|

胎児が死産であったことにより，Aの配偶者Bと父Cが相続人となるため（相続分はB３分の２，C３分の１。民法890条，889条１項１号，900条２号），B３分の２，C３分の１に更正する登記をします。

＊以下，申請情報の記載事項をみていきますが，所有権の更正の登記は，第４章（P323〜342）で詳しく説明しますので，現時点では「こんなことを書くんだな〜」という程度で眺めていただければ結構です。

### （a）登記の目的

「◯番所有権更正」と記載します。

### （b）登記原因及びその日付

年月日は，記載しません（昭39.5.21民事三.425。P233の「登記原因は記載するが登記原因日付は記載しない登記②」）。更正の登記は，登記をした後におかしな登記となったわけではなく，最初からおかしな登記であったため，「この日におかしな登記になったよ」という登記原因日付がないからです。

原因は，「錯誤」と記載します。登記に錯誤があったということです。

### （c）登記事項

更正後の事項として，正しい相続人の氏名および住所を記載します。

**更正の登記→更正後の事項**

**更正の登記においては，更正後の事項を記載します。**

変更の登記（P288（c））と同じ理由です。更正の登記ですので，どのように訂正するのかを申請情報に記載する必要があるからです。

### （d）申請人

以下の者の共同申請です（不登法60条）。

・登記権利者：持分が増加する相続人，新たに加わる相続人
・登記義務者：胎児

胎児は死産であったため，申請できません。よって，その法定代理人である母が代わりに申請することになります。胎児は死産であったため，「法定代理人」という言い方に違和感はありますが。

### （e）添付情報

①登記原因証明情報（不登法61条，不登令別表25添付情報イ）

P69 4 の「登記原因証明情報の提供が不要となる場合」に当たりませんので，登記原因証明情報を提供する必要があります。

具体的には，（上記申請例25の例でいうと）Aの戸籍全部事項証明書等，BおよびCの戸籍一部事項証明書等が当たります。これらは，Cが相続人となること，および，ＢＣの相続分を証するために提供します。

②登記識別情報（不登法22条本文）

共同申請であるため，登記識別情報を提供します（P77～78の「登記識別情報の提供の要否の基本的な判断基準」）。

提供する登記識別情報は，胎児名義で登記を受けた際に（P285～286の申請例23）法定代理人に通知された（不登規62条1項1号。P105※）ものです。

③印鑑証明書（不登令16条2項，18条2項）

胎児の法定代理人である母の印鑑証明書を提供します。所有権の登記名義人が登記義務者となるからです（P93の「『認印でよいか』『実印で押印し印鑑証明書の提供が要求されるか』の判断基準」）。母の印鑑証明書を提供するのは，申請情報または委任状を作成しているのは母だからです（P257 の「誰の印鑑証明書を提供するかの判断基準」）。

④住所証明情報（登研391P110）

更正の登記によって新たに登記名義人となる者がいる場合，その者の住所証明情報を提供します（P101 の「住所証明情報の提供が要求される場合③」）。上記申請例25では，Bは新たに登記名義人となるわけではありませんが，Cは新たに登記名義人となりますので，Cの住所証明情報を提供します。

⑤代理権限証明情報（不登令7条1項2号）

司法書士が任意代理人として申請する場合は，委任状を提供します。なお，胎児については，法定代理人である母が司法書士に委任しますので，胎児についての委任状の作成者は母になります。

#### （ｆ）登録免許税

更正の登記として，不動産１個につき1000円です（登免法別表第１．１．（14））。

#### ※抹消の登記となる場合

胎児名義の相続登記がされた後に胎児が死産となった場合，上記申請例 25 のように更正の登記になるのが通常ですが，抹消の登記となる場合もあります。たとえば，以下の場合です。

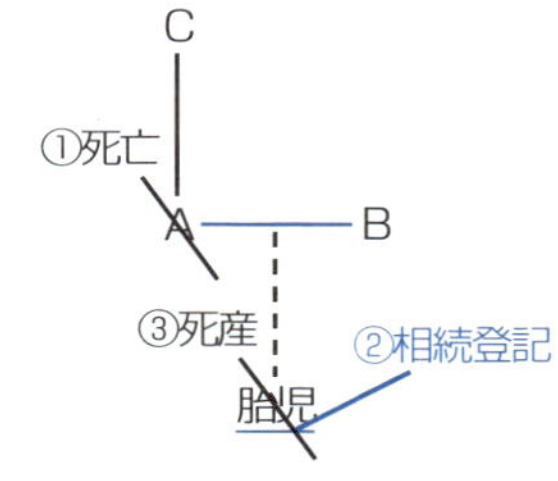


ex. 建物を所有しているＡは，死亡しました。Ａには，内縁の配偶者Ｂと父Ｃがおり，ＢはＡとの間の子を懐胎していました（みごもっていました）。Ａは，この胎児を認知しています。Ｂは未婚ですのでＡを相続しませんが，胎児はＡの子であり認知されていますのでＡを相続します。よって，胎児名義での相続登記がなされました。この場合，胎児は「Ｂ胎児」と登記されます（登研 591P213）。Ｂは，Ａの妻ではないからです。その後，Ｂが懐胎していた子は死産となりました。この場合，以下の登記を申請します（登研 144P51）。

１/２　死産を原因とする胎児名義の所有権の移転の登記の抹消の登記

２/２　ＡからＣへの相続を原因とする所有権の移転の登記

P323②で説明しますが，更正の登記をするには，更正の登記をする前とした後でかぶっている部分がある必要があります。「胎児」名義の登記と「Ｃ」名義の登記は，かぶっている部分がないので，更正の登記はできません。よって，抹消の登記と移転の登記をするのです。

## 8　相続人不存在

### １．実体（民法）→登記

＊この「相続人不存在」は，民法のテキストでは扱っていませんので，民法の規定を一から説明していきます。

#### （1）相続人のあることが明らかでないとき

ある人が死亡しましたが，その相続人のあることが明らかでないときがあります。「相続人のあることが明らかでないとき」（民法 951 条）とは，たとえば，以下の場合です。判断基準は，条文（民法 951 条）にあるとおり，**相続人のあることが明らかでないか**です。

①身寄りの無い人が死亡した
②すべての相続人が欠格，廃除，相続放棄により相続人でなくなった（通説・実務）
　── 民法Ⅲのテキスト第10編第2章5 1.2.，第4章第4節
　実務では，すべての相続人が相続放棄をしてしまったということがたまにあります。

　これらに対し，以下の場合は，「相続人のあることが明らかでないとき」に当たりません。

・相続人がいることは明らかだが，その行方または生死が不明である
　この場合は，不在者の財産管理や失踪宣告の問題となります。── 民法Ⅰのテキスト第2編第2章第1節4 1.2.　相続人がいることは明らかなので，「相続人のあることが明らかでないとき」に当たらないからです。
・相続人はいないが，包括受遺者がいるとき（最判平9.9.12）
　包括受遺者は，相続人と同一の権利義務を有するためです（民法990条）。── 民法Ⅲのテキスト第10編第5章第4節3 1.（2）（a）

#### （2）生じる問題

　相続人のあることが明らかでないとき，以下の①と②の２つの問題が生じます。下記（3）（4）は，この２つの問題に対応したものです。

①相続財産を管理する相続人がいないため，相続財産の管理をどうするかを考える必要がある　→　下記（3）
②相続人が存在するのであれば相続人が相続財産を承継すべきであるため，相続人を捜す必要がある　→　下記（4）

#### （3）相続財産の管理（上記（2）①）

##### （a）相続財産法人

> **民法951条（相続財産法人の成立）**
> 　相続人のあることが明らかでないときは，相続財産は，法人とする。

　相続人のあることが明らかでないため，相続財産（不動産など）の権利者がいないことになってしまいます。その状況はこの後の相続財産の清算をする手続上マズイので，暫定的に相続財産自体を法人とするとされました（民法951条）。

相続財産の中に不動産がある場合，登記名義を死者名義で放置するのは好ましくないので，相続財産法人名義にする氏名の変更の登記を申請します（昭 10.1.14 民事甲 39）。この登記は，下記（b）の相続財産清算人が申請します。

### （b）相続財産清算人

#### i　選任

相続財産が法人とされたといっても，それは法律上法人とされただけなので，実際に相続財産を管理する者が必要です。

そこで，家庭裁判所が，利害関係人または検察官の請求を受けて，相続財産清算人（＊）を選任します（民法 952 条 1 項）。この相続財産清算人が実際に相続財産を管理することになります。相続財産清算人には，弁護士や司法書士などが選任されます。

＊かつては，「相続財産管理人」といいましたが，令和3年の改正で，「相続財産清算人」という名称に変わりました。相続財産を単に管理する管理人と区別するためです。相続財産清算人は，相続財産の清算まで行います。

#### ii　地位

相続財産清算人は，相続財産法人を代表し，その後に出現するかもしれない相続人や包括受遺者の法定代理人となります。

#### iii　権限

相続財産清算人の権限は不在者の財産管理人の権限と同じであり，保存行為・利用行為・改良行為はできますが，処分行為をするには家庭裁判所の許可が必要です（民法 953 条，28 条，103 条）。── 民法Ⅰのテキスト第2編第2章第1節4 1.（6）　相続財産清算人は，あくまで財産の管理をする者ですので，処分行為の権限までは当然にはないのです。 =P252

家庭裁判所の許可を要する処分行為に当たるか，問題となるものがあります。

| 処分行為に当たる（家庭裁判所の許可を要する） | 処分行為に当たらない（家庭裁判所の許可を要しない） |
| --- | --- |
| ・**登記義務者としてする時効取得を登記原因とする所有権の移転の登記**（登研 492P119）<br>これは，ちょっとおかしなハナシです。時効取得されることは処分行為ではなく，勝手にされることです。よって，時効取得されることについての許可はあ | ・**被相続人が生前に売却した不動産の買主への所有権の移転の登記**（昭 32.8.26 民事甲 1610。**農地であり被相続人の死亡後に農地法所定の許可があった場合も同じ**〔平 |

| り得ません。しかし，本当に時効取得されたかの確認には複雑な事実認定が必要となりますので，登記申請について家庭裁判所の許可が必要とされました。<br>cf. 不在者の財産管理人を登記義務者としてする時効取得を登記原因とする所有権の移転の登記も，同じ扱いです（登研548P165）。 | 3.10.29民三5569]））<br>処分行為（売却）をしたのは被相続人であり，その登記をすることは義務の履行にすぎないからです。 |
|---|---|

**※登記識別情報の提供**

相続財産清算人が，被相続人の債権者に弁済する原資となる金銭を用意するため，家庭裁判所の許可を得て相続財産を売却したりすることがあります。相続財産清算人が，処分行為に当たるため家庭裁判所の許可を得たことを証する情報を提供して，相続財産法人を登記義務者とする登記を申請する場合，登記識別情報を提供する必要はありません（登研606P199）。

家庭裁判所の許可を得たことを証する情報があるため，真正な登記だと考えられるからです。

### （4）相続人の捜索（P294（2）②）

上記（3）（b）ⅰにより相続財産清算人が選任されると，相続人を捜す必要があるため，相続人の捜索の手続が行われます。また，債権者と受遺者を捜す手続も行われます。

手続の流れは，以下のとおりです。

| ①相続財産清算人の選任・相続人の捜索の公告 | 相続財産清算人が選任されると，家庭裁判所により，「相続財産清算人を選任しました」「相続人がいれば一定の期間内に名乗り出てください～」という公告（＊）がされます。「一定の期間」は，6か月以上である必要があります（民法952条2項）。 |
|---|---|

相続人の捜索

＊「公告」とは，家庭裁判所の掲示板への掲示と官報への掲載です（家事事件手続規則4条1項）。「掲示板」ですが，裁判所にはこういったお知らせの紙を貼る掲示板があります。パソコンやスマホで「裁判所 掲示板」で画像検索をしてみてください。「官報」ですが，政府発行の機関紙で法律の公布や公務員の人事情報などが掲載されます。私の主観ですが，この国にある新聞のうち，最もつまらない新聞です（これが「面白い」と思う方とは友人になりたくありません……）。

| | |
|---|---|
| ②債権者・受遺者の捜索の公告 | 相続財産清算人は，債権者・受遺者に対して，２か月以上の期間を定めて，請求の申出をすべき旨の公告（「債権者・受遺者はいませんか～」という公告）をします（民法957条１項前段）。この「２か月以上の期間」は，上記①の公告の期間内に満了するものである必要があります（民法957条１項後段）。上記①の公告の期間が６か月であれば，この②の債権者・受遺者が請求の申出をすべき期間も，上記①の公告をしてから６か月以内に収まる必要があるということです。 |

| | |
|---|---|
| ③相続人および債権者・受遺者の権利の消滅 | 上記①の公告の期間内に，相続人が現れない場合，相続人および相続財産清算人に知れなかった債権者・受遺者は，権利を行使することができなくなります（民法958条）。ここが，相続人および債権者・受遺者のタイムリミットです。 |

＊ここまで，最短で６か月です。かつては，「相続財産清算人の選任の公告」（２か月）　→　「債権者・受遺者の捜索」（２か月以上）　→　「相続人の捜索の公告」（６か月以上）の順で行う必要があり，ここまで，最短でも 10 か月かかっていました。手続が大変すぎて，放置されてしまう相続も多かったです。そこで，令和３年の改正で，手続を緩和する改正がされました。

| | |
|---|---|
| ④特別縁故者に対する相続財産の分与 | 相続人および債権者・受遺者が権利を行使できなくなった場合，特別縁故者が，上記①の公告期間の満了後３か月以内に相続財産の分与の請求をすることができます（民法958条の２）。<br>「特別縁故者」とは，被相続人と生計を同じくしていた者，被相続人の療養看護に努めた者，その他被相続人と特別の縁故があった者です（民法958条の２第１項）。<br>ex. 内縁の配偶者や被相続人の入居していた老人ホーム（法人も特別縁故者となれます）がなり得ます。<br>家庭裁判所の審判によって，特別縁故者は相続財産を承継できます。<br>相続人がいないのであれば，被相続人と関係のある者に承継させるのが被相続人の思いだろうという考えから，戦後に導入された制度です。 |

**⑤相続財産が共有であった場合**

上記④の特別縁故者も不存在であった場合に，相続財産が共有であったときは，その持分は他の共有者に帰属します（民法255条。最判平元.11.24）。

**⑤相続財産が単有であった場合**

上記④の特別縁故者も不存在であった場合に，相続財産が単有であったときは，その所有権は国庫に帰属します（国有財産となります。民法959条前段）。

### （5）登記

相続人のあることが明らかでないときに相続財産の中に不動産がある場合には，どのように登記をしていくのかが問題となります。

上記（3）（4）より，不動産登記の流れは，以下のとおりとなります。いずれも，まず1/2の相続財産法人名義にする氏名の変更の登記をする必要があります。

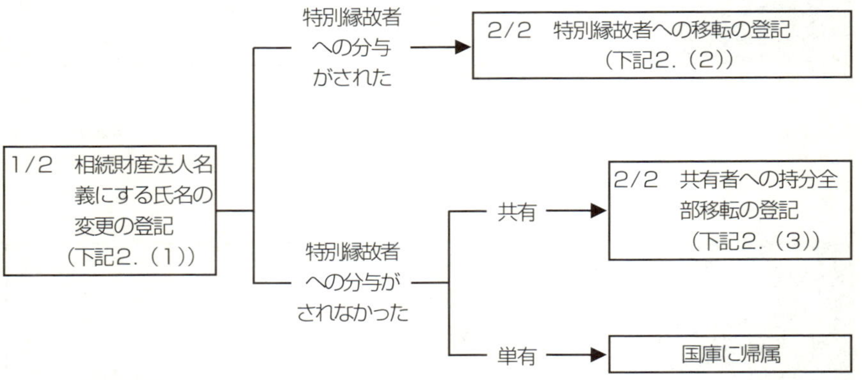


## 2．申請情報の記載事項

### （1）相続財産法人名義にする氏名の変更の登記

**申請例26** —— **相続人不存在を原因とする氏名の変更の登記**

＊以下，P304の申請例28まで，令和3年の改正の施行日と経過措置は考慮しておらず，改正法が適用される前提の事例となっています。

事例：ＡＢは，建物を共同で所有している（甲区1番でＡＢ名義の所有権の保存の登記がされている）。Ａは，令和3年6月28日，死亡した。Ａの相続人のあることが明らかでなかったので，利害関係人が相続財産清算人の選任を家庭裁判所に申し立てた。家庭裁判所は，弁護士Ｃを相続財産清算人に選任した。

| 登記の目的 | １番所有権登記名義人氏名変更 |
|---|---|
| 原　　因 | 令和３年６月28日相続人不存在 |
| 変更後の事項 | 共有者Ａの登記名義人　亡Ａ相続財産 |
| 申 請 人 | 亡Ａ相続財産清算人　Ｃ |
| 添 付 情 報 | 登記原因証明情報（Ａの戸籍全部事項証明書等，相続財産清算人の選任審判書）<br>代理権限証明情報（相続財産清算人の選任審判書，相続財産清算人Ｃの委任状） |
| 登録免許税 | 金 1000 円 |

| 権　利　部　（甲 区）　（所　有　権　に　関　す　る　事　項） | | | |
|---|---|---|---|
| 順位番号 | 登記の目的 | 受付年月日・受付番号 | 権　利　者　そ　の　他　の　事　項 |
| 1 | 所有権保存 | 令和２年６月28日<br>第11135号 | 共有者　持分２分の１　Ａ<br>２分の１　Ｂ |
| 付記１号 | １番登記名義人<br>氏名変更 | 令和３年10月２日<br>第14351号 | 原因　令和３年６月28日相続人不存在<br>共有者Ａの登記名義人　亡Ａ相続財産 |

このように登記されますので，たとえば，この後，Ｂが持分放棄をしたら（P215～218 4），亡Ａ相続財産を登記権利者・Ｂを登記義務者として，Ｂから亡Ａ相続財産へのＢ持分全部移転の登記を申請します（昭31.6.25 民事甲1444）。

＊以下，申請情報の記載事項をみていきますが，名変登記は，Ⅱのテキスト第５編第３章で基本から詳しく説明しますので，現時点では「こんなことを書くんだな～」という程度で眺めていただければ結構です。

### （ａ）登記の目的

「◯番所有権登記名義人氏名変更」と記載します。

### （ｂ）登記原因及びその日付

年月日は，「被相続人が死亡した日」を記載します。被相続人が死亡した日から相続人のあることが明らかでないため，被相続人が死亡した日から相続財産が法人とされるからです（民法951条。P294～295（ａ））。

原因は，「相続人不存在」と記載します。

なお，被相続人が死亡前に住所と氏名を変更しているときは，その住所と氏名の変更についての登記原因及びその日付も併記します（登研665P165。記録例196）。

### (c) 登記事項

変更後の事項として，相続財産法人の名称を記載します。相続財産法人の名称は，被相続人の氏名を付した「亡◯◯相続財産」となります。

### (d) 申請人

相続財産清算人の単独申請です。名変登記は，単独申請によります（不登法 64 条1項。P288（d））。相続財産清算人が相続財産法人を代表しますので（P295 ii），相続財産清算人が単独で申請します。

### (e) 添付情報

①登記原因証明情報（不登法 61 条，不登令別表 23 添付情報）

P69 4 の「登記原因証明情報の提供が不要となる場合」に当たりませんので，登記原因証明情報を提供する必要があります。

具体的には，以下の情報が当たります。単独申請ですので，公文書が要求されています（P68 の「公文書に限定されるかどうかの基本的な判断基準」）。

・被相続人の戸籍全部事項証明書等

相続人のあることが明らかでない場合にこの登記を申請するため，相続人のあることが明らかでないことを証するために提供します。

※ただし，下記の相続財産清算人の選任審判書の記載から，相続財産清算人の選任が相続人のあることが明らかでないことによるものであること，および，被相続人の死亡年月日が明らかとなるときは，この戸籍全部事項証明書等は不要となります（昭 39.2.28 民事甲 422 参照）。家庭裁判所がこれらの事実を確認しているため，別途証する必要がなくなるのです。

・相続財産清算人の家庭裁判所の選任審判書

②代理権限証明情報（不登令7条1項2号）

相続財産清算人が相続財産法人を代表して申請することになるため，家庭裁判所作成の相続財産清算人の選任審判書を提供します（P104 の「代理権限証明情報を考える視点」）。

また，司法書士が任意代理人として申請する場合は，委任状を提供します。相続財産清算人が司法書士に委任しますので，委任状の作成者は相続財産清算人になります。

※登記識別情報は，提供しません（不登法 22 条参照）。単独申請だからです（P77～78 の「登記識別情報の提供の要否の基本的な判断基準」）。

※印鑑証明書は，提供しません。所有権の登記名義人が登記義務者とならないからです（P93 の「『認印でよいか』『実印で押印し印鑑証明書の提供が要求されるか』の判断基準」）。単独申請ですので，登記義務者はいません。

※住所証明情報は，提供しません。P101 の「住所証明情報の提供が要求される場合①～③」のいずれにも当たらないからです。

#### （ｆ）登録免許税

変更の登記として，不動産１個につき1000円です（登免法別表第１．１．(14)）。

### （2）特別縁故者への移転の登記

上記（１）のように相続財産法人名義にする氏名の変更の登記がされた後，P296①の公告期間内に相続人が現れない場合（P297③）において，特別縁故者に相続財産である不動産を分与する家庭裁判所の審判がされたときは，特別縁故者に所有権を移転する登記を申請します。

**申請例27** ―― **民法第 958 条の2の審判を原因とする所有権の移転の登記**

事例：ＡＢは，建物を持分２分の１ずつで共同で所有している（甲区１番でＡＢ名義の所有権の保存の登記がされている）。Ａは，令和３年６月 28 日，死亡した。Ａの相続人のあることが明らかでなかったので，家庭裁判所で弁護士Ｃが相続財産清算人に選任され，相続財産法人名義にする氏名の変更の登記がなされた。その後，相続人が現れなかったため，Ａの内縁の配偶者であったＤが家庭裁判所に相続財産の分与の申立てをし，令和５年１月 28 日，この建物の持分をＤに分与する旨の審判が確定した。この建物の課税標準の額は，1000 万円である。

| | |
|---|---|
| 登記の目的 | 亡Ａ相続財産持分全部移転　＊ |
| 原　　因 | 令和５年１月 28 日民法第 958 条の２の審判 |
| 権 利 者 | （申請人）持分２分の１　Ｄ |
| 義 務 者 | 亡Ａ相続財産 |
| 添付情報 | 登記原因証明情報（相続財産分与の審判書正本及び確定証明書）<br>住所証明情報（Ｄの住民票の写し）<br>代理権限証明情報（Ｄの委任状） |
| 課税価格 | 移転した持分の価格　金 500 万円 |
| 登録免許税 | 金 10 万円 |

＊この登記の前提として，相続財産法人名義にする氏名の変更の登記がされているため，登記の目的は「亡Ａ相続財産持分全部移転」などとなります。

| 権利部（甲区）（所有権に関する事項） | | | |
|---|---|---|---|
| 順位番号 | 登記の目的 | 受付年月日・受付番号 | 権利者その他の事項 |
| 1 | 所有権保存 | 令和2年6月28日<br>第11135号 | 共有者　持分2分の1　A<br>2分の1　B |
| 付記1号 | 1番登記名義人<br>氏名変更 | 令和3年10月2日<br>第14351号 | 原因　令和3年6月28日相続人不存在<br>共有者Aの登記名義人　亡A相続財産 |
| 2 | 亡A相続財産<br>持分全部移転 | 令和5年2月5日<br>第1342号 | 原因　令和5年1月28日民法第958条の2の審判<br>共有者　持分2分の1　D |

単独申請の登記ですが，この登記の原型は売買を原因とする所有権の移転の登記となります。P197～200の2.の売買を原因とする所有権の移転の登記と異なるのは，以下の点です。

### (a) 登記原因及びその日付

年月日は，「家庭裁判所の審判が確定した日」を記載します（昭37.6.15民事甲1606）。特別縁故者は，家庭裁判所の審判が確定することによって不動産の所有権を取得するからです。

原因は，「民法第958条の2の審判」と記載します（昭37.6.15民事甲1606参照）。記述では，問題文に条文番号（民法958条の2）を書いてくれると思いますが，書かれなかったときに備え，「救護（9 5）してくれるはに（8 2）かむ審判（審判）」というゴロ合わせで念のため条文番号を記憶しておいてください。

### (b) 申請人

「 P305

この登記は，特別縁故者が単独で申請できます（昭37.6.15民事甲1606）。相続登記（P241～242（a））に準じるからです。登記原因証明情報として提供する家庭裁判所の相続財産分与の審判書正本などの公文書により，登記の真正が確保されます。

ただし，申請人欄には，上記申請例27のように登記義務者も記載します。上記（1）の相続財産法人名義にする氏名の変更の登記により，名義が「亡A相続財産」となっていますので，登記義務者として「亡A相続財産」と記載します。

**元が共同申請・合同申請なら申請していない者も記載**

**本来は共同申請・合同申請による登記**の場合は，**単独申請のときでも，申請していない者も**申請人欄に記載します。

実際に申請しているのは特別縁故者のみなので，上記申請例 27 のように登記権利者である特別縁故者に「(申請人)」と記載します。

**※共同申請によることの可否**

単独申請が可能なだけであって，以下の者の共同申請によることもできます。

・登記権利者：特別縁故者

・登記義務者：相続財産法人（相続財産清算人が代表して申請）

元が共同申請・合同申請の登記の場合，判決や審判があっても，相手方の協力が得られるのであれば，共同申請・合同申請によることができます。申請できるかを考えるときは，必要な登記申請意思をすべて用意できているかを考えるのであり（P41 の「登記申請意思をすべて用意する」），相手方の協力によって登記申請意思を用意することは何の問題もないからです。

**（c）添付情報**

①登記原因証明情報（不登法 61 条，不登令７条１項５号ロ（１））

P69 4 の「登記原因証明情報の提供が不要となる場合」に当たりませんので，登記原因証明情報を提供する必要があります。

具体的には，家庭裁判所の相続財産分与の審判書正本およびその確定証明書が当たります。特別縁故者は，家庭裁判所の審判が確定することによって不動産の所有権を取得するからです。

単独申請ですので，公文書が要求されています（P68 の「公文書に限定されるかどうかの基本的な判断基準」）。

②住所証明情報（不登令別表 30 添付情報ロ）

P101 の「住所証明情報の提供が要求される場合②」に当たるため，提供します。

③代理権限証明情報（不登令７条１項２号）

④会社法人等番号（不登令７条１項１号イ）

特別縁故者は法人（ex. 被相続人の入居していた老人ホーム）でも構わないので，法人が申請人となることもあります。法人が申請する場合は，申請人欄に会社法人等番号を記載し，添付情報欄に会社法人等番号を提供している旨を記載するのが原則です（P109 の「会社法人等番号（代表者の資格を証する情報）の提供の要否の判断基準」）。

※登記識別情報は，提供しません（不登法 22 条参照）。単独申請だからです（P77～78 の「登記識別情報の提供の要否の基本的な判断基準」）。

※印鑑証明書は，提供しません。所有権の登記名義人が登記義務者とならないからです（P93の「『認印でよいか』『実印で押印し印鑑証明書の提供が要求されるか』の判断基準」）。登記権利者の単独申請ですので，登記義務者は申請しません。

### （3）共有者への持分全部移転の登記

上記（1）のように相続財産法人名義にする氏名の変更の登記がされた後，P297④の特別縁故者も不存在であった場合において，不動産が共有であったときは，共有者への持分全部移転の登記を申請します。

**申請例28** —— **特別縁故者不存在確定を原因とする共有者への持分全部移転の登記**

事例：ＡＢは，建物を持分２分の１ずつ共同で所有している（甲区１番でＡＢ名義の所有権の保存の登記がされている）。Ａは，令和３年６月28日，死亡した。Ａの相続人のあることが明らかでなかったので，家庭裁判所で弁護士Ｃが相続財産清算人に選任され，相続財産法人名義にする氏名の変更の登記がなされた。その後，相続人が現れなかった。また，令和４年12月28日，特別縁故者の相続財産の分与の請求がされないまま申立期間が満了した。この建物の課税標準の額は，1000万円である。

| | |
|---|---|
| 登記の目的 | 亡Ａ相続財産持分全部移転　＊ |
| 原　　因 | 令和４年12月29日特別縁故者不存在確定 |
| 権 利 者 | 持分２分の１　Ｂ |
| 義 務 者 | 亡Ａ相続財産 |
| 添付情報 | 登記原因証明情報（特別縁故者の不存在を証する書面）<br>登記識別情報（Ａの甲区１番の登記識別情報）<br>印鑑証明書（相続財産清算人Ｃの印鑑証明書）<br>住所証明情報（Ｂの住民票の写し）<br>代理権限証明情報（相続財産清算人の選任審判書，Ｂ及び相続財産清算人Ｃの委任状） |
| 課税価格 | 移転した持分の価格　金500万円 |
| 登録免許税 | 金10万円 |

＊この登記の前提として，相続財産法人名義にする氏名の変更の登記がされているため，登記の目的は「亡Ａ相続財産持分全部移転」などとなります。

| 権利部（甲区）（所有権に関する事項） | | | |
|---|---|---|---|
| 順位番号 | 登記の目的 | 受付年月日・受付番号 | 権利者その他の事項 |
| 1 | 所有権保存 | 令和2年6月28日<br>第11135号 | 共有者　持分2分の1　A<br>2分の1　B |
| 付記1号 | 1番登記名義人<br>氏名変更 | 令和3年10月2日<br>第14351号 | 原因　令和3年6月28日相続人不存在<br>共有者Aの登記名義人　亡A相続財産 |
| 2 | 亡A相続財産<br>持分全部移転 | 令和5年1月7日<br>第131号 | 原因　令和4年12月29日特別縁故者不存在確定<br>所有者　持分2分の1　B |

共同申請の登記ですので，原型は売買を原因とする所有権の移転の登記となります。P197～200の2.の売買を原因とする所有権の移転の登記と異なるのは，以下の点です。

### （a）登記原因及びその日付

年月日は，以下の日を記載します（平3.4.12民三.2398）。

・特別縁故者の相続財産の分与の請求の申立期間内に申立てがなかったとき
　→　「申立期間の満了日の翌日」（上記申請例28はこちらです）
・特別縁故者の相続財産の分与の請求の申立期間内に申立てがあったが，その申立てが却下されたとき
　→　「却下の審判が確定した日の翌日」（申立てがあると，その審判は申立期間経過後にされます〔家事事件手続法204条1項〕）

上記の日付はいずれも，被相続人の死亡した日から6か月を経過した後の日付である必要があります（平3.4.12民三.2398参照）。共有者に持分が帰属するのは，P296①～297④の手続を経た後のハナシですので，最低でも被相続人の死亡した日から6か月は経過しているのです（実際には6か月以上の期間がかかります）。

原因は，「特別縁故者不存在確定」と記載します（平3.4.12民三.2398）。特別縁故者が不存在であったため，不動産の共有者に持分が帰属するからです。

### （b）申請人

P302」

以下の者の共同申請によります（不登法60条）。特別縁故者に対する相続財産の分与（P302（b））と異なり，家庭裁判所の審判がされたわけではないため，登記原因証明情報として家庭裁判所の審判書正本などの公文書を提供することができず，単独

申請では登記の真正が確保されないからです。
・登記権利者：他の共有者
・登記義務者：相続財産法人（相続財産清算人が代表して申請）

### （c）添付情報

①登記原因証明情報（不登法61条，不登令別表30添付情報イ）

P69 4の「登記原因証明情報の提供が不要となる場合」に当たりませんので，登記原因証明情報を提供する必要があります。

具体的には，特別縁故者の不存在を証する書面が当たります。

②登記識別情報（不登法22条本文）

共同申請であるため，登記識別情報を提供します（P77～78の「登記識別情報の提供の要否の基本的な判断基準」）。

提供する登記識別情報は，被相続人に通知されたものです。相続財産清算人のものではありませんので，ご注意ください（上記申請例28）。相続財産法人名義にする氏名の変更の登記は，登記名義人となる者が存在しない登記ですので（P299），相続財産清算人に登記識別情報は通知されていません（P74の「登記識別情報が通知される要件②」）。

③印鑑証明書（不登令16条２項，18条２項）

書面申請のときは，相続財産清算人の印鑑証明書を提供します。申請情報または委任状を作成しているのは，相続財産清算人だからです（P257 の「誰の印鑑証明書を提供するかの判断基準」）。

④住所証明情報（不登令別表30添付情報ロ）

P101の「住所証明情報の提供が要求される場合②」に当たるため，提供します。

⑤代理権限証明情報（不登令７条１項２号）

相続財産清算人が相続財産法人を代表して申請することになるため，家庭裁判所作成の相続財産清算人の選任審判書を提供します（P104 の「代理権限証明情報を考える視点」）。

また，司法書士が任意代理人として申請する場合は，委任状を提供します。不動産の共有者および相続財産清算人が司法書士に委任しますので，委任状の作成者は不動産の共有者および相続財産清算人になります。

⑥会社法人等番号（不登令７条１項１号イ）

## 9 合併

### 1．実体（会社法）→登記

＊この「合併」は，実体がまだ学習していない会社法のハナシですので，一から説明していきます。

聞いたことはあると思いますが，会社は合併をすることができます。合併の特徴は，１または２以上の会社が「消滅すること」です（会社法２条27号，28号）。 P312

合併には，以下の①と②の２つの種類があります。

①吸収合併：合併により消滅する会社（「消滅会社」といいます）の権利義務の全部を合併後存続する会社（「存続会社」といいます）に承継させること（会社法２条27号）

ニュースやドラマで出てくる合併は，通常はこの吸収合併です。一般的には，大きな会社（存続会社）が小さい会社（消滅会社）を吸収します。

ドラゴンボールでいえば，魔人ブウの吸収が吸収合併です。

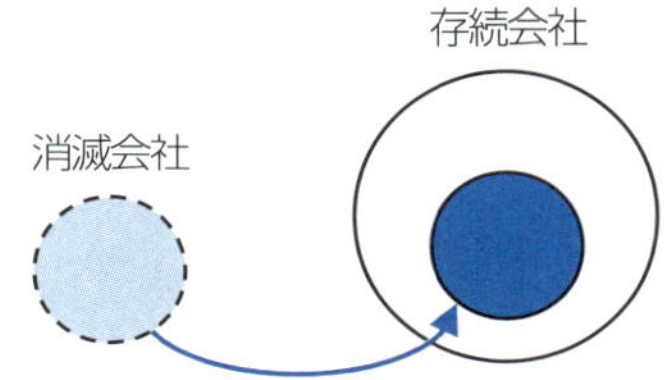


②新設合併：合併により消滅する２つ以上の会社（「消滅会社」といいます）の権利義務の全部を合併により設立する会社（「設立会社」といいます）に承継させること（会社法２条28号）

２つ以上の会社（消滅会社）がともに消滅し，新しい会社（設立会社）を作るのが新設合併です。

ドラゴンボールでいえば，フュージョンが新設合併です。

なお，新設合併は，設立会社が新たに許認可を得る必要があったり，商業登記の登録免許税が３社分必要となったりする（吸収合併は２社分で済みます）ため，実際にはほとんどありません。

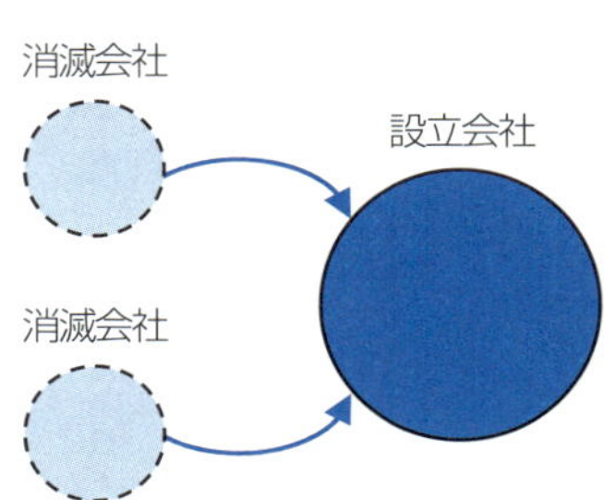


吸収合併・新設合併の消滅会社が不動産を所有していた場合，不動産の所有権が消滅会社から存続会社（吸収合併の場合）・設立会社（新設合併の場合）に移転します（会社法750条１項，752条１項，754条１項，756条１項）。

よって，消滅会社から存続会社・設立会社に合併を原因とする所有権の移転の登記を申請できます。

**※存続会社が不動産を所有していた場合**

吸収合併が行われても，存続会社が所有している不動産について権利変動はなく，登記は発生しません。右の図をご覧いただくとわかりますが，存続会社の権利（不動産の所有権など）は存続会社から出ていかないからです。

なお，新設合併の設立会社は，これからできる会社であるため，「不動産を所有している」ということがあり得ません。

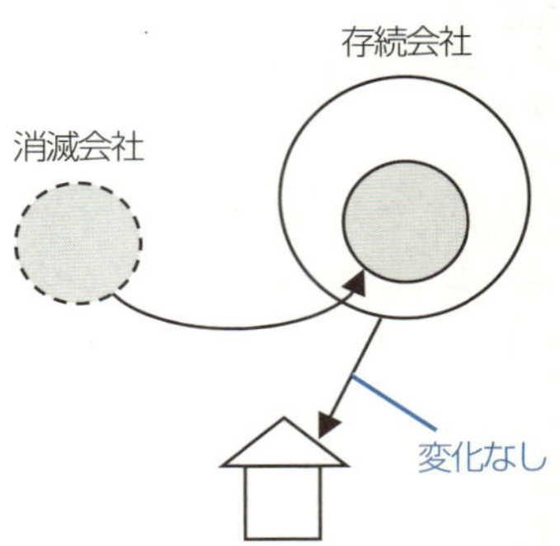


### 相続≒合併

不動産登記における相続と合併の関係は，**「相続≒合併」**です。相続と合併は，考え方やルールが似ています。よって，**合併について学習していない知識を問われたら，**原則として**相続の知識で**答えてください。

## 2．申請情報の記載事項

**申請例29** ―― **合併を原因とする所有権の移転の登記**

事例：建物を所有している株式会社Aと株式会社B（会社法人等番号 2345-01-890123，代表取締役D）は，令和5年4月28日，株式会社Bが株式会社Aを合併して存続し，株式会社Aが解散する旨の吸収合併契約を締結した。この吸収合併契約で，吸収合併の効力発生日が令和5年6月28日とされた。その他の吸収合併の手続も令和5年6月28日までに適法にされたため，令和5年7月5日，吸収合併の商業登記がされた。この建物の課税標準の額は，1000万円である。

| | |
|---|---|
| 登記の目的 | 所有権移転 |
| 原　　因 | 令和5年6月28日合併 |
| 承継会社 | （被合併会社　株式会社A）株式会社B<br>（会社法人等番号　2345－01－890123）<br>代表取締役　D |
| 添付情報 | 登記原因証明情報（株式会社Bの登記事項証明書）<br>住所証明情報（株式会社Bの登記事項証明書）<br>代理権限証明情報（株式会社Bの代表取締役Dの委任状）<br>会社法人等番号（株式会社Bの会社法人等番号） |
| 課税価格 | 金1000万円 |
| 登録免許税 | 金4万円 |

| 権利部（甲区）（所有権に関する事項） | | | |
|---|---|---|---|
| 順位番号 | 登記の目的 | 受付年月日・受付番号 | 権利者その他の事項 |
| 1 | 所有権保存 | 令和4年6月28日<br>第11542号 | 所有者　株式会社A（＊） |
| 2 | 所有権移転 | 令和5年7月12日<br>第13215号 | 原因　令和5年6月28日合併<br>所有者　株式会社B（＊） |

＊令和6年4月1日から，会社法人等番号も登記事項となります（不登法73条の2第1項1号。P111※）。それに対して，代表者は，登記記録には記録されません。

単独申請の登記ですので，原型は相続を原因とする所有権の移転の登記となります（P240の「相続関係の所有権の移転の登記の申請情報の学習のコツ①」）。P240～247の2.の相続を原因とする所有権の移転の登記と異なるのは，以下の点です。

### （1）登記原因及びその日付

年月日は，以下の日を記載します。

・吸収合併　→　吸収合併契約で定めた効力発生日（上記申請例29はこちらです）

・新設合併　→　会社成立の日（商業登記の申請日） ＝P421

#### 吸収型・新設型の効力発生日

詳しくは会社法で学習することですが，この9の合併や次の10の会社分割などのことを「組織再編」といいます。組織再編は，効力発生日に，組織再編に関するすべての効力（ex. 権利義務の移転）が生じます。そして，効力発生日は，吸収型組織再編と新設型組織再編で以下のとおり分かれます。

・吸収型　→　組織再編の契約書などで**定めた効力発生日**（商業登記は報告的登記）

「吸収型組織再編」とは，吸収合併や吸収分割（次の10で説明します）のように，すでに存在する法人同士で行い，新たに法人ができない組織再編のことをいいます。

・新設型　→　**商業登記の申請日**（登記が効力発生要件）

「新設型組織再編」とは，新設合併や新設分割（次の10で説明します）のように，新たに法人ができる組織再編のことをいいます。

原因は，吸収合併であっても新設合併であっても「合併」と記載します。合併が，所有権が移転した原因（法律行為）だからです。

### （2）申請人

#### （a）申請構造

P421=「P315

存続会社（吸収合併の場合）・設立会社（新設合併の場合）の単独申請です（不登法63条2項）。

消滅会社が消滅しており，その地位を存続会社・設立会社が承継しているため，「登記権利者と登記義務者」という構造にならないからです。

また，登記原因証明情報として提供する登記事項証明書などの公文書により合併を証することができるため，単独申請でも登記の真正が確保できるからでもあります。

#### （b）被合併会社の記載

上記申請例29に「（被合併会社　株式会社A）」と記載しているように，合併の登記においては，かっこ書で被合併会社（消滅会社）を記載します。これは，どの会社についての合併なのかを示すための記載です。

#### （c）会社法人等番号・代表者の記載

法人が申請人となりますので，原則として会社法人等番号を記載し，代表者を記載します。この会社法人等番号と代表者は，消滅会社のものではなく，存続会社・設立会社のものです。これらは，申請人となっている法人について記載するからです（P109の「会社法人等番号（代表者の資格を証する情報）の提供の要否の判断基準」，P111の「代表者の記載の判断基準」）。

### （3）添付情報

①登記原因証明情報（不登法61条，不登令別表22添付情報）

P69 4 の「登記原因証明情報の提供が不要となる場合」に当たりませんので，登記原因証明情報を提供する必要があります。

P422=「P316

具体的には，存続会社・設立会社の登記事項証明書（※）が当たります。登記事項証明書に合併をした旨が記録されるからです（P103）。

単独申請ですので，公文書が要求されています（P68の「公文書に限定されるかどうかの基本的な判断基準」）。

なお，提供する登記事項証明書は，存続会社・設立会社のものであり，消滅会社のものではありません。

### 「権利義務が入ってくるほう（できたほう）の会社」の登記事項証明書

合併または会社分割により，登記原因証明情報として登記事項証明書を提供する場合は，**「権利義務が入ってくるほう（できたほう）の会社」の登記事項証明書**を提供します。このテキストで示す図（ex. P307，P312）でいうと，右の会社の登記事項証明書です。

※登記事項証明書の代わりに，会社法人等番号を提供することもできます（平27.10.23民二.512。P112 5）。

②住所証明情報（不登令別表30添付情報ロ）

P101の「住所証明情報の提供が要求される場合②」に当たるため，提供します。

具体的には，存続会社・設立会社の登記事項証明書などが当たります。登記事項証明書に会社の住所（本店）が記録されるからです（P102）。

③代理権限証明情報（不登令７条１項２号）

司法書士が任意代理人として申請する場合は，委任状を提供します。存続会社・設立会社の代表者が法人を代表して司法書士に委任しますので（P109 1），委任状の作成者は存続会社・設立会社の代表者になります。

④会社法人等番号（不登令７条１項１号イ）

※登記識別情報は，提供しません（不登法22条参照）。単独申請だからです（P77～78の「登記識別情報の提供の要否の基本的な判断基準」）。

※印鑑証明書は，提供しません。所有権の登記名義人が登記義務者とならないからです（P93の「『認印でよいか』『実印で押印し印鑑証明書の提供が要求されるか』の判断基準」）。単独申請ですので，登記義務者はいません。

## 10 会社分割

### 1．実体（会社法）→登記

＊この「会社分割」も，実体がまだ学習していない会社法のハナシですので，一から説明していきます。

P307 L

会社分割も，合併と同じく，権利義務を他の会社に承継させることです。合併との違いは，権利義務を承継させた会社が「消滅しないこと」です（会社法2条 29号，30号参照）。

会社分割には，以下の2つの種類があります。

①吸収分割：株式会社または合同会社（「分割会社」といいます。＊1）が，その事業に関して有する権利義務の全部（＊2）または一部を他の会社（「承継会社」といいます）に承継させること（会社法2条29号）

たとえば，多角的に事業を行っている会社が「ホテル事業にも手を出したが，うちの会社ではうまく収益を上げられないな……」ということで，ホテル事業のみを他の会社に承継させる，といったことが吸収分割です。

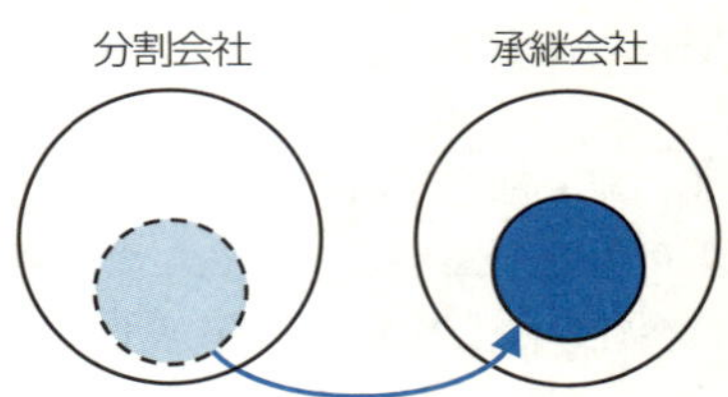


②新設分割：株式会社または合同会社（「分割会社」といいます。＊1）が，その事業に関して有する権利義務の全部（＊2）または一部を分割により設立する会社（「設立会社」といいます）に承継させること（会社法2条30号）

新設分割は，たとえば，社内ベンチャーで事業を行っていた人が，その事業で独立する場合に使われることがあります。ＩＴ業界などだと，社内ベンチャー（企業内で独立のベンチャー企業のように新規事業を行う部門）を認めている企業が一定数あります。社内ベンチャーが軌道に乗ってくると，その事業を新設分割で独立させるといったことがあります。

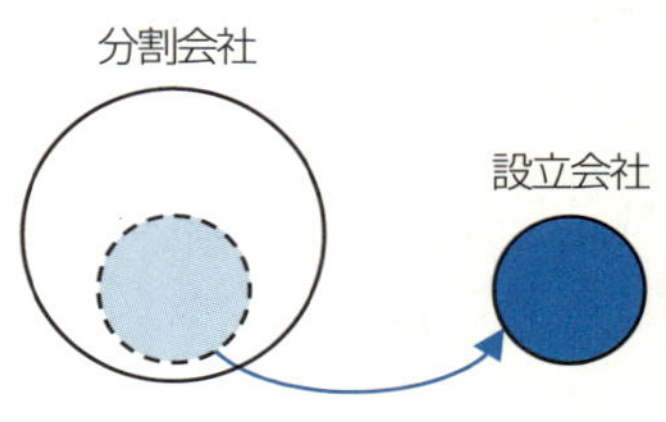


＊1　吸収分割も新設分割も，分割会社となれるのは株式会社または合同会社のみです。この理由や合同会社とはどのような会社かは会社法で学習しますので，現時点では読み流してください。

＊2　吸収分割も新設分割も，権利義務の「全部」を承継会社・設立会社に承継させることもできます。「そうすると合併と同じなのでは？」と思われたかもしれませんが，会社分割ですから，合併と異なり，分割会社が消滅しません。分割会社は，空っぽの会社になりますが，消滅はしないのです。

吸収分割・新設分割の分割会社が不動産を所有していた場合，承継する権利義務にその不動産の所有権が含まれていれば，不動産の所有権が分割会社から承継会社（吸収分割の場合）・設立会社（新設分割の場合）に移転します（会社法 759 条１項，761 条１項，764 条１項，766 条１項）。合併と異なり，権利義務のすべてが承継されるとは限らないため，分割会社が不動産を所有していたとしても，所有権が移転するのは，承継する権利義務に不動産の所有権が含まれている場合だけです。承継する権利義務は，吸収分割契約（吸収分割の場合）・新設分割計画（新設分割の場合）で決めます（会社法 758 条２号，760 条２号，763 条１項５号，765 条１項５号）。

よって，承継する権利義務に不動産の所有権が含まれている場合は，分割会社から承継会社・設立会社に会社分割を原因とする所有権の移転の登記を申請できます。

**※承継会社が不動産を所有していた場合**

吸収分割が行われても，承継会社が所有している不動産について権利変動はなく，登記は発生しません。右の図をご覧いただくとわかりますが，承継会社の権利（不動産の所有権など）は承継会社から出ていかないからです。

なお，新設分割の設立会社は，これからできる会社であるため，「不動産を所有している」ということがあり得ません。

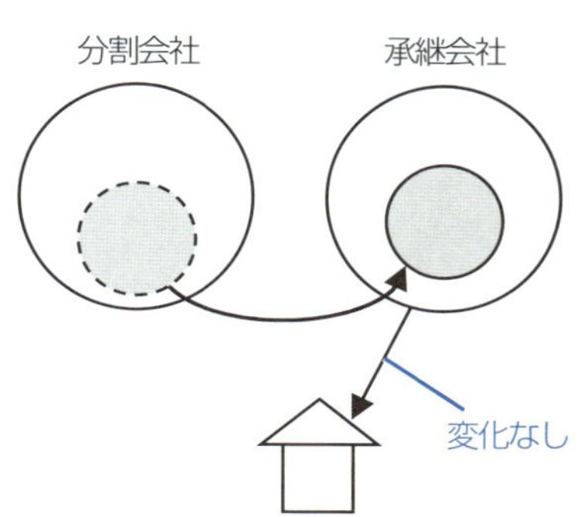


## ２．申請情報の記載事項

### 申請例30 ―― 会社分割を原因とする所有権の移転の登記

事例：建物を所有している株式会社Ａ（会社法人等番号 1234-01-789012，代表取締役Ｃ。甲区１番で株式会社Ａ名義の所有権の保存の登記がされている）と株式会社Ｂ（会社法人等番号 2345-01-890123，代表取締役Ｄ）は，令和５年４月 28 日，株式会社Ａが株式会社Ｂに株式会社Ａのホテル事業を承継させる旨の吸収分割契約を締結した。この吸収分割契約書に，この建物が株式会社Ａから株式会社Ｂに承継される旨の記載，吸収分割の効力発生日を令和５年６月 28 日とする旨の記載がある。その他の吸収分割の手続も令和５年６月 28 日までに適法にされたため，令和５年７月５日，吸収分割の商業登記がされた。この建物の課税標準の額は，1000 万円である。

登記の目的　所有権移転
原　　　因　令和５年６月28日会社分割
権　利　者　株式会社Ｂ
　　　　　　（会社法人等番号　２３４５－０１－８９０１２３）
　　　　　　代表取締役　Ｄ
義　務　者　株式会社Ａ
　　　　　　（会社法人等番号　１２３４－０１－７８９０１２）
　　　　　　代表取締役　Ｃ
添付情報　登記原因証明情報（吸収分割契約書及び株式会社Ｂの登記事項証明書）
　　　　　登記識別情報（株式会社Ａの甲区１番の登記識別情報）
　　　　　印鑑証明書（株式会社Ａの代表取締役Ｃの印鑑証明書）
　　　　　住所証明情報（株式会社Ｂの登記事項証明書）
　　　　　代理権限証明情報（株式会社Ｂの代表取締役Ｄ及び株式会社Ａの代表取締役Ｃの委任状）
　　　　　会社法人等番号（株式会社Ｂ及び株式会社Ａの会社法人等番号）
課税価格　金1000万円
登録免許税　金20万円

| 権利部（甲区）（所有権に関する事項） | | | |
|---|---|---|---|
| 順位番号 | 登記の目的 | 受付年月日・受付番号 | 権利者その他の事項 |
| 1 | 所有権保存 | 令和４年６月28日<br>第11542号 | 所有者　株式会社Ａ（＊） |
| 2 | 所有権移転 | 令和５年７月12日<br>第13215号 | 原因　令和５年６月28日会社分割<br>所有者　株式会社Ｂ（＊） |

＊令和６年４月１日から，会社法人等番号も登記事項となります（不登法73条の２第１項１号。P111※）。

共同申請の登記ですので，原型は売買を原因とする所有権の移転の登記となります（P240の「相続関係の所有権の移転の登記の申請情報の学習のコツ②」）。合併と異なりますので，ご注意ください。P197～200の２.の売買を原因とする所有権の移転の登記と異なるのは，以下の点です。

### （1）登記原因及びその日付

年月日は，以下の日を記載します（P309の「吸収型・新設型の効力発生日」）。
・吸収分割　→　吸収分割契約で定めた効力発生日（上記申請例30はこちらです）
・新設分割　→　会社成立の日（商業登記の申請日）

原因は，吸収分割であっても新設分割であっても「会社分割」と記載します。会社分割が，所有権が移転した原因（法律行為）だからです。

### （2）申請人

#### （a）申請構造

P310
」

以下の者の共同申請です（不登法60条）。
・登記権利者：承継会社（吸収分割の場合）・設立会社（新設分割の場合）
・登記義務者：分割会社

合併と異なり，権利義務を承継させた分割会社が消滅していないため，分割会社が登記義務者となれるからです。

#### （b）会社法人等番号・代表者の記載

法人が申請人となりますので，原則として会社法人等番号を記載し，代表者を記載します。承継会社・設立会社だけでなく，分割会社のものも記載します。申請人となっている法人について記載するからです（P109の「会社法人等番号（代表者の資格を証する情報）の提供の要否の判断基準」，P111の「代表者の記載の判断基準」）。

### （3）添付情報

①登記原因証明情報（不登法61条，不登令別表30添付情報イ）

P69 4の「登記原因証明情報の提供が不要となる場合」に当たりませんので，登記原因証明情報を提供する必要があります。

具体的には，以下の情報が当たります（平18.3.29民二.755）。
・吸収分割　→　承継会社の登記事項証明書（※）および吸収分割契約書
・新設分割　→　設立会社の登記事項証明書（※）および新設分割計画書

共同申請ですが，公文書（登記事項証明書）が要求されています（P68の「公文書に限定されるかどうかの基本的な判断基準」の例外）。商業登記がされていないにもかかわらず不動産登記がされる事態は好ましくないため，商業登記が完了していることを証するために登記事項証明書の提供が求められます。

なお，提供する登記事項証明書は，承継会社・設立会社のものであり，分割会社のものではありません（P311の「『権利義務が入ってくるほう（できたほう）の会社』の登記事項証明書」）。

P310

合併と異なり，吸収分割契約書・新設分割計画書の提供が求められるのは，会社分割によって所有権が移転するのは，承継する権利義務に不動産の所有権が含まれている場合だけだからです（P313）。「吸収分割契約書・新設分割計画書に，この不動産の所有権が移転するって書いているよ～」ということも証さないといけないのです。

※登記事項証明書の代わりに，会社法人等番号を提供することもできます（平27.10.23民二.512。P112 5）。

②登記識別情報（不登法22条本文）
登記義務者である分割会社の登記識別情報を提供します。共同申請だからです（P77～78の「登記識別情報の提供の要否の基本的な判断基準」）。

③印鑑証明書（不登令16条2項，18条2項）
登記義務者である分割会社の代表者の印鑑証明書を提供します。所有権の登記名義人が登記義務者となるからです（P93の「『認印でよいか』『実印で押印し印鑑証明書の提供が要求されるか』の判断基準」）。

※会社法人等番号を提供すれば，提供を要しません（不登規48条1号，49条2項1号）。

④住所証明情報（不登令別表30添付情報ロ）
P101の「住所証明情報の提供が要求される場合②」に当たるため，提供します。
具体的には，承継会社・設立会社の登記事項証明書などが当たります。登記事項証明書に会社の住所（本店）が記録されるからです（P102）。

⑤代理権限証明情報（不登令7条1項2号）
司法書士が任意代理人として申請する場合は，委任状を提供します。承継会社・設立会社および分割会社の代表者が法人を代表して司法書士に委任しますので（P109 1），委任状の作成者は承継会社・設立会社および分割会社の代表者になります。

⑥会社法人等番号（不登令7条1項1号イ）

# 第3章 所有権の変更の登記（共有物分割禁止の定め）

次は，所有権の変更の登記です。「変更の登記」とは，登記をした後に登記事項に変更があった場合に，その事項を変更する登記です（不登法２条15号。P26の1.①）。P198※で説明したとおり，所有権の登記事項はあまりありませんので，所有権の変更の登記が問題となるのは限定的な場合です。ここでは，「共有物分割禁止の定め」のみ押さえていただければ結構です。

## 1 実体（民法）→登記

不動産の共有者は，共有者全員で合意することで，５年を限度として分割をしない旨の契約（不分割特約）をすることができます（民法256条１項ただし書）。―― 民法Ⅱのテキスト第３編第３章第４節4３.

この不分割特約は登記事項とされています（不登法59条６号）。よって，不動産の共有者全員でこの不分割特約をした場合，特約を原因とする所有権の変更の登記（不分割特約を登記事項として追加する登記）を申請できます（昭50.１.10民三.16）。

＊所有権以外の物権を共有している場合（準共有の場合）にも，所有権の共有の規定が準用されます（民法264条）。―― 民法Ⅱのテキスト第３編第３章第４節6 よって，所有権以外の物権の不分割特約の登記もあります（不登法59条６号かっこ書）。そのため，厳密には総論で扱うべき分野なのですが，試験では所有権の論点として問われるため，所有権の箇所（各論）で説明します。

## 2 申請情報の記載事項

**申請例31** ―― **特約を原因とする所有権の変更の登記（不分割特約を登記事項として追加する登記）**

事例：ＡＢは，建物を共同で所有している（甲区１番でＡおよびＢ名義の所有権の保存の登記がされている）。ＡＢは，令和５年６月28日，同日から５年間，この建物を分割しない旨の特約をした。

| | |
|---|---|
| 登記の目的 | １番所有権変更 |
| 原　　因 | 令和５年６月28日特約 |
| 変更後の事項 | 特約　５年間共有物不分割 |
| 申　請　人 | （権利者兼義務者）Ａ<br>Ｂ |
| 添付情報 | 登記原因証明情報（共有物不分割特約証書）<br>登記識別情報（Ａ及びＢの甲区１番の登記識別情報）<br>印鑑証明書（Ａ及びＢの印鑑証明書）<br>代理権限証明情報（Ａ及びＢの委任状） |
| 登録免許税 | 金1000円 |

| 権利部（甲区）（所有権に関する事項） | | | |
|---|---|---|---|
| 順位番号 | 登記の目的 | 受付年月日・受付番号 | 権利者その他の事項 |
| 1 | 所有権保存 | 令和４年６月28日<br>第11542号 | 共有者　持分２分の１　Ａ<br>２分の１　Ｂ |
| 付記１号 | １番所有権変更 | 令和５年６月28日<br>第12456号 | 原因　令和５年６月28日特約<br>特約　５年間共有物不分割 |

**※登記識別情報の通知**

上記の登記がされても，ＡにもＢにも登記識別情報は通知されません。

**変更の登記・抹消の登記の登記名義人→登記識別情報の通知**

**変更の登記**および**抹消の登記**においては，**登記名義人は登記されません**（ex. 上記の登記記録の甲区１番付記１号に「Ａ」や「Ｂ」は記録されていません）。変更の登記および抹消の登記によって，新たに登記名義人となる者がいないからです。

よって，P74②の要件を充たすことはないため，**変更の登記**および**抹消の登記**においては**登記識別情報の通知はされません**。

### １．登記の目的

「○番所有権変更」と記載します。

### ２．登記原因及びその日付

年月日は，「共有者全員で不分割特約をした日」を記載します。

原因は，「特約」と記載します。特約が，所有権の内容が変更された原因（法律行為）だからです。

### 3．登記事項

変更後の事項として，特約の内容を記載します。

不分割特約の期間は5年を超えることができません（民法 256 条1項ただし書）。取引が活発に行われないなどの理由から，共有状態は好ましくないため，あまり長く分割をできなくするべきではないからです。—— 民法Ⅱのテキスト第3編第3章第4節4 3.

よって，5年を超える期間を定めた場合は無効となり，その申請は却下されます（昭30.6.10 民事甲 1161）。「5年」は，「『分割したい！』とごね（5年）ないでね」と記憶しましょう。

### 4．申請人

共有者全員が登記権利者兼登記義務者として申請する合同申請です（不登法65条。P37（2）①）。共有者全員が分割請求ができなくなりますので，「誰にとって有利，誰にとって不利」と明確にいえないからです。

申請人欄に「（権利者兼義務者）」と記載するのは，合同申請の登記（P37（2））のうちこの登記だけです。この登記だけ，旧不動産登記法に合同申請による規定がなく，通達（昭 50.1.10 民三.16）でこう記載しろとされたからです。その他の順位変更と優先の定めは，旧不動産登記法から合同申請による規定がありました。

### 5．添付情報

①登記原因証明情報（不登法 61 条，不登令別表 25 添付情報イ）

P69 4 の「登記原因証明情報の提供が不要となる場合」に当たりませんので，登記原因証明情報を提供する必要があります。

具体的には，共有物不分割特約証書が当たります。

②登記識別情報（不登法 22 条本文かっこ書，不登令8条1項4号）

申請人全員（共有者全員）の登記識別情報を提供します。合同申請の場合，申請人全員が登記義務者でもあるからです（P77～78 の「登記識別情報の提供の要否の基本的な判断基準」）。

③印鑑証明書（不登令 16 条2項，18 条2項）

申請人全員（共有者全員）の印鑑証明書を提供します（昭 50.1.10 民三.16）。合同申請の場合，申請人全員が登記義務者でもあるため，所有権の登記名義人が登記義務者となるからです（P93 の「『認印でよいか』『実印で押印し印鑑証明書の提供が要求されるか』の判断基準」）。

④代理権限証明情報（不登令７条１項２号）
⑤会社法人等番号（不登令７条１項１号イ）
⑥承諾証明情報（不登法66条，不登令別表25添付情報ロ）

登記上の利害関係を有する第三者がいるときは，付記登記によって登記するには，その第三者が作成した承諾を証する情報，または，その第三者に対抗することができる裁判があったことを証する情報（P115 の２.のハナシです）を提供する必要があります（登研638P49。＊）。変更の登記だからです（不登法66条。P114②）。

＊登記上の利害関係を有する第三者の承諾証明情報は，このように，「第三者が作成した承諾を証する情報」または「その第三者に対抗することができる裁判があったことを証する情報」が当たります。しかし，毎回両方とも記載すると長くなってしまいますので，これ以降は，「第三者が作成した承諾を証する情報など」と記載し，「その第三者に対抗することができる裁判があったことを証する情報」については記載を省略します。

たとえば，以下の者が登記上の利害関係を有する第三者に当たります。

ex. ＡＢは，土地を共同で所有しています。ＡＢが不分割特約の登記をする場合に，Ａ持分に抵当権を有しているＣは，登記上の利害関係を有する第三者に当たります（登研 638P49）。持分を目的として設定された抵当権の場合，競売するときは持分を競売することになります。そこで，不分割特約が付いていると，競売で持分を買い受けようとする者が現れにくくなり，抵当権者であるＣが困ってしまいます。買い受ける者が現れにくくなるのは，買い受けても分割請求ができず，Ｂとともに土地を使わなければならなくなるからです。

それに対して，所有権全体に抵当権を有しているＤがいた場合，Ｄは登記上の利害関係を有する第三者に当たりません。所有権全体に抵当権を有しているため，所有権のすべてを競売することができます。そのため，競売で買い受けた者は共有になりませんので，不分割特約が関係なくなるのです。

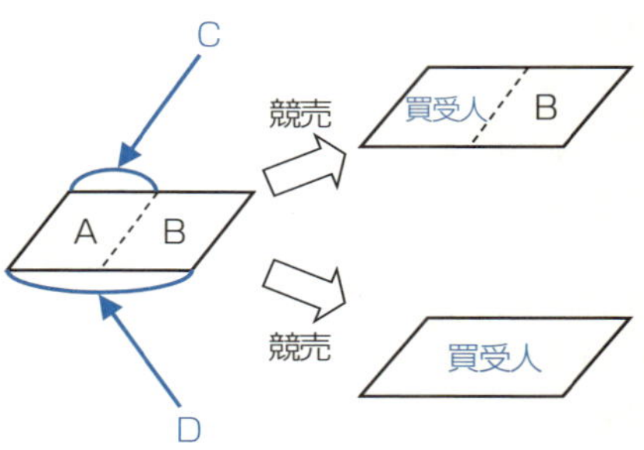


※住所証明情報は，提供しません。P101 の「住所証明情報の提供が要求される場合①～③」のいずれにも当たらないからです。

## ６．登録免許税

変更の登記として，不動産１個につき1000円です（登免法別表第１．１．(14)）。

## 3 不分割特約を所有権の移転の登記の登記事項の一部として申請できるか

上記[2]では，すでに登記が共有となっている場合に，不分割特約を所有権の変更の登記で登記するパターンをみました。しかし，不分割特約は，それ以外にも，所有権の移転の登記の登記事項として登記することもできます。ただ，所有権の移転の登記の形態によって不分割特約を登記事項とできるかが変わります。

| 不分割特約を登記事項にできる（○） | 不分割特約を登記事項にできない（×） |
|---|---|
| **・所有権の一部移転の登記**（記録例 204）<br>ex. 不動産を所有しているAが，Bに所有権の一部を売却し，同時に不分割特約がされた場合，1件で以下の登記ができます。<br>1/1　不分割特約を登記事項とするAからBへの所有権の一部移転の登記 | **・所有権の移転の登記**<br>ex. 不動産を所有しているAが，BCに所有権のすべてを売却し，同時に不分割特約がされた場合，以下の登記を申請します。<br>1/2　AからBCへの売買を原因とする所有権の移転の登記<br>2/2　不分割特約を登記事項とする所有権の変更の登記（上記申請例 31）<br>1件で申請することはできません。 |
| **判断基準**<br>・所有権の移転の原因（売買）の当事者と不分割特約の当事者が**同じ**<br>→　所有権の移転の登記の登記事項に**できる**<br>・所有権の移転の原因（売買）の当事者と不分割特約の当事者が**異なる**<br>→　所有権の移転の登記の登記事項に**できない** | |
| 売買の当事者はＡＢ，不分割特約の当事者はＡＢであり，当事者が同じなので，不分割特約を所有権の一部移転の登記の登記事項にできます。<br>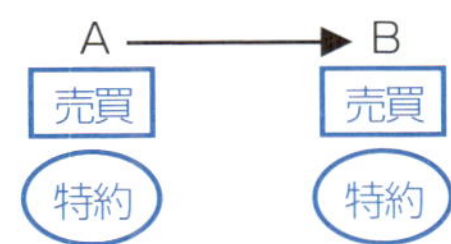<br><br>この場合の申請情報は，以下のようになります。 | 売買の当事者はＡＢＣ，不分割特約の当事者はＢＣであり，当事者が異なるので，不分割特約を所有権の移転の登記の登記事項にできません。不分割特約と関係のないＡが申請人となる所有権の移転の登記に，不分割特約を登記事項とするのはおかしいからです。<br>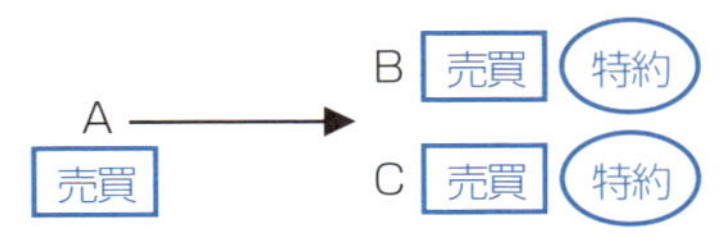<br> |

**申請例32** —— **不分割特約を登記事項とする売買を原因とする所有権一部移転の登記**

| | |
|---|---|
| 登記の目的 | 所有権一部移転 |
| 原　　　因 | 令和５年６月28日売買 |
| 特　　　約 | ５年間共有物不分割 |
| 権　利　者 | 持分２分の１　Ｂ |
| 義　務　者 | Ａ |
| 添 付 情 報 | 登記原因証明情報（不分割特約付売買契約書） |
| | 登記識別情報（Ａの甲区１番の登記識別情報） |
| | 印鑑証明書（Ａの印鑑証明書） |
| | 住所証明情報（Ｂの住民票の写し） |
| | 代理権限証明情報（Ｂ及びＡの委任状） |
| 課 税 価 格 | 移転した持分の価格　金500万円 |
| 登録免許税 | 金10万円 |

## ４　相続人間で不分割特約をした場合

相続によって不動産を共有することとなった共同相続人の間で不分割特約をした場合，以下の登記を申請します（昭49.12.27民事三.6686）。

1/2　相続人への相続を原因とする所有権の移転の登記
2/2　不分割特約を登記事項とする所有権の変更の登記（上記申請例31）

１件で申請することはできません。相続（死亡）の中で特約をしたということはあり得ないからです。

# 第4章 所有権の更正の登記

次は，所有権の更正の登記です。「更正の登記」とは，登記時から登記事項の一部に錯誤（間違いのこと）または遺漏（モレのこと）がある場合に，その事項を訂正する登記です（不登法2条16号。P27②）。P198※で説明したとおり，所有権の登記事項はほとんどありませんので，所有権の更正の登記のほとんどは，主体の更正，つまり，所有者（登記名義人）の更正となります。

## 1 更正の登記の要件

P27②では簡単にしか説明していませんので，ここで更正の登記について掘り下げて説明します。

＊この1で説明するハナシは，他の更正の登記（ex. 抵当権の更正の登記）にも当てはまります。

以下の2つの要件を充たす場合に，更正の登記を申請することになります。

①**登記申請時点で**登記事項に誤りがある

誤りを訂正するのが更正の登記ですので，最初から（登記申請時点で）誤りがある必要があります。

登記申請後に変更が生じた場合は，移転の登記や変更の登記をすることになります。

②上記①の登記事項の誤りが**登記事項の一部**についての誤りである（最判平12.1.27，最判平17.12.15）

不動産登記の制度として「一部抹消の登記」というものはありません。そこで，「一部抹消の登記（＋○○登記）」の位置づけとして用意されているのが，更正の登記なのです。

「登記事項の一部についての誤りである」ということは，更正の登記をする前とした後で同一性があるということになります。簡単にいうと，更正の登記をする前とした後で**かぶっている部分がある（全とっかえになっていない）**ということです。

登記事項のすべてが誤っているのであれば（更正の登記をする前とした後でかぶっている部分がないのであれば），更正前の登記は実体にまったく反する登記ですので，登記自体が無効となり，登記事項を訂正する更正の登記では済まされないのです。よって，この場合には，原則として抹消の登記をすることになります。

では，上記2つの要件を，具体例を通して確認していきましょう。

| 更正の登記ができる（○） | 更正の登記ができない（×） |
|---|---|
| **①Aが実体上の所有者であるにもかかわらず，誤ってＡＢの共有の名義で登記してしまいました。この場合，A単有にする更正の登記をすることができます。**<br>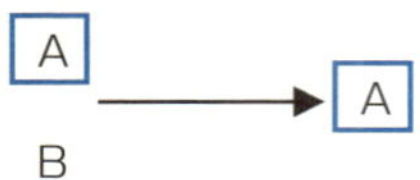<br>登記申請時点で（上記要件①），登記事項の一部に誤りがある（上記要件②）からです。登記事項の一部についての誤りといえるのは，更正の登記をする前とした後でAが登記名義人としてかぶっている（全とっかえになっていない）からです。 | **①Aが実体上の所有者であるにもかかわらず，誤ってBの単有の名義で登記してしまいました。この場合，A単有にする更正の登記をすることはできません。これは，「B名義の登記をA名義に更正せよ。」という判決があっても同じです**（昭53.3.15民三.1524参照）。<br><br>登記申請時点で誤りがあります（上記要件①）。しかし，登記事項のすべてが誤っているため，上記要件②を充たしません。登記事項の一部についての誤りといえないのは，更正の登記をする前とした後で登記名義人がかぶっていない（全とっかえになっている）からです。 |
| **②A名義の登記をＡＢ名義の登記とする更正の登記がされました。その後，再度，A単有の名義とする更正の登記をすることができます。**<br>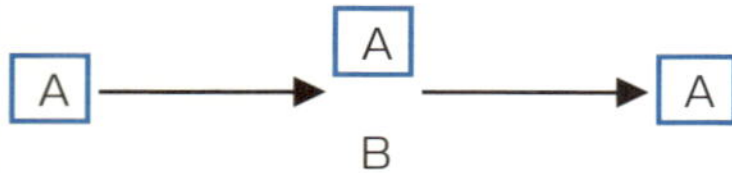<br>更正の登記をする前とした後でAが登記名義人としてかぶっている（全とっかえになっていない）からです。右の②との違いにご注意ください。 | **②A名義の登記をＡＢ名義の登記とする更正の登記がされました。その後，B単有の名義とする更正の登記をすることはできません**（登研236P72）。<br><br>更正の登記をする前とした後で結果的にAからBへの全とっかえになっているからです。左の②との違いにご注意ください。 |
| | **③Aが所有している建物に，Bが増築を施しました。そして，AからBに所有権の一部を移転する合意がされました。この場合，A名義の登記をＡＢ名義とする更正の登記をすることはできません**（登研540P170）。<br> |

| | 増築前にA名義の登記をした時点では誤りはないため，上記要件①を充たさないからです。よって，増築による表題部の変更の登記をしたうえで，AからBへの所有権の一部移転の登記をすべきです（登研540P170）。<br>なお，Bが増築していますが，Bが費用を出して増築したとしても，増築部分の所有権はAに帰属します。不動産に付合した物は，不動産の所有者が所有権を取得するからです。── **民法Ⅱのテキスト第3編第3章第3節3 1.（2）（b）** よって，わざわざAからBに所有権の一部を移転する合意をしているのです。 |
|---|---|

## 2 申請情報の記載事項

**申請例33 ── 錯誤を原因とする所有権の更正の登記（単有名義から共有名義）**

事例：Aは，所有している建物（甲区1番でA名義の所有権の保存の登記がされている）をBCに売却した。しかし，誤ってB単有名義の所有権の移転の登記が甲区2番でされた。また，Dの抵当権の設定の登記もされた。

| | |
|---|---|
| 登記の目的 | 2番所有権更正 |
| 原　　因 | 錯誤 |
| 更正後の事項 | 共有者　持分2分の1　B<br>2分の1　C |
| 権 利 者 | C |
| 義 務 者 | A<br>B |
| 添 付 情 報 | 登記原因証明情報（売買契約書）<br>登記識別情報（Aの甲区1番の登記識別情報，Bの甲区2番の登記識別情報）<br>印鑑証明書（A及びBの印鑑証明書）<br>住所証明情報（Cの住民票の写し）<br>代理権限証明情報（C，A及びBの委任状）<br>承諾証明情報（Dの承諾書） |
| 登録免許税 | 金1000円 |

| 権利部（甲区）（所有権に関する事項） | | | |
|---|---|---|---|
| 順位番号 | 登記の目的 | 受付年月日・受付番号 | 権利者その他の事項 |
| 1 | 所有権保存 | 令和4年6月28日<br>第11542号 | 所有者　A |
| 2 | 所有権移転 | 令和5年7月8日<br>第12987号 | 原因　令和5年7月8日売買<br>所有者　B |
| 付記1号 | 2番所有権更正 | 令和5年10月28日<br>第17864号 | 原因　錯誤<br>共有者　持分2分の1　B<br>2分の1　C |

| 権利部（乙区）（所有権以外の権利に関する事項） | | | |
|---|---|---|---|
| 順位番号 | 登記の目的 | 受付年月日・受付番号 | 権利者その他の事項 |
| 1 | 抵当権設定 | 令和5年7月8日<br>第12988号 | 原因　令和5年7月8日金銭消費貸借同日設定<br>債権額　金1000万円<br>債務者　B<br>C<br>抵当権者　D |
| 付記1号 | 1番抵当権更正 | 余　白 | 抵当権の目的　B持分<br>甲区2番付記1号の登記により令和5年10月28日付記 |

## １．登記の目的

「○番所有権更正」と記載します。

## ２．登記原因及びその日付

### （１）原則

年月日は，記載しません（昭39.5.21民事三.425。P233の「登記原因は記載するが登記原因日付は記載しない登記②」）。

登記事項の一部に間違い（錯誤）またはモレ（遺漏）があったわけですが，ある時点から間違いまたはモレが生じたというわけではなく，最初から間違いまたはモレがあったため，登記原因日付といえる日がないからです。

原因は，原則として，以下のように記載します。

・登記事項の一部に間違いがあった場合　→　「錯誤」
・登記事項の一部にモレがあった場合　→　「遺漏」

### (2) 例外

相続放棄の取消しによって更正の登記をする場合,「年月日相続放棄取消」を登記原因及びその日付とします(昭54.3.31民三.2112。記録例199)。日付は,相続放棄が取り消された日を記載します。

ex. 不動産の所有者Aが死亡し,その子BCがAを相続しました。Cが相続放棄をしたため,Bへの相続を原因とする所有権の移転の登記がされました。しかし,Cの相続放棄の申述受理の審判が取り消されました。この場合,「年月日相続放棄取消」を登記原因及びその日付として,BC名義の登記とする更正の登記を申請します。

相続放棄の取消しの場合には,なぜ年月日を記載するのでしょうか。かつては相続放棄に基づく登記は,移転の登記で行っていました(昭26.12.4民事甲2268,昭30.11.21民事甲2469。今でも移転の登記によることも可能であると解されています)。その名残から,相続放棄の取消しの場合に,相続放棄が取り消された日に権利変動が起きたかのような更正の登記をする扱いがされているのではないかと思います。かなりおかしな扱いですが……。

## 3. 更正後の事項

更正後の事項として,正しい登記事項を記載します。

更正後の事項の記載方法は,どのような更正かにより,以下の表のとおり変わります(登記識別情報の通知がされるかも併せて記載します)。

#### 更正後の事項の考え方

更正後の事項には,「これが正しい登記ですよ〜」の「これ」を記載します。本試験でわからなくなったら,どのような登記に訂正してもらいたいのかを考え,その気持ちを伝えてください(どう訂正してもらいたいのかを書いてください)。

| 更正の態様 | 更正前の登記事項（抜粋） → | 更正後の事項 | 登記識別情報の通知 |
|---|---|---|---|
| **①単有→共有**<br>**（上記申請例33）**<br>B C / A B | 所有者　B | **共有者**<br>**持分２分の１　B**<br>**２分の１　C** | **B：通知されません**<br>Bは，この更正の登記により登記名義人となるわけではないからです（P74②）。<br>**C：通知されます**<br>Cは，この更正の登記により登記名義人となるからです（P74②）。 |
| **②共有→単有**<br>B / A B C | 共有者<br>持分２分の１　B<br>２分の１　C | **所有者　B** | **B：通知されます**<br>Bは，この更正の登記により持分２分の１について登記名義人となるからです（P74②）。このように，持分について登記名義人となる場合も通知されます。 |
| **③共有→共有**<br>B D / A B C | 共有者<br>持分２分の１　B<br>２分の１　C | **共有者**<br>**持分２分の１　B**<br>**２分の１　D** | **B：通知されません**<br>Bは，この更正の登記により登記名義人となるわけではないからです（P74②）。<br>**D：通知されます**<br>Dは，この更正の登記により登記名義人となるからです（P74②）。 |
| **④共有→共有**<br>**（持分のみの更正）**<br>B C / A B C | 共有者<br>持分２分の１　B<br>２分の１　C | **B持分　３分の２**<br>**C持分　３分の１** | **BC：通知されません**<br>BCは，この更正の登記により登記名義人となるわけではないからです（P74②）。持分割合を更正しただけです。 |

| ⑤全部移転<br>→一部移転<br>(A)(A B / B) | 登記の目的<br>所有権移転<br>所有者　B | **登記の目的（＊）**<br>**所有権一部移転**<br>**共有者**<br>**持分2分の1　B**<br>＊登記の目的も訂正する必要がありますので，更正後の事項として登記の目的も記載します。 | **AB：通知されません**<br>ABは，この更正の登記により登記名義人となるわけではないからです（P74②）。Aにも通知されないのは，Aは，その前にすでに登記名義人となっているからです。 |
|---|---|---|---|
| ⑥一部移転<br>→全部移転<br>(A)(B / A B) | 登記の目的<br>所有権一部移転<br>共有者<br>持分2分の1　B | **登記の目的（＊）**<br>**所有権移転**<br>**所有者　B**<br>＊登記の目的も訂正する必要がありますので，更正後の事項として登記の目的も記載します。 | **B：通知されます**<br>Bは，この更正の登記により持分2分の1について登記名義人となるからです（P74②）。このように，持分について登記名義人となる場合も通知されます。 |

## 4．申請人

### （1）申請構造

#### （a）原則

所有権の更正の登記は，原則として，共同申請でします（不登法60条）。

**更正される登記がどのような申請構造によって申請されたかは関係がない**

これは，他の登記において申請構造を考えるときも同じですが，**更正される登記がどのような申請構造によって申請されたかは関係なく**，所有権の更正の登記は原則として共同申請となります。たとえば，単独申請によってされた登記の更正の登記を，共同申請によってする場合もあります。 =P349

登記は，**登記ごとにどのような申請構造で申請すべきかを考える**からです。

#### （b）例外

法定相続分による相続登記がされた後，以下の①～④によって所有権の更正の登記を申請する場合，以下の①～④によって不動産を相続することになった者が単独で申請できるようにする通達が発出されることが予定されています。単独申請を認め，相続関連の登記手続を簡易にすることで，登記されることを増やす目的です。

①遺産分割
②相続放棄
③特定財産承継遺言
④相続人が受遺者である遺贈

### （2）登記権利者・登記義務者となる者

登記権利者・登記義務者となる者は，どのような更正かにより，以下の（a）～（c）のとおり変わってきます。

登記権利者を考えるのは，簡単です。登記権利者は「登記上，直接に利益を受ける者」ですから（不登法２条12号），更正の登記により新たに登記名義人となる者や持分が増加する者が登記権利者となります。

ポイントは登記義務者です。更正の登記により登記名義人でなくなる者や持分が減少する者が登記義務者になるのは明らかです。問題は，「前登記名義人も登記義務者になるか」です。これは，以下の視点で考えてください。

**更正の登記の登記義務者を考える視点**

**「誤った登記における登記義務者が登記義務を果たしたか」**という視点で考えます。

#### （a）相続以外を登記原因とする登記の更正

＊以下の表の記載順は，上記３.の更正後の事項の表と合わせています。

| 更正の態様 | 更正前の登記事項（抜粋） → | 更正後の事項 | 登記権利者<br>登記義務者 |
|---|---|---|---|
| ①単有→共有<br>（上記申請例33）<br>B C<br>A B | 所有者　B | 共有者<br>持分２分の１　B<br>２分の１　C | **登記権利者：C**<br>**登記義務者：A・B**<br>（昭40.8.26 民事甲2429）<br>Aも登記義務者となるのは，AはCへの持分２分の１の登記義務を果たしていないため，出てくる必要があるのです。 |

| ②共有→単有 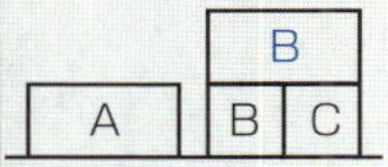 | 共有者<br>持分２分の１　Ｂ<br>２分の１　Ｃ | 所有者　Ｂ | **登記権利者：Ｂ**<br>**登記義務者：Ａ・Ｃ**<br>（昭 36.10.14 民事甲 2604）<br>Ａも登記義務者となるのは，ＡはＢへの持分２分の１の登記義務を果たしていないため，出てくる必要があるのです。 |
|---|---|---|---|
| **③共有→共有** 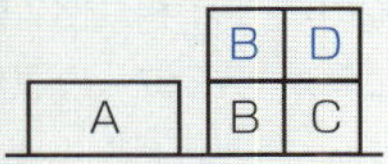 | 共有者<br>持分２分の１　Ｂ<br>２分の１　Ｃ | 共有者<br>持分２分の１　Ｂ<br>２分の１　Ｄ | **登記権利者：Ｄ**<br>**登記義務者：Ａ・Ｃ**<br>Ａも登記義務者となるのは，ＡはＤへの持分２分の１の登記義務を果たしていないため，出てくる必要があるのです。<br>持分に変動のないＢは，申請人とはなりません。 |
| **④共有→共有（持分のみの更正）** 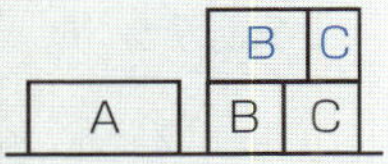 | 共有者<br>持分２分の１　Ｂ<br>２分の１　Ｃ | Ｂ持分　３分の２<br>Ｃ持分　３分の１ | **登記権利者：Ｂ**<br>**登記義務者：Ｃ**<br>厳密にいうと，ＡはＢへの持分６分の１の登記義務を果たしていませんが，それは軽微な登記義務なので，Ａは出てきません。 |
| **⑤全部移転→一部移転** 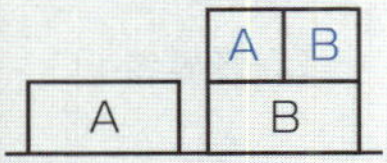 | 登記の目的<br>所有権移転<br>所有者　Ｂ | 登記の目的<br>所有権一部移転<br>共有者<br>持分２分の１　Ｂ | **登記権利者：Ａ**<br>**登記義務者：Ｂ** |

| | | | |
|---|---|---|---|
| ⑥一部移転<br>→全部移転 | 登記の目的<br>所有権一部移転<br>共有者<br>持分２分の１　B | 登記の目的<br>所有権移転<br>所有者　B | 登記権利者：B<br>登記義務者：A |

### （b）相続を登記原因とする登記の更正

**上記（a）－ A（前登記名義人）**

相続を登記原因とする登記を更正する場合の申請人は，**「上記（a）－A（前登記名義人)」**，つまり，上記（a）の申請人から「A」を除いたものとなります。登記原因が相続の場合，前登記名義人であるAは被相続人ということになります。相続登記は単独申請なので（P241～242（a）)，被相続人Aに登記義務はないからです（P330の「更正の登記の登記義務者を考える視点」)。

ただし，相続を登記原因とする登記の更正ですので，上記（a）の⑤⑥に相当する更正の登記はありません。「相続を原因とする所有権の一部移転の登記」は認められていないからです（P194の「Realistic rule」)。

| 更正の態様 | 更正前の登記事項（抜粋） → | 更正後の事項 | 登記権利者<br>登記義務者（＊） |
|---|---|---|---|
| ①単有→共有 | 所有者　B | 共有者<br>持分２分の１　B<br>２分の１　C | 登記権利者：C<br>登記義務者：B |
| ②共有→単有 | 共有者<br>持分２分の１　B<br>２分の１　C | 所有者　B | 登記権利者：B<br>登記義務者：C |
| ③共有→共有 | 共有者<br>持分２分の１　B<br>２分の１　C | 共有者<br>持分２分の１　B<br>２分の１　D | 登記権利者：D<br>登記義務者：C |

| ④共有→共有<br>（持分のみの更正）<br>B C<br>A　B C | 共有者<br>持分2分の1　B<br>2分の1　C | B持分　3分の2<br>C持分　3分の1 | 登記権利者：B<br>登記義務者：C |
|---|---|---|---|

＊P329～330（b）で説明しましたとおり，遺産分割，相続放棄，特定財産承継遺言または相続人が受遺者である遺贈によって不動産を相続することになった者は単独で申請できるようにする通達が発出されることが予定されています。

### （c）区分建物の所有権の保存の登記の更正

たとえば，株式会社Ａホームが自社が所有している土地上にマンションを建設し，ＢＣにマンションの１室を売却しました。しかし，Ｂ単有の名義で所有権の保存の登記がされました。この場合に，ＢＣ名義の登記とする更正の登記を申請するとき，登記権利者・登記義務者は以下の者となります。

・登記権利者：Ｃ
・登記義務者：Ｂ

Ａホームは登記義務者になりません。表題部所有者であるＡホームは，表題部所有者から所有権を取得した者名義の所有権の保存の登記（不登法74条2項）の登記義務者とはならないため（P182（a）），誤って登記された所有権の保存の登記についてＡホームに登記義務がないからです（P330の「更正の登記の登記義務者を考える視点」）。

なお，この区分建物が敷地権付き区分建物であれば，改めて敷地権の登記名義人（Ａホーム）の承諾証明情報（P185②）を提供する必要があります（登研 439P127）。Ａホームが Cに対しても承諾していること（Cへの敷地利用権の持分の移転についての承諾）を証する必要があるからです。

## 5．添付情報

①登記原因証明情報（不登法61条，不登令別表25添付情報イ）

P69 4 の「登記原因証明情報の提供が不要となる場合」に当たりませんので，登記原因証明情報を提供する必要があります。

更正後の正しい実体関係を証する情報を提供します。よって，更正される登記の登記原因によって添付情報の内容が変わります。たとえば，更正される登記の登記原因が売買であれば売買契約書，贈与であれば贈与契約書が当たります。売買契約書や贈与契約書に，本来所有者として登記されるべきであった者が記載されているからです。

なお，更正される登記の登記原因が相続であっても，更正の登記を共同申請で申請する場合（P329（a）），報告形式の登記原因証明情報を提供しても構いません（P68の「公文書に限定されるかどうかの基本的な判断基準」）。

②登記識別情報（不登法22条本文）

登記義務者の登記識別情報を提供します。共同申請だからです（P77～78の「登記識別情報の提供の要否の基本的な判断基準」）。

③印鑑証明書（不登令16条２項，18条２項）

登記義務者の印鑑証明書を提供します。所有権の登記名義人が登記義務者となるからです（P93の「『認印でよいか』『実印で押印し印鑑証明書の提供が要求されるか』の判断基準」）。

④住所証明情報（不登令別表30添付情報ロ）

所有権の更正の登記によって新たに登記名義人となる者がいれば，その者の住所証明情報（住民票の写しなど）を提供します（登研 391P110。P101 の「住所証明情報の提供が要求される場合③」）。新たに登記名義人となる者については，固定資産税の徴収先を把握していないからです（P101 2）。

新たに登記名義人となる者とは，P328の①のC，③のDが当たります。

⑤代理権限証明情報（不登令７条１項２号）

⑥会社法人等番号（不登令７条１項１号イ）

⑦承諾証明情報（不登法66条，不登令別表25添付情報ロ）

変更の登記・更正の登記は，第三者の承諾があれば付記登記で登記され，第三者の承諾がなければ主登記で登記されるのが原則です（P115※）。

しかし，所有権の更正の登記は，登記上の利害関係を有する第三者がいるときは，“必ず”その第三者が作成した承諾を証する情報などを提供する必要があります。

**Realistic rule**

つまり，所有権の主体の更正の登記は，「第三者の承諾がなければ主登記で登記される」ということはなく，必ず**付記登記で登記されます**。

所有権の主体（所有者）の更正の登記ですから，P27～29①の債権額のように，「一部は後順位の者に対抗できるが，一部は後順位の者に対抗できない」といった登記とすることはできないのです。

### ※具体的な登記上の利害関係を有する第三者

**判断基準**

**権利の目的が減少してしまう者**が，登記上の利害関係を有する第三者となります。

| 更正の態様 | 登記上の利害関係を有する第三者となる者（◎） | 登記上の利害関係を有する第三者とならない者（×） |
|---|---|---|
| ①単有→共有<br>（上記申請例33）<br>B単有をBC共有に更正する場合<br>B<br>⇩<br>B / C | **・B単有の不動産を目的とする利用権者・担保権者・仮登記権利者・差押債権者・仮差押債権者・仮処分債権者**<br>これらの権利は，C持分を目的としていたわけではありません。<br>よって，利用権は，職権抹消されます。利用権は，持分上に設定できないからです（Ⅱのテキスト第4編第1章1 3.「Realistic rule」）。利用権以外の権利は，B持分を目的とした権利に職権更正されます。 | |
| ②共有→単有<br>BC共有をB単有に更正する場合<br>B / C<br>⇩<br>B | **・C持分を目的とする担保権者・仮登記権利者・差押債権者・仮差押債権者・仮処分債権者**<br>C持分は消滅するため，これらの権利は職権抹消されるからです。<br>**・不動産全体を目的とする担保権者・仮登記権利者・差押債権者・仮差押債権者・仮処分債権者**<br>Bは，以下の図の青の部分（更正前のCの持分）には，担保権・ | **・B持分を目的とする担保権者・仮登記権利者・差押債権者・仮差押債権者・仮処分債権者**<br>B持分は消滅しないからです。<br>これらの権利は，所有権の一部（更正前のBの持分）を目的とした権利に職権更正されます。 |

| | | |
|---|---|---|
| | 仮登記を設定していませんし，差押え・仮差押え・仮処分を受けていません。<br><br><br>よって，これらの権利は，所有権の一部（更正前のBの持分）を目的とした権利に職権更正されます。 | |
| | ※利用権者が利害関係人となるかについては，争いがあります。 | |
| **③共有→共有（持分のみの更正）「B持分２分の１，C持分２分の１」を「B持分３分の２，C持分３分の１」に更正する場合**<br>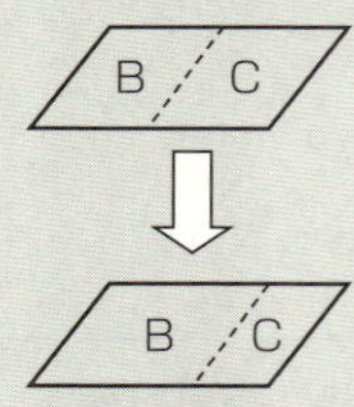<br> | **・C持分を目的とする担保権者・仮登記権利者・差押債権者・仮差押債権者・仮処分債権者**<br>C持分が減少しますので，これらの権利の目的が減少してしまうからです。Bは，以下の図の青の部分（更正前のCの持分の一部）には，担保権・仮登記を設定していませんし，差押え・仮差押え・仮処分を受けていません。<br><br><br>よって，これらの権利は，C持分３分の１を目的とした権利に職権更正されます。 | **・B持分を目的とする担保権者・仮登記権利者・差押債権者・仮差押債権者・仮処分債権者**<br>B持分は減少しないからです。これらの権利は，B持分の一部（所有権全体の２分の１）を目的とした権利に職権更正されます。<br>**・不動産全体を目的とする担保権・仮登記権利者・差押債権者・仮差押債権者・仮処分債権者**（昭47.5.1民事甲1765。登研423P124）<br>厳密にいうと，Bは，以下の図の青の部分（更正前のCの持分の一部）には，担保権・仮登記を設定していませんし，差押え・仮差押え・仮処分を受けていません。しかし，それは共有者の持分の内部変動にすぎませんので，その点は考慮しません。<br><br> |

**※代位債権者**

更正される登記が債権者代位によってされているときは，代位債権者も利害関係人となります（昭39.4.14民事甲1498。登研456P127）。 =P354

代位債権者にとっては，自らがした登記が変えられてしまうことになるからです。

## 6．登録免許税

### （1）原則

更正の登記として，不動産１個につき1000円です（登免法別表第１．１．(14)）。

### （2）例外

更正前の登記と更正後の登記を比べたときに，移転する持分が増加する場合は，増加する持分の価額について，移転の登記の登記原因に応じた登録免許税（ex. 売買であれば20/1000）を納付しなければなりません（登研579P169）。といわれてもわかりにくいでしょうから，具体例をみましょう。

ex. 課税標準の額が1000万円である不動産について，ＡからＢへの売買を原因とする所有権の一部移転の登記（移転した持分は２分の１）がされています。この場合において，その登記を所有権の移転の登記に更正する登記の登録免許税の額は，以下の金額となります。

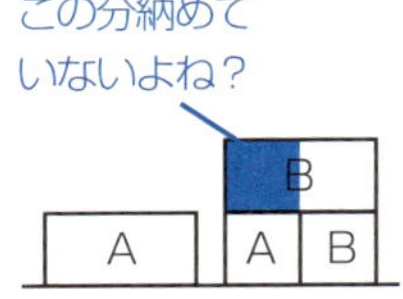


・1000万円 × ２分の１（持分割合）×20/1000（売買の税率） ＝ 10万円

「500万円（持分２分の１）の部分について20/1000の登録免許税を納めていないよね？」ってことです。

この場合も上記（１）の原則どおり1000円でよいとすると，たとえば，「まずは持分200分の１についてだけ移転の登記をして，それから更正の登記をして，合計2000円しか納めないで済むようにしよう」といったズルをしようと考える人が現れます。そのズルはダメということです。

# 3 相続登記の更正

相続登記をした後に，相続欠格者がいることが判明したり，遺言が発見されたりした場合，P247②の「相続登記をした後に法定相続人・法定相続分に変更が加わった，または，変更が加わったことが判明した場合」のハナシとなります。よって，P323の更正の登記の要件①および②を充たす場合には，更正の登記をすることになります。

なお，相続を登記原因とする登記の更正ですので，登記権利者と登記義務者はP332～333（b）の考え方で考えることになります。

| 事案 | 申請する登記 | 登記権利者<br>登記義務者 |
|---|---|---|
| **①相続欠格者**<br>**不動産の所有者Aが死亡し，その子ＢＣに法定相続分どおりに相続を原因とする所有権の移転の登記がされました。しかし，Cに欠格事由があることが判明しました。Cには，Aの直系卑属である子Dがいます。** 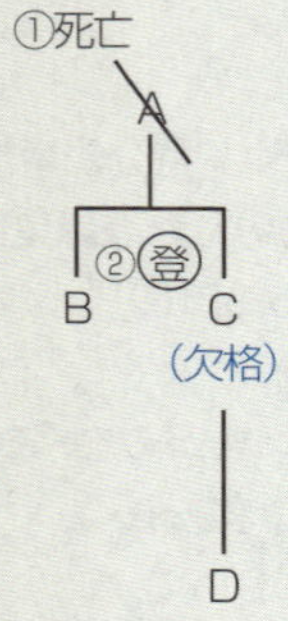<br>①死亡<br>A<br>②登<br>B　C<br>(欠格)<br>D | **ＢＤ名義の登記とする更正の登記を申請します。**DがCの代襲相続人となります。── **民法Ⅲのテキスト第10編第2章4 2.（1）（b）**<br>相続欠格者は，相続開始時から相続人となる資格を有しなかったとされます。よって，登記申請時点で相続登記に誤りがあったといえます（P323①）。また，更正の登記をする前とした後でBが登記名義人としてかぶっている（全とっかえになっていない）ため，登記事項の一部についての誤りといえます（P323②）。 | **登記権利者：D**<br>**登記義務者：C**<br>(P332③) |
| **②相続する者が指定された遺言**<br>**不動産の所有者Aが死亡し，その子ＢＣに法定相続分どおりに相続を原因とする所有権の移転の登記がされました。しかし，「全財産をBに相続させる」旨のAの遺言書が発見されました。** 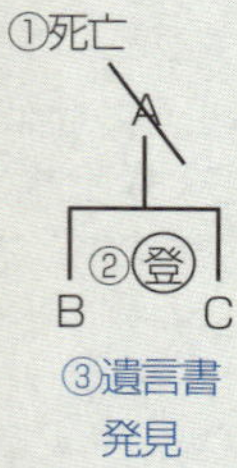<br>①死亡<br>A<br>②登<br>B　C<br>③遺言書<br>発見 | **B名義の登記とする更正の登記を申請します**（平2.1.20民三.156）。<br>遺言の効力は，遺言者の死亡の時に生じます（民法985条1項）。── **民法Ⅲのテキスト第10編第5章第3節1 1.** よって，登記申請時点で相続登記に誤りがあったといえます（P323①）。また，更正の登記をする前とした後でBが登記名義人としてかぶっている（全とっかえになっていない）ため，登記事項の一部についての誤りといえます（P323②）。 | **登記権利者：B**<br>**登記義務者：C**<br>(P332②) |

| | | |
|---|---|---|
| ③特別受益者<br>　**不動産の所有者Aが死亡し，その子ＢＣに法定相続分どおりに相続を原因とする所有権の移転の登記がされました。しかし，Cが特別受益者であって相続分を超える生前贈与を受けていたことが判明しました。**<br>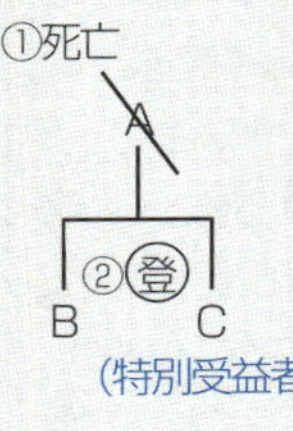 | **Ｂ名義の登記とする更正の登記を申請します。**<br>　特別受益は，相続開始時に存在します。よって，登記申請時点で相続登記に誤りがあったといえます（P323①）。また，更正の登記をする前とした後でＢが登記名義人としてかぶっている（全とっかえになっていない）ため，登記事項の一部についての誤りといえます（P323②）。 | **登記権利者：Ｂ**<br>**登記義務者：Ｃ**<br>（P332②） |
| ④寄与分<br>　**不動産の所有者Aが死亡し，その子ＢＣに法定相続分どおりに相続を原因とする所有権の移転の登記がされました。しかし，ＢC間で寄与分協議がされ，「Bの相続分が2/3，Cの相続分が1/3」とされました。**<br>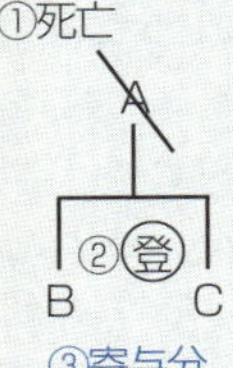 | **B持分3分の2・C持分3分の1の登記とする更正の登記を申請します**（昭55.12.20 民三.7145）。<br>　寄与分は，相続開始時に存在します。よって，登記申請時点で相続登記に誤りがあったといえます（P323①）。また，更正の登記をする前とした後でＢＣが登記名義人としてかぶっている（全とっかえになっていない）ため，登記事項の一部についての誤りといえます（P323②）。<br>　なお，「年月日遺産分割」を登記原因及びその日付として，持分の移転の登記もできます（昭55.12.20 民三.7145）。更正の登記をするのが実体に合致していますが，更正の登記は登記上の利害関係を有する第三者の承諾が必要なので，当事者の便宜を考えて移転の登記によることも認められているんです。 | **登記権利者：Ｂ**<br>**登記義務者：Ｃ**<br>持分が増加する者が登記権利者，減少する者が登記義務者となります。<br>（P333④） |

「 P350

| | | |
|---|---|---|
| ⑤相続放棄<br>不動産の所有者Aが死亡し，その子ＢＣに法定相続分どおりに相続を原因とする所有権の移転の登記がされました。しかし，Ｃが相続放棄をしました。<br>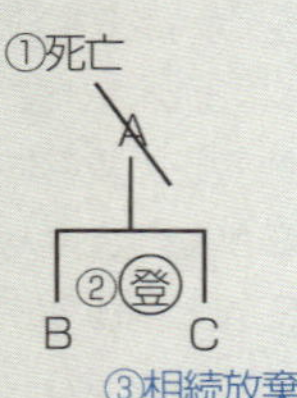 | **Ｂ名義の登記とする更正の登記を申請します。**<br>相続の放棄をした者は，初めから相続人でなかったものとみなされます（民法939条）。── **民法Ⅲのテキスト第10編第4章第4節**　よって，登記申請時点で相続登記に誤りがあったといえます（P323①）。また，更正の登記をする前とした後でＢが登記名義人としてかぶっている（全とっかえになっていない）ため，登記事項の一部についての誤りといえます（P323②）。 | **登記権利者：Ｂ**<br>**登記義務者：Ｃ**<br>（P332②） |
| ⑥失踪宣告<br>不動産の所有者Aが死亡し，その子ＢＣに法定相続分どおりに相続を原因とする所有権の移転の登記がされました。この登記は，Ｂが保存行為として申請しました（P242（b））。しかし，Ｃについて失踪宣告の審判が確定しました。Ｃが死亡したとみなされた日は，Aの相続開始の日より前でした。<br>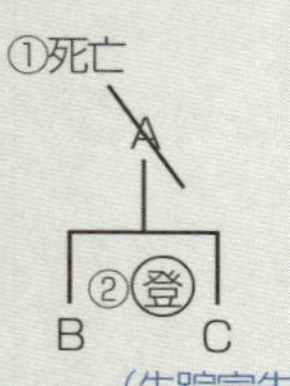 | **Ｂ名義の登記とする更正の登記を申請します**（昭37.1.26民事甲74）。<br>失踪宣告がされ失踪者が死亡したとみなされる時点は，普通失踪は失踪期間（7年間）の満了時，特別失踪は危難が去った時です（民法31条）。── **民法Ⅰのテキスト第2編第2章第1節4 2.（5）（a）**　そのため，この事案のように，Aの死亡後に失踪宣告の審判が確定しても，失踪宣告の効果がさかのぼり，登記申請時点で相続登記に誤りがあったといえる場合があります（P323①）。また，更正の登記をする前とした後でＢが登記名義人としてかぶっている（全とっかえになっていない）ため，登記事項の一部についての誤りといえます（P323②）。 | **登記権利者：Ｂ**<br>**登記義務者：Ｃ**<br>（P332②） |

**※数次相続の更正**

不動産の所有者Aが死亡し，Aの子ＢＣがAを相続しました。しかし，ＢＣへの所有権の移転の登記を申請する前にBが死亡し，Bの子DがBを相続しました。Cが相続放棄などをした事実がないにもかかわらず，AからDへの所有権の移転の登記が誤って受理されました。現在，実体上はＤＣがこの不動産を共有しているため，D名義の登記をＤＣ名義の登記とする更正の登記を申請できるでしょうか。

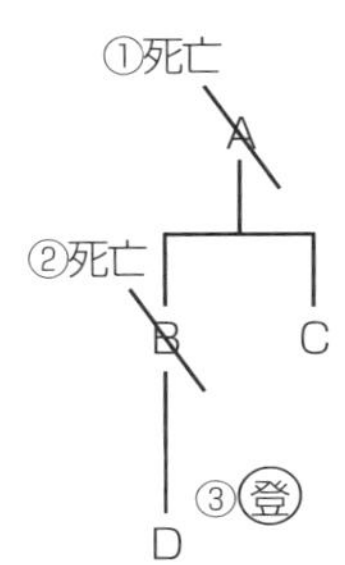


これは，できません（最判平 12.1.27，最判平 17.12.15）。

たしかに，更正の登記をする前とした後でDが登記名義人としてかぶっています（全とっかえになっていません）。しかし，Dへの相続を原因とする所有権の移転の登記の登記原因及びその日付は，「年月日Ｂ相続年月日相続」となっています（P249～250（１））。この登記をＤＣ名義の登記とすると，BがAを相続し，ＣDがBを相続したことになってしまいます。登記原因及びその日付と合わせて権利変動の公示となるので，登記原因及びその日付との整合性も考える必要があるんです（P249の「登記原因及びその日付も権利変動を公示する要素」）。

よって，この場合，以下の登記を申請すべきです。

1/3　錯誤を原因とするD名義の所有権の移転の登記の抹消の登記
2/3　AからＢＣへの相続を原因とする所有権の移転の登記
3/3　BからDへの相続を原因とするB持分全部移転の登記

２/３と３/３の相続登記を分けて申請する必要があるのは，中間が共同の相続だからです（P250～251（２））。

## 4 登記原因の更正

### 1．原則

登記原因を更正することも，原則として認められます。正確な権利変動を公示するためには，登記原因も正しいものに訂正するべきだからです（P249 の「登記原因及びその日付も権利変動を公示する要素」）。

ex1. 登記原因を「売買」から「代物弁済」に更正することができます。

ex2. ＡからＢへの所有権の移転の登記の登記原因を「贈与」から「売買」に更正することができます。

この場合，登記権利者はＢ・登記義務者はＡです（登研 425P129）。つまり，所有権の移転の登記の登記権利者・登記義務者が，そのまま登記原因の更正の登記の登記権利者・登記義務者となります。「タダであげる贈与からお金を取る売買に更正するから，贈与者から売主となるＡが登記権利者となるかな？」と思われたかもしれません。しかし，Ａが登記名義を失う登記であることに変わりはありませんので，登記権利者はＢ・登記義務者はＡなのです。もちろん，登記原因を「売買」から「贈与」に更正する場合も，登記権利者はＢ・登記義務者はＡです。

登記原因の内容によって，登記権利者・登記義務者は入れ替わりません。

### 2．例外

ＡからＢへの所有権の移転の登記の登記原因を「売買」や「贈与」から「共有物分割」「持分放棄」に更正することはできません。

共有物分割・持分放棄を原因とする移転の登記は，登記記録上の共有者である者が登記権利者・登記義務者となる登記（登記記録上の共有者の間でしかできない登記）です（P214 の「Realistic rule ①」）。ＡからＢへの所有権の移転の登記の登記原因を共有物分割や持分放棄に更正してしまうと，登記記録上の共有者でないＢに共有物分割や持分放棄を原因として移転の登記をしたことになってしまうため，更正の登記ができないのです。

# 第5章　所有権の抹消の登記

## 第１節　所有権の保存の登記の抹消の登記

### 1　実体（民法）→登記

所有権の保存の登記がされたが，その登記名義人が所有者でなかった場合など，所有権の保存の登記が実体に合致していないことが後に判明する場合があります。

この場合には，所有権の保存の登記の抹消の登記を申請できます。

### 2　申請情報の記載事項

**申請例34** —— **錯誤を原因とする所有権の保存の登記の抹消の登記**

事例：Ａを表題部所有者とする表題登記がされた新築建物に，Ａ名義の所有権の保存の登記がされた。しかし，Ａはこの建物の所有者ではなかったことが判明した。

| | |
|---|---|
| 登記の目的 | １番所有権抹消 |
| 原　　因 | 錯誤 |
| 申 請 人 | Ａ |
| 添 付 情 報 | 登記原因証明情報（Ａが所有者でなかったことを証する書面）<br>登記識別情報（Ａの甲区１番の登記識別情報）<br>印鑑証明書（Ａの印鑑証明書）<br>代理権限証明情報（Ａの委任状） |
| 登録免許税 | 金 1000 円 |

| 権利部（甲区）（所有権に関する事項） | | | |
|---|---|---|---|
| 順位番号 | 登記の目的 | 受付年月日・受付番号 | 権利者その他の事項 |
| 1 | 所有権保存 | 令和５年６月28日<br>第12456号 | 所有者　Ａ |
| 2 | １番所有権抹消 | 令和５年12月５日<br>第19451号 | 原因　錯誤 |

**※登記記録が閉鎖されるか？**

所有権の保存の登記の抹消の登記がされると，「所有権の保存の登記の抹消に加えて，表題部が抹消され登記記録が閉鎖される場合」と，「所有権の保存の登記の抹消のみがされて，表題部は抹消されず登記記録も閉鎖されない場合」があります。

| 表題部が抹消され<br>登記記録が閉鎖される場合 | 表題部は抹消されず<br>登記記録も閉鎖されない場合 |
|---|---|
| ・**表題部所有者がした所有権の保存の登記（P163①）の抹消の登記**（記録例249）<br>表題部所有者がした所有権の保存の登記が抹消されたということは，表題部所有者も誤りであったということだからです。 | ・**表題部所有者の相続人その他の一般承継人がした所有権の保存の登記（P163②）の抹消の登記**（記録例 250。昭59.2.25 民三.1085）<br>・**表題部所有者から区分建物の所有権を取得した者がした所有権の保存の登記（P163⑤）の抹消の登記**（昭 59.2.25 民三.1085）<br>これらは，表題部所有者名義でされた所有権の保存の登記ではありません。よって，所有権の保存の登記が抹消されても，表題部所有者が誤りであったとは限らないからです。<br>これらの登記がされると，表題部所有者の記録が回復されます。権利部の所有権の登記がなくなるからです（P16※）。 |

なお，以下の２つの所有権の保存の登記の抹消の登記については，先例などがありません。以下の２つの所有権の保存の登記は，判決・収用という極めて厳格な手続によって所有者として確認された者名義でされるので，所有者でなかったために所有権の保存の登記が抹消されることが考え難いからです。

・所有権を有することが確定判決によって確認された者がした所有権の保存の登記（P163③）の抹消の登記
・収用によって所有権を取得した者がした所有権の保存の登記（P163④）の抹消の登記

以下，所有権の保存の登記がされたが，その登記名義人が所有者でなかった場合の申請情報の記載事項について説明していきます。

### 1．登記の目的

「1番所有権抹消」と記載します。

### 2．登記原因及びその日付

基本的には，以下のように記載します。

年月日は，記載しません（P233 の「登記原因は記載するが登記原因日付は記載しない登記③」)。ある時点から所有者でなかったというわけではなく，最初から所有者でなかったため，登記原因日付といえる日がないからです。

原因は，「錯誤」と記載します。

### 3．申請人

所有権の保存の登記の登記名義人の単独申請です（不登法 77 条)。所有権の保存の登記の抹消ですから，次の第２節でみる所有権の移転の登記の抹消の登記と異なり，前所有権登記名義人がおらず，登記権利者となる者が存在しないからです。

なお，表題部所有者から区分建物の所有権を取得した者がした所有権の保存の登記（P163⑤）の抹消の登記も，所有権の保存の登記の登記名義人の単独申請です（不登法 77 条)。区分建物であっても，前所有権登記名義人がいないことに変わりはないからです。

### 4．添付情報

①登記原因証明情報（不登法 61 条，不登令別表 26 添付情報ホ）

P69 4 の「登記原因証明情報の提供が不要となる場合」に当たりませんので，登記原因証明情報を提供する必要があります。

具体的には，所有権の保存の登記の登記名義人が所有者でなかったことを証する書面が当たります。

②登記識別情報（不登法 22 条本文かっこ書，不登令８条１項５号）

所有権の保存の登記の登記名義人の登記識別情報を提供します。単独申請ですが，最も重要な権利である所有権の登記の抹消であるため，厳重な本人確認をするために要求されています（P77〜78 の「登記識別情報の提供の要否の基本的な判断基準」の例外)。

③印鑑証明書（不登令16条2項，18条2項）

所有権の保存の登記の登記名義人の印鑑証明書を提供します。単独申請であり登記義務者はいませんが，最も重要な権利である所有権の登記の抹消であるため，厳重な意思確認をするために要求されています（P93の「『認印でよいか』『実印で押印し印鑑証明書の提供が要求されるか』の判断基準」の例外）。

④代理権限証明情報（不登令7条1項2号）

⑤会社法人等番号（不登令7条1項1号イ）

⑥承諾証明情報（不登法68条，不登令別表26添付情報へ）

登記上の利害関係を有する第三者がいるときは，必ずその第三者が作成した承諾を証する情報などを提供する必要があります。抹消の登記だからです（不登法68条。P114①）。

たとえば，以下の者が登記上の利害関係を有する第三者に当たります。

i　利用権者

ii　担保権者

iii　仮登記権利者

iv　差押債権者・仮差押債権者・仮処分債権者

これらの者の権利は，前提となる権利が消滅すると前提を失うため，職権抹消されるからです（不登規152条2項前段）。

※住所証明情報は，提供しません。P101の「住所証明情報の提供が要求される場合①～③」のいずれにも当たらないからです。

### 5．登録免許税

抹消の登記として，不動産1個につき1000円です（登免法別表第1．1．(15)）。

# 第２節　所有権の移転の登記の抹消の登記

## 1　実体（民法）→登記

所有権の移転の登記がされたが，その登記原因に以下の①や②の事由があり，所有権の移転の登記が実体に合致していないことが後に判明する場合があります。

①無効
②取消しまたは解除がされた

この場合には，所有権の移転の登記の抹消の登記を申請できます。

なお，所有権の移転の登記の登記原因が相続である場合，相続（死亡したこと）が取り消されたまたは解除がされたなどということはありません。相続の場合に所有権の移転の登記の抹消の登記を申請するのは，相続登記がされた者のすべての者が相続人ではなかった場合です。
ex1. まったくの第三者に相続登記をしてしまった。
ex2. 相続人の全員が相続放棄をした。

## 2　申請情報の記載事項

### 申請例35 ―― 合意解除を原因とする所有権の移転の登記の抹消の登記

事例：Aは，令和５年７月８日，所有している建物（甲区１番でＡ名義の所有権の保存の登記がされている）をＢに売却し，Ｂへの所有権の移転の登記がされた。
　ＡとＢは，令和５年11月28日，その売買契約を合意解除した。

| | |
|---|---|
| 登記の目的 | ２番所有権抹消 |
| 原　　因 | 令和５年 11 月 28 日合意解除 |
| 権 利 者 | A |
| 義 務 者 | B |
| 添 付 情 報 | 登記原因証明情報（合意解除証書）<br>登記識別情報（Bの甲区２番の登記識別情報）<br>印鑑証明書（Bの印鑑証明書）<br>代理権限証明情報（A及びBの委任状） |
| 登録免許税 | 金 1000 円 |

| 権利部（甲区）（所有権に関する事項） | | | |
|---|---|---|---|
| 順位番号 | 登記の目的 | 受付年月日・受付番号 | 権利者その他の事項 |
| 1 | 所有権保存 | 令和５年６月28日<br>第12456号 | 所有者　A |
| 2 | 所有権移転 | 令和５年７月８日<br>第12987号 | 原因　令和５年７月８日売買<br>所有者　B |
| 3 | ２番所有権抹消 | 令和５年11月28日<br>第19023号 | 原因　令和５年11月28日合意解除 |

**※登記識別情報の通知**

上記の登記がされても，ＢにもＡにも登記識別情報は通知されません（P318の「変更の登記・抹消の登記の登記名義人→登記識別情報の通知」）。

Ｂの所有権の登記が抹消されましたので，現在の所有権の登記名義人はＡということになります。この後にＡが登記識別情報の提供が必要な登記をする場合，Ａは，令和５年６月 28 日に登記を申請した際に甲区１番で通知された登記識別情報を提供することになります。いったんＢへの所有権の移転の登記がされましたが，Ｂへの所有権の移転の登記がされても，Ａの甲区１番の登記識別情報は無効になっていないのです。Ｂの所有権の登記がある間は，Ａの甲区１番の登記識別情報は使い道がないだけです。よって，Ｂの所有権の登記が抹消されれば，Ａの甲区１番の登記識別情報は普通に使うことができるのです。

## １．登記の目的

「○番所有権抹消」と記載します。

## ２．登記原因及びその日付

### （１）登記原因日付

【登記原因が無効である場合】

年月日は，記載しません（P233 の「登記原因は記載するが登記原因日付は記載しない登記③」）。登記原因が無効だったわけですが，ある時点から所有者でなかったというわけではなく，最初から所有者でなかったため，登記原因日付といえる日がないからです。

【登記原因が取り消されたまたは解除された場合】

取消しは「取消しの意思表示が相手方に到達した日」，法定解除（一方的な意思表示による解除 ―― 民法Ⅲのテキスト第６編第４章第１節）は「解除の意思表示が相手方に到達した日」を記載します。取消し・法定解除はいずれも形成権なので，意思表示が相手方に到達した時に効力が生じるからです。

合意解除は，「解除の合意をした日」を記載します。解除の合意をした時に解除の効力が生じるからです。

### （2）登記原因

【登記原因が無効である場合】

「錯誤」と記載します。

【登記原因が取り消されたまたは解除された場合】

制限行為能力・錯誤（令２.３.31 民二.328）・詐欺・強迫による取消しの場合は「取消」，法定解除の場合は「解除」，合意解除の場合は「合意解除」と記載します。

## ３．申請人

### （1）申請構造

以下の者の共同申請です（不登法 60 条）。第１節の所有権の保存の登記の抹消の登記と異なり，前所有権登記名義人がいますので，共同申請となります。

・登記権利者：所有権の登記名義を回復する者（前所有権登記名義人）

・登記義務者：所有権の登記名義を失う者

### （2）相続登記の抹消

**抹消される登記がどのような申請構造によって申請されたかは関係がない**

抹消の登記の申請人は，**抹消される登記がどのような申請構造で申請されたか**（単独申請によりされた，保存行為としてされたなど）**は関係がありません**。やはり登記は，登記ごとにどのような申請構造で申請すべきかを考えるからです。 =P329

よって，相続登記は単独申請によってされますが（不登法 63 条２項。P241～242（a）），その抹消の登記は，上記（1）のとおり共同申請によります。

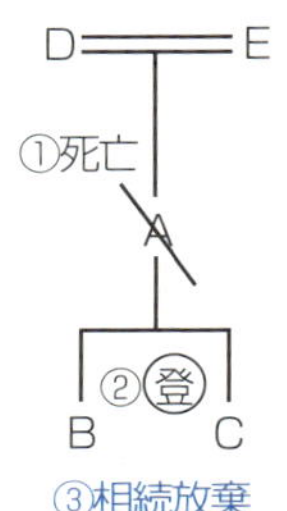


ex. 不動産の所有者Ａが死亡し，その子ＢＣに相続を原因とする所有権の移転の登記がされました（Ａには他に，父Ｄ，母Ｅがいます）。しかし，ＢＣがともに相続放棄をしました。この場合，以下の登記を申請します（昭 52.４.15 民三.2379）。

1／2　錯誤を原因とするＢＣ名義の所有権の移転の登記の抹消の登記

この登記は，以下の者の共同申請によりします（登研333P70）。

・登記権利者：所有権の登記名義を回復するＡ（前所有権登記名義人）

Ａが死亡しているため，ＢＣの相続放棄によりＡの相続人となるＤＥがＡの代わりに申請します（不登法62条）。

なお，Ⅱのテキスト第５編第10章[1] 2．（１）で説明することですが，ＤＥは２人で申請する必要はなく，１人がＡの代わりに申請することもできます（登研427P99）。登記権利者側の相続であるため，保存行為といえるからです。

・登記義務者：所有権の登記名義を失うＢＣ

2/2　ＡからＤＥへの相続を原因とする所有権の移転の登記

P340 これは，通常の相続登記です。

└ 更正の登記ではなく，「１/２抹消の登記＋２/２移転の登記」となるのは，「ＢＣ名義の登記」と「ＤＥ名義の登記」がかぶっていない（全とっかえになっている）からです（P323②の更正の登記の要件を充たしません）。

なお，相続登記は保存行為によってすることもできます（P242（ｂ））。しかし，保存行為によってされた相続登記の抹消の登記であっても，登記義務者は，相続登記を申請した者だけではダメで，所有権の登記名義を失うすべての者がなる必要があります（上記の「抹消される登記がどのような申請構造によって申請されたかは関係がない」）。

ex. 上記 ex.のＢＣへの相続登記が保存行為によりＢ１人が申請したものであっても，１/２の抹消の登記の登記義務者は，Ｂ１人ではなく，ＢＣ２人であり，この２人で申請する必要があります。

### （3）巻戻（まきもどし）抹消

たとえば，以下のようにＡからＢへの所有権の移転の登記，ＢからＣへの所有権の移転の登記がされています。この場合に，この２つの登記がいずれも不適法であり，Ａ名義の登記を回復するときは，どのような登記を申請すべきでしょうか。

| 権利部（甲区）（所有権に関する事項） | | | |
|---|---|---|---|
| 順位番号 | 登記の目的 | 受付年月日・受付番号 | 権利者その他の事項 |
| 1 | 所有権保存 | 令和５年６月28日<br>第12456号 | 所有者　Ａ |
| 2 | 所有権移転 | 令和５年７月８日<br>第12987号 | 原因　令和５年７月８日売買<br>所有者　Ｂ |
| 3 | 所有権移転 | 令和５年11月28日<br>第19023号 | 原因　令和５年11月28日売買<br>所有者　Ｃ |

この場合，以下の登記を申請します（昭 43.5.29 民事甲 1830，昭 51.10.15 民三.5415）。

1／2　C名義の所有権の移転の登記の抹消の登記

2／2　B名義の所有権の移転の登記の抹消の登記

まず，C名義の登記を抹消してB名義の登記を回復してから，B名義の登記を抹消してA名義の登記を回復する必要があります。新しい登記から（登記記録では下から）抹消する必要があるため，俗に「巻戻抹消」といわれます。

| 1 | A |
|---|---|
| 2 | B |
| 3 | C |

巻戻し

いきなりB名義の登記を抹消できないのは，登記申請の対象となる登記は，現に効力を有する登記だからです（P31）。C名義の登記を抹消しなければ，B名義の登記が現に効力を有する登記とならないので，登記申請の対象とならないのです。

### （4）売主の相続人と買主の合意解除

たとえば，AからBへの売買を原因とする所有権の移転の登記がされた後，売主Aが死亡しました。その後，Aの相続人CとB買主が，この売買契約を合意解除しました。合意解除を原因とする所有権の移転の登記の抹消の登記を申請できるでしょうか。

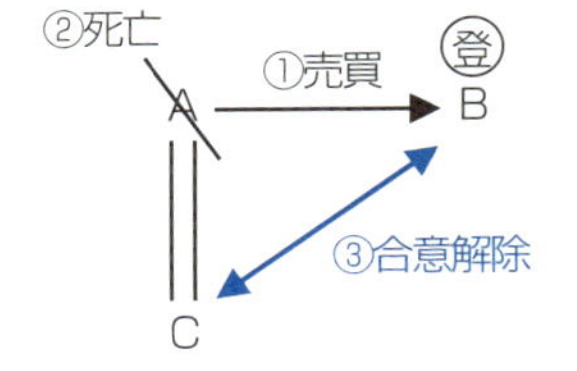


できます（昭 30.8.10 民事甲 1705）。Aが死亡しているため，CがAの代わりに（不登法 62 条）Bと共同して申請します。

相続人が承継する権利義務には，売主の地位などの法的地位も含まれます（民法 896 条参照）。── **民法Ⅲのテキスト第10編第3章第1節1 1.**　よって，CはAの売主の地位を相続しているので，Bと合意して売買契約を解除できるのです。

### （5）強制競売による売却の合意解除

たとえば，AからBに「強制競売による売却」を原因とする所有権の移転の登記がされました。その後，AとBは，合意解除を原因とする所有権の移転の登記の抹消の登記を申請できるでしょうか。

できません（昭 36.6.16 民事甲 1425）。

裁判所の手続によってされた競売に基づく登記を，当事者の合意を基に抹消することはできないからです。

## ４．添付情報

①登記原因証明情報（不登法61条，不登令別表26添付情報ホ）

P69 4 の「登記原因証明情報の提供が不要となる場合」に当たりませんので，登記原因証明情報を提供する必要があります。

具体的には，解除証書（法定解除の場合），合意解除証書（合意解除の場合）などが当たります。

②登記識別情報（不登法22条本文）

所有権の登記名義を失う者の登記識別情報を提供します。共同申請だからです（P77～78の「登記識別情報の提供の要否の基本的な判断基準」）。

③印鑑証明書（不登令16条２項，18条２項）

登記義務者である所有権の登記名義を失う者の印鑑証明書を提供します。所有権の登記名義人が登記義務者となるからです（P93の「『認印でよいか』『実印で押印し印鑑証明書の提供が要求されるか』の判断基準」）。

④代理権限証明情報（不登令７条１項２号）

⑤会社法人等番号（不登令７条１項１号イ）

⑥承諾証明情報（不登法68条，不登令別表26添付情報へ）

登記上の利害関係を有する第三者がいるときは，必ずその第三者が作成した承諾を証する情報などを提供する必要があります。抹消の登記だからです（不登法68条。P114①）。

たとえば，抹消される所有権の移転の登記がされた後に（※）登記を受けた以下のⅰ～ⅴの者が登記上の利害関係を有する第三者に当たります。以下のⅰ～ⅴの者の登記は，登記官の職権により抹消されます（不登規152条２項前段。P209の「職権抹消の基本的な考え方」）。

※抹消される所有権の移転の登記がされた後に登記を受けた者が当たるのは，抹消される所有権を前提に登記を受けており，その前提がなくなってしまうからです。よって，抹消される所有権の移転の登記がされる前に登記を受けた者は，登記上の利害関係を有する第三者に当たりません。前提がなくなるわけではないからです。

i　利用権者
ii　担保権者
iii　仮登記権利者
iv　差押債権者（※）・仮差押債権者・仮処分債権者
v　所有権の移転の登記の前にされた根抵当権の設定の登記について，所有権の移転の登記の後に極度額の増額の変更の付記登記がされている根抵当権者（昭 39.8.12 民事甲 2789）

＊このｖは，Ⅱのテキスト第３編第２章第５節2で根抵当権の極度額の変更を学習した後にお読みください。

根抵当権の設定の登記は，所有権の移転の登記の前にされていますので，残ります。しかし，極度額の増額の変更の付記登記は，所有権の移転の登記の後にされているため，所有権の移転の登記が抹消されることにより効力を失います。よって，この根抵当権の根抵当権者は，登記上の利害関係を有する第三者に当たります。

**※所有権の移転の登記の前に登記された抵当権に基づく，所有権の移転の登記の後にされた差押登記**

見出しだけみると頭が痛くなりますが……，以下の順で登記がされた場合に，所有権の移転の登記を抹消するとき，差押登記の登記名義人が登記上の利害関係を有する第三者に当たるか，ということです。

・抵当権の設定の登記（下記①）
↓
・所有権の移転の登記（下記②）
↓
・上記の抵当権に基づく差押登記（下記③）

| 権利部（甲区）（所有権に関する事項） | | | |
|---|---|---|---|
| 順位番号 | 登記の目的 | 受付年月日・受付番号 | 権利者その他の事項 |
| 1 | 所有権保存 | 令和５年６月28日<br>第12456号 | 所有者　A |
| 2 | 所有権移転<br>② | 令和５年７月８日<br>第12987号 | 原因　令和５年７月８日売買<br>所有者　B |
| 3 | 差押<br>③ | 令和５年11月28日<br>第19023号 | 原因　令和５年11月26日東京地方裁判所担保不動産競売開始決定<br>債権者　C |

| 権利部（乙区）（所有権以外の権利に関する事項） | | | |
|---|---|---|---|
| 順位番号 | 登記の目的 | 受付年月日・受付番号 | 権利者その他の事項 |
| 1 | 抵当権設定<br>① | 令和５年６月28日<br>第12457号 | 原因　令和５年６月28日金銭消費貸借同日設定<br>債権額　金1000万円<br>債務者　A<br>抵当権者　C |

差押登記の登記名義人（上記の登記記録の「債権者　C」）は登記上の利害関係を有する第三者に当たります（昭35.8.4民事甲1976）。

抵当権の設定の登記は，職権抹消されません。抵当権は，所有権の移転の登記の前に登記されていますので，前提がなくなるわけではないからです。しかし，差押登記は所有権の移転の登記よりも後であるため，前提がなくなるので，職権抹消されます。登記上の利害関係を有する第三者に当たるかは，形式的に判断されるからです（P113の「『登記上の利害関係を有する第三者』に当たるかを考える視点」）。

ただ，抵当権は残るので，抵当権者（上記の登記記録の「抵当権者　C」）は再度，競売の申立てができるんですけどね……。

**※代位によりなされた相続登記を抹消する場合**

詳しくはⅡのテキスト第５編第６章で説明しますが，相続人の債権者が代位により相続を原因とする所有権の移転の登記をすることがあります。この代位による相続登記がされた後，相続登記の抹消の登記を申請する場合，代位によって相続登記をした債権者は，登記上の利害関係を有する第三者に当たるでしょうか。

P337＝　当たります（昭39.4.14民事甲1498参照）。

代位によって相続登記をした債権者にとっては，自分がした登記が抹消されてしまうからです。

また，（Ⅱのテキスト第５編第６章２５.③で説明しますが）被相続人名義のままでは差押登記ができないため，債権者は代位によって相続登記をしました。相続登記が抹消されてしまえば，差押登記ができない状態に戻ってしまいます。

※住所証明情報は，提供しません。P101の「住所証明情報の提供が要求される場合①～③」のいずれにも当たらないからです。

### 5．登録免許税

抹消の登記として，不動産１個につき1000円です（登免法別表第１．１．(15)）。

# 第6章 買戻しの登記

> **民法579条（買戻しの特約）**
> 不動産の売主は，売買契約と同時にした買戻しの特約により，買主が支払った代金（別段の合意をした場合にあっては，その合意により定めた金額。第583条第1項〔買戻し時に支払う代金〕において同じ。）及び契約の費用を返還して，売買の解除をすることができる。この場合において，当事者が別段の意思を表示しなかったときは，不動産の果実と代金の利息とは相殺したものとみなす。

## 第１節　買戻特約の登記

### 1　実体（民法）→登記

不動産（＊）の売買契約をする際，売主に買い戻す権利を与える買戻特約をすることができます（民法579条前段）。—— 民法Ⅲのテキスト第７編第２章第１節2 2.（3）

＊所有権の売買に限らず，地上権または永小作権の売買と同時に買戻特約をすることもできます。しかし，譲渡担保と同時に買戻特約をすることはできません（登研 322P73）。買戻特約は，「売買契約と同時に」する場合にできる特約だからです（民法579条前段）。

この買戻特約は，登記することができます。

買戻特約の登記は，売買を原因とする所有権の移転の登記などと同時に申請する必要があります（民法581条１項。昭35.3.31民事甲712）。民法581条１項には，「売買契約と同時に買戻しの特約を登記」とありますが，この表現はちょっとおかしくて，売買を原因とする所有権の移転の登記などと同時に買戻特約の登記をするという意味です。この登記をすることで，買戻しを第三者に対抗できます（民法581条１項）。

なお，買戻特約の登記の申請情報は，売買を原因とする所有権の移転の登記などとは別個のものとなります（昭35.3.31民事甲712）。

### 2　申請情報の記載事項

**申請例36** —— 買戻特約の登記（所有権の移転の登記との同時申請）

事例：Ａは，令和５年７月８日，所有している建物（甲区１番でＡ名義の所有権の保存の登記がされている）を2000万円でＢに売却し，ＢはＡに2000万円を支払った。この売買契約において，「売主であるＡは，売買契約の日から10年間，売買代金2000万円および契約費用50万円を支払えば買戻しをすることができる」という特約がされた。

この場合，以下の２件の登記を同時に申請することになります。

1/2　AからBへの売買を原因とする所有権の移転の登記

2/2　特約を原因とする買戻特約の登記

1/2の登記は，P197の申請例７のような登記となりますが，その記載は省略して，ここでは2/2の申請情報を示し，その記載事項の説明をします。

| | |
|---|---|
| 登記の目的 | 買戻特約 |
| 原　　因 | 令和５年７月８日特約 |
| 売買代金 | 金2000万円 |
| 契約費用 | 金50万円 |
| 期　　間 | 令和５年７月８日から10年間 |
| 権利者 | A |
| 義務者 | B |
| 添付情報 | 登記原因証明情報（買戻特約付売買契約書）<br>代理権限証明情報（A及びBの委任状） |
| 登録免許税 | 金1000円 |

| 権利部（甲区）（所有権に関する事項） | | | |
|---|---|---|---|
| 順位番号 | 登記の目的 | 受付年月日・受付番号 | 権利者その他の事項 |
| 1 | 所有権保存 | 令和５年６月28日<br>第12456号 | 所有者　A |
| 2 | 所有権移転 | 令和５年７月８日<br>第12987号 | 原因　令和５年７月８日売買<br>所有者　B |
| 付記１号 | 買戻特約 | 令和５年７月８日<br>第12987号 | 原因　令和５年７月８日特約<br>売買代金　金2000万円<br>契約費用　金50万円<br>期間　令和５年７月８日から10年間<br>買戻権者　A |

買戻特約の登記は，上記のように所有権の移転の登記などに付記で登記されます（不登規３条９号。P25③ア）。

また，所有権の移転の登記と買戻特約の登記は同時に申請していますので，同じ受付番号（上記申請例36では「第12987号」）が付されます（昭35.3.31民事甲712）。

### 1．登記の目的

「買戻特約」と記載します。

### 2．登記原因及びその日付

年月日は，「買戻特約の成立日」を記載します。これは，売買契約の成立日と同じ日になります。買戻特約は，売買契約と同時にする必要があるからです（民法 579 条前段）。なお，売買契約の成立日となりますが，所有権の移転の日（P356 の１／２の登記の登記原因日付）と一致するとは限りません。所有権の移転の時期の特約（ex. 売買代金を支払った日に移転する。P199（２））があれば，所有権の移転の日は遅れる場合があります。これでも，問題はありません。買戻特約において要求されているのは，売買契約と同時に特約をすることだけであって（民法 579 条前段），所有権の移転の日と特約の日が同時であることは要求されていないからです。

原因は，「特約」と記載します。（買戻）特約が，権利変動の原因（法律行為）だからです。

### 3．登記事項

所有権の登記事項はほとんどありませんが（P198※），買戻特約には，登記事項があります。買戻特約は，売主の買い戻すことができる権利であって，所有権そのものではないからです。

### ※「登記事項」とは？

登記事項は，以下の２つに分かれます。

・必要的登記事項：必ず記載する必要がある事項。記載されていないと却下される事項（下記（１））

・任意的登記事項：定めがある場合には記載すべき事項。簡単にいうと，「あるなら書いてね」という事項（下記（２））。

#### （1）必要的登記事項

買戻特約の登記の必要的登記事項は，以下の①および②ですが，これは買戻特約を定義した民法 579 条前段（P355）に記載されているものです。その権利の要素（マスト）となるかどうかの基本的な判断基準は，その権利を定義した（その権利についての最初の）条文に記載されているかどうかです。── **民法Ⅱのテキスト第３編第４章第１節 ②2.** その権利を定義した（その権利についての最初の）民法の条文は，非常に重要なんです。

**①買主が支払った代金（別段の合意をした場合には合意により定めた金額。不登法96条，不登令別表64申請情報）**

平成29年の民法改正で，買戻金額は，売主と買主の合意で，買主が実際に支払った売買代金と別の金額とすることもできるようになりました（民法579条前段かっこ書）。── 民法Ⅲのテキスト第7編第2章第1節[2]2.（3）（b）②　よって，売買代金と別の金額とした場合には，「売買代金　金○円」の記載が「合意金額　金○円」（売主と買主が合意で定めた別の金額）となります（令2.3.31民二.328）。

売買代金の支払が分割であるときは，以下のように，「買主が現実に支払った金額」と「総代金」を申請情報に記載する必要があります（昭35.8.2民事甲1971）。

「売買代金　　支払済代金　　金1000万円
　　　　　　　総代金　　　　金2000万円」

総代金も登記されることになるのですが，これは買戻しに必要な額の限度額を公示するためです。売主は総代金がいくらかわかっていますが，第3節でみるとおり，買戻権は第三者や相続人などに移転することもありますので，公示するべきなのです。

なお，利息を加えた合計額を売買代金とすることはできません（昭35.8.1民事甲1934。民法579条後段）。買戻しは担保の手段として使われるのが1つの使い道です。買主が債権者で売主が債務者です。── 民法Ⅲのテキスト第7編第2章第1節[2]2.（3）Realistic 8　よって，利息も含めることを認めると，買主（債権者）の意向で高額な利率の利息が定められることが考えられるため，利息を加えられないとされているのです。

**②契約費用（不登法96条，不登令別表64申請情報）**

民法558条の費用のことで，土地の測量費用や登記費用などのことです。── 民法Ⅲのテキスト第7編第2章第1節[1]

売買に契約費用はあるが返還を要しない旨の特約がある場合には，申請情報に以下のとおり記載します。

「契約費用　　返還不要」

売買に契約費用自体がないときは，申請情報に以下のとおり記載します（登研184P67）。

「契約費用　　なし」

契約費用自体がなくても申請情報にこのように記載する必要があるのは，契約費用が必要的登記事項だからです。必要的登記事項は，申請情報に書かないということはあり得ないのです。

**※数個の不動産の買戻特約**

数個の不動産を一括して売買し，買戻特約を付ける場合，売買代金および契約費用を一括して定めることができるでしょうか。

基本的に一括して定めることはできず，不動産ごとに定めなければなりません（昭35.8.1民事甲1934，昭43.2.21民事甲335。登研381P87）。

数個の不動産の登記事項について問われたら，以下のことを考えてください。

**数個の不動産の登記事項についての問題の Point**

最初に登記する時は関連があっても，**登記した後は別々の運命**となりますので（共同担保および地役権を除きます），**その不動産の登記記録だけで完結している**必要があります。最初に登記する時のことしか頭にないと間違えてしまいます。登記された後は，関係者は１つの不動産の登記記録しか見ませんので，その不動産の登記記録だけで完結している必要があるんです。

よって，この場合も，不動産ごとに売買代金および契約費用を定めなければなりません。すべての不動産を同時に買い戻すとは限りませんし。

**※売買代金および契約費用が同時申請の売買を原因とする所有権の移転の登記の登記原因証明情報の内容と異なる場合**

買戻特約の登記（P356の２/２の登記）は，売買を原因とする所有権の移転の登記（P356の１/２の登記）などと同時に申請します。では，買戻特約の登記の申請情報に記載された売買代金および契約費用が，売買を原因とする所有権の移転の登記の登記原因証明情報（売買契約書など）に記載されている売買代金および契約費用と異なる場合，買戻特約の登記を申請できるでしょうか。

申請できます（昭35.8.1民事甲1934）。

好ましい登記ではありませんが，登記官には原則として形式的審査権しかありません（P54（1））。よって，買戻特約の登記においては，買戻特約の登記の添付情報のみに基づいてしか審査できず，売買を原因とする所有権の移転の登記の登記原因証明情報の内容と一致しているかは審査の対象とならないのです。

### （2）任意的登記事項

任意的登記事項は，以下の事項のみです。

**・期間（買戻期間の定め。不登法96条，不登令別表64申請情報）**

買戻特約をするときに，買戻しをすることができる期間（買戻期間）を定めることができますが，この期間は10年を超えることはできません（民法580条1項前段）。特約で10年より長い期間（15年など）を定めたときは，10年に短縮されます（民法580条1項後段）。―― 民法Ⅲのテキスト第7編第2章第1節2 2.（3）（c）　よって，特約
P390≒ で10年を超える期間（15年など）を定めた場合，申請情報に「期間　令和○年○月○日から10年間」と記載すれば，申請できます。しかし，申請情報に特約で定めたまま「期間　令和○年○月○日から15年間」などと記載すると，却下されます（登研187P77）。

「10年に短縮する規定（民法580条1項後段）はあるので，申請情報に『期間　令和○年○月○日から10年間』と記載すればいいけど，特約で定めたまま『期間　令和○年○月○日から15年間』などと記載したら，登記官のほうで10年に直して登記することまではしてくれないよ」ということです。

**※売買代金の支払期間に応じて決まる買戻期間**

「売買代金につき支払期間が10年を超えるときは令和○年○月○日まで10年間，5年以内のときは令和○年○月○日まで5年間」というように，売買代金の支払期間に応じて期間が決まる買戻期間を登記できるでしょうか。

できません（昭34.1.27民事甲126）。

売買代金の支払期間は登記されません。よって，登記記録から買戻期間が明確にわからないことになり，公示にならないからです。登記は，契約当事者ではない第三者が見て権利の内容をわかるように公示することに意味があります。

## 4．申請人

以下の者の共同申請です（不登法60条）。

・登記権利者：売主

・登記義務者：買主

買戻特約は売主の買い戻す権利であるため，買戻特約の登記は売主が利益を受ける登記だからです。

### ５．添付情報

添付情報は，以下の３点のみです。「３点のみ」と記憶してしまっても構いませんが，これまでの説明方法に合わせ，添付情報の提供の要否の判断基準から考えていきます。

①登記原因証明情報（不登法61条，不登令別表64添付情報）

P69 4の「登記原因証明情報の提供が不要となる場合」に当たりませんので，登記原因証明情報を提供する必要があります。

具体的には，買戻特約付売買契約書が当たります。

②代理権限証明情報（不登令７条１項２号）

③会社法人等番号（不登令７条１項１号イ）

※登記識別情報は，提供しません（不登法22条参照）。共同申請ですが，不要です（P77～78の「登記識別情報の提供の要否の基本的な判断基準」の例外）。買戻特約の登記は買主が登記義務者となりますが（上記４.），買主にはまだ登記識別情報が通知されていないからです。P356の１/２の売買を原因とする所有権の移転の登記とP356の２/２の買戻特約の登記は，「１/２」「２/２」としていますが，同時申請なので，２/２の登記の時点で買主が登記名義人となっているとはいえないのです。

#### ― Realistic 14　「同時申請」と「連件申請」の違い ―

同時申請ではなく，P75※で説明した「連件申請」の場合は，1/2で通知された（通知されることになる）登記識別情報を2/2で提供します。

ex. 以下の2件の登記を連件で申請する場合，2/2の抵当権の設定の登記において，1/2で通知された（通知されることになる）買主の登記識別情報を提供します（申請情報の添付情報欄に「登記識別情報」と記載します)。ただ，実際に2/2の申請情報に登記識別情報を付けることはできないため，提供したとみなされます（不登規67条)。

1/2　売主から買主への売買を原因とする所有権の移転の登記

2/2　買主が設定した銀行の抵当権の設定の登記

同時申請と連件申請は，2以上の申請を同時に申請している点で物理的には違いはありません。しかし，連件申請は別々に申請できる登記を同時に申請しているだけなので，あくまで「1/2→2/2」という順序なのです。受付番号も，同時申請（P356）のように同じにはならず，連番（連続する異なる番号）となります。よって，2/2の登記識別情報の提供において，上記のような違いが生じるのです。

※印鑑証明書は，提供しません。所有権の登記名義人が登記義務者とならないからです（P93の「『認印でよいか』『実印で押印し印鑑証明書の提供が要求されるか』の判断基準」)。「買主は所有権の登記名義人であり，登記義務者となっているのでは？」と思われたかもしれません。しかし，同時申請ですから，P356の2/2の買戻特約の登記の時点で，買主はまだ登記名義人とはなっていないのです。これも，連件申請との違いです。連件申請の場合，たとえば，上記Realistic 14のex.であれば，2/2の抵当権の設定の登記において，買主の印鑑証明書を提供する必要があります。連件申請は，あくまで「1/2→2/2」という順序なので，買主は2/2の登記の時点で，すでに登記名義人となっているといえるからです。

※住所証明情報は，提供しません。P101の「住所証明情報の提供が要求される場合①～③」のいずれにも当たらないからです。

### 6．登録免許税

付記登記として，不動産1個につき1000円です（登免法別表第1．1．(14)）。

## 3　所有権の保存の登記と同時にする買戻特約の登記

上記2では，所有権の移転の登記と同時にする買戻特約の登記をみましたが，所有権の保存の登記と同時に買戻特約の登記をすることもあります。買戻特約は売買契約と同時にする必要がありますが(民法579条前段)，以下のex.のような事案であれば，買戻特約を売買契約と同時にし，所有権の保存の登記と同時に買戻特約の登記をすることになります。

ex1. 表題登記もされていない建物の所有者AがBに，この建物を買戻特約付きで売り渡し，Bを表題部所有者とする表題登記がされました。この場合，以下の登記を同時に申請することになります（昭38.8.29民事甲2540）。

1/2　B名義の所有権の保存の登記（不登法74条1項1号前段）

2/2　特約を原因とする買戻特約の登記

Bは表題部所有者ですから，B名義で所有権の保存の登記ができます（不登法74条1項1号前段。P163①）。

ex2. 表題部所有者として株式会社Aホームが登記されている区分建物の所有者AホームがBに，この区分建物を買戻特約付きで売り渡しました。この場合，以下の登記を同時に申請することになります。

1/2　B名義の所有権の保存の登記（不登法74条2項）
2/2　特約を原因とする買戻特約の登記

区分建物ですから，B名義で所有権の保存の登記ができます（不登法 74 条2項。P163⑤）。

## 4 買戻特約の仮登記

＊この4は，仮登記のハナシなので，Ⅱのテキスト第5編第2章で仮登記を学習した後にお読みください。

買戻特約付きの売買契約がされましたが，所有権の移転の登記ができず，所有権の移転の仮登記しかできなかったとします。この場合，所有権の移転の仮登記に付記して買戻特約の仮登記（＊）を申請できます（昭 36.5.30 民事甲 1257）。所有権の移転が仮登記なので，買戻特約も仮登記となります。

＊この買戻特約の仮登記は，買戻特約の登記（P356）と異なり，なぜか登記記録に権利者が記録されません（記録例 604）。法務省の登記記録例ではこのようになっているのですが，これは理由がよくわかりません。

この買戻特約の仮登記は，仮登記なので，所有権の移転の仮登記と同時に申請する必要はありません（昭 36.5.30 民事甲 1257）。

### 本登記と同時であれば OK

「買戻特約の登記を売買を原因とする所有権の移転の登記などと同時に申請する」とは，要は**本登記と同時であれば OK** ということです。

よって，以下のように登記をすることになります。

・所有権の移転の仮登記と買戻特約の仮登記をしていた場合
　→　所有権の移転の本登記と買戻特約の本登記を同時に申請します。
・所有権の移転の仮登記しかしていなかった場合（＊）
　→　所有権の移転の本登記と買戻特約の登記を同時に申請します。

＊本登記と同時であればOKなので，買戻特約の仮登記はしていなくても OK です（上記の「本登記と同時であればOK」）。

※第2節からは，この第1節の買戻特約の登記がされた後のハナシをみていきます。

# 第2節　買戻権の行使の登記

## 1　実体（民法）→登記

不動産の売主は，買戻期間内に買主に，買主が支払った売買代金および契約費用を返還して，売買契約を解除できます（民法579条前段，583条1項）。民法579条前段に「解除」と規定されているとおり，買戻権の行使の効果は解除です。解除の効果はさかのぼりますので，最初から売買契約はなかったことになります（民法545条）。──民法Ⅲのテキスト第6編第4章第4節3

よって，権利変動の過程を公示するためには，本来は，買主名義の所有権の登記を抹消すべきです。

しかし，買主から売主に所有権の移転の登記をするのが登記の扱いです（大元.9.30民444）。実体とは異なりますが，抹消の登記は当事者に過度な負担になるため，便宜的に移転の登記によるとされている登記です（P203の「抹消→移転」）。

## 2　申請情報の記載事項

**申請例37**　──　**買戻しを原因とする所有権の移転の登記**

事例：P356の所有権の移転の登記および買戻特約の登記がされた。その後の令和15年7月7日，AはBに，売買代金および契約費用の合計2050万円を支払うとともに買戻しの意思表示をした。そして，令和15年7月10日に登記申請をした。この建物の課税標準の額は，1000万円である。

| | |
|---|---|
| 登記の目的 | 所有権移転 |
| 原　　因 | 令和15年7月7日買戻 |
| 権 利 者 | A |
| 義 務 者 | B |
| 添付情報 | 登記原因証明情報（買戻権行使書） |
| | 登記識別情報（Bの甲区2番の登記識別情報） |
| | 印鑑証明書（Bの印鑑証明書） |
| | 住所証明情報（Aの住民票の写し） |
| | 代理権限証明情報（A及びBの委任状） |
| 課税価格 | 金1000万円 |
| 登録免許税 | 金20万円 |

| 権利部（甲区）（所有権に関する事項） | | | |
|---|---|---|---|
| 順位番号 | 登記の目的 | 受付年月日・受付番号 | 権利者その他の事項 |
| 1 | 所有権保存 | 令和5年6月28日<br>第12456号 | 所有者　A |
| 2 | 所有権移転 | 令和5年7月8日<br>第12987号 | 原因　令和5年7月8日売買<br>所有者　B |
| 付記1号 | 買戻特約 | 令和5年7月8日<br>第12987号 | 原因　令和5年7月8日特約<br>売買代金　金2000万円<br>契約費用　金50万円<br>期間　令和5年7月8日から10年間<br>買戻権者　A |
| 3 | 所有権移転 | 令和15年7月10日<br>第23515号 | 原因　令和15年7月7日買戻<br>所有者　A |
| 4 | 2番付記1号買戻権抹消 | 余　白 | 3番所有権移転登記により令和15年7月10日登記 |

買戻しを原因とする所有権の移転の登記を申請することにより，上記の登記記録にあるように，買戻特約の登記は，登記官の職権で抹消されます（不登規174条）。移転の登記であるにもかかわらず職権抹消がされる，非常に珍しい登記です（P209の「職権抹消の基本的な考え方」の例外）。この登記の申請により，買戻権が使われたことが明らかなので，職権抹消がされるのです。

買戻しを原因とする所有権の移転の登記の申請情報の記載事項は，ほとんどP197～200の2.の売買を原因とする所有権の移転の登記と同じです。異なるのは，以下の点です。

### 1．登記原因及びその日付

#### （1）登記原因日付

年月日は，原則として「買戻権の行使の意思表示が買主に到達した日」を記載します。買戻権は形成権（一方的な意思表示によって法律効果を発生させられる権利）であるため，意思表示が相手方に到達すれば効果が生じるからです。

**要は**

以下，登記原因日付や登記の申請日が問題となる場面を2つみますが，要は**買戻期間の期間内に買戻権の行使をしていればOK**ということです。買戻期間は，実体上その期間内に行使しなければならない，というだけの要件だからです（民法583条1項）。

**※買戻しの期間経過後に登記をすることの可否**

登記原因日付が買戻期間の期間内であれば（買戻期間の期間内に買戻権の行使の意思表示が買主に到達していれば），所有権の移転の登記の申請は，買戻期間の経過後であっても構いません（登研227P74。上記の「要は」）。上記申請例37も，買戻期間の期間内である令和15年7月7日に買戻しの意思表示をし，買戻期間の経過後の令和15年7月10日に登記の申請をしていますが，OKです。

**※農地の場合**

農地については，P130～139 5 で詳しく説明しますが，農地について買戻権が行使された場合，農地法所定の許可がなければ所有権の移転が生じません（P132の表の左の⑨）。

では，買戻期間の期間内に買戻権の行使の意思表示が買主に到達したが，農地法所定の許可の到達が買戻期間の経過後であった場合，買戻権の行使は有効でしょうか。

有効です（昭42.2.8民事甲293。上記の「要は」）。

農地法所定の許可の到達により権利変動が生じるため，登記原因日付は，農地法所定の許可が到達した日，つまり，買戻期間の経過後の日付となります。しかし，買戻期間の期間内に買戻権の行使をしていればOKなのです（上記の「要は」）。

### （2）登記原因

原因は，「買戻」と記載します。買戻しが，権利変動の原因（法律行為）だからです。

## 2．申請人

以下の者の共同申請です（不登法60条）。

・登記権利者：売主

原則として，売主が登記権利者です。ここまでは，売主を登記権利者として説明してきました。

しかし，売主でない者が登記権利者となる場合もあります。それは，次にみる第3節の買戻権の移転の登記がされている場合です。その場合は，買戻権の移転を受けた者が買戻権者となりますので，買戻権の移転の登記を受けた者が登記権利者となります。

・登記義務者：買主

原則として，買主が登記義務者です。ここまでは，買主を登記義務者として説明してきました。

しかし，買主でない者が登記義務者となる場合もあります。それは，買主から所有権の移転の登記がされている場合です。その場合は，所有権の移転の登記を受けた現在の所有権の登記名義人が登記義務者となります。

ex. 売主Ａが買戻権を行使した場合に，買主ＢからＣに所有権の移転の登記がされているときは，Ｃが登記義務者となります。

**登記義務者の基本的な考え方**

不動産登記法２条13号（P34）にあるとおり，登記義務者とは，「登記をすることにより，登記上，直接に不利益を受ける登記名義人」です。直接に不利益を受けるのは現在の登記名義人ですから，登記義務者は，基本的に**現在の登記名義人**となります。

### ３．添付情報

以下のとおり登記原因証明情報の内容が変わる点と以下の②の添付情報が加わる場合がある点を除いて，P199〜200（４）と同じです。

①**登記原因証明情報**（不登法61条，不登令別表30添付情報イ）

具体的には，売主の買主に対する**買戻権行使書**が当たります。

②**承諾証明情報**（不登法68条，不登令別表26添付情報へ）

買戻権を目的として質権，差押えなどの登記をすることもできます。買戻権は財産権なので，質権の設定や差押えなどの対象となるのです。

質権，差押えなどの登記がされているときは，これらの権利の権利者が登記上の利害関係を有する第三者となります。よって，その第三者が作成した承諾を証する情報などを提供する必要があります。 =P376

P365で説明したとおり，買戻特約の登記は，登記官の職権で抹消されます。よって，買戻特約の登記を目的として登記されたこれらの権利も，前提（買戻特約の登記）がなくなり，職権で抹消されるためです。

## 3 買戻権の行使による所有権の移転の登記と関連して必要となる登記

記述で特に注意していただきたいのですが，買戻しを原因とする所有権の移転の登記を申請するときは，以下の２件の登記となる場合があります。

1/2　買戻しを原因とする所有権の移転の登記（P364 の申請例 37 の登記）

2/2　買戻権行使による所有権移転を原因とする買主が設定した権利（ex. 抵当権，地上権）の抹消の登記

買主が設定した抵当権や地上権などは，買戻権の行使により消滅するのが原則です。買戻権の行使の効果は解除ですので，最初から売買契約はなかったことになります（民法 545 条。P364 1）。よって，買主が設定した抵当権や地上権などは前提（買主の所有権）を失うため，消滅するのです。

この登記の原因は，「年月日買戻権行使による所有権移転」となります。登記原因日付は，買戻権の行使の意思表示が買主に到達した日です。申請人は，以下の者の共同申請です（不登法 60 条）。

・登記権利者：買戻権者

・登記義務者：抵当権者，地上権者など

なお，上記２/２の登記は，申請するのであって，上記１/２の登記だけを申請しても登記官が職権で抹消してくれるわけではありませんので，ご注意ください。他にも，たとえば，滞納処分に関する差押えの登記も職権抹消されません（登研 228P65）。上記１/２の登記は，移転の登記だからです（P209 の「職権抹消の基本的な考え方」）。

# 第３節　買戻権の移転の登記

## 1 実体（民法）→登記

買戻権者は，買戻権を売買などにより譲渡することができます。また，買戻権者が死亡した場合には，相続により相続人に買戻権が移転します。買戻権は財産権だからです。

よって，売買や相続などにより買戻権が移転した場合には，買戻権の移転の登記を申請できます。

## 2 申請情報の記載事項

**申請例38** ―― 売買を原因とする買戻権の移転の登記

事例：P356 の所有権の移転の登記および買戻特約の登記がされた。Aは，令和５年11月28日，この買戻権をCに売却した。

| | |
|---|---|
| 登記の目的 | ２番付記１号買戻権移転 |
| 原　　因 | 令和５年 11 月 28 日売買 |
| 権 利 者 | C |
| 義 務 者 | A |
| 添 付 情 報 | 登記原因証明情報（買戻権の売買契約書）<br>登記識別情報（Aの甲区２番付記１号の登記識別情報）<br>印鑑証明書（Aの印鑑証明書）<br>代理権限証明情報（C及びAの委任状） |
| 登録免許税 | 金 1000 円 |

| 権利部（甲区）（所有権に関する事項） | | | |
|---|---|---|---|
| 順位番号 | 登記の目的 | 受付年月日・受付番号 | 権利者その他の事項 |
| 1 | 所有権保存 | 令和５年６月28日<br>第12456号 | 所有者　A |
| 2 | 所有権移転 | 令和５年７月８日<br>第12987号 | 原因　令和５年７月８日売買<br>所有者　B |
| 付記１号 | 買戻特約 | 令和５年７月８日<br>第12987号 | 原因　令和５年７月８日特約<br>売買代金　金2000万円<br>契約費用　金50万円<br>期間　令和５年７月８日から10年間<br>買戻権者　A |

| 付記1号の付記1号 | 2番付記1号<br>買戻権移転 | 令和5年11月28日<br>第19451号 | 原因　令和5年11月28日売買<br>買戻権者　C |
|---|---|---|---|

買戻権の移転の登記は，上記のように買戻特約の登記（付記登記）に付記で登記されます（不登規3条4号。P25①ウ）。付記登記の付記登記という珍しい登記です。

### 1．登記の目的

「○番付記○号買戻権移転」と記載します。「○番付記○号買戻権」が移転する買戻権の名前のようなもので，それが「移転」したということです。

### 2．登記原因及びその日付

年月日は，「買戻権が移転した日」を記載します。売買であれば原則として売買契約の成立日，相続であれば相続が開始した日（被相続人が死亡した日）を記載します。

原因は，移転した原因に応じて「売買」や「相続」などと記載します。

### 3．申請人

移転した原因に応じて，申請構造が変わります。所有権の移転と同じ考え方です。

【売買などによる移転】

以下の者の共同申請です（不登法60条）。

・登記権利者：買戻権の譲渡を受けた者
・登記義務者：買戻権を譲渡した者

【相続・合併による移転】

相続人（相続の場合），存続会社（吸収合併の場合）・設立会社（新設合併の場合）の単独申請です（不登法63条2項）。

### 4．添付情報

①登記原因証明情報（不登法61条，不登令別表22添付情報）

P69 4の「登記原因証明情報の提供が不要となる場合」に当たりませんので，登記原因証明情報を提供する必要があります。

【売買などによる移転】

具体的には，買戻権の売買契約書などが当たります。

【相続・合併による移転】
具体的には，戸籍全部事項証明書等，登記事項証明書が当たります。

②登記識別情報（不登法22条本文）
【売買などによる移転】
登記義務者である買戻権を譲渡した者の登記識別情報を提供します。共同申請だからです（P77～78の「登記識別情報の提供の要否の基本的な判断基準」）。
【相続・合併による移転】
登記識別情報は，提供しません（不登法22条参照）。単独申請だからです（P77～78の「登記識別情報の提供の要否の基本的な判断基準」）。

③印鑑証明書（不登令16条2項，18条2項）
【売買などによる移転】
登記義務者である買戻権を譲渡した者の印鑑証明書を提供します（昭34.6.20民事甲1131）。買戻権を譲渡した者は所有権の登記名義人ではありません。しかし，買戻権は不動産を取得することができる権利なので，所有権の移転の登記に準じるということで，印鑑証明書の提供が要求されています（P93の「『認印でよいか』『実印で押印し印鑑証明書の提供が要求されるか』の判断基準」の例外）。 =P376
【相続・合併による移転】
印鑑証明書は，提供しません。所有権の登記名義人が登記義務者とならないからです（P93の「『認印でよいか』『実印で押印し印鑑証明書の提供が要求されるか』の判断基準」）。単独申請ですので，登記義務者はいません。

④代理権限証明情報（不登令7条1項2号）

⑤会社法人等番号（不登令7条1項1号イ）

※住所証明情報は，提供しません。P101の「住所証明情報の提供が要求される場合①～③」のいずれにも当たらないからです。上記③で「所有権の移転の登記に準じる」というハナシがありましたが，買戻権者は固定資産税を納めませんので，さすがに住所証明情報の提供は要求されません（P101②）。

### 5．登録免許税
付記登記として，不動産1個につき1000円です（登免法別表第1．1．(14)）。

## 第4節　買戻権の変更の登記・更正の登記

買戻特約の登記をした後に契約内容の変更により登記事項に変更が生じた場合には，買戻権の変更の登記ができます。

また，買戻特約の登記事項の一部に最初から（登記申請時点で）誤りがある場合には，買戻権の更正の登記ができます。

試験対策として押さえていただきたいのは，売買代金（P358①）の増額または減額の変更の登記または更正の登記ができるかどうかです。

| | 変更の登記 | 更正の登記 |
| --- | --- | --- |
| 増額 | **不可**<br>（昭43.2.9民事三.34）<br>買戻しは，担保として使われるのが1つの使い道です。買主が債権者で，売主が債務者です。── **民法Ⅲのテキスト第7編第2章第1節2 2.（3）Realistic 8**　よって，増額による変更は，債権者である買主の意向でされる暴利行為であることが多いため（売買代金が増額されると売主が買い戻しにくくなります），認められていないのです。<br>＊ただし，平成29年の民法改正を受けて，「可」に解釈が変わる可能性もあります。平成29年の民法改正で，買戻金額について別段の合意ができるようになったからです（民法579条前段かっこ書）。 | **可**<br>（登研249P64） |
| 減額 | **可**<br>減額であれば，売主が買い戻しやすくなり，暴利行為とはいえないため，認められています。 | **可** |

**更正の登記の可否**

更正の登記ができるかどうかは，以下のように考えてください。

＊以下はいずれも，P323①および②や利害関係人の承諾などの更正の登記の要件は充たしている前提です。

**（原則）できます**

誤っている権利変動が公示されているのは，不動産登記の趣旨に反するからです。誤っている登記は，早く直すべきですよね。

**（例外）ごく限定的な場合にのみできないことがあります**

Ⅱのテキスト第3編第2章第2節4 1.（2）（a）ⅱでみる，累積共同根抵当を純粋共同根抵当とする更正の登記が，これに当たります。

# 第５節　買戻権の抹消の登記

## 1　実体（民法）→登記

買戻権は，以下のような原因で消滅します。

①買戻特約の取消し・解除
②買戻期間の満了

よって，上記のような原因が生じた場合には，買戻権の抹消の登記を申請できます。

また，上記のように買戻権だけが消滅した場合だけでなく，買戻特約の付記登記がされた（買主への）所有権の移転の登記の抹消の登記を申請するときは，所有権の移転の登記の抹消の登記に先立ってまたは同時に，買戻権の抹消の登記を申請しなければなりません（昭41.8.24民事甲2446）。

所有権の移転の登記が抹消されるので，付記登記で登記された買戻特約の登記だけを残しておくことはできないからです。なお，買戻特約の登記が職権で抹消されないのは，買戻権が行使された場合（不登規174条。P365）ではないからです。また，買戻権は，所有権を前提としているわけではないからでもあります。買戻権は，所有権を“目的”としている権利です。よって，P114～115のex.のCの抵当権などとは異なるのです。

＊以下，買戻期間満了を原因とする場合に絞って説明します。

## 2　申請情報の記載事項

**申請例39** ―― **買戻期間満了を原因とする買戻権の抹消の登記**

事例：Aを所有権の登記名義人とする建物について，令和10年7月8日，買戻期間を5年間とする売買契約が締結され，Bへの売買を原因とする所有権の移転の登記が甲区2番で，Aの買戻特約の登記が甲区2番付記1号でされた。買戻権が行使されないまま，令和15年7月8日が経過した（＊）。

＊記述では，このように買戻期間が満了したことは書かれません。申請日に買戻期間が満了しており，それに自分で気づく必要があります。商業登記にもこのような登記がありますが（新株予約権の行使期間満了，法人の存続期間満了），このような期間の満了は，あらかじめ「自分で気づく必要がある」と意識しておく必要があります。なお，最も気づきにくいのは，買戻期間が定められておらず，登記されていない場合です。その場合，買戻期間は5年となりますが（民法580条3項），登記されていないので，非常に気づきにくいです。
―― 民法Ⅲのテキスト第7編第2章第1節②2.（3）（c）

| | |
|---|---|
| 登記の目的 | 2番付記1号買戻権抹消 |
| 原　　因 | 令和15年7月9日買戻期間満了 |
| 権 利 者 | B |
| 義 務 者 | A |
| 添付情報 | 登記原因証明情報（買戻期間の満了を証する書面）<br>登記識別情報（Aの甲区2番付記1号の登記識別情報）<br>印鑑証明書（Aの印鑑証明書）<br>代理権限証明情報（B及びAの委任状） |
| 登録免許税 | 金1000円 |

| 権利部（甲区）（所有権に関する事項） | | | |
|---|---|---|---|
| 順位番号 | 登記の目的 | 受付年月日・受付番号 | 権利者その他の事項 |
| 1 | 所有権保存 | 令和5年6月28日<br>第12456号 | 所有者　A |
| 2 | 所有権移転 | 令和10年7月8日<br>第12987号 | 原因　令和10年7月8日売買<br>所有者　B |
| 付記1号 | 買戻特約 | 令和10年7月8日<br>第12987号 | 原因　令和10年7月8日特約<br>売買代金　金2000万円<br>契約費用　金50万円<br>期間　令和10年7月8日から5年間<br>買戻権者　A |
| 3 | 2番付記1号買戻権抹消 | 令和15年7月20日<br>第24513号 | 原因　令和15年7月9日買戻期間満了 |

### 1．登記の目的

「○番付記○号買戻権抹消」と記載します。「○番付記○号買戻権」が抹消される買戻権の名前のようなもので，それが「抹消」されたということです。

### 2．登記原因及びその日付

年月日は，「買戻期間が満了した日の翌日」を記載します。買戻期間が満了した日ではなく，“翌日”である点にご注意ください。

**期間満了→満了日の翌日**

商業登記の登記すべき事項（＊）に記載する年月日も同じですが，**「～の期間満了」の年月日は満了日の翌日**となります。

ex. （不動産登記）買戻権の買戻期間満了，利用権・不動産質権の存続期間満了
（商業登記）新株予約権の行使期間満了，法人の存続期間満了（＊）

＊まだ商業登記法を学習していない方は，気にされないでください。

上記申請例 39 を例に理由を説明します。上記申請例 39 の買戻期間は令和 10 年７月８日から５年間ですので，令和 10 年７月９日から起算され，売主は令和 15 年７月８日の 24 時までに買い戻す必要があります。令和 15 年７月８日（買戻期間の満了日）の 24 時までに買い戻されなければ，“令和 15 年７月９日の０時になった時に”買戻権が消滅します。よって，令和 15 年７月９日が年月日となります。

原因は，「買戻期間満了」と記載します。買戻期間満了が，権利変動の原因（事実）だからです。

## ３．申請人

### （1）原則

以下の者の共同申請です（不登法 60 条）。

・登記権利者：買主

原則として，買主が登記権利者です。買主は買い戻されることがなくなるからです。

しかし，買主でない者が登記権利者となる場合もあります。それは，買主から所有権の移転の登記がされている場合です。その場合は，所有権の移転の登記を受けた現在の所有権の登記名義人が登記権利者となります。

**登記権利者の基本的な考え方**

不動産登記法２条 12 号（P34）にあるとおり，登記権利者とは，「登記をすることにより，登記上，直接に利益を受ける者」です。**登記名義人が登記権利者となる場合**，直接に利益を受けるのは現在の登記名義人ですから，登記権利者は，基本的に**現在の登記名義人**となります。

・登記義務者：売主

原則として，売主が登記義務者です。売主の権利（買戻権）の抹消だからです。

しかし，売主でない者が登記義務者となる場合もあります。それは，第３節の買戻権の移転の登記がされている場合です。その場合は，買戻権の移転を受けた者が買戻権者となりますので，買戻権の移転の登記を受けた者が登記義務者となります（P367の「登記義務者の基本的な考え方」）。

### （2）例外

売買契約の日から 10 年を経過している場合，上記（1）の登記権利者は，単独で申請することができます(不登法69条の2)。令和3年の改正で新設された規定です。

買戻期間の上限は10年であるため（民法580条1項），売買契約の日から10年を経過している場合，買戻権は消滅しており，登記だけ残っていると考えられるからです。

＊この（2）の改正規定は，令和5年4月1日から施行されます。

## 4．添付情報

①登記原因証明情報（不登法61条，不登令別表26添付情報ホ）

P69 4 の「登記原因証明情報の提供が不要となる場合」に当たりませんので，登記原因証明情報を提供する必要があります。

具体的には，買戻期間の満了を証する書面が当たります。通常は，買戻期間が満了したことによって買戻権が消滅したことを記載した，報告形式の登記原因証明情報を作成します。

②登記識別情報（不登法22条本文）

登記義務者である売主の登記識別情報を提供します。共同申請だからです（P77～78の「登記識別情報の提供の要否の基本的な判断基準」）。

③印鑑証明書（不登令16条2項，18条2項）

登記義務者である売主の印鑑証明書を提供します（昭34.6.20民事甲1131）。買戻権者である売主は，所有権の登記名義人ではありません。しかし，買戻権は不動産を
P371＝ 取得することができる権利なので，所有権の登記に準じるということで，印鑑証明書の提供が要求されています（P93の「『認印でよいか』『実印で押印し印鑑証明書の提供が要求されるか』の判断基準」の例外）。

④代理権限証明情報（不登令7条1項2号）

⑤会社法人等番号（不登令7条1項1号イ）

⑥承諾証明情報（不登法68条，不登令別表26添付情報ヘ）

登記上の利害関係を有する第三者がいる場合，必ずその第三者が作成した承諾を証する情報などを提供する必要があります。抹消の登記だからです(不登法68条。P114①)。

P367＝ 買戻権を目的として登記された質権，差押えなどの権利者が登記上の利害関係を有する第三者となります。目的としている買戻権の登記が抹消されるからです。

※住所証明情報は，提供しません。P101 の「住所証明情報の提供が要求される場合①～③」のいずれにも当たらないからです。

## 5．登録免許税

抹消の登記として，不動産1個につき1000円です（登免法別表第1．1．(15))。

# 第3編

# 担保物権の登記（各論②）

# 第１章　抵当権の登記

民法と同じく不動産登記法でも抵当権は重要ですが，不動産登記法では，Ⅱのテキスト第３編第２章で学習する「根抵当権」との比較が重要になります。その比較のポイントになるのが，担保物権の性質のうち**「付従性」**（下記①）と**「随伴性」**（下記②）です。── 民法Ⅱのテキスト第４編第１章第３節1，2　この２つの性質は，抵当権にはあるのですが，根抵当権（確定前根抵当権）にはありません。

**①付従性：担保物権は，被担保債権が存在して初めて存在するという性質（債権に「付」き「従」う）**

担保物権は，大前提として債権（借金など）があるのです。この付従性は，担保物権の「成立」の場面と「消滅」の場面で登場します。

・成立：原則として，被担保債権が存在しなければ，担保物権は成立しない
・消滅：被担保債権が消滅すれば（ex. 弁済されれば），担保物権は消滅する

付従性をたとえると，被担保債権が地球であり，担保物権が人間です。地球がないと人間は存在できませんし（成立における付従性），地球が消滅すると人間も消滅します（消滅における付従性）。

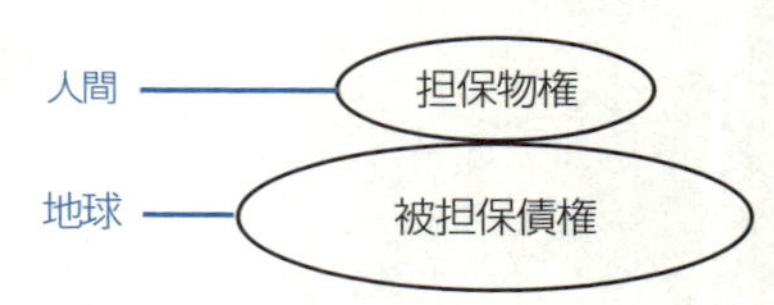


**②随伴性：被担保債権が移転したときには，担保物権も被担保債権に伴って移転するという性質（債権に「随伴」する）**

ex. Ａ銀行が担保物権付きの被担保債権をＢ証券会社に売却すれば（債権譲渡），それに伴って当然に担保物権はＢ証券会社に移転します。

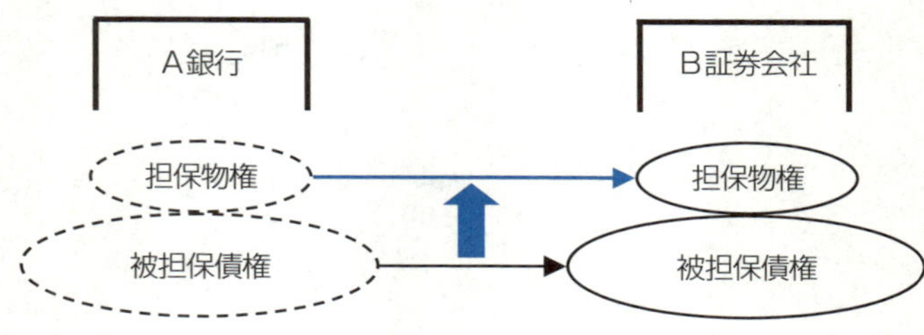

# 第１節　抵当権の設定の登記

## 1 実体（民法）→登記

金銭消費貸借契約などにより債権が発生した場合，その債権を担保するために，その債権の債権者（抵当権者）と不動産の所有者（設定者）が，不動産に抵当権を設定することができます（民法369条１項）。―― 民法Ⅱのテキスト第４編第５章第２節

この場合，抵当権の設定の登記を申請できます。

このような不動産の所有権を目的とする抵当権は，乙区に主登記で登記されます。

**※不動産の所有権以外を目的とする抵当権**

不動産の所有権以外に，たとえば，地上権・永小作権を目的として抵当権を設定することもできます（民法 369 条２項）。―― 民法Ⅱのテキスト第４編第５章第２節3 1．地上権・永小作権を目的とする抵当権は，乙区に付記登記で登記されます（不登規３条４号）。所有権以外の権利を目的とする登記だからです（P25①ウ）。

なお，賃借権を目的として抵当権を設定することはできません。抵当権の目的とするためには，登記・登録制度がある必要があります。―― 民法Ⅱのテキスト第４編第５章第２節3 1．たしかに，賃借権を登記することもできるのですが，賃借人は特約のない限り賃貸人に対する登記請求権を有さず（大判大10.7.11），賃借権が登記されるのは例外的であるからです。―― 民法Ⅲのテキスト第７編第５章第３節1 1．(2)（a）

## 2 申請情報の記載事項

**申請例40** ―― 抵当権の設定の登記

事例：ＢとＡは，令和５年６月28日，債権者Ｂ・債務者Ａとして，1000万円を利息年２％，損害金年14％，違約金200万円，弁済期を毎月末日の100回払いで貸し付ける金銭消費貸借契約を締結し，1000万円がＡに交付された（←これが「債権契約」）。そして，ＢとＡは，同時に，この1000万円の債権を担保するため，Ａが所有している建物（甲区１番でＡ名義の所有権の保存の登記がされている）を目的として，抵当権の設定契約を締結した（←これが「物権契約」）。

| | |
|---|---|
| 登記の目的 | 抵当権設定 |
| 原　　因 | 令和5年6月28日金銭消費貸借同日設定 |
| 債 権 額 | 金1000万円 |
| 利　　息 | 年2% |
| 損 害 金 | 年14% |
| 債 務 者 | A |
| 抵当権者 | B |
| 設 定 者 | A |
| 添付情報 | 登記原因証明情報（抵当権設定契約書）<br>登記識別情報（Aの甲区1番の登記識別情報）<br>印鑑証明書（Aの印鑑証明書）<br>代理権限証明情報（B及びAの委任状） |
| 課税価格 | 金1000万円 |
| 登録免許税 | 金4万円 |

| 権利部（乙区）（所有権以外の権利に関する事項） | | | |
|---|---|---|---|
| 順位番号 | 登記の目的 | 受付年月日・受付番号 | 権利者その他の事項 |
| 1 | 抵当権設定 | 令和5年6月28日<br>第12457号 | 原因　令和5年6月28日金銭消費貸借同日設定<br>債権額　金1000万円<br>利息　年2%<br>損害金　年14%<br>債務者　A<br>抵当権者　B |

### 「こう登記してください～」

前編（第2編）の所有権の登記は登記事項が少なかったため説明しませんでしたが，所有権以外の物権は制限物権であり登記事項が増えてきますので（P198※），ここで申請情報と登記記録との関係を説明します。

申請情報に記載する「登記の目的」「登記原因及びその日付」「登記事項」（「申請人」）は，登記官に「こう登記してください～」という意味で記載しています。上記の矢印でつないだ青でくくった部分をみると，申請情報の記載と登記記録が対応していることがわかります。

## 1．登記の目的

登記の目的は，抵当権の設定の対象により，以下のとおり変わります。

| 抵当権の設定の対象 | 登記の目的 |
|---|---|
| ①単有の所有権のすべてに抵当権を設定した場合 | 抵当権設定 |
| ②共有の所有権のすべてに抵当権を設定した場合 | 抵当権設定 |
| ③持分に抵当権を設定した場合 | 「A持分抵当権設定」など |
| ④地上権に抵当権を設定した場合 | ○番地上権抵当権設定 |
| ⑤地上権の持分に抵当権を設定した場合 | 「○番地上権A持分抵当権設定」など |

②～⑤が少しわかりにくいですが，以下のように抵当権を設定したということです。

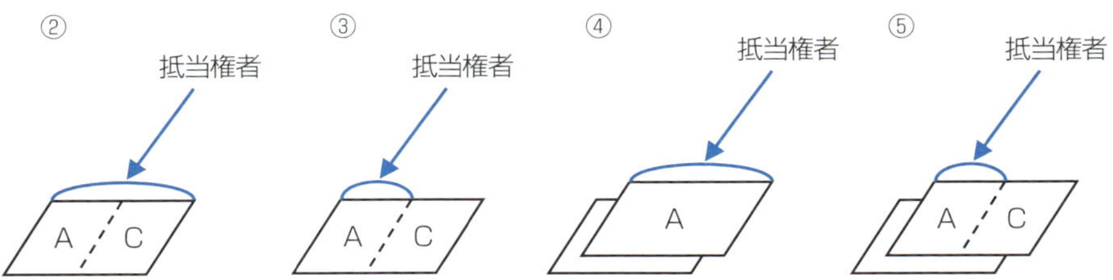


## 2．登記原因及びその日付

### 「年月日～」が2つある意味

抵当権の設定の登記の登記原因及びその日付は，「年月日○○年月日設定」となり，「年月日～」が2つあります。この2つの「年月日～」は，以下の意味です。

抵当権には付従性がありますので（P378①），被担保債権がまずあり，それを担保するために抵当権を設定します。それが，登記原因及びその日付にも現れているんです。1つ目の「年月日～」は被担保債権の発生原因（債権契約）であり，2つ目の「年月日～」は抵当権の設定契約（物権契約）なのです。

### （1）登記原因及びその日付の種類

被担保債権の発生原因（債権契約）によって，登記原因及びその日付は以下のとおり変わります。なお，抵当権の設定契約（物権契約）はすべて「年月日設定」と記載しますので，変わるのは１つ目の「年月日～」です。

| 被担保債権の発生原因（債権契約） | 登記原因及びその日付 |
|---|---|
| ①金銭消費貸借によって生じた債権を担保する場合 | 年月日金銭消費貸借年月日設定 |
| ②金銭消費貸借によって生じた債権の一部を担保する場合 | 「年月日金銭消費貸借金 2000 万円のうち金 1000 万円年月日設定」など（昭 30.4.8民事甲683） |
| ③同一の債権者が有する複数の債権を担保する場合<br>これは，次のページの表の左の①で説明します。 | （あ）年月日金銭消費貸借（い）年月日金銭消費貸借年月日設定 |
| ④保証委託契約による求償債権（＊）を担保する場合<br>＊保証委託契約による求償債権については，民法Ⅱのテキスト第４編第５章第２節4 2.（2）②をご覧ください。<br>なお，主債務者に対する債権を担保するために抵当権の設定の登記がされている場合でも，この④を原因とする抵当権の設定の登記を申請できます。 | 年月日保証委託契約による求償債権年月日設定 |
| ⑤保証人に対する債権（保証債務）を担保する場合<br>これは，右の図の債権を被担保債権として抵当権の設定の登記をするということです。<br>抵当権者　被担保債権<br>主債務者　保証人 | 年月日保証契約年月日設定 |
| ⑥準消費貸借（＊）によって生じた債権を担保する場合<br>＊準消費貸借については，民法Ⅲのテキスト第７編第３章4をご覧ください。 | 年月日準消費貸借年月日設定 |
| ⑦賃借人が賃貸人に差し入れる保証金の返還請求権を担保する場合 | 年月日賃貸借契約の保証金返還債権年月日設定（昭 51.10.15 民三.5414） |

### (2) 1つ目の「年月日～」(被担保債権の発生原因〔債権契約〕)の問題点

#### (a) 複数の債権・複数の債権者

「複数の債権を被担保債権として抵当権の設定の登記ができるか？」「複数の債権者を抵当権者として抵当権の設定の登記ができるか？」といったことが問題となります。結論は以下の表のとおりなのですが，以下のように考えてください。

**ダメなこと**

**「他人の債権を被担保債権として抵当権を取得する（抵当権者となる）こと」がダメ**とされています。

抵当権は，被担保債権を前提とします（P378①）。よって，抵当権者は，自分の債権を被担保債権としなければならないのです。P378①のたとえ（被担保債権が地球であり抵当権が人間である）でいうと，「地球人が地球以外の星に住むのはダメ（地球人は地球を前提とする）」ということです。

| 認められる場合（○） | 認められない場合（×） |
|---|---|
| **①債権者を同じくする複数の債権を合わせて担保する1個の抵当権を設定すること（各債権の債務者は，同じでも異なっていてもOKです。**昭45.4.27民事三.394）<br>抵当権者が被担保債権としているのは，いずれも自分の債権だからです（上記の「ダメなこと」に当たりません）。<br>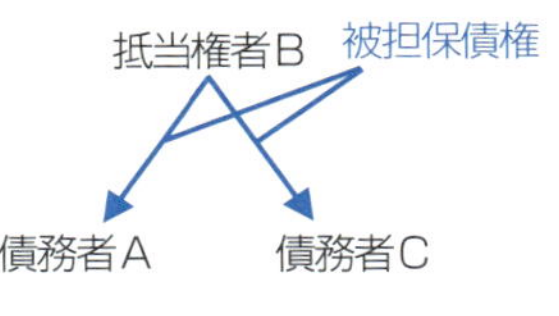 | **①債権者を異にする複数の債権を合わせて担保する1個の抵当権を設定すること**<br>（昭35.12.27民事甲3280）<br>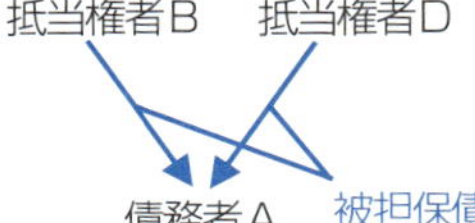<br>上記の図でいうと，債権者Bは他人であるDの債権についても抵当権を取得し，債権者Dは他人であるBの債権についても抵当権を取得することになるからです（上記の「ダメなこと」）。 |
| **②数人の債権者が共有する1個の債権を担保する1個の抵当権を設定すること**<br>これは，右の①と異なります。右の図でいうと，抵当権者BとDは，1つの債権を共有していますから，自分の債権です（上記の「ダメなこと」に当たりません）。なお，抵当権者BとDは抵当権の設定の登記の登記権利者となりますが，いずれかが保存行為（民法252条5項）として申請することもできます。<br>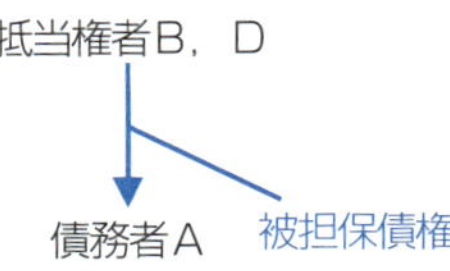 | |

### （b）将来債権

将来債権を被担保債権として抵当権の設定契約をし，その登記をすることもできます。抵当権の付従性は緩和されているからです。── **民法Ⅱのテキスト第４編第５章第２節④2．(2)**

ex. 債務不履行の場合の損害賠償額の予定（民法420条 ── **民法Ⅲのテキスト第５編第３章第２節④3．(3)**）をした場合，その損害賠償請求権（将来債権）を被担保債権として，抵当権の設定契約をし，その登記をすることができます。損害賠償額の予定ですから，この損害賠償請求権は将来債権です。この場合の登記原因及びその日付は，「年月日損害賠償額の予定契約年月日設定」となります（昭60.8.26民三.5262）。

なお，P382④の保証委託契約による求償債権や⑦の賃借人が賃貸人に差し入れる保証金の返還請求権も，将来債権を被担保債権としている例です。

**※請負代金債権**

請負契約に基づく請負代金債権を担保するために請負契約と同時に抵当権の設定契約をし，その登記をすることができます（昭44.8.15民事三.675）。

### （c）被担保債権の発生原因といえるか問題となるもの

被担保債権の発生原因といえるか微妙なものがあります。

| 被担保債権の発生原因といえる場合（○） | 被担保債権の発生原因といえない場合（×） |
| --- | --- |
| ・**「年月日債務承認契約年月日設定」とする抵当権の設定の登記**（昭58.7.6民三.3810）<br>たとえば，友人同士の貸し借りだと，いくら債務があるかわからなくなり，「あとこれだけ債務がある」と確認することがあります。この確認によって債務額が確定しますので，「債務承認契約」は新たな被担保債権の発生原因といえます。 | ・**「年月日債務弁済契約年月日設定」とする共同抵当権の追加設定の登記**（昭40.4.14民事甲851）<br>債務は弁済するのが当たり前なので，「債務弁済契約」は新たな被担保債権の発生原因とはいえないからです。 |

#### （d）抵当権の設定契約後，登記をする前に利息を変更した場合

金銭消費貸借契約と抵当権の設定契約を締結しましたが，抵当権の設定の登記をする前に利息を変更する契約をしました。この場合，被担保債権の発生原因（債権契約）として記載すべき１つ目の「年月日～」は，利息を変更した契約ではなく，最初の金銭消費貸借契約です（登研 151P48）。

利息が変更されましたが，それは被担保債権の付随的な（おまけの）ハナシであり，被担保債権に大きな変更があったといえるハナシではないからです。

### （3）2つ目の「年月日～」（抵当権の設定契約〔物権契約〕）の問題点

ここからは，２つ目の「年月日～」，つまり，抵当権の設定契約（物権契約）について問題となる場面をみていきましょう。物権レベルのハナシですので，「～の状況で抵当権の設定の契約をし，その登記ができるか？」ということが問題となります。

**判断基準**

抵当権の設定契約は物権契約ですので，以下の①と②があるのが前提となります（有力説・登記実務）。

①目的物の存在
②設定者の処分権限

| 抵当権の設定の契約をし，その登記ができる場合（○） | 抵当権の設定の契約をし，その登記ができない場合（×） |
|---|---|
| ①**登記記録に記録されている建物の建築年月日よりも前の日付で締結した抵当権の設定契約に基づく抵当権の設定の登記**（昭39.4.6民事甲1291）<br>登記記録に記録されている建物の建築年月日とは，P17 の登記記録の例でいうと「令和５年6月22日新築」です。これは，建物が完成した日です。しかし，完全に完成していなくても，独立に雨風をしのげる程度まで完成していれば，独立の不動産といえるため（大判昭 10.10.1 ── 民法Ⅰのテキスト第２編第３章[2]1.（2）（b）※），抵当権の目的物が存在しているといえます（上記の「判断基準①」）。 | ①**将来建築される建物を目的とする抵当権の設定の登記**（昭37.12.28 民事甲3727）<br>抵当権の設定の目的となる物がまだ存在しないからです（上記の「判断基準①」）。 |

| 抵当権の設定の契約をし，その登記ができる場合（○） | 抵当権の設定の契約をし，その登記ができない場合（×） |
|---|---|
| **②設定者が不動産を取得することを停止条件とする抵当権の設定契約に基づく抵当権の設定の登記**（登研 141P45）<br>設定者が処分権限を有した時（停止条件が成就した時）に抵当権が成立しますので（大決大4.10.23），問題ありません（上記の「判断基準②」）。<br>抵当権の設定契約の日付（2つ目の「年月日」）も，設定者が所有権を取得した日となります（登研 141P45。大決大4.10.23）。 | **②設定者が不動産を取得するよりも前の日付で締結した抵当権の設定契約に基づく抵当権の設定の登記**<br>（登研 440P79）<br>設定者が不動産を取得していないため，設定者が処分権限を有していないからです（上記の「判断基準②」）。 |
| **③清算中の会社を設定者とする抵当権の設定契約に基づく抵当権の設定の登記**（昭41.11.7民事甲3252）<br>＊会社法・商業登記法で解散・清算を学習した後にお読みください。<br>清算中の会社も，清算の目的に反しない行為はできます。清算の過程で特定の債権者のために抵当権を設定する必要性が生じる場合もあるため，清算中の会社にも処分権限があります（上記の「判断基準②」）。 | |

## 3．登記事項

＊乙区の担保物権の登記の登記事項は，Ⅱのテキスト第3編第5章2の表で比較しています。何が登記事項となるかは，Ⅱのテキスト第3編第5章2の表を検索先として，比較しながら記憶してください。

### （1）必要的登記事項（必ず記載する必要がある事項）

**乙区の担保物権の必要的登記事項**

乙区に登記される担保物権は，下記①②は必要的登記事項となります。

**①債権額（に相当するもの）**

乙区の担保物権は担保権者が優先弁済を受けるために登記されますので，優先額を公示する必要があるからです。

**②債務者の氏名または名称および住所**

不動産の所有者と債務者が一致しているとは限らないからです。なお，「先取特権（Ⅱのテキスト第3編第3章）は，債務者の財産に成立するんだから一致するだろう」と思われるかもしれませんが，先取特権が成立した後に不動産の所有権が移転すれば，一致しない事態が生じます。

### ①債権額（不登法83条1項1号）

**債権額（に相当するもの）の登記の趣旨**

「債権額（に相当するもの）」は，後順位担保権者などに**優先額を公示するため**（「これだけ先に持っていくよ～」と知らせるため）に登記します。

#### i　金銭消費貸借によって生じた債権の一部を担保する場合

P382②のハナシです。登記原因及びその日付には，「年月日金銭消費貸借金2000万円のうち金1000万円年月日設定」など，債権の一部である旨を記載します。登記原因及びその日付は権利変動を公示する要素なので（P249），詳しく記載するんです。それに対して，登記事項の債権額は以下のように一部の額のみを記載し，債権の一部である旨を明らかにする必要はありません（昭30.4.8民事甲683）。

「債権額　金1000万円」

優先額が公示されていればいいからです（上記の「債権額（に相当するもの）の登記の趣旨」）。

#### ii　抵当権の設定契約の後，抵当権の設定の登記をする前に債権の一部が弁済された場合

紛らわしいのですが，上記 i とは違うハナシです。上記 i は，「2000万円の債権があるが，1000万円のみを担保するために抵当権を設定する」というハナシであるのに対して，このiiは，「2000万円の債権のうち1000万円が弁済されたため，残存債権額が1000万円である」というハナシです。

このiiの場合，一部弁済後の残存債権額を被担保債権として抵当権の設定の登記をすることができます。債権額は，以下のように残存債権額のみを記載します。なお，登記原因及びその日付も「年月日金銭消費貸借年月日設定」などとだけ記載すればOKです。この金銭消費貸借は残存債権額しか債権が残っていないので，これで債権を特定できるんです。よって，一部弁済の旨は申請情報に記載しません（昭34.5.6民事甲900）。

「債権額　金1000万円」

優先額が公示されていればいいからです（上記の「債権額（に相当するもの）の登記の趣旨」）。

#### iii　複数の債権を合わせて担保する場合

P382③，P383の表の左の①のハナシです。この場合，以下のように記載します。

「債権額　金1000万円<br>
　　　　　内訳　（あ）金700万円<br>
　　　　　　　　（い）金300万円」

**— Realistic 15　実務では被担保債権ごとに抵当権を設定 —**

上記iiiのように，債権者を同じくする複数の債権を合わせて担保する1個の抵当権を設定すること以外に，上記iiiの（あ）（い）の被担保債権ごとに抵当権を設定し，それらを同順位の抵当権「1番（あ）抵当権」「1番（い）抵当権」として登記することもできます。上記iiiとの違いは，被担保債権がそれぞれ別の抵当権で担保されることです。以下のように登記されます（記録例361）。

| 順位番号 | 登記の目的 | 受付年月日・受付番号 | 権利者その他の事項 |
|---|---|---|---|
| 1（あ） | 抵当権設定 | （省略） | （省略） |
| 1（い） | 抵当権設定 | （省略） | （省略） |

実務では，このように被担保債権ごとに抵当権を設定することのほうが多いです。そちらのほうが，金融機関（抵当権者）が債権を管理しやすいからです。

#### iv　元本と将来発生する利息を合わせて担保する場合

元本債権だけでなく，以下のように，将来発生する利息を合わせて債権額として登記することができます（昭36.3.25民事甲676）。

「債権額　金1060万円<br>
　　　　　内訳　元本　金1000万円<br>
　　　　　　　　利息　金60万円（令和5年6月28日から令和7年6月27日までの分）」

P390～391①でみますが，利息に関する定めを登記することができます。では，上記のように利息を債権額として登記する意味がどこにあるかというと，このように登記すれば，登記した利息については，優先弁済の範囲が「最後の2年分」に制限されるという民法375条1項が適用されなくなるのです。── **民法IIのテキスト第4編第5章第3節2**　優先弁済の範囲が最後の2年分に制限されるのは，後順位抵当権者などの第三者が「この抵当権はどれくらい優先して取るのかわからない」という事態を避けるためです。しかし，上記のように登記されていれば，利息60万円について優先して取ることがわかりますので，最後の2年分に制限されないのです。

#### v　債権額を外国の通貨で表示する場合

債権額を外国の通貨で表示する場合は，以下のように，日本円での担保限度額も記載しなければなりません（不登法83条1項5号。昭35.3.31民事甲712)。

「債権額　米貨金10万ドル　　担保限度額　金1000万円」

優先額を公示するのが債権額を登記する趣旨ですから（上記の「債権額（に相当するもの）の登記の趣旨」)，日本円での担保限度額を登記して，優先額をわかるようにしておく必要があるからです。

このような趣旨ですので，日本円での担保限度額は，為替相場によらず当事者間で自由に定めた額でもOKです(昭35.3.31民事甲712)。優先額がわかればいいんです。

#### vi　分割貸付の債権で全額が貸し付けられていない場合

分割貸付の債権でまだ全額が貸し付けられていない場合，貸し付けられていない額も含めた総額を債権額として登記できます（昭26.3.8民事甲463)。

貸し付けられていない額についてはまだ債権として発生していないといえますが，抵当権の付従性は緩和されているため，認められています。

### ②債務者の氏名または名称および住所（不登法83条1項2号）

通常は「債務者　A」などと記載しますが，債務者が連帯債務者の関係にある場合は，「連帯債務者　A　B」などと記載します。

#### i　権利能力なき社団の登記の可否

P224 」

権利能力なき社団を債務者として登記することもできます(昭31.6.13民事甲1317)。権利能力なき社団は，登記名義人になることは認められていません（P224の1.)。しかし，債務者は，登記名義人ではありません。「登記名義人」とは，登記記録の権利部に，不動産登記法3条の権利（P9①～⑩）の“権利者として”記録されている者です（不登法2条11号。P7)。抵当権の権利者は抵当権者であって，債務者は権利者ではありません。債権額などと同レベルの登記事項の1つにすぎないのです。

#### ii　複数の債権を合わせて担保する場合

P382③，P383の表の左の①のハナシです。この場合，債務者は以下のように記載します。

- 複数の債権の債務者が同じである場合　→　「債務者　A」
- 債権ごとに債務者が異なる場合　→　「債務者　(あ) A<br>(い) B」

### （2）任意的登記事項（定めがある場合には記載すべき事項）

#### ①利息に関する定め（不登法 88 条１項１号）

利息に関する定めは，明確でなければなりません。利息を登記する趣旨も，債権額（P387）と同じく，後順位担保権者などに優先額を公示するため（「これだけ先に持っていくよ～」と知らせるため）だからです。

よって，「利息　年２％。ただし，将来の金融情勢に応じ利率を適宜債権者が変更できる。」（変動金利）といった不明確な定めを登記することはできません（昭 31.3.14 民事甲 506）。

##### i　無利息の定めがある場合

利息は任意的登記事項ですので，定めがなければ登記しません。

しかし，無利息の定めがある場合には，「無利息」と登記します（登研 470P98）。これは，利息について何も定めなかったのではなく，あえて「無利息」と定めたということです。何の意味があるかというと，（商法で学習することですが）利息について何も定めなかった場合，商売のプロ同士の金銭消費貸借だと利息が当然に発生します（商法 513 条１項）。商売のプロ同士が利息なしの貸し借りをするとは考えがたいためです。つまり，あえて無利息と定めることは，「商売のプロ同士の金銭消費貸借であっても利息は発生しないよ」という意味があり，利息について何も定めなかった場合と異なるのです。

よって，もし無利息の定めがある場合に，無利息である旨が記録されずに抵当権の設定の登記がされた場合には，「遺漏」を登記原因として無利息である旨を追加する抵当権の更正の登記を申請します（登研 470P98）。

##### ii　利息制限法の制限利率を超える場合

金銭消費貸借契約における利息は，元本が 100 万円以上の場合は上限年 15%など利息制限法１条で制限がされています。

では，登記原因証明情報である抵当権設定契約書に記載されている利率が利息制限法で認められた利率を超える場合（ex. 年 25%）に，登記事項として利息制限法で認められた利率（ex. 年 15%）を記載して登記の申請をすることができるでしょうか。

P360≒ できます（昭 29.7.13 民事甲 1459）。

利息制限法に，制限利率を超えた場合には，超過している部分が無効となるだけであるという規定があるからです（利息制限法１条柱書）。

#### iii　複数の債権を合わせて担保する場合

P382③，P383 の表の左の①のハナシです。この場合，利息は以下のように記載します。

・複数の債権の利率が同じである場合　→　「利息　年２％」
・債権ごとに利率が異なる場合　→　「利息　（あ）年２％
（い）年１％」

### ②損害賠償額の定め（不登法 88 条１項２号）

#### i　違約金の定め

「弁済期に返済しなかった場合は損害賠償として 100 万円を支払う」といった違約金の定めを登記できるでしょうか。

これはできません（昭 34.7.25 民事甲 1567）。

利息と同じく，遅延損害金も優先弁済の範囲が「最後の２年分」に制限されます（民法 375 条２項）。── 民法Ⅱのテキスト第４編第５章第３節2　不動産登記の損害賠償額の定めの登記は，この民法 375 条２項を前提とするものです。よって，定期金的な性質を有する定め（「年○％」といった定め）以外は登記できないのです。

#### ii　複数の債権を合わせて担保する場合

P382③，P383 の表の左の①のハナシです。この場合，損害金は以下のように記載します。

・複数の債権の損害金の利率が同じである場合　→　「損害金　年 14％」
・債権ごとに損害金の利率が異なる場合　→　「損害金　（あ）年 14％
（い）年 11％」

### ※「年 365 日日割計算」とは？

実務では，利息や損害金に「利息　年２％（年 365 日日割計算）」「損害金　年 14％（年 365 日日割計算）」という定めがされることがよくあります。

これは，うるう年（366 日ある年）でも，365 日で割ることができるようにするための定めです。うるう年の途中で日割計算をする場合，366 日で割るよりも 365 日で割ったほうが，利息や損害金の額が高くなります。

ex.　２％÷366 日＝0.0054644...％／うるう年の１日に生じる利息
　　２％÷365 日＝0.0054794...％／うるう年の１日に生じる利息

うるう年の１日に生じる利息が，約 0.000015％高くなります（セコい……）。

**③債権に付した条件（不登法88条1項3号）**

以下のような債権に付した条件があるときは，登記事項となります。

ex.「債権者Bが死亡したときは，債権が消滅する」

**④付加一体物に及ばない旨の別段の定め（民法370条ただし書の別段の定め。不登法88条1項4号）**

抵当権の効力は不動産の付加一体物に及びますが，以下のような付加一体物に及ばない旨の別段の定めをすることができます（民法370条ただし書）。── 民法Ⅱのテキスト第4編第5章第4節1②　この定めがあるときは，登記事項となります。

ex.「立木には，抵当権の効力は及ばない」

**⑤抵当証券発行の定め（不登法88条1項5号）**

**⑥抵当証券発行の定めがあるときの元本または利息の弁済期または支払場所の定め（不登法88条1項6号）**

この⑤⑥の抵当証券については，第7節（P503～507）で説明します。

**⑦取扱店の表示（昭36.5.17民事甲1134，昭48.9.19民三.7380，昭57.4.28民三.3238）**

銀行などの金融機関が抵当権者となる場合には，以下のように取扱店を登記できます。これは，金融機関の抵当権の管理の便宜のために認められています。銀行などは，支店ごとに担当地域があるので，担当の支店を登記しておくと便利なのです。

ex.「（取扱店　新宿支店）」

なお，かつては取扱店を登記することが認められていなかった信用金庫，信用組合，信用保証協会も，令和2年に取扱店を登記できる扱いに変わりました（登研866P249）。これらの金融機関も，取扱店を登記できると便利なのは同じなので，実務上の要請があり，その要請に応えた形です。

**※弁済期**

弁済期は，登記事項とはなりません。

**4．申請人**

以下の者の共同申請です（不登法60条）。

・登記権利者：抵当権者
　抵当権者が2人いる場合，抵当権者ごとの持分を記載します。
・登記義務者：設定者
　設定者が物上保証人である場合には，物上保証人が登記義務者となり，債務者は申請人にはなりません。

**不動産登記は物権レベルのハナシ**

　債権が前提になることも多いですが，基本的には**不動産登記は物権レベルのハナシ**です。
　抵当権の設定の登記でいうと，債権契約の当事者は債権者と債務者ですが，物権契約の当事者は抵当権者（債権者）と設定者です。よって，債権レベルの当事者である債務者ではなく，物権レベルの当事者である設定者（物上保証であれば物上保証人）が申請人となるのです。

### 5．添付情報

①登記原因証明情報（不登法61条，不登令別表55添付情報）
　P69 4の「登記原因証明情報の提供が不要となる場合」に当たりませんので，登記原因証明情報を提供する必要があります。
　具体的には，抵当権設定契約書が当たります。この抵当権設定契約書には，抵当権の設定契約をしたことだけでなく，被担保債権についても記載されている必要があります。抵当権は，被担保債権を前提として成立するからです。

※抵当権の設定契約の後，抵当権の設定の登記をする前に債権の一部が弁済された場合
　P387 ii のハナシです。たとえば，2000万円の金銭消費貸借契約がされ，抵当権の設定の登記をする前に1000万円が弁済され，残存債権額1000万円について抵当権の設定の登記を申請するとします。この場合，登記原因証明情報は，債権額2000万円の抵当権設定契約書と債権額1000万円の支払を証する弁済書とを合綴（ホッチキス止め）したものとなります（昭34.5.6民事甲900）。2000万円の抵当権設定契約書と1000万円の弁済書で，残存債権額1000万円の存在を証することができるからです。

②登記識別情報（不登法22条本文）
　登記義務者である設定者の登記識別情報を提供します。共同申請だからです（P77～78の「登記識別情報の提供の要否の基本的な判断基準」）。

③印鑑証明書（不登令16条2項，18条2項）

所有権を目的として抵当権を設定した場合は，登記義務者である設定者の印鑑証明書を提供します。

それに対して，地上権や永小作権を目的として抵当権を設定した場合には，登記義務者である設定者の印鑑証明書を提供しません。

所有権の登記名義人が登記義務者となるかどうかの違いです（P93 の「『認印でよいか』『実印で押印し印鑑証明書の提供が要求されるか』の判断基準」）。

④代理権限証明情報（不登令7条1項2号）

⑤会社法人等番号（不登令7条1項1号イ）

※住所証明情報は，提供しません。P101 の「住所証明情報の提供が要求される場合①〜③」のいずれにも当たらないからです。

### 6．登録免許税

債権額の4/1000です（登免法別表第1．1．（5））。

#### 優先枠に課税

乙区の担保物権の設定（保存）・移転の登記の課税価格となるのは，「債権額（に相当するもの）」，つまり，**優先枠**です。乙区の担保物権は，**優先枠に課税する**という考え方になります。

乙区の担保物権を登記する目的は，後順位担保権者などに優先するためだからです。

よって，課税価格に迷ってしまいがちな以下の登記も，この考え方で導き出せます。

#### ・金銭消費貸借によって生じた債権の一部を担保する場合

P382②，P387ⅰのハナシです。たとえば，2000万円の金銭消費貸借のうち1000万円を担保するために抵当権の設定の登記をするときは，課税価格は「1000万円」となります。優先枠は1000万円だからです（上記の「優先枠に課税」）。

#### ・複数の債権を合わせて担保する場合

P382③，P383の表の左の①のハナシです。たとえば，700万円と300万円の債権を合わせて担保するときは，課税価格は「1000万円」となります。優先枠は1000万円だからです（上記の「優先枠に課税」）。

## 3　不動産の一部や権利の一部への抵当権の設定の登記の可否

この3は，抵当権の設定の対象の問題です。不動産の一部や権利の一部などに，抵当権を設定し，その登記をすることができるかが問題となります。

この問題については，以下のように「登記記録って何を表しているの？」という登記の根本的なことから考えるべきです。

### 何についての登記？

①登記記録は，１つの不動産ごとに作成されます（不登法２条５号）。その１つの不動産の物理的な情報を記録したのが，表題部です。その表題部の下に甲区と乙区が作成されるわけですが，これは**表題部についての甲区と乙区**です。

②甲区には所有権に関する登記，乙区には所有権以外の権利に関する登記が記録されます。先に甲区が作成され，その甲区を前提として乙区が作成されるわけですが，**甲区についての乙区**です。つまり，乙区は，甲区の所有権を前提としたものとなります。

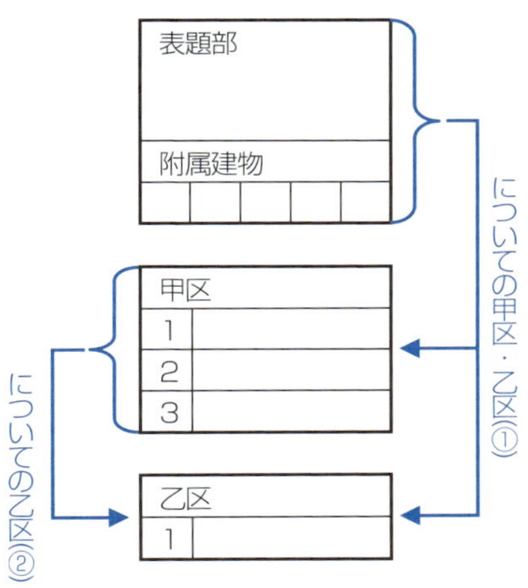


### 1．附属建物がある建物の主たる建物または附属建物のみへの設定

附属建物（不登法２条23号）がある建物があります。「附属建物」とは，たとえば車庫です（私の実家の建物も車庫が附属建物になっています）。附属建物が付属する建物を「主たる建物」といいます。附属建物は，上記の登記記録例のように，主たる建物の表題部に記録されます。

では，この場合に主たる建物または附属建物のみに抵当権の設定の登記をすることができるでしょうか。

できません。登記をするには，分割の登記（不登法 54 条１項１号）をし，主たる建物と附属建物を独立した別個の建物とする必要があります（明37.2.13民刑1057）。

附属建物は，表題部に記録されます。抵当権は乙区に登記されますが，乙区は表題部についてのものです（上記の「何についての登記？①」）。よって，主たる建物または附属建物のみを目的とした抵当権は，公示できないのです。

### 2．不動産の一部への設定

不動産の一部についての抵当権の設定の登記をすることができるでしょうか。

できません（明32.12.22民刑2080）。

表題部は，1つの不動産についてのものです。そして，抵当権は乙区に登記されますが，乙区は表題部についてのものです（上記の「何についての登記？①」）。よって，1つの不動産の一部を目的とした抵当権は，公示できないのです。

#### 不動産の一部を目的とする登記の可否

不動産の一部に権利を設定したことを登記できるかは，以下のとおりです（不登令20条4号）。

・原則　→　不可
・例外　→　地役権の設定は承役地の一部に可

地役権は，「通行目的」など，承役地の一部に設定する必要性があることが多いため，認められています。

なお，実体上（民法上），土地の一部を目的として権利を設定することはできます。―― 民法Ⅱのテキスト第3編第4章第1節1「民法（実体）の基本的な考え方」　しかし，実体を常に登記に反映できるわけではないのです。上記の「何についての登記？」で説明したとおり，登記記録は1つの不動産についてのものだからです。

### 3．所有権の一部や持分の一部への設定

#### （1）原則

所有権の一部や持分の一部についての抵当権の設定の登記は，原則としてできません（昭35.6.1民事甲1340，昭36.1.17民事甲106）。

甲区には「Aの所有権」「Aの持分権」などが登記されます。そして，乙区は，甲区についてのものです（上記の「何についての登記？②」）。よって，所有権の一部や持分の一部を目的とした抵当権は，公示できないのです。

#### （2）例外

同一人物が数回に分けて別個の登記により持分の移転の登記を受けている場合，所有権の一部や持分の一部についての抵当権の設定の登記をすることができます（昭58.4.4民三2251）。

ex. Aが順位番号2番と順位番号3番とに分けて持分を取得した登記をしている場合（まだ所有権のすべてを取得していません），Aの持分の一部（順位2番または3

番で登記した持分）についての抵当権の設定の登記をすることができます。

数回に分けて別個の登記により持分の移転の登記を受けていれば，登記の目的を「A持分一部（順位２番で登記した持分）抵当権設定」または「A持分一部（順位３番で登記した持分）抵当権設定」とすることで，抵当権を公示できるからです。

## 4　共同抵当権

### 1．実体（民法）→登記

債権者が，同一の債権の担保として，複数の不動産の上に抵当権を有すると，それらの抵当権は共同抵当権となります（民法 392 条１項参照）。同一の債権を担保するために２つ以上の不動産に抵当権を設定すれば，それだけで当然に共同抵当権となります。「共同抵当権にする」という意思は不要です。―― **民法Ⅱのテキスト第４編第５章第10節1，3**

よって，共同抵当権の設定の登記を申請できます。

なお，複数の不動産の上に共同抵当権を設定し，登記原因証明情報である抵当権設定契約書からそのことが明らかである場合でも，そのうちの一部の不動産のみについて抵当権の設定の登記を申請することができます（昭 30.4.30 民事甲 835）。

登記という対抗力を備えるかは，各自の自由だからです（P12 の２.）。共同抵当権を設定したとしても，一部の不動産のみについて抵当権の設定の登記を申請しようが，まったく抵当権の設定の登記を申請しなかろうが構わないのです。

**※共同抵当権の設定の登記の対象**

複数の不動産の所有権を目的として抵当権を設定した場合に，共同担保となり，共同抵当権の設定の登記をすることができることは問題ないのですが，工場財団や登記された船舶など，共同担保となり，共同抵当権の設定の登記をすることができるのか微妙なものがあります。

**判断基準**

原則として，**動かない物と動く物**に共同抵当権の設定の登記をすることは**できません**。

| 共同担保になり共同抵当権の設定の登記をすることができる（○） | 共同抵当権の設定の登記をすることができない（×） |
|---|---|
| **①不動産と工場財団**（登研270P71）<br>工場財団は，P510～513 3 で説明しますが，簡単にいうと，工場地帯を1つの不動産とみなして抵当権の目的とすることです（工場抵当法14条）。<br>不動産も工場財団も動きませんので，共同抵当権の設定の登記をすることができます（上記の「判断基準」）。<br>この場合の登録免許税の税率は，低いほう（P512）である2.5/1000が適用されます（登免法13条1項後段）。 | **①不動産と登記された船舶**（登研41P30，登研56P29）<br>登記された船舶には，抵当権を設定することができます（商法847条1項）。<br>しかし，不動産は動きませんが，船舶は動きますので，共同抵当権の設定の登記をすることはできません（上記の「判断基準」）。 |
| **②土地（所有権）とその土地を目的とする地上権**（登研177P73）<br>これは，右の図のように抵当権を設定するということです。<br>土地も地上権も動きませんので，共同抵当権の設定の登記をすることができます（上記の「判断基準」）。<br>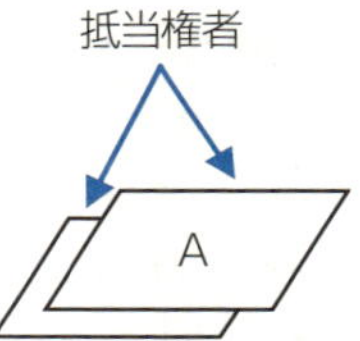<br> | **②不動産と登録された自動車**（登研65P31）<br>登録された自動車には，抵当権を設定することができます（自動車抵当法2条，3条）。<br>しかし，不動産は動きませんが，自動車は動きますので，共同抵当権の設定の登記をすることはできません（上記の「判断基準」）。 |

## 2．申請情報の記載事項

### 申請例41　―― 共同抵当権の設定の登記

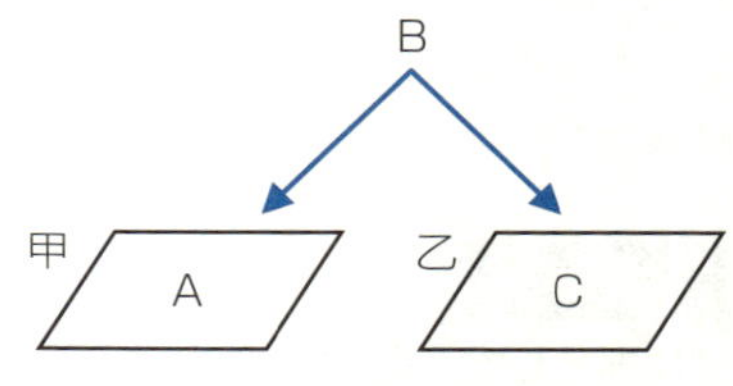


事例：BとAは，令和5年6月28日，債権者B・債務者Aとして，1000万円を利息年2％，損害金年14％，違約金200万円，弁済期を毎月末日の100回払いで貸し付ける金銭消費貸借契約を締結し，1000万円がAに交付された（←これが「債権契約」）。そして，B，AおよびCは，同時に，この1000万円の債権を担保するため，Aが所有している甲土地（甲区1番でA名義の所有権の保存の登記がされている）およびCが所有している乙土地（甲区1番でC名義の所有権の保存の登記がされている）を目的として，抵当権の設定契約を締結した（←これが「物権契約」）。甲土地と乙土地は，同一の登記所の管轄区域内にある（*）。

＊このように，同一の登記所の管轄区域内にある不動産を目的とする共同担保の登記は，登記の目的が同一であれば一の申請情報で（１件で）申請できます（不登規35条10号。Ⅱのテキスト第５編第11章[2]4.）。

| | |
|---|---|
| 登記の目的 | 抵当権設定 |
| 原　　因 | 令和５年６月28日金銭消費貸借同日設定 |
| 債 権 額 | 金1000万円 |
| 利　　息 | 年2% |
| 損 害 金 | 年14% |
| 債 務 者 | A |
| 抵当権者 | B |
| 設 定 者 | A<br>C |
| 添付情報 | 登記原因証明情報（共同抵当権設定契約書）<br>登記識別情報（Aの甲土地甲区１番の登記識別情報，Cの乙土地甲区１番の登記識別情報）<br>印鑑証明書（A及びCの印鑑証明書）<br>代理権限証明情報（B，A及びCの委任状） |
| 課税価格 | 金1000万円 |
| 登録免許税 | 金４万円 |

【甲土地】

| 権利部（乙区）（所有権以外の権利に関する事項） | | | |
|---|---|---|---|
| 順位番号 | 登記の目的 | 受付年月日・受付番号 | 権利者その他の事項 |
| 1 | 抵当権設定 | 令和５年６月28日<br>第12457号 | 原因　令和５年６月28日金銭消費貸借同日設定<br>債権額　金1000万円<br>利息　年2%<br>損害金　年14%<br>債務者　A<br>抵当権者　B<br>共同担保　目録(あ)第100号 |

| 共　同　担　保　目　録 | | | | | |
|---|---|---|---|---|---|
| 記号及び番号 | (あ)第100号 | | 調製 | 令和5年6月28日 | |
| 番　号 | 担保の目的である権利の表示 | 順位番号 | 予　　備 | | |
| 1 | 新宿区新宿一丁目　1番の土地 | 1 | 余白 | | |
| 2 | 新宿区新宿二丁目　2番の土地 | 1 | 余白 | | |

**【乙土地】**

| 権　利　部　（乙　区）　（所　有　権　以　外　の　権　利　に　関　す　る　事　項） | | | |
|---|---|---|---|
| 順位番号 | 登記の目的 | 受付年月日・受付番号 | 権　利　者　そ　の　他　の　事　項 |
| 1 | 抵当権設定 | 令和5年6月28日<br>第12457号 | 原因　令和5年6月28日金銭消費貸借同日設定<br>債権額　金1000万円<br>利息　年2%<br>損害金　年14%<br>債務者　A<br>抵当権者　B<br>共同担保　目録(あ)第100号 |

| 共　同　担　保　目　録 | | | | | |
|---|---|---|---|---|---|
| 記号及び番号 | (あ)第100号 | | 調製 | 令和5年6月28日 | |
| 番　号 | 担保の目的である権利の表示 | 順位番号 | 予　　備 | | |
| 1 | 新宿区新宿一丁目　1番の土地 | 1 | 余白 | | |
| 2 | 新宿区新宿二丁目　2番の土地 | 1 | 余白 | | |

**※共同担保目録**

甲土地も乙土地も，登記記録の下部に「共同担保目録」というものが表示されています。共同担保の登記がされると，登記官が，共同担保目録を作成します（不登法83条2項）。共同担保目録には，共同担保になっている不動産などが記録されます。共同担保目録は，不動産の登記事項証明書を請求するときの請求書に，共同担保目録も記載するようチェックをつけると，上記のように登記事項証明書の下部に記載されます（不登規193条1項5号，197条3項）。この共同担保目録をみれば，「あ～，この不動産とこの不動産が共同担保になっているんだ」ということがわかります。

なお，上記の共同担保目録は，甲土地も乙土地もいずれも「(あ) 第100号」となっていますが，これは甲土地と乙土地の管轄が同じだからです。共同担保目録は，登

「 P405

記所ごとに記号と番号がつけられますので，管轄（登記所）が同じだと同じ記号・番号となります。よって，同じ管轄内の不動産であり，共同担保目録の記号・番号が同じであれば，共同担保だと判断してよいことになります。

申請情報の記載事項は，共同抵当権になったからといって，基本的にはP379～394 2の抵当権の設定の登記と変わりません。P379～394 2の抵当権の設定の登記と異なる（ことがある）のは，以下の（1）～（5）です。

### （1）登記の目的

基本的には，P381の1.と同じで「抵当権設定」などと記載します。「共同」の文言が入らないのは，同一の債権を担保するために2つ以上の不動産に抵当権を設定すれば，それだけで当然に共同抵当権となるからです（P397の1.）。

ただし，共同抵当権に特有の登記の目的があります。共有の不動産の持分と単有の不動産を目的として共同抵当権を設定する場合には，「Ａ持分抵当権設定及び抵当権設定」などと記載します。

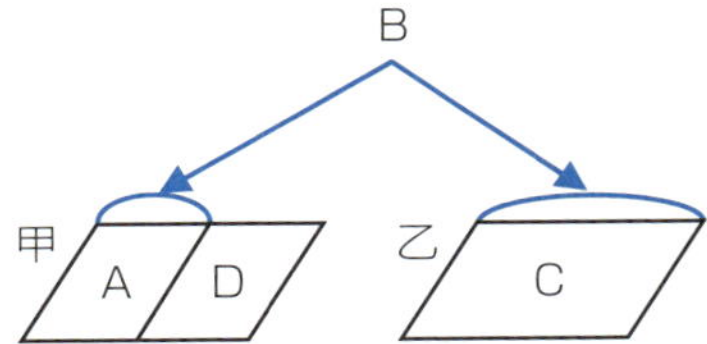


### （2）登記原因及びその日付

基本的には，P381～386の2.と同じで「年月日金銭消費貸借年月日設定」などと記載します。

ただし，不動産ごとに抵当権の設定契約（物権契約）をした日付が異なる場合は，登記原因及びその日付を「後記のとおり」として，申請情報の末尾に記載する不動産の表示の箇所に登記原因及びその日付を記載します。この記載例は，後記（5）のex.に示していますので，そちらをご覧ください。

### （3）申請人

基本的には，P392～393の4.と同じで登記権利者は抵当権者，登記義務者は設定者です。

ただし，登記義務者である設定者が，複数の不動産の所有者になります。上記申請例41でいうと，登記義務者として設定者ＡおよびＣを記載しています。

### （4）登録免許税

債権額の4/1000です（登免法別表第１．１．（5））。

これは，一の申請情報で（1件で）申請するのであれば，抵当権を設定した不動産がいくつであっても（ex. 100 個であっても）債権額の 4/1000 で済みます。たとえば，債権額が 1000 万円であれば，抵当権を設定した不動産が 100 個であっても，優先枠が 1000 万円から増えるわけではないからです（P394 の「優先枠に課税」）。

### （5）不動産の表示

一の申請情報で（1件で）2以上の不動産に共同抵当権の設定の登記を申請する場合，申請情報の末尾に抵当権を設定した不動産を記載します（不登法 83 条1項4号，不登令別表 55 申請情報イ）。

ex. 甲土地と乙土地に共同抵当権を設定し，一の申請情報で（1件で）共同抵当権の設定の登記を申請する場合，申請情報の末尾に以下のように記載します。

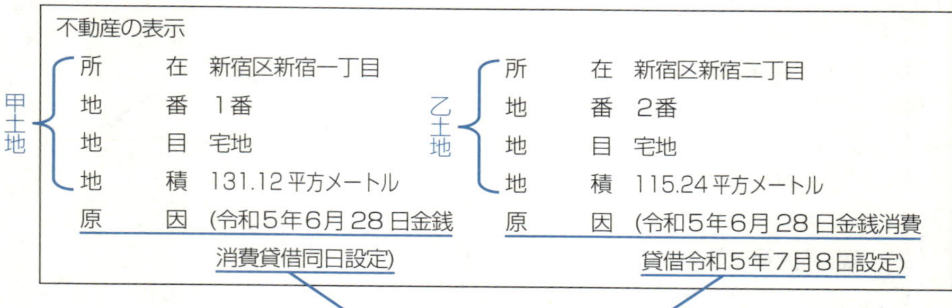

不動産の表示

甲土地
所　在　新宿区新宿一丁目
地　番　1番
地　目　宅地
地　積　131.12 平方メートル
原　因　(令和5年6月 28 日金銭消費貸借同日設定)

乙土地
所　在　新宿区新宿二丁目
地　番　2番
地　目　宅地
地　積　115.24 平方メートル
原　因　(令和5年6月 28 日金銭消費貸借令和5年7月8日設定)



不動産の表示は，以下の趣旨で記載しているからです。

**不動産の表示の記載の趣旨**

申請情報の末尾に記載する不動産の表示には，基本的に**登記の効力が及ぶ不動産**を記載します。不動産の表示は，登記官に，どの不動産を対象として登記を申請しているのかを伝えるために記載するからです。

## 5　共同抵当権の追加設定

### 1．実体（民法）→登記

共同抵当権において，それぞれの不動産への抵当権の設定の時期は同時である必要はありません。1つの不動産に抵当権の設定の登記をした後で，追加担保として他の不動産に抵当権を設定した場合でも，同一の債権を担保するために抵当権を設定したのであれば，共同抵当権となります。── 民法Ⅱのテキスト第４編第５章第 10 節3※

よって，この場合には，共同抵当権の追加設定の登記を申請できます。

### ２．申請情報の記載事項

**申請例42** ── 共同抵当権の追加設定の登記

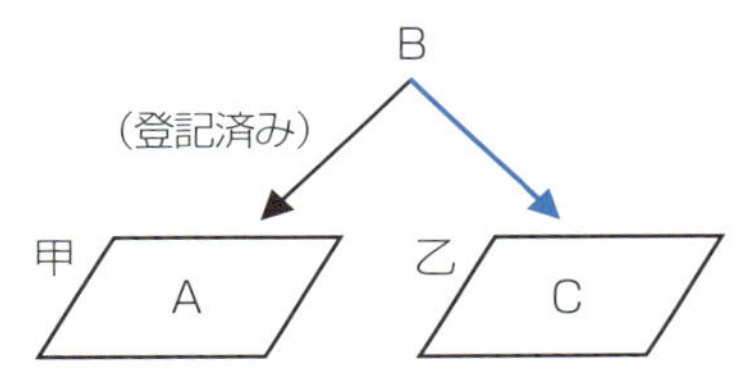


事例：ＢとＡは，令和５年６月 28 日，債権者Ｂ・債務者Ａとして，1000 万円を利息年２％，損害金年 14%，違約金 200 万円，弁済期を毎月末日の 100 回払いで貸し付ける金銭消費貸借契約を締結し，1000 万円がＡに交付された（←これが「債権契約」）。そして，ＢとＡは，同時に，この 1000 万円の債権を担保するため，Ａが所有している甲土地を目的として，抵当権の設定契約を締結した（←これが「物権契約」）。そして，甲土地に抵当権の設定の登記がされた。その後の令和５年 11 月 28 日，ＢとＣは，この 1000 万円の債権を担保するため，Ｃが所有している乙土地（甲区１番でＣ名義の所有権の保存の登記がされている）を目的として，抵当権の設定契約を締結した（←これも「物権契約」）。甲土地および乙土地は，異なる登記所の管轄区域内にある。

| | |
|---|---|
| 登記の目的 | 抵当権設定 |
| 原　　因 | 令和5年6月28日金銭消費貸借令和5年11月28日設定 |
| 債 権 額 | 金1000万円 |
| 利　　息 | 年2% |
| 損 害 金 | 年14% |
| 債 務 者 | A |
| 抵当権者 | B |
| 設 定 者 | C |
| 添付情報 | 登記原因証明情報（共同抵当権追加設定契約書） |
| | 登記識別情報（Cの甲区1番の登記識別情報） |
| | 印鑑証明書（Cの印鑑証明書） |
| | 代理権限証明情報（B及びCの委任状） |
| | 前登記証明書（甲土地の登記事項証明書） |
| 登録免許税 | 金1500円（登録免許税法第13条第2項） |

**【甲土地】**

| 権利部（乙区）（所有権以外の権利に関する事項） | | | |
|---|---|---|---|
| 順位番号 | 登記の目的 | 受付年月日・受付番号 | 権利者その他の事項 |
| 1 | 抵当権設定 | 令和5年6月28日<br>第12457号 | 原因　令和5年6月28日金銭消費貸借同日設定<br>債権額　金1000万円<br>利息　年2%<br>損害金　年14%<br>債務者　A<br>抵当権者　B |
| 付記1号 | 1番抵当権担保追加 | 令和5年11月28日<br>第19451号 | 共同担保　目録(あ)第184号 |

| 共同担保目録 | | | |
|---|---|---|---|
| 記号及び番号 | (あ)第184号 | 調製 | 令和5年12月1日 |
| 番号 | 担保の目的である権利の表示 | 順位番号 | 予備 |
| 1 | 新宿区新宿一丁目　1番の土地 | 1 | 余白 |
| 2 | 横浜地方法務局<br>横浜市中区羽衣二丁目　2番の土地 | 余白 | 令和5年11月28日第19451号追加 |

**【乙土地】**

| 権利部（乙区）（所有権以外の権利に関する事項） | | | |
|---|---|---|---|
| 順位番号 | 登記の目的 | 受付年月日・受付番号 | 権利者その他の事項 |
| 1 | 抵当権設定 | 令和5年11月28日<br>第23151号 | 原因　令和5年6月28日金銭消費貸借令和5年11月28日設定<br>債権額　金1000万円<br>利息　年2%<br>損害金　年14%<br>債務者　A<br>抵当権者　B<br>共同担保　目録(か)第251号 |

| 共　同　担　保　目　録 | | | |
|---|---|---|---|
| 記号及び番号 | (か)第 251 号 | 調製 | 令和５年 11 月 28 日 |
| 番　号 | 担保の目的である権利の表示 | 順位番号 | 予　　備 |
| 1 | 横浜市中区羽衣二丁目　２番の土地 | 1 | 余　白 |
| 2 | 東京法務局新宿出張所<br>新宿区新宿一丁目　１番の土地 | 余　白 | 余　白 |

**※共同担保目録**

上記の登記の流れは，以下のとおりです。

【乙土地を管轄する登記所】

①共同抵当権の追加設定の登記をし，共同担保目録を作成する

↓

②甲土地を管轄する登記所に共同抵当権の追加設定の登記をした旨を通知する

↓

【甲土地を管轄する登記所】

③共同担保目録を追加する付記登記をし，共同担保目録を作成する（不登規 168 条２項）

共同担保目録がなかったからです。

なお，上記の共同担保目録は，甲土地は「(あ）第 184 号」，乙土地は「(か）第 251 号」となっており，記号・番号が異なっています。これは甲土地と乙土地の管轄が異なるからです。よって，共同担保目録の記号・番号が異なる場合には，共同担保目録に記録された不動産の表示をみて，共同担保であるかを判断することになります。 P400 」

申請情報の記載事項は，共同抵当権の追加設定になったからといって，基本的には P379～394 2 の抵当権の設定の登記と変わりません。P379～394 2 の抵当権の設定の登記と異なる（ことがある）のは，以下の（1）～（4）です。

### （1）登記原因及びその日付

基本的には，P381～386 の２.と同じで「年月日金銭消費貸借年月日設定」などと記載します。

ただし，２つ目の「年月日設定」（抵当権の設定契約〔物権契約〕）は，追加設定をした抵当権の設定契約です。上記申請例 42 では，令和５年 11 月 28 日です。

### （2）添付情報

基本的には，P393～394の5.と同じです。

ただし，それに加えて以下の添付情報を提供する場合があります。

・前登記証明書（登免法13条2項，登免法施行規11条）

具体的には，すでに抵当権の設定の登記がされた不動産の登記事項証明書が当たります（登免法施行規11条）。上記申請例42では，甲土地の登記事項証明書となります。

これは，登録免許税法13条2項の減税を受けるため（追加設定であることを証するため）に提供します。上記申請例42でいうと，甲土地の抵当権の設定の登記の時に債権額の4/1000の登録免許税を納付しているため，追加設定の登記のときには，抵当権の件数1件につき1500円を納付すればよいという減税規定があるのです。

ただし，すでに抵当権の設定の登記をした不動産と追加設定の登記をする不動産を管轄する登記所が同じ場合には，この前登記証明書の提供を省略することができます（登研414P78）。管轄する登記所が同じであれば，登記官が確認することができるからです。

なお，この前登記証明書は減税を受けるための添付情報であるため，減税を受けなくてもよい（もう一度債権額の4/1000の登録免許税を納付する）なら，管轄する登記所が異なっていても，前登記証明書を提供する必要はありません。

### （3）登録免許税

管轄する登記所が異なり上記（2）の前登記証明書を提供した場合，または，管轄する登記所が同じ場合，つまり，追加設定であることがわかる場合には，抵当権の件数1件につき1500円です（登免法13条2項）。たとえば，債権額が1000万円であれば，追加設定の登記をしても，優先枠が1000万円から増えるわけではないからです（P394の「優先枠に課税」）。1500円は，登記をしてもらう手数料のようなものです。

登録免許税法13条2項の減税を受けて登録免許税を1500円として申請する場合は，上記申請例42のように「(登録免許税法第13条第2項)」と記載する必要があります。登録免許税の減税を受けた場合は，その根拠条文を記載する必要があるからです（不登規189条3項）。よって，「登録免許税法第13条第2項」の条文番号は記憶する必要があるのですが，これは「13+2＝15（1500円の最初の2桁）」と関連付けて記憶してください。ド忘れしても，「15」になるように，「1+14」「2+13」「3+12」としていけば，見覚えのある「13+2」にたどり着きます。

### cf. 共同抵当権の移転の登記

この登録免許税法 13 条2項は，設定の登記だけでなく，移転の登記にも適用されます（登免法 13 条2項。昭 43.10.14 民事甲 3152）。

ex. 甲土地と乙土地を目的として共同抵当権の設定の登記がされています。甲土地について抵当権の移転の登記を申請した後，乙土地について抵当権の移転の登記を申請する場合，登録免許税は抵当権の件数1件につき 1500 円となります。

なお，甲土地について抵当権の移転の登記を申請してから乙土地について抵当権の移転の登記を申請するまでの間に，甲土地の抵当権の抹消の登記がされた場合でも，乙土地についての抵当権の移転の登記の登録免許税は抵当権の件数1件につき 1500 円となります（登研 673P185）。

### （4）不動産の表示

共同抵当権の追加設定の登記をする不動産を記載します。追加設定の登記によって登記の効力が及ぶ不動産だからです（P402 の「不動産の表示の記載の趣旨」）。

それに加えて，共同抵当権の追加設定の登記においては，すでに抵当権の設定の登記をした不動産の表示および順位番号を記載します（不登令別表 55 申請情報ハ）。

ex. 甲土地に抵当権の設定の登記がされた後に，乙土地に共同抵当権の追加設定の登記を申請する場合，申請情報の末尾に以下のように記載します。

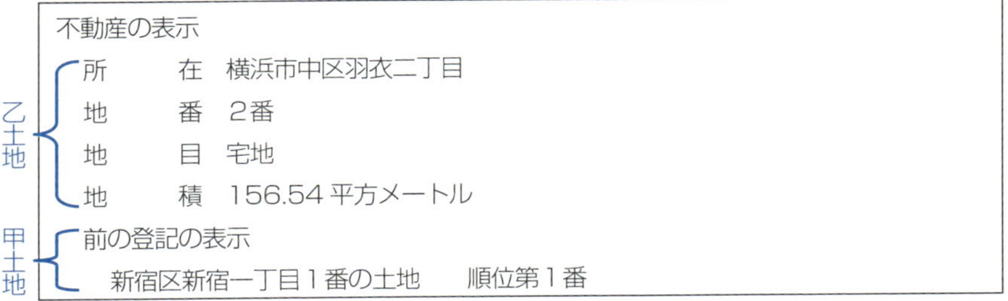
不動産の表示
所　　　在　横浜市中区羽衣二丁目
地　　　番　2番
地　　　目　宅地
地　　　積　156.54 平方メートル
前の登記の表示
　新宿区新宿一丁目1番の土地　　順位第1番


ただし，この甲土地の表示および順位番号は，申請する登記所にすでに共同担保目録がある場合，つまり，追加設定の登記が3つ目以降の不動産への登記であって申請する登記所で共同担保目録がすでに作成されている場合には，その共同担保目録の記号・番号を記載すれば OK です（不登令別表 55 申請情報ハかっこ書，不登規 168 条1項)。登記官が共同担保目録から他の不動産を確認することができるからです。

### cf. 最初の抵当権の設定の登記

たとえば，甲土地に抵当権の設定の登記をした後に，管轄の異なる登記所の乙土地に共同抵当権の追加設定の登記を申請するとします。この場合において，甲土地に抵当権の設定の登記をする時点で，乙土地も共同担保となっているときは，甲土地の抵当権の設定の登記の申請情報の末尾に，以下のように乙土地の不動産の表示を記載します（不登令別表55申請情報イかっこ書，不登令3条7号，8号）。

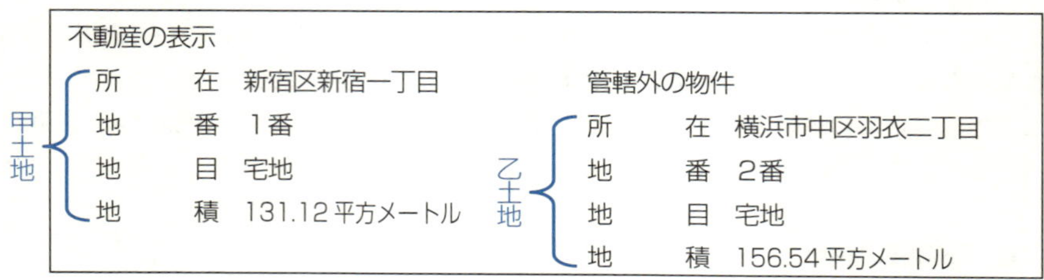


### 3．「同一の債権の担保」といえるか？

共同抵当権の追加設定の登記をするには，すでに設定された抵当権と同一の債権を担保するために追加設定したといえる必要があります。

#### 共同抵当権の「同一の債権の担保」の要件はユルイ

共同抵当権のこの**「同一の債権の担保」の要件はユルイ**です。

よって，以下のように，すでに設定された抵当権の登記と少し債権の内容が異なった共同抵当権の追加設定の登記をすることができます。

ex1. すでに設定の登記がされた抵当権の被担保債権の一部が弁済されましたが，債権額の減額の変更の登記をしていません。この場合でも，弁済後の残債権の額を債権額として，共同抵当権の追加設定の登記をすることができます（登研163P55）。債権額の減額の変更の登記がされていないくらいであれば，同一の債権といえます。

ex2. すでに設定の登記がされた抵当権の元本と利息を合わせた額を債権額として，共同抵当権の追加設定の登記をすることができます（昭38.1.29民事甲310）。利息は元本から発生するため，元本と利息を合わせた額を債権額とする場合も，同一の債権といえます。

ex3. すでに設定の登記がされた抵当権の債務者の住所の移転がありましたが，債務者の住所の変更の登記をしていません。この場合でも，移転後の住所を債務者の住所として，共同抵当権の追加設定の登記をすることができます（登研 425P125）。債務者の住所の変更の登記がされていないくらいであれば，同一の債権といえます。

ex4. すでに設定の登記がされた抵当権の利率の引下げがありましたが，利率の引下げによる利息の変更の登記をしていません。この場合でも，引下げ後の利率を利息として，共同抵当権の追加設定の登記をすることができます（昭 41.12.1 民事甲 3322）。利息の変更の登記がされていないくらいであれば，同一の債権といえます。

なお，たとえば，債権者Ｂが有するａ，ｂ，ｃの３つの債権があったとします。甲土地にａ債権，ｂ債権，乙土地にｃ債権を担保するために抵当権の設定の登記がされています。この場合に，丙土地にａ債権，ｂ債権，ｃ債権を一括して担保する共同抵当権の追加設定の登記をするといったこともできます（昭 38.4.9 民事甲 965）。

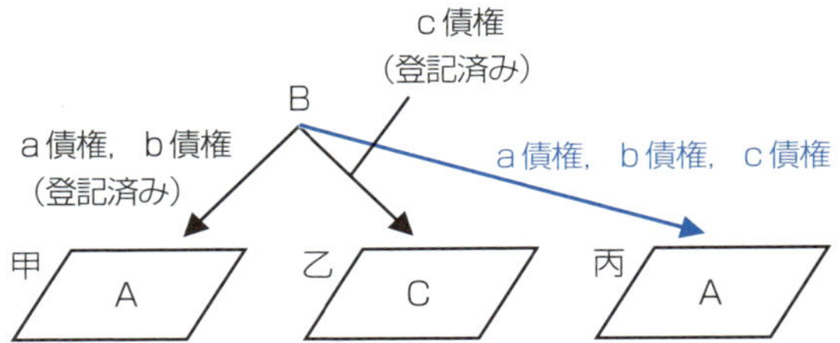

# 第2節　抵当権の移転の登記

## 1 抵当権の移転の登記に共通するハナシ

抵当権の設定の登記が終わりましたので，次はその設定された抵当権が移転した旨の抵当権の移転の登記です。抵当権の移転の登記は，第２編第２章の所有権の移転の登記と同じく，「相続関係以外の抵当権の移転の登記」（下記2）と「相続関係の抵当権の移転の登記」（下記3）に分けてみていき，この1で，**基本的に抵当権の移転の登記に共通するハナシ**をみます。

なお，抵当権の移転の登記には，民法392条２項による代位という変わった論点がありますので，これは別項目を設け，4でみます。

### １．抵当権が移転する実体上の原因

被担保債権が移転した場合，随伴性（P378②）により抵当権も移転します。

### ２．登記の目的

登記の目的は，抵当権がどのように移転したかにより，以下のとおり変わります。

| 抵当権の移転の態様 | | 登記の目的 |
|---|---|---|
| ①単有の抵当権のすべてが移転した場合 | B<br>C | ○番抵当権移転 |
| ②単有の抵当権の一部が移転した場合 | B<br>B｜C | ○番抵当権一部移転 |
| ③共有者の一部の者の持分の全部が移転した場合 | B｜C<br>D｜C | ○番抵当権B持分移転 |
| ④共有の抵当権のすべてが移転した場合 | B｜C<br>D | ○番抵当権移転 |

### 3．申請人

申請人における共通点は，以下の点です。

**複数の者が共同で抵当権の移転を受けた**場合，申請情報の申請人欄に，**抵当権者ごとの被担保債権（それに応じた抵当権）の持分**を記載します（不登令３条９号）。抵当権の移転を受けた者が複数いる場合，持分を記載しないと，誰がどれだけの被担保債権（それに応じた抵当権）を有しているかがわからないからです。

※**設定者は関係ありません**。抵当権の移転は，抵当権者と抵当権の移転を受ける者との間のハナシだからです。

### 4．添付情報

**登記上の利害関係を有する第三者は存在しません**。抵当権の主体が替わるだけであり優先枠に変更はないため，後順位抵当権者などが不利益を受けることはないからです。このことから，以下の２つの Realistic rule が導かれます。

=P428
P466

**Realistic rule**

①抵当権の移転の登記において，**「登記上の利害関係を有する第三者の承諾を証する情報」を提供することはありません**。
②抵当権の移転の登記は，**すべて付記登記**でされます。

## 2　相続関係以外の抵当権の移転の登記

### 1．債権譲渡・代位弁済

#### （1）実体（民法）→登記

【債権譲渡】

抵当権者が抵当権の被担保債権を譲渡すると（民法 466 条１項本文），随伴性により，抵当権も債権の譲受人に移転します。── 民法Ⅱのテキスト第４編第１章第３節2

よって，債権の譲渡人から譲受人への債権譲渡を原因とする抵当権の移転の登記を申請できます。

【代位弁済】

債務者以外の第三者が債務者の代わりに被担保債権の弁済をすると，その第三者は債務者に対して求償権を取得します。そして，債権者からその第三者に抵当権が移転します（民法 501 条１項，２項）。── 民法Ⅲのテキスト第５編第６章第１節32.

P493

よって，債権者から第三者への代位弁済を原因とする抵当権の移転の登記を申請できます。

### （2）申請情報の記載事項

**申請例43** ―― **債権譲渡を原因とする抵当権の移転の登記**

事例：Aが所有している建物に，乙区1番で債務者をA・被担保債権を 1000 万円とするBの抵当権の設定の登記がされている。BとCは，令和5年 11 月 28 日，この抵当権の被担保債権をBがCに売却する契約を締結した。令和5年 11 月 29 日，債権譲渡の事実を記載した内容証明郵便がAに到達した。

| | |
|---|---|
| 登記の目的 | 1番抵当権移転 |
| 原　　因 | 令和5年 11 月 28 日債権譲渡 |
| 権 利 者 | C |
| 義 務 者 | B |
| 添付情報 | 登記原因証明情報（抵当権付債権譲渡契約書）<br>登記識別情報（Bの乙区1番の登記識別情報）<br>代理権限証明情報（C及びBの委任状） |
| 課税価格 | 金 1000 万円 |
| 登録免許税 | 金2万円 |

| 権利部（乙区）（所有権以外の権利に関する事項） | | | |
|---|---|---|---|
| 順位番号 | 登記の目的 | 受付年月日・受付番号 | 権利者その他の事項 |
| 1 | 抵当権設定 | 令和5年6月28日<br>第12457号 | 原因　令和5年6月28日金銭消費貸借同日設定<br>債権額　金1000万円<br>利息　年2%<br>損害金　年14%<br>債務者　A<br>抵当権者　B |
| 付記1号 | 1番抵当権移転 | 令和5年11月30日<br>第19652号 | 原因　令和5年11月28日債権譲渡<br>抵当権者　C |

**申請例44** ―― **代位弁済を原因とする抵当権の移転の登記**

事例：Aが所有している建物に，乙区1番で債務者をA・被担保債権を 1000 万円とするBの抵当権の設定の登記がされている。Aの保証人CはBに，令和5年 11 月 28 日，1000 万円および発生済みの利息を弁済した。

| | |
|---|---|
| 登記の目的 | 1番抵当権移転 |
| 原　　因 | 令和5年11月28日代位弁済 |
| 権 利 者 | C |
| 義 務 者 | B |
| 添付情報 | 登記原因証明情報（代位弁済証書）<br>登記識別情報（Bの乙区1番の登記識別情報）<br>代理権限証明情報（C及びBの委任状） |
| 課税価格 | 金1000万円 |
| 登録免許税 | 金2万円 |

| 権利部（乙区）（所有権以外の権利に関する事項） | | | |
|---|---|---|---|
| 順位番号 | 登記の目的 | 受付年月日・受付番号 | 権利者その他の事項 |
| 1 | 抵当権設定 | 令和5年6月28日<br>第12457号 | 原因　令和5年6月28日金銭消費貸借同日設定<br>債権額　金1000万円<br>利息　年2%<br>損害金　年14%<br>債務者　A<br>抵当権者　B |
| 付記1号 | 1番抵当権移転 | 令和5年11月28日<br>第19451号 | 原因　令和5年11月28日代位弁済<br>抵当権者　C |

### （a）登記の目的

抵当権の移転の登記における登記の目的は，P410 の2.にあるとおり，抵当権がどのように移転したかによって変わります。

### （b）登記原因及びその日付

【債権譲渡】

年月日は，「債権譲渡契約の成立日」を記載します。債権譲渡の対抗要件（譲渡人から債務者への通知または債務者の承諾〔民法 467 条〕）を備えた日ではない点にご注意ください。上記申請例 43 では，令和5年11月29日ではなく「令和5年11月28日」となっています。債権譲渡の契約をすれば，随伴性により抵当権は移転しているからです。

原因は，以下のとおり記載します。

・債権の全部を譲渡した場合　→　「債権譲渡」
・債権の一部を譲渡した場合　→　「債権一部譲渡」（この場合，登記の目的は「○番抵当権一部移転」〔P410②〕となります）

債権譲渡・債権一部譲渡が，抵当権が移転した原因（法律行為）だからです。

※連帯債務者の1人に対する債権を譲渡した場合

連帯債務者AおよびDに対する債権を被担保債権として抵当権が設定されている場合に，抵当権者BがCに，Dに対する債権のみを譲渡したときは，「年月日債権譲渡（連帯債務者Dに係る債権）」を登記原因及びその日付として，抵当権の一部移転の登記を申請します（平9.12.4民三.2155）。

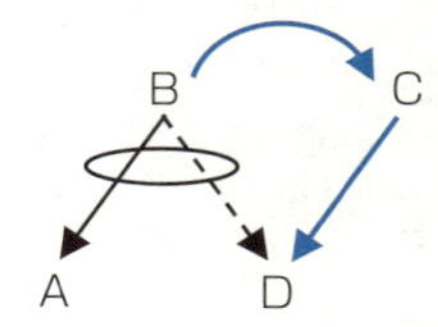


BとCが抵当権を共有することになるからです。

【代位弁済】

年月日は，「代位弁済をした日」を記載します。代位弁済をすることによって，随伴性により抵当権が移転するからです。

原因は，以下のとおり記載します。

・債権の全部を弁済した場合　→　「代位弁済」
・債権の一部を弁済した場合　→　「一部代位弁済」（この場合，登記の目的は「○番抵当権一部移転」〔P410②〕となります）

代位弁済・一部代位弁済が，抵当権が移転した原因（準法律行為）だからです。

— Realistic 16　思い出し方を考えるのも勉強 —

「債権一部譲渡」と「一部代位弁済」で，「一部」の入る位置が違って紛らわしいですね。これは，以下のように思い出してください。

①「代位一部弁済」とは言いにくいから（「い」が3回続きます），「一部代位弁済」だな
②「一部」の入る位置が違うんだから，債権譲渡のほうは「一部債権譲渡」ではなく「債権一部譲渡」だな

このように，どう思い出そうかを考えるのも勉強であり，実は極めて大事なことです。試験は，「勉強したけど，どっちだったっけな～」と迷ったときに思い出せるかで勝負が決まるからです。

### （c）登記事項

【債権譲渡】

・債権の全部を譲渡した場合　→　登記事項はありません。

・債権の一部を譲渡した場合　→　「譲渡額」が登記事項となります（不登令別表57申請情報。完了後の登記記録にも記録されます）。

ex. 被担保債権1000万円のうち700万円を譲渡した場合には，登記事項として「譲渡額　金700万円」と記載します。

【代位弁済】

・債権の全部を弁済した場合　→　登記事項はありません。

・債権の一部を弁済した場合　→　「弁済額」が登記事項となります（不登令別表57申請情報。完了後の登記記録にも記録されます）。

ex. 被担保債権1000万円のうち700万円を代位弁済した場合には，登記事項として「弁済額　金700万円」と記載します。

債権譲渡も代位弁済も，全部の場合は，「譲渡額」「弁済額」を記載しなくても抵当権のすべてが移転したことがわかるため，「譲渡額」「弁済額」を記載しないということです。

それに対して，債権譲渡も代位弁済も，一部の場合は，「譲渡額」「弁済額」を記載しないとどれだけの抵当権が移転したかわからないため，「譲渡額」「弁済額」を記載します。

### （d）申請人

以下の者の共同申請です（不登法60条）。

【債権譲渡】

・登記権利者：債権の譲受人

・登記義務者：債権の譲渡人

【代位弁済】

・登記権利者：代位弁済した第三者

・登記義務者：債権者

### (e) 添付情報

①登記原因証明情報（不登法61条，不登令別表57添付情報）

P69 4の「登記原因証明情報の提供が不要となる場合」に当たりませんので，登記原因証明情報を提供する必要があります。

【債権譲渡】

具体的には，抵当権付債権譲渡契約書が当たります。

※譲渡人から債務者への通知または債務者の承諾（民法467条）があったことを証する情報を提供する必要はありません（明32.9.12民刑1636）。これは債権譲渡の対抗要件であって，譲渡人と譲受人の債権譲渡の契約だけで債権の移転（それに伴う抵当権の移転）の効力は生じているからです。── 民法Ⅲのテキスト第5編第5章第1節 1 1．なお，これに反対する見解もあります。

【代位弁済】

具体的には，代位弁済証書が当たります。

②登記識別情報（不登法22条本文）

登記義務者である債権の譲渡人または債権者の登記識別情報を提供します。共同申請だからです（P77～78の「登記識別情報の提供の要否の基本的な判断基準」）。

③代理権限証明情報（不登令7条1項2号）

④会社法人等番号（不登令7条1項1号イ）

※印鑑証明書は，提供しません。所有権の登記名義人が登記義務者とならないからです（P93の「『認印でよいか』『実印で押印し印鑑証明書の提供が要求されるか』の判断基準」）。

※住所証明情報は，提供しません。P101の「住所証明情報の提供が要求される場合①～③」のいずれにも当たらないからです。

### (f) 登録免許税

移転した債権額の2/1000です（登免法別表第1.1.（6）ロ）。乙区の担保物権の設定（保存）・移転の登記は優先枠に課税するという発想ですので（P394の「優先枠に課税」），移転した優先枠が課税価格となります。よって，課税価格は以下のとおりとなります。

・債権の全部を譲渡または弁済した場合　→　債権額の全部が課税価格
・債権の一部を譲渡または弁済した場合　→　債権額の一部が課税価格

ex. 被担保債権1000万円のうち700万円を譲渡した場合には，700万円×2/1000＝14000円が登録免許税となります。

### 2．転付命令・譲渡命令・売却命令

抵当権の被担保債権について裁判所の転付命令，譲渡命令または売却命令がされた場合，転付命令，譲渡命令または売却命令に伴い抵当権を取得した者は，抵当権の移転の登記を単独で申請することはできません（昭6.10.21民事1028〔転付命令について〕）。

「転付命令」「譲渡命令」とは，裁判所主導で，債務者の債権を債権者に譲渡することです（民執法159条1項，161条1項）。「売却命令」とは，裁判所主導で，債務者の債権を売却することです（民執法161条1項）。「裁判所がからんでいるんだから，判決による登記（P41①）と同じく単独で申請できるんじゃないの？」と思われたかもしれません。しかし，転付命令，譲渡命令または売却命令がされた場合，申立てを受けた裁判所書記官の嘱託によって抵当権の移転の登記がされるため（民執法164条1項），抵当権の移転の登記を単独で申請することはできないのです。

### 3．真正な登記名義の回復

抵当権の移転の登記も，真正な登記名義の回復（P232～235 9）を登記原因としてすることができるでしょうか。つまり，実体上の抵当権者と抵当権の登記名義人が乖離している場合に，抵当権の登記名義人から実体上の抵当権者に，真正な登記名義の回復を登記原因として抵当権の移転の登記をすることができるか，ということです。

#### （1）原則

真正な登記名義の回復を登記原因とする抵当権の移転の登記は，できないのが原則です（昭40.7.13民事甲1857）。

たとえば，Cが実体上の抵当権者であるにもかかわらず，乙区1番でまったく関係のないBの抵当権の設定の登記がされている場合，乙区1番の抵当権の登記はまったく無効な登記です。抵当権は，所有権と異なり，いくつでも登記することができるのですから，その無効な乙区1番の登記を使うのではなく，新たにC名義の抵当権の設定の登記をするべきです。

| 乙区 | | |
|---|---|---|
| 1 | B | 無効 |
| 1-1 | C | |
| 2 | C | |

#### （2）例外

例外的に，抵当権の移転の登記がされている抵当権の登記についての真正な登記名義の回復を登記原因とする抵当権の移転の登記は，できると解されています。

たとえば，乙区１番でＣ名義の抵当権の設定の登記がされており，乙区１番付記１号でＢへの抵当権の移転の登記がされています。しかし，Ｂへの抵当権の移転の登記が誤りであった場合には，真正な登記名義の回復を登記原因としてＣに乙区１番付記２号で抵当権の移転の登記ができると解されます。

| 乙区 | |
|---|---|
| 1 | C　有効 |
| 1-1 | B |
| 1-2 | C |

この場合，上記（1）と異なり，乙区１番の抵当権の登記は無効ではない（Ｃの抵当権の設定の登記は有効である）からです。

## 3　相続関係の抵当権の移転の登記

### 1．相続・合併

不動産登記における相続と合併の関係は，「相続≒合併」ですので（P308の「相続≒合併」），相続と合併を併せてみていきます。

#### （1）実体（民法・会社法）→登記

【相続】

抵当権者が死亡すると，抵当権の被担保債権が被相続人から相続人に移転します（民法896条本文）。―― 民法Ⅲのテキスト第10編第３章第１節1 1.　そして，随伴性により，抵当権も相続人に移転します。

よって，被相続人から相続人への相続を原因とする抵当権の移転の登記を申請できます。

【合併】

抵当権者が消滅会社となる吸収合併（P307①）または新設合併（P307②）がされると，抵当権の被担保債権が消滅会社から存続会社（吸収合併の場合）・設立会社（新設合併の場合）に移転します（会社法750条1項，752条1項，754条1項，756条1項）。そして，随伴性により，抵当権も存続会社・設立会社に移転します。

よって，消滅会社から存続会社・設立会社への合併を原因とする抵当権の移転の登記を申請できます。

**※存続会社が抵当権者であった場合**

吸収合併が行われても，存続会社が抵当権者であった場合には，抵当権についての権利変動はなく，登記は発生しません。P308※と同じハナシ（所有権が抵当権に変わっただけ）なので，P308※の図をご覧ください。

なお，新設合併の設立会社は，これからできる会社であるため，「抵当権者であった」ということがあり得ません。

### （２）申請情報の記載事項

**申請例45** ―― **相続を原因とする抵当権の移転の登記**

事例：Aが所有している建物に，乙区１番で被担保債権を 1000 万円とするBの抵当権の設定の登記がされている。Bは，令和５年11月28日，死亡した。Bの相続人は，子ＣＤのみである。

| | |
|---|---|
| 登記の目的 | １番抵当権移転 |
| 原　　因 | 令和５年 11 月 28 日相続 |
| 抵 当 権 者 | （被相続人Ｂ）持分２分の１　Ｃ<br>２分の１　Ｄ |
| 添 付 情 報 | 登記原因証明情報（Ｂの戸籍全部事項証明書等，Ｃ及びＤの戸籍一部事項証明書等）<br>代理権限証明情報（Ｃ及びＤの委任状） |
| 課 税 価 格 | 金 1000 万円 |
| 登録免許税 | 金１万円 |

| 権利部（乙区）（所有権以外の権利に関する事項） | | | |
|---|---|---|---|
| 順位番号 | 登記の目的 | 受付年月日・受付番号 | 権利者その他の事項 |
| 1 | 抵当権設定 | 令和５年６月28日<br>第12457号 | 原因　令和５年６月28日金銭消費貸借同日設定<br>債権額　金1000万円<br>利息　年2%<br>損害金　年14%<br>債務者　A<br>抵当権者　B |
| 付記１号 | １番抵当権移転 | 令和５年12月21日<br>第19987号 | 原因　令和５年11月28日相続<br>抵当権者　持分２分の１　C<br>２分の１　D |

**申請例46** ―― **合併を原因とする抵当権の移転の登記**

事例：Ａが所有している建物に，乙区１番で被担保債権を 1000 万円とする株式会社Ｂの抵当権の設定の登記がされている。株式会社Ｂと株式会社Ｃ（会社法人等番号 3456-01-901232，代表取締役Ｅ）は，令和５年９月 28 日，株式会社Ｃが株式会社Ｂを合併して存続し，株式会社Ｂが解散する旨の吸収合併契約を締結した。この吸収合併契約で，吸収合併の効力発生日が令和５年 11 月 28 日とされた。その他の吸収合併の手続も令和５年 11 月 28 日までに適法にされたため，令和５年 12 月５日，吸収合併の商業登記がされた。

登記の目的　１番抵当権移転
原　　因　令和５年１１月２８日合併
抵当権者　（被合併会社　株式会社Ｂ）株式会社Ｃ
（会社法人等番号　３４５６－０１－９０１２３２）
代表取締役　Ｅ
添付情報　登記原因証明情報（株式会社Ｃの登記事項証明書）
代理権限証明情報（株式会社Ｃの代表取締役Ｅの委任状）
会社法人等番号（株式会社Ｃの会社法人等番号）
課税価格　金１０００万円
登録免許税　金１万円

| 権利部（乙区）（所有権以外の権利に関する事項） | | | |
|---|---|---|---|
| 順位番号 | 登記の目的 | 受付年月日・受付番号 | 権利者その他の事項 |
| 1 | 抵当権設定 | 令和５年６月 28 日<br>第 12457 号 | 原因　令和５年６月 28 日金銭消費貸借同日設定<br>債権額　金 1000 万円<br>利息　年２%<br>損害金　年 14%<br>債務者　Ａ<br>抵当権者　株式会社Ｂ |
| 付記１号 | １番抵当権移転 | 令和５年 12 月 21 日<br>第 19987 号 | 原因　令和５年 11 月 28 日合併<br>抵当権者　株式会社Ｃ |

### （a）登記の目的

抵当権の移転の登記における登記の目的は，P410 の２.にあるとおり，抵当権がどのように移転したかによって変わります。

### (b) 登記原因及びその日付

【相続】

年月日は，「相続が開始した日（被相続人が死亡した日）」を記載します。被相続人が死亡すると，その瞬間に，被相続人の被担保債権が相続人に移転し，随伴性により抵当権が移転するからです。── 民法Ⅲのテキスト第10編第2章1

原因は，「相続」と記載します。相続が，抵当権が移転した原因（事実）だからです。 =P241 P473

【合併】

年月日は，以下の日を記載します（P309の「吸収型・新設型の効力発生日」）。

・吸収合併　→　吸収合併契約で定めた効力発生日（上記申請例46はこちらです） =P309

・新設合併　→　会社成立の日（商業登記の申請日）

原因は，吸収合併であっても新設合併であっても「合併」と記載します。合併が，抵当権が移転した原因（法律行為）だからです。

### (c) 申請人

【相続】

相続人の単独申請です（不登法63条2項）。 =P241

単独申請となる理由は，P241～242（a）と同じです。 ～P473

【合併】

存続会社（吸収合併の場合）・設立会社（新設合併の場合）の単独申請です（不登法63条2項）。 =P310

単独申請となる理由は，P310（a）と同じです。

### (d) 添付情報

①登記原因証明情報（不登法61条，不登令別表22添付情報）

P69 4の「登記原因証明情報の提供が不要となる場合」に当たりませんので，登記原因証明情報を提供する必要があります。

【相続】

具体的には，P243～246（b）の情報（戸籍全部事項証明書等）が登記原因証明情報となります。提供する理由や考え方も同じです。

【合併】

P310=

具体的には，P310～311①の情報（存続会社・設立会社の登記事項証明書または会社法人等番号）が登記原因証明情報となります。提供する理由や考え方も同じです。

②代理権限証明情報（不登令７条１項２号）

③会社法人等番号（不登令７条１項１号イ）

【合併】

法人が申請人となりますので，存続会社・設立会社について，申請人欄に会社法人等番号を記載し，添付情報欄に会社法人等番号を提供している旨を記載するのが原則です（P109 の「会社法人等番号（代表者の資格を証する情報）の提供の要否の判断基準」）。

※登記識別情報は，提供しません（不登法 22 条参照）。単独申請だからです（P77～78 の「登記識別情報の提供の要否の基本的な判断基準」）。

※印鑑証明書は，提供しません。所有権の登記名義人が登記義務者とならないからです（P93 の「『認印でよいか』『実印で押印し印鑑証明書の提供が要求されるか』の判断基準」）。単独申請ですので，登記義務者はいません。

※住所証明情報は，提供しません。P101 の「住所証明情報の提供が要求される場合①～③」のいずれにも当たらないからです。

#### （e）登録免許税

移転した債権額の１/1000 です（登免法別表第１.１.（６）イ）。

## ２．会社分割

合併と異なり，会社分割を登記原因とする登記は共同申請によるため，上記１.の「相続・合併」とは別項目を立てて説明します。

### （1）実体（会社法）→登記

抵当権者が分割会社となる吸収分割（P312①）または新設分割（P312②）がされ，承継する権利義務に抵当権の被担保債権が含まれていれば，抵当権の被担保債権が分割会社から承継会社（吸収分割の場合）・設立会社（新設分割の場合）に移転します（会社法 759 条１項，761 条１項，764 条１項，766 条１項）。そして，随伴性により，抵当権も承継会社・設立会社に移転します。合併と異なり，権利義務のすべてが承継されるとは限らないため，被担保債権（それに伴う抵当権）が移転するのは，吸収分割契約（吸収分割の場合）・新設分割計画（新設分割の場合）で定められた承継する権利義務（会社法 758 条２号，760 条２号，763 条１項５号，765 条１項５号）に，抵当権の被担保債権が含まれている場合だけです（P313）。

よって，承継される権利義務に抵当権の被担保債権が含まれている場合に，分割会社から承継会社・設立会社への会社分割を原因とする抵当権の移転の登記を申請できます。

**※承継会社が抵当権者であった場合**

吸収分割が行われても，承継会社が抵当権者であった場合には，抵当権についての権利変動はなく，登記は発生しません。P313※と同じハナシ（所有権が抵当権に変わっただけ）なので，P313※の図をご覧ください。

なお，新設分割の設立会社は，これからできる会社であるため，「抵当権者であった」ということはあり得ません。

### （2）申請情報の記載事項

**申請例47** —— **会社分割を原因とする抵当権の移転の登記**

事例：Aが所有している建物に，乙区1番で被担保債権を 1000 万円とする株式会社Bの抵当権の設定の登記がされている。株式会社B（会社法人等番号 2345-01-890123, 代表取締役D）と株式会社C（会社法人等番号 3456-01-901232, 代表取締役E）は，令和5年9月 28 日，株式会社Bが株式会社Cに株式会社Bのホテル事業を承継させる旨の吸収分割契約を締結した。この吸収分割契約書に，この抵当権の被担保債権が株式会社Bから株式会社Cに承継される旨の記載，吸収分割の効力発生日を令和5年 11 月 28 日とする旨の記載がある。その他の吸収分割の手続も令和5年 11 月 28 日までに適法にされたため，令和5年 12 月5日，吸収分割の商業登記がされた。

| | |
|---|---|
| 登記の目的 | 1番抵当権移転 |
| 原　　因 | 令和5年11月28日会社分割 |
| 権 利 者 | 株式会社C<br>（会社法人等番号　3456－01－901232）<br>代表取締役　E |
| 義 務 者 | 株式会社B<br>（会社法人等番号　2345－01－890123）<br>代表取締役　D |
| 添付情報 | 登記原因証明情報（吸収分割契約書及び株式会社Cの登記事項証明書）<br>登記識別情報（株式会社Bの乙区1番の登記識別情報）<br>代理権限証明情報（株式会社Cの代表取締役E及び株式会社Bの代表取締役Dの委任状）<br>会社法人等番号（株式会社C及び株式会社Bの会社法人等番号） |
| 課税価格 | 金1000万円 |
| 登録免許税 | 金2万円 |

| 権利部（乙区）（所有権以外の権利に関する事項） | | | |
|---|---|---|---|
| 順位番号 | 登記の目的 | 受付年月日・受付番号 | 権利者その他の事項 |
| 1 | 抵当権設定 | 令和5年6月28日<br>第12457号 | 原因　令和5年6月28日金銭消費貸借同日設定<br>債権額　金1000万円<br>利息　年2%<br>損害金　年14%<br>債務者　A<br>抵当権者　株式会社B |
| 付記1号 | 1番抵当権移転 | 令和5年12月21日<br>第19987号 | 原因　令和5年11月28日会社分割<br>抵当権者　株式会社C |

### （a）登記の目的

抵当権の移転の登記の登記の目的は，P410 の2.にあるとおり，抵当権がどのように移転したかによって変わります。

### （b）登記原因及びその日付

年月日は，以下の日を記載します（P309の「吸収型・新設型の効力発生日」）。

・吸収分割　→　吸収分割契約で定めた効力発生日（上記申請例47はこちらです）
・新設分割　→　会社成立の日（商業登記の申請日）

原因は，吸収分割であっても新設分割であっても「会社分割」と記載します。会社分割が，抵当権が移転した原因（法律行為）だからです。

### （c）申請人

以下の者の共同申請です（不登法60条)。

・登記権利者：承継会社（吸収分割の場合)・設立会社（新設分割の場合）
・登記義務者：分割会社

共同申請となる理由は，P315（a）と同じです。

### （d）添付情報

①登記原因証明情報（不登法61条）

P69 4 の「登記原因証明情報の提供が不要となる場合」に当たりませんので，登記原因証明情報を提供する必要があります。

具体的には，P315～316①の情報（承継会社・設立会社の登記事項証明書または会社法人等番号，および，吸収分割契約書・新設分割計画書）が登記原因証明情報となります（平18.3.29民二.755)。提供する理由や考え方も同じです。

②登記識別情報（不登法22条本文）

登記義務者である分割会社の登記識別情報を提供します。共同申請だからです（P77～78の「登記識別情報の提供の要否の基本的な判断基準｣)。

③代理権限証明情報（不登令7条1項2号）

④会社法人等番号（不登令7条1項1号イ）

※印鑑証明書は，提供しません。所有権の登記名義人が登記義務者とならないからです（P93の「『認印でよいか』『実印で押印し印鑑証明書の提供が要求されるか』の判断基準｣)。

※住所証明情報は，提供しません。P101の「住所証明情報の提供が要求される場合①～③」のいずれにも当たらないからです。

### （e）登録免許税

移転した債権額の2/1000です（登免法別表第1.1.（6）ロ)。

相続・合併ではありませんので，「1/1000」にはなりません。

## 4 民法392条2項による代位

抵当権の移転の登記の最後に，ちょっと変わった抵当権の移転の登記をみます。

民法392条2項による代位の問題です。民法392条2項による代位は，以下のようなハナシです。── 民法Ⅱのテキスト第4編第5章第10節4 2.（1），（2）（a）（c）

### 1．実体（民法）

たとえば，Bが債務者Aが所有している甲土地と乙土地に1番で共同抵当権（債権額3000万円）の設定を受け，Cが甲土地に2番抵当権（債権額2000万円）の設定を受けています。甲土地の競売価格は3000万円，乙土地の競売価格は1500万円です。この場合において，Bが甲土地のみの競売を申し立てた場合，Bは甲土地から債権額3000万円全額の配当を受けることができ，Cは甲土地から配当を受けることはできません。その代わりにCは，同時配当がなされたならばBが乙土地から配当を受けたであろう1000万円の限度で，乙土地に代位できます（民法392条2項後段）。

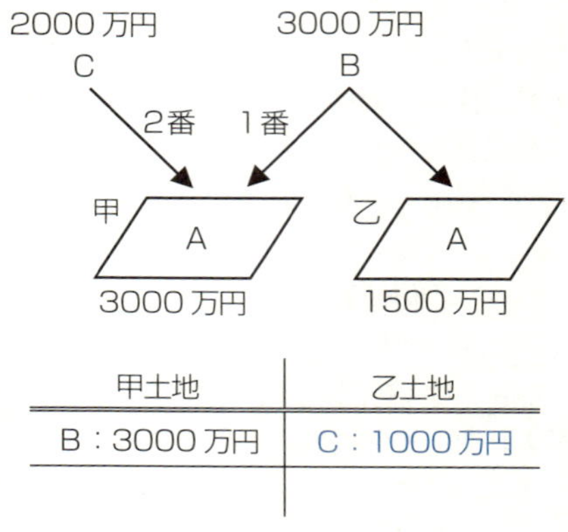


上記の例は，共同抵当権の目的となっている双方の土地を債務者が所有している場合ですが，双方の土地を物上保証人が所有している場合にも，同じ結論となります（最判平4.11.6。民法392条2項後段）。

### 2．登記

この場合，乙土地のBの抵当権について，以下の者の共同申請（不登法60条）により，「民法第392条第2項による代位」を登記原因とする代位の登記（付記登記）を申請できます（民法393条）。甲土地は競売されたので，甲土地の競売による所有権の移転の登記，差押登記の抹消の登記，抵当権の抹消の登記などは，裁判所書記官の嘱託によってされます（民執法82条1項）。しかし，乙土地は競売されたわけではありませんので，Bの抵当権についての代位の登記は申請によってされます。

・登記権利者：甲土地の後順位抵当権者（C）
・登記義務者：乙土地の抵当権者（B）

申請情報は，以下のように記載します。

**申請例48** ―― 民法392条2項による代位の登記

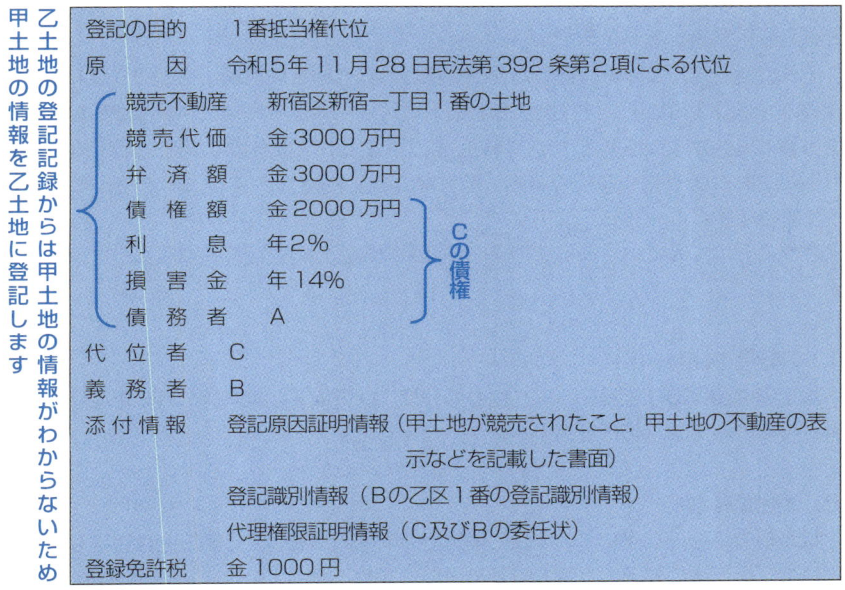

乙土地の登記記録からは甲土地の情報がわからないため甲土地の情報を乙土地に登記します

登記の目的　1番抵当権代位
原　　因　令和5年11月28日民法第392条第2項による代位
競売不動産　新宿区新宿一丁目1番の土地
競売代価　金3000万円
弁済額　金3000万円
債権額　金2000万円
利　　息　年2%
損害金　年14%
債務者　A
（Cの債権）
代位者　C
義務者　B
添付情報　登記原因証明情報（甲土地が競売されたこと，甲土地の不動産の表示などを記載した書面）
登記識別情報（Bの乙区1番の登記識別情報）
代理権限証明情報（C及びBの委任状）
登録免許税　金1000円

| 権利部（乙区）（所有権以外の権利に関する事項） | | | |
|---|---|---|---|
| 順位番号 | 登記の目的 | 受付年月日・受付番号 | 権利者その他の事項 |
| 1 | 抵当権設定 | 令和5年6月28日<br>第12457号 | 原因　令和5年6月28日金銭消費貸借同日設定<br>債務者　A<br>抵当権者　B |
| 付記1号 | 1番抵当権代位 | 令和5年11月30日<br>第19652号 | 原因　令和5年11月28日民法第392条第2項による代位<br>競売不動産　新宿区新宿一丁目1番の土地<br>競売代価　金3000万円<br>弁済額　金3000万円<br>債権額　金2000万円<br>利息　年2%<br>損害金　年14%<br>債務者　A<br>代位者　C |

# 第３節　抵当権の処分の登記

## 1　抵当権の処分の登記に共通するハナシ

第２節でみた抵当権の移転の登記は，被担保債権が移転することによって，随伴性で抵当権が移転するハナシです。

それに対して，この抵当権の処分の登記は，抵当権を被担保債権と切り離して抵当権のみを処分することです（民法376条１項）。―― 民法Ⅱのテキスト第４編第５章第９節1

抵当権の処分は５つありますが，「転抵当」（下記2），「抵当権の譲渡・抵当権の放棄」（下記3），「抵当権の順位の譲渡・抵当権の順位の放棄」（下記4）の３つに分けてみていきます。

３つに分けてみていく前にこの1で，**抵当権の処分の登記に共通するハナシ**をみます。

### １．設定者の関与

**設定者は関係ありません。**抵当権の処分は，抵当権者と抵当権の処分を受ける債権者との間のハナシ（債権者間のハナシ）だからです。

### ２．添付情報

抵当権の処分の登記においては，**登記上の利害関係を有する第三者は存在しません。**民法で「抵当権の処分の当事者以外の者の同意は不要」というRealistic ruleを説明しましたが，それと同じです。基本的に，抵当権の処分の当事者以外には影響がないからです。―― 民法Ⅱのテキスト第４編第５章第９節1　このことから，以下の①②のRealistic ruleが導かれます。

P411＝
P466

**Realistic rule**

①抵当権の処分の登記において，**「登記上の利害関係を有する第三者の承諾を証する情報」を提供することはありません。**

②抵当権の処分の登記は，**すべて付記登記**でされます（民法376条２項。P25①オ）。

### ３．登録免許税

**すべて不動産１個につき1000円**です（登免法別表第１.１.（14））。

抵当権の処分は，抵当権の優先枠を誰が使うかというハナシであり，優先枠が増えるハナシではないからです（P394の「優先枠に課税」）。―― 民法Ⅱのテキスト第４編第５章第９節5

## 2 転抵当

### 1．実体（民法）→登記

抵当権者が借金などをして債務を抱えた場合には，“抵当権を”不動産のように担保に出し，抵当権に転抵当権を設定することができます（民法376条１項）。── **民法Ⅱのテキスト第４編第５章第９節2**

よって，転抵当権の設定の登記を申請できます。

### 2．申請情報の記載事項

**申請例49** ── **転抵当権の設定の登記**

事例：Aが所有している建物に，乙区１番でBの抵当権の設定の登記がされている。BとCは，令和５年 11 月 28 日，債権者C・債務者Bとして，800 万円を利息年４%，損害金年 14%，違約金 200 万円，弁済期を毎月末日の 50 回払いで貸し付ける金銭消費貸借契約を締結し，800 万円がBに交付された（←これが「債権契約」）。そして，BとCは，同時に，この 800 万円の債権を担保するため，Bがこの建物に有している乙区１番の抵当権を目的として，転抵当権の設定契約を締結した（←これが「物権契約」）。

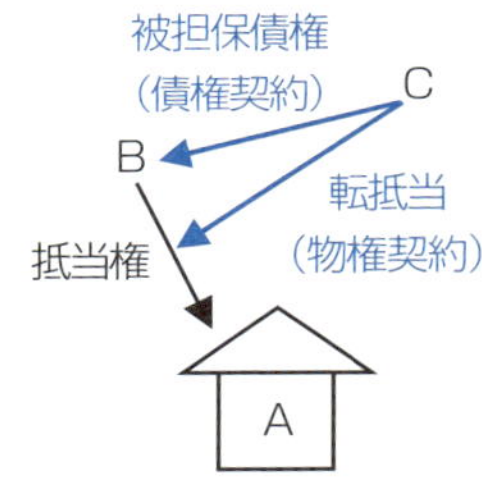


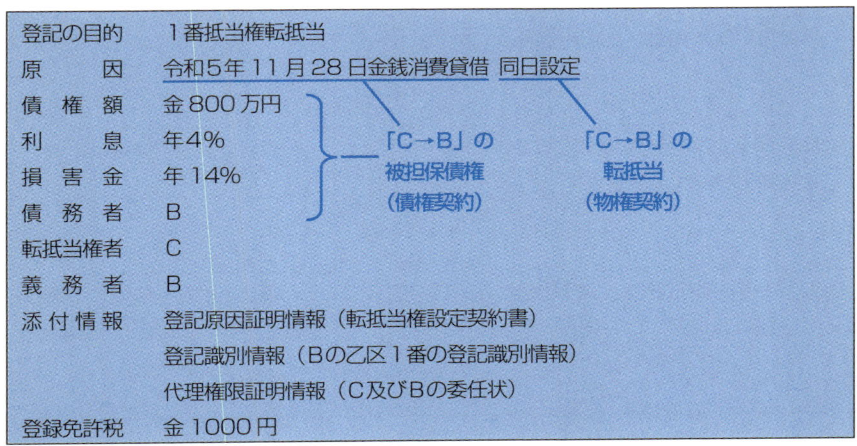

| | |
|---|---|
| 登記の目的 | １番抵当権転抵当 |
| 原　　因 | 令和５年 11 月 28 日金銭消費貸借　同日設定 |
| 債 権 額 | 金 800 万円 |
| 利　　息 | 年４% |
| 損 害 金 | 年 14% |
| 債 務 者 | B |
| 転抵当権者 | C |
| 義 務 者 | B |
| 添 付 情 報 | 登記原因証明情報（転抵当権設定契約書）<br>登記識別情報（Bの乙区１番の登記識別情報）<br>代理権限証明情報（C及びBの委任状） |
| 登録免許税 | 金 1000 円 |

| 権利部（乙区）（所有権以外の権利に関する事項） | | | |
|---|---|---|---|
| 順位番号 | 登記の目的 | 受付年月日・受付番号 | 権利者その他の事項 |
| 1 | 抵当権設定 | 令和5年6月28日<br>第12457号 | 原因　令和5年6月28日金銭消費貸借同日設定<br>債権額　金1000万円<br>利息　年2%<br>損害金　年14%<br>債務者　A<br>抵当権者　B |
| 付記1号 | 1番抵当権転抵当 | 令和5年11月28日<br>第19451号 | 原因　令和5年11月28日金銭消費貸借同日設定<br>債権額　金800万円<br>利息　年4%<br>損害金　年14%<br>債務者　B<br>転抵当権者　C |

### （1）登記の目的

登記の目的は，どのように転抵当権を設定したかにより，以下のとおり変わります。

| 転抵当権の設定の態様 | 登記の目的 |
|---|---|
| ①単有の抵当権を目的として転抵当権を設定した場合（上記申請例49）<br>[図：B ← C] | ○番抵当権転抵当 |
| ②共有の抵当権の持分を目的として転抵当権を設定した場合<br>[図：B D ← C] | 「○番抵当権B持分転抵当」など |
| ③抵当権の一部を目的として転抵当権を設定した場合<br>[図：B ← C] | 「○番抵当権の一部（金1000万円のうち700万円分）転抵当」など |

| | |
|---|---|
| **④転抵当権を目的として転抵当権を設定した場合（昭 30.5.31 民事甲 1029）**<br>ex. 上記申請例 49 の後，Cの転抵当権を目的としてさらにDの転抵当権を設定した場合が当たります。 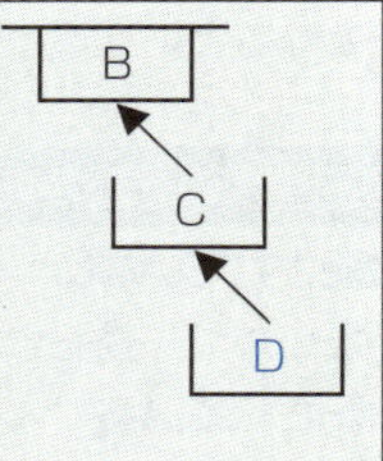  | 「○番付記○号転抵当の転抵当」など<br>この登記は，付記登記の付記登記（ex.「付記１号の付記１号」）で登記されます（昭 30.5.31 民事甲 1029）。 |

転抵当権を設定しますので，**すべて最後に「転抵当」**と付けます。**「転抵当」の前の記載（「○番抵当権」など）は，転抵当権を設定した対象**を記載します。

### （2）登記原因及びその日付

登記原因及びその日付は，P381～386 の２.と同じで「年月日金銭消費貸借年月日設定」などと記載します。１つ目の「年月日～」は被担保債権の発生原因（債権契約），２つ目の「年月日～」は転抵当権の設定契約（物権契約）です。

なお，この債権契約も物権契約も，転抵当権者と抵当権者（上記申請例 49 ではＣとＢ）との間のものです。

**※転抵当権の被担保債権のほうが抵当権の被担保債権よりも早く発生している場合**

たとえば，Ａが所有している建物にＢの抵当権が設定されており，このＢの抵当権を目的としてＣの転抵当権を設定するとします。このとき，ＣのＢに対する債権のほうが，ＢのＡに対する債権よりも早く発生している，つまり，転抵当権の１つ目の「年月日～」のほうが，抵当権の１つ目の「年月日～」よりも前の日付である転抵当権を設定することができるでしょうか。

できます。

抵当権が発生する前に，転抵当権が発生するのはおかしいです。これが物権レベルのハナシです。しかし，債権レベルのハナシでは，転抵当権の被担保債権のほうが早く発生していても何の問題もないからです。よって，他にもたとえば，被担保債権の弁済期もどちらが早くても構いません。

### （3）登記事項

抵当権の設定の登記の登記事項（P386～392 の３.）と同じ事項が，登記事項となります（不登法 83 条１項，88 条１項）。上記申請例 49 では，「債権額」「利息」「損害金」「債務者」を登記していますが，これはＣのＢに対する被担保債権です。ＣのＢに対する被担保債権の内容が登記事項となるということです。

**抵当権の処分の登記における登記事項の記載の有無の判断基準**

・**処分を受ける債権者の債権が登記されていない**　→　登記事項を**記載する**
　登記記録に債権が登記されていないので，登記する必要があります。
・**処分を受ける債権者の債権が登記されている**　→　登記事項を**記載しない**
　登記記録にすでに債権が登記されているので，登記記録をみればわかります。

　転抵当権の場合，転抵当権者の債権（上記申請例49ではCのBに対する債権）が登記されていないため，転抵当権の登記において登記する必要があります。

### （4）申請人

　以下の者の共同申請です（不登法60条）。
・登記権利者：転抵当権者
・登記義務者：抵当権者

### （5）添付情報

①登記原因証明情報（不登法61条，不登令別表58添付情報イ）
　P69 4 の「登記原因証明情報の提供が不要となる場合」に当たりませんので，登記原因証明情報を提供する必要があります。
　具体的には，転抵当権設定契約書が当たります。
②登記識別情報（不登法22条本文）
　登記義務者である抵当権者の登記識別情報を提供します。共同申請だからです（P77～78の「登記識別情報の提供の要否の基本的な判断基準」）。
③代理権限証明情報（不登令7条1項2号）
④会社法人等番号（不登令7条1項1号イ）
※印鑑証明書は，提供しません。所有権の登記名義人が登記義務者とならないからです（P93の「『認印でよいか』『実印で押印し印鑑証明書の提供が要求されるか』の判断基準」）。
※住所証明情報は，提供しません。P101の「住所証明情報の提供が要求される場合①～③」のいずれにも当たらないからです。

### （6）登録免許税

　付記登記として，不動産1個につき1000円です（登免法別表第1．1．(14)。P428

の3.)。

## 3 抵当権の譲渡・抵当権の放棄

### １．実体（民法）→登記

抵当権者が一般債権者に対して，「私の優先枠で優先していいよ～」とする契約（抵当権の譲渡），または，「私の優先枠を平等に使おう～」とする契約（抵当権の放棄）をすることができます（民法376条1項）。── 民法Ⅱのテキスト第４編第５章第９節3

この契約をすると，抵当権の譲渡の登記または抵当権の放棄の登記を申請できます。

### ２．申請情報の記載事項

**申請例50** ── 抵当権の譲渡の登記

事例：Aが所有している建物に，乙区1番でBの抵当権の設定の登記がされている。AとCは，令和5年11月28日，債権者C・債務者Aとして，800万円を利息年4%，損害金年14%，違約金200万円，弁済期を毎月末日の50回払いで貸し付ける金銭消費貸借契約を締結し，800万円がAに交付された（←これが「債権契約」）。そして，BとCは，同日，この800万円の債権をBの抵当権で担保させるため，Bがこの建物に有している乙区1番の抵当権をCへ譲渡する契約を締結した（←これが「物権契約」）。

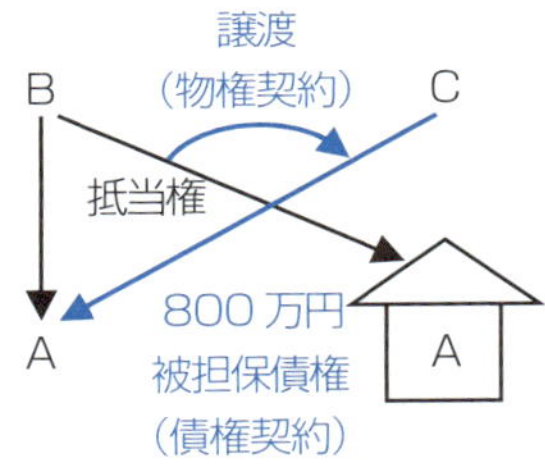


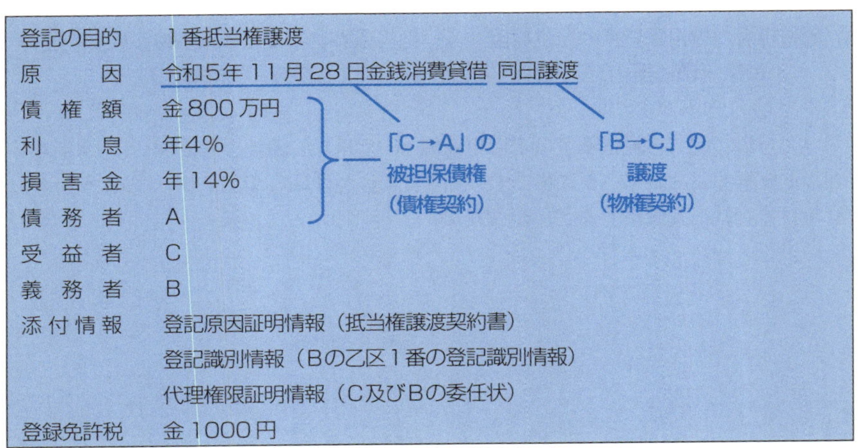

| | |
|---|---|
| 登記の目的 | 1番抵当権譲渡 |
| 原　　因 | 令和5年11月28日金銭消費貸借　同日譲渡 |
| 債 権 額 | 金800万円 |
| 利　　息 | 年4% |
| 損 害 金 | 年14% |
| 債 務 者 | A |
| 受 益 者 | C |
| 義 務 者 | B |
| 添付情報 | 登記原因証明情報（抵当権譲渡契約書）<br>登記識別情報（Bの乙区1番の登記識別情報）<br>代理権限証明情報（C及びBの委任状） |
| 登録免許税 | 金1000円 |

| 権利部（乙区）（所有権以外の権利に関する事項） | | | |
|---|---|---|---|
| 順位番号 | 登記の目的 | 受付年月日・受付番号 | 権利者その他の事項 |
| 1 | 抵当権設定 | 令和5年6月28日<br>第12457号 | 原因　令和5年6月28日金銭消費貸借同日設定<br>債権額　金1000万円<br>利息　年2%<br>損害金　年14%<br>債務者　A<br>抵当権者　B |
| 付記1号 | 1番抵当権譲渡 | 令和5年11月28日<br>第19451号 | 原因　令和5年11月28日金銭消費貸借同日譲渡<br>債権額　金800万円<br>利息　年4%<br>損害金　年14%<br>債務者　A<br>受益者　C |

### （1）登記の目的・登記原因及びその日付

登記の目的と登記原因及びその日付は，どのような抵当権の譲渡または抵当権の放棄がされたかにより，以下の表のとおり変わります。

#### 登記原因及びその日付の意味

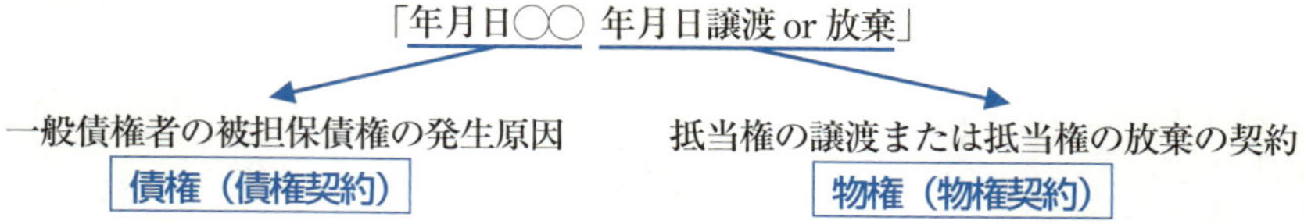

「年月日◯◯　年月日譲渡 or 放棄」

- 年月日◯◯ → 一般債権者の被担保債権の発生原因　債権（債権契約）
- 年月日譲渡 or 放棄 → 抵当権の譲渡または抵当権の放棄の契約　物権（物権契約）

「年月日◯◯」（一般債権者〔上記申請例 50 ではC〕の被担保債権）に，「年月日譲渡 or 放棄」した，という意味です。「年月日◯◯」には，P382（1）のようなもの（「年月日金銭消費貸借」など）が入ります。

| 抵当権の譲渡または抵当権の放棄の態様 | 登記の目的 | 登記原因及びその日付 |
|---|---|---|
| **①単有の抵当権を譲渡または放棄した場合** | ○番抵当権譲渡 or 放棄 | 「年月日○○年月日譲渡 or 放棄」<br>年月日○○に，年月日，抵当権を譲渡 or 放棄した，という意味です。 |
| **②共有の抵当権の持分を譲渡または放棄した場合** | 「○番抵当権B持分譲渡 or 放棄」など | 「年月日○○年月日持分譲渡 or 持分放棄」<br>年月日○○に，年月日，抵当権の持分を譲渡 or 放棄した，という意味です。 |
| **③抵当権の一部を譲渡または放棄した場合** | 「○番抵当権一部（金1000 万円のうち700 万円）譲渡 or 放棄」など | 「年月日○○年月日一部譲渡 or 一部放棄」<br>年月日○○に，年月日，抵当権の一部を譲渡 or 放棄した，という意味です。 |
| **④抵当権を一般債権者の債権（受益債権）の一部に対して譲渡または放棄した場合** | ○番抵当権譲渡 or 放棄 | 「年月日○○金 1000 万円のうち 800 万円の年月日譲渡 or 放棄」<br>年月日○○金 1000 万円のうち 800 万円に，年月日，抵当権を譲渡 or 放棄した，という意味です。 |

### （2）登記事項

抵当権の処分を受ける債権の内容を登記します（不登令別表 58 申請情報イ，ロ)。上記申請例 50 では，「債権額」「利息」「損害金」「債務者」を登記していますが，これはCのAに対する被担保債権の内容です。

抵当権の処分を受けるCの債権が登記されていないため，登記する必要があるのです（P432 の「抵当権の処分の登記における登記事項の記載の有無の判断基準」)。

### （3）申請人

以下の者の共同申請です（不登法 60 条)。

・登記権利者：抵当権の譲渡または放棄を受けた一般債権者

・登記義務者：抵当権者

### （4）添付情報

以下のとおり，登記原因証明情報の内容が変わる点を除いて，P432（5）の転抵当権の設定の登記と同じです（提供するかどうかの理由も同じです）。

・登記原因証明情報（不登法61条，不登令別表58添付情報イ）
　具体的には，抵当権譲渡契約書（抵当権の譲渡の場合）または抵当権放棄契約書（抵当権の放棄の場合）が当たります。

### （5）登録免許税

付記登記として，不動産1個につき1000円です（登免法別表第1．1．(14)。P428の3.）。

## 4　抵当権の順位の譲渡・抵当権の順位の放棄

### 1．実体（民法）→登記

抵当権者が他の抵当権者に対して，「私とあんたの優先枠で優先していいよ～」とする契約（抵当権の順位の譲渡），または，「私とあんたの優先枠を平等に使おう～」とする契約（抵当権の順位の放棄）をすることができます（民法376条1項）。―― **民法Ⅱのテキスト第4編第5章第9節4**

この契約をすると，抵当権の順位の譲渡の登記または抵当権の順位の放棄の登記を申請できます。

**※抵当権の登記の要否**

抵当権者と抵当権者の間でするのが抵当権の順位の譲渡・抵当権の順位の放棄ですので，抵当権の順位の譲渡または抵当権の順位の放棄の登記をするには（下記2.の申請例51の完了後の登記記録のように登記されます），抵当権の順位の譲渡・抵当権の順位の放棄をする抵当権も，それを受ける抵当権も，登記されている必要があります。

しかし，抵当権の順位の譲渡・抵当権の順位の放棄の契約自体は，抵当権の順位の譲渡・抵当権の順位の放棄をする抵当権が登記されていれば，それを受ける抵当権が登記されていなくても有効です（昭36.12.23民事甲3184〔順位の譲渡について〕）。

登記をする前に契約をすることはできるからです。

### ２．申請情報の記載事項

#### 申請例51 ―― 抵当権の順位の譲渡の登記

事例：Aが所有している建物に，乙区１番でBの抵当権の設定の登記，乙区２番でCの抵当権の設定の登記がされている。BとCは，令和５年11月28日，BがCに抵当権の順位を譲渡する契約を締結した（←「物権契約」）。

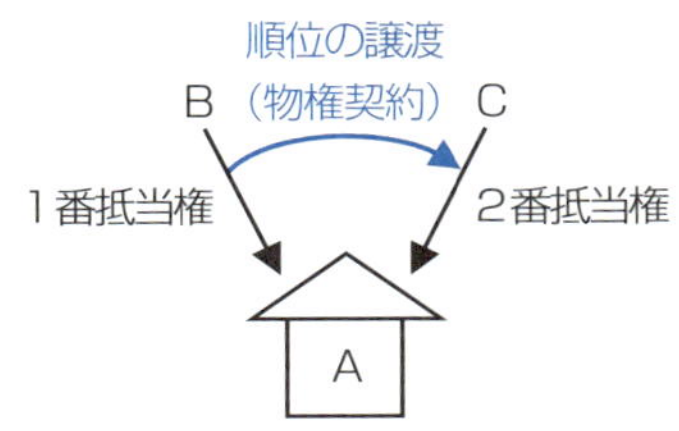


| | |
|---|---|
| 登記の目的 | １番抵当権の２番抵当権への順位譲渡 |
| 原　　因 | 令和５年11月28日順位譲渡 |
| 権 利 者 | C |
| 義 務 者 | B |
| | 「B→C」の順位の譲渡（物権契約） |
| 添 付 情 報 | 登記原因証明情報（抵当権順位譲渡契約書）<br>登記識別情報（Bの乙区１番の登記識別情報）<br>代理権限証明情報（C及びBの委任状） |
| 登録免許税 | 金1000円 |

| 権利部（乙区）（所有権以外の権利に関する事項） | | | |
|---|---|---|---|
| 順位番号 | 登記の目的 | 受付年月日・受付番号 | 権利者その他の事項 |
| 1 | 抵当権設定 | 令和５年６月28日<br>第12457号 | 原因　令和５年６月28日金銭消費貸借同日設定<br>債権額　金1000万円<br>利息　年2%<br>損害金　年14%<br>債務者　A<br>抵当権者　B |
| 付記１号 | １番抵当権の２番抵当権への順位譲渡 | 令和５年11月28日<br>第19451号 | 原因　令和５年11月28日順位譲渡 |
| 2<br>（1付1） | 抵当権設定 | 令和５年７月８日<br>第12987号 | 原因　令和５年７月８日金銭消費貸借同日設定<br>債権額　金800万円<br>利息　年4%<br>損害金　年14%<br>債務者　A<br>抵当権者　C |

抵当権の順位の譲渡の登記は（抵当権の順位の放棄の登記も），上記のように順位の譲渡（順位の放棄の登記も）をした抵当権に付記登記で登記されます（民法376条２項。P25①オ）。

なお，順位の譲渡を受けた２番抵当権の順位番号に「１付１」と記録されていますが，これは「１番付記１号で順位の譲渡を受けた抵当権だから，１番付記１号をみてね」という意味です。不動産によっては，数十個の権利が登記されていることもあり，このような記録がないと見落としてしまう危険があるんです。

**※登記識別情報の通知**

上記の登記がされても，Ｃには登記識別情報は通知されません（抵当権の順位の放棄の登記でも同じです）。

上記の乙区１番付記１号をご覧いただくとわかりますが，抵当権の順位の譲渡の登記（抵当権の順位の放棄の登記）においては，登記名義人が記録されず，登記名義人となる者がいないからです（P74②の要件を充たしません）。

よって，たとえば，上記の登記がされた後に，抵当権の順位の譲渡の登記の抹消の登記を申請するときは，乙区２番でＣに通知された登記識別情報を提供します（抵当権の順位の放棄の登記でも同じです）。抵当権の順位の譲渡の登記はＣに有利な登記ですので，その登記の抹消の登記はＣに不利な登記です。よって，Ｃが登記義務者となります。

### （1）登記の目的・登記原因及びその日付

登記の目的と登記原因及びその日付は，どのような抵当権の順位の譲渡または抵当権の順位の放棄がされたかにより，以下の表のとおり変わります。

#### 登記原因及びその日付の意味

**「年月日順位譲渡 or 順位放棄」**（下記④のみ **「年月日抵当権一部順位譲渡 or 一部順位放棄」**）とのみ記載します。これは，抵当権の順位の譲渡または抵当権の順位の放棄の契約，つまり，**物権契約のみ**を記載しているということです。抵当権の順位の譲渡または抵当権の順位の放棄を受ける抵当権の被担保債権はすでに登記されていますので，物権契約のみを記載するのです。

<table>
<tr><th>順位の譲渡または<br>順位の放棄の態様</th><th>登記の目的</th><th>登記原因及び<br>その日付</th></tr>
<tr><td>①単有の抵当権の順位を譲渡または順位を放棄した場合</td><td>「１番抵当権の２番抵当権への順位譲渡 or 順位放棄」など</td><td>年月日順位譲渡 or 順位放棄</td></tr>
<tr><td>②共有の抵当権の持分について順位を譲渡または順位を放棄した場合</td><td>「１番抵当権のＢの持分の２番抵当権への順位譲渡 or 順位放棄」など</td><td>年月日順位譲渡 or 順位放棄</td></tr>
<tr><td>③共有の抵当権の抵当権者の間で，一方が他方に順位を譲渡した場合</td><td>「１番抵当権のＢ持分のＣ持分への順位譲渡」など</td><td>年月日順位譲渡</td></tr>
<tr><td colspan="3">順位の譲渡しか記載されていないとおり，順位の放棄はできません。<br>順位の放棄は，複数の抵当権を同順位にすることですが，それを同順位の共有者間でする意味はないからです。<br>それに対して，一方を優先させる順位の譲渡は，意味があるため，できます（登研473P150）。</td></tr>
<tr><td>④抵当権の一部について順位を譲渡または順位を放棄した場合</td><td>「１番抵当権の一部（金 1000 万円のうち 700 万円分）の２番抵当権への順位譲渡 or 順位放棄」など</td><td>年月日抵当権一部順位譲渡 or 一部順位放棄</td></tr>
<tr><td>⑤後順位抵当権の一部（債権の一部）のために順位を譲渡または順位を放棄した場合</td><td>「１番抵当権の２番抵当権の一部（金 1000 万円のうち 800 万円分）への順位譲渡 or 順位放棄」など</td><td>年月日順位譲渡 or 順位放棄</td></tr>
<tr><td>⑥同順位の複数の抵当権の間で，一方が他方に順位を譲渡した場合（昭 28.11.6民事甲 1940）</td><td>「１番（あ）抵当権の１番（い）抵当権への順位譲渡」など<br>　P388 の Realistic 15 で説明した，同順位で「１番（あ）抵当権」「１番（い）抵当権」の２つの抵当権が登記されている場合のハナシであるため，このような登記の目的となります。</td><td>年月日順位譲渡</td></tr>
<tr><td colspan="3">順位の譲渡しか記載されていないとおり，順位の譲渡はできますが，順位の放棄はできません。<br>理由は，上記③と同じです。</td></tr>
</table>

### （2）登記事項

登記事項はありません。

抵当権の処分を受ける抵当権者（上記申請例 51 ではC）の債権が登記されているため，登記する必要がないからです（P432 の「抵当権の処分の登記における登記事項の記載の有無の判断基準」）。

### （3）申請人

以下の者の共同申請です（不登法 60 条）。

・登記権利者：抵当権の順位の譲渡または抵当権の順位の放棄を受けた抵当権者
・登記義務者：抵当権の順位の譲渡または抵当権の順位の放棄をした抵当権者

### （4）添付情報

以下のとおり，登記原因証明情報の内容が変わる点を除いて，P432（５）の転抵当権の設定の登記と同じです（提供するかどうかの理由も同じです）。

・登記原因証明情報（不登法 61 条，不登令別表 58 添付情報イ）
具体的には，抵当権順位譲渡契約書（抵当権の順位の譲渡の場合）または抵当権順位放棄契約書（抵当権の順位の放棄の場合）が当たります。

### （5）登録免許税

付記登記として，不動産１個につき 1000 円です（登免法別表第１．１．（14）。P428 の３.）。

## ３．先順位抵当権者と後順位抵当権者が同一人である場合

先順位抵当権者と後順位抵当権者が同一人である場合でも，抵当権の順位の譲渡または抵当権の順位の放棄をし，その登記をすることができます（昭 25.6.22 民事甲 1735，昭 27.6.13 民事甲 834，昭 30.7.11 民事甲 1427）。後順位抵当権を先順位抵当権に優先させるといった実益があるからです。たとえば，後順位抵当権の被担保債権のほうが先順位抵当権の被担保債権よりも優先的に回収したい債権である，といったときに行うことが考えられます。

この登記を申請する場合，抵当権者が先順位抵当権を取得した際の登記識別情報を提供します。登記権利者も登記義務者も同一人となりますが，形式的にはあくまでも共同申請だからです。

## cf. 抵当権付債権の質入れの登記

この抵当権付債権の質入れは，抵当権の処分ではありません。しかし，P428 1 の「抵当権の処分の登記に共通するハナシ」がすべて当てはまるので，この第３節でcf.として説明します。

「抵当権付債権の質入れ」は，抵当権の被担保債権に質権を設定することです。債権に質権を設定する（債権を質に入れる）こともできます。── **民法Ⅱのテキスト第４編第４章第４節 1** 　この場合，抵当権について債権の質入れの登記を申請することができます。

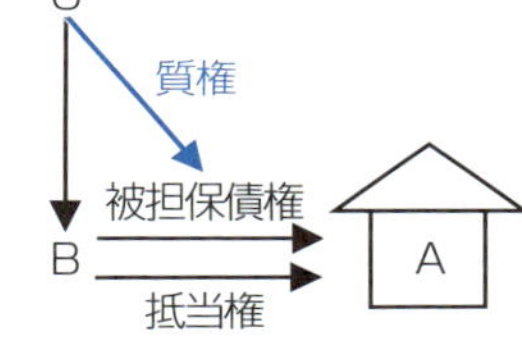


ex. Ａが所有している建物に，乙区１番で債務者をＡとするＢの抵当権の設定の登記がされています。ＢがＣから借金をし，この抵当権の被担保債権に質権を設定した場合には，抵当権付債権の質入れの登記を申請できます。

この登記は，登記の目的を「１番抵当権の債権質入」とし，ＣのＢに対する債権の内容を登記事項とします。Ｃの債権の内容を登記事項とするのは，Ｃの債権が登記されていないため，登記する必要があるからです（P432 の「抵当権の処分の登記における登記事項の記載の有無の判断基準」は抵当権付債権の質入れの登記にも当たります）。

このような登記ができるのは，被担保債権が質に入ると，付従性により抵当権も変動・拘束を受けるため，そのことを公示する必要があるからです。たとえば，上記ex.でＢのＣに対する債務が不履行になった場合には，ＣはＢの抵当権を実行（競売など）できます。

# 第４節　順位変更の登記

## 1　順位変更

> **民法 374 条（抵当権の順位の変更）**
> 1　抵当権の順位は，各抵当権者の合意によって変更することができる。ただし，利害関係を有する者があるときは，その承諾を得なければならない。
> 2　前項の規定による順位の変更は，その登記をしなければ，その効力を生じない。

### 1．実体（民法）→登記

＊この「順位変更」は，民法のテキストでは扱っていませんので，民法の規定を一から説明していきます。

順位変更とは，順位を変更する抵当権者の合意によって抵当権の順位を変更することです（民法 374 条１項本文）。

ex. 乙区１番でＢの抵当権，乙区２番でＣの抵当権，乙区３番でＤの抵当権の登記がされている場合に，Ｂ，ＣおよびＤの合意によって，「第１　３番抵当権　第２　１番抵当権　第３　２番抵当権」のように順位を変更することができます。

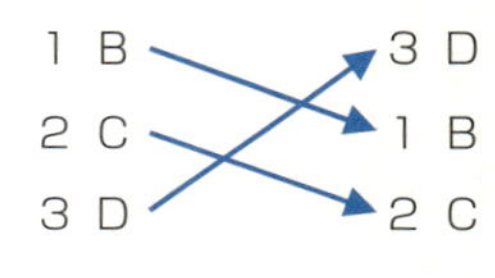


金融機関（Ｂ，Ｃ，Ｄ）と債務者の間で「ＢとＣが先に一部の弁済を受ける代わりに，Ｄの抵当権を１番の順位にする」などと話し合いがつき，このような合意がされることがあります。

**順位変更に共通する考え**

順位変更の制度は**とにかくわかりやすく**という方針で規定されています。順位変更は，昭和 46 年の改正でできた新しい制度です（明治にできた民法の中では昭和 46 年でも新しいといえます……）。**新しい制度はわかりやすさを追求していることが多い**です。── 民法Ⅱのテキスト第４編第５章第７節２３.

これが，たとえば，以下の点に現れています。

順位変更の効果は，順位を**絶対的に変更する**ことです。

また，順位を変更する抵当権者の合意（民法 374 条１項本文）に加え，以下の２点が順位変更の要件となります。

①利害関係人の承諾（民法374条１項ただし書）
具体的に誰が利害関係人に当たるかは，P447～448⑤でみます。
②登記（民法374条２項）
下記２.の順位変更の登記のことです。

**条文　→　効力発生要件**

上記①②は効力発生要件（それを充たして初めて発生する要件）です。

基本的には，**民法の条文に記載されている要件は効力発生要件**となります（条文に「対抗要件である」と記載されている場合〔ex. 民法177条〕は除きます）。

この例外は，民法612条１項の「承諾」です。―― 民法Ⅲのテキスト第７編第５章第３節 2 3.（1）

### ２．申請情報の記載事項

**申請例52** ―― 順位変更の登記

事例：Aが所有している建物に，乙区１番でBの抵当権の設定の登記，乙区２番でCの抵当権の設定の登記，乙区３番でDの抵当権の設定の登記がされている。B，CおよびDは，令和５年12月５日，「第１　３番抵当権　第２　２番抵当権　第３　１番抵当権」とする順位変更の合意をした。

| | |
|---|---|
| 登記の目的 | １番，２番，３番順位変更 |
| 原　　因 | 令和５年 12月５日合意 |
| 変更後の順位 | 第１　３番抵当権 |
| | 第２　２番抵当権 |
| | 第３　１番抵当権 |
| 申 請 人 | B |
| | C |
| | D |
| 添 付 情 報 | 登記原因証明情報（順位変更契約書） |
| | 登記識別情報（Bの乙区１番の登記識別情報，Cの乙区２番の登記識別情報，Dの乙区３番の登記識別情報） |
| | 代理権限証明情報（B，C及びDの委任状） |
| 登録免許税 | 金 3000円 |

| 権利部（乙区）（所有権以外の権利に関する事項） | | | |
|---|---|---|---|
| 順位番号 | 登記の目的 | 受付年月日・受付番号 | 権利者その他の事項 |
| 1<br>(4) | 抵当権設定 | 令和5年6月28日<br>第12457号 | 原因　令和5年6月28日金銭消費貸借同日設定<br>債権額　金1000万円<br>債務者　A<br>抵当権者　B |
| 2<br>(4) | 抵当権設定 | 令和5年7月8日<br>第12987号 | 原因　令和5年7月8日金銭消費貸借同日設定<br>債権額　金800万円<br>債務者　A<br>抵当権者　C |
| 3<br>(4) | 抵当権設定 | 令和5年7月28日<br>第14152号 | 原因　令和5年7月28日金銭消費貸借同日設定<br>債権額　金2000万円<br>債務者　A<br>抵当権者　D |
| 4 | 1番，2番，3番<br>順位変更 | 令和5年12月5日<br>第19451号 | 原因　令和5年12月5日合意<br>第1　3番抵当権<br>第2　2番抵当権<br>第3　1番抵当権 |

順位変更の登記は，上記のように主登記で登記されます。これも，順位変更の制度がわかりやすさを追求している例です（P442の「順位変更に共通する考え」）。

なお，順位変更をした抵当権の順位番号に「(4)」と記録されていますが，これは「4番で順位変更をした抵当権だから，4番をみてね」という意味です。

**※登記識別情報の通知**

上記の登記がされても，B，C，Dには登記識別情報は通知されません（P318の「変更の登記・抹消の登記の登記名義人→登記識別情報の通知」）。順位変更の登記は，登記名義人が記録されず（上記の登記記録の乙区4番をご覧ください），登記名義人となる者がいないからです（P74②の要件を充たしません）。

### （1）登記の目的

「○番，○番，○番順位変更」などと記載します。

### （2）登記原因及びその日付

年月日は，「合意があった日と利害関係人の承諾があった日のうち遅い日（合意と利害関係人の承諾が揃った日）」を記載します。利害関係人の承諾は効力発生要件であるため（民法 374 条１項ただし書。P443①，P117②），合意と利害関係人の承諾が揃って初めて順位変更の効力が生じるからです。

原因は，「合意」と記載します。合意が，抵当権の順位が変更された原因（法律行為）だからです。

### （3）登記事項

上記申請例 52 のように，変更後の順位を記載します。

### （4）申請人

順位を変更する抵当権の抵当権者全員が共同して申請する合同申請です（不登法 89 条１項。昭 46.10.4 民事甲 3230。P37（２）②）。

たとえば，１番抵当権と２番抵当権の順位を変更するのであれば，２番抵当権者が利益を受け，１番抵当権者が不利益を受けるのが，明らかです。しかし，上記申請例 52 のように，３つ以上の順位変更の場合，中間の２番抵当権者が利益を受けるか不利益を受けるかは明らかではありません。これは，１番抵当権の債権額と３番抵当権の債権額がいくらであるかは，関係ありません。

ex. 上記申請例 52 では，登記記録上は１番抵当権の債権額が 1000 万円，３番抵当権の債権額が 2000 万円です。C からすると債権額の大きい抵当権が先順位にくるので，一見Cが不利益を受けそうです。しかし，実際は，１番抵当権の残債権は 1000 万円，３番抵当権の残債権は 100 万円ということもあります。

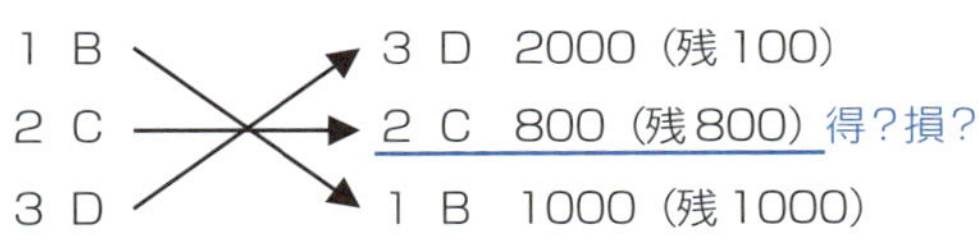


よって，登記権利者と登記義務者の区別がないのです。

**※順位変更の登記後の順位変更**

たとえば，上記 ex.の順位変更の登記をした後，５番でFの抵当権が設定され，Bの１番抵当権とFの５番抵当権の順位を入れ替える順位変更の登記をする場合，誰が申請人となるでしょうか。

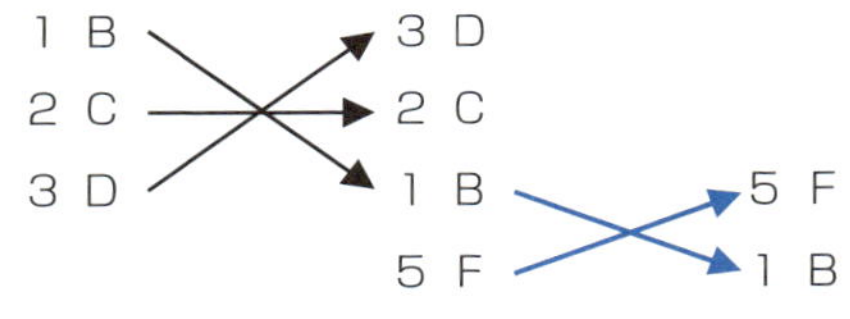

順位変更をする1番抵当権者Bと5番抵当権者Fが申請人となります（昭 46.12.27 民事三.960）。登記事項は「変更後の順位　第1　5番抵当権　　第2　1番抵当権」となります。3番抵当権者Dと2番抵当権者Cは，申請人になりません。

Dの3番抵当権とCの2番抵当権は，絶対的にBの1番抵当権の先順位となっているからです（P442）。

**― Realistic 17　順位番号は登記された時に付けられた名前 ―**

順位変更の登記がされた後でも，Bの抵当権を「1番抵当権」などと呼んでいることに疑問を感じたかもしれません。順位番号は，登記された時に付けられた名前のようなものなので，順位変更がされても呼び方は変わらないのです。

1番抵当権，2番抵当権が登記された後，1番抵当権が抹消された場合に，2番抵当権の呼び方が「2番抵当権」のまま（優先順位は1番になっています）であることと同じです。

**※同順位の抵当権者の一部の者と後順位抵当権者の順位変更**

たとえば，Bの1番（あ）抵当権，Cの1番（い）抵当権（＊），Dの2番抵当権の順位を以下のように変更する場合，Bも申請人となる必要があるでしょうか。

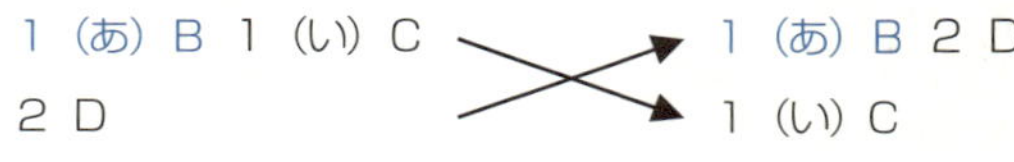


＊P388 の Realistic 15 で説明した同順位の抵当権です。

「第1　1番（あ）抵当権　2番抵当権
　第2　1番（い）抵当権　　　　　　」

Bも，申請人となります（登研 306P31）。

Bの順位は変わりませんが，同順位の抵当権者は債権額に応じて配当を受けます。そのため，誰が同順位となるかは大問題であるため，Bも申請人となるのです。

### （5）添付情報

①登記原因証明情報（不登法 61 条）

P69 4 の「登記原因証明情報の提供が不要となる場合」に当たりませんので，登記原因証明情報を提供する必要があります。

具体的には，順位変更契約書が当たります。

②登記識別情報（不登法 22 条本文，不登令8条1項6号）

申請人全員（順位を変更する抵当権の抵当権者全員）の登記識別情報を提供します。合同申請の場合，申請人全員が登記義務者でもあるからです（P77～78 の「登記識別情報の提供の要否の基本的な判断基準」)。
※申請人の一部が官庁または公署である場合
官庁または公署（P33）が抵当権者となっていることもあります（ex. 財務省が抵当権者)。
申請人の一部が官庁または公署である順位変更の登記は，官庁または公署が，他の抵当権者の承諾を証する情報を提供して，嘱託することができます（登研 364P80)。この場合，登記識別情報を提供する必要はありません（登研 474P142)。
なお，この登記は，嘱託によらず，通常の申請によることもできます。申請による場合は，官庁または公署の登記識別情報も提供する必要があります（登研 366P87)。

③代理権限証明情報（不登令７条１項２号）

④会社法人等番号（不登令７条１項１号イ）

⑤承諾証明情報（不登令７条１項５号ハ）
利害関係人の承諾は効力発生要件であるため（民法 374 条１項ただし書。P443①)，利害関係人がいるときは，必ず利害関係人が作成した承諾を証する情報などを提供する必要があります。
利害関係人とは，具体的には以下のｉおよびⅱの者です。
ｉ　順位が下がる抵当権を目的とする権利の権利者
順位が下がる抵当権から抵当権の処分を受けている者（登研 306P32，408P93)，順位が下がる抵当権を目的とする仮登記権利者，順位が下がる抵当権の被担保債権の質権者・差押債権者・仮差押債権者が当たります。目的としている抵当権の順位が下がり，抵当権の価値が下がるからです。
ⅱ　順位が下がる抵当権に対して順位の譲渡または順位の放棄をしている抵当権者
このⅱがわかりにくいのですが，以下の ex.で説明します。
ex. Ｂの１番抵当権，Ｃの２番抵当権，Ｄの３番抵当権が設定されており，ＢがＣに，順位の譲渡または順位の放棄をしています。この場合に，Ｃの２番抵当権とＤの３番抵当権の順位を変更すると，Ｂが不利益を受けます。２番抵当権に順位の譲渡または順位の放棄をしているＢは，２番抵当権の優先枠を使います。―― 民法Ⅱのテキスト第４編第５章第９節５　その２番抵当権の優先枠が３番に下がってしまうため，Ｂが不利益を受けるのです。よって，Ｂは利害関係人になります。

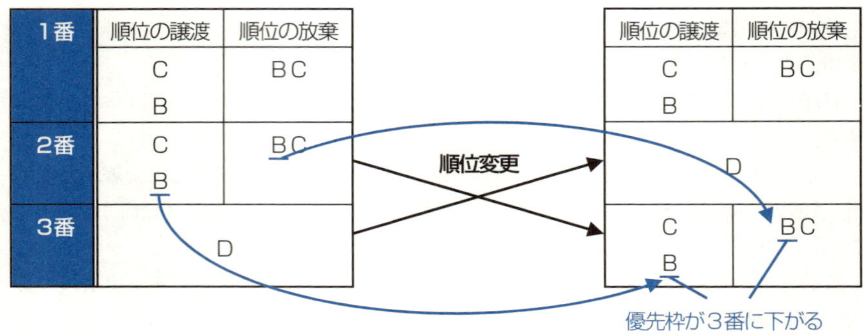


※利用権者，所有権の仮登記権利者，不動産自体の差押債権者（登研306P36）・仮差押債権者・仮処分債権者は，利害関係人とはなりません。順位変更は配当時の優先順位を変更するものですので，優先枠を問題とする担保権者以外には関係ないからです。

※設定者は，利害関係人とはなりません。担保権の順位が変更されても，設定者の負担額は変わらないからです。

※印鑑証明書は，提供しません。所有権の登記名義人が登記義務者とならないからです（P93の「『認印でよいか』『実印で押印し印鑑証明書の提供が要求されるか』の判断基準」）。

※住所証明情報は，提供しません。P101の「住所証明情報の提供が要求される場合①～③」のいずれにも当たらないからです。

### （6）登録免許税

順位変更をする抵当権１個につき1000円です（登免法別表第１．１．（8））。上記申請例52は，順位変更をする抵当権の数が３個なので，3000円となっています。

## ３．順位変更ができる権利

上記１.および２では，順位変更をする権利を抵当権として説明してきました。しかし，抵当権以外にも順位変更できる権利があります。順位変更ができる権利かどうかの判断基準は，以下のとおりです。

### 順位変更ができる権利かどうかの判断基準

①順位変更ができる権利　→　**乙区に登記された担保物権**は，基本的にその**一部でなければ**順位変更ができます

甲区に登記された担保物権は，順位変更ができません。甲区と乙区は別の区なので，「甲区と乙区でどうやって順位変更をするの？」となってしまうからです。

乙区に登記された担保物権でも，一部だとわかりにくいため，認められません。順位変更はわかりやすさが追求されます（P442 の「順位変更に共通する考え」）。

②順位変更ができない権利　→　**①以外は，順位変更はできません**

| 順位変更ができる権利（○） | 順位変更ができない権利（×） |
|---|---|
| ・**同一抵当権を目的とする数個の転抵当権**（昭 58.5.11 民三.2984）<br>・**根抵当権**<br>・**先取特権**（登研 306P31）<br>・**不動産質権**（登研 306P31）<br>これらの権利は，乙区に登記されます（上記①）。転抵当権は P430 でみました。根抵当権はⅡのテキスト第３編第２章，先取特権はⅡのテキスト第３編第３章，不動産質権はⅡのテキスト第３編第４章でみます。<br>なお，同じ根抵当権者が有する複数の根抵当権の順位変更もできます（登研 300P69）。上記①には，権利者が誰かの要件はありません。 | ・**利用権**<br>利用権は優先枠と関係ないため，できません（上記②）。 |
| ・**仮登記された抵当権**（登研 300P69）<br>上記①には，「仮登記ではない」という要件はありません。 | ・**譲渡担保**<br>・**仮登記担保**<br>これらの権利は，担保物権なのですが，甲区に登記されます（上記②）。譲渡担保は P238～239 の６.でみました。仮登記担保はⅡのテキスト第５編第２章第６節でみます。 |
| ・**相続税債権を被担保債権とする抵当権**（登研 306P31）<br>相続税の額が高額であるために財務省が相続税の納税を猶予する際，納税者の不動産に財務省の抵当権を設定させることがあります。<br>財務省が抵当権者となりますが，上記①には，権利者が誰かの要件はありません。 | |

＊1では順位変更の登記についてみましたが，2からは順位変更の登記がされた後に順位変更の登記の変更・更正・抹消の登記をすることができるかという問題をみていきます。

## 2 順位変更の変更の可否

順位変更の登記がされた後，順位変更の登記を変更する登記を申請することはできません（昭46.10.4民事甲3230）。

順位変更は，登記が効力発生要件ですので（民法374条２項。P443②），順位変更の登記によって新たな順位が"確定"します。そのため，その後に当事者が順位を変更する合意をした場合には，それは「(すでにした）順位変更の変更」ではなく，「新たな順位変更」となります。よって，この場合には，順位変更の登記の変更の登記をするのではなく，「新たな順位変更の登記」をすべきです（昭46.10.4民事甲3230）。この登記は，P445～446※にあるとおり，可能です。

## 3 順位変更の更正の可否

順位変更の登記に錯誤または遺漏があるときに，順位変更の登記の更正の登記を申請することはできます（昭46京都地方法務局登記官合同決議参照）。

誤っている登記は早く直すべきなので，更正の登記の要件を充たしているのなら，更正の登記は原則としてできるからです（P372の「更正の登記の可否」）。

この更正の登記は，更正後の事項として更正にかかる担保物権のみを記載します。また，申請人は，更正によって影響を受ける者のみがなります（合同申請です）。

ex. 乙区１番のBの抵当権，乙区２番のCの抵当権，乙区３番のDの抵当権を，「第１　３番抵当権　第２　２番抵当権　第３　１番抵当権」とすべきところ，「第１　３番抵当権　第２　１番抵当権　第３　２番抵当権」と登記してしまいました。この更正の登記は，更正後の事項として「第２　２番抵当権　第３　１番抵当権」と記載します。また，BCのみで合同で申請します。

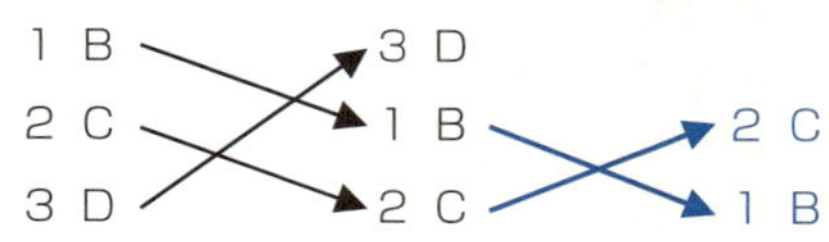


Dの３番抵当権は，絶対的にBの１番抵当権とCの２番抵当権の先順位となっているため（P442），Dは関係ないからです。

この順位変更の登記の更正の登記は，順位変更の登記に付記登記でされます（不登規３条２号。P25②ア）。

## 4 順位変更の抹消の可否

### 1．順位を元に戻す旨の合意・順位変更の合意解除

順位変更の登記がされた後，順位変更をした担保権者で，順位を元に戻す旨の合意または順位変更の合意解除がされた場合，順位変更の登記の抹消の登記を申請することはできません（昭46.12.24民事甲3630）。

上記[2]と同じ理由です。順位変更の登記によって新たな順位が“確定”していますので，順位変更の登記の抹消の登記をするのではなく，「新たな順位変更の登記」をすべきです。

### 2．無効事由・取消事由

順位変更の登記に無効事由または取消事由があるときに，順位変更の登記の抹消の登記を申請することはできます。

無効または取消しによって実体上存在しなかったまたは存在しなくなった順位変更の登記が公示されているのは好ましくないので，登記記録から抹消すべきだからです。

この抹消の登記は，順位変更の登記をした担保物権の担保権者全員が申請人となります（合同申請です。昭46.10.4民事甲3230）。抹消しますので，すべての者に関係するからです。

また，そのすべての申請人の登記識別情報を提供します（昭46.10.4民事甲3230）。この登記識別情報は，担保物権の設定を受けたまたは担保物権を取得した（＊）際に通知された登記識別情報です。順位変更の登記においては，登記識別情報は通知されないため（P444※），担保物権の設定を受けたまたは担保物権を取得した際に通知された登記識別情報を提供するのです。

＊この後の説明でも，「担保物権の設定を受けたまたは担保物権を取得した際に通知された登記識別情報」といった記載があります。「担保物権を取得した」としているのは，設定によって担保権者になる場合以外に，担保物権の移転などによって担保権者になる場合もあるからです。その場合は，担保物権の移転の登記などの際に通知された登記識別情報を提供します。

# 第５節　抵当権の変更の登記・更正の登記

抵当権の登記事項は，P386～392 の 3.でみましたが，そのうち，必要的登記事項である債権額の変更の登記・更正の登記（下記1）と債務者の変更の登記・更正の登記（下記2）を取り上げてみていきます。また，所有権の更正の登記（第２編第４章）と同じく，抵当権の主体である抵当権者の更正の登記があります（下記3）。登記原因及びその日付の更正の登記もあります（下記4）。そして，ちょっと変わった変更の登記（下記5）がありますので，それもこの第５節でみていきます。

## 1　債権額の変更の登記・更正の登記

### 1．変更契約（一部弁済）・更正

#### （1）変更の登記・更正の登記の可否

債権額の増額または減額の変更の登記または更正の登記ができるかが問題となります。

| | 変更の登記 | 更正の登記 |
|---|---|---|
| 増額 | **【原則】**<br>**不可**（明 32.11.1 民刑 1904）<br>たとえば，新たに融資をしたのであれば，その融資をした債権について新たな抵当権を設定し，その登記をすべきだからです。<br>**【例外】**<br>①**金銭消費貸借予約契約に基づく将来の貸付金を担保するための抵当権の設定の登記がなされている場合に，その予約契約を変更して貸付金額の増額をした旨の変更の登記は可**（昭 42.11.7 民事甲 3142）。<br>これは予約内容の変更ですので，上記の【原則】のような新たな融資ではないからです。<br>②**将来の一定の日までに発生する利息債権を債権額に追加する変更契約をして，債権額の増額の変更の登記をすることは可**（昭 41.12.1 民事甲 3323）。<br>元本から発生した利息ですので，上記の【原則】のような新たな融資ではないからです。 | **可**<br>誤っている登記は早く直すべきなので，更正の登記の要件を充たしているのなら，更正の登記は原則としてできるからです（P372 の「更正の登記の可否」）。 |
| 減額 | **可** | |

| | 債権の一部を抵当権で担保させないこととする契約をすることは，当事者の自由だからです。<br>なお，債務者が被担保債権の一部を弁済した場合にも，債権額の減額の変更の登記をすることができます。ただ，実際には，登記をしないことが多いです。全額の弁済をしたときに1件で抹消したほうが手間も費用もかからないですし，この登記はしなくても一部弁済の旨を第三者に対抗できるからです（大判大9.1.29）。<br>―― 民法Ⅱのテキスト第3編第1章第3節4 4.（1）（b）② | |
|---|---|---|

P493

上記で変更の登記または更正の登記ができるとされたものについては，債権額の増額または減額の変更の登記または更正の登記を申請できます。

### （2）申請情報の記載事項

**申請例53** ―― 一部弁済を原因とする抵当権の債権額の減額の変更の登記

事例：Aが所有している建物に，乙区1番で債務者をA・被担保債権を 1000 万円とするBの抵当権の設定の登記がされている。BとAは，令和5年 11 月 28 日，この抵当権の被担保債権を 1000 万円から 700 万円とする変更契約を締結した。

| | |
|---|---|
| 登記の目的 | 1番抵当権変更（付記） |
| 原　　因 | 令和5年 11 月 28 日変更 |
| 変更後の事項 | 債権額　金 700 万円 |
| 権 利 者 | A |
| 義 務 者 | B |
| 添 付 情 報 | 登記原因証明情報（抵当権変更契約書）<br>登記識別情報（Bの乙区1番の登記識別情報）<br>代理権限証明情報（A及びBの委任状） |
| 登録免許税 | 金 1000 円 |

| 権利部（乙区）（所有権以外の権利に関する事項） | | | |
|---|---|---|---|
| 順位番号 | 登記の目的 | 受付年月日・受付番号 | 権利者その他の事項 |
| 1 | 抵当権設定 | 令和5年6月28日<br>第 12457 号 | 原因　令和5年6月28日金銭消費貸借同日設定<br>債権額　金1000 万円<br>利息　年2%<br>損害金　年14% |

| | | | |
|---|---|---|---|
| | | | 債務者　A<br>抵当権者　B |
| 付記1号 | 1番抵当権変更 | 令和5年11月28日<br>第19451号 | 原因　令和5年11月28日変更<br>債権額　金700万円 |

**※「(付記)」とは？**

上記申請例53には，登記の目的に「(付記)」と記載しています。この記載ですが，付記登記で登記される場合と主登記で登記される場合がある登記を申請するときに，付記登記で登記される形で申請する際に記載します。これは，登記官が誤って主登記で登記しないようにするために記載します。つまり，「ちゃんと付記登記で登記してね～」という意味の記載です。

よって，主登記で登記される場合がない登記を申請するときは，「(付記)」とは記載しません。

変更の登記と更正の登記の申請情報は共通する点が多いので（申請人，添付情報，登録免許税），併せてみていきます。

### （a）登記の目的

【変更の登記】

「○番抵当権変更」と記載します。

【更正の登記】

「○番抵当権更正」と記載します。

### （b）登記原因及びその日付

【変更の登記】

・変更契約

年月日は，「変更契約の成立日」を記載します。

原因は，「変更」と記載します。変更（契約）が，債権額が変更された原因（法律行為）だからです。

・一部弁済

年月日は，「一部弁済をした日」を記載します。

原因は，「一部弁済」と記載します。一部弁済が，債権額が変更された原因（準法律行為）だからです。

【更正の登記】

年月日は，記載しません（昭39.5.21民事三.425。P233の「登記原因は記載するが登記原因日付は記載しない登記②」）。

債権額に間違い（錯誤）またはモレ（遺漏）があったわけですが，ある時点から間違いまたはモレが生じたというわけではなく，最初から間違いまたはモレがあったため，登記原因日付といえる日がないからです。

原因は，「錯誤」（間違いの場合）または「遺漏」（モレの場合）と記載します。

### （c）登記事項

【変更の登記】

変更後の事項として，変更後・一部弁済後の債権額を記載します。

【更正の登記】

更正後の事項として，正しい債権額を記載します。

#### 変更“後”・更正“後”の事項を記載する

申請情報に記載する「変更後の事項」「更正後の事項」は，その名のとおり変更**後**・更正**後**の事項です。

申請情報に記載する登記事項は，**「こう登記してください～」**という意味で記載するので（P380の「こう登記してください～」），登記官に登記してほしい変更後・更正後の事項を記載するのです。

### （d）申請人

【増額の変更の登記・更正の登記】

以下の者の共同申請です（不登法60条）。

・登記権利者：抵当権者
・登記義務者：設定者（＊）

債権額の増額により，抵当権者の優先枠が増え，設定者の負担が増加するからです。

【減額の変更の登記・更正の登記】

以下の者の共同申請です（不登法60条）。

・登記権利者：設定者（＊）
・登記義務者：抵当権者

債権額の減額により，設定者の負担が減少し，抵当権者の優先枠が減少するからです。

＊抵当権を設定した債務者または物上保証人が「設定者」です。基本的には，この債務者または物上保証人が登記義務者または登記権利者となります。しかし，債務者または物上保証人から第三取得者に権利の移転の登記がされていれば，第三取得者が登記義務者または登記権利者となります。登記をすることにより，直接に不利益を受ける者または直接に利益を受ける者が登記義務者または登記権利者だからです（不登法２条13号，12号。P34）。この後の説明でも，申請人として「設定者」としか記載していませんが，第三取得者に権利の移転の登記がされていれば「第三取得者」が申請人となります。

cf. 利息の変更

抵当権の利息を「年２.７％。ただし令和５年７月１日から年３.０％」から「年２.７％。ただし令和５年８月１日から年３.０％」に更正する登記は，設定者が登記権利者，抵当権者が登記義務者となります（登研 457P119）。

上記の債権額の変更の登記・更正の登記と同じ発想です。この更正の登記により，令和５年７月１日から令和５年７月 31 日の利息が年３.０％から年２.７％に減少しますので，設定者の負担が減少し，抵当権者の優先枠が減少します。

### （e）添付情報

①登記原因証明情報（不登法 61 条，不登令別表 25 添付情報イ）

P69 4 の「登記原因証明情報の提供が不要となる場合」に当たりませんので，登記原因証明情報を提供する必要があります。

具体的には，以下の情報が当たります。

【変更の登記】

・変更契約

抵当権債権額変更契約書が当たります。

・一部弁済

一部弁済証書が当たります。

【更正の登記】

更正後の正しい債権額を証する情報，たとえば，抵当権設定契約書などを提供します。

②登記識別情報（不登法 22 条本文）

登記義務者の登記識別情報を提供します。共同申請だからです（P77～78 の「登記識別情報の提供の要否の基本的な判断基準」）。登記義務者は，増額か減額かによって変わります（上記（d））。

【増額の変更の登記・更正の登記】

設定者の登記識別情報を提供します。

【減額の変更の登記・更正の登記】

抵当権者の登記識別情報を提供します。

③印鑑証明書（不登令16条2項，18条2項）

【増額の変更の登記・更正の登記】

所有権を目的として設定された抵当権の債権額の増額の変更の登記または更正の登記の場合，登記義務者である設定者の印鑑証明書を提供します。この場合，上記（d）のとおり，所有権の登記名義人である設定者が登記義務者となるからです（P93の「『認印でよいか』『実印で押印し印鑑証明書の提供が要求されるか』の判断基準」）。

【減額の変更の登記・更正の登記】

※印鑑証明書は，提供しません。この場合，上記（d）のとおり，抵当権者が登記義務者となり，所有権の登記名義人が登記義務者とならないからです（P93の「『認印でよいか』『実印で押印し印鑑証明書の提供が要求されるか』の判断基準」）。

**— Realistic 18　記憶の省略 —**

上記②の登記識別情報・上記③の印鑑証明書について，提供するか，提供する場合に誰のものを提供するかは記憶していなくても大丈夫です。上記（d）の申請人がわかっていれば，P77～78とP93の「判断基準」から判断できます。

不動産登記法は，このように全体にわたって使える判断基準が多い科目なので，一貫した考え方を意識してそれを基に学習しているかで，記憶量が大幅に変わってきます。

④代理権限証明情報（不登令7条1項2号）

⑤会社法人等番号（不登令7条1項1号イ）

⑥承諾証明情報（不登法66条，不登令別表25添付情報ロ）

登記上の利害関係を有する第三者がいるときは，付記登記によって登記するには，その第三者が作成した承諾を証する情報などを提供する必要があります。変更の登記・更正の登記だからです（不登法66条。P114②）。

たとえば，以下の者が登記上の利害関係を有する第三者に当たります。

【増額の変更の登記・更正の登記】

**抵当権の優先枠が増えることにより不利益を受ける者**が当たります。

i　同順位・後順位の担保権者

同順位の担保権者の承諾も要求されるのは，同順位の担保権者は債権額の割合で按分して配当を受けるため，同順位の他の担保物権の債権額が増額されると，優先枠が減少するからです。

ii　後順位の所有権の仮登記権利者

仮登記権利者は，本登記というものをすると通常の所有権の登記名義人となりますが，その際の抵当権の負担が増えるからです。

iii　後順位の所有権の差押債権者・仮差押債権者

iv　債権額が増額される抵当権に順位の譲渡をした先順位の担保権者

iii・ivは，差押債権者・仮差押債権者・先順位の担保権者の取り分が減るからです。

※利用権者は，後順位であっても利害関係人になりません。利用権を目的としている担保権者も利害関係人になりません。

**利用権は優先枠とはカンケーない**

**利用権は，優先枠（債権額など）の問題とは関係ありません。**

利用権は，不動産を利用する権利ですので，利用できるかどうかが問題となるだけだからです。また，（民事執行法で学習することですが）先順位の抵当権の債権額に関係なく，競売されれば利用権は消滅します（民執法59条２項）。

【減額の変更の登記・更正の登記】

**減額される抵当権を目的として権利を有している者**が当たります。目的としている抵当権の価値が下がるからです。

i　抵当権の処分を受けている者

ii　抵当権の被担保債権の質権者

iii　抵当権を目的とする仮登記権利者

iv　抵当権付債権を目的とする差押債権者・仮差押債権者

※住所証明情報は，提供しません。P101 の「住所証明情報の提供が要求される場合①〜③」のいずれにも当たらないからです。

#### （ｆ）登録免許税

【増額の変更の登記・更正の登記】

増額した債権額の４/1000です（登免法別表第１.１.（５））。

変更の登記・更正の登記ですが，増額する部分については新たな設定の登記とみなされるからです（登免法 12 条１項）。通常の変更の登記・更正の登記のように 1000円でよければ，債権額 1000 万円でも「債権額 250000 円×４/1000＝1000 円で登記しておいて，その後に更正の登記をして合計 2000 円で済まそう」という人が現れます（本来は1000 万円×４/1000＝４万円の登録免許税が必要です）。

【減額の変更の登記・更正の登記】

変更の登記・更正の登記として，不動産１個につき1000円です（登免法別表第１.１.(14)）。

## ２．利息の元本への組入れ（いわゆる重利〔複利〕）

### （１）実体（民法）→登記

「利息の元本への組入れ」とは，発生した利息が元本になり，その利息にも利息がつくようになることです。いわゆる「重利（複利）」のことです。利息の支払が遅れても当然に重利（複利）とはなりません。しかし，利息の支払が１年分以上延滞した場合に，債権者が催告をしても債務者がその利息を支払わないときは，債権者は利息を元本に組み入れることができ，重利（複利）となります（民法405条）。―― 民法Ⅲのテキスト第５編第２章３※

利息が元本に組み入れられた場合，債権額（元本）が増加しますので，債権額を増額する抵当権の変更の登記を申請できます。

### （２）申請情報の記載事項

**申請例54** ―― **利息の元本への組入れにより債権額を増額する抵当権の変更の登記**

事例：Ａが所有している建物（甲区１番でＡ名義の所有権の保存の登記がされている）に，乙区１番で債務者をＡ・債権額を 1000 万円・利息を年２.５％とするＢの抵当権の設定の登記がされている。Ａが利息の支払を１年分以上延滞したため，ＢはＡに利息の支払を催告したが，それでもＡが支払わなかった。そこで，Ｂは，令和５年11月28日，令和１年６月28日から令和５年６月27日までの利息100万円を元本に組み入れる旨をＡに通知した。

| | |
|---|---|
| 登記の目的 | １番抵当権変更（付記） |
| 原　　因 | 令和5年 11 月 28 日　令和1年6月 28 日から令和5年6月 27 日までの利息の元本組入 |
| 変更後の事項 | 債権額　金 1100 万円 |
| 権 利 者 | Ｂ |
| 義 務 者 | Ａ |
| 添 付 情 報 | 登記原因証明情報（利息を元本に組み入れたことを証する書面）<br>登記識別情報（Ａの甲区１番の登記識別情報）<br>印鑑証明書（Ａの印鑑証明書）<br>代理権限証明情報（Ｂ及びＡの委任状） |
| 課 税 価 格 | 金 100 万円 |
| 登録免許税 | 金 4000 円 |

この申請情報は，一から記憶していく必要はありません。**原型は P453～459 の（2）の債権額の増額の変更の登記**ですので，**原型と異なる点のみを記憶**してください（P171 の「申請情報の記憶方法」）。債権額の“増額”の変更の登記が原型となるのは，利息を元本に組み入れることは債権額の増額だからです。

P453～459 の（2）の債権額の増額の変更の登記（原型）と異なるのは，以下の点です。

### （a）登記原因及びその日付

以下のように記載しますが（上記申請例 54），これは以下の意味です。

に
令和５年11月28日 令和１年６月28日から令和５年６月27日までの利息の元本
組入　　　　　　　　　　　　　　　　　　　　　　に発生した　を
に　れた

### （b）添付情報

以下のとおり，登記原因証明情報の内容が変わる点を除いて，P456～458（e）の債権額の増額の変更の登記と同じです。

・登記原因証明情報（不登法 61 条，不登令別表 25 添付情報イ）
具体的には，利息を元本に組み入れたことを証する書面が当たります。

## ３．元本の弁済により利息のみを担保することとなった場合

### （1）実体（民法）→登記

抵当権の被担保債権（利息が発生する債権）の元本のみが債務者によって全額弁済されたとしても（＊），利息が残っている場合には，抵当権は消滅しません。この場合，債権額が利息のみとなります。

＊これは，弁済を元本のみに充当する旨の抵当権者と債務者の合意がある場合です（民法 490 条）。このような合意がなければ，弁済金は利息から充当されます（民法 489 条）。

よって，債権額を利息のみとする抵当権の変更の登記を申請できます。

### （2）申請情報の記載事項

**申請例55** —— **元本の弁済により利息のみを担保する抵当権とする変更の登記**

事例：Aが所有している建物に，乙区１番で債務者をA・債権額を 1000 万円・利息を年２％とするBの抵当権の設定の登記がされている。AはBに，令和５年６月 28 日，この抵当権の被担保債権の元本 1000 万円・平成 30 年６月 28 日から令和５年６月 27 日までに発生した利息 100 万円のうち，元本 1000 万円を弁済した。

| | |
|---|---|
| 登記の目的 | １番抵当権変更（付記） |
| 原　　因 | 令和5年6月28日元本弁済 |
| 変更後の事項 | 債権額　金 100 万円（平成 30 年 6 月 28 日から令和5年6月 27 日までの利息） |
| 権 利 者 | A |
| 義 務 者 | B |
| 添 付 情 報 | 登記原因証明情報（一部弁済証書）<br>登記識別情報（Bの乙区 1 番の登記識別情報）<br>代理権限証明情報（A及びBの委任状） |
| 登録免許税 | 金 1000 円 |

この申請情報も，一から記憶していく必要はありません。**原型は P453～459 の（2）の債権額の減額の変更の登記**ですので，**原型と異なる点のみを記憶**してください（P171 の「申請情報の記憶方法」）。債権額の“減額”の変更の登記が原型となるのは，元本の弁済は債権額の減額だからです。

P453～459 の（2）の債権額の減額の変更の登記（原型）と異なるのは，以下の点です。

#### （a）登記原因及びその日付

年月日は，「元本が弁済された日」を記載します。

原因は，「元本弁済」と記載します。元本弁済が，債権額が減額された原因（準法律行為）だからです。

#### （b）登記事項

上記申請例 55 のように，減額後の債権額にかっこ書で，いつ発生した利息であるかを記載します。

### ４．抵当権の一部移転の登記の後に抵当権の共有者の１人の債権が消滅した場合

#### （1）実体（民法）→登記

どのように登記をすればよいか悩ましい，ちょっと変わった問題があります。以下のex.を基に，この問題を考えていきます。

ex.　Aが所有している建物に，乙区１番で債務者をA・被担保債権を1000万円とするBの抵当権の設定の登記がされました。その後，BからCに被担保債権1000万円のうち700万円が譲渡され，BからCへの抵当権の一部移転の登記がされました。乙区１番でBの抵当権の設定の登記，乙区１番付記１号でCへの抵当権の一部移転の登記がされているという状態です。

##### （a）Bの債権のみが消滅した場合

上記ex.の場合に，Bの債権300万円のみがAの弁済により消滅し，Bの抵当権の持分が消滅したとします。このとき，乙区１番のBの抵当権の設定の登記を抹消するかですが，それをしてしまうと，乙区１番に付記１号でくっついているCへの抵当権の一部移転の登記も消えてしまいます。

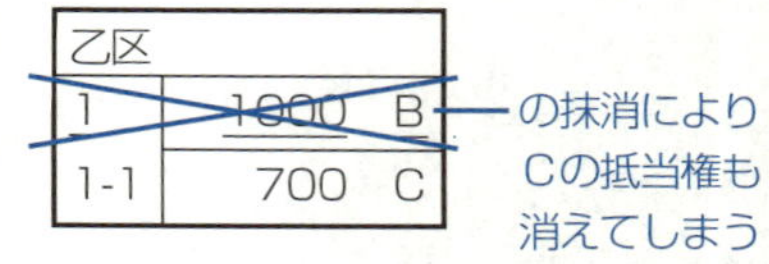


よって，「年月日Bの債権弁済」を登記原因及びその日付として，債権額を残っているCの債権額700万円とする抵当権の変更の登記を申請します（記録例401）。

##### （b）Cの債権のみが消滅した場合

上記ex.の場合に，Cの債権700万円のみがAの弁済により消滅し，Cの抵当権の持分が消滅したとします。このとき，乙区１番付記１号のCへの抵当権の一部移転の登記を抹消するかが問題となります。それをするという見解もあります。しかし，それをしてしまうと，乙区１番の付記１号が消え，乙区１番の主登記のみとなり，登記記録上1000万円の被担保債権を担保する抵当権のように見えてしまいます。被担保債権はBの債権300万円しか残っていないわけですから，これはおかしいです。

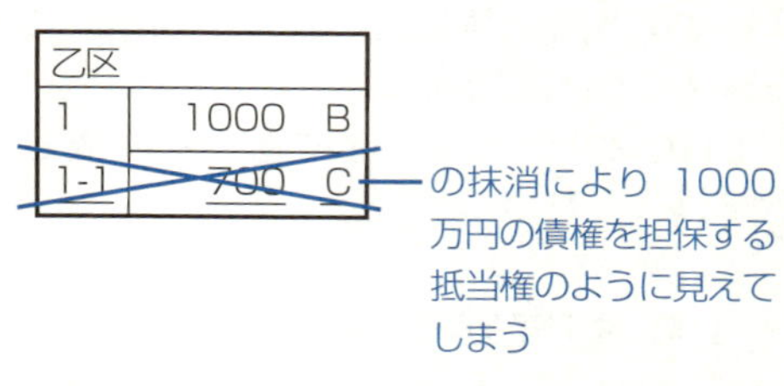


よって，「年月日Cの債権弁済」を登記原因及びその日付として，債権額を残っているBの債権額300万円とする抵当権の変更の登記を申請します（記録例402）。

結局，上記（a）（b）いずれの場合も，「年月日◯◯（←弁済を受けた者を記載します）の債権弁済」を登記原因及びその日付として，債権額を残っている債権者の債権額とする抵当権の変更の登記を申請することになります。

### （2）申請情報の記載事項

**申請例56** ―― **抵当権の一部移転の登記後に抵当権の共有者の１人の債権が弁済された場合の抵当権の債権額の減額の変更の登記**

＊事例は，上記（1）（a）に合わせています。

事例：Aが所有している建物に，乙区１番で債務者をA・被担保債権を 1000 万円とするBの抵当権の設定の登記がされている。その後，BからCに被担保債権 1000 万円のうち 700 万円が譲渡され，BからCへの抵当権の一部移転の登記がされた。AはBに，令和５年 11 月 28 日，この抵当権の被担保債権 1000 万円のうち 300 万円を弁済した。

| | |
|---|---|
| 登記の目的 | １番抵当権変更 |
| 原　　因 | 令和５年 11 月 28 日Bの債権弁済 |
| 変更後の事項 | 債権額　金 700 万円 |
| 権 利 者 | A |
| 義 務 者 | B<br>C |
| 添 付 情 報 | 登記原因証明情報（弁済証書）<br>登記識別情報（Bの乙区１番及びCの乙区１番付記１号の登記識別情報）<br>代理権限証明情報（A，B及びCの委任状） |
| 登録免許税 | 金 1000 円 |

| 権利部（乙区）（所有権以外の権利に関する事項） | | | |
|---|---|---|---|
| 順位番号 | 登記の目的 | 受付年月日・受付番号 | 権利者その他の事項 |
| 1 | 抵当権設定 | 令和５年６月 28 日<br>第 12457 号 | 原因　令和５年６月 28 日金銭消費貸借同日設定<br>債権額　金 1000 万円<br>利息　年 2%<br>損害金　年 14%<br>債務者　A<br>抵当権者　B |

| 付記1号 | 1番抵当権一部移転 | 令和5年7月8日<br>第12987号 | 原因　令和5年7月8日債権一部譲渡<br>譲渡額　金700万円<br>抵当権者　C |
|---|---|---|---|
| 付記2号 | 1番抵当権変更 | 令和5年11月28日<br>第19023号 | 原因　令和5年11月28日Bの債権弁済<br>債権額　700万円 |

上記のように，この登記の申請により，乙区1番の「債権額　金1000万円」と「抵当権者　B」に下線が引かれ，この抵当権の債権額が700万円に変更されます。

この申請情報も，一から記憶していく必要はありません。**原型は P453～459 の（2）の債権額の減額の変更の登記**ですので，**原型と異なる点のみを記憶**してください（P171 の「申請情報の記憶方法」）。

P453～459 の（2）の債権額の減額の変更の登記（原型）と異なるのは，以下の点です。

#### （a）登記原因及びその日付

年月日は，「弁済された日」を記載します。

原因は，「○○の債権弁済」と記載します。「○○」には，弁済を受けた者を記載します。○○の債権の弁済が，債権額が減額された原因（準法律行為）だからです。

#### （b）申請人

以下の者の共同申請です（不登法 60 条）。

・登記権利者：設定者

・登記義務者：抵当権者全員（＊）

抵当権者全員が登記義務者となるのは，この変更の登記が共有物の変更行為（民法 251 条1項）と考えられるからです。── **民法Ⅱのテキスト第3編第3章第4節3 2.（4）（a）**

＊弁済を受けた抵当権の共有者（上記申請例 56 ではB）のみが登記義務者となるという見解もあります。抵当権者でなくなり実質的に不利益を受けるのは，弁済を受けた抵当権の共有者のみだからです。

#### （c）添付情報

以下のとおり，登記原因証明情報の内容が変わる点を除いて，P456～458（e）の債権額の減額の変更の登記と同じです。

・登記原因証明情報（不登法 61 条，不登令別表 25 添付情報イ）

具体的には，（上記申請例 56 ではBへの）弁済証書が当たります。

## 2 債務者の変更の登記・更正の登記

### 1．債務者の変更の登記・更正の登記に共通するハナシ

抵当権の登記事項である債務者に変更があった場合・錯誤または遺漏があった場合には，債務者の変更の登記・更正の登記を申請できます。原因ごとに変更の登記・更正の登記をみていく前に，この1.で，債務者の変更の登記・更正の登記に共通するハナシをみます。この共通点のウラにある考えは，抵当権の債務者は，（必要的登記事項ですが）扱いが軽いということです。

#### （1）申請人

すべて，以下の申請構造（共同申請）を採ります（不登法60条）。

・登記権利者：抵当権者

・登記義務者：設定者

「この場合，債務者が増えるから設定者に有利なのでは……」などと考えてはいけません（そういったことを考えさせるひっかけ問題が出ます）。抵当権の債務者は扱いが“軽い”ので，どのような変更の登記・更正の登記であっても，上記の申請構造となります。どちらに有利であるかを考えない場合に，登記権利者が抵当権者・登記義務者が設定者となるのは，以下の考え方があるからです。

#### どっちにも有利といえない場合は？

共同申請で行う乙区の担保物権の変更の登記・更正の登記において，その変更・更正がどちらにも有利といえない場合は，以下の申請構造となります。

・登記権利者：担保権者

・登記義務者：設定者

担保物権は担保権者の権利ですので，どちらにも有利といえない場合は上記の申請構造となるのです。

また，設定者を登記義務者にしておいたほうが登記の真正が確保されやすいからでもあります。登記義務者は，登記識別情報などの提供が求められ，本人確認・意思確認が厳格にされます。設定者は，不動産の所有者などですから，その不動産に最も強い利害関係を有しています。その設定者について本人確認・意思確認を厳格にしておけば，虚偽の登記がされることを防げるだろうという発想なんです。

### （2）添付情報

#### （a）印鑑証明書

所有権を目的として設定された抵当権であれば，所有権の登記名義人が登記義務者となりますが，申請情報または委任状に設定者が**実印で押印する必要はなく印鑑証明書を提供する必要もありません**（不登規48条5号，47条3号イ（1）かっこ書，49条2項4号。P93の「『認印でよいか』『実印で押印し印鑑証明書の提供が要求されるか』の判断基準」の例外）。抵当権の債務者は扱いが"軽い"からです。

#### （b）登記上の利害関係を有する第三者の承諾を証する情報

**登記上の利害関係を有する第三者は存在しません**。抵当権の債務者は扱いが"軽い"からです。このことから，以下の2つのRealistic ruleが導かれます。

P411＝
P428

**Realistic rule**

①抵当権の債務者の変更の登記・更正の登記において，**「登記上の利害関係を有する第三者の承諾を証する情報」を提供することはありません**。
②抵当権の債務者の変更の登記・更正の登記は，**すべて付記登記**でされます。

### （3）登録免許税

**すべて不動産1個につき1000円**です（登免法別表第1.1.（14））。

## 2．債務引受

### （1）実体（民法）→登記

債務引受には，以下の3種類があります。—— 民法Ⅲのテキスト第5編第5章第2節
①併存的債務引受
②免責的債務引受
③履行引受

これらのうち，債務者が変更するため登記申請が必要となるのは，①②です。③は，引受人は債務を履行する義務を債務者に負うだけであり，債務者は変わらず，債権者（抵当権者）と引受人との間には「債権（債務）関係」は生じないからです。—— 民法Ⅲのテキスト第5編第5章第2節3 1.（1）

### (a) 併存的債務引受

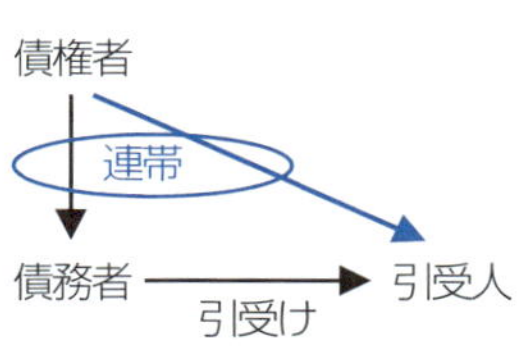


併存的債務引受がされると，引受人が債務者に追加され，従来の債務者と引受人が連帯債務者となります（民法470条１項）。―― 民法Ⅲのテキスト第５編第５章第２節1 1.
なお，抵当権の債務者に引受人を加えるには，抵当権者と設定者のその旨の合意も必要です（令2.3.31 民二.328）。

よって，この場合には，債務者を追加する債務者の変更の登記を申請できます。

### (b) 免責的債務引受

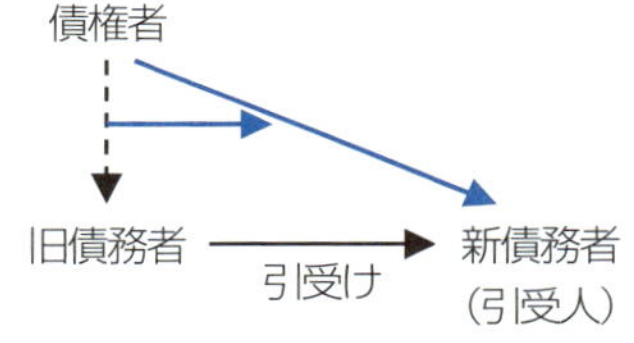


免責的債務引受がされると，債務者が引受人に変更されます（民法472条１項）。―― 民法Ⅲのテキスト第５編第５章第２節2 1.　このとき，抵当権を，免責的債務引受の前または免責的債務引受と同時に債権者が引受人に対して意思表示をすることで，引受人の債務に移すことができます（民法472条の４第１項本文，２項）。設定者が引受人以外の者である場合は，設定者の承諾も必要となります（民法472条の４第１項ただし書）。―― 民法Ⅲのテキスト第５編第５章第２節2 2.(2)(a)

≒P476

よって，この場合には，債務者の変更の登記を申請できます。

### (2) 申請情報の記載事項

**申請例57** ―― 免責的債務引受を原因とする抵当権の債務者の変更の登記

事例：Aが所有している建物（甲区１番でＡ名義の所有権の保存の登記がされている）に，乙区１番で債務者をＡとするＢの抵当権の設定の登記がされている。Ｂ，ＡおよびＣは，令和５年11月28日，この抵当権の被担保債務を，ＣがＡから免責的に引き受ける旨の契約を締結した。この免責的債務引受契約と同時に，ＢはＣに対して，Ｂがこの建物に有している乙区１番の抵当権をＣの債務に移す意思表示をした。Ａは，この抵当権をＣの債務に移すことを承諾した。

| | |
|---|---|
| 登記の目的 | 1番抵当権変更 |
| 原　　因 | 令和5年11月28日免責的債務引受 |
| 変更後の事項 | 債務者　C |
| 権 利 者 | B |
| 義 務 者 | A |
| 添 付 情 報 | 登記原因証明情報（免責的債務引受契約書，抵当権移転請求書，Aの承諾書）<br>登記識別情報（Aの甲区1番の登記識別情報）<br>代理権限証明情報（B及びAの委任状） |
| 登録免許税 | 金1000円 |

| 権利部（乙区）（所有権以外の権利に関する事項） | | | |
|---|---|---|---|
| 順位番号 | 登記の目的 | 受付年月日・受付番号 | 権利者その他の事項 |
| 1 | 抵当権設定 | 令和5年6月28日<br>第12457号 | 原因　令和5年6月28日金銭消費貸借同日設定<br>債権額　金1000万円<br>利息　年2%<br>損害金　年14%<br>債務者　A<br>抵当権者　B |
| 付記1号 | 1番抵当権変更 | 令和5年11月28日<br>第19451号 | 原因　令和5年11月28日免責的債務引受<br>債務者　C |

### (a) 登記の目的

「○番抵当権変更」と記載します。

### (b) 登記原因及びその日付

【併存的債務引受】

年月日は，「抵当権者と設定者による抵当権の債務者に引受人を加える合意の効力が生じた日」を記載します（令2.3.31民二.328）。

原因は，「併存的債務引受」と記載します（令2.3.31民二.328）。併存的債務引受が，債務者が追加された原因（法律行為）だからです。

【免責的債務引受】

年月日は，「免責的債務引受契約の成立日」を記載します（登研210P48）。ただし，免責的債務引受契約が債権者と引受人の間でされた場合は「債権者が債務者に契約をした旨を通知した日」を，債務者と引受人の間でされた場合は「債権者が引受人に承諾をした日」を記載します（令２.３.31 民二.328）。これらの場合は，債権者の債務者に対する契約をした旨の通知，債権者の引受人に対する承諾が免責的債務引受の効力発生要件となるからです（民法 472 条２項，３項）。―― 民法Ⅲのテキスト第５編第５章第２節4

原因は,「免責的債務引受」と記載します（令２.３.31 民二.328)。免責的債務引受が，債務者が変更された原因（法律行為）だからです。

### （c）登記事項

【併存的債務引受】

追加する事項として，引受人の氏名（名称）・住所を記載します。併存的債務引受の場合，上記申請例 57 の「変更後の事項　債務者　C」が「追加する事項　連帯債務者　C」となります。従来の債務者はそのままで新たな債務者が追加されるため，「追加する事項」となるのです。従来の債務者はそのままなので，上記申請例 57 の完了後の登記記録のように，「債務者　A」に下線は引かれません。併存的債務引受は，従来の債務者と引受人が連帯債務者となるため（民法 470 条１項)，「連帯債務者」と記載します。

【免責的債務引受】

変更後の事項として，引受人の氏名（名称）・住所を記載します。

### （d）申請人

以下の者の共同申請です（不登法 60 条。P465（1))。

・登記権利者：抵当権者

・登記義務者：設定者

### （e）添付情報

①登記原因証明情報（不登法 61 条，不登令別表 25 添付情報イ）

P69 4 の「登記原因証明情報の提供が不要となる場合」に当たりませんので，登記原因証明情報を提供する必要があります。

具体的には，以下の情報が当たります。

【併存的債務引受】

債務者変更の合意書が当たります（令２.３.31 民二.328)。

これは，併存的債務引受がされ，抵当権者と設定者が抵当権の債務者に引受人を加える合意をしたことを証する書面です。

【免責的債務引受】

以下の書面が当たります。

・免責的債務引受契約書

免責的債務引受契約が債権者と引受人の間でされた場合は債権者から債務者への通知書，債務者と引受人の間でされた場合は債権者の承諾書も必要です（令2.3.31民二.328）。

・抵当権移転請求書（令2.3.31民二.328）

これは，債権者が引受人に対して，抵当権を引受人の債務に移す旨の意思表示をしたことを証する書面です。この意思表示は，免責的債務引受契約とは別の意思表示であり，抵当権を移す効力発生要件なので（民法472条の4第1項本文，2項），登記原因証明情報として提供する必要があります。

・承諾書（令2.3.31民二.328）

設定者が引受人以外の者である場合に必要となります（民法472条の4第1項ただし書）。

②登記識別情報（不登法22条本文）

登記義務者である設定者の登記識別情報を提供します。共同申請だからです（P77～78の「登記識別情報の提供の要否の基本的な判断基準」）。

③代理権限証明情報（不登令7条1項2号）

④会社法人等番号（不登令7条1項1号イ）

※印鑑証明書は，提供しません（不登規48条5号，47条3号イ（1）かっこ書，49条2項4号。昭30.5.30民事甲1123。P466（a））。

※住所証明情報は，提供しません。P101の「住所証明情報の提供が要求される場合①～③」のいずれにも当たらないからです。

**（f）登録免許税**

変更の登記として，不動産1個につき1000円です（登免法別表第1.1.(14)。P466（3））。

## 3．相続

### （1）実体（民法）→登記

#### （a）原則

抵当権の債務者が死亡すると，債務も相続財産になりますので，原則として相続人が債務を承継し（相続人が複数いる場合は相続分に応じて債務を承継します），債務者が相続人に変更されます。── 民法Ⅲのテキスト第10編第3章第1節[1]1.

この場合，1件で以下の登記ができます。

1/1　相続人全員を債務者とする相続を原因とする抵当権の債務者の変更の登記

#### （b）特定の相続人のみに債務を引き受けさせる場合

相続人が複数いる場合には，以下のⅰまたはⅱの方法により，特定の相続人のみに債務を引き受けさせることができます。

##### ⅰ　遺産分割

相続人全員で遺産分割をすることにより，特定の相続人のみに債務を引き受けさせることができます。ただし，それには，抵当権者の承認が必要となります。その理由ですが，債務は遺産分割を待たずに当然に分割されるのが原則であり（── 民法Ⅲのテキスト第10編第3章第3節[1]1.（2）（a）），債務を遺産分割の対象とするのは例外だからです。たとえば，抵当権者を無視して，最も財産・収入の少ない相続人に債務を引き受けさせることができたら，抵当権者は困ってしまいます。

この場合，1件で以下の登記ができます（昭33.5.10民事甲964）。

1/1　特定の相続人を債務者とする相続を原因とする抵当権の債務者の変更の登記

遺産分割の効力は，相続開始の時にさかのぼって生じるからです（民法909条本文）。

##### ⅱ　債務引受契約

相続人全員が債務を承継した後，抵当権者と相続人との間の契約で，特定の相続人が債務を引き受ける旨の契約をすることができます。

この場合には，以下の登記ができます（昭33.5.10民事甲964）。

1/2　相続人全員を債務者とする相続を原因とする抵当権の債務者の変更の登記

2/2　特定の相続人を債務者とする「◯◯（←債務者でなくなる相続人を記載します）の債務引受」を原因とする抵当権の債務者の変更の登記

相続人全員が債務を承継したうえで，特定の相続人が債務を引き受けているので，権利変動の過程を公示するためには上記1/2の登記が必要となるからです。また，債務引受契約は，上記ｉの遺産分割と異なり，相続開始の時にさかのぼって生じるといった規定もありません。

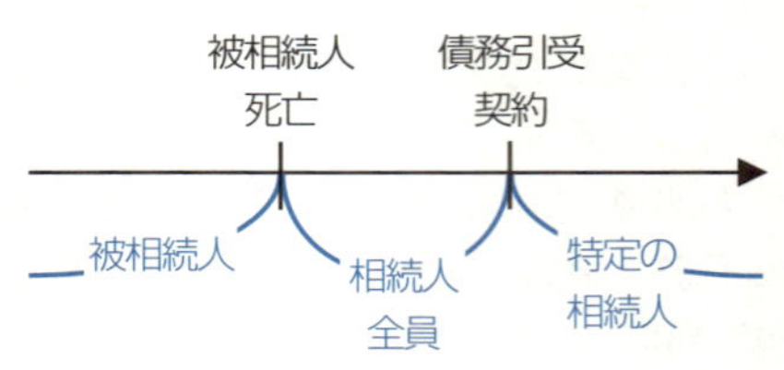


### （2）申請情報の記載事項

この（2）では，上記（1）のうち，（a）の1/1の登記，（b）ｉの1/1の登記，（b）ⅱの1/2の登記，つまり，相続を原因とする抵当権の債務者の変更の登記をみます。

### 申請例58 ―― 相続を原因とする抵当権の債務者の変更の登記

事例：Aが所有している建物（甲区１番でA名義の所有権の保存の登記がされている）に，乙区１番で債務者をAとするBの抵当権の設定の登記がされている。Aは，令和５年11月28日，死亡した。Aの相続人は，子CDのみである。なお，相続を原因とする所有権の移転の登記は，甲区２番においてCD名義ですでにされている。

| | |
|---|---|
| 登記の目的 | １番抵当権変更 |
| 原　　因 | 令和５年11月28日相続 |
| 変更後の事項 | 債務者　C<br>　　　　D |
| 権 利 者 | B |
| 義 務 者 | C<br>D |
| 添 付 情 報 | 登記原因証明情報（Aの戸籍全部事項証明書等，C及びDの戸籍一部事項証明書等）<br>登記識別情報（C及びDの甲区２番の登記識別情報）<br>代理権限証明情報（B，C及びDの委任状） |
| 登録免許税 | 金1000円 |

| 権利部（乙区）（所有権以外の権利に関する事項） | | | |
|---|---|---|---|
| 順位番号 | 登記の目的 | 受付年月日・受付番号 | 権利者その他の事項 |
| 1 | 抵当権設定 | 令和5年6月28日<br>第12457号 | 原因　令和5年6月28日金銭消費貸借同日設定<br>債権額　金1000万円<br>利息　年2%<br>損害金　年14%<br>債務者　A<br>抵当権者　B |
| 付記1号 | 1番抵当権変更 | 令和5年12月21日<br>第19987号 | 原因　令和5年11月28日相続<br>債務者　C<br>　　　　D |

この申請情報は，一から記憶していく必要はありません。**原型はP467～470の（2）の併存的債務引受・免責的債務引受を原因とする債務者の変更の登記**ですので，**原型と異なる点のみを記憶**してください（P171の「申請情報の記憶方法」）。 P241 P421

なお，申請人も同じく，抵当権者を登記権利者，設定者を登記義務者とする共同申請です（不登法60条。P465（1））。相続を原因とする登記ですが，債務者は権利の主体ではなく登記事項の1つにすぎません。債権額や利息と同じレベルなのです。また，登記権利者（抵当権者）と登記義務者（設定者）が存在しますので，共同申請の申請構造を採れます。

P467～470の（2）の併存的債務引受・免責的債務引受を原因とする債務者の変更の登記（原型）と異なるのは，以下の点です。

### （a）登記原因及びその日付

年月日は，「相続が開始した日（被相続人が死亡した日）」を記載します。被相続人が死亡すると，その瞬間に，被相続人の債務が相続人に承継されるからです。―― 民法Ⅲのテキスト第10編第2章1

原因は，「相続」と記載します。相続が，債務者が変更された原因（事実）だからです。 =P241 P421

### （b）登記事項

変更後の事項として，相続人の氏名・住所を記載します。

### (c) 添付情報

以下のとおり，登記原因証明情報の内容が変わる点を除いて，P469～470（e）の併存的債務引受・免責的債務引受を原因とする債務者の変更の登記と同じです。

・登記原因証明情報（不登法61条，不登令別表25添付情報イ）

具体的には，P243～246（b）の情報（戸籍全部事項証明書等）が登記原因証明情報となります。提供する理由や考え方も同じです。

なお，相続を原因とする登記ですが，申請構造が共同申請であるため，報告形式の登記原因証明情報を提供しても構いません（P68の「公文書に限定されるかどうかの基本的な判断基準」）。

### (3) 抵当権の抹消の登記の前提としての相続を原因とする債務者の変更の登記の要否

抵当権の債務者が死亡した後，上記（2）の相続を原因とする抵当権の債務者の変更の登記を申請する前に，債務者の相続人が抵当権の被担保債権の全額を弁済するなどして，付従性により抵当権が消滅したとします。この場合でも，抵当権の抹消の登記の前提として上記（2）の登記をする必要があるでしょうか。

これは省略でき，以下の登記のみを申請できると解されています。

1/1　抵当権の抹消の登記

権利変動の過程を公示するには，上記（2）の登記をすべきです。しかし，上記（2）の登記をしても，どうせすぐに抵当権は抹消されてしまいます。よって，この場合には，上記（2）の登記は省略できると解されているのです。

## 4. 連帯債務者の1人に対する債務免除

### (1) 実体（民法）→登記

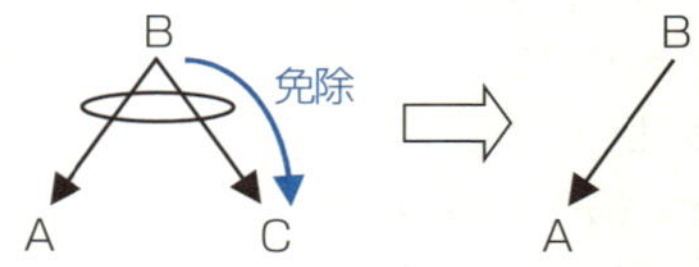


連帯債務を被担保債権として抵当権が設定されている場合があります（P389②）。たとえば，AおよびCを連帯債務者とする債権を被担保債権としてBの抵当権が設定されている場合です。この場合に，Cの債務が全額免除されれば，Cは債務者ではなくなります。

── 民法Ⅲのテキスト第5編第4章第4節2 3.（2）（b）※

よって，債務者の変更の登記を申請できます（登研402P93）。

**※債権額の変更の登記の要否**

Cの債務が免除されても，原則としてAの債務額は減少しません（民法441条本文）。

よって，債権額の変更の登記は不要です。かつては，Ｃの負担部分についてＡの債務額が減少していたので（旧民法 437 条），Ｃに負担部分があれば，債権額の減額の変更の登記も申請していました。しかし，平成 29 年の民法改正で，免除は他の連帯債務者に影響を与えない相対的効力事由とされたので，原則としてＡの債務額は減少しないことになりました。―― 民法Ⅲのテキスト第５編第４章第４節2 3.（2）（b）※

### （2）申請情報の記載事項

**申請例59** ―― 債務免除を原因とする抵当権の債務者の変更の登記

事例：Ａが所有している建物（甲区１番でＡ名義の所有権の保存の登記がされている）に，乙区１番でＡＣを連帯債務者・被担保債権を 1000 万円とするＢの抵当権の設定の登記がされている。Ａの負担部分は 500 万円，Ｃの負担部分は 500 万円である。Ｂは，令和５年 11 月 28 日，Ｃに対して債務を免除する旨の意思表示をした。

| | |
|---|---|
| 登記の目的 | １番抵当権変更 |
| 原　　因 | 令和５年 11 月 28 日債務免除 |
| 変更後の事項 | 債務者　Ａ |
| 権 利 者 | Ｂ |
| 義 務 者 | Ａ |
| 添 付 情 報 | 登記原因証明情報（債務免除証書）<br>登記識別情報（Ａの甲区１番の登記識別情報）<br>代理権限証明情報（Ｂ及びＡの委任状） |
| 登録免許税 | 金 1000 円 |

この申請情報も，一から記憶していく必要はありません。**原型は P467～470 の（2）の併存的債務引受・免責的債務引受を原因とする債務者の変更の登記**ですので，**原型と異なる点のみを記憶**してください（P171 の「申請情報の記憶方法」）。

P467～470 の（2）の併存的債務引受・免責的債務引受を原因とする債務者の変更の登記（原型）と異なるのは，以下の点です。

#### （a）登記原因及びその日付

年月日は，「債務免除の意思表示が債務者に到達した日」を記載します。債務免除は単独行為であり，意思表示が債務者に到達した時に効力を生じます。

原因は，「債務免除」と記載します。債務免除が，債務者が変更された原因（法律行為）だからです。

### （b）登記事項

【債務免除により債務者が１人となった場合】（ex. 債務者ＡＣ→債務者Ａ）

「変更後の事項　債務者」として，残った債務者の氏名（名称）・住所を記載します。上記申請例 59 が，このパターンです。

【債務免除によっても債務者が複数存在する場合】（ex. 債務者ＡＣＤ→債務者ＡＤ）

「変更後の事項　連帯債務者」として，残った債務者の氏名（名称）・住所を記載します。「連帯債務者」とするのは，まだ債務者が複数存在するため，連帯債務だからです。

### （c）添付情報

以下のとおり，登記原因証明情報の内容が変わる点を除いて，P469～470（e）の併存的債務引受・免責的債務引受を原因とする債務者の変更の登記と同じです。

・登記原因証明情報（不登法 61 条，不登令別表 25 添付情報イ）

具体的には，債務免除証書が当たります。

## 5．債務者の更改

### （1）実体（民法）→登記

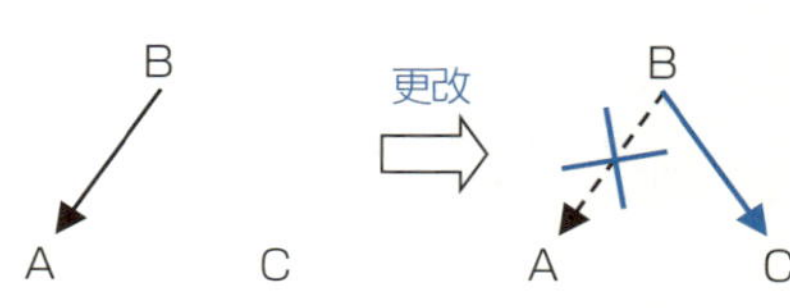


「更改」とは，債務の要素（契約の重要部分）を変更することで，新債務を成立させるとともに旧債務を消滅させる契約のことです（民法 513 条柱書）。債務者を交替させる更改もあります（民法 513 条２号）。債務者を交替させる更改は，債権者と新債務者との契約でします（民法 514 条１項前段）。ただし，旧債務者の関与しないところで旧債務者は債務者でなくなるので，債権者が旧債務者に更改契約をした旨を通知した時に効力が生じます（民法 514 条１項後段）。―― 民法Ⅲのテキスト第５編第６章第３節

債務者を交替させる更改がされると，その担保（質権・抵当権）を，更改の前または更改と同時に債権者が新債務者に対して意思表示をすることで，更改前の債務の目的の限度で新債務者の債務に移すことができます（民法 518 条１項本文，２項）。

P467≒　ただし，設定者が新債務者以外の者である場合は，設定者の承諾も必要となります

（民法 518 条１項ただし書）。債務者が公務員からホームレスに替わったら，設定者は納得できないからです。

よって，この場合には，債務者の変更の登記を申請できます。

### （2）申請情報の記載事項

**申請例60** —— **債務者更改による新債務担保を原因とする抵当権の債務者の変更の登記**

事例：Ａが所有している建物（甲区１番でＡ名義の所有権の保存の登記がされている）に，乙区１番で債務者をＡとするＢの抵当権の設定の登記がされている。ＢとＣは，令和５年 11 月 28 日，ＡのＢに対する債務を消滅させるとともに，債権者Ｂ・債務者Ｃとする金銭消費貸借契約による債権（債権額金 1200 万円，利息年３％，損害金年 12％，違約金 200 万円，弁済期日令和 15 年 11 月 28 日）を新たに成立させる契約を締結した。ＢはＡに，更改契約をした旨を通知した。この更改契約と同時に，ＢはＣに対して，Ｂがこの建物に有している乙区１番の抵当権をＣの債務に移す意思表示をした。Ａは，この抵当権をＣの債務に移すことを承諾した。

| | |
|---|---|
| 登記の目的 | １番抵当権変更 |
| 原　　因 | 令和５年 11 月 28 日債務者更改による新債務担保 |
| 変更後の事項 | 債 権 額　金 1200 万円 |
| | 利　　息　年３% |
| | 損 害 金　年 12% |
| | 債 務 者　Ｃ |
| 権 利 者 | Ｂ |
| 義 務 者 | Ａ |
| 添付情報 | 登記原因証明情報（債務者更改契約書，抵当権移転請求書など） |
| | 登記識別情報（Ａの甲区１番の登記識別情報） |
| | 代理権限証明情報（Ｂ及びＡの委任状） |
| 登録免許税 | 金 1000 円 |

| 権利部（乙区）（所有権以外の権利に関する事項） | | | |
|---|---|---|---|
| 順位番号 | 登記の目的 | 受付年月日・受付番号 | 権利者その他の事項 |
| 1 | 抵当権設定 | 令和5年6月28日<br>第12457号 | 原因　令和5年6月28日金銭消費貸借同日設定<br>債権額　金2000万円<br>利息　年5%<br>損害金　年14%<br>債務者　A<br>抵当権者　B |
| 付記1号 | 1番抵当権変更 | 令和5年11月28日<br>第19451号 | 原因　令和5年11月28日債務者更改による新債務担保<br>債権額　金1200万円<br>利息　年3%<br>損害金　年12%<br>債務者　C |

この申請情報も，一から記憶していく必要はありません。**原型はP467～470の（2）の併存的債務引受・免責的債務引受を原因とする債務者の変更の登記**ですので，**原型と異なる点のみを記憶**してください（P171の「申請情報の記憶方法」）。

P467～470の（2）の併存的債務引受・免責的債務引受を原因とする債務者の変更の登記（原型）と異なるのは，以下の点です。

### （a）登記原因及びその日付

年月日は，「債権者が旧債務者に更改契約をした旨を通知した日（通知の到達日）」を記載します（令2.3.31民二.328）。この時に効力が生じるからです（民法514条1項後段）。

原因は，「債務者更改による新債務担保」と記載します（令2.3.31民二.328）。これが，債務者が変更された原因（法律行為）だからです。

### （b）登記事項

上記申請例60のように，新債務の内容を記載します。

### （c）添付情報

以下のとおり，登記原因証明情報の内容が変わる点を除いて，P469～470（e）の併存的債務引受・免責的債務引受を原因とする債務者の変更の登記と同じです。

・登記原因証明情報（不登法61条，不登令別表25添付情報イ）

具体的には，債務者更改契約書などおよび抵当権移転請求書などが当たります。「抵当権移転請求書」とは，債権者が新債務者に対して抵当権を新債務者の債務に移す旨の意思表示をしたことを証する書面です。この意思表示は，更改契約とは別の意思表示であり，抵当権を移す効力発生要件なので（民法518条1項本文），登記原因証明情報として提供する必要があると解されます。

### 6．債務者の更正

たとえば，債務者をCとすべきところ誤って債務者をAとして申請し，登記がされてしまいました。この場合に，債務者の更正の登記を申請できるでしょうか。

申請できます（昭37.7.26民事甲2074）。

「全とっかえになり，P323②の要件を充たさないのでは？」と思われたかもしれません。しかし，抵当権の債務者は単なる登記事項なので，債務者が入れ替わる場合でも，一部についての誤りといえます。債権額や利息と同じレベルであり，たとえば，債権額を「100万円」から「1000万円」に更正するのと同じハナシなのです。債務者ではなく，登記名義人（抵当権者）をたとえばBからCに入れ替えるのであれば，抵当権者が入れ替わると別の抵当権になりますので，更正の登記はできません。しかし，債務者が入れ替わっても，別の抵当権になるわけではありません。

債務者の更正の登記の申請情報は，以下のように記載します。

### 申請例61 —— 錯誤を原因とする抵当権の債務者の更正の登記

| | |
|---|---|
| 登記の目的 | 1番抵当権更正 |
| 原　　因 | 錯誤 |
| 更正後の事項 | 債務者　C |
| 権 利 者 | B |
| 義 務 者 | A |
| 添付情報 | 登記原因証明情報（抵当権設定契約書）<br>登記識別情報（Aの甲区1番の登記識別情報）<br>代理権限証明情報（B及びAの委任状） |
| 登録免許税 | 金1000円 |

## 3 抵当権者の更正の登記

抵当権の主体である抵当権者（登記名義人）の更正の登記があります。

権利の主体（登記名義人）の更正の登記ですので，**基本的な考え方は所有権の更正の登記（第２編第４章）と同じ**です（下記３.を除きます）。また，抵当権者の更正の登記は，他の更正の登記ほど重要ではありません。

よって，これまで出題された事項に絞って説明していきます。

### １．申請人

たとえば，ＢＣが抵当権者であったにもかかわらず，Ｂを抵当権者とする抵当権の設定の登記がされてしまいました（設定者は所有者Ａです）。この場合に，ＢＣを抵当権者とする抵当権の更正の登記の申請人は，以下の者です（登研 376P89〔根抵当権について〕）。

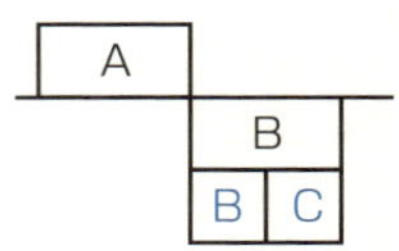


登記権利者：Ｃ
登記義務者：Ａ・Ｂ

Ａも登記義務者となるのは，ＡはＣへの抵当権の設定の登記義務を果たしていないため，出てくる必要があるからです（P330 の「更正の登記の登記義務者を考える視点」）。P330①の更正の登記と同じ考え方です。

### ２．登記上の利害関係を有する第三者の承諾を証する情報

#### （1）抵当権を目的とする権利を有している者

上記１.の例に少し権利関係を追加して，更正の登記をする前にＢの抵当権にＤの仮差押登記がされていたとします。この場合に，ＢＣを抵当権者とする抵当権の更正の登記を申請するときは，Ｄが作成した承諾を証する情報などを提供する必要があるでしょうか。

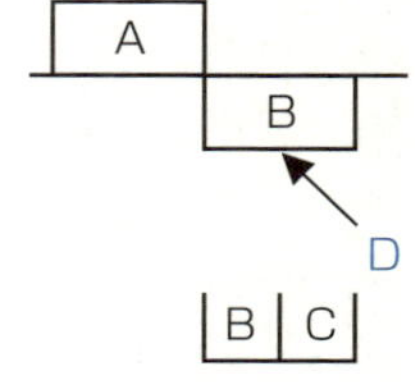


提供する必要があります。

Ｄの仮差押登記は，Ｃ持分を目的としていたものではないため，Ｂ持分を目的とした権利に職権更正されるからです（P335 の「判断基準」）。P335①の更正の登記と同じ考え方です。

### （2）後順位担保権者

たとえば，ＢからＣＤに抵当権が移転したにもかかわらず，Ｃを抵当権者とする抵当権の移転の登記がされてしまいました。後順位でＥの抵当権の設定の登記がされています。この場合に，ＣＤを抵当権者とする抵当権の更正の登記を申請するとき，Ｅの承諾を証する情報などを提供する必要があるでしょうか。

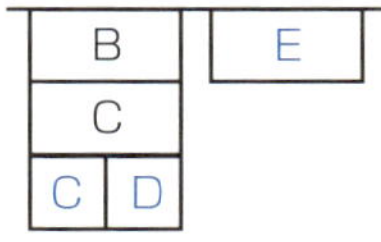


不要です（昭33.7.9民事三.468）。

Ｅからすると，先順位の抵当権の抵当権者が変わっても，自分の優先枠に変更はないからです。

### ３．更正の登記の要件を充たすか

この３.は，抵当権の更正の登記に特有の問題です。

更正の登記の要件として，「登記事項の誤りが登記事項の一部についての誤りである（かぶっている部分があり，全とっかえになっていない）」というものがあります（P323②）。それを充たすかが問題となった事案です。

抵当権者Ｂ・債務者Ａとする抵当権の設定がされたにもかかわらず，申請情報に抵当権者Ａ・債務者Ｂと記載してしまったため，抵当権者Ａ・債務者Ｂとして抵当権の設定の登記がされました。抵当権者と債務者を真逆にして申請してしまったわけです。この場合に，抵当権者Ｂ・債務者Ａとする抵当権に更正することができるでしょうか。

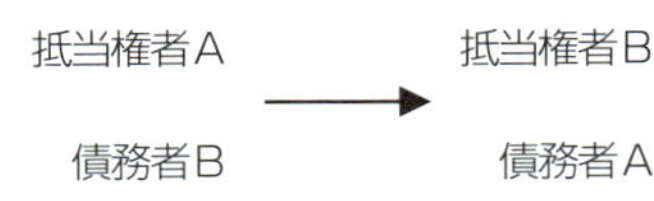


これは，更正の登記ができるとされました（昭35.6.3民事甲1355）。

登記名義人（抵当権者）が入れ替わり，全とっかえになっているように思えます。しかし，抵当権者と債務者を入れ替える登記なので，全とっかえではないとされました。ただ，登記名義人（抵当権者）が入れ替わっていますので，どうかな……とは思います。抵当権者と債務者を真逆にして申請してしまったことが明らかなので，更正の登記を認めたのでしょう。

## 4　登記原因及びその日付の更正の登記

登記原因及びその日付も，登記事項の一部ですので，間違い（錯誤）またはモレ（遺漏）があるのであれば，原則として更正の登記を申請できます。

では，抵当権の被担保債権の発生原因の日付（P381 の１つ目の年月日）の更正の登記を申請する場合，登記上の利害関係を有する第三者の承諾を証する情報を提供する必要があるでしょうか。

原則として必要ありません（昭31.3.14民事甲504）。

後順位担保権者などがいても，そのような他の権利と抵当権との優先関係は，受付年月日・受付番号の先後（申請の先後）で決まるからです（P16）。登記原因及びその日付の年月日は，権利の優先関係とは関係ないのです。

## 5　及ぼす変更の登記と及ぼさない変更の登記

及ぼす変更の登記（下記1.）と及ぼさない変更の登記（下記2.）という登記の技術的な問題から生じる，ちょっと変わった登記があります。この2つは，ちょうど正反対のハナシです。

### 1．及ぼす変更の登記

#### （1）実体（民法）→登記

たとえば，ACが共有している土地のA持分を目的として，Bを抵当権者とする抵当権の設定の登記がされていたとします（下記の図①）。その後，AはCからC持分を取得しました（下記の図②）。そして，BとAは，すでにA持分を目的として設定されている抵当権の被担保債権の追加担保として，AがCから取得した持分を目的として抵当権の追加設定契約を締結しました（下記の図③）。この場合，どのような登記を申請すべきでしょうか。

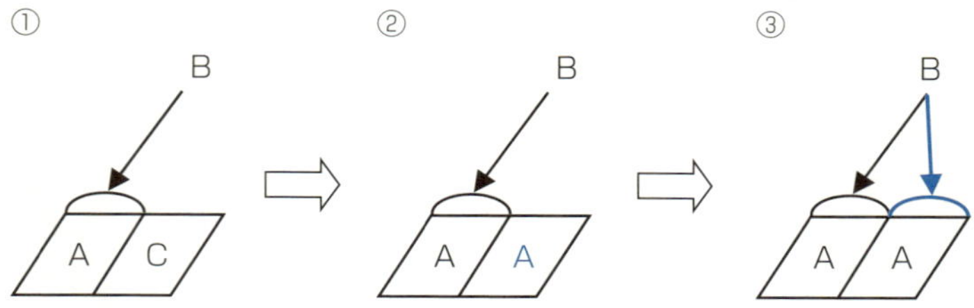


共同抵当権の追加設定の登記ではなく，「抵当権の効力を所有権全部に及ぼす変更の登記」というものを申請します（昭28.4.6民事甲556。登研451P126）。

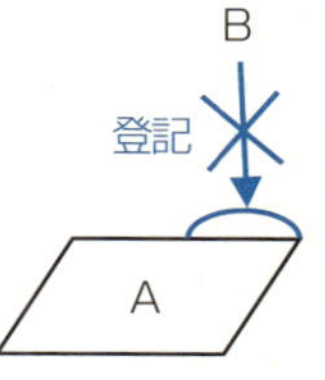


抵当権の追加設定契約をしているのに追加設定の登記ができないのは，所有権の一部についての抵当権の設定の登記をすることは原則としてできないからです（P396（1））。そのため，変更の登記という形式を採るのです。

ただ，上記の例のようにAが数回に分けて別個の登記により持分の移転の登記を受けているときは，所有権の一部についての抵当権の設定の登記をすることができました（P396～397（2））。P396～397（2）と矛盾しています。実は，及ぼす変更の登記をするとした先例（昭28.4.6民事甲556）の後に，P396～397（2）の先例（昭58.4.4民三.2251）が出たため，P396～397（2）は考慮されていないのです。よって，現在では，「所有権の一部についての抵当権の設定の登記をすることは原則としてできないから」という理由は，変更の登記をする理由としては少し弱いといわれています。

### cf. 他の共有者の持分に共同抵当権の追加設定をした場合

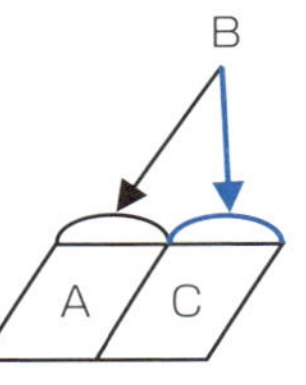


上記の例と混同しないよう注意する必要がある事案があります。上記の例の②がなく，ＡＣが共有している状態で，ＢとＣが，すでにＡ持分を目的として設定されている抵当権の被担保債権の追加担保として，Ｃの持分を目的として抵当権の追加設定契約を締結したとします。この場合，どのような登記を申請すべきでしょうか。

この場合は，共同抵当権の追加設定の登記（P402～409[5]）を申請します（登研304P73）。上記の例と異なり，抵当権を設定したのが所有権の一部ではなく持分です。持分を目的とした抵当権の設定の登記はできます（P381③）。

### （2）申請情報の記載事項

**申請例62** ―― **抵当権の効力を所有権全部に及ぼす変更の登記**

＊事例は，上記（1）の例に合わせています。

事例：ＡＣが共有している土地のＡ持分に，令和５年６月 28 日に締結された金銭消費貸借に基づく債権を被担保債権として（←これが「債権契約」）乙区１番でＢの抵当権の設定の登記がされている。その後，ＡがＣの持分をすべて取得し，その登記が甲区２番でされた。ＢとＡは，令和５年11月28日，乙区１番の抵当権の被担保債権を担保するため，ＡがＣから取得した持分を目的として，抵当権の追加設定契約を締結した（←これが「物権契約」）。

登記の目的　　１番抵当権の効力を所有権全部に及ぼす変更（付記）
原　　　因　　令和５年６月28日金銭消費貸借令和５年11月28日設定
権　利　者　　Ｂ
義　務　者　　Ａ
添 付 情 報　　登記原因証明情報（抵当権追加設定契約書）
　　　　　　　登記識別情報（Ａの甲区２番の登記識別情報）
　　　　　　　印鑑証明書（Ａの印鑑証明書）
　　　　　　　代理権限証明情報（Ｂ及びＡの委任状）
登録免許税　　金1500円（登録免許税法第13条第２項）

| 権利部（甲区）（所有権に関する事項） | | | |
|---|---|---|---|
| 順位番号 | 登記の目的 | 受付年月日・受付番号 | 権利者その他の事項 |
| 1 | 所有権保存 | 令和５年６月28日<br>第12456号 | 共有者　持分２分の１　Ａ<br>２分の１　Ｃ |
| 2 | Ｃ持分全部移転 | 令和５年11月28日<br>第19451号 | 原因　令和５年11月28日売買<br>所有者　持分２分の１　Ａ |

| 権利部（乙区）（所有権以外の権利に関する事項） | | | |
|---|---|---|---|
| 順位番号 | 登記の目的 | 受付年月日・受付番号 | 権利者その他の事項 |
| 1 | Ａ持分抵当権設定 | 令和５年６月28日<br>第12457号 | 原因　令和５年６月28日金銭消費貸借同日設定<br>債権額　金1000万円<br>利息　年2%<br>損害金　年14%<br>債務者　Ａ<br>抵当権者　Ｂ |
| 付記１号 | １番抵当権の効力を所有権全部に及ぼす変更 | 令和５年11月28日<br>第19452号 | 原因　令和５年６月28日金銭消費貸借令和５年11月28日設定 |

**※登記識別情報の通知**

上記の登記がされても，Ｂには登記識別情報は通知されません。

上記の乙区１番付記１号をご覧いただくとわかりますが，及ぼす変更の登記においては，登記名義人が記録されず，登記名義人となる者がいないからです（P74②の要件を充たしません）。

## 及ぼす変更の登記の二面性

及ぼす変更の登記には，以下の二面性があります。申請情報の記載にもこの二面性が現れており，どちらが前面に出るかによって記載方法が決まります。

①（実質）**抵当権の追加設定**である

②（形式）**変更の登記**をする

### （a）登記の目的

「○番抵当権の効力を所有権全部に及ぼす変更」と記載します（上記②が前面に現れています）。

右の図のように，設定者がまだ所有権の全部を取得していない場合には，「○番抵当権の効力をA持分全部に及ぼす変更」などと記載します。

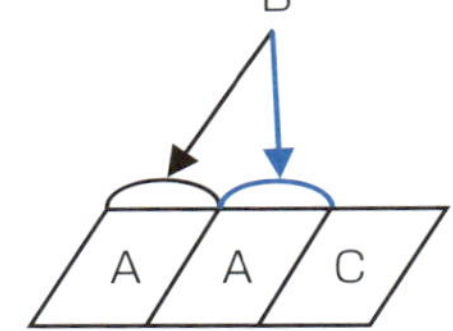


### （b）登記原因及びその日付

「年月日金銭消費貸借年月日設定」などと記載します（上記①が前面に現れています）。

１つ目の「年月日〜」は，被担保債権の発生原因（債権契約）ですので，すでに持分に設定されている抵当権の被担保債権の発生原因（上記申請例 62 では乙区１番で登記されている「令和５年６月 28 日金銭消費貸借」）を記載します。記述で，問題によっては，登記記録（上記申請例 62 であれば乙区１番）から拾ってこなければならない場合もありますので，そのような出題も想定しておいてください。

２つ目の「年月日〜」は，抵当権の設定契約（物権契約）ですので，追加設定をした抵当権の設定契約の日を記載します。上記申請例 62 では，令和５年 11 月 28 日です。

### （c）登記事項

※すでに設定されている抵当権（上記申請例 62 であれば乙区１番）をみればわかるので，記載しません（上記②が前面に現れています）。

### （d）申請人

以下の者の共同申請です（不登法 60 条）。

・登記権利者：抵当権者

・登記義務者：設定者

### （e）添付情報

①登記原因証明情報（不登法61条，不登令別表25添付情報イ）

P69 4の「登記原因証明情報の提供が不要となる場合」に当たりませんので，登記原因証明情報を提供する必要があります。

具体的には，抵当権追加設定契約書が当たります。

②登記識別情報（不登法22条本文）

登記義務者である設定者の登記識別情報を提供します。共同申請だからです（P77～78の「登記識別情報の提供の要否の基本的な判断基準」）。

提供する登記識別情報は，追加設定した持分についての登記識別情報です（登研411P84）。上記申請例62では，甲区2番の登記識別情報となります（甲区1番の登記識別情報は提供しません）。登記識別情報は，申請する登記により登記の効力が及ぶところのものを提供するからです（P79の「どの登記識別情報を提供するか？」）。及ぼす変更の登記は，追加設定した持分についての登記です。

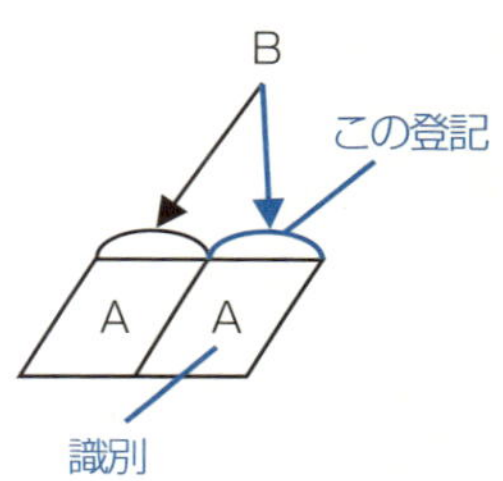


③印鑑証明書（不登令16条2項，18条2項）

所有権を目的として設定された抵当権の及ぼす変更の登記の場合，登記義務者である設定者の印鑑証明書を提供します。所有権の登記名義人が登記義務者となるからです（P93の「『認印でよいか』『実印で押印し印鑑証明書の提供が要求されるか』の判断基準」）。

④代理権限証明情報（不登令7条1項2号）

⑤会社法人等番号（不登令7条1項1号イ）

⑥承諾証明情報（不登法66条，不登令別表25添付情報ロ）

登記上の利害関係を有する第三者がいるときは，付記登記によって登記するには，その第三者が作成した承諾を証する情報などを提供する必要があります。変更の登記だからです（不登法66条。P114②）。

たとえば，以下の者が登記上の利害関係を有する第三者に当たります。

i　及ぼす変更の登記により抵当権が及ぶことになる部分についての後順位の担保権者（登研443P94）

上記申請例62で，AがCから取得した持分を目的とした後順位抵当権者などがいれば，利害関係人に当たります。この持分の後順位抵当権者などからすると，及ぼす変更の登記は，実質的に先順位の抵当権が設定されることになるからです。

それに対して，すでに抵当権の効力が及んでいるほうの持分（上記申請例62では甲区１番）についての後順位抵当権者などは利害関係人に当たりません（登研443P94）。すでに先順位の抵当権があるからです。

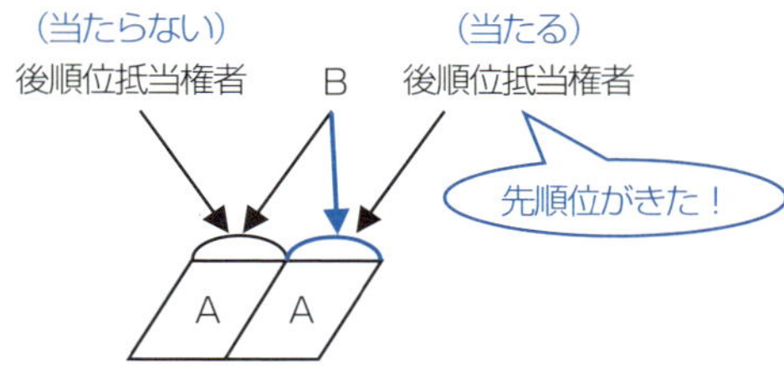


ii　その抵当権の後順位の所有権の仮登記権利者

本登記をした際の抵当権の負担が，持分から所有権全部に増加するからです。

※住所証明情報は，提供しません。P101 の「住所証明情報の提供が要求される場合①～③」のいずれにも当たらないからです。

#### （ｆ）登録免許税

抵当権の追加設定の登記として，抵当権の件数１件につき 1500 円です（登免法 13 条２項。P485①が前面に現れています）。実質は追加設定ですし，優先枠が増えるわけではないため，追加設定の登録免許税法 13 条２項の減税（P406～407（３））が受けられます。

なお，登録免許税法 13 条２項によって減税されますが，P406（２）の「前登記証明書（登記事項証明書）」の提供は省略することができると解されています。及ぼす変更の登記は１つの不動産のハナシであるため，すでに設定された抵当権と追加設定した抵当権の不動産の管轄が異なること（P406（２））があり得ないからです。

## ２．及ぼさない変更の登記

### （１）実体（民法）→登記

たとえば，ＡＣが共有している土地の所有権すべてを目的として，Ｂを抵当権者とする抵当権が設定されていたとします（右の図①）。その後，ＢがＣ持分について抵当権を放棄しました（右の図②）。この場合，どのような登記を申請すべきでしょうか。

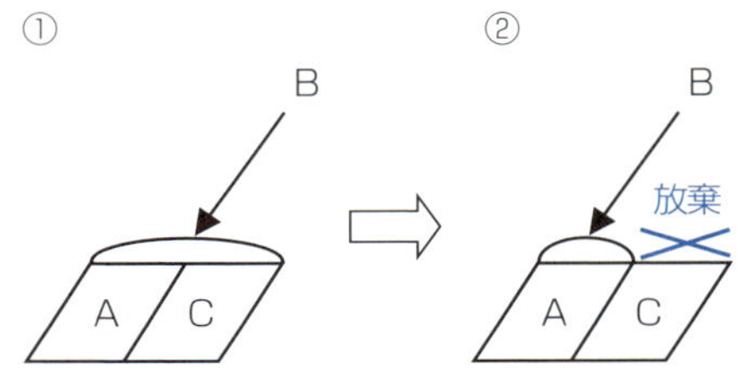


「抵当権をＡ持分の抵当権とする変更の登記」（いわゆる及ぼさない変更の登記）というものを申請します（登研 108P42）。

変更の登記となるのは，一部抹消の登記は不動産登記にはなく（P323②），抵当権の設定の登記の申請時点で登記事項に誤りがあるわけではないため更正の登記の要件（P323①）にも該当しないからです。

**― Realistic 19　分譲の際に ―**

この及ぼさない変更の登記は，たとえば，次のような場合にします。ハウスメーカーAが広めの土地にいくつも一軒家を建てて，分譲していくことがあります。ハウスメーカーAは土地を取得するにあたって銀行Bから融資を受けており，土地とその前の私道に銀行Bの抵当権が設定されています。ハウスメーカーAがCに分譲すると，右の図のように，土地と一軒家の所有権，そして，私道の所有権の一部をCに移転することになります。銀行Bの抵当権は私道についたままですが，これはCが設定したものではありません。そこで，銀行BがC持分については抵当権を放棄してくれるんです。

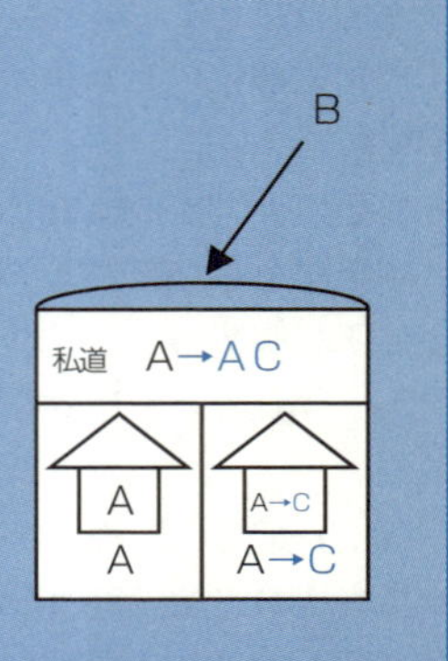


実は，このハナシの私道が，上記（１）の土地の例なのです。

**cf. 共有者が抵当権を取得した場合**

上記の例を少し変えて，BがC持分について抵当権を放棄したのではなく，たとえば，CがBを相続したとします。この場合も，「抵当権をA持分の抵当権とする変更の登記」を申請します（登研118P45）。混同の例外に当たらなければ，C持分について混同が生じるからです。

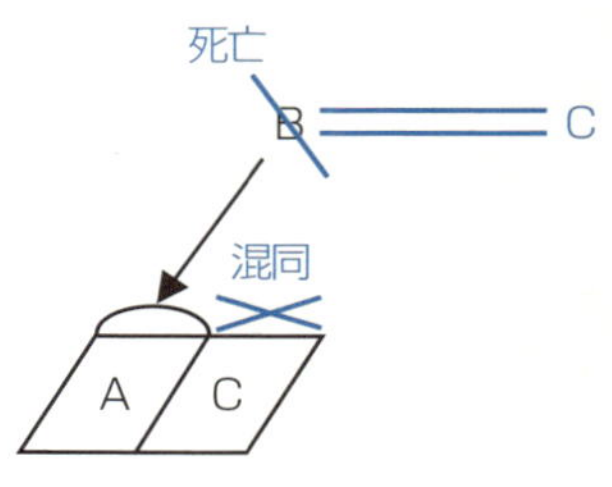


ただし，以下のとおり，登記原因及びその日付と申請人の記載が，下記（２）でみる上記の例の記載と異なります。なお，登記の目的は，同じです。権利がどう変動したか（P198）は，同じだからです。

・登記の目的　　　　　：「○番抵当権をA持分の抵当権とする変更」
・登記原因及びその日付：「年月日C持分の権利混同」（年月日は混同が生じた日）
・申請人　　　　　　　：「権利者兼義務者　C」

抵当権者がCになっていますので，登記義務者もCとなります。

### （2）申請情報の記載事項

**申請例63** —— 抵当権を○○持分の抵当権とする変更の登記

＊事例は，上記（1）の例に合わせています。

事例：ＡＣが共有している土地の所有権すべてを目的として，乙区１番でＢの抵当権の設定の登記がされている。Ｂは，令和５年11月28日，Ｃ持分について抵当権を放棄した。そして，その意思表示が，令和５年11月29日にＣに到達した。

| | |
|---|---|
| 登記の目的 | １番抵当権をＡ持分の抵当権とする変更 |
| 原　　因 | 令和５年１１月２８日Ｃ持分の放棄 |
| 権 利 者 | Ｃ |
| 義 務 者 | Ｂ |
| 添付情報 | 登記原因証明情報（抵当権放棄証書）<br>登記識別情報（Ｂの乙区１番の登記識別情報）<br>代理権限証明情報（Ｃ及びＢの委任状） |
| 登録免許税 | 金１０００円 |

| 権利部（甲区）（所有権に関する事項） | | | |
|---|---|---|---|
| 順位番号 | 登記の目的 | 受付年月日・受付番号 | 権利者その他の事項 |
| 1 | 所有権保存 | 令和５年６月28日<br>第12456号 | 共有者　持分２分の１　Ａ<br>２分の１　Ｃ |

| 権利部（乙区）（所有権以外の権利に関する事項） | | | |
|---|---|---|---|
| 順位番号 | 登記の目的 | 受付年月日・受付番号 | 権利者その他の事項 |
| 1 | 抵当権設定 | 令和５年６月28日<br>第12457号 | 原因　令和５年６月28日金銭消費貸借同日設定<br>債権額　金1000万円<br>利息　年2％<br>損害金　年14％<br>債務者　Ａ<br>抵当権者　Ｂ |
| 付記１号 | １番抵当権をＡ持分の抵当権とする変更 | 令和５年11月30日<br>第19512号 | 原因　令和５年11月28日Ｃ持分の放棄 |

### （a）登記の目的

「○番抵当権を○○持分の抵当権とする変更」と記載します。「○○」には，抵当権が残存する持分の権利者（上記申請例63ではA）の氏名または名称を記載します。

### （b）登記原因及びその日付

P216＝
P494

年月日は，「放棄の意思表示（単独行為）をした日」を記載します。P216（1）と同じ理由から，意思表示をした日であって，その意思表示が到達した日ではありません。

原因は，「○○持分の放棄」と記載します。○○持分の放棄が，権利変動の原因（法律行為）だからです。「○○」には，抵当権が放棄された持分の権利者（上記申請例63ではC）の氏名または名称を記載します。

### （c）申請人

以下の者の共同申請です（不登法60条）。

・登記権利者：放棄された持分を有する設定者（上記申請例63ではC）

上記申請例63でいうと，AではなくCが登記権利者となります。抵当権の負担がなくなるのは，AではなくCだからです。

・登記義務者：抵当権者

### （d）添付情報

①登記原因証明情報（不登法61条，不登令別表25添付情報イ）

P69 4 の「登記原因証明情報の提供が不要となる場合」に当たりませんので，登記原因証明情報を提供する必要があります。

具体的には，抵当権放棄証書が当たります。

②登記識別情報（不登法22条本文）

登記義務者である抵当権者の登記識別情報を提供します。共同申請だからです（P77～78の「登記識別情報の提供の要否の基本的な判断基準」）。

③代理権限証明情報（不登令7条1項2号）

④会社法人等番号（不登令7条1項1号イ）

⑤承諾証明情報（不登法68条，不登令別表26添付情報へ）

登記上の利害関係を有する第三者がいるときは，“必ず”その第三者が作成した承諾を証する情報などを提供する必要があると解されています（＊）。及ぼさない変更の登記は，実質的には一部“抹消の登記”だからです。抹消の登記は，登記上の利害関係を有する第三者がいれば，その承諾はマストとなります（不登法68条。P115※）。

＊登記上の利害関係を有する第三者の承諾を証する情報などを提供できない場合は，主登記で登記されるという見解もあります

たとえば，以下の者が登記上の利害関係を有する第三者に当たります。

下記ⅰ～ⅳは，**抵当権を目的として権利を有している者**です。抵当権の目的となる持分が減少するため，抵当権の価値が下がるからです。

ⅰ　抵当権の処分を受けている者

ⅱ　抵当権の被担保債権の質権者

ⅲ　抵当権を目的とする仮登記権利者

ⅳ　抵当権付債権を目的とする差押債権者・仮差押債権者

ⅴ　残存持分を目的とする後順位抵当権者（登研502P157）

上記申請例63で，乙区２番でＡ持分を目的とした抵当権が登記されていれば，その抵当権の抵当権者が利害関係人に当たります。先順位の乙区１番のＢの抵当権は，債権額は変わらずに，その目的が所有権のすべてからＡ持分に縮減し，Ａ持分のみから債権を回収することになるからです。

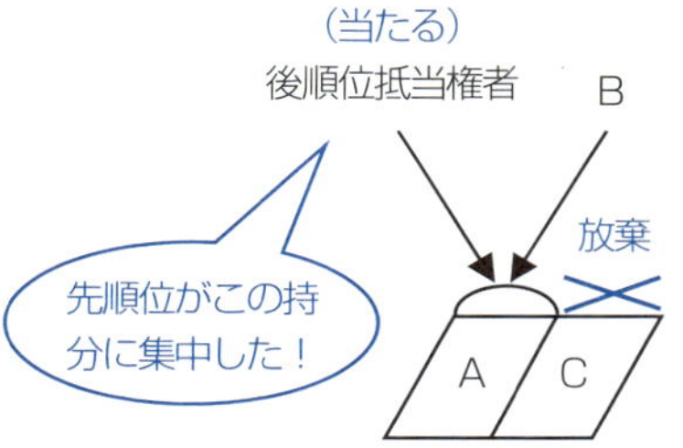


※印鑑証明書は，提供しません。所有権の登記名義人が登記義務者とならないからです（P93の「『認印でよいか』『実印で押印し印鑑証明書の提供が要求されるか』の判断基準」）。

※住所証明情報は，提供しません。P101の「住所証明情報の提供が要求される場合①～③」のいずれにも当たらないからです。

### （e）登録免許税

変更の登記として，不動産１個につき1000円です（登免法別表第１．１．（14））。

# 第６節　抵当権の抹消の登記

## 1　実体（民法）→登記

抵当権には付従性がありますので（P378①），債務者の弁済などにより被担保債権が消滅すれば，抵当権は消滅します。また，抵当権者が抵当権（物権）自体を放棄することなどにより抵当権が消滅することもあります。

これらの場合には，抵当権の抹消の登記を申請できます。

## 2　申請情報の記載事項

**申請例64　――　弁済を原因とする抵当権の抹消の登記**

事例：Ａが所有している建物に，乙区１番で債務者をＡ・被担保債権を 1000 万円とするＢの抵当権の設定の登記がされている。ＡはＢに，令和５年 11 月 28 日，この抵当権の被担保債権の残額 300 万円の全額を弁済した。

| | |
|---|---|
| 登記の目的 | １番抵当権抹消 |
| 原　　因 | 令和５年 11 月 28 日弁済 |
| 権 利 者 | Ａ |
| 義 務 者 | Ｂ |
| 添 付 情 報 | 登記原因証明情報（弁済証書）<br>登記識別情報（Ｂの乙区１番の登記識別情報）<br>代理権限証明情報（Ａ及びＢの委任状） |
| 登録免許税 | 金 1000 円 |

| 権利部（乙区）（所有権以外の権利に関する事項） | | | |
|---|---|---|---|
| 順位番号 | 登記の目的 | 受付年月日・受付番号 | 権利者その他の事項 |
| 1 | 抵当権設定 | 令和５年６月28日<br>第12457号 | 原因　令和５年６月28日金銭消費貸借同日設定<br>債権額　金1000万円<br>利息　年2%<br>損害金　年14%<br>債務者　A<br>抵当権者　B |
| 2 | １番抵当権抹消 | 令和５年11月28日<br>第19451号 | 原因　令和５年11月28日弁済 |

## 1. 登記の目的

「○番抵当権抹消」と記載します。

## 2. 登記原因及びその日付

登記原因及びその日付は，どのような原因によって抵当権が消滅したかにより，以下のとおり変わります。

なお，被担保債権が消滅することにより付従性で抵当権が消滅する場合と，抵当権（物権）自体が消滅する場合があります。

P411
P453
」

| 消滅の原因 | | 登記原因及びその日付 |
|---|---|---|
| 被担保債権が消滅することにより付従性で抵当権が消滅する場合 | **①債務者による被担保債権の弁済**<br>債務者以外の第三者が弁済すると移転の登記（P411～412（1）），債務者の弁済でも一部弁済だと変更の登記（P453）となりますので，違いにご注意ください。 | **「年月日弁済」**<br>年月日は，債務者が弁済をした日を記載します。 |
| | **②主債務の消滅による保証人の求償債権の消滅**<br>これは，P382④の保証委託契約による求償債権を被担保債権とする抵当権が設定されていた場合のハナシです。この保証委託契約は主債務を前提としますので，主債務が消滅すれば，求償債権が消滅し，付従性で抵当権も消滅します。 | **「年月日主債務消滅」**<br>年月日は，主債務が消滅した日（ex. 主債務が弁済された日）を記載します。<br>原因は，「弁済」とは記載しないので，ご注意ください。 |
| | **③債務者による被担保債権の代物弁済**<br>代物弁済も債務の消滅原因ですので（民法482条），付従性により抵当権が消滅します（P219（2））。── **民法Ⅲのテキスト第5編第6章第1節5** | **「年月日代物弁済」**<br>年月日は，代物について債権者が対抗要件を具備した日（ex. 代物が不動産の場合は所有権の移転の登記を申請した日）を記載します。債権者が代物について対抗要件を備えることによって，代物弁済の効力が発生し債務が消滅する（それに伴い担保が消滅する）からです（最判昭39.11.26， |

P216=P490

| | | |
|---|---|---|
| | | 最判昭 40.4.30)。── **民法Ⅲのテキスト第5編第6章第1節5 3.(3)** |
| | **④債権の混同**<br>相続などにより，被担保債権の債権者と債務者が同一人になった場合です（民法 520 条本文)。── **民法Ⅱのテキスト第3編第1章第3節7 4.(3)** | **「年月日債権混同」**<br>年月日は，債権の混同が生じた日を記載します。 |
| 抵当権（物権）自体が消滅する場合 | **⑤抵当権の放棄または解除**<br>抵当権者が抵当権を放棄または解除することができます。 | **「年月日放棄」または「年月日解除」**<br>年月日は，放棄の意思表示（単独行為）をした日または解除の意思表示が相手方に到達した日を記載します。 |
| | **⑥抵当権の消滅請求**<br>抵当権消滅請求がされると，抵当権は消滅します（民法 379 条)。── **民法Ⅱのテキスト第4編第5章第 11 節3 2.** | **「年月日抵当権消滅請求」**<br>年月日は，第三取得者が代価または金額を払い渡した日，または，供託した日（民法 386 条）を記載します。 |
| | **⑦混同（※）**<br>抵当権者と設定者が同一人になった場合です(民法 179 条1項本文，179 条2項前段)。── **民法Ⅱのテキスト第3編第1章第3節7 4.(1)(2)**　上記④の債権の混同と異なり，これは物権の混同です。 | **「年月日混同」**<br>年月日は，抵当権者と設定者が同一人になった日を記載します。 |
| | **⑧抵当権の時効消滅**<br>債務者と物上保証人以外の者との関係では，抵当権も時効で消滅することがあります（民法 396 条参照)。── **民法Ⅱのテキスト第4編第5章第 11 節1** | **「年月日時効消滅」**<br>年月日は，消滅時効の起算日を記載します。時効の効力は，その起算日にさかのぼるからです（民法 144 条)。── **民法Ⅰのテキスト第2編第 10 章第1節6** |

**※混同が生じるか問題となる事案**

たとえば，Aが所有している建物に，同順位でBの1番（あ）抵当権とCの1番（い）抵当権の設定の登記がされている場合に（P388 の Realistic 15)，BがAからこの建物の所有権を取得したときも，Bの1番（あ）抵当権は混同によって消滅するでしょうか。

消滅しません（登研537P200）。

この後に不動産が競売された場合，Bは不動産の所有権は失いますが，1番抵当権が残っていれば，1番抵当権者として，Cと債権額に応じて按分して配当を受けることができるからです。Bの1番（あ）抵当権が消滅すると，Bの正当な利益を害することになるのです。―― 民法Ⅱのテキスト第3編第1章第3節7 4.の「混同により消滅するかどうかの判断基準」

根抵当権者（＊）が譲渡担保の設定を受けた場合，根抵当権は混同によって消滅するでしょうか。

＊根抵当権はⅡのテキスト第3編第2章で学習しますが，現時点では抵当権との違いは気にされないでください。

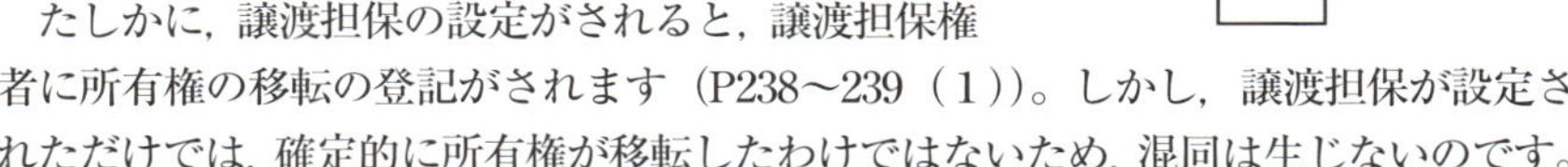


消滅しません（最判平17.11.11）。

たしかに，譲渡担保の設定がされると，譲渡担保権者に所有権の移転の登記がされます（P238～239（1））。しかし，譲渡担保が設定されただけでは，確定的に所有権が移転したわけではないため，混同は生じないのです。

**― Realistic 20　「放棄」や「解除」をする理由 ―**

上記⑤の放棄や解除は，実務でもよくあります。「抵当権を放棄したり解除したりする抵当権者なんているの？」と思われるかもしれません。融資をしている金融機関（抵当権者）が弁済を受けずに放棄や解除をすることは，まずありません。しかし，弁済を受けたうえで放棄や解除をしたことにする（抵当権放棄証書や抵当権解除証書を作成する）ことはあります。弁済証書としない理由ですが，確定前根抵当権の場合，付従性がないため，弁済では消滅しませんが（Ⅱのテキスト第3編第2章第1節2①），根抵当権（物権）自体を放棄または解除すれば消滅します。つまり，抵当権でも根抵当権でも消滅するよう，放棄証書や解除証書で統一してしまっている金融機関があるのです。

よって，記述の問題で，「放棄した」「解除した」と事実関係または放棄証書や解除証書に書かれていれば，登記原因は「放棄」「解除」とすべきです。

## 3．申請人

### （1）原則

以下の者の共同申請です（不登法60条）。

・登記権利者：設定者

・登記義務者：抵当権者

抵当権という設定者の負担（抵当権者の権利）が消滅する登記だからです。

**※共有の不動産の登記権利者**

たとえば，ＡＣが共有している不動産にＢの抵当権が設定されている場合，ＡまたはＣの一方のみが登記権利者となることができるでしょうか。

できます（登研244P69）。

抵当権を抹消することは設定者にとって利益になることですから，保存行為（民法252条５項）として設定者の１人が登記権利者として申請できるのです。

**※抵当権の移転の登記がされている場合の登記義務者**

抵当権が移転し抵当権の移転の登記がされている場合，登記義務者となる抵当権者は，抵当権の設定を受けた抵当権者でしょうか，それとも抵当権の移転の登記を受けた現在の抵当権者でしょうか。

抵当権の移転の登記を受けた現在の抵当権者です（登研154P63）。提供する登記識別情報も，抵当権の移転の登記を受けた現在の抵当権者のもののみとなります（登研154P63）。設定者と抵当権の移転の登記を受けた現在の抵当権者が共同で申請することにより，主登記でされた抵当権の設定の登記と付記登記でされた抵当権の移転の登記が抹消されます。

登記義務者とは，「登記上，直接に不利益を受ける登記名義人」（P34）です。直接に不利益を受けるのは，現在の抵当権者です（P367の「登記義務者の基本的な考え方」）。

### （2）設定者以外に登記権利者となれる者

設定者だけでなく，後順位抵当権者も登記権利者となることができます（昭31.12.24民事甲2916。登研244P69。大判大８.10.８）。この場合，後順位抵当権者を登記権利者，抹消される先順位抵当権者を登記義務者として，申請することになります。

後順位抵当権者は先順位抵当権が抹消されると優先順位が上昇しますので，利益を受ける者といえるからです。不動産登記法２条12号（P34）の「“直接に”利益を受ける者」といえるか微妙な気もしますが，抵当権の抹消の登記の登記権利者は広く認められているのです。

### （3）混同

#### （a）原則

抵当権者と設定者が同一人になるのが混同なので（民法179条１項本文，179条２項前段），混同を原因とする抵当権の抹消の登記の場合，登記権利者と登記義務者が同一人となります。よって，申請人欄には「権利者兼義務者　Ｂ」などと記載します。

### （b）混同を原因とする抵当権の抹消の登記をする前に死亡した場合

抵当権者が抵当権の目的となっている不動産の所有権を取得し，所有権の移転の登記がされました。しかし，混同を原因とする抵当権の抹消の登記をする前に死亡しました。この場合，相続人全員で抵当権の抹消の登記を申請する必要があるでしょうか。

相続人全員で申請する必要があります（登研 814P127）。かつては，相続人の１人から申請できるとされていました（登研 252P67）。しかし，Ⅱのテキスト第５編第10章[1] 2.（2）で説明しますが，登記義務者の相続人からする登記は相続人全員で申請する必要があるため，相続人全員で申請する必要があると変更されました。

### （c）混同を原因とする抵当権の抹消の登記をする前に所有権の移転の登記がされた場合

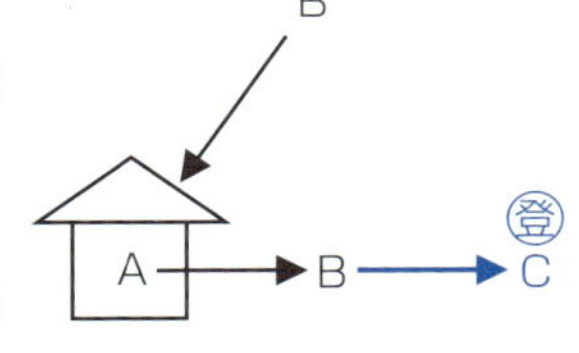


たとえば，抵当権者Bが設定者Aから所有権を取得し，抵当権が混同により消滅しました。その後，抵当権の抹消の登記をせずに，BからCに所有権の移転の登記がされました。この場合，登記権利者となるのは，誰でしょうか。

現在の所有権の登記名義人であるCです（昭 30.2.4 民事甲 226）。

登記権利者とは，「登記上，直接に利益を受ける者」（P34）であり，直接に利益を受けるのは現在の所有権の登記名義人だからです（P375 の「登記権利者の基本的な考え方」）。

これは抵当権の先例ですが，地上権や賃借権など他の権利であっても同じであると解されています。

### ４．添付情報

①[登記原因証明情報]（不登法 61 条，不登令別表 26 添付情報ホ）

P69[4]の「登記原因証明情報の提供が不要となる場合」に当たりませんので，登記原因証明情報を提供する必要があります。

具体的には，抹消の原因に応じて[弁済証書]，[代物弁済契約書]，[放棄証書]，[解除証書]などを提供します。弁済証書や解除証書の作成者は，支配人の登記がされていない銀行の支店長でも構いません（昭 58.3.24 民三.2205）。

※混同

混同を登記原因とする場合，登記原因証明情報の提供を省略することができます（登研 690P221。提供しても構いません。P69 の[4]「登記原因証明情報の提供が不要となる場合②」）。抵当権者と所有者が同一人であることが登記記録から明らかだからです。

②登記識別情報（不登法22条本文）

登記義務者である抵当権者の登記識別情報を提供します。共同申請だからです（P77～78の「登記識別情報の提供の要否の基本的な判断基準」）。

※混同

混同を登記原因とする場合でも，登記識別情報の提供を省略することはできません。「権利者兼義務者　B」など（上記3.（3）（a））実質的には単独申請になりますが，あくまで共同申請だからです。

— Realistic 21　こんがらがらないように思い出し方を決める —

混同の場合，登記原因証明情報と登記識別情報で省略できるか異なり，こんがらがりそうです。そこで，以下のように思い出すようにしてください。

①登記原因証明情報と登記識別情報の「一方が省略できて一方が省略できない」ということは印象に残る。

↓

②登記原因証明情報の提供が不要となる場合は4つしかなく（P69④），その4つを明確に記憶する（混同は不要となる場合に当たる）。つまり，登記原因証明情報のほうを明確に記憶する。

↓

③明確に記憶していない登記識別情報のほうは省略できない。

このように，思い出し方を考えるのも勉強です（P414のRealistic 16）。

③代理権限証明情報（不登令7条1項2号）

④会社法人等番号（不登令7条1項1号イ）

⑤承諾証明情報（不登法68条，不登令別表26添付情報ヘ）

登記上の利害関係を有する第三者がいるときは，必ずその第三者が作成した承諾を証する情報などを提供する必要があります。抹消の登記だからです（不登法68条。P114①）。

たとえば，以下のi～ivの者が登記上の利害関係を有する第三者に当たります。i～ivの者は，**抵当権を目的として権利を有している者**です。目的としている抵当権が抹消されてしまうからです。

ｉ　抵当権の処分を受けている者

抵当権の処分を受けている者は当たります。

では，Ｂの１番抵当権の抹消の登記をする場合に，１番抵当権から順位の譲渡の登記を受けた２番抵当権の抵当権者Ｃは，登記上の利害関係を有する第三者に当たるでしょうか。

当たります（昭 37.8.1 民事甲 2206）。

２番抵当権者Ｃは順位の譲渡を受けていますが，１番抵当権が抹消されれば１番で配当を受けることになるため，不利益はなさそうな気もします。しかし，１番抵当権と２番抵当権の間に，登記がされていない「租税債権」がある可能性があるのです。租税債権は，法定納期限等が抵当権の設定より前であれば，なんと登記をしていなくても抵当権に優先します（国税徴収法 16 条参照）。この場合，２番抵当権者は１番抵当権が抹消されなければ，１番抵当権の優先枠を使えるので（―― 民法Ⅱのテキスト第４編第５章第９節5），１番抵当権の優先枠の範囲で租税債権に優先できます。よって，この場合には，１番抵当権が抹消されると２番抵当権者は困ります。

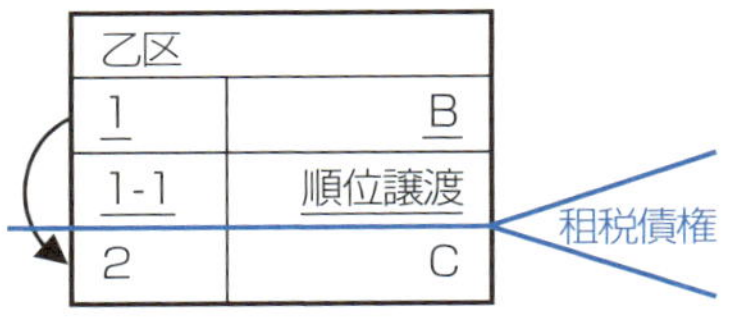


なお，この事案において，Ｃの２番抵当権に転抵当権の設定の登記がされていた場合には，その転抵当権者も登記上の利害関係を有する第三者となります。不利益を受けるかもしれない抵当権を目的としている権利者だからです。

それに対して，Ｂの１番抵当権の抹消の登記をする場合に，１番抵当権と順位変更をしている２番抵当権の抵当権者Ｃは，登記上の利害関係を有する第三者に当たりません（登研 326P71）。

この場合も，１番抵当権と２番抵当権の間に登記がされていない租税債権があるかもしれません。しかし，順位変更の効果は，順位を絶対的に変更することです（P442）。２番抵当権は，絶対的に１番の順位となっているので，間に租税債権があっても，租税債権よりも上の順位になっているのです。

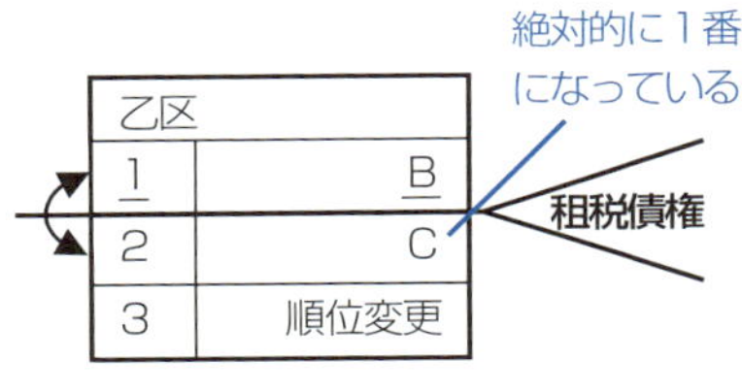

ii　抵当権の被担保債権の質権者
iii　抵当権を目的とする仮登記権利者
iv　抵当権付債権を目的とする差押債権者・仮差押債権者

※共同抵当権の他の不動産の所有者

A所有の甲土地とC所有の乙土地に共同抵当権の設定の登記がされています。この場合に，甲土地の抵当権の抹消の登記のみを申請するとき，乙土地の所有者であるCは登記上の利害関係を有する第三者に当たるでしょうか。

当たりません（大判大6.10.22）。

**登記上の利害関係を有する第三者の基本的な考え方**

登記上の利害関係を有する第三者に当たるか考えるときは，基本的にその**不動産の登記記録にない者は無視**します。"登記上の"利害関係を有する第三者ですから。

※印鑑証明書は，提供しません。所有権の登記名義人が登記義務者とならないからです（P93の「『認印でよいか』『実印で押印し印鑑証明書の提供が要求されるか』の判断基準」）。

※住所証明情報は，提供しません。P101の「住所証明情報の提供が要求される場合①～③」のいずれにも当たらないからです。

### 5．登録免許税

抹消の登記として，不動産1個につき1000円です（登免法別表第1．1．(15)）。

## 3　抵当権の抹消と相続・合併

抵当権が消滅する前後で設定者または抵当権者に相続・合併が生じた場合に，抵当権の抹消の登記の前提として所有権の移転の登記または抵当権の移転の登記をする必要があるかという問題があります。なお，相続と合併は，同じように考えますので（P308の「相続≒合併」），相続と合併を併せてみていきます。

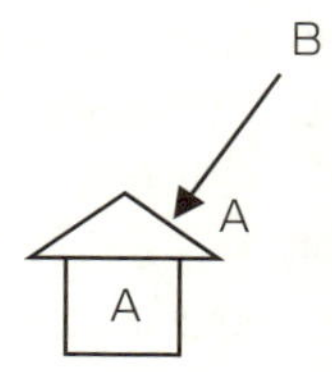


下記1.および2.の事例はすべて，「Aが所有している建物に，債務者をAとするBの抵当権が設定されていた」というものです。

### １．設定者の相続・合併

#### （１）抵当権の消滅後に設定者に相続・合併が生じた場合（抵当権消滅→相続・合併）

債務者Ａの弁済などにより抵当権が消滅しました。その後，設定者Ａが死亡または合併されました。この場合，以下の登記をします（登研 394P255 参照）。

1／1　抵当権の抹消の登記

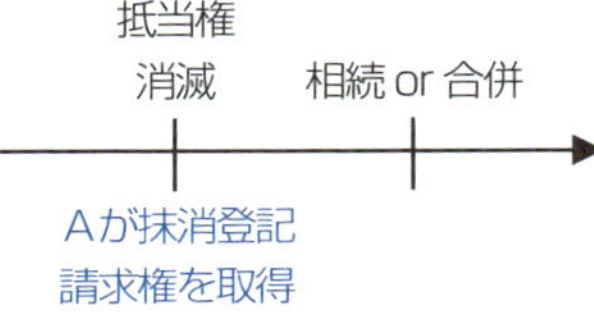


前提として，相続人または存続会社（吸収合併の場合）・設立会社（新設合併の場合）への所有権の移転の登記をしなくて OK です。Ａの死亡または合併の前に抵当権が消滅していますので，抵当権の抹消登記請求権はＡが取得しているからです。

この１／１の登記の申請人ですが，Ａは死亡または合併されて申請できませんので，Ａの相続人または存続会社・設立会社がP44～46 の３.の登記権利者の一般承継人による申請（不登法 62 条）により，登記義務者Ｂと共同して申請することになります（登研 394P255）。

なお，その後に，相続または合併を原因とする所有権の移転の登記を申請します。

#### （２）相続・合併が生じた後に抵当権が消滅した場合（相続・合併→抵当権消滅）

設定者Ａが死亡または合併されました。その後，弁済などにより抵当権が消滅しました。この場合，以下の登記をします（登研 564P143，661P225）。

1／2　相続または合併を原因とする所有権の移転の登記

2／2　抵当権の抹消の登記

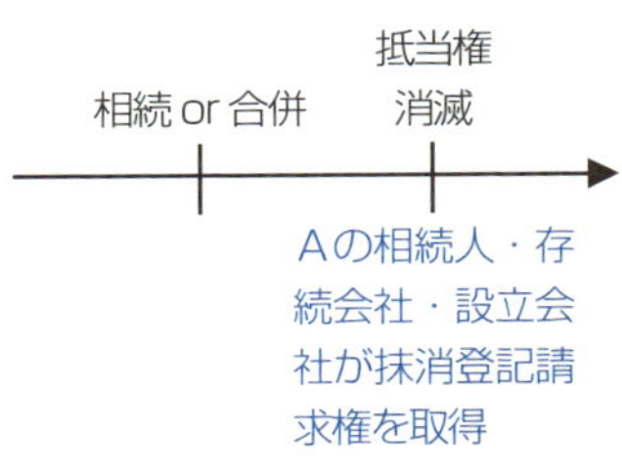


２／２の登記の前提として１／２の登記が必要となります。Ａの死亡または合併の後に抵当権が消滅しているため，抵当権の抹消登記請求権はＡの相続人または存続会社・設立会社が取得しているからです。Ａは抹消登記請求権を取得したことがないため，Ａ名義のままで抵当権の抹消の登記をすることができないのです。

### ２．抵当権者の相続・合併

#### （１）抵当権の消滅後に相続・合併が生じた場合（抵当権消滅→相続・合併）

債務者Ａの弁済などにより抵当権が消滅しました。その後，抵当権者Ｂが死亡または合併されました。この場合，以下の登記をします（登研 364P82）。

1／1　抵当権の抹消の登記

相続人または存続会社・設立会社への抵当権の移転の登記はしません。Bの死亡または合併の前に抵当権が消滅していますので，相続人または存続会社・設立会社に抵当権が移転していないからです。

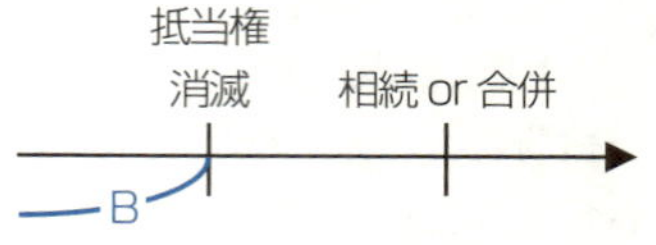


この1/1の登記の申請人ですが，Bは死亡または合併されて申請できませんので，Bの相続人または存続会社・設立会社がP44～46 の3.の登記義務者の一般承継人による申請（不登法62条）により，登記権利者Aと共同して申請することになります。

**※相続人のあることが明らかでないとき**

抵当権者Bの相続人のあることが明らかでないときは，相続財産清算人がAと共同して申請します。相続財産清算人がこの登記の申請をするのに，家庭裁判所の許可（P295～296ⅲ）は不要です。生前に発生したBの登記義務を履行しているだけであるため，処分行為に当たらないからです。

**（2）相続・合併が生じた後に抵当権が消滅した場合（相続・合併→抵当権消滅）**

抵当権者Bが死亡または合併されました。その後，債務者Aの弁済などにより抵当権が消滅しました。この場合，以下の登記をします（昭 32.12.27 民事甲 2440。登研364P82）。

<u>1/2　相続または合併を原因とする抵当権の移転の登記</u>
<u>2/2　抵当権の抹消の登記</u>

相続人または存続会社・設立会社に抵当権が移転した後に抵当権が消滅しているため，2/2の登記の前提として1/2の登記が必要となります。権利変動の過程を公示するのが登記ですので，相続人または存続会社・設立会社への抵当権の移転の登記もする必要があるのです。

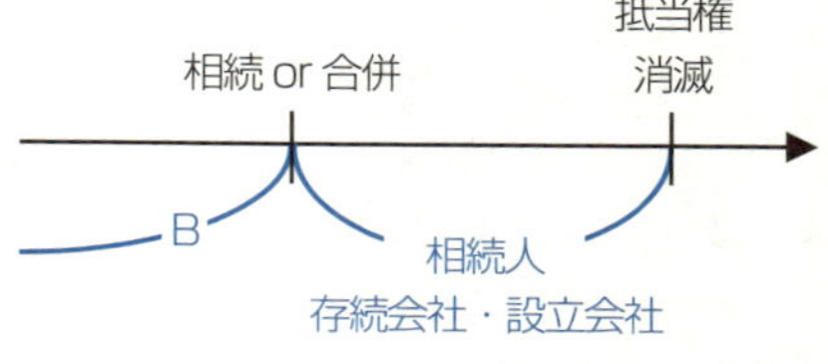


**※相続人または存続会社が抵当権者であった場合**

相続が生じたまたは吸収合併が行われても，元から相続人または存続会社が抵当権者であった場合には，抵当権は移転せず，1件で抵当権の抹消の登記を申請します。吸収合併についてはP308※のハナシ（所有権が抵当権に変わります）なので，P308※の図をご覧ください。

なお，新設合併の設立会社は，これからできる会社であるため，「抵当権者であった」ということがあり得ません。

# 第７節　抵当証券

## 1　抵当証券とは？

### 1．意義

抵当証券：申請を受けて登記所が発行する被担保債権と抵当権が一体となった有価証券

ex. 被担保債権を１億円とする抵当権の設定の登記がされています。この被担保債権と抵当権が一体となった１億円の抵当証券を発行することができます。

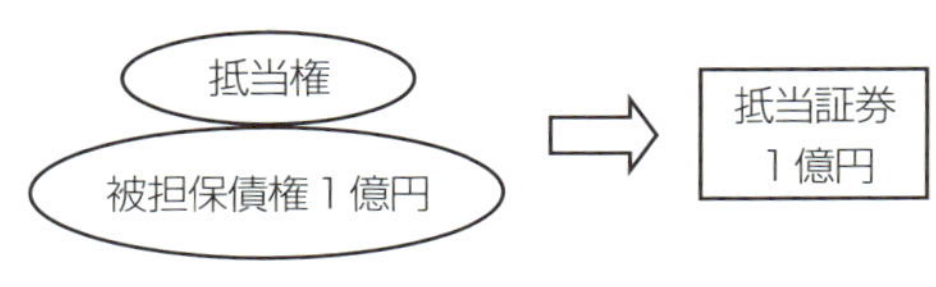


「有価証券」とは，財産権を，流通しやすくするために証券化したものです。「株券」が典型例です。株券は，株式会社に対する株主としての地位が「証券」という形となったものです。

有価証券についての取引をされたことがない方は，あまりイメージが湧かないと思います。少しいい加減な言い方ですが，「財産権がペーパー（紙）の形になったもの」が有価証券だとイメージしてください。

### 2．趣旨

有価証券は，原則として，証券を譲渡することで，その財産権を移転することができます。被担保債権と抵当権を「抵当証券」という有価証券にする目的は，これです。本来は，被担保債権を移転することで随伴性により抵当権が移転し（P411～412（1）），債権譲渡の対抗要件（民法467条２項）を備えないと第三者に対抗できない，といったハナシになります。しかし，抵当証券を発行してもらえば，抵当証券の裏書（うらがき）譲渡（抵当証券法15条１項）をするだけで，被担保債権と抵当権を移転することができ，対抗力も備わります。「裏書譲渡」とは，手形などを譲渡する方法ですが，証券の裏面に書くのでこのようにいわれます。証券の裏面に，譲受人や譲渡人などを記載します（抵当証券法15条２項後段）。

譲渡人と譲受人だけで対抗力を備えることまでできるため，債務者に知らせることなく，被担保債権と抵当権を移転することができ，流通性が高まる（ドンドン移転されることになる）のです。

このように裏書譲渡で被担保債権と抵当権を移転できるため，抵当権の移転の登記をする必要はありませんが，しても構いません。抵当権の移転の登記をする場合は，添付情報として，抵当証券を提供する必要があります。抵当証券が発行された場合，被担保債権と抵当権の移転は裏書譲渡によってしなければならないからです。

## 2 抵当証券の発行

### 1．債権の分割による抵当権の変更の登記

抵当証券を発行する前に，「債権の分割による抵当権の変更の登記」というものができます。

ex. 被担保債権を1億円とする抵当権の設定の登記がされています。

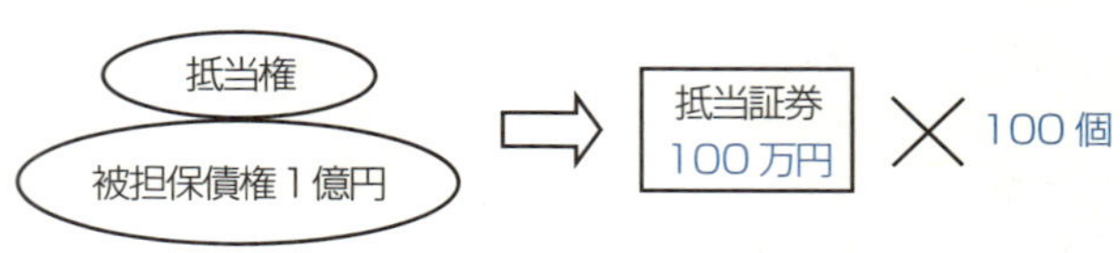


この被担保債権1億円を100個の債権に分割する抵当権の変更の登記をすることができます。そして，100個の抵当証券を発行することができます。

これは，任意であり，しなくても構いません。しかし，上記1 1.の ex.の1億円のままでは，金額が高くなかなか流通しないと考えられますので，小分けにして抵当証券を発行することができるんです。

この債権の分割による抵当権の変更の登記は，付記登記でされます（不登規3条2号イ。P25②イ）。債権を分割して不利益を受ける者はいないからです。

### 2．発行手続

土地，建物または地上権を目的とする抵当権の抵当権者が，設定者および債務者と抵当証券を発行する特約をします。そして，抵当権者が，登記所に抵当証券の交付を申請し，登記所が抵当証券を発行します（抵当証券法1条1項)。抵当証券を発行するのは登記所である点にご注意ください。

なお，「土地，建物または地上権を目的とする抵当権」とあるとおり，民法369条に規定されている抵当権の目的（P379 1）のうち，永小作権が除かれています。永小作権は，戦前の小作制度の名残りとして残っている物権です。── **民法Ⅱのテキスト第3編第4章第2節1** よって，財産的価値はほとんどありません。したがって，永小作権を目的とする抵当権もほとんど価値がなく，流通性を高める必要性はないと考えられるので，除かれているんです。

**抵当証券を発行できる抵当権**

抵当証券を発行できる抵当権は，**「民法369条（不動産・地上権・永小作権）－永小作権」を目的とする抵当権**です。

## 3．登記

登記官は，上記2.の申請に基づき抵当証券を交付したときは，職権で，以下のように，抵当権の設定の登記に抵当証券交付の登記をします（不登法94条1項）。この登記は，付記登記でされます（不登規3条8号）。

| 権利部（乙区）（所有権以外の権利に関する事項） | | | |
|---|---|---|---|
| 順位番号 | 登記の目的 | 受付年月日・受付番号 | 権利者その他の事項 |
| 1 | 抵当権設定 | 令和4年6月28日<br>第11543号 | 原因　令和4年6月28日金銭消費貸借同日設定<br>債権額　金1億円<br>債務者　A<br>抵当権者　B |
| 付記1号 | 1番抵当権につき令和5年11月28日第250号抵当証券交付 | 余　白 | 令和5年11月28日付記 |

## 4．抵当証券の発行が禁止される場合

以下の①～⑥の抵当権については，抵当証券を発行できません。

**判断基準**

抵当証券の発行が禁止される主な理由は，**被担保債権または抵当権が不確定または不安定である場合**です。抵当証券は裏書譲渡により債務者の関知しないところで譲渡されますので（P503～504 の2.），不確定または不安定なものを流通させるわけにはいかないんです。

①抵当権が根抵当権である場合（抵当証券法2条1号）

Ⅱのテキスト第3編第2章第1節2で説明しますが，根抵当権は，付従性がなく，被担保債権と担保物権が運命をともにしません。よって，被担保債権と担保物権を一体とする抵当証券を発行できません。また，そもそも被担保債権が存在しないかも（0かも）しれません（上記の「判断基準」）。

②抵当権について仮登記しかない場合（抵当証券法2条2号）

仮登記はⅡのテキスト第5編第2章で説明しますが，本登記がされるかもわからない不安定な登記だからです（上記の「判断基準」）。

③被担保債権について差押登記・仮差押登記がある場合，または，抵当権について処分禁止・抵当権を他の債権の担保とした旨（転抵当）の登記がある場合（抵当証券法２条３号）

被担保債権や抵当権がいつ消滅するかわからない不安定な状態だからです（上記の「判断基準」）。

④被担保債権または抵当権が解除条件付である場合（抵当証券法２条４号）

被担保債権や抵当権がいつ解除条件の成就により消滅するかわからないからです（上記の「判断基準」）。

⑤買戻特約のある不動産を目的とする抵当権の場合（平元.11.15 民三.4777）

買戻権の行使により抵当権がいつ消滅するかわからない不安定な状態だからです（上記の「判断基準」）。買戻権が行使されると，抵当権は消滅します（P368[3]）。

⑥抵当権が転抵当権である場合（平元.８.８民三.2913）

これは，上記の「判断基準」ではなく，P504 の「抵当証券を発行できる抵当権」から考えてください。抵当証券を発行できる抵当権は，「民法 369 条（不動産・地上権・永小作権）－永小作権」を目的とする抵当権であり，転抵当権は入っていません。

＊下記[3]からは，抵当証券が発行された後のハナシをみていきます。

## 3　抵当証券の提供の要否

抵当証券が発行されている抵当権についての登記は，原則として登記記録上の抵当権者と設定者が申請します。しかし，実体上は抵当証券を持っている人が抵当権者です。そこで，抵当証券が発行されている抵当権について抵当権者と設定者が登記を申請する場合，**基本的には抵当証券の提供が必要**となります。抵当証券の所持人が抵当証券を提供することが，「登記してもいいよ」という意味なのです。

①抵当証券が発行されている抵当権についての変更の登記または更正の登記（下記[4]を除く）

→　[抵当証券]も提供します（不登令別表 25 添付情報ニ）。

②抵当証券が発行されている抵当権についての抹消の登記

→　[抵当証券]も提供します（不登令別表 26 添付情報チ）。

③抵当証券交付の登記の抹消の登記

→　[抵当証券]または[抵当証券を無効とする旨を宣言する除権決定があったことを証する情報]を提供します（不登令別表 26 添付情報リ）。

②と③が紛らわしいですが，抹消の対象が異なります。②の抹消の対象は抵当権自体ですが，③の抹消の対象は抵当証券交付の登記です。

| 乙区 | |
|---|---|
| 1 | 抵当権 ―②|
| 1-1 | 抵当証券交付 ―③|

③の場合，抵当証券を無効とする旨を宣言する除権決定があったことを証する情報を提供すれば，抵当証券を提供する必要はありません。除権決定は裁判所がする決定であるため，抵当証券交付の登記が無効であることが明らかだからです。

## 4　抵当権の債務者の氏名（名称）・住所の変更の登記または更正の登記

Ⅱのテキスト第５編第３章1 2.※２で説明しますが，乙区の担保物権の債務者の氏名（名称）・住所に変更または錯誤・遺漏がある場合，以下の者の共同申請により，債務者の氏名（名称）・住所の変更の登記または更正の登記を申請するのが原則です（昭46.10.4民事甲3230）。

・登記権利者：担保権者（抵当権者など）
・登記義務者：設定者

しかし，抵当証券が発行されている抵当権の場合，この登記をなんと債務者の単独申請によって行えます（不登法64条２項）。登記名義人ではない債務者が登記を申請するという非常に例外的なハナシです。本来は，上記3①のように，抵当証券を持っている人を捜し出し，抵当証券を提供するべきです。ですが，抵当証券は転々と流通しているため，それはかなり大変です。そこで，このような特例が認められているのです。

このような趣旨ですので，この登記は，抵当証券を提供する必要はありません。

## 5　順位が下がる順位変更の登記または共同担保物件の一部についての抵当権の抹消の登記

抵当証券が発行されている抵当権について，順位が下がる順位変更の登記または共同担保物件の一部について抵当権の抹消の登記を申請するときは，抵当権が債権の全部の弁済を担保するに足りることを証する情報（不動産鑑定士の鑑定評価書など）を提供する必要があります（平元.10.16民三.4200）。

これらは抵当権の価値を下げる登記ですので，「順位が下がっても，または，一部抹消しても大丈夫ですよ～（抵当証券の所持人を害しませんよ～）」という趣旨で提供します。

# 第8節　工場抵当

## 1　工場抵当とは？

工場抵当：民法の特別法である工場抵当法が適用される抵当権

工場抵当法という特別法に，以下の２つの特殊な抵当権（工場抵当）が規定されています。

①狭義の工場抵当（下記2）

②工場財団抵当（下記3）

## 2　狭義の工場抵当

### 1．狭義の工場抵当とは？

狭義の工場抵当：抵当権の効力が，土地または建物の付加一体物のみではなく，土地または建物に備え付けられた機械，器具その他工場の用に供する物に当然に及ぶ抵当権（工場抵当法２条１項本文，２項）

### 2．趣旨

通常の抵当権の効力の及ぶ範囲は，原則として不動産の付加一体物までです（民法370条本文）。── 民法Ⅱのテキスト第４編第５章第４節1　それを工場内の機械などまで拡大させたのが狭義の工場抵当です。工場は，その土地や建物よりも，工場内にある機械などのほうが価値が高いことが多いため，機械などに及ぶとされたのです。

狭義の工場抵当は，下記3の工場財団抵当と異なり，小規模の工場を想定しています。

ただし，狭義の工場抵当も，設定行為における当事者の契約で別段の定めをすることはできます（工場抵当法２条１項ただし書）。

ex. 工場内の特定の機械には抵当権の効力は及ばないという特約をした場合には，その機械には抵当権の効力が及びません。

### 3．登記申請の手続

#### （1）抵当権の設定

通常の抵当権の設定の登記の申請情報と異なる点は，添付情報に機械器具目録に記録すべき情報が加わることです（工場抵当法３条３項）。

P511≒

狭義の工場抵当の登記をするときは，登記官は職権で機械器具目録を作成します（工場抵当法３条２項）。「機械器具目録」とは，狭義の工場抵当の効力が及んでいる機械などを記載した目録です。どんな機械が抵当権の目的となっているかなどを明らかにするために，作成されます。登記官が機械器具目録を作成する基となる情報が必要となるので，添付情報として機械器具目録に記録すべき情報を提供するのです。

**※工場に属する土地でなかった土地が工場に属する土地となった場合**

当初は工場に属する土地でなかった土地が，工場に属する土地となることがあります。この場合，抵当権者と設定者が抵当権設定契約を変更することで，工場に属する土地でなかった土地に設定されていた抵当権（普通抵当権）を，工場抵当に変更することができます。そして，その旨の抵当権の変更の登記を申請できます。

このように工場抵当が成立することもあります。

### （2）機械器具目録の変更

狭義の工場抵当の登記をした後，機械器具目録の内容に変更があった場合（ex. 新たに工場に機械を備え付けた場合），工場の所有者は，遅滞なく機械器具目録の変更の登記を申請する必要があります（工場抵当法３条４項，38 条１項）。これは，工場の所有者の単独申請です。新たに機械を追加する変更の登記だと，目録追加情報（変更後の表示を機械器具目録に記録するための情報）を提供します。

機械器具目録の内容が変更されるということは，抵当権の効力の及ぶ範囲が変わるということですから，抵当権者に大きな影響があります。高価な機械がなくなってしまう変更の登記もあります。にもかかわらず工場の所有者の単独申請が認められるのは，添付情報として抵当権者の同意を証する情報（または抵当権者の同意に代わる裁判があったことを証する情報）を提供するからです（工場抵当法３条４項, 38 条２項）。

**※機械器具目録に記録された機械・器具をすべて撤去したとき**

工場から，機械器具目録に記録された機械，器具をすべて撤去したときは，上記の機械器具目録の変更の登記ではなく，普通抵当権となった旨の抵当権の変更の登記を申請します。

機械，器具などがすべて撤去されたのであれば，工場抵当から普通抵当権になるからです。

# 3 工場財団抵当

## 1．工場財団抵当とは？

工場財団抵当：以下の表の組成物件から組成される工場財団を１個の不動産とみなして（工場抵当法14条１項），それを目的として設定する抵当権（工場抵当法14条２項本文）

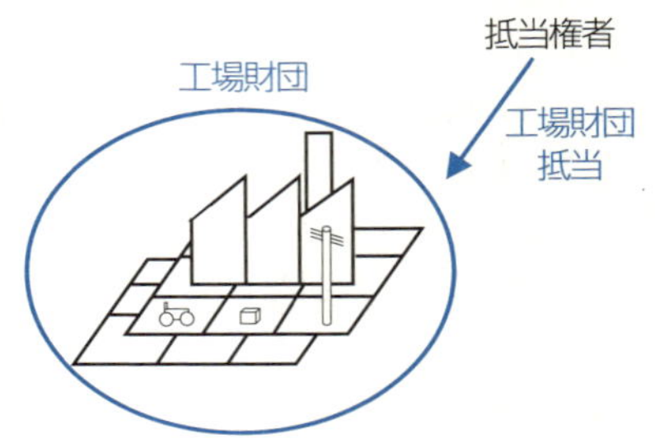


### 工場財団の組成物件となるかの判断基準

工場財団抵当は一括して抵当権の目的としますので，**わかりにくいものはダメ**です。以下の表には組成物件が多数記載されていますが，この基準で，工場財団の組成物件とすることができないもの（**＝わかりにくいもの**）を意識的に記憶してください。

| 工場財団の組成物件とすることができるもの（工場抵当法 11 条）（○） | 工場財団の組成物件とすることができないもの（×） |
|---|---|
| ①工場に属する土地および工作物（※）<br>②機械，器具，電柱，電線，配置諸管，軌条その他の附属物<br>③地上権<br>④賃貸人の承諾あるときの物の賃借権<br>⑤工業所有権<br>⑥ダム使用権 | ①他人の権利の目的となっているもの，または，差押え・仮差押え・仮処分の目的となっているもの（工場抵当法 13 条１項）<br>②他の工場財団の組成物件となっているもの（工場抵当法８条２項） |

※土地・建物は，所有権の登記がされていなければ，工場財団の組成物件とすることはできません（工場抵当法12条）。工場財団の組成物件となると，土地・建物の登記記録の甲区に工場財団に属した旨の登記がされるため，その前提として甲区が存在する（所有権の登記がされている）必要があるからです。

なお，数個の工場が各別の所有者に属するときも，１個の工場財団とすることができます（工場抵当法８条１項後段）。

### 2．趣旨

工業地帯を包括的に担保にとるための抵当権です。

工場財団抵当は，上記2の狭義の工場抵当と異なり，大企業の工業地帯を想定しています。

### 3．登記申請の手続

#### （1）申請する登記

以下の2つの登記を申請します。

1/2　工場財団登記簿への所有権の保存の登記（工場抵当法9条）

上記2の狭義の工場抵当（土地または建物に設定）と異なり，まず抵当権の設定の対象となる工場財団を作る必要があります。工場財団登記簿という専用の登記簿があり，そこに所有権の保存の登記をすることで，工場財団ができます（工場抵当法9条）。

この登記は，工場の所有者の単独申請でします。所有権の保存の登記だからです。

この申請情報には，工場の名称・位置，主たる営業所，営業の種類および工場財団の組成物件を記載します。これらが登記事項となります（工場抵当法21条1項）。

添付情報として工場財団目録に記録すべき情報を提供します（工場抵当法22条）。この登記をするときは，登記官は職権で工場財団目録を作成します（工場抵当法21条2項，1項4号）。「工場財団目録」とは，上記1.の組成物件を記載した目録です。どんな組成物件によって工場財団が組成されているかを明らかにするために，作成されます。登記官が工場財団目録を作成する基となる情報が必要となるので，添付情報として工場財団目録に記録すべき情報を提供するのです。 ≒P508

この登記の登録免許税は，工場財団の数1個につき3万円です（登免法別表第1.5.(1)）。

2/2　上記1/2の所有権の保存の登記を目的とする抵当権の設定の登記

上記1/2の登記をしてから6か月以内にこの抵当権の設定の登記をしないと，上記1/2の所有権の保存の登記は効力を失います（工場抵当法10条）。6か月以内に抵当権の設定の登記がされても，工場財団について設定された抵当権の登記がすべて抹消された後，6か月以内に新たに抵当権の設定の登記をしない場合も同じです（工場抵当法8条3項）。工場財団は，抵当権の目的とするために作られるものなので，抵当権の設定の登記をしないのならば「必要なかったんだ」ということになるからです。

この登記の登録免許税は，債権額の２.５/1000です（登免法別表第１.５.（２））。大企業の工業地帯などを目的とした抵当権であり，債権額も相当高額になるため，通常の抵当権の設定の登記（債権額の４/1000）よりも税率が低くなっています。

＊ここからは，工場財団の登記をした後のハナシをみていきます。

### （2）工場財団目録の変更

工場財団の登記をした後，工場財団目録の内容に変更があった場合（ex. 新たに土地が組成物件に加わった場合），所有者は，遅滞なく工場財団目録の変更の登記を申請する必要があります（工場抵当法38条1項）。これは，所有者の単独申請です。よって，登記識別情報の提供は不要です（P77～78の「登記識別情報の提供の要否の基本的な判断基準」）。

抵当権の効力の及ぶ範囲が変わりますので，抵当権者に大きな影響があります。にもかかわらず所有者の単独申請が認められるのは，添付情報として抵当権者の同意を証する情報（または抵当権者の同意に代わる裁判があったことを証する情報）を提供するからです（工場抵当法38条２項）。

また，原則として，変更後の工場の図面も提供する必要があります（登研206P32）。

## ４．工場財団となった後の処分・賃借権設定の可否

工場財団となった後，処分（所有権の移転など）や賃借権設定ができるかが問題となります。工場財団の組成物件と工場財団で分けて考える必要があります。「工場財団の組成物件」と「工場財団」は異なりますので，まず右の図でそれぞれが何を指しているかを把握してください。

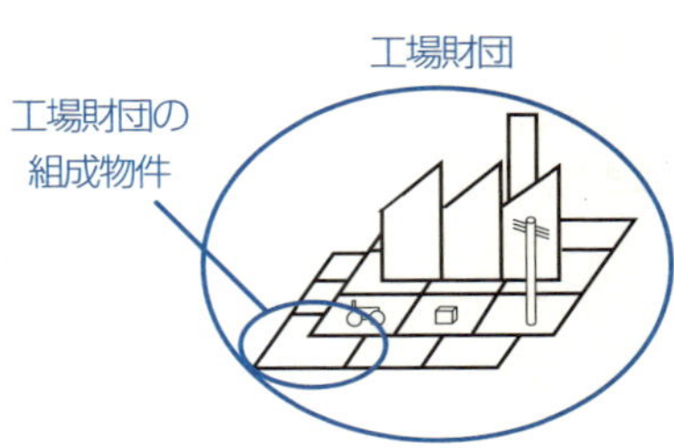

| | | 工場財団の組成物件 | 工場財団 |
|---|---|---|---|
| 処分 | | **不可**<br>（譲渡，差押え，仮差押え，仮処分など不可。工場抵当法 13 条2項本文）。<br>権利関係が複雑にならないよう，工場財団はまとめて処分されるべきなので，組成物件のみを処分することはできません。 | **可**<br>工場財団そのものの譲渡は，「工場財団はまとめて処分されるべき」に反しないからです。<br>ただし，所有権および抵当権以外の権利の目的とすることはできません。工場財団は，抵当権を設定するために作るものだからです。 |
| 賃借権 | 設定 | **抵当権者の同意を得れば可**<br>（工場抵当法 13 条2項ただし書）<br>賃借権設定は処分そのものではないからです。賃借権を設定したからといって，工場財団がまとめて処分されないことにはなりません。 | **抵当権者の同意を得れば可**<br>（工場抵当法 14 条2項ただし書）<br>例外的に，賃借権の目的とすることはできます。 |
| | 登記 | **可**<br>（昭 41.12.20 民事三 851。登研 130P43）<br>工場財団の登記簿とは違い，所有権と抵当権を登記するためだけにあるわけではないからです。 | **不可**<br>（昭 28.3.31 民事甲 535 参照）<br>工場財団の登記簿は，所有権と抵当権を登記するためにあるからです。 |

## 5．工場財団の消滅の登記

抵当権の登記がすべて抹消された場合などには，所有者は，単独申請によって工場財団の消滅の登記を申請できます（工場抵当法 44 条の 2 本文）。

# 事項索引

## あ



## か

## さ

## た

## な

## は



## ま

# 条文索引

【不登規】

**【不登準則】**



**【民法】**

【登免法】

【登免法施行令】



【登免法施行規】



【民訴法】



【民執法】

# 判例索引

## 最高裁

## 高裁



## 地裁

# 先例索引

# 登記研究索引

## ― 著者 ―　松本 雅典（まつもと まさのり）

司法書士試験講師。All About 司法書士試験ガイド。法律学習未経験ながら，５か月で平成22年度司法書士試験に合格。５か月の学習期間での合格は，現在確認されている中で最短。それまでの司法書士受験界の常識であった方法論と異なる独自の方法論を採ったことにより合格した。

現在は，その独自の方法論を指導するため，辰已法律研究所にて，講師として後進の指導にあたる（１年合格コース「リアリスティック一発合格松本基礎講座」を担当）。合格まで平均４年かかる現状を超短期（４～７か月）で合格することを当たり前に変えるため，指導にあたっている。

なお，司法書士試験に合格したのと同年に，宅建試験・行政書士試験も受験し，ともに一発合格。その翌年に，簡裁訴訟代理等能力認定。

**【著書】**

『【第３版】司法書士５ヶ月合格法』（自由国民社）

『予備校講師が独学者のために書いた司法書士５ヶ月合格法』（すばる舎）

『試験勉強の「壁」を超える50の言葉』（自由国民社）

『【第３版】司法書士試験リアリスティック１　民法Ⅰ［総則］』（辰已法律研究所）

『【第４版】司法書士試験リアリスティック２　民法Ⅱ［物権］』（辰已法律研究所）

『【第４版】司法書士試験リアリスティック３　民法Ⅲ［債権・親族・相続］』（辰已法律研究所）

『【第４版】司法書士試験リアリスティック４　不動産登記法Ⅰ』（辰已法律研究所）

『【第４版】司法書士試験リアリスティック５　不動産登記法Ⅱ』（辰已法律研究所）

『【第２版】司法書士試験リアリスティック６　会社法・商法・商業登記法Ⅰ』（辰已法律研究所）

『【第２版】司法書士試験リアリスティック７　会社法・商法・商業登記法Ⅱ』（辰已法律研究所）

『司法書士試験リアリスティック８　民事訴訟法・民事執行法・民事保全法』（辰已法律研究所）

『司法書士試験リアリスティック９　供託法・司法書士法』（辰已法律研究所）

『司法書士試験リアリスティック10　刑法』（辰已法律研究所）

『司法書士試験リアリスティック11　憲法』（辰已法律研究所）

『【第２版】司法書士リアリスティック不動産登記法記述式』（日本実業出版社）

『【第２版】司法書士リアリスティック商業登記法記述式』（日本実業出版社）

**【監修書】**

『司法書士<時間節約>問題集　電車で書式〈不動産登記 90 問〉』（日本実業出版社）

『司法書士<時間節約>問題集　電車で書式〈商業登記 90 問〉』（日本実業出版社）

**【運営サイト】**

司法書士試験リアリスティック

https://sihousyosisikenn.jp/

**【Twitter】**

松本 雅典（司法書士試験講師）@matumoto_masa

https://twitter.com/matumoto_masa

**【ネットメディア】**

All About で連載中

https://allabout.co.jp/gm/gt/2754/

**【YouTube チャンネル】**

松本雅典・司法書士試験講師

https://www.youtube.com/channel/UC5VzGCorztw_bIl3xnySI2A

**辰已法律研究所（たつみほうりつけんきゅうじょ）**
https://www.tatsumi.co.jp

司法書士試験対策をはじめとする各種法律資格を目指す方のための本格的な総合予備校。実務家というだけではなく講師経験豊かな司法書士，弁護士を講師として招聘する一方，入門講座ではWebを利用した復習システムを取り入れる等，常に「FOR THE 受験生」を念頭に講座を展開している。

司法書士試験　リアリスティック④　不動産登記法Ⅰ

令和４年７月１日　第４版　第１刷発行

著　者　松本　雅典
発行者　後藤　守男
発行所　辰已法律研究所
〒169-0075
東京都新宿区高田馬場 4-3-6
TEL. 03-3360-3371（代表）
印刷・製本　壮光舎印刷（株）

©M.Matsumoto 2022 Printed in JAPAN
ISBN978-4-86466-556-8

【講座案内】

2023年受験対策

# 司法書士

リアリスティック一発合格

松本基礎講座

一般教育訓練給付制度
指定コースあり
対象：全科目一括

絶対に受かりたい受験生に
絶対に受からせたい講師が
講師自身が受験界最短で合格した方法論を提供する講座

司法書士試験 松本の新教科書 5ヶ月合格法 リアリスティック① 民法Ⅰ［総則］ 松本雅典 第3版

司法書士試験 松本の新教科書 5ヶ月合格法 リアリスティック② 民法Ⅱ［物権］ 松本雅典 第4版

司法書士試験 松本の新教科書 5ヶ月合格法 リアリスティック③ 民法Ⅲ［債権・親族・相続］ 松本雅典 第4版

司法書士 ゼロから5ヶ月合格法 第3版 松本雅典

予備校講師が独学者のために書いた 司法書士 5ヶ月合格法 松本雅典

司法書士試験 松本の新教科書 5ヶ月合格法 リアリスティック④ 不動産登記法Ⅰ 松本雅典

司法書士試験 松本の新教科書 5ヶ月合格法 リアリスティック⑥ 会社法・商法・商業登記法Ⅰ 松本雅典

司法書士試験 松本の新教科書 5ヶ月合格法 リアリスティック⑧ 民事訴訟法・民事執行法・民事保全法 松本雅典

司法書士 Realistic リアリスティック 不動産登記法 記述式［第2版］ 松本雅典 問題をすべて入れ替えて大改訂! 民法改正完全対応

司法書士 Realistic リアリスティック 商業登記法 記述式［第2版］ 松本雅典 令和元年会社法改正 商業登記法改正対応 「5ヶ月合格法」メソッドで解く最速解答術

司法書士試験 松本の新教科書 5ヶ月合格法 リアリスティック⑤

司法書士試験 松本の新教科書 5ヶ月合格法 リアリスティック⑦ 会社法・商法・商業登記法Ⅱ 松本雅典

司法書士試験 松本の新教科書 5ヶ月合格法 リアリスティック⑨ 供託法・司法書士法 松本雅典

司法書士試験 松本の新教科書 5ヶ月合格法 リアリスティック⑩ 刑法 松本雅典

司法書士試験 松本の新教科書 5ヶ月合格法 リアリスティック⑪ 憲法 松本雅典

講座の詳細は
こちらから↓

Realistic

スケジュール・受講料等の詳細は
右記より資料をご請求ください。https://r-tatsumi.com/pamphlet/

## 従来の勉強法 / 松本式 5ヶ月合格勉強法 ここが違う。

| 従来型 | 松本式 |
|---|---|
| 合格まで4年は覚悟する。 | 絶対に合格できるという自信をもつ。合理的な勉強法で真剣に学習すれば1年で必ず合格できる試験である。 |
| 本試験「直前」に使えるように情報を一元化する。 | 本試験「当日」に問題を解くときに、頭の中で思い出す検索先を一つに特定する＝情報の一元化ではなく検索先の一元化 |
| 自分にあった勉強法を探す。 | 最短で合格できる勉強法に、ただひたすら自分をあわせる。 |
| 過去問は何回も何回も繰り返し解く。 | 過去問の元になっている条文・判例自体を思い出せるようにすれば過去問は何回も解く必要がない。 |
| 忘れないためには、覚えられるまで何度でも繰り返し復習するしかない。 | 一度頭に入ったことは頭からなくなることはない。思い出すプロセスを決めて、そのプロセスを本試験で再現できるよう訓練するのが勉強である。 |
| 過去問を「知識が身についているかの確認」に使う。 | 過去問を「問題の答えを出すために必要な知識」を判別するために使う。知識の確認ツールとしては、過去問は不十分である。 |
| テキスト・過去問にない問題に対処するためにもっと知識を増やすように努力する。 | テキスト・過去問に載っていない知識の肢を、テキスト・過去問に載っている知識から推理で判断する訓練をする。知識を増やすことに労力をかけない。 |
| テキストに、関連する他の科目の内容や定義などをどんどん書き込んでいく。 | 基本テキストに関連する他の科目の内容や定義などは、「言葉」としては書かない。本試験で思い出すための記号しか書かない（リレイティング・リコレクト法）。 |
| インプット＝テキスト、アウトプット＝問題演習 | インプットもアウトプットもテキストで行う。 |
| 記述は書いて書いて書きまくる。 | 記述式を書いて勉強するのは時間がかかり過ぎる。申請書はシャドウイング＋ 音読で。 |

スケジュール・受講料等の詳細は
右記より資料をご請求ください。https://r-tatsumi.com/pamphlet/

【講座案内】

# リアリスティック一発合格 松本基礎講座

■2022年4月 Start（7月スタート設定あり）

## リアリスティック一発合格 松本基礎講座（全129回）

| リアリスティック導入講義 | オリエンテーション講義 | 民法 | 不動産登記法 | 会社法（商 商業登 |
|---|---|---|---|---|
| 4回 | 1回 | （※根抵当権については不動産登記法で取り扱います。）28回 | 21回 | 31 |

無料体験可

※民法開講後にお申込みになった方も左記「導入講義」「オリエンテーション講義」（全5回）をご受講ください（通学部はビデオブースまたはWEB受講。通信部DVDは一括発送）。

司法書士試験とはどのような試験なのかについて、一般的な説明だけではなく、松本講師独自の見方を披露。さらに、最重要科目についてその構造を松本講師が分析。民法からの本開講を安心して迎えるための準備をします。

**■超短期合格法の要諦『検索先の一元化』を実現する講義**

ある知識を問われたときに、頭の中でどこを検索すればいいのか、そしてどのように思い出
元化」の考え方ですが、これを実際に行うにあたっては様々な工夫が必要となります。本講
沿って、丁寧に解説していきます。

**■インプットと同時にアウトプットの仕方（松本式アウトプット法）を指導**

本講座は形式的にはインプット講座ですが、講義での指導内容はアウトプット（松本式アウ
松本式アウトプットのメイン教材はテキストです。ではテキストを使って具体的にはどのよ
説をします。

**■記憶を活かすための工夫満載**

講義では、次のような様々な"Recollect 法"（思い出す方法）を駆使しながら、記憶の有
口合わせ・替え歌 Recollect 法』『こじつけ Recollect 法』『漢字 Recollect 法』『その他の

### 通学部

LIVE

※通学部は定員制です。定員に達した場合には、以後のお申込みをお断りする場合があります。あらかじめご了承願います。

**社会人の方も無理なく受講できる！**

- ＬＩＶＥは週２日の木曜・日曜！
- 日曜は 14:00 開始　木曜は遅めの 18:45 開始
- LIVE を欠席しても受講者特典マイページ（辰巳法律研究所ホームページのトップページからアクセス）でもフォローできます。
- 音声ダウンロードで講義音声を持ち歩き。

### 通信部

**DVD で講義を視聴**

- DVD で繰り返し講義を視聴できる。
- 教材は一定期間分をまとめて配送。
- 音声ダウンロードで講義音声を持ち歩き。

**WEB で講義を視聴**

- パソコンやスマホで繰り返し講義を視聴できる（視聴期間あり）。
- 教材は一定期間分をまとめて配送。ページ数の少ないレジュメは PDF で閲覧。
- 音声ダウンロードで講義音声を持ち歩き。

※お申込時に DVD、WEB、WEB＋DVD のいずれかをお選びください。

**スケジュール・受講料等の詳細は**
**右記より資料をご請求ください。https://r-tatsumi.com/pamphlet/**

# — 講座の体系 —

2023年7月 司法書士試験 筆記試験

民事訴訟法 民事執行法 民事保全法 12回

供託法 司法書士法 5回

刑法 7回

憲法 6回

不動産登記法（記述式） 7回

商業登記法（記述式） 7回

オプション講座

司法書士オープン総合編 8回

全国総合模試 2回

)かという視点が最も重要であるというのが「検索先の一
この『検索先の一元化』のやり方を、具体的な科目内容に

に関するものを含んでいます。
プットを行うのか。それについては講義の中で詳しく解

ます。『算数的Recollect法』『Relating Recollect法』『ゴ
t法』。乞うご期待。

各自で検索先の一元化を進めながら、松本式アウトプットを繰り返す。

## 工夫されたカリキュラムと便利な受講形態

### 便利な「通学＆通信 相互乗り入れ制度」

リアリスティック一発合格 松本基礎講座を全科目一括でお申込みの方には、
下表の通り、「通学＆通信 相互乗り入れ制度」が適用されます。

| 申込内容＼受講方法 | 通学部を申込 | 通信部を申込 | |
|---|---|---|---|
| | | DVDを申込 | WEBを申込 |
| LIVE講義への出席 | 可 | 可 ※1 | 可 ※1 |
| WEB講義視聴 | 可 ※2 | DVDのみの申込みなら不可。WEB＋DVDをお申込みなら可 | 可 |
| 教材のお渡し方法 | 手渡し | 発送 ※3 | 発送 ※3 |

※1 通学（LIVE）受講を希望する方は事前にご登録いただきます。登録・予約等の詳細はお申込み後にご案内いたします。なお、教室には定員制限があるため、通学部の方を優先する関係でご受講いただけない場合がございます。あらかじめご了承願います。

※2 通学部の方がWEB視聴をご希望の場合には、受講者特典マイページからご視聴ください。

※3 通信部の方が通学受講をする（要登録）に際してテキスト等の教材をお受け取りになった場合には、その教材については発送はいたしません。

※4 オプション講座の司法書士オープン総合編・全国総合模試につきましては、お申込みの受講形態に従ってご受講いただきます。オプション講座については、相互乗り入れ制度は適用されません。

**スケジュール・受講料等の詳細は
右記より資料をご請求ください。https://r-tatsumi.com/pamphlet/**

【講座案内】

# リアリスティック一発合格 松本基礎講座

本講座では、松本雅典著『**司法書士試験リアリスティック**』を講座テキストとして使用します（シリーズ全冊発行済み）。テキストの記載内容は、本試験過去問を徹底的に分析した結果をもとに吟味されており、無駄な記載を省きつつも、本試験での出題領域を十分にカバーするものとなっています。

**松本雅典著　司法書士試験リアリスティック**

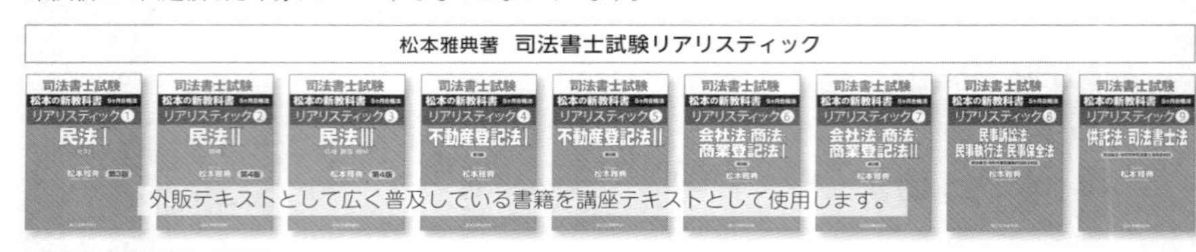

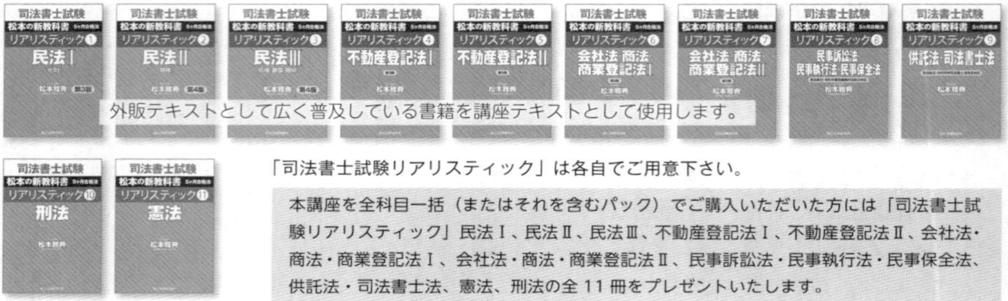

司法書士試験 松本の新教科書 リアリスティック⑩ 刑法 松本雅典

司法書士試験 松本の新教科書 リアリスティック⑪ 憲法 松本雅典

「司法書士試験リアリスティック」は各自でご用意下さい。

本講座を全科目一括（またはそれを含むパック）でご購入いただいた方には「司法書士試験リアリスティック」民法Ⅰ、民法Ⅱ、民法Ⅲ、不動産登記法Ⅰ、不動産登記法Ⅱ、会社法・商法・商業登記法Ⅰ、会社法・商法・商業登記法Ⅱ、民事訴訟法・民事執行法・民事保全法、供託法・司法書士法、憲法、刑法の全11冊をプレゼントいたします。

## テキストの見開き見本

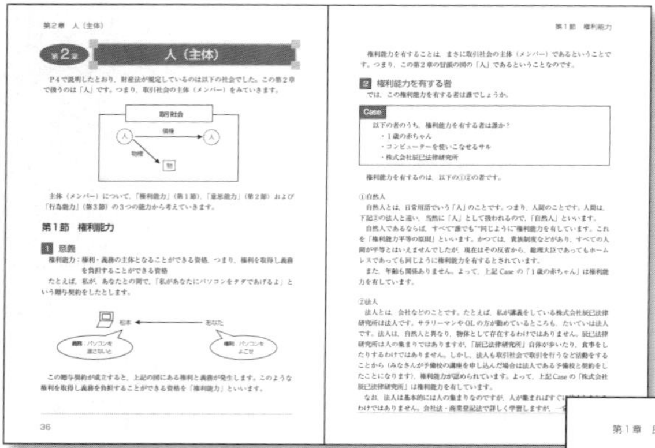

第2章　人（主体）

**第2章　人（主体）**

P4で説明したとおり、財産法が規定しているのは以下の社会でした。この第2章で扱うのは「人」です。つまり、取引社会の主体（メンバー）をみていきます。

取引社会 / 人 →債権→ 人 / 物権 → 物

主体（メンバー）について、「権利能力」（第1節）、「意思能力」（第2節）および「行為能力」（第3節）の3つの能力から考えていきます。

**第1節　権利能力**

**1 意義**

権利能力：権利・義務の主体となることができる資格。つまり、権利を取得し義務を負担することができる資格

たとえば、私が、あなたとの間で、「私があなたにパソコンをタダであげるよ」という贈与契約をしたとします。

松本 ← あなた
義務：パソコンを渡さないと
権利：パソコンをよこせ

この贈与契約が成立すると、上記の図にある権利と義務が発生します。このような権利を取得し義務を負担することができる資格を「権利能力」といいます。

36

第1節　権利能力

権利能力を有することは、まさに取引社会の主体（メンバー）であるということです。つまり、この第2章の冒頭の図の「人」であるということなのです。

**2 権利能力を有する者**

では、この権利能力を有する者は誰でしょうか。

Case
以下の者のうち、権利能力を有する者は誰か？
・1歳の赤ちゃん
・コンピューターを使いこなせるサル
・株式会社辰已法律研究所

権利能力を有するのは、以下の①②の者です。

①自然人

自然人とは、日常用語でいう「人」のことです。つまり、人間のことです。人間は、下記②の法人と違い、当然に「人」として扱われるので、「自然人」といいます。

自然人であるならば、すべて"誰でも""同じように"権利能力を有しています。これを「権利能力平等の原則」といいます。かつては、貴族制度などがあり、すべての人間が平等とはいえませんでしたが、現在はその反省から、総理大臣であってもホームレスであっても同じように権利能力を有するとされています。

また、年齢も関係ありません。よって、上記Caseの「1歳の赤ちゃん」は権利能力を有しています。

②法人

法人とは、会社などのことです。たとえば、私が講義をしている株式会社辰已法律研究所は法人です。サラリーマンやOLの方が勤めているところも、たいていは法人です。法人は、自然人と異なり、物体として存在するわけではありません。辰已法律研究所は人の集まりではありますが、「辰已法律研究所」自体が歩いたり、食事をしたりするわけではありません。しかし、法人も取引社会で取引を行うなど活動をすることから（みなさんが予備校の講座を申し込んだ場合は法人である予備校と契約をしたことになります）、権利能力が認められています。よって、上記Caseの「株式会社辰已法律研究所」は権利能力を有しています。

なお、法人は基本的には人の集まりなのですが、人が集まればすぐに……わけではありません。会社法・商業登記法で詳しく学習しますが、一定……

受講者に記憶していただくのは、テキストのほか、各科目で配付する数ページのレジュメ、それだけです。

図、Case、イメージの湧きやすい例など様々な工夫を駆使し、初めて法律を学ぶ人にも理解できるテキストとなっています。

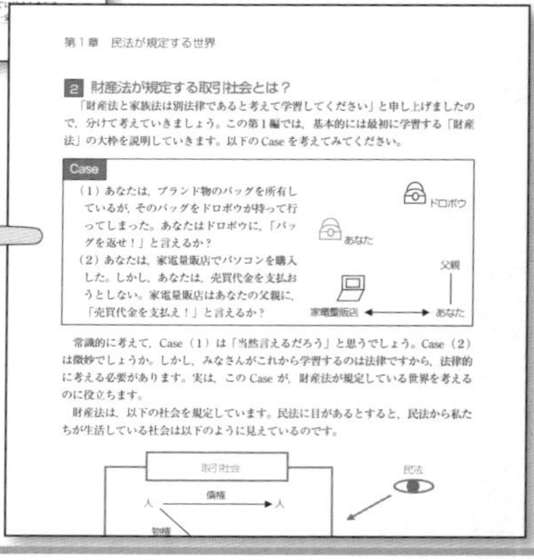

第1章　民法が規定する世界

**2 財産法が規定する取引社会とは？**

「財産法と家族法は別法律であると考えて学習してください」と申し上げましたので、分けて考えていきましょう。この第1編では、基本的には最初に学習する「財産法」の大枠を説明していきます。以下のCaseを考えてみてください。

Case
（1）あなたは、ブランド物のバッグを所有しているが、そのバッグをドロボウが持って行ってしまった。あなたはドロボウに、「バッグを返せ！」と言えるか？
（2）あなたは、家電量販店でパソコンを購入した。しかし、あなたは、売買代金を支払おうとしない。家電量販店はあなたの父親に、「売買代金を支払え！」と言えるか？
ドロボウ / あなた / 父親 / 家電量販店 ←→ あなた

常識的に考えて、Case（1）は「当然言えるだろう」と思うでしょう。Case（2）は微妙でしょうか。しかし、みなさんがこれから学習するのは法律ですから、法律的に考える必要があります。実は、このCaseが、財産法が規定している世界を考えるのに役立ちます。

財産法は、以下の社会を規定しています。民法に目があるとすると、民法から私たちが生活している社会は以下のように見えているのです。

取引社会 / 民法 / 人 →債権→ 人 / 物権

簡単な例からスタートしますが、法律の根本的な考え方まできちんと説明しています。

**スケジュール・受講料等の詳細は**
**右記より資料をご請求ください。https://r-tatsumi.com/pamphlet/**

【 2023年受験対策 司法書士 リアリスティック一発合格松本基礎講座 】

# — TEXT —

特に重要な条文は、ボックスにして原文を掲載しています。

このような理由から、「意思能力」「行為能力」という問題が生じます。つまり、第2節と第3節で扱う意思能力と行為能力は、「権利能力はある（取引社会の主体〔メンバー〕ではある）が、物事の分別がつかない者や、保護する必要がある者をどう扱うか？」という問題なのです。
意思能力はこの第2節で、行為能力は次の第3節で説明します。

**民法3条の2**
法律行為の当事者が意思表示をした時に意思能力を有しなかったときは、その法律行為は、無効とする。

**1 意義**
意思能力：自分の法律行為の結果を弁識するに足るだけの精神能力
かつては、意思能力については明文規定がありませんでした。しかし、今後は高齢化社会になり、意思能力が問題となる事件は増えると考えられ、意思無能力者を保護する必要性が高まります。そこで、平成29年の改正で明文化されました。

説 ――「明文規定」
定」とは、条文があるということです。学説問題の肢（選択肢）の中で、「明文規定文規定がない」という文言はよく出てきますので、意味がわかるようにしておいて

59

第10章 時効

**4．援用権者**

**Case**
Aは、Bから100万円を借りており、あなたはAの保証人となっている。AのBに対する債務が、弁済されないまま弁済期から5年が経過した場合、あなたはAのBに対する債務の消滅時効を援用できるか？

取得時効の占有者や消滅時効の債務者が時効を援用できることは、問題ありません。上記Caseでいえば、Aは問題なく消滅時効を援用できます。では、保証人であるあなたは援用できるでしょうか。こういったことが問題となります。

**援用権者として認められるかの判断基準**
援用権者として認められるのは、援用をしなければ自身の財産を失ってしまう者です。
＊以下の表には、この後に学習する用語が多数出てきます。よって、いったん飛ばし、財産法の学習がひととおり終わった後（Ⅲのテキスト第8編までお読みになった後）にお読みください。

| 援用権者として認められる者 | 援用権者として認められない者 |
| --- | --- |
| ①保証人（民法145条かっこ書）<br>②連帯保証人（民法145条かっこ書）<br>援用をしなければ債務の履行の責任を負いますので（民法446条1項）、自身の財産を失ってしまう者です。<br>よって、上記Caseの保証人であるあなたは、AのBに対する債務の消滅時効を援用できます。<br>①②は、平成29年の改正で判例（大判大4.7.13、大判大4.12.11、大判昭7.6.21）が明文化されました。 | ①連帯債務者<br>連帯債務者は、かつては援用権者と解されていました。しかし、平成29年の改正で、連帯債務における時効の効果は相対的効力になりました。他の連帯債務者の債務が時効によって消滅しても、連帯債務者の債務に変化が生じなくなったので（民法441条本文）、連帯債務者は援用をしなければ自身の財産を失ってしまう者とはいえなくなったんです。<br>②一般債権者（大判大8.7.4）<br>一般債権者は債務者の特定の財産を目的としていませんので、援用をしなければ自身の財産を失ってしまう者とはいえません。また、P115の「一般債権者が該当するかどうかの記憶のテクニック」もご確認ください。 |

この講座のテキストは、「できる」「当たる」「認められる」などその事項に該当するものは左に、「できない」「当たらない」「認められない」など該当しないものは右に配置するという一貫した方針で作成されています。これは、本番の試験でテキストを思い出す時に、「この知識はテキストの表の左に書いてあったな。だから、『できる』だ」といったことができるようにするためです。
この講座のテキストには、他にも"本試験での頭の中での検索のしやすさ"という観点での工夫が多数あります。「分かりやすさ」を追求したテキストはありますが、同程度に重要な「思い出しやすさ」を追求したテキストは、この講座のテキスト以外にはありません。

担保物権である、⑦の留置権、⑧の先取特権、⑨の質権、⑩の抵当権は、物の利用価値と交換価値のうち、「交換価値」を把握する物権です。つまり、原則として物を使うことはできませんが、他人の物を売っ払ったりすることはできます。たとえば、銀行が建物を目的として抵当権の設定を受けた場合は、銀行からみると、その建物は右の図のように見えているのです。銀行にとってはその建物にシステムキッチンが付いていて使いやすいかなどはどうでもよく、銀行は「金に替えるといくらになるのか」しか考えていないのです。

銀行
¥

**「所有権」「用益物権」「担保物権」のイメージ**
物の所有者が物に対して持つオールマイティーな権利が「所有権」です。所有権は「利用価値」と「交換価値」を把握しています。その「利用価値」と「交換価値」を他人に切り売りすることができます。利用価値を切り売りしてできた他人の物権が「用益物権」であり、交換価値を切り売りしてできた他人の物権が「担保物権」です。

【所有者】 【他人】
所有権
利用価値 → 用益物権 利用価値
切り売り
交換価値 → 交換価値 担保物権

**会社法309条3項の特殊決議による必要がある決議（会社法309条3項1～3号）**
①発行する全部の株式の内容として譲渡制限株式を設ける定款変更
公開会社から非公開会社になる定款変更です。
②吸収合併消滅株式会社または株式交換完全子会社が公開会社であり、かつ、それらの株式会社の株主に対して交付する対価が非公開株である場合の吸収合併または株式交換の承認
③新設合併消滅株式会社または株式移転完全子会社が公開会社であり、かつ、それらの株式会社の株主に対して交付する対価が非公開株である場合の新設合併または株式移転の承認

**株主から見ると**
この3項の特殊決議による必要があるのは、自身の株式が公開株から非公開株になってしまう場合です（上記①～③は、すべてこれです）。これは、株主にかなり不利なことだからです。非公開株になると株式の譲渡が大変になります。上場廃止をイメージしてください。

決議要件
議決権を行使することができる株主の半数以上（人数ベース）、かつ、議決権を行使することができる株主の議決権の2／3以上（議決権ベース）の賛成で決議（会社法309条3項柱書）。「かつ」という意

【人数】 かつ 【議決権】 議決権

発行済株式の総数が1000株（すべて議決権あり）である場合、株主2人以上かつ667株以上の賛成で決議が成立します。人数要件がありますので、仮に株主4人のうち1人が900／1000株保有していた場合でも、その1人の賛成では成立しません。「公開株から非公開株にすることは、少人数の大株主で決めるな！」という趣旨で、人数要件があるわけです。

重要ポイントについては、図を記載。

スケジュール・受講料等の詳細は
右記より資料をご請求ください。https://r-tatsumi.com/pamphlet/

【講座案内】

# — TEXT —

## 本講座出身の合格者が「この形式の講義以外は受けられなくなるほど」と絶賛する講義スタイル！

本講座は従来から一貫した講義スタイルで多くの合格者を生み出してきました。
毎回講義の冒頭は松本講師が受講生に向かって話すところから始まりますが、講義は基本的に、テキストを書画カメラで写し、講師と一緒にテキストに書き込みをするスタイルで行われます。
４色（赤：結論、青：趣旨・理由、緑：複数の知識を記憶できる共通する視点など、黒：試験には出ない具体例や実務の話）のボールペンを使い分け、どこをどう記憶すればよいのかを視覚化しながら説明していきます。
どの箇所を線でつなぐか、図はどこに書き込むかといったことも一目瞭然になります。

**教室での講義の様子**

板書は効率が悪い。
口頭の説明だけでは
後で思い出せない。
だから、この講義スタイル！

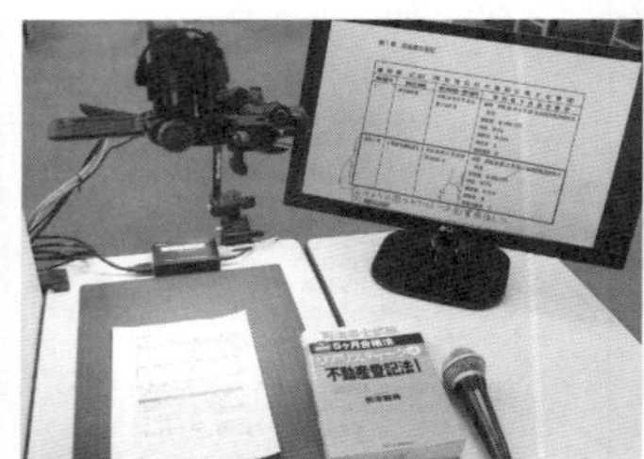


**実際の講義を例えばWEBスクールの画面で見るとこうなります（LIVE受講生は教室内のモニターで見られます）**

「どこに線を引けばいいの？」
「どこを説明しているの？」
などということは起こりません。

リアリスティック・フルパック
不動産登記法8

（1）登記の目的
登記の目的は、どのように転抵当権を設定したかにより、以下のとおり変わります。

教材・資料
※ダウンロード教材がある場合にリンクが表示されます

01:04:47 / 03:25:40

◀ 前回の講義を見る　38 / 79　次の講義を見る ▶

**書き込みが完成するとテキストのページはこうなります。**

書き込んだ時の記憶が残っているので、復習がし易い！
試験の時に思い出し易い！

このスタイルだから講義終了時点でのテキストは全受講生共通！
（講義の受け方によって差が出ない）

**スケジュール・受講料等の詳細は
右記より資料をご請求ください。https://r-tatsumi.com/pamphlet/**

# お得な辰已の受験生支援制度

## 1 他資格からのトライアル割引

松本式なら一挙に司法書士も狙える！

行政書士、宅建士、社労士、など法律系国家資格をお持ちの方や、これらの資格を目指されている方を応援！

**15%割引**

対象者：行政書士、宅建士、社労士、など法律系国家資格をお持ちの方、または１年以内にこれらの資格の講座を受講されている方

対象講座：リアリスティック一発合格松本基礎講座全科目一括またはリアリスティックフルパック

申込方法：辰已本校で申し込んでください（代理店ではこの割引はご利用いただけません）。他の割引との併用はできません。

必要書類：合格証、資格の保有を証明できる書類又は、受講証

## 2 在学生キャッシュバック

松本式勉強法なら在学中合格を狙える！

やる気のある学生の皆さんを応援いたします。お申込の際にキャッシュバック申込書を添付してください。定価でのお申込後にキャッシュバックをいたします。

**15%キャッシュバック**

対象者：学生（大学生・短大生・大学院生・専門学校生）

対象講座：リアリスティック一発合格松本基礎講座全科目一括またはリアリスティックフルパック

申込方法：辰已本校で申し込んでください（代理店ではこの割引はご利用いただけません）。他の割引との併用はできません。

必要書類：学生証、キャッシュバック申請書

## 3 Re-Try割引

**独学者**支援・**受験経験者**支援・**基礎再受講者**支援

**対象**①これまで予備校を利用せずに独学で勉強してきたが、松本式の学習法に共鳴し、この機会に直接松本講師の指導を受けたいと思っている方**（独学者支援）**

**対象**②司法書士本試験受験経験のある方で、中々合格ラインに届かないので、これを機会に松本式の勉強法でもう一度基礎固めをして一気にいきたい方**（受験経験者支援）**

**対象**③過去に司法書士の入門講座（辰已 or 他校）を受講したが、挫折した or 理解不十分なので、この機会に松本式の勉強法で、もう一度基礎からやり直してみたい方**（基礎再受講者支援）**

**15%割引**

対象講座：リアリスティック一発合格松本基礎講座全科目一括またはリアリスティックフルパック

申込方法：辰已本校で申し込んでください（代理店ではこの割引はご利用いただけません）。他の割引との併用はできません。

必要書類：①②③とも、辰已法律研究所所定の申請書をご提出いただきます。

## 4 スタディメイト支援

友人と一緒に申し込めば二人ともお得

友人と一緒に申し込めば、お二人ともに、割引が適用されます。

**15%割引**

対象者：２名以上で一緒にお申込された方

対象講座：リアリスティック一発合格松本基礎講座全科目一括またはリアリスティックフルパック

申込方法：辰已本校で申し込んでください（代理店ではこの割引はご利用いただけません）。他の割引との併用はできません。

必要書類：スタディメイト申請書

## 5 合格者・研修費用贈呈

合格（うか）って嬉しいご祝儀！

2023年度の司法書士試験に見事最終合格された暁には、お祝いといたしまして「リアリスティック一発合格松本基礎講座」へのお支払金額（オープン・模試の部分は含まず）の半額を司法書士会の研修費用などに活用していただくために贈呈いたします。短期合格を目指して頑張ってください。

**お申込額の：50%**

対象者：2023年度の司法書士試験に最終合格された方

対象講座：リアリスティック一発合格松本基礎講座全科目一括またはリアリスティックフルパック

手続：本制度の適用には申請が必要となります。申請期限は2023年度司法書士試験最終合格発表から１ヶ月です。

申請条件：合格体験記（3,000文字以上。氏名・写真掲載）の提出が申請の条件となります。

スケジュール・受講料等の詳細は
右記より資料をご請求ください。https://r-tatsumi.com/pamphlet/

# リアリスティックフルパックのご案内

パックで申し込めば、合格に必要なカリキュラム（講義＆演習）が全て揃います。受講料もお得です。

## ●― リアリスティックフルパック

2023年7月 司法書士本試験　筆記試験

### リアリスティック一発合格 松本基礎講座（全129回）

- リアリスティック導入講義 4回
- オリエンテーション講義 1回
- 民法 28回
- 不動産登記法 21回
- 会社法（商法）商業登記法 31回
- 民事訴訟法 民事執行法 民事保全法 12回
- 供託法 司法書士法 5回
- 刑法 7回
- 憲法 6回
- 不動産登記法（記述式） 7回
- 商業登記法（記述式） 7回

※民法開講後にお申込みになった方も左記「導入講義」「オリエンテーション講義」（全5回）をご受講ください（通学部はビデオブースまたはWEB受講。通信部DVDは一括発送）。

### オプション講座

- 司法書士オープン総合編 8回
- 全国総合模試 2回

リアリスティック一発合格松本基礎講座 ＋ 司法書士オープン総合編 ＋ 全国総合模試

本試験合格までに必要な全てが揃う。
本格的な答練と全国模試までパック

| 3講座合計価格 | コース価格 | |
|---|---|---|
| 通学部 ~~￥532,900~~ | 通学部￥502,100 | ￥30,800のお得 |
| 通信部 ~~￥571,500~~ (DVD) | 通信部￥531,500 (DVD) | ￥40,000のお得 |
| 通信部 ~~￥532,900~~ (WEB) | 通信部￥502,100 (WEB) | ￥30,800のお得 |
| 通信部 ~~￥596,200~~ (WEB＋DVD) | 通信部￥554,500 (WEB＋DVD) | ￥41,700のお得 |

※通信部についてはオプション講座も通信部で計算

# 受講料（税込）

| | | | | 通学部 | | 通信部WEB | | 通信部DVD | | 通信部WEB+DVD | |
|---|---|---|---|---|---|---|---|---|---|---|---|
| | | | | 辰已価格 | 代理店価格 | 辰已価格 | 代理店価格 | 辰已価格 | 代理店価格 | 辰已価格 | 代理店価格 |
| リアリスティック・フルパック（①+②） | | | | ¥502,100 | ××× | ¥502,100 | ××× | ¥531,500 | ¥504,925 | ¥554,500 | ××× |
| ① | リアリスティック一発合格 松本基礎講座 | 全科目一括 | | ¥444,000 | ××× | ¥444,000 | ××× | ¥474,200 | ¥450,490 | ¥494,300 | ××× |
| | | 科目別 | 民法 | | | ¥107,100 | ××× | ¥114,600 | ¥108,870 | ¥119,600 | ××× |
| | | | 不動産登記法 | | | ¥75,700 | ××× | ¥80,900 | ¥76,855 | ¥84,500 | ××× |
| | | | 会社法（商法）・商業登記法 | | | ¥111,700 | ××× | ¥119,500 | ¥113,525 | ¥124,700 | ××× |
| | | | 民事訴訟法・民事執行法・民事保全法 | | | ¥43,200 | ××× | ¥46,300 | ¥43,985 | ¥48,300 | ××× |
| | | | 供託法・司法書士法 | | | ¥18,000 | ××× | ¥19,300 | ¥18,335 | ¥20,100 | ××× |
| | | | 刑法 | | | ¥25,200 | ××× | ¥27,000 | ¥25,650 | ¥28,200 | ××× |
| | | | 憲法 | | | ¥21,600 | ××× | ¥23,100 | ¥21,945 | ¥24,100 | ××× |
| | | | 不動産登記法（記述式） | | | ¥25,200 | ××× | ¥27,000 | ¥25,650 | ¥28,200 | ××× |
| | | | 商業登記法（記述式） | | | ¥25,200 | ××× | ¥27,000 | ¥25,650 | ¥28,200 | ××× |
| ② | オプション講座 | 一括　（解説講義あり） | | ¥84,500 | ××× | ¥84,500 | ××× | ¥92,400 | ¥87,780 | ¥96,800 | ××× |

受講料についての詳細は専用パンフレットに記載されています。
お申込み前に必ずご確認ください。

★本講座の申込方法…詳細は専用パンフレットをご確認ください。

辰已窓口　大学生協　提携書店　〒 郵便振替　BANK 銀行振込　デリバリー 代金引換　教育ローン　E ローン　WEBスクール

※各種割引については大学生協・提携書店ではお取り扱いしておりません。
▲教育ローンは購入合計金額３万円以上でご利用いただけます。

スケジュール・受講料等の詳細は
右記より資料をご請求ください。https://r-tatsumi.com/pamphlet/

【 2023年受験対策 司法書士 リアリスティック一発合格松本基礎講座 】

# ガイダンス＆リアリスティック導入講義 全8弾

通学部も通信部も
**すべて無料**

**松本講師の5ヶ月合格法のノウハウの一部を公開します。**
**聴くだけでもためになるお得な無料公開講義です。**

※一部の科目については、本編開講後に実施します。
※受講方法には次のものがあります（すべて無料）。
◆LIVE参加：予約は不要です。実施校に直接おこしください。
◆通信部DVD申込：専用パンフレット別冊の申込方法をご確認の上、お申し込みください。
◆WEB視聴：辰巳ホームページのストリーミングチャンネルでご覧ください。
詳細は専用パンフレットをご覧ください。

無料公開講義の流れ

1月 3月 ガイダンス → 4月 リアリスティック導入講義 民法 → オリエンテーション講義 → 5月 本編開講 → 7月 導入講義 不動産登記法 → 9月 導入講義 会社法・商業登記法

松本基礎講座では松本講師の講義の実際を体験していただくために豊富に無料の公開講義を用意しております。
●ガイダンス（第１～３弾）…受験勉強を始めるにあたって知っておきたい情報を提供します。
●リアリスティック導入講義（第４～５弾、第７～８弾）…講義を始める前のウォーミングアップとして民法、不動産登記法、会社法・商業登記法の全体像を学んでいただきます。
●オリエンテーション講義（第６弾）…本編開講直前に、授業の受け方を説明します。
※講座の申込を決めた方は、導入講義とオリエンテーション講義を必ず受講してください。

辰巳司法書士YouTubeチャンネル→

| | | | |
|---|---|---|---|
| ガイダンス | 第1弾 | 辰巳 YouTube チャンネル 配信中 | 司法書士の“リアルな”仕事・就職・収入 |
| ガイダンス | 第2弾 | 辰巳 YouTube チャンネル 配信中 | これが司法書士試験だ！―データで徹底解剖 |
| ガイダンス | 第3弾 | 辰巳 YouTube チャンネル 配信中 | 合格者を多数輩出するリアリスティック勉強法とは？ |
| リアリスティック導入講義 | 第4弾 | 辰巳 YouTube チャンネル 配信中 | リアリスティック導入講義 民法の全体像① |
| リアリスティック導入講義 | 第5弾 | 辰巳 YouTube チャンネル 配信中 | リアリスティック導入講義 民法の全体像② |
| オリエンテーション講義 | 第6弾 | 辰巳 YouTube チャンネル 配信中 | 開講直前ガイダンス「オリエンテーション講義～効果的な授業の受け方～」 |
| リアリスティック導入講義 | 第7弾 | 東京本校ＬＩＶＥ 7/21（木）18:45-22:00 | リアリスティック導入講義 不動産登記法の全体像 |
| リアリスティック導入講義 | 第8弾 | 東京本校ＬＩＶＥ 9/18（日）14:00-17:15 | リアリスティック導入講義 会社法・商業登記法の全体像 |

**スケジュール・受講料等の詳細は**
**右記より資料をご請求ください。https://r-tatsumi.com/pamphlet/**

# BOOK

★全国有名書店・生協・辰已窓口にてお求めいただけます。

## 司法書士ゼロから5ヶ月合格法 第3版

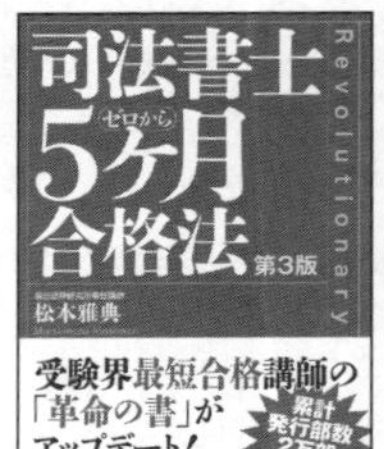


**●松本雅典著　自由国民社刊　　定価　1,980円（税込）**
**◆話題騒然！革命の書がアップデート**
**◆合格まで平均4年かかる時代に終止符を打つ、新時代の勉強法**

2011年10月の第１刷で話題となって以降増刷を重ね、累計発行部数25,000部を誇る司法書士試験対策書籍のベストセラー。司法書士試験受験対策に革新をもたらす画期的な方法論が満載で、現在、改定版も売れ続けている。

## 予備校講師が独学者のために書いた 司法書士5ヶ月合格法

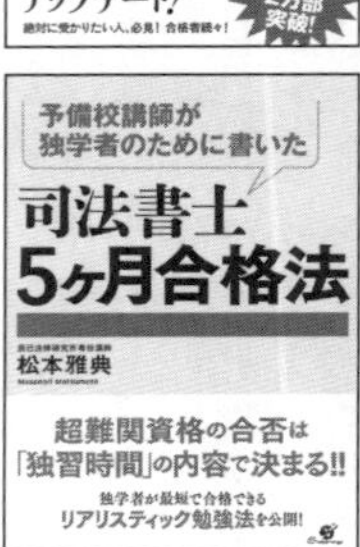


**●松本雅典著　すばる舎刊　　定価　2,090円（税込）**
**◆すべての受験生は“独学”である**
**◆合格だけを冷徹なまでに見つめたリアリスティック勉強法が、
あなたの未来を一変させる。**

リアリスティック一発合格松本基礎講座で人気を博している松本雅典講師が、独学者に向けて「5ヶ月合格法」を提示した著書。

自身の５ヶ月合格経験だけではなく、その後の講師経験も踏まえ、「すべての受験生は独学である」とのコンセプトのもと、「独習」を最も効率的に行うための方法を論じている。

## 司法書士 リアリスティック不動産登記法 記述式 第2版

※リアリスティック一発合格松本基礎講座 不動産登記法（記述）の講義で改訂版を使用します。

**●松本雅典著　日本実業出版社刊　　定価　3,740円（税込）**
**◆画期的な5ヶ月合格メソッドに基づき、超短期で合格するために、
本試験で実際に行った手法を初めて公開します！**

本書は、時間内に効率的かつ正確に、そして早く、必要なポイントを拾いあげるための超実戦的な従来とは違ったユニークな手法を紹介しています。
ex.「図形を効果的に使う」「時間をかけずにメモする」「別紙を攻略するＳＶＯ式チェック法」

## 司法書士 リアリスティック商業登記法 記述式 第2版

※リアリスティック一発合格松本基礎講座 商業登記法（記述）の講義で改訂版を使用します。

**●松本雅典著　日本実業出版社刊　　定価　3,960円（税込）**
**◆書き忘れ、勘違いを激減させ、合格基準点を上回るための画期的ノウハウを公開！**

（はしがきより）
商業登記（記述）も、不動産登記（記述）と同じく、以下の２点が原因で司法書士試験の難所となっています。
①時間制限の厳しい中で実体法と手続法の知識を思い出さなければならない
②時間制限の厳しい中でミスを減らさなければならない
本書は、商業登記（記述）におけるこの２点の克服をするためのものです。必要最小限の図を描いて事案を整理し（①の対策）、解く順序をガチガチに指定して可能な限り機械的に解けるようにする（②の対策）など、記述の解き方を示しています。

## 試験勉強の「壁」を超える50の言葉

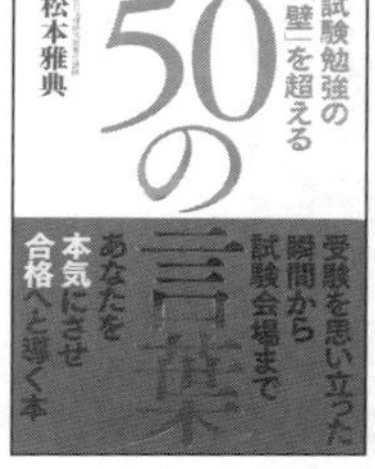


**●松本雅典著　自由国民社刊　　定価　1,320円（税込）**
**◆受験を思い立った瞬間から試験会場まで あなたを本気にさせ合格へと導く本**

試験勉強では、超えなければならない気持ちの壁がいくつもあります。これらの壁を超えられず、試験から去っていく方も多く見てきました。

その度に、「一言でもこう言っていれば超えられたのではないか……」と考えました。そうして1つ1つ生まれていったのが、この本に書いた言葉です。

超えなければならない壁が現れたとき、どれか1つの言葉があなたを壁の向こう側に連れて行ってくれると思います。

★全国有名書店・生協・辰已窓口にてお求めいただけます。

松本雅典著　司法書士試験リアリスティックシリーズ

※リアリスティック一発合格松本基礎講座の講義で使用します。

## 民法Ⅰ・Ⅱ・Ⅲ、不動産登記法Ⅰ・Ⅱ、会社法・商法・商業登記法Ⅰ・Ⅱ、民事訴訟法・民事執行法・民事保全法、供託法・司法書士法、刑法、憲法

**辰已の人気講師、松本雅典による新教科書。シリーズ完結！**

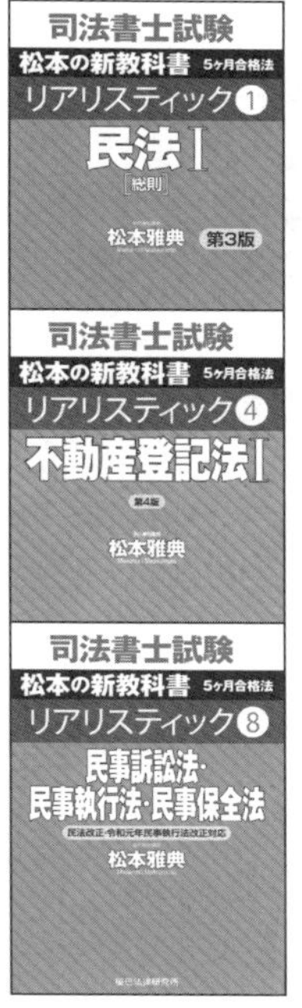

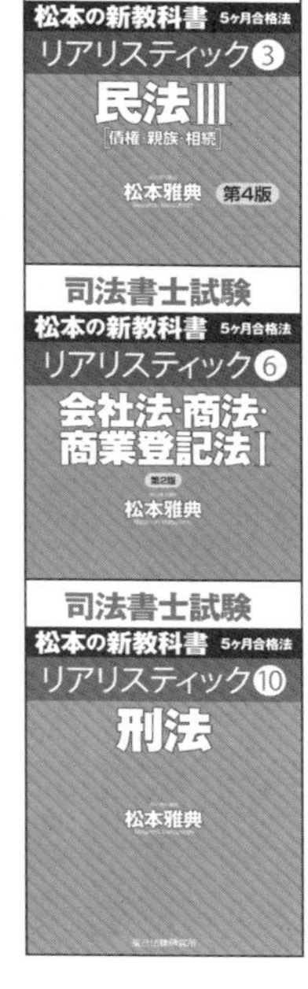

1. 多すぎず、少なすぎない情報量
2. 体系だった学習ができるように工夫された見出し・小見出し
3. 初めて学習する方にもわかりやすい表現
4. 説明順序は、基本的に「結論」→「理由」の順
5. 講師が毎年講義をする中で調べストックした相当数の理由付けを記載
6. 「共通する視点」「Realistic rule」「判断基準」など“複数の知識を思い出すための思い出し方”を記載
7. 充実の索引～事項索引、条文索引、判例索引、先例索引、登記研究索引と盛り沢山

◆民法Ⅰ【第3版】　定価：2,420円（税込）
◆民法Ⅱ【第4版】　定価：2,420円（税込）
◆民法Ⅲ【第4版】　定価：3,190円（税込）
◆不動産登記法Ⅰ【第4版】　定価：3,190円（税込）
◆不動産登記法Ⅱ【第4版】　定価：2,970円（税込）
◆会社法・商法・商業登記法Ⅰ【第2版】　定価：3,300円（税込）
◆会社法・商法・商業登記法Ⅱ【第2版】　定価：3,520円（税込）
◆民事訴訟法・民事執行法・民事保全法　定価：3,080円（税込）
◆供託法・司法書士法　定価：1,980円（税込）
◆刑法　定価：2,200円（税込）
◆憲法　定価：2,200円（税込）

司法書士試験リアリスティックシリーズ 専用販売サイト
https://www.tatsumi-realistic.com/text/buy/

辰已法律研究所

# 書籍出版グループ

# ブログ稼働中!!

辰已法律研究所
書籍出版グループ
オリジナルブログ

辰已刊行書籍のことなら ここ!

受験生のみなさんこんにちは。
辰已法律研究所出版グループです。
出版ブログでは，辰已法律研究所が刊行する書籍・雑誌について，新刊情報や誤植のお知らせなど，受験生のみなさんに役立ついろいろな情報を随時発信しています。
辰已法律研究所は受験生のみなさんを全力で応援します。

**辰已新刊情報** 辰已の刊行書籍を一早くお知らせ！ちょい読みコーナーもあります。

**お役立ち情報** 書籍の使い方が分からない…そんな方はこちらをチェック！先輩方のアンケートから役立つ情報を掲載しています。

**フェア・セール情報** フェア・セールの情報はこちらをチェック！刊行書籍をお得にご購入できます。

**ベストセラー紹介（辰已・他社）** いまどんな本が売れているのか？売れ筋動向が確認できます。

**誤植のお知らせ** 辰已法律研究所刊行書籍について誤植が発見された場合には，こちらで→随時公開をしていきます。

↓出版ブログのアドレスはこちら
右のコードからURLが読み取れます→

**http://blog.livedoor.jp/accstatsumi/**

(辰已法律研究所TOPページ https://www.tatsumi.co.jp/ からも入れます)

郵便はがき

169-8790

115

料金受取人払郵便

新宿北局承認
6534

差出有効期間
2024年3月
24日まで
(切手不要)

東京都新宿区高田馬場4-3-6
辰巳法律研究所
リアリスティック不動産登記法
読者プレゼント係行

(キリトリ線)

辰巳法律研究所は、個人情報の保護に関する法令、規範を遵守します。
個人情報の取り扱いはホームページ（https://www.tatsumi.co.jp/）
をご覧ください。

## 読者プレゼント請求用ハガキ　K220615

**本書の読者限定で、著者である松本雅典講師によるガイダンス「リアリスティック不動産登記法を使った学習法」をご視聴いただけます。**

ガイダンスはWEB上で配信いたします。

ガイダンス視聴をご希望の方は、本ハガキの下記記入欄にご記入の上、辰已法律研究所宛てにお送りください。ハガキをお送りいただいた皆様に漏れなく、ガイダンス視聴用のURLを書面にてお送りいたします（視聴開始は2022年7月15日です）。

※プレゼントの請求期限は2024年3月24日（消印有効）とさせていただきます。

| 司法書士試験リアリスティックのうち購入されたものを○で囲んでください。 | 民法Ⅰ　民法Ⅱ　民法Ⅲ<br>不動産登記法Ⅰ　不動産登記法Ⅱ<br>会社法・商法・商登法Ⅰ　会社法・商法・商登法Ⅱ<br>民事訴訟法・民事執行法・民事保全法<br>供託法・司法書士法<br>刑法　憲法 |
|---|---|
| フリガナ<br>氏名 | ご職業・学校名など |
| 生年月日　年　月　日　歳 | 性別　男　女 |
| 〒<br>住所 | |
| 電話番号　（　　） | |
| e-mail address | |

（キリトリ線）